ケースで学ぶ

国際企業法務のエッセンス

第2版

森下 哲朗・平野 温郎・森口 聡・山本 卓・増見 淳子 [著]

有斐閣

第 2 版はしがき

　2017 年の初版の出版から 8 年が経過した。幸いなことに，国際企業法務に関する基本的な知識と実務の勘所の双方を一冊でカバーするような国際企業法務の入門書を目指した初版は，実務家や学生などの多くの方々に支持していただくことができた。そうしたご支持のお蔭で，第 2 版を出版できることを著者一同，大変嬉しく思っている。本書の狙いや構成は初版と第 2 版で変わっていない。それらについては，ぜひ初版のはしがきを参照して頂きたい。

　第 2 版では，新たに凸版印刷株式会社で法務を担当し，現在は東京大学法学部で教鞭をとる増見淳子教授が著者に加わった。増見教授は主として第 3 章を担当した。初版の第 3 章「技術取引」は 28 頁であったが，第 2 版の第 3 章「無形資産と技術関連契約」は 56 頁である。国際企業法務における重要性がより一層高まっている知的財産等の無形資産や技術に関する契約に関する記述を大きく拡充した。また，全体を見直し，国内外のルールの改正・改訂や実務の変化に対応して記述をアップデートしたほか，ビジネスと人権に関する問題等，新たな問題も取り上げることとした。さらに，第 6 章の「プロジェクト・ファイナンス」では，近年関心が高まっている洋上風力発電へと題材を改めた。なお，新たな内容を追加した部分については，原則としてパラグラフ番号を動かさずに枝番号をつけることとした。

　初版同様，本書が国際企業法務の世界で活躍しようとされている実務家や学習者の方々の一助となることを心から願っている。

　第 2 版の改訂にあたり，競争法関連および中国法関連のアップデートにご協力頂いた長島・大野・常松法律事務所の小川聖史弁護士と艾蘇弁護士には，この場を借りて御礼申し上げたい。また，第 2 版の改訂に際しても，株式会社有斐閣の藤木雄氏に大変お世話になった。著者一同，藤木氏に心より感謝申し上げる。

　2025 年 2 月

著者を代表して

森 下 哲 朗

i

初版はしがき

　本書の構想がスタートしたのは 2011 年 10 月のことであった。私が有斐閣書籍編集第一部（当時）の藤木雄氏から，国際取引法務に関する書籍であって，法の内容や取引の仕組みに関する解説のみではなく，実務における契約交渉や紛争解決における勘所等も含めて一冊でカバーするような，国際企業法務の入門書を作りたい，とのご相談をいただいたのが始まりであった。総合商社での国際法務の経験豊富な平野，大手法律事務所で国際法務を専門としている森口，そして私の 3 名で最初の編集会議を行ったのが 2012 年 2 月。その後，2013 年 7 月からは，主としてプロジェクト・ファイナンスに関する部分を担当すべく山本が加わり，執筆作業を続けてきた。完成まで 6 年近くも要することになってしまったのは，いざ作業を開始してみると，幅広く，奥も深い国際取引法務の世界の法と実務を一冊にまとめるという本書の構想は，当初考えていた以上に難しいものであったことにもよる。本書の使い方については，序章（→[20]）で述べているが，ようやくできあがった本書が，当初の目的に適い，国際企業法務のための入門書として活用されることを念じてやまない。

　本書の各章は，いくつかの事例，各事例についての「着眼点」，「ポイント解説」，「本事例の考え方」から構成されている（各章の事例の主人公となる会社は，第 6 章を除いて，いずれも日本法人であるが，別の会社である）。事例は，二段構成となっており，四角で囲まれた事例による場面設定のもと（【事例 1-1】などと表記している），生じうる法的問題等を具体的に検討するための題材として，具体的な問題事例（1-1-1，1-1-2 などと表記している）が設定されている。「着眼点」では，その事例で主に考えてほしいポイントを簡単に示した。「ポイント解説」では，関係する法令の内容，取引の仕組み，実務の概要など，その事例との関係で理解しておくべきであると考える基本的な事項を解説している。「本事例の考え方」では，「ポイント解説」で述べた内容を踏まえ，具体的な問題事例について実務としてどう考えればよいかを示すようにした。事例の内容や性格によって記述のスタイルには多少の違いが生じているが，いずれにおいても，あまりアカデミックな議論には立ち入らず，実務における最低限の "Need to Know" をできるだけ網羅するように工夫したつもりである。

　本書は，実務の流れに沿って解説している点に特徴がある半面，体系的な構

成をとっていないため，関連する事項が様々な場所で言及されることがある。そのため，本文に［　］の形で項目番号を付し，ある事項についてより詳しい説明が他の個所でなされている場合等には，（→［　］）といった形で関係する項目番号を示した。また，事例には直接関係しないが，特に触れておきたい事項については，コラムで特別に解説している。

　本書は，第6章を除き，4名の著者の共同執筆という形をとっている。個々の個所について初稿を執筆する担当者はいたが，その後，全体の調整を行い，全員で原稿全体を検討し，加筆修正を行い，再度，全員で検討して修正するという作業を重ねた。なお，技術取引に関する第3章の執筆にあたっては，パナソニック株式会社法務部の平井直子氏から，事例の設定やポイント解説の内容等について，多くの有益なご教示をいただいた。もちろん，第3章の内容に関する誤りがあったとしたならば，それは，平井氏のご教示を活かすことができなかった著者らの不勉強によるものである。

　本書の執筆に際しては，国内外の多くの文献を参考にしたが，入門書という性格と読みやすさを考え，原則として，各個所で参考文献を表記することは差し控えた。参考文献リストを巻末に用意することも検討したが，本書の扱う内容の幅広さや有益な文献・資料等の膨大さを考えると，大変難しく，中途半端な参考文献リストを示すことは，かえってミスリーディングになるのではないかと考え，やはり断念することとした。何とぞご容赦いただきたい。

　6年近くの長い時間を要しながらも本書が何とか出版に至ったのは，企画の当初から本年3月まで長らく編集を担当された藤木氏，ならびに，藤木氏の後任として編集作業を担って下さった笹倉武宏氏の忍耐強い励ましと大変なご尽力によるところが大きい。著者一同，心より御礼申し上げる。

　本書が，国際企業法務の世界で活躍しようとされている方々の一助となることを心から願っている。

2017年8月

著者を代表して

森 下 哲 朗

著 者 紹 介

森 下 哲 朗　　MORISHITA Tetsuo

上智大学法学部教授

1989 年東京大学法学部卒業。同年から 1999 年まで住友銀行にて法務等を担当。1992 年 4 月から 1994 年 3 月まで東京大学大学院法学政治学研究科民刑事法専攻（経済法務専修コース）（勤務先よりの派遣），1999 年 4 月上智大学法学部助教授，2007 年より現職。2021 年 4 月から 2025 年 3 月まで上智大学グローバル化推進担当副学長。

平 野 温 郎　　HIRANO Haruo

東京大学名誉教授

1982 年上智大学法学部卒業。同年から 2013 年まで三井物産株式会社（国内および香港・中国・米国各現地法人）にて法務等を担当。1988 年から 1990 年まで同社中国法務研修員（在台北，上海，北京）。2002 年香港大学専業進修学院 Diploma in Legal Studies。2013 年東京大学大学院法学政治学研究科教授。2024 年 3 月末同定年退職。

森 口 　 聡　　MORIGUCHI Satoshi

長島・大野・常松法律事務所弁護士

1994 年東京大学法学部卒業。1996 年弁護士登録。2002 年ニューヨーク州弁護士登録。2001 年 Duke University School of Law にて LL.M. 取得後，複数の米国法律事務所勤務を経て，2005 年より長島・大野・常松法律事務所パートナー。

山 本 　 卓　　YAMAMOTO Takashi

三井物産株式会社ニュートリション・アグリカルチャー本部事業開発部
シニアアドバイザー

1984 年東京大学法学部卒業。同年三井物産株式会社入社後，2017 年 3 月まで法務部にて国内・外法務，取締役会・株主総会業務，法務教育等を担当。現在は，営業部門の M&A 法務支援担当。1991 年英国 Cambridge 大学 Diploma，2008 年米国 Columbia 大学 Senior Executive Program。

増 見 淳 子　MASUMI Junko

東京大学大学院法学政治学研究科教授

1997 年東京大学法学部卒業。同年から 2023 年まで凸版印刷株式会社（現在の TOPPAN ホールディングス株式会社）にて法務等を担当。2002 年 Georgetown University Law Center にて LL.M. 取得，2003 年ニューヨーク州弁護士資格取得。2023 年より現職。

目　次

▮序章　国際企業法務の世界 ·· 1

▶国際企業法務とは　1
　　1　はじめに（1）　2　多様な国際取引と legal matters（1）　3　国際企業法務を生業とする人たちへ（3）

▶法律事務所の視点から　4
　　1　国際取引への弁護士の関与（4）　2　弁護士として最低限知っておくべきこと（5）

▶企業法務部の視点から　7
　　1　リーガルリスク・マネジメントの重要性（7）　2　法務部員としての心構え（8）

▶国際企業法務を会得する　13

▶本書の使い方　15

▮第1章　国際売買契約 ·· 19

【事例1-1】新規取引案件の条件を取り決めようとしている営業部からの相談　19

　▰ポイント解説　20
　　1　貿易取引とは（20）　2　国際売買取引の流れ（21）　3　国際売買取引の要素（21）

1-1-1　国際的な売買契約　22
　▰ポイント解説　23
　　1　国際取引と契約書（23）　2　国際的な売買契約（23）　3　売買契約書の作成や契約交渉に臨む際の視点（25）　4　標準契約書式，フォームの利用（25）
　●本事例の考え方　32

1-1-2　貿易条件の決定　32
　▰ポイント解説　33
　　1　インコタームズ（Incoterms）（33）　2　貿易条件の選択（36）
　●本事例の考え方　38

1-1-3　保険の付保　38
　▰ポイント解説　39
　　貨物保険（39）
　●本事例の考え方　41

【事例1-2】契約の成立が争いとなっている営業部からの相談　41

目　次

1-2-1　契約の成否　41
- ▓ポイント解説　42
  - 1　国際私法（42）　2　契約の準拠法（43）　3　コモンローと大陸法（44）
  - 4　国際的な契約法とCISG（46）　5　契約の成立（50）　6　契約の相手方と契約締結権限（52）
- ●本事例の考え方　53

1-2-2　Battle of Forms　54
- ▓ポイント解説　54
  - 1　Battle of Forms（54）　2　契約の解釈（55）
- ●本事例の考え方　56

【事例1-3】紛争解決方法や支払に関する営業部からの相談　57
1-3-1　紛争解決方法　57
- ▓ポイント解説　57
  - 1　国際商取引の紛争解決（57）　2　国際的な訴訟（58）　3　仲　裁（62）
  - 4　紛争解決手続の選択（67）
- ●本事例の考え方　69

1-3-2　信用状の開設遅延　69
- ▓ポイント解説　70
  - 1　国際売買代金の支払方法（70）　2　荷為替手形（70）　3　信用状（71）
- ●本事例の考え方　74

【事例1-4】契約解除に関する営業部からの相談　75
1-4-1　契約解除　75
- ▓ポイント解説　75
  - 1　債務不履行に対する救済（75）　2　契約の解除（76）　3　損害賠償（77）
  - 4　不安の抗弁権（78）
- ●本事例の考え方　78

1-4-2　船荷証券　78
- ▓ポイント解説　79
  - 1　国際的な貨物運送（79）　2　船荷証券（80）　3　航空運送（82）
- ●本事例の考え方　82

【事例1-5】製品の品質を巡るトラブルに関する営業部からの相談　82
- ▓ポイント解説　83
  - 1　物品の品質等に関する売主の責任，warranties（83）　2　物品の品質に関する契約上の定め（85）　3　検査通知義務（85）
- ●本事例の考え方　86

【事例1-6】国営企業との取引に関する営業部からの相談　87
- ▓ポイント解説　87

vii

1　不可抗力（87）　2　国家との取引（89）
●本事例の考え方　90

【事例 1-7】X 社と和解しようという営業部からの相談　91
▒ポイント解説　91
1　企業の商事紛争対応と和解の意義（91）　2　国際取引紛争に対する法務部員の対応（92）
●本事例の考え方　94

【事例 1-8】X 社との間で長期の契約を締結し，サプライソースを確保しようとしている営業部からの相談　94
▒ポイント解説　95
1　売買契約の種類（95）　2　長期売買契約の留意点（96）　3　売買基本契約締結のメリット（98）　4　発注予想（Forecast）（99）
●本事例の考え方　99

【事例 1-9】安全保障貿易管理の問題はないか，と気付いた営業部からの相談　99
▒ポイント解説　100
1　安全保障貿易管理（Security Trade Control）とは（100）　2　各国際条約の概要（102）　3　国際輸出管理レジーム（102）　4　我が国における安貿管理の概要（103）　5　社内コンプライアンス体制の整備（105）　6　その他実務上注意すべき点——幅広いデュアルユース品が対象（105）
●本事例の考え方　107

第２章　販売店・代理店契約 …… 109

【事例 2-1】介護・リハビリ用機器 Care One の海外向け販売推進を担当する営業部からの相談　109
2-1-1　販売店・代理店起用の妥当性　109
▒ポイント解説　110
海外への進出形態（110）
●本事例の考え方　112
2-1-2　確認すべき法令分野　112
▒ポイント解説　113
販売店契約，代理店契約と注意すべき法律問題（113）
●本事例の考え方　113
2-1-3　コンプライアンス上の注意　114
▒ポイント解説　114
社内規程の整備・運用と販売店・代理店候補者の調査（114）

●本事例の考え方 116

2-1-4 個人を起用する場合の注意点 116
▓▓ポイント解説 117
　個人との取引の注意点（117）
●本事例の考え方 118

【事例 2-2】販売代理店契約書を作成しようとする営業部からの相談 118
2-2-1 販売店か，代理店か 118
▓▓ポイント解説 119
　1 販売店と代理店の区別（119） 2 販売店と代理店の選択（119） 3 代理店の代理権と課税問題（120）
●本事例の考え方 120
2-2-2 販売店形態とした場合の主な契約ポイントと法的検討事項 121
▓▓ポイント解説 122
　1 販売店契約の概要（122） 2 販売店契約と競争法（130）
●本事例の考え方 133

【事例 2-3】N 国向けに仕様変更して輸出した Care One の事故発生にあわてる営業部からの相談 134
▓▓ポイント解説 135
　1 製造物責任（Product Liability）法理の発展（135） 2 国による法制度の違い（137） 3 欠陥の意味（138） 4 製造物責任を負う当事者（責任主体）（139） 5 免責事由（140） 6 損害賠償の対象・範囲（141） 7 企業買収における承継者責任と製造物責任（141）
●本事例の考え方 142

【事例 2-4】X 社が不正行為を行っているとの情報が！ 144
2-4-1 不正行為に関する報道があった際の初動対応 144
▓▓ポイント解説 144
　自社の危機として迅速に対応すること（144）
●本事例の考え方 145
2-4-2 N 国の厚生省に対する接待攻勢が発覚 146
▓▓ポイント解説 146
　1 外国公務員に対する賄賂提供禁止の法的枠組み（146） 2 贈賄防止のための審査・管理体制の整備（148）
●本事例の考え方 150

【事例 2-5】販売店契約の打切り 151
2-5-1 販売店契約の打切りに関する問題点 151
▓▓ポイント解説 151
　1 契約期間満了による終了（151） 2 中途解除条項による終了（152）

ix

3　契約準拠法のルールに依拠した終了（153）
　　●本事例の考え方　154
　2-5-2　販売店からの損害賠償請求　154
　　■ポイント解説　155
　　　　1　発生した解除事由の取扱い（155）　2　契約終了時の費用精算事項（156）
　　　　3　競合製品取扱禁止条項の取扱い（156）　4　得べかりし利益（Loss of
　　　　Profit）の損害賠償（157）
　　●本事例の考え方　157
　2-5-3　代理店・販売店保護法制　158
　　■ポイント解説　158
　　　　1　一般的な規制（158）　2　各国の代理店保護法制（159）　3　実務上の対
　　　　応（160）
　　●本事例の考え方　162

【事例2-6】Ｘ社の状況の悪化　163
　2-6-1　担保の設定　163
　　■ポイント解説　163
　　　　1　担保・保証法制（163）　2　不安の抗弁権（166）
　　●本事例の考え方　167
　2-6-2　倒産の際の解除規定の有効性，Ｎ国の倒産法制　167
　　■ポイント解説　168
　　　　1　倒産手続と担保権・相殺権（168）　2　国際的な倒産手続（169）
　　●本事例の考え方　170

【事例2-7】Ｚ氏から，これまでの開拓協力に対して適切な報酬と経費を支
　払ってほしいとの要求を受けた営業部からの相談　170
　　　　■ポイント解説　171
　　　　　1　代理店等による手数料等の請求権（171）　2　解決案の策定（171）
　　　　●本事例の考え方　172

▶**第3章　無形資産と技術関連契約** ················· 177
【事例3-1】開発パートナーの吟味——秘密保持契約　177
　3-1-1　秘密保持契約締結の妥当性　177
　　■ポイント解説　178
　　　NDA締結の必要性（178）
　　●本事例の考え方　179
　3-1-2　秘密保持契約締結の留意点　180
　　■ポイント解説　181
　　　　1　秘密保持契約作成の際の留意事項（181）　2　技術や営業秘密の法的保

護（183）　3　技術情報の提供と輸出管理関連法令（183）　4　秘密情報を開示する側の留意点（184）

● 本事例の考え方　185

【事例 3-2】製造装置の共同開発――スタートアップ企業との協業　185

■ ポイント解説　186

　　1　様々な知的財産権の種類とその特性の違い，国際的な保護の在り方（186）　2　共同（研究）開発契約の性質（189）　3　共同開発契約の主要条項と留意点（191）　4　共同研究開発と独占禁止法（197）

● 本事例の考え方　198

【事例 3-3】ベンチャー企業との共同開発成果の特許出願　199

■ ポイント解説　199

　　1　共同出願にあたっての検討事項（199）　2　共同出願契約の主要条項と留意点（200）

● 本事例の考え方　202

【事例 3-4】製造技術とノウハウのライセンス（ライセンシー）　204

■ ポイント解説　204

　　1　協業の選択肢（204）　2　ライセンス契約の性質と多様性（205）　ライセンス導入にあたっての検討事項（206）　4　ライセンス契約の主要条項と留意点（207）　5　ライセンス契約と独占禁止法，その他の規制法（217）　6　ライセンス契約と国際課税（218）

● 本事例の考え方　220

【事例 3-6】新興国企業への製造委託（OEM）　220

■ ポイント解説　221

　　1　製造委託と OEM，OEM とライセンスの違い（221）　2　OEM のメリット・デメリット（222）　3　OEM 契約における留意点（223）

● 本事例の考え方　226

【事例 3-7】知的財産権を巡る国際紛争　226

■ ポイント解説　227

　　1　知的財産権を巡る国際的な紛争（227）　2　知的財産権についての準拠法（228）　3　並行輸入・国際消尽（230）

● 本事例の考え方　231

▶第 4 章　合弁契約　………………………………………………　233

【事例 4-1】N 国の X 社から技術提供と出資の要請を受けた！　233

■ ポイント解説　234

1 企業提携の目的（234）2 企業提携の態様（234）3 企業提携の流れ
（236）

4-1-1 Initial document——NDA の締結　238
■ポイント解説　239
秘密保持契約の締結（239）
●本事例の考え方　239

4-1-2 Initial document——LOI または MOU の締結　239
■ポイント解説　240
1 Letter of Intent（LOI），Memorandum of Understanding（MOU）（240）
2 Letter of Intent（LOI）や Memorandum of Understanding（MOU）を作
成する際のポイント（241）3 契約締結上の過失（242）
●本事例の考え方　244

4-1-3 Exclusivity　244
■ポイント解説　244
No-shop 条項（独占交渉条項）（244）
●本事例の考え方　245

4-1-4 社内手続ルールの確認　247
■ポイント解説　247
企業提携契約と社内手続（247）
●本事例の考え方　249

4-1-5 企業結合規制（マージャーファイリング）　250
■ポイント解説　250
1 事業提携と企業結合規制（250）2 主要国の企業結合規制（253）
●本事例の考え方　255

【事例 4-2】X プロダクツ社への技術提供と出資を本格的に検討開始！　255
4-2-1 デュー・ディリジェンスの実施　256
■ポイント解説　256
デュー・ディリジェンス（Due Diligence）（256）
●本事例の考え方　259

4-2-2 デュー・ディリジェンスの結果への対応，表明保証等　259
■ポイント解説　260
デュー・ディリジェンス結果への対応（260）
●本事例の考え方　261
1 ガバナンス／コンプライアンス体制の不備（261）2 法令違反（独禁法
違反，業法違反や贈賄行為）（261）3 環境汚染（262）4 過剰在庫や不良債
権（262）5 潜在債務や多数の訴訟（262）6 労務問題（含む年金積立不足，
労働債務の未払い）（263）

4-2-3 N 国外資法の確認　263
■ポイント解説　264

目 次

外資法（264）
●本事例の考え方 268

【事例 4-3】合弁形態（Structure）の検討 268

4-3-1 合弁会社への出資・ガバナンス 268
■ポイント解説 269
　1　合弁のビークル（Vehicle）（269）　2　合弁会社への出資比率（270）
　3　出資の前提条件（271）　4　合弁事業のガバナンス（271）
●本事例の考え方 277

4-3-2 事業ライセンスの取得 278
■ポイント解説 278
　事業を行う際のライセンス（278）
●本事例の考え方 279

4-3-3 外為法上の手続 279
■ポイント解説 280
　外為法（280）
●本事例の考え方 281

4-3-4 合弁事業の設計と法務部の役割 282
■ポイント解説 282
　合弁契約の設計（282）
●本事例の考え方 283

4-3-5 合弁契約書 284
■ポイント解説 284
　合弁契約書の内容（284）
●本事例の考え方 293

4-3-6 中間投資会社の設立 294
■ポイント解説 294
　外資系企業の投資について許可主義が採用されている国に対する第三国を
　経由した投資の手法（294）
●本事例の考え方 295

【事例 4-4】新しい工場ライン建設に多額の資金が必要！ 295

4-4-1 ファイナンス・プランニング，タックス・プランニング 295
■ポイント解説 296
　1　資金調達の手法（296）　2　国際課税の基礎（298）
●本事例の考え方 301

4-4-2 各種優遇措置 301
■ポイント解説 301
　各種優遇措置（301）
●本事例の考え方 303

xiii

【事例4-5】当社ブランド「α」！ 303

4-5-1 他社知的財産権の確認，当社知的財産権の登録 303
■ポイント解説 304
1 国際取引と知的財産権（304） 2 商標権登録（305）
●本事例の考え方 307

4-5-2 移転価格 307
■ポイント解説 307
移転価格税制（307）
●本事例の考え方 308

4-5-3 ライセンス契約の内容 308
■ポイント解説 309
合弁に際しての技術やブランドの提供（309）
●本事例の考え方 309

【事例4-6】ポストクロージング 310

4-6-1 ポストクロージング 310
■ポイント解説 310
●本事例の考え方 311

4-6-2 Ｘプロダクツ社の上場 312
■ポイント解説 312
株式上場（312）
●本事例の考え方 313

【事例4-7】合弁会社からの撤退 314

4-7-1 合弁会社からの撤退方法 314
■ポイント解説 314
合弁事業からの撤退（314）
●本事例の考え方 316

4-7-2 合弁会社の清算 316
■ポイント解説 317
●本事例の考え方 318

4-7-3 今後への教訓 318
■ポイント解説 318
対処法務と予防法務（318）
●本事例の考え方 320

▶第5章 海外拠点の設立や運営 ·················· 321

【事例5-1】まずは出張ベースで本社社員を派遣したいという営業部からの
相談 321

xiv

■ポイント解説　322
　　1　海外拠点設置における法的視点（322）　2　外国からの投資に対する法
　　制（323）　3　規制の例（324）　4　新興国における裁量的な規制運用と対策
　　（325）　5　ビザの問題（326）　6　外国企業の営業活動への課税──いわゆ
　　る PE 課税の問題（327）
● 本事例の考え方　328

【事例 5-2】駐在員事務所が営業行為を行っている疑いがある！　328
■ポイント解説　329
　　駐在員事務所（329）
● 本事例の考え方　330

【事例 5-3】ようやく設立できた現地法人のコンプライアンス体制不備を懸
　念する同法人社長からの指示　331
5-3-1　法的リスクの洗い出し　331
■ポイント解説　331
　　1　コンプライアンスの意義（331）　2　法令違反に対する厳しい制裁（333）
　　3　リスクベースによる法的イシューのマッピングの重要性（334）
● 本事例の考え方　335
5-3-2　法令遵守体制の整備　335
■ポイント解説　336
　　1　コンプライアンス・プログラム策定の考え方（336）　2　コンプライア
　　ンス・プログラムの内容（337）
● 本事例の考え方　338

【事例 5-4】労務問題に悩まされている人事課長からの相談　339
5-4-1　問題の確定と検討すべき法的イシュー　339
■ポイント解説　340
　　1　海外拠点における主な労務問題（340）　2　差別（Discrimination）（340）
　　3　ハラスメント（Harassment）（343）　4　残業に関する制度の違い（344）
● 本事例の考え方　345
5-4-2　労務問題への対応のポイント　345
■ポイント解説　346
　　1　案件対応における留意点（346）　2　赴任前研修の重要性（347）
● 本事例の考え方　348
5-4-3　クラスアクションを提起された場合　349
■ポイント解説　349
　　1　訴訟提起への対応（349）　2　米国の訴訟における特異な制度（351）
　　3　ディスカバリー（Discovery）と文書管理（354）
● 本事例の考え方　356

【事例 5-5】独占禁止法違反（カルテル）の疑いが発生した！ 356

5-5-1　初期対応 357

■ポイント解説 357

　1　カルテルと競争法（357）　2　近時の規制強化（359）　3　会合への参加の是非（360）　4　独禁法違反（カルテル）への初期対応（361）

●本事例の考え方 362

5-5-2　リニエンシー 362

■ポイント解説 363

　1　独禁法違反に対する制裁とリニエンシー制度の効用（363）　2　独占禁止法の域外適用（364）

●本事例の考え方 368

【事例 5-6】顧客や関係者に対する贈賄の懸念が浮上した！ 369

5-6-1　民間企業に対する接遇の可否 369

■ポイント解説 369

　1　Commercial Bribery とは（369）　2　英国 Bribery Act における贈賄防止措置懈怠罪（370）　3　中国における商業賄賂禁止の概要（371）　4　秘密保護法制に対する注意——中国の場合（372）

●本事例の考え方 374

【事例 5-7】環境汚染問題が発生した！（クライシスの発生） 374

5-7-1　環境法に対する理解の必要性 374

■ポイント解説 375

　環境法と環境リスク（375）

●本事例の考え方 376

5-7-2　初動対応 377

■ポイント解説 378

　1　環境 NGO とは何か（378）　2　環境 NGO の力と，あるべき初期対応（379）

●本事例の考え方 380

5-7-3　危機対応の概要 380

■ポイント解説 381

　1　危機対応（public crisis management）の目的（381）　2　危機対応の流れと各ステップの概要（382）

●本事例の考え方 388

5-7-4　当局対応 389

■ポイント解説 389

　1　当局対応の基本姿勢（389）　2　主な対応上の注意事項（390）

●本事例の考え方 392

【事例 5-8】N 国に対して経済制裁が発動された！ 393

目 次

5-8-1　経済制裁措置　393
　■ポイント解説　393
　　　　1　我が国における経済制裁の法的枠組み（393）　2　契約に与える影響
　　　（394）　3　海外拠点の取引に与える影響と対応（395）
　●本事例の考え方　396

【事例 5-9】サプライチェーンにおける人権侵害の懸念が浮上した！　397
5-9-1　ビジネスと人権という新たな課題への理解の必要性　397
　■ポイント解説　398
　　　　1　ビジネスと人権という新たな課題（398）　2　人権とは何か（人権に関す
　　　る国際的な枠組みの概要）（399）　3　人権侵害リスクの特徴（400）　4　ソフト
　　　ローからハードロー化に向かうグローバルな枠組み（401）
　●本事例の考え方　403
5-9-2　初期対応　403
　■ポイント解説　404
　　　　1　迅速な危機対応の重要性（404）　2　A 社との取引を直ちに停止ないし
　　　中止すべきか（指導原則 19 参照）（404）　3　被害者への補償要求に応じるべ
　　　きか（405）
　●本事例の考え方　406
5-9-3　企業としての取組み　406
　■ポイント解説　407
　●本事例の考え方　409

▍第6章　プロジェクト・ファイナンス …………………………… 413

【事例 6-1】プロジェクト・ファイナンスによる海外電力事業参画の打診を
　　　　受けたが……　413
6-1-1　プロジェクト・ファイナンスとは　413
　■ポイント解説　414
　　　　1　プロジェクト・ファイナンスとは（414）　2　プロジェクト・ファイナ
　　　ンス案件に絡むリスク（416）　3　プロジェクト・ファイナンスのメリッ
　　　ト・デメリット（416）
　●本事例の考え方　417
6-1-2　プロジェクト・ファイナンスの登場人物　418
　■ポイント解説　418
　　　　1　スポンサー（419）　2　レンダー（420）　3　事業会社（420）　4　Offtaker
　　　（421）　5　現地政府（422）　6　EPC Contractor（423）　7　原料・燃料供給
　　　者（423）　8　O&M Contractor（424）
　●本事例の考え方　427

xvii

【事例6-2】 プロジェクト・ファイナンスに取り組むことになった　427
6-2-1　事業推進チームの組成　427
■ポイント解説　428
　　1　社内事業推進チームメンバーの役割（428）　2　社外のアドバイザー（430）
●本事例の考え方　434
6-2-2　実務の流れ　434
■ポイント解説　435
　　1　Preliminary Information Memorandum（PIM）（436）　2　Mandate Letter（436）　3　Kick Off Meeting（438）　4　Term Sheet（439）　5　Full Documentation（439）　6　Financial Close（440）
●本事例の考え方　441
6-2-3　プロジェクト・ファイナンスの契約書　441
■ポイント解説　442
　　1　融資契約・担保契約（442）　2　政府サポートレター・政府保証状（442）　3　EPC Contract（設計調達建設契約）（444）　4　Offtake契約（445）　5　事業権許諾契約（Concession Agreement, License Agreement, Implementation Agreement など）（447）　6　原料・燃料供給契約（448）　7　O&M Contract（449）　8　保険契約（450）　9　株主間協定・スポンサー間協定（451）
●本事例の考え方　455
6-2-4　融資契約・担保契約の仕組み　455
■ポイント解説　456
　　1　ファイナンスプランの作成（456）　2　セキュリティー・パッケージとは（456）　3　プロジェクト・ファイナンスにおける融資契約・担保契約等の概要（457）
●本事例の考え方　475
6-2-5　プロジェクト・アカウントの創設　476
■ポイント解説　476
　　1　プロジェクト・アカウントの設置（476）　2　Payment Priority（Cash Waterfall あるいは Cash Cascade）（479）
●本事例の考え方　482

【事例6-3】 プロジェクト・ファイナンスにおけるリスクはどのように分担されるのか　482
6-3-1　プロジェクトに関わる主なリスク　482
■ポイント解説　482
　　1　コマーシャル・リスク（484）　2　マクロ経済リスク（492）　3　カントリー・リスク（496）
●本事例の考え方　499
6-3-2　カントリー・リスク対策　499

■ポイント解説　500
　　　　1　Local Law の理解（500）　2　契約によるリスクの適正な配分（503）
　　　　3　政府系・国際系の金融機関・保険機関の活用（507）　4　紛争の解決と
　　　　投資協定の活用（507）　5　テロ・不当逮捕等の回避（510）　6　公正なプロ
　　　　ジェクト構築（511）
　　●本事例の考え方　512

【事例 6-4】Bankability とはなにか？　512
　　■ポイント解説　513
　　　　1　株 主 間 協 定 お よ び Sponsor Equity Contribution Agreement（513）
　　　　2　Offtake 契約（514）　3　事業権許諾契約（Concession Agreement）（515）
　　　　4　建設契約（515）　5　O&M Contract（516）　6　原料・燃料供給契約（517）
　　　　7　政府許認可（517）
　　●本事例の考え方　517

索　引 ……………………………………………………………… 519

　　Column
　　法務部員は契約交渉に参加すべきか　12
　　英文契約の構造　24
　　英文契約書の読み方・作り方　26
　　準拠法選択のヒント　44
　　いわゆる指し違え条項（finger pointing clause）　66
　　腐敗認識指数とは　149
　　トルコの LG と Digicom のケース　162
　　インターネット取引　173
　　個人情報やデータ　179
　　オープン・イノベーションと技術関連契約　185
　　LRM と知財，知財戦略の重要性　203
　　Tech Giants とのライセンス契約　216
　　住友信託銀行対 UFJ ホールディングス事件　246
　　合弁契約の準拠法　277
　　商　標　305
　　ラナプラザ倒壊の悲劇　398
　　国際企業法務と LegalOperations（LO）　409
　　現地政府・現地企業がスポンサーとなる場合の問題点　425
　　Legal Advisor の選び方　431
　　Kick Off Meeting は意味があるのか？　438
　　Financial Close は事務作業か？　440
　　超長期間の契約　454

Escrow Account について　480
プロジェクト・アカウントの交渉ポイントについて　481
忍び寄るカントリー・リスク　498

序　章

国際企業法務の世界

▶▶▶国際企業法務とは◀◀◀

1　はじめに
[1]

　国際企業法務とは，文字通り，企業活動としての国際取引に関する法務である。国際取引とは，企業や個人，時には国家をも当事者として行われる国際ビジネス活動であり，我が国企業も，グローバル化した市場においてこの国際取引を幅広く展開している。国際取引も商取引であるから，営利を目的とする者の間の取引であることは国内取引と同様であるが，異なる法域にまたがって取引がなされたり，当事者の活動拠点が法域を異にしていたりする，という特徴がある。

　取引の対象は，物，サービス，技術，資金等様々であり，また，取引に関係する主体や取引の態様も様々である。様々な取引が，国境を越えて行われるので，複数国の多様な法律が関連し，しかも国内取引とは様相の異なった種々の法的問題（legal matters）が生じることになる。この多様な legal matters を，ビジネスの持続性，安定性の視点から適切に処理する仕事が国際企業法務である。

2　多様な国際取引と legal matters
[2]

　個々の企業が行う国際取引の具体的な内容は，各企業のビジネスモデルや取引の発展度合いによって多様であり，それに応じて問題となる legal matters も異なってくる。

　企業がグローバルな市場で成長していくためのカギは，様々な制約の下で，

1

序章　国際企業法務の世界

最適な形で事業展開を行っていくことである。企業が海外マーケットに進出する場合，当初は原材料の輸入や完成品の輸出という典型的な貿易から始まることが多いだろう（→第1章）。取引量やマーケットの拡大に伴って，海外マーケットにおける第三者の力を借りるために，現地の企業等を代理店や販売店として起用することもある（→第2章）。また，物品そのものを輸出するだけでなく，物品の製造等に必要な技術を対象とした各種の国際取引も行われる。この場合，当初は現地のメーカー等に対する技術移転の形で行われることが多いが，最終的には現地で開発をしたり，委託生産を行ったりする場合もある（→第3章）。マーケットの拡大に伴って，半製品の輸出やノックダウン生産（日本で主要な部品を製造したうえで，それを海外に輸出し，現地で組み立てて製品を生産し，販売すること）が始まり，さらに進めば海外における現地生産化が行われる。部品供給会社など関連企業が同行して進出する場合もある。この現地生産は，現地の有力パートナーとの合弁事業の形態で行われることも少なくない（→第4章）。さらに本格的な海外進出としては，地域展開の統括拠点となる事務所・現地法人・子会社が設立され，継続的に運営されることになる。拠点には資金のほか，人という経営資源が必要である。当初は主要なスタッフは本国から派遣され，補助的なスタッフの一部を現地で採用するという場合が少なくない。しかし，グローバル化に伴って，スタッフの採用も現地化し，さらに進むと経営幹部も現地採用される。この結果，現地での労務問題を避けて通ることができなくなるなど，現地化に伴う種々の legal matters が生じる。また，グローバルに事業展開していけば，様々な紛争や危機（クライシス）に直面することも少なくない（→第5章）。一方，たとえば，発電機といった単品の輸出ではなく，多くのパートナーと組んで発電所そのものを海外において建設し，運営するという大規模なプロジェクトを実行することもあるだろう。それはしばしばプロジェクト・ファイナンスという高度な取引形態によって行われる（→第6章）。さらには，事業そのものを拡大し，事業のポートフォリオを進化させるために，企業買収，M&A を展開していくことも考えられる。一方で，全世界的な観点から分業と資源の再配分が必要となり，時には現地工場や拠点の閉鎖，合弁事業からの撤退を余儀なくされることもあるだろう（再び，→第4章）。

[3]　グローバルな市場は，「知恵」（ビジネス）の高度化，複雑化，そして切磋琢磨が，絶え間なく進んで行く場である。そこでは，企業は，各種の明示・黙示

のルールを前提に，自他の関係を形成することになるが，そうしたルールのあり様は地域等により一様ではなく，また，変化し続けるものでもある。そうしたルールに適応できないプレーヤーは，市場から淘汰されることもある。国際企業法務がますます重要な経営の要素となっていく所以である。たとえば，国際契約における詳細な契約条項について，専門家が関与して検討されたものとそうでないもの，海外進出に伴って遭遇する国家政策・法制度の相違や，企業の組織や活動に対する規制など複雑多岐にわたる問題を事前に分析し対策を立てている場合と立てていない場合，海外進出により，特許訴訟，環境問題，独占禁止法関連事件，贈収賄関連事件，消費者訴訟など企業の命運を左右するような法的リスクが増大しているが，それへの備えがあるものとないもの，いずれがグローバル・マーケットにおいて生き残って行くかは，自明であろう。

3　国際企業法務を生業とする人たちへ [4]

　国際企業法務においては，問題が起きてから対処するという従来型の臨床法務（対処法務）よりも，法的紛争の発生を未然に回避するとともに，万一，将来紛争が発生しても勝てるような手当てをあらかじめ事業活動の中に織り込んで遂行していくこと，そして，先手を打って自社をリーガル・リスクから守ること，すなわち，戦略的な予防法務が重要である。

　たとえば，新たな海外進出の案件を推進するには，相手国法令の十分な調査と対策の立案，契約書の適切な整備などが重要である。また，企業を取り巻く様々な法的ルール（法令，政府規制，契約）の枠組みの中で，企業活動に法的基盤やロジックを付与し，案件を成功に導き，また，万一，訴訟等に至った場合でも勝てるだけの戦略・戦術を策定することも求められる。事業投資や複雑な取引構築における法務面からの支援，海外拠点の法的ステータスの安定化，大規模訴訟・危機対応システムの構築等も重要であるし，万一，リーガル・リスクが顕在化した場合には，その影響を最小化すべく，適切な紛争対応，危機対応，コンプライアンス案件対応支援等も重要である。さらに，社内研修，データベース構築，弁護士ネットワークの着実な整備も欠かせない。

　国際企業法務は，このように多角的でダイナミックな仕事である。国際企業法務に企業の一員として携わるにせよ，弁護士として携わるにせよ，世界をそのフィールドとして，一人一人が自らを磨き，向上させながら，日本や世界へ

序章　国際企業法務の世界

の貢献に直結する仕事の重要な一翼を担う，チャレンジングながら非常にやり甲斐のある世界である。我々がともに働くのは，世界のビジネスパーソン，弁護士，会計士，コンサルタントなどの多くの専門家たちであり，そうした人たちと切磋琢磨し，人脈を広げるともに，第一級の知識や実務スキルを身に付ける機会に恵まれている世界であるともいえる。これから国際企業法務を生業としようとされる方々が本書によって，国際企業法務という仕事に対するイメージと自らが備えるべきスキルマップをしっかりと描いてくださることを期待している。

　次に，法律事務所の視点，そして，企業法務部の視点から，それぞれもう少し詳しく，国際企業法務についてみてみよう。

▶▶法律事務所の視点から◀◀

[5]　**1　国際取引への弁護士の関与**

⑴　日本企業の海外進出，特にアジア進出の加速

　日本の企業は高度成長期を経て，1980年ころから欧米への進出を加速し始めた。その後バブル時代になると，日本企業が海外の土地を購入したり，海外の会社を買収したりする機会が増加し，日本の弁護士も徐々にこういった海外案件について関与するようになった。日本企業が欧米で訴訟に巻き込まれる例も増え，日本企業の予防法務に対する意識が従前に比べ上昇してきた時期でもある。その後1990年台後半から2000年の初頭にかけて隣国中国への進出が加速したことに伴い，中国法務の需要が爆発的に増加し，中国法務に特化した弁護士も登場しはじめた。その後，東南アジアやインドといった新興国への進出が加速する中，日本の法律事務所は，中国のみならず東南アジアやインドに弁護士を駐在させたり，支店を設けるまでになってきた。同時に，従前から欧米に駐在する弁護士は多数存在したが，最近はニューヨークやロンドンなどに支店を設ける法律事務所も増えてきた。

　かつては海外に進出するのは大手の企業に限られていたが，経済のグローバル化もあり，中小の企業も，大手企業の進出に伴い，あるいは，安い労働コストや，新しい市場を求めて，海外進出するのが当たり前の時代に突入してきた。また，海外に進出しない企業であっても，原材料や部品等を海外から輸入して

4

いる企業は多いし，完成品を海外に輸出している企業が多数あることもまた言を待たない。かかる海外進出や海外との取引において，現在，多くの企業が専門家である弁護士の助言を必要としているといってよい。

(2) 日本の弁護士が関与することの必要性 [6]

では，海外進出や海外との取引に関する法務について，我が国の企業は実際にどのように対応しているのであろうか。海外案件にもっとも長けている企業として最初にあげられるのは商社であろう。大手商社は法務部に大人数を配置し，語学力に長けた人員も多数確保することにより，法務対応をできる限り内製化している。長い歴史の中で法務部内で蓄積されたノウハウを利用して，海外の典型的な取引であれば，日本の弁護士をほとんど利用することなく，基本的に法務部だけで処理することができる体制をとっている。英語が堪能な法務部員をたくさん抱え，海外の弁護士と直接コミュニケーションすることにより，日本の弁護士を介する必要なく案件を処理することもできる。

しかし，こういった体制を構築できている会社は，日本ではむしろ例外的といってよいであろう。グローバルにビジネス展開をしている一部の商社，金融機関，メーカー等を除くと，法務部内で海外法務を取り扱える人材が充実している会社はそれほど多くない。多くの会社は，海外取引案件についても，できることであれば日本人弁護士に日本語で依頼して，必要であれば当該日本人弁護士を通じて海外の弁護士を選任しコントロールしてほしいと思っているように感じられる。

ここまで経済がグローバル化してくると，前述の通り，海外と全く関係がない企業はほとんどないといって過言ではないと思われる。そんな中，弁護士として，あるいは，弁護士を目指す者として，海外との取引や海外での合弁会社設立など，国際取引に関する法務知識を一通り押さえておくのは必須の時代であるといってよい。

2 弁護士として最低限知っておくべきこと [7]
(1) 案件の流れ

国際取引における典型的な案件の流れを熟知されているであろうか。国際取引の全体の流れを把握することなく，案件を適切にハンドリングすることは不

5

可能といってよく，全体のスケジューリングや流れの中での的確な助言ということを常に意識しなければならない。たとえば，海外買収案件であれば，まずは秘密保持契約を締結し，その後，LOI や MOU などの意向書を交わし，Definitive Agreement といわれる最終契約を締結するという基本的な流れをきちんと押さえておきたい。

[8]　　(2)　企業の意思決定プロセスについて

　企業の意思決定プロセスについて熟知されているであろうか。全体のスケジューリングの中で重要な法的事項としてすぐに思いつくのは，たとえば許認可の取得のタイミングかもしれない。しかし，実は，非常に大事なのは依頼者の意思決定プロセスである。しかも，この意思決定プロセスは各社によって様々である。当該依頼者の取締役会のタイミングや，取締役会以外に経営会議やいわゆる稟議制度などの重要プロセスがあるかといった依頼者の意思決定プロセスをよく理解したうえで，案件の流れとスケジューリングを把握しておかなければならない。

[9]　　(3)　現地事務所の使い方

　ある海外の国での取引に関して依頼者から助言を求められたが，当該国の具体的な法令の内容について知らないため，当該国の弁護士による法律助言が必要な場合，日本の弁護士としては，当該国の弁護士とどうやって仕事を進めるのか。当該国の法令の内容がわからないといって現地弁護士に任せきりにするといったことがあってはならず，必要な事項を現地弁護士に問い合わせつつ，自らイニシアティブをとって進めていくことが，依頼者から期待されていることではなかろうか。そのためには，国際取引に関連する基礎知識や常識を最低限身につけたうえで，当該国の弁護士の助言が適切であるか否かを判断していかなければならない。

▶▶企業法務部の視点から◀◀

1　リーガルリスク・マネジメントの重要性

(1)　プロフィットセンターでもある法務部門

　法務部門にとっての法務実務は，言うまでもなく，やみくもに専門性を突き詰める，調査研究自体を目的とするといった学問的なものではもちろんない。厳しい国際競争や時代の変化に曝されている中で，会社の持続的，安定的な発展を専門的な立場から支えるという，極めて実践的な目的をもつものである。したがって，単なる法律知識のみによって，企業活動の適法・不適法（イエス・ノー）を判断するだけであるとか，営業担当者にいわれるがまま契約書を代書するだけというのでは，その存在意義はない。そのような法務部員に仕事を頼むくらいならば，むしろ，サービス精神に溢れ，積極的な提案もしてくれる専門家である社外弁護士を起用したほうが余程よいということになる。国際取引を推進するチームの一員として，その時代時代の社会常識に基づき，法的思考力を駆使して，リーガル・リスクを適時・的確にマネージし，結果として会社に持続的な収益をもたらし，また損失を減らすという成果に貢献するプロフィットセンターとしての側面をもっているのが法務部門である。法務部員は，まずこの意識をもたなければならない。このことについては，経済産業省の「国際競争力強化に向けた日本企業の法務機能の在り方研究会報告書」（平成30年4月版，令和元年11月版）も，従来のパッシブな「支援と牽制」からプロアクティブな「Partner & Guardian」への自己変革を促している。企業法務部門の使命は，経営者や事業部門のPartnerとして，法的専門性を駆使して適法・適切な事業戦略の実現に主体的，能動的に貢献するとともに，企業のGuardianとして，企業をリーガル・リスクやレピュテーション・リスクから守ることであると改めて強調しているのである。

(2)　法務部員は，優れた「総合診療医」であるべし

　法務部員（インハウス・ロイヤー）と社外弁護士（アウトサイド・カウンセル）の役割の違いは，総合診療医（家庭医の進化形といってもよい）と専門医の違いにたとえることができる。総合診療医には，患者の健康リスクを管理（マネージ）するという視点が欠かせない。総合診療医は，患者を点ではなく線で日常的にとら

え，部分的な症状だけでなく，健康状態や生活スタイルなどの情報に至るまで把握しているので，より的確で責任ある助言ができるといわれる。また，あらゆるイシューを的確に診断し，問題を整理し，治療計画を策定し，自分で治療できるものは治療し，専門医を必要とする場合は適切な専門医を起用し，治療計画に基づいて協働して治療にあたりつつ，全体を差配するという機能が期待されている。

法務部員も，会社の現場に日常的に密着し，ビジネスの実情や，現場の悩みをよく理解しているので，ビジネスの実態に適った「最良の知恵」，「最適解」を出すことができる。また，案件における法律問題を適切に抽出・把握し（issue spotting），そのポイントを整理した上で解決策（solution）を立案し，自ら対応できるものは適切に実施するとともに，特に専門的な領域や馴染みのない法域に関する法律問題については，高い専門性をもった社外弁護士に調査・分析・アドバイスを求める。その結果を踏まえて，法務部員はその解決策を営業現場や，場合によっては他のコーポレート部門や会社経営幹部とともに詰め，確定し，組織に落とし込む。法務部員には，マネジメント能力も期待されているのである。なお，法務部門や法務部員の在り方に関する詳細や具体論に関しては，平野温郎「法務の世界と世界の法務」第1回〜第5回（法学教室445号〜449号〔2017〜2018〕）を参照願いたい。

[12]　**2　法務部員としての心構え**

(1)　必要な視点

企業の法務部員は，単なるジェネラリストでも，スペシャリストでもない。現場感覚，バランス感覚を備えた「法律をもっとも得意とするビジネスパーソン」であり，「リーガルリスク・マネジメント」の能力をもった「マネジャー」であることが求められる。リーガルリスク・マネジメントの基本となるルール（ソフトローを含む法律や，その時々の政策・当局の動向等）を知識として理解していることは大前提であるが，それだけでは不十分であり，会社の方針やビジネス（モデルやパターン，主要類型），文化等への理解も必要である。また，現代社会では，倫理や社会規範に反する行為（"Fair"〔公正，妥当，正常〕でない行為）がより厳しく非難・糾弾され，企業のレピュテーションが毀損されることが少なくない。法務部員には，この視点からも適切な案件対応への関与が求められる。

8

(2)　リーガルマインドの強化

　企業法務を生業とする者の大切なスキルのひとつして，法的思考力，いわゆるリーガルマインドが非常に重要である。リーガルマインドとは，「法律知識・社会常識等を駆使して，一定の結論の方向性を出す技術」であり，「論理的思考方法の合理的な実践」である。より平易な言い方をすれば，何事もアバウトに考えず，慎重に，個別にチェックしてリスクを察知するスキルである。「物事を客観的に観察，分析し，解決に向けた筋道を立てられる力」，「企業を取り巻く法的ルールの枠組みの中で，企業活動を適法性および適切性の両面から検証し，これに対外的な説明にも耐えうる確固たるロジックを付与し，案件を成功に導き，また紛争に至った場合であってもこれを適切に解決するための戦略・戦術を生み出す力」といってもよい。

　法務部員は，たとえ若手であっても，プロの企業法務家として，「問題を発見し，解決する」ことが求められ，ビジネスパーソンとして，成果を上げて企業に貢献しなければならない。そのための前提となるのが法律知識であることはもちろんであるが，さらに，幅広い社会常識とリーガルマインドをもって，納得性の高い適切な結論，会社にとってのベスト・ソリューションを提供しなければならない。法務部員もやはり社員であり，求められているのは，「①会社の一員として現下の状況をどう判断し，②会社はどう行動すべきか（または行動すべきではないか），③それを支える法的ロジックは何か」を考えることである。そのためのスキルが，リーガルマインドである。

　リーガルマインドの構成要素には以下のようなものが考えられる。いずれも，一朝一夕に身に付けられるものではないが，いかなる仕事においてもこれらを意図的に実践し，internalization（内面化）するまで繰り返し努力することが肝要である。

①　目的指向性

　上述の通り企業法務の目的はビジネスの成功に貢献することにある。法務部員は，法律知識，社会常識，法的思考力の法務三要素を，経営・事業目的の実現に焦点を当てて駆使し，業務を貫徹するものであるという，確固たる目的指向をもち続ける。

②　事実調査・把握力

　担当する事案に関し，ある程度のイメージとポイントをもったうえで，適切

かつ本質的な質問を行う。冷静に，感情・邪念・偏見を排除し，油断せず，客観的に話を聞いたり，手間を惜しむことなく必要な場所に足を運ぶことなどにより，必要な情報を正しい時系列で不足なく収集し，時に多面性，潜在性，部分性という性質ももつ「事実関係」を十二分に把握する。

③　論点整理力（Issue Spotting）

把握した事実関係を咀嚼して組み立て直し，重要な事実と法的に問題となりそうな事項を抽出し，当社の立場と相手や関係者の立場から，多角的かつ論理的に考察・分析する。そのうえで，ストーリーを組み立て，予想される展開（Worst Case Scenario を含む）と，それに伴う問題や法的論点を整理する。

④　Solution 提示力

問題や法的論点を解決するためのロジックを，法律知識と社会常識を用いて，筋道を立てて，そして，大局感をもって（森と木を同時に見ながら）体系的に組み立てる。関係する法令等の全体の見取り図の上に，具体的な案件を適切に位置付け，初期的な法的判断と解決の方向性を見出し，さらに裁判所で争われたらどうなるか，政府当局の介入を受けた場合はどうなるか，などの展開を想定する。

そのうえで，採りうるオプションをリストアップする。柔軟性と視野の広さをもってシミュレーションを行い，それぞれのオプションに含まれるリスクが当社として取れるリスクかどうか，ビジネスジャッジメントに委ねることのできる問題か，委ねる場合の前提条件には何があるかなどを，リスクが顕在化する可能性と顕在化した場合のインパクトの予測も踏まえて検討する。

さらに，当社取引の全体像，過去の経験，案件担当者の能力，相手方の交渉力，当社として負担しうるリスク／できないリスク，企業倫理の面から問題がないか（"Fair"〔公正，妥当，正常〕であるかどうか），相手方や第三者（顧客，消費者，裁判所・政府当局）の立場からみてどうかといった全ての事情に再度照らして，考えられる複数のオプションに優先順位を付け，最善と思われる実行可能なものを提示する。

⑤　緻　密　性

神は細部に宿る。「こだわり」といってもよいが，用語ひとつでもおろそかにせず，あいまいな外来語を用いてごまかさずに，日本語，法律用語を正確に用い，定義を大切にする。ロジックでも事実関係でも何かおかしい，筋が通ら

ないと引っかかった部分を見逃さない。直感・センスは大事にするが，アバウトには考えず，人に簡明に説明できるレベルになるまでリサーチを行い，法的根拠をもって整理咀嚼する。

⑥　健全な猜疑心

物事には二面性があることを忘れず，常識を疑い，事実感覚を研ぎ澄ませて異常性を見逃さない。至るところにリーガル・リスクがあると考え，リスクを前もって見極め，万が一の事態にあらかじめ備えようと動く。自分に有利な事実しか説明しない人，不都合な事実は隠そうとする人も多い。トラブルが発生している場合，何の根拠もないのに相手方がクレームを言ってくるようなことは少ないので，会社にとって都合のよい説明を聞いて満足するのではなく，相手の立場にたって物事をみてみる。事実に対する鋭敏な感覚をもち，何か不自然な点はないかよく考え，疑問点を放置しない。

⑦　表現力・発信力

いかに正しく事実関係を整理し，論点を把握し，Solution を組み立てたとしても，法務部員である以上は，それを適切に契約書に反映したり，経営陣や担当部門の意思決定に資する納得性の高いメモランダムや報告書を作成したり，臨機応変にプレゼンテーションをすることができなければ，プロフェッショナルとはいえない。誤解を恐れずにいえば，法務部員はやはり「書けてなんぼ」，プラス，「言えてなんぼ」なのである。

⑶　どうやって法的思考力を体得するか？

広範な分野にわたる論点に気づくためには，地道な努力と，積み重ねた経験が必要である。量は質に転じる。一定レベルまでは詰め込みでも，知識の量を蓄えることが必要である。その際には，フィールド（分野：横の広がり）とレベル（階層：縦の深まり）を意識しながら，雑多な情報を立体的に整理して，有機的なつながりを感得しよう。また，情報整理・論理的思考力の訓練を日々行うとともに，法務部内の先輩の所作を観察し，参考にすべきところを見習うことが有用である。また，ビジネスパーソンとしての諸先輩は，法務部内に限られるわけではない。打合せの中で，営業部門の担当者から教えてもらうことも多くあるだろう。自己研鑽の機会はいたる所にあるのである。

序章　国際企業法務の世界

Column　法務部員は契約交渉に参加すべきか

　経済産業省の「国際競争力強化に向けた日本企業の法務機能の在り方研究会報告書」（平成30年4月版）（→［10］）の策定の過程で実施されたアンケートに回答した米国企業の法務部門のうち，実にその81.5％が重要案件の契約交渉に「常に参加」または「法務部門の判断により参加」しており，参加していない企業が0社であったのに対し，日本企業の法務部門は，米田憲市編，経営法友会法務部門実態調査検討委員会著『会社法務部〔第12次〕実態調査の分析報告』（商事法務，2022）によればわずか27.6％にとどまっており，そもそも参加しないという企業も10.4％にのぼっている。

　この差異から何を推測することができるか。まず考えられるのは，日本企業と米国などの外資系企業の意思決定のスピードの違いの原因の一つがこれではないかという点である。法務部門が契約交渉に参加していれば，その場その場において法的，契約的な問題点は交渉を通じて自社の経営判断に堪えるレベルまで整理され，subject to management といった留保はつくにしても事実上解決されていることが多いであろう。逆に法務部門が参加していなかった場合には，交渉結果を持ち帰った事業部門は一から法務部門に説明することになり，その契約審査にも時間がかかる，交渉結果を修正しなければ法務（あるいは他のコーポレート部門）の了解が得られないなどの状況になり，その解決には相当な努力と時間が必要になる。場合によっては追加で交渉が必要となり，事業部門が一旦合意した事項についても蒸し返さざるを得なくなるという事態もあり得る。そうこうしているうちに日本企業の意思決定は遅い，決定権限のある当事者が交渉の場におらず時間の無駄である，という見方をされることになってしまうのである。

　次に考えられるのは意思決定の質である。一般化はできないであろうが，日本企業のビジネスリーダーは外資系企業のビジネスリーダーと異なり，得てして法務などコーポレート・リテラシーを十分に内在化していない。そのため，事業部門のみで法務部門を同行しない交渉結果の質はベストには遠く，セカンドベスト，あるいはそれ以下の譲歩やリスクの見逃しをしてしまっているかもしれず，それを巻き戻すのにさらに苦労するといった事態に陥りかねない。

　では法務部員が同行したとして，本当によい交渉ができるのだろうか。それはまさに人次第であるとも言えるが，一般的な日本人はもともと交渉というものに慣れていないうえ，学校はもとより企業に入っても交渉の教育や研修はおそらく殆んど行われておらず，見様見真似，経験の積み重ねで何とかしのいでいるというのが通例であろう。一方，我々が交渉する相手方たる英米の組織内弁護士は，多くの場合英語がネイティブであることに加えて，ビジネスに対する理解があるのはもちろんのこと，体系的な交渉スキルも会得していると思っていて間違いない。たとえば米国においては，交渉＝Negotiation は一つの学問分野として確立しており，日本でもよく知られているフィッシャー＆ユー

リーの『ハーバード流交渉術』（原題：*Getting to Yes*）のような実務書もポピュラーとなっているだけでなく，Larry L. Teply, *Legal Negotiation in a Nutshell* 等の法的交渉に関する書籍も刊行され，ロースクールでも教えられている。日本の大学で交渉学を教えているところはかなり限られようが，実は2002年以来毎年，多くの内外大学チームが参加する大学対抗交渉コンペティションという大会が開催されている（大会ホームページ：https://www.negocom.jp/）。2023年の同大会で総合優勝した東京大学チームは英語部門でも1位となり，国際大会への出場権を得て，多くの英語圏代表校を押さえシンガポールに次ぐ準優勝に輝いた。同チームの母体であるゼミでは，上記のハーバード流交渉術に基づいた交渉教育や英語による実践練習を年間を通して行っており，適切な教育機会が与えられれば日本人であってもよい交渉ができるということを証明している。

▶▶国際企業法務を会得する◀◀

　弁護士としてであれ，企業の法務担当者としてであれ，国際企業法務は，これを初めて担当する人にとっては全体像がつかめず，とっつき難いだけでなく，実際に何をどこまで，どの程度の深さまでやればよいのかがわからないものである。この原因としては，国際企業法務が関わる法律分野が多岐にわたるため，幅広い知見が必要であること，および，各分野の知識を時には総動員しながら，横串的な思考や目配りが必要であること，などが考えられる。しかし，国際企業法務に必要な分野を全て深く理解することは到底無理であるし，意味もない。自社の事業が行われている，あるいは進出しようとする現地国の法制度全てを詳細に理解することは，当該国の弁護士にとっても無理な相談である。

　一昔前であれば，国際企業法務を生業としてやっていくために何を理解し，何をすべきかは，企業でいえば上司や先輩が，法律事務所であれば指導的立場にあるパートナー弁護士が把握しており，先輩から後輩への伝承によって共有されていた。しかし，ビジネスやルールの変化・発展のスピードが速い現在では，上司や先輩も経験したことのない法律問題が次々と発生し，上司や先輩からの伝承だけで必要なことを伝えることはできない。

　そこで，どういう分野の知識やスキルが必要なのかを可視化する必要がある。国際企業法務を生業とする人が標準装備として身につけるべきスキルは，個々の企業の業態や事業展開の状況にもよる。たとえば，多様な分野で幅広く国際

的なビジネスを行っている大規模商社であれば，おおむね以下のような分野に
わたると考えられる（各項目ごとに，初級・中級・上級の三段階に分かれる）：

[17] ① 総合項目（例：海外におけるリーガルリサーチ）

② 基礎スキル（例：法律英語，交渉の基礎）

③ 一般法務（例：海外契約，ビジネス英米法基礎）

④ 知的財産権（例：ライセンス契約）

⑤ 会社・金融証券取引法（例：グループ企業ガバナンス，主要国会社法比較）

⑥ 危機対応・紛争対応（訴訟・仲裁対応を含む。例：英米民事・刑事訴訟手続法
実務，政府調査対応，国際商事仲裁実務と事例研究）

⑦ 独占禁止法（例：米・EU・中国の法制度比較，主要国企業結合規制）

⑧ 公務員贈賄関連（例：外国公務員贈賄禁止法令）

⑨ 事業投資（例：海外 M&A 契約，合弁契約，事業撤退，国際投資法）

⑩ プロジェクト関連法（例：Loan Agreement，国際インフラ建設案件概要，プロ
ジェクト・ファイナンス）

⑪ 倒産・担保法（例：米国連邦破産法概要，国際倒産基礎，英米担保法）

⑫ 労働法・労務対応（例：海外赴任と主要国の労働法制ポイント）

⑬ コンプライアンス

⑭ 貿易と法務（例：貿易実務，Incoterms，Letter of Credit，海商法基礎，通商法基
礎）

⑮ その他特定分野（例：資源開発関係，グローバル環境法）

[18]　社内の研修プログラムでは，これらのうち，初級シリーズと中級シリーズの
モジュールを，たとえば 3 年＋ 3 年で完了させる。③の一般法務を例にするな
らば，「国内契約・海外契約の基礎」モジュールを導入研修の最初の 1 か月の
プログラムの中で済ませ，OJT や実務を 3 年間経験した後，中級として，英米
法の Contract やドラフティング，交渉技術などのモジュールを学ぶといった
カリキュラム構成である。上級シリーズは必須ではなく，必要なときに必要な
人が受講するという項目である。たとえば，弁護士事務所や企業内において，
今はアジア担当セクションにいるが，ある案件で米国での民事訴訟や独禁法問
題に巻き込まれたという場合に，米国担当セクションの助力は得るが，本人と

しても急いで米国民事訴訟手続や政府対応，米国独禁法を鳥瞰しなくてはいけないというような場合に学習するというアドホックなものであり，マンツーマン研修になることがあってもよいものである。もちろん，これらについて自分で本を読んで一から勉強するということは可能ではあるが，たとえ，1.5 時間ないし 2 時間という短いものであっても，当該分野に詳しい先輩や同僚の指導の下，全体を鳥瞰し，エッセンスを理解してから自力で学びを深めていくほうが，より効率的であることが多い。

ここまで述べてきたことは，国際企業法務についてのひとつの理想の姿であるといえるが，実際には，上記のような研修プログラムを実践できるような大企業はごく一部であると思われる。国際企業法務を専門に担当する担当者がいない，法務部門があっても研修制度はない，あるいは，法務の担当部署がない，といった企業のほうが多いであろうし，法律事務所であっても，国際企業法務について豊富な経験を有する先輩がいない，研修プログラムがない，といったケースが多いのではないかと思われる。本書では，本格的な組織と人員を備えた大企業を題材にしたが，本書で述べたようなことが全て実践できなければならないという趣旨では決してない。国際企業法務の理想の姿はひとつに決まっているわけではなく，各自，各企業，各法律事務所が，それぞれの実態に応じた理想の国際企業法務のあり方を追求していくことが重要である。企業によっては，国際企業法務に関する業務の大部分を外部の法律事務所や専門家に委ねる場合もあると思われる。そのような場合であっても，外部の専門家を活用し，外部の専門家とよいチームを組むためには，一定の知識やスキルが必要である。本書は，そのような方にとっても役立つはずである。

▶▶▶本書の使い方◀◀◀

本書は，会社で国際企業法務に携わろうとする方々，国際取引案件を扱いたいと考えている弁護士の方々，そうした企業人や弁護士を目指しているロースクール生や法学部生の方々を主な対象に，具体的な事例に沿って，事例ごとに必要な知識やノウハウを解説するものである。本書の特徴は，論点ごとの解説書とは異なり，具体的な事例に沿って時系列を意識しながら，実際に案件に携

わっているような感覚で知識を身に付けていくことができる点にある。

　本書では，国際売買，海外での合弁事業，プロジェクト・ファイナンス，海外との技術取引や販売店・代理店取引などを，事例に沿って実際に起こりうるような様々な問題を提示することにより，国際的な案件を扱うために必要最小限の知識を提供したいと考えた。本書をお読みいただくことによって，本書で取り上げたような典型的な国際取引において，通常経験するであろう法的問題や当然知っておくべき最小限の基礎的知識については，ほとんどカバーできているのではないかと考えている。しかし，限られた紙幅の本書で触れることができるのは，あくまで入門的な必要最小限の情報である。国際企業法務の実務に携わられる方々は，本書で満足することなく，どんどん知識やスキルを深めていっていただきたい。国際企業法務の広がりや変化のスピードは速い。本書に書かれている情報も，あっという間に古くなってしまうことも考えられる。自ら内外法律事務所のニューズレターや論文などに目を通したり，社外の研究会，セミナー等に積極的に参加したりするなどして，知識を増やし情報をアップデートすることも重要である。

　国際企業法務や国際取引法を学びたいと考えている学生の方にも，本書は大いに活用していただけると考えている。本書には，どのような国際取引法の教科書にも書かれている基本的なことから，実務の最前線で問題となっているようなトピックまで，様々なレベルのことが書かれている。本書は，従来の国際取引法の教科書や司法試験の試験科目としての国際関係法（私法系）で取り上げられてきたような内容や枠組みを意識せず，実際の国際取引において重要と思われるもの，将来，国際的な法務の世界で活躍する際に知っておいたらよいと思うものを積極的に取り上げている。試験のための参考書，国際取引法の体系書というよりも，実務で活躍したいと考える方のためのテキストでありたいと考えたからである。学生の方々には，細かなことを覚えようとか，本書に書かれていることを完全に理解しようと欲張っていただく必要はない。よくわからない部分は読み飛ばし，面白そうなところから読んでもらって構わない。そして，何となく，「ああ，そんなことが問題となるのか！」「そんなことまで考えているのか！」といったことを感じ，国際企業法務や国際取引法の世界の魅力を感じ取っていただきたい。そして，実際に国際企業法務の世界にデビューするときに，あらためて本書を読み返してほしい。

[20]

　読者各位には，本書を通じて，国際企業法務に携わる者の問題へのアプローチの仕方や思考回路はどのようなものか，案件処理の実際の流れはどのようなものかなどを，まずは鳥瞰的に体感していただき，そのうえで，類似案件が生じた場合などには，考えるヒントを得るために都度関連する部分を参照していただければ幸いである。あるいは，実際に目の前で処理している案件の流れに沿って，その時々に必要な箇所をピンポイントで読んでいただいても構わない。どのような形で利用されるにせよ，本書が，国際企業法務に取り組もうとされる，あるいは，すでに取り組んでおられる方々にとって，暗闇を照らす灯台のような役割を些かでも果たすことができれば幸いである。

　読書の方々が，それぞれの目的に応じた形で，本書を活用して下さることを願っている。

第1章

国際売買契約

【事例1-1】新規取引案件の条件を取り決めようとしている営業部からの相談

　当社は日本の商社である。当社の第1営業部は、これまでの国内マーケットに加えて海外マーケットの開拓を目論み、N国のX社から炭素繊維強化プラスチック（CFRP）を当社が買い付け、新規取引先であるA国の大手医療機器メーカーY社に転売するという新規案件の成約を目指してきた。

　X社は石油・鉱産品や関連素材の輸出入業務を行っているN国国営企業グループであり、傘下に炭素繊維メーカーを持つ。Y社は、持株会社であるY Holdings社の傘下に空調設備、航空機部品、産業機器など多種多様な工業製品を製造する子会社群を擁するコングロマリットであるYグループの中核企業の一社である。YグループにおけるCFRPその他、生産に必要な原材料の購入はY社の購買セクションが統一的に行っており、当社の交渉相手も同セクションである。

　今般、第1営業部から、法務部に対し本取引の実現に向けた協力要請があった。

第 1 章　国際売買契約

着眼点

　国際的な売買取引（貿易取引）は，典型的な国際取引の一例である。営業部門に対して適切に助言したり，契約書案（ドラフト）を検討したりするには，商品知識はもちろんのこと，国際売買取引の流れはどのようなものか，契約交渉においてはどのような事項が問題となるのか，法的に問題となりやすいのはどのような点か等を，あらかじめ十分に理解しておくことが必要である。

ポイント解説

[22]　**1　貿易取引とは**

　貿易取引とは，他国の取引相手に物品を輸出したり，他国の取引相手から物品を輸入したりすることを指す。サービス（たとえば，金融，観光，教育等）の国際的な取引について，「サービス貿易」といった表現が用いられることもある。

　物品の貿易取引には，いくつかの態様がある。もっとも単純なものは，我が国の工場で生産した物品を外国の業者に対して輸出したり，外国の業者から我が国に物品を輸入したりする「2国間貿易」である。これ以外に，本事例のようにＮ国の物品を購入してＡ国（＝仕向国）の買い手に売却するのにＮ国から（日本を介さず）直接Ａ国に物品を輸出する「仲介（外国間）貿易」，日本の業者が外国の業者に対して製品の主な原材料を提供して加工を委託し，外国の業者が加工したうえで外国に輸出したり，その逆に，日本の業者が外国の業者から委託を受けて加工する「委託加工貿易」など様々な形態がある。日本企業の海外への進出が活発化したことにより，日本の本社が仲介したうえで海外の生産や調達の拠点から直接海外の顧客に対して物品を輸出する仲介貿易も活発化している。

　本事例では，日本の商社がＮ国からCFRPを購入し，それをＡ国のＹ社に転売するという取引が描かれている。このような場合，日本の商社がいったん日本に商品を輸入・在庫し，あらためて輸出するといった形で，2つの2国間貿易を組み合わせることも可能であるが，一般的には，日本を経由することなく，直接，Ｎ国からＡ国宛に物品を移動させる仲介貿易として行うことが少なくないだろう。

20

2　国際売買取引の流れ　　　　　　　　　　　　　　　　　　[23]

国際売買取引の開始から終了までの典型的な流れは以下のようなものである。

① 販売活動（Sales Activities）
② 引合い（Enquiry）
③ 見積り（Quotation）
④ 契約交渉（Negotiation）
⑤ 合意成立（Agreement）
⑥ 正式契約の締結（Conclusion of Formal Contract）
⑦ 契約の履行（Performance）ただし，契約不履行の場合は裁判等を経て，強制的な履行や損害賠償の支払によって終了する場合もある。

　国際売買取引において法務部が関与するのは，④契約交渉，⑥正式契約のための契約書案（Draft）の作成検討や，⑦契約の履行に関して紛争が生じた場合の対応時であることが多い。

3　国際売買取引の要素　　　　　　　　　　　　　　　　　　[24]

　国際売買取引には，典型的には，①売主と買主との間の売買契約，②物品の運送，③物品の運送に関する保険，④代金の支払，といった4つの主な要素がある。

　①の売主と買主との間の契約が，国際売買取引の出発点となる。売主と買主との間の契約については，契約が成立しているかどうか，売主と買主はそれぞれどのような義務を負うのか，売主あるいは買主に義務違反があった場合にはどうなるのか，などが問題となる。

　②の物品の運送について考えてみよう。国内の貨物運送の場合には，主に自動車や鉄道による運送が用いられるが，国際運送になれば船舶や航空機が用いられることになる。

　輸出国から物品を持ち出す場合や仕向国に物品を持ち込む場合には，税関を通す必要がある。税関は，輸入物品に対する関税の徴収や，輸出や輸入が禁止されている物品の取引の取締りといった役割を果たしている。関税とは，輸入物品について課される税金であり，我が国の場合，その税率は関税定率法によ

り定められている。輸出入する物品は、いったん、港湾に隣接した地域に設けられた保税地域におかれ、税関による手続が行われた後に、その後の運送を担当する運送業者等に引き渡される。保税地域とは、輸出しようとする貨物や輸入された外国貨物を通関手続が終わるまで一時的に保管するための場所である。輸出や輸入の税関への申告、貨物の船積や積み下ろしなどの通関に関する業務については、輸出者や輸入者の委託を受けた専門の通関業者（乙仲と呼ばれることもある）が行うのが一般的である。

国際運送については運送の距離も長く、運送の途中で物品が損傷を受けたり滅失したりするリスクも大きくなる。このため、国際的な売買取引では、運送中の危険に備えるため、③の貨物保険を付保するのが一般的である。

④の代金の支払についても、国内売買の代金支払であれば銀行振込等が用いられるが、国際売買の代金支払では、送金のほか、後述するような荷為替手形（→［102］）や信用状（→［103］）といった仕組みが用いられることも少なくない。

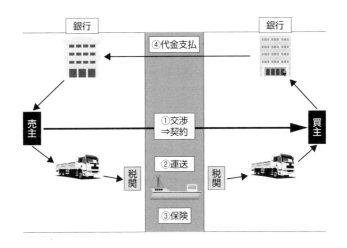

[25]　1-1-1　国際的な売買契約
　　あなたは、本件における売買契約に関する法的検討を行う担当者として指名されたが、国際的な売買契約の検討を担当するのはこれが初めてである。検討にあたり、一般に注意しておくべき点としてどのようなことがあげられるだろうか。

1-1-1 [27]

着眼点

国際的な売買契約は，商業的な取引条件と法的な条件から構成される。通常は英文で作成されることが多く，また，内容も国内の売買契約に比べてはるかに詳細となる。契約書の適切な作成（ドラフティング）のためには，幅広い知識やスキルが必要となる。

■■ ポイント解説 ■■

1　国際取引と契約書
[26]

国際法務の世界における契約書の重要性は国内法務の比ではない。国際売買取引は，異なる国の当事者間の取引であること，隔地間での取引であること等から，各種のリスクが国内売買取引に比して相対的に大きいと考えられるため，実務的にも当事者間の合意を書面化しておくことが原則である。また，国によっては書面主義や法定証拠主義が採用されていることがあり，証拠としての文書（契約書や関係書類の正本）が訴訟実務上重要である場合もある。契約書のサインや捺印なども，ルール通りの瑕疵のないものが重視されるため，本来サインや捺印の権限がない者について，実態としては権限があったとみなすべきである，というような主張は，時に百の傍証をあげても通らないとわきまえるべきである。また，国際契約には後述のように entire agreement clause（完全合意条項→ [209]）が置かれることが通常であるので，契約書の作成・締結には万全を期すべきである。

2　国際的な売買契約
[27]

国際的な売買契約では，どのような事項が合意される必要があるか。

売買契約である以上，売買の対象となる物品や代金，納期等について合意される必要があるのは当然である。

また，物品の運送方法と運送を誰が手配するか，保険の手配は誰がするか，物品の引渡しの方法や物品についての危険の移転の時点をどうするか，代金の決済方法をどうするか，輸出国や輸入国における通関手続はいずれの当事者が担当するか，取引に要する諸手数料は誰が負担するか，等が合意される必要がある。運送や保険の手配，引渡しや危険移転等，売買契約において典型的に問題となる事項については，当事者が契約書において個別に規定する代わりに，

23

第1章　国際売買契約

インコタームズ（→ [38]）と呼ばれる FOB，CFR，CIF 等といったアルファ
ベット3文字で表わされた貿易条件を用いることが多い。

また，物品の品質に関する当事者の責任，債務不履行があった場合の取扱い，
不可抗力があった場合の処理，準拠法，紛争解決方法等に関する取決めがなさ
れるのが通常である。

[28]

> **Column　英文契約の構造**
>
> 　近時は，日本国内の契約においても，英文契約の構造と同様の構造の契約が
> みられるようになってきたが，国際取引法務に携わる者としては，英文契約の
> 基本的な構造について知っておきたい。
> 　英文契約には以下のような内容が含まれていることが多い。
>
> 　**契約名と当事者の記載**　　契約書のタイトルの後に，何国住所何々の A と
> B が代表権のある者をして本契約を締結せしめる，といったような記載が柱書
> としてなされる。
> 　**Whereas 条項**　　当該取引に至ったいきさつや当該取引を行う当事者の目
> 的や意図などが謳われる。Recitals という場合もある。
> 　**Consideration があることの確認文言**　　英米法では，契約が法的に強制力
> をもつもの（enforceable）であるためには，約束に対して何らかの対価が提供
> されている必要があり，このような対価のことを consideration（約因）という
> （対価は約束と同価値のものである必要はなく，名目的なものであってもよい）。そ
> こで，consideration がある旨を一言確認する文言が盛り込まれることがある。
> 大陸法準拠であれば原則として不要であるが，記載しておいてもかまわない。
> 　**Definition**　　国際取引においては，契約書に用いられている用語の意味に
> ついて共通認識があるといった暗黙の了解は通用しないので，定義は細かい用
> 語も含めしっかりと記載される。
> 　**Purposes と Subjects**　　契約の目的が記載され，契約の対象・内容の詳細
> が記載される。
> 　**Closing と Conditions Precedent**　　契約実行の方法と契約実行の前提条件
> が記載される。Representations and Warranties や Covenants の後に記載され
> ることもある。
> 　**Representations and Warranties**　　各当事者が契約締結の前提としたい事
> 実を相手方に表明させ保証させる。
> 　**Covenants**　　誓約，確約などとも呼ばれるが，特約事項として相手方に遵
> 守してほしい事項を記載する。
> 　**Remedies**　　債務不履行があった場合に契約相手方に与えられる救済（解
> 除，代金減額，損害賠償など）が記載される。

> **Boilerplate**　一般条項として，通知方法や，管轄，準拠法などが記載される（→ ［208］）。
>
> **日付，署名欄**　日付は冒頭でもよいが，署名は最後に来るのが通常である。
>
> **Exhibit や Annex**　最後に別紙が添付されることもある。

3　売買契約書の作成や契約交渉に臨む際の視点　　　　　　　　［29］

売買契約書の作成に臨む際には，次の 4 点は常に意識しておく必要がある。

① 取引内容を踏まえ，いかなる事項が取り決められるべきか。

② 取り決められるべき事項に関し，いかなる内容が明確に定められなければならないか。

③ 自社（依頼者）にとって有利な契約をするためには，いかなる取決めをするべきか。

④ 自社（依頼者）として譲れない事項は何か。次善策がある事項は何か。

売買契約に定める事項のうち，対象商品，数量，価格・引渡条件，船積期間，代金支払条件，品質，包装，保険付保条件など（こうした事項は，商務条件，Commercial Terms などと呼ばれる）を決定するのは，基本的には営業部門である。この場合，一般論として，営業部門はリスクよりも収益やスピードを重視する傾向にある。むしろ，リスクにこそ収益の源泉があると考え，積極的にリスクを取りに行くことも少なくない。このため，どうしても契約内容の検討が疎かになったり，リスクを軽視したりしがちである。法務担当者としては，営業部門から取引の概要・商品の特徴や，商務条件をできるだけ正確かつ詳細に聴取し，整理・咀嚼したうえで，リスクを「見える化」するとともに，契約書作成にあたっては上記 4 点に留意しながら条件を書面に適切に落とし込み，可能な範囲でリスクを小さくすることで，取引に法的安定性，持続性を付与するよう努めなければならない。

4　標準契約書式，フォームの利用　　　　　　　　　　　　　　［30］

Sales Contract, Purchase Contract といった自社の標準契約書式（いわゆる Printed Contract Form）がある場合には，まずはそれを使用するよう相手方と交渉すべきである。その理由は，自社 Form は売り・買いともに自社に有利に作

第 1 章　国際売買契約

成されているからであるが，加えて，自社側がその内容を熟知しているため，修正する場合でも修正しやすく，また，読み違えや見落としのリスクも低いということがある。ただ，これらの事情は相手方にとっても同様であり，相手方が同様に自社 Form の使用を求めてきた場合には，その調整が必要になる。これは両者の立場の強弱によって決まるケースが多いであろうが，たとえばある商社の契約書取扱規程においては，契約書は自社 Form か自社起案の Draft によること，と定めているところ，この「自社起案」の解釈として，たとえ相手方 Form であっても自社の法務部が作成・交渉に関与し当社の権益が適切に確保されたものであれば「自社起案」に含むとして運用しており，実務的にはそのような方法で合意された Draft が用いられることも少なくないようである。

[31] **Column　英文契約書の読み方・作り方**
　国際取引で用いられる契約書の多くは英文で作成される。そこで，国際取引の現場では，英文契約書とうまく付き合うことが大切になる。英文契約書の読み方や作り方については多くの書籍があり，本書ではそうした問題に立ち入らない。以下では，英文契約書に接する際に，特に重要であると思われる点について，記載しておきたい。
　① 慣れること
　たくさんの英文契約書を読んだり，作ったりして，英文契約書で用いられている単語，表現，形式に慣れることが，大切である。業界，地域，相手によって，よく使われる単語・表現・形式にも傾向がある。それに慣れれば，英文契約書を扱うことは，英語で映画を見たり，手紙を書いたりすることよりも，ずっと楽である。
　② よい契約書をまねること
　よい契約書を作成できるようになるためには，よい契約書をまねることである。先輩によい契約書の例を教えてもらい，それをまねることからスタートするのが上達の近道である。
　③ ルールを学ぶこと
　日本法上，「又は」と「若しくは」や，「及び」と「並びに」の使い方についてルールがあるように，英文契約においても，"or"，"and" とカンマの使い方や数字の記載方法などについて一定のルールがあり，こういったルールを学ぶことも必要である。
　④ 背景を知るよう努力すること
　各条項にはそうした条項が盛り込まれるようになった背景があることが多い。英文契約書の場合には，日本法ではなく，英米法などにおける特定のルールに

対応するために，盛り込まれるようになった条項もある。日本の契約書では見ないような条項を見かけたら，その背景を勉強してみることも大切である。

⑤ **英米法の専門用語を見逃さないこと**

英文契約書では，準拠法が日本法の場合であっても，英米法に由来し，英米法上は特別の意味をもつような専門用語が用いられていることが少なくない。そういった専門用語を見逃さず，英米法ではどのような意味が込められているのかを理解したうえで，たとえば，準拠法が日本法の場合には，その用語をどのように理解したらよいかについて考えておくことが大切である。

⑥ **ネイティブ・チェックを惜しまないこと**

英語が得意といっても，特に新しい契約を作るときには，時間と費用をかけてでも英語を母国語とする人によるチェックを経ることが望ましい。少しの手間を惜しむことで，大きなミスを避けることができる。

⑦ **定義に関する規定には特に注意すること**

多くの英文契約書では，契約書で用いられる語の定義についての独立の規定を設けていることが多い。定義の内容次第で結論が全く異なることも多く，定義に関する規定は極めて重要である。なお，英文契約書では，定義された語は文中で用いられる場合であっても，最初の文字が大文字で記載されるのが通常である。

さて，ここで，少し複雑な条項の読み方を学ぶため，合弁事業（→ [330]）に関する英文契約書の条項例を読んでみよう。複数の企業が共同で事業を行う合弁事業では，当事者が勝手に持分を第三者に譲渡できないような取決めがなされるのが通常である（合弁事業は，特定の相手と共同で事業を行うことに意味があるのであり，相手が誰でもよいというわけではないからである）。この契約書例でも，1 項では合弁会社の株式の譲渡禁止が定められており，ここに示した2 項は譲渡禁止の例外を定めるものである。

【英文】

2. The foregoing restrictions shall not apply to any sale, assignment or other transfer by a Party to an Affiliate provided that such Affiliate shall agree in writing to be bound by this Agreement and all other documents or supplements thereto and such Party shall jointly and severally guarantee in writing due performance of such Affiliate of this Agreement and all other documents or supplements thereto and provided, further, that if such Affiliate shall cease to be qualified as an "Affiliate" as defined below, the shares held by such Affiliate shall be immediately returned to such Party. As used herein, an "Affiliate" of any Party shall mean any entity that directly or indirectly, through one or more intermediaries, Controls or is Controlled by, or is under

第 1 章　国際売買契約

common Control with, the relevant Party, and "Control" shall mean ownership, directly or indirectly, of more than fifty percent（50%）of the issued share capital or the voting rights of an entity.

【訳】
　２項　前述の制限は，［合弁会社株式の］譲渡を受ける関係会社が本契約その他本契約に関連する全ての文書や追加書面に拘束されることに書面により同意し，かつ合弁当事者が当該関係会社の本契約その他本契約に関連する全ての書面や追加書面上の義務履行について書面により連帯保証をする場合には，当該合弁当事者の当該関係会社に対する合弁会社株式の売却，譲渡その他の移転には適用されない。ただし，当該関係会社が本契約で定義される関係会社としての資格を喪失した場合にあっては，当該関係会社が保有する株式は直ちに元の合弁当事者に返還されなければならない。本契約において合弁当事者の「関係会社」とは，直接的に，又は一つ若しくは複数の中間者を通じて間接的に，合弁当事者を支配し，合弁当事者に支配され，又は合弁当事者と共通の支配下にある事業体をいい，この場合における「支配」とは，直接的に又は間接的に事業体の 50% 超の発行済株式又は議決権を有することをいう。

　どうであろうか。最初は読みにくいと感じるだろうが，基本的な文の構造はシンプルである。ただ，１つのフレーズが長かったり，途中に同義語や挿入句が用いられていたりするために読みにくい面がある。

　そこで，文を／（スラッシュ）で切り，SVO に注目しながら分解して見てみよう。まずは本旨の部分である。

　2. The foregoing restrictions（主語は「前述の制限」〔ここには記載していないが，本条第１項：譲渡禁止を定める条項に基づく制限のこと〕である）shall not apply（「適用されない」，という動詞部分である）/ to any sale, assignment or other transfer by a Party to an Affiliate（適用されないものを示す部分である）/（以下では，①から③の３つの前提条件が書かれている）① provided that（＝条件節の常套句である）such Affiliate shall agree in writing to be bound by this Agreement［and all other documents or supplements thereto］（［　］内はとりあえず飛ばして読むとよい）and ② such Party shall jointly and severally guarantee in writing due performance of such Affiliate of this Agreement［and all other documents or supplements thereto］（同上）and ③ provided, further, that if such Affiliate shall cease to be qualified as an "Affiliate" as defined below, the shares held by such Affiliate shall be immediately returned to such Party.

次のパートは，Affiliate と Control の定義条項である。 [33]

As used herein（herein とは，ここでは in this Agreement を意味する），an "Affiliate" of any Party（主語である）shall mean（動詞部分である）/ any entity（目的語である）/（この後は，entity にかかる修飾部分である）that directly or indirectly, / through one or more intermediaries,（Controls にかかり，そのパターンを広く確認的に規定しようとしている）/ Controls or is Controlled by, or is under common Control with,（修飾部分の中の動詞部分で，上，下，横の3つのコントロール・パターンが書かれている）/ the relevant Party,（修飾部分中の目的語である）/（以上が Affiliate の定義であり，これ以下は今度は Control の定義規定となる）and "Control" shall mean ownership,（以上が主語，動詞，目的語で，この後は ownership の対象が記載されている）/ directly or indirectly, / of more than fifty percent（50%）of ① the issued share capital or ② the voting rights of an entity（①または②のいずれかの 50%超を保有していることである）.

次に，前述の7つの留意点を踏まえて内容を見てみよう。 [34]

① **慣れること**

本項は，合弁契約において，合弁会社に対する出資持分の譲渡禁止の例外を定める条項であり，頻繁に目にする条項である。

② **よい契約書をまねること**

本項は，英米法系の国のネイティブの弁護士が起案したものであり，典型的な表現が使われているので，まねるには好適である。もちろんこの種の条項には多くの例があるので，自分でこれはうまいと思った条項を見つけたときは，手元にサンプルとして保存しておくとよい。

③ **ルールを学ぶこと**

同じ英文契約書であっても，米国流と英国流では記載方法などのルールに相違点があるので，できるだけ両者を混同して用いないように留意しておこう。

④ **背景を知るように努力すること**

本項は，譲渡禁止の例外として，合弁当事者が自己の関係会社に対して合弁会社の株式を譲渡することを認めるものである。こういった条項が置かれる背景は，一般に，グループ企業における内部的な組織再編に備えるためであり，自社においてそのような再編の可能性があるときは，規定しておくことが望ましいだろう。しかし，この条項によって相手方も譲渡が可能となるので，たとえば実体のないペーパーカンパニーや，パートナーの影響力が十分確保されていない関連会社に譲渡されてしまうと，合弁の相手方としての信用力の点で問題があるだけでなく，合弁事業における責任の所在も不明確になってしまうリスクが考えられる。また，将来的に譲渡先が関係会社ではなくなってしまうこ

第1章　国際売買契約

ともありうる。本項は，このような背景，考えられるリスクを踏まえて作られている。

⑤　英米法の専門用語を見逃さないこと

「jointly and severally」とは，複数の債務者・保証人がいる場合に，債務者がいずれの債務者あるいは保証人に対しても債務の金額の弁済を求めることができるような関係を示す際に用いられる英米法の専門用語である。この合弁契約の準拠法が日本法だったとして，たとえば「jointly and severally guarantee」はどのような意味をもつだろうか。直訳すれば「共同的又は個別的に保証する」となる（なお，連帯的に，と翻訳している文献もある）。英米法上は，このような表現を用いることによって，子会社が義務違反を起こした場合に親会社に対して全額につき個別に訴訟できるという趣旨が明確であったとしても，日本法ではどう解釈されるだろうか。前記の訳では便宜上「連帯保証」と訳したが，日本法上の連帯保証を意味するといえるかどうかは実は完全には明確ではない。そこで，もし日本法上の連帯保証を意図しているのであれば，念のため，「rentai hosho」と日本語で付記したり，具体的に検索の抗弁権の放棄を明文で規定したりするのが一般的であり，こうしておけば誤解は生まないだろう。

⑥　ネイティブ・チェックを惜しまないこと

上述の通り，本項は英米法系の国のネイティブの弁護士が起案したものであるが，ネイティブでない読者が起案する場合には，ドラフトの全部または重要な点をネイティブ・スピーカーにチェックしてもらうことが重要である。万一，それが難しい場合には，無理に簡潔に書こうとは思わずに，とにかく誰が見ても誤解が生じえないように，たとえ冗長でも必要と思われることは詳細かつ確認的に書いておくようにしよう。たくさんの英文契約書に触れていくことで，徐々に簡潔に書くことができるようになる。

⑦　定義に関する規定には特に注意すること

本項では，Affiliate および Control の定義が極めて重要である。Affiliate は，一般的には支配権がある関係会社を指すと考えられるが，具体的には準拠法によって様々である。このため，本項ではこれらの解釈を準拠法に委ねることなく，当事者の方針を踏まえて明文で定義を置いている。なお，本項では発行済株式または議決権の 50% 超を有する関係会社に対する譲渡を認めているが，完全子会社に限定する例も少なくなく，その場合は Affiliate よりも Subsidiary が用いられる。Subsidiary というと直接の 100% 子会社を想起しがちだが，必ずしもそうとは限らないので，直接または間接の 100% 出資子会社，と契約上明記することが必要である。

[35]　　では，今度は売買契約における不可抗力条項を見てみよう。不可抗力条項の詳細については後述（→[128]）を参照願いたいが，一言で言えば，売買契約などの契約当事者が，自らの責に帰すことができない事由による義務不履行の

責任を免除される，という趣旨の規定である。この例は専ら売主の立場から書かれている。

Article X. FORCE MAJEURE:

If the performance by Seller of its obligations hereunder is affected or prevented by force majeure, directly or indirectly affecting the activities of Seller or any other person, firm or corporation connected with the sale, manufacture, supply, shipment or delivery of the Goods, including WITHOUT limitation, act of God, flood, typhoon, earthquake, tidal wave, land slide, fire, plague, epidemic, quarantine restriction, perils of the sea, war, declared or not, or threat of the same, civil commotion, blockade, arrest or restraint of government, rules or people, requisition of vessel or aircraft, strike, lockout, sabotage, other labor dispute, explosion, accident or breakdown in whole or in part of machinery, plant, transportation or loading facility, government request, guidance, order or regulation, unavailability of transportation or loading facility, bankruptcy or insolvency of the manufacturer or supplier of the Goods, or any other causes or circumstances whatsoever beyond the reasonable control of Seller, then, Seller shall not be liable for loss or damage, or failure or delay in performing its obligations under this Contract and may, at its option, extend the time of shipment or delivery of the Goods or terminate unconditionally and without liability the unfulfilled portion of this Contract to the extent so affected or prevented.

　本条を分解して見てみると，次の通りとなる。冒頭の If からが条件節で，「もし不可抗力事由が起きたら」という趣旨が詳細に規定されている。

　If the performance（この「履行」が条件節中の主語である）by Seller of its obligations hereunder / is affected or prevented（「影響され，または阻害され」という，動詞部分である）by force majeure,（「不可抗力によって」）/（以下は不可抗力を限定している部分である）directly or indirectly affecting the activities of Seller［or any other person, firm or corporation connected with the sale, manufacture, supply, shipment or delivery of the Goods］,（［　］により，売主だけでなく，不可抗力が問題となりうる主体をメーカーなどその関係者に広げている）/（以下は force majeure, 不可抗力事由の例示列挙部分である）including WITHOUT limitation,（例示をする場合の常套句である）act of God, flood, typhoon, earthquake, tidal wave, land slide, fire, plague, epidemic, quarantine restriction, perils of the sea, war, declared or not, or threat of the same, civil commotion, blockade, arrest or restraint of government, rules or people,

第 1 章　国際売買契約

requisition of vessel or aircraft, strike, lockout, sabotage, other labor dispute, explosion, accident or breakdown in whole or in part of machinery, plant, transportation or loading facility, government request, guidance, order or regulation, unavailability of transportation or loading facility, bankruptcy or insolvency of the manufacturer or supplier of the Goods, /（さらに，以上の個別事例に加えて包括的な事由を規定している）or any other causes or circumstances whatsoever beyond the reasonable control of Seller, /（ここからが主節となる）then, Seller（売主が主語である）① shall not be liable for loss or damage, or failure or delay in performing its obligations under this Contract（まず損害や遅延について免責される，という述語部分①である）/ ② and may, at its option, extend the time of shipment or delivery of the Goods or terminate unconditionally and without liability the unfulfilled portion of this Contract to the extent so affected or prevented（続いて，売主は船積を遅らせたり影響を受けた契約の一部解除が可能である，という述語部分②である）.

　このように見てくると，英文契約書の条項は，SVO（大意）を基本に，条件節や修飾句，例示部分，個別の細かい説明事項などが，羅列的に組み込まれていることがわかる。これらが途中で切れずに長い文章になっていることが多いので，各種の常套句やパターン化された表現なども手がかりに，自分で読みやすいやり方で適切に分解しつつ，大意を外さないように読む，ドラフトを作成するというように努力してみよう。慣れていくにつれて，読解や作成自体はそれほど難しいものではないと感じられるようになるだろう。

●●本事例の考え方●●

[36]　　国際的な売買契約は英語で作成されることが多く，英文契約書の構造や英文契約書で用いられる表現についての基礎的な知識を得ておくことが大切である。また，国際売買契約で一般的に合意しておくべきポイントを踏まえたうえで，個別取引におけるリスクを分析し，備えるべきリスクに適切に対処できるような契約内容とすることが重要である。

[37]　　　1-1-2　貿易条件の決定
　　　　Y 社との交渉では，当社が売却する CFRP の引渡場所をどこにするか，運送等をいずれが手配するか等に関する貿易条件が問題となっている。Y 社は，運送は Y 社の側で手配したいと考えているようであり，貿易条件を

32

Incoterms®2020 に基づく FOB 条件とすることを希望している。これに対して，当社の第 1 営業部の担当者は，全ての物流プロセスやコストを当社が管理するためには，A 国にある Y 社の ABC 工場で引き渡すのが望ましいとして，貿易条件を Incoterms®2020 に基づく DDP 条件にしたいと言っている。貿易条件の決定に際しては，どのような点を考慮する必要があるだろうか。

着眼点

　国際的な売買取引では，物品をどこで引き渡すか，いずれの当事者がどのような事項について責任を負うか，といった貿易条件をあらかじめ明確に取り決めておくことの意義は，国内取引に比べるとより一層大きい。そうした事項について取り決める方法としてのインコタームズについて，個々の貿易条件の内容や関連する問題点をしっかりと理解しておくことが重要である。

ポイント解説

1　インコタームズ（Incoterms）　　　　　　　　　　　　　　　　　　　[38]

　インコタームズ（Incoterms）は，ICC（International Chamber of Commerce，国際商業会議所）が 1936 年に初めて作成したものである。1936 年以前から，商人の間では売買契約における売主・買主の義務や危険の移転の時期をいくつかのパターンに分け，それを FOB，CIF といった簡潔な表現（貿易条件：Trade Terms）で表すことが行われてきた。このような貿易条件を用いることによって，個々の契約において売主・買主の義務等について個別に交渉したり，長々と契約に書き込んだりする代わりに，典型的な貿易条件のいずれかを選択し，選択した貿易条件を表すアルファベット 3 文字を契約書等に記載すれば足りるようになった。ところが，ICC が 1920 年代に行った調査の結果，同じ表現，たとえば，FOB が用いられている場合でも，地域によって，具体的な中身に違いが存在することが明らかになった。このような状態は，国際的な取引にこうした貿易条件を使ううえで望ましくないことから，ICC が国際的な取引のための貿易条件として作成したのがインコタームズである。1936 年に作成された後，たびたび改訂されており，最新版は 2020 年版である。

　Incoterms®2020 では，FOB，CIF，CFR など 11 種類の貿易条件を設け，そ　　[39]
れぞれについて，売買取引における売主と買主の代表的な義務のうち 10 項目（引渡し，危険の移転，運送や保険の手配等）の内容を規定している。インコターム

ズは，売買契約において当事者がいずれかの貿易条件を明示することによって，当該売買契約の契約内容として取り込まれることを予定して作成されたものである。取引の実情に応じて，インコタームズにおいて規定された売主や買主の義務を変更することも可能であり，当事者が，インコタームズのいずれかの貿易条件を選択したうえで，さらに，インコタームズに規定されたのとは異なる内容を具体的に合意した場合には，原則として，そうした具体的合意のほうが優先する。

FOB や CIF といった表記は ICC がインコタームズのためにオリジナルに作成したものではなく，諸国で以前から利用されていたものである。したがって，単に FOB，CIF といった場合には，インコタームズにおける FOB や CIF を指すとは限らず，各国法が独自にその内容を固めてきた FOB，CIF を指すと解される可能性がある。したがって，インコタームズを用いる場合には，FOB (Incoterms®2020) といった形で，それが 2020 年版のインコタームズに基づくものであることを明記することが重要である。

[40]　インコタームズは，売主の義務として A1 から A10 までの 10 項目，買主の義務として B1 から B10 までの 10 項目を規定し，A1 と B1，A2 と B2 はそれぞれ対応するようになっている。具体的には，①売主・買主の一般的義務（A1 と B1）（売買契約におけるもっとも基本的な義務である売主による物品や関係書類等の提供，買主による対価の支払が規定されている），②引渡し／引渡しの受取り（A2 と B2）（売主の義務として，どこでどうやって物品を引き渡すかが規定されており，買主の義務としてはそうした引渡しを受領しなければならない旨が規定されている），③危険の移転（A3 と B3）（物品の滅失等の危険について，売主はいつまでの危険を負担し，買主はいつからの危険を負担するかが規定されている），④運送および保険契約（A4 と B4，A5 と B5）（運送や保険を誰が手配するかが規定されている）等が規定されている。

[41]　11 の貿易条件は，引渡しがなされる場所と，運送を誰が手配するかによって，以下の 4 つのグループに大別される。

E 条件：売主が指定引渡場所で物品を買主の処分に委ねることで引渡しを行うもの（1 種類）

F 条件：売主が運送人に物品を引き渡すことによって引渡しを行うが，運送は買主が手配するもの（3 種類）

C条件：売主が運送人に物品を引き渡すことによって引渡しを行うが，運送は売主が手配するもの（4種類）

D条件：売主が，仕向地まで物品を運送したうえで仕向地において物品を引き渡すもの（3種類）

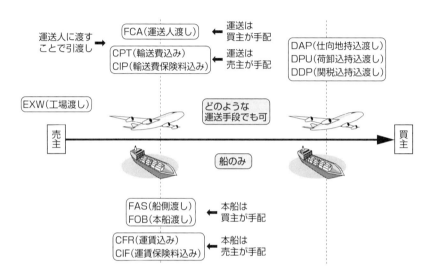

　11の貿易条件のうち，もっともよく用いられているFOB，CFR，CIFについて，引渡し，危険の移転，船舶の手配，保険の手配を簡単に整理したのが以下の表である。これをみるとわかるように，FOB，CFR，CIFのいずれも，引渡しは本船上，すなわち，運送に用いる船舶の上で引き渡すこととされ，また，危険は引渡しがなされた時点で売主から買主に移転するとされている。この3つの貿易条件の違いは，運送と保険を誰が手配するかという点にある。

船舶用	引渡し	危険移転	船舶の手配	保険の手配	いずれの運送手段にも対応
FOB	本船上	引渡時	買主	買主	FCA
CFR	本船上	引渡時	売主	買主	CPT
CIF	本船上	引渡時	売主	売主	CIP

　FOB，CFR，CIFはいずれも運送手段が船舶であることを前提としたものである。これらの3つの貿易条件はいずれもインコタームズ以前から用いられて

いたものであり（CFR は，かつては，C&F と呼ばれていたものである），その時代には
飛行機による運送は考えられていなかったためである。現在では，FOB，CFR，
CIF に対応する貿易条件で，どのような運送手段の場合であっても利用できる
ものとして，FCA，CPT，CIP が作成されている。ICC では，航空運送に船舶
運送用の FOB 等を用いると危険の移転等で難しい問題を生じることから，
FCA などのように航空運送にも利用できる貿易条件の利用を勧めているが，
実務で慣れ親しんだ貿易条件の利用を変えるほどの不都合は感じていないため
か，航空機による運送の場合であっても，海上運送のための FOB などがその
まま利用されることも少なくないようである。このため，近年のインコターム
ズでは，11 の貿易条件を，いかなる運送手段にも適したものと，海上運送に
のみ適したもの（FAS，FOB，CFR，CIF の 4 つである）に明確に区別し，運送手段
に応じて貿易条件を使い分けるべきであるとの姿勢をより強く打ち出している。

[42]　　**2　貿易条件の選択**

　　貿易条件の選択や交渉にあたっては，どのような点に注意する必要があるか。
たとえば，どちらが運送を手配するかは，どちらが手配したほうが傭船料が安
いか，どちらが船積時期等をコントロールしたいか（売主にしてみれば自分で運送
を手配すれば確実に指定時期に船積できるが，買主が手配する場合には，買主が手配するまで
は船積ができないという事態に陥る）等，取引上の様々な事情によって決まる。売
主としては，インコタームズを採用する前提で船積や運送のリスク・費用負担
を最小化したいのであれば，EXW（Ex Works）条件を選択することになる。
EXW では，売主が，自らの施設またはその他の指定場所（工場，製造所，倉庫な
ど）で物品を買主の処分に委ねたときに引渡しの義務が完了し，その後の運送
や輸入通関は買主が自らのリスクと費用において全て行う。一方，売主が物
品を自国内の船積場所まで持ち込む場合には，自分で運送を手配したいのであ
れば C 条件，買主が運送を手配することでよいのであれば F 条件を選択する
ことになる。

　　E 条件，C 条件，F 条件のように，輸出国の側で物品が引き渡される売買を
「積地売買」といい，国際貿易においては，このようないわゆる「積地売買条
件」が選択されることが一般的である。売主としての付加価値（たとえば運送契
約の手配のように，対価を得られるサービスの量）を増やすことによって，通常は利

36

益幅が拡大することが多いことから，EXW よりも FOB，FOB よりも CFR/CIF が選択されることが少なくないようである。

さらに，たとえば現地工場への JIT（Just in Time）Delivery（メーカーが部品を調達する際に，あらかじめ一定量の部品を購入したうえで自社の在庫として保管しておくのではなく，売主である部品業者との間で，まさに製造のために必要なタイミングで必要な量のみが工場に納品されるように契約しておくこと。部品業者としては，メーカーからの発注があり次第，直ちに納品しなければならない）などの取引先の要求に対応するため，本件のように営業部門がいわゆる「揚地売買条件」である D 条件を望むケースがある。たとえば DDP の場合には，売主は，自らが所有する貨物を仕向国内に適法に持ち込み，輸送をし，約定された引渡場所で相手方に引き渡さなければならない。積地で運送人（船会社）に引き渡せば売主としての責任が完了する FOB 等の取引と異なり，売主にとってはリスク・費用負担が大きい条件である。このような DDP 条件を採用するかどうかを検討するにあたっては，売買契約書ドラフトの検討に入る前に，引渡場所までの運送リスク，代金回収リスク，現地法へのコンプライアンス，実務的な管理の可否など，営業部門と個別具体的に摺り合わせて問題点をクリアするとともに，どのようにリスクヘッジを図っていくかを検討することが必要である。 [43]

また，取引先に対して JIT Delivery を行うために，海外の売主が取引先の所在地国に物品の管理や運送等を担当する人員を配置したりすると，売主としては単に日本から相手国に輸出しているだけであり，相手国で事業を行っているつもりはなくても，場合によっては，当該国内で事業を行っていると認定され，後述するような法人課税の対象となったり（→［439］），当該事業を行うために許可等が必要な場合には，許可を得ないまま無許可で事業を行っているとされるリスクもある。さらに，国によっては，売買対象の物品の所有権が売主から取引先に同国内で移転する場合（D 条件の売買契約ではそのように契約上取り決められることが少なくない），やはり法人課税の対象とされることもありうるので，個別に確認することが大切である。

なお，インコタームズ等の貿易条件は，取引に必要十分な全ての条件を規定しているものではなく，いわばミニマムの定めであると考えておくべきである。たとえば，Incoterms®2010 では，それ以前の FOB 等では危険の移転時期が本船舷側手摺（ship's rail）通過時とされていたものを，本船上（On Board）と変更 [44]

第 1 章　国際売買契約

したが（Incoterms®2020 でもそのままである），この On Board の解釈として，貨物の一部でも船倉に着底すればよいのか，あるいは，一応安定的に置かれた時点をいうのかによって，危険負担の移転時期が異なる結果になる。貨物の性質や合意内容によっては，この点について契約準拠法に委ねることによる不確実性を回避し，リスクアロケーションを明確にするために契約書においてインコタームズの規定を補充すべき場合も考えられる。さらに，インコタームズは，直接の売主・買主間の権利義務の問題ではない傭船条件（荷役条件）や船積条件などについてはカバーしていない。また，物品の所有権がいつ移転するかについても規定していない（物品の所有権が誰に帰属しているかという問題は，法廷地の国際私法によって決定される物権に関する問題の準拠法により定まる〔日本では，法の適用に関する通則法 13 条を参照〕）。取引の実態・流れに即して過不足がないかを見極め，やはり必要に応じて補充することが重要である。

●●本事例の考え方●●

[45]　インコタームズを利用して貿易条件を決定する場合には，インコタームズの該当条項を確認することはもちろんであるが，そもそも，当該条件が対象となる取引の内容に適合するものかどうかの確認や，これを利用した場合のリスク対策も必要である。たとえば，A 国における Doing Business 問題（当社が A 国内で事業を行っていると認定されることにより，税法等との関係で不利益が生じること）が懸念される場合には，物流プロセスやコストを管理するという営業部の目的を達成できる代替案として，自社の在 A 国現地法人や販売店等へ FOB や CIF といった積地売買条件で売り切り，同国内での通関手続や輸送，引渡しは彼らに委ねるという方法も考えられる。

[46]　1-1-3　保険の付保

交渉の結果，Y 社との契約における貿易条件については，CIF（A 国港渡）とすることで合意した。CIF 条件となったことにより，当社としては必要な海上保険を付保しなければならないが，どのような考え方に基づき，いかなる保険条件とすべきであろうか。

1-1-3 〔47〕

> **着眼点**
>
> 　国際的な売買取引においては，物品の運送の際に様々なリスクが存在し，そうした
> リスクに備えるため，どのような内容の貨物保険を誰が手配するかという問題が存在
> する。

■■■ ポイント解説 ■■■

貨 物 保 険
〔47〕

　国際的な売買取引では，国内取引に比べて，物品の運送に伴うリスクが増加
する。貨物は，国際貿易取引の当事者にとって大切な財産であり，もし事故が
起きれば，貨物を失うだけでなく，期待収益を失ったり，想定外の費用を負担
せざるをえなくなったりする場合もある。このため，国際売買取引では，売
主・買主のいずれかが貨物保険を付保するのが通常である。いずれの当事者が
保険を付保するかは，インコタームズが規定する要素のひとつとなっており
（たとえば CIF 条件の場合には売主が保険を付保することとされている），売買契約書にお
いても，主要な付保条件とともに明確に規定すべき事項である。

　保険によって塡補される危険のことを担保危険（Risks Covered）といい，た
とえば，火災，爆発，座礁，沈没，衝突，戦争，ストライキ等があげられる。生
じた損害が保険の目的たる貨物の全部について生じた場合を全損といい，一部
分のみについて生じた場合を分損という。担保危険により生じた損害のうち，
保険者が塡補責任を負う範囲を塡補範囲という。この塡補範囲は後述のように
いくつかの種類に定型化されているが，一般的には戦争やストライキといった
危険を担保していないので（たとえば後述の ICC（A）条件でも免責となっている），
必要に応じて戦争危険担保特約やストライキ危険担保特約を付さなければなら
ない。

　国際的な貨物保険の具体的内容は，保険業者との契約内容によって規定され
る。国際的な海上運送に関する貨物保険契約の書式としては，国際的な保険市
場の中心地であるロンドンの Lloyd's Market Association（LMA）とロンドン国
際保険業協会（International Underwriting Association of London, IUA）の合同委員会
（Joint Cargo Committee）が 2009 年に改定した協会貨物約款（Institute Cargo Clauses,
ICC）が広く用いられており，日本の保険会社によっても用いられている。こ

39

第 1 章　国際売買契約

の 2009 年 ICC には，基本的な保険条件として，カバーされるリスクに応じて ICC（A），ICC（B），ICC（C）といった 3 つの種類があり，これらのいずれかを基本に，必要に応じて特約（各種の付加条件や上述の戦争・ストライキ保険）を付すといったやり方で保険契約が締結される。

　担保危険を具体的に列挙せず，免責危険ないし免責事由（貨物の瑕疵や性質，不完全な梱包に起因する損害，運送の遅延による損害など）に該当しない限り全ての危険によって生じた損害が担保されるという包括責任主義を採る ICC（A）（2009 年改定前の All Risks〔全危険担保条件〕）が，もっとも広い担保危険をカバーする。一方，ICC（B），ICC（C）は，保険約款に限定列挙された担保危険によって生じた損害のみが担保されるという列挙責任主義を採っており，ICC（C）の担保危険の数・種類のほうが少ない。Incoterms®2020 では，CIF 条件の場合の最低限の保険条件は ICC（C）のままであるが，同様に ICC（C）であった CIP 条件の場合には ICC（A）が要求されることに変更された。この理由について ICC は，CIP 条件が，バルク物の海上運送に用いられる CIF 条件と異なり高付加価値製品の輸送に多く用いられること，海上輸送のみならず複合輸送の形態に適用される条件であることから，相対的にリスクが増す買主側の保護の観点を取引コスト（保険料）増に優先したためであるとしている。なお，当事者の合意により ICC（C）条件に変更することは勿論可能である。ただし，いずれの条件による場合でも，担保される危険による損害は，全損，分損を問わず塡補されることになっている（この点，1963 年の旧約款が定めていた「分損担保」〔W.A.〕，「分損不担保」〔F.P.A.〕という概念は，現約款では存在しなくなった）。

[48]　　保険業者が 1 回の事故につき塡補責任を負う損害（実損）の最高限度額として保険契約者との間で取り決められる額を保険金額（Insured Amount）という。実務上，保険金額は CIF 価額（CIF 条件の場合の取引価額のことで，物品の価格，保険料，運賃を合計したものである）の 110％ とするのが通常であり，インコタームズにおける CIF 条件の場合も売主の義務としてこのように定められている。信用状統一規則（→［105］）も，信用状（→［103］）に特段の記載がない場合には同様に 110％ を要求している（28 条 f 項 ii）。

　保険料は，どのような範囲のリスクをカバーするかによって異なる。荷主にとってはその範囲が広ければ広いほど安心ではあるが，その分保険料も割高となるので，当該取引においてどのようなリスクをカバーする必要があるのかを

40

1-2-1　[51]

よく吟味し，保険条件を決定しなければならない。

●●本事例の考え方●●

　本件のような CIF 条件の場合には売主が保険を手配する義務を負うが，イ　　[49]
ンコタームズではその際の内容としては最小の担保で足りる（ICC の場合であれ
ば ICC（C）で足りる）としている。買主が最小の担保では不足であると考えるな
らば，売主との個別の契約において売主が付保すべき保険の内容や保険料の負
担について合意しておく必要がある。また，たとえば戦争危険については，仕
向地で戦乱等が発生すると保険料率が引き上げられることがあるので，その場
合の負担についても契約上取り決めておくことが望ましい。

【事例 1-2】契約の成立が争いとなっている営業部からの相談　　[50]

　メールで X 社担当者と交渉を重ねてきた結果，CFRP の当社への販売
数量・単価・納期等の取引条件について当社と X 社の担当者との間で了
解に至った。そこで当社は，X 社との間で合意された取引条件を Y 社に
つなぐ形で Y 社と交渉を行った。Y 社との間でも同様に了解に達し，契
約書も当社フォームによるとの合意が得られ，契約締結を待つばかりと
なった。

1-2-1　契約の成否　　[51]

　当社が X 社に対して，当社フォームの売買契約書を送付して調印を求めた
ところ，一向に X 社から契約書が返送されないまま時間が経過した。X 社に
問い合わせたところ，CFRP の市場価格高騰を受けて強気の X 社担当者は，
「契約した覚えはない」と言って CFRP の引渡しを行わない可能性すらチラつ
かせている。一方で，Y 社は契約締結を矢のように催促してきている。Y 社と
合意した納期が迫る中，当社としてはどのように対処すべきだろうか。

着眼点

　国際取引では契約が成立しているかどうかを巡って争いが生じることも少なくない。
　国際取引において契約の成否や契約内容に争いがある場合には，まず，いずれの国
（法域）の法に従って判断されるか，という問題がある。
　また，契約の成立に関しては，契約はどのような要件が満たされた場合に成立する
のか，口頭や電子メールでも契約は成立するのか，取引の相手方の契約締結権限につ
いてはどのようにして確認すればよいか，といった様々な問題がある。

41

第 1 章　国際売買契約

■■ ■ ポイント解説 ■ ■■

[52]　**1　国 際 私 法**

　ある国の裁判所が国際的な紛争を処理する場合，問題となる法律問題にいず
れの国の法を適用するかを決定する必要がある。国際的な法律問題にどのよう
な法が適用されるかを決めるためのルールを国際私法（private international law）
という。抵触法（conflict of laws）とも呼ばれる。各国は自国での裁判にあたっ
ては原則として自国の国際私法を適用する。したがって，どの国の裁判所で争
われるかによってどの国の国際私法が適用されるかが決まり，国際私法が決ま
ると適用される法（「準拠法」という）が決まることになる。

　日本の国際私法の主たる法源は，「法の適用に関する通則法」である。法の
適用に関する通則法は，どういった問題・（「単位法律関係」という）については，
どういった場所（「連結点」という）の法が適用されるか，という問題に関する
ルールを定めている。日本の国際私法の原則的な考え方は，最も密接な関係を
有する地の法を適用するというものである。法の適用に関する通則法には，国
際取引に関係が深い単位法律関係として，法律行為の成立・効力（7条・8条），
法律行為の方式（10条），消費者契約・労働契約（11条・12条），物権（13条），事
務管理・不当利得（14条），不法行為（17条），生産物責任（18条），債権譲渡の
第三者に対する効力（23条）等が置かれている。他方，たとえば，会社の組織
や代表権に関する様々な法律問題や，知的財産に関する法律問題など，法の適
用に関する通則法が単位法律関係を用意していない問題も多い。そのような問
題については，裁判例は条理によりいずれの国の法を適用すべきかを判断して
いる。なお，紛争解決手段として仲裁が用いられる場合には，適用される仲裁
法に従って，適用される法が決定される。

　このような国際私法の適用にあたっては，まず，問題がどの単位法律関係に
含まれるかを決定し（性質決定），その単位法律関係に対応する連結点を確定し
（連結点の確定），当該連結点が属する地の法として問題に適用される具体的な準
拠法を特定し（準拠法の特定），実際に当該準拠法を適用する，といったプロセ
スを踏むことになる。

2 契約の準拠法 [53]

契約に関連して生じる様々な問題，たとえば，契約が成立しているか，契約当事者はどのような義務を負うか等について適用される法を，契約の準拠法という。契約の準拠法については，当事者による法選択を尊重する（当事者自治の原則）というのが多くの国の国際私法に共通した原則である。法の適用に関する通則法7条は，「法律行為の成立及び効力は，当事者が当該法律行為の当時に選択した地の法による」と定めているが，これも当事者自治の原則を採用したものである。当事者による選択がない場合には，当該契約に最も密接な関連を有する地の法が適用されるが（8条1項），売買のように一方の当事者のみが特徴的な給付を行う（典型的には金銭の支払以外の給付である）契約の場合には，特徴的給付（売買の例では通常は物品の引渡し）を行う者（通常は売主）の事業所の所在地が最密接関連地であると推定される（8条2項）。

なお，契約準拠法が規律するのは契約に関する問題であり，契約以外の問題（不法行為や物権など）については，国際私法によって決定される他の準拠法が規律する。また，法廷地の手続法や，独禁法，外為法等，法廷地の絶対的強行法規（準拠法のいかんにかかわらず法廷地で適用される強行法規）も，契約準拠法がいずれの法であるかにかかわらず，適用される。

各国の国際私法は契約準拠法について上記のような当事者自治の原則を認めており，実務的には，契約書で契約準拠法を定めておくことが極めて重要である。典型的には，「This Agreement shall be governed by and construed in accordance with the laws of Japan」といったような規定を置く。契約準拠法の定めがない場合には，どこで争われるかによって適用される国際私法が異なり，また，国際私法の解釈等によりいずれの国の法が準拠法となるかが不明確になってしまうというリスクを抱えることとなる。 [54]

契約準拠法としてはいずれの国の法を選択すべきか。通常はそれぞれが自国の法律を（それが自己にとって有利か不利かはあまり検討もせずに）契約準拠法にするよう主張するが，これは基本的な対立であるためになかなか合意することが難しい。そこで，結局，第三国法，それも合理的でビジネスフレンドリーな法制度が整い，透明性・予測性が高く情報の入手が容易で，いざというときには速やかに（そしてできればコストが合理的な）弁護士の起用が可能なJurisdictionの法律を選ぶという妥協がなされることもある。

第1章　国際売買契約

[55]　　　　**Column　準拠法選択のヒント**

　準拠法を選択する場合に，どういった視点で検討すべきかわからずに悩んだ経験がある方も多いのではなかろうか。難しい問題であって，完璧な答えはないといわざるをえないが，ひとまず，自国法を準拠法として選択する場合のメリットは何か，という観点から考えてみよう。

　最初に思いつくのは，日本法については自らがよく理解しているということであろう。よくわからない他国の法よりも日本法のほうが安心感があるというのは誰しもが感ずるところであろう。しかし，もし，英米法系のいずれかの国の法にも精通しているということであれば，準拠法を選択する際の大きな不安感は相当低減されると思われる。なぜならば，世界の法体系は，大きくいうと，日本が属する大陸法系と，アジアでいえばシンガポールや香港が属する英米法（コモンロー）系の2つに分けられるからである（→［56］）。なお，現実問題として，大陸法系の準拠法を採用したとしても，英米法系の仲裁人を選任した場合には，仲裁人が英米法的な考えをとってしまう可能性がある。

　準拠法を選択する場合の視点としてもう1点あげるならば，弁護士を選任する際の容易さであろうか。日本の弁護士であれば，日頃から会社としてつきあいのある弁護士も1人ないし複数いるであろうし，国際仲裁等について専門性を有しているなど当該案件に適した弁護士を探すこともさほど難しくない場合が多いのではなかろうか。そして，コミュニケーションも日本語で行うことができる。これに対し，相手方国の法を準拠法とした場合，相手方国の法に精通した適切な信頼できる弁護士を見つけることが難しいことも考えられる。相手方国その他国外で適切な弁護士を見つけることに不安がある場合には，米国や英国のように日本に支店を設けている法律事務所が多い国や地域の法を準拠法として選択するよう提案することも考えられる。言語に不安がある場合でも，外国法律事務所の日本の支店には日本語が流ちょうな弁護士が少なからずいるはずである。なお，国際仲裁においては，基本的に，当該準拠法国の弁護士でなければ代理人となれないというルールはないので，日本国内の法律事務所で海外法律事務所のネットワークが充実している事務所を選任し，日本弁護士が海外弁護士の協力を得つつ仲裁案件を代理するということも可能である。

[56]　　**3　コモンローと大陸法**

　国際的な契約の準拠法としては，ニューヨーク州法や英国法といった英米法系の法が準拠法として選択されることが少なくない。これは，国際取引における米国，英国の重要な地位に基づくものである。英米法系の国々は，コモンロー諸国とも呼ばれる。

　国際的には，コモンロー（common law）と大陸法（civil law）という大きな2

つの法体系が存在する。日本はドイツやフランスとともに大陸法系に属する。大陸法系の国々では，基本的な法の内容は条文化された法典が定めており，裁判所がその制定法を具体的な事案にあてはめるといった形で紛争が解決される。これに対して，コモンロー系の国々では，基本的な法の内容は制定法ではなく，先例としての価値を有する過去の裁判例から導かれる。裁判所は，過去の裁判例を引用しながら，本事案はこの先例と同じであり，この先例と同じように処理する，といった形で判断を下していく。このような過去の先例の積み重ねによって形成された法体系をコモンローというが，コモンローは先例と整合した解決を重視することから硬直的な処理になることがあり，そうした場合に事案に応じたより柔軟な解決を目指す法体系としてのエクイティが存在する。かつては，コモンローとエクイティが別々の裁判所によって扱われていた時期もあったが，現在ではコモンローとエクイティは同一の裁判所が扱うようになっている例が多い（現在でも，いくつかの法域ではエクイティを扱う特別の裁判所が残っている例もあるようである）。コモンローとエクイティという二元構造は，英米法を扱う際に様々な場面で関係してくる大変重要なポイントである。たとえば，物に対する物権的な権利を考える際についても，コモンロー上の権利を有する者とは別に，エクイティ上の権利を有する者がいるとされたり（典型的には，信託における受託者はコモンロー上の権利を有するが，受益者がエクイティ上の権利を有するとされる），契約違反があった際の救済についてもコモンロー上の救済手段である損害賠償では不十分な場合にエクイティ上の救済手段である差止めや特定履行請求が認められる，といった形で，コモンローとエクイティといった二元構造に基づいた議論がなされる。

　コモンロー系の国々においても，多くの制定法が制定されており，具体的な制定法がある問題については，制定法がコモンローに優先して適用される。たとえば，コモンローの契約法では，ある当事者が約束を任意に履行しない場合に履行を強制するためには，そうした約束に対して何らかの対価（consideration:「約因」と訳されることが多い）が提供されていなければならないとされる。こうしたコモンローの体系とは別に，契約法に関する様々な成文法も作成されており，こうしたコモンローの原則を修正している場合があるので，英米の契約法というとき，コモンローのみならず，契約法に関する成文法も併せて検討する必要がある。

第 1 章　国際売買契約

[57]　　なお，米国では，契約法を定める権限は各州にあるので，契約法は州によって異なることになるが（したがって，契約で準拠法を指定するときも，ニューヨーク州法，といった指定の仕方をし，アメリカ合衆国法といった指定の仕方はしない），州によって契約法の内容が異なると米国内の商取引にとっても不便である。そこで，1952年にアメリカ法律協会と統一州法委員全国会議が作成したのが統一商事法典（Uniform Commercial Code: 略して「UCC」と呼ばれる）である（その後，たびたび改正作業が行われている）。UCC はそのままで法としての効力を有するものではなく，各州の議会がそのまま，あるいは，多少修正をして採択することによって，州法となる。UCC は，1 編から 9 編，そして，2A と 4A といった編（Article）に分けられており，1 編が総則，2 編が売買について規定する（2022 年にはデジタル資産の取引に対応するための第 12 編が追加された）。

[58]　**4　国際的な契約法と CISG**

　　⑴　CISG

　　国際取引に適用されるルールの内容が国ごとに違うのでは商取引の当事者にとって不便であることから，国際取引に適用されるルールの統一の試みが重ねられてきた。そのような統一法の一例が，「国際物品売買契約に関する国際連合条約」（United Nations Convention on Contracts for the International Sale of Goods: 略して，「CISG」と呼ばれる）である。CISG は UNCITRAL（国連国際商取引法委員会）における 10 年余りの作業を経て，1980 年に採択された条約であり，1988 年 1 月 1 日に発効した。2025 年 1 月末現在，日本，米国，中国等を含む 97 か国が締約国となっている（締約国ではない国としては，たとえば，英国，インドなどがあげられる）。日本が CISG に加入したのは，最近であり，CISG が日本との関係で効力を生じたのは 2009 年 8 月 1 日である。これにより，2009 年 8 月 1 日以降に締結された国際的な売買契約であって，CISG が定める CISG 適用のための要件を満たす契約については，日本の裁判所においても CISG が適用される（100 条2 項）。

　　CISG については，諸国の判断例や文献の調査に役立つ充実したデータ・ベースが存在する。代表的なものとしては，①米国の Pace 大学が運営するCISG Database（http://www.iicl.law.pace.edu/cisg/cisg），②バーゼル大学のチームが運営する CISG-online（http://www.cisg-online.ch），③ UNCITRAL が運営する

46

CLOUT（http://www.uncitral.org/uncitral/en/case_law.html）がある。

　CISG がどのような場合に適用されるかを規定するのは CISG1 条から 6 条である。

　1 条 1 項によれば，CISG は以下の要件を満たす取引に適用される。

　　① 　国際契約であること
　　② 　物品売買契約であること
　　③ 　1 条(1)(a)または(b)の要件を満たすこと

　① 　国際契約であること　　　　　　　　　　　　　　　　　　　　　　　[59]

　まず，CISG は，「営業所が異なる国に所在する当事者間」の契約に適用される。CISG には「営業所」の定義は存在しないが，実際に営業活動が行われている場所であって，ある程度継続性と独立性をもって存在している必要があると解されている。10 条(a)によれば，当事者が複数の営業所を有している場合には，契約締結以前の事情を考慮して契約に最も密接な関係を有する営業所を「営業所」として扱う。したがって，日本法人とドイツ法人との間の契約であっても，その契約締結交渉や履行が専ら日本法人の東京にある本店とドイツ法人の東京支店との間で行われる場合には，双方の営業所が日本国内にあることとなり，ここでの国際契約にはあたらない。逆に，日本法人 A の東京支店と日本法人 B のパリ支店との間の契約は，ここでの国際契約に該当する。

　② 　物品売買契約であること　　　　　　　　　　　　　　　　　　　　　[60]

　CISG は「物品」の「売買契約」に適用される。CISG には「物品」や「売買契約」についての定義はないが，「物品」は引渡しの時点で動かすことができる有体物を指すと解されており，動かせないものや無形の知的財産権，債権等は含まれない。「売買契約」については，CISG 30 条が定める売主の義務（物品の引渡し・関係書類の交付・所有権の移転）や，53 条が定める買主の義務（代金の支払・引渡しの受領）を含むような契約が CISG における売買契約の基本形であると考えられている。製作物供給契約（売主が注文を受けて物品を生産し，それを買主に供給する契約〔そこには，生産という要素が加わっている〕）や役務提供を含む契約（物品の引渡しに加えて売主が役務を提供する契約）については，CISG 3 条が CISG の適用に関するルールを定めている。製作に必要な材料の実質的な部分を買主が

提供する場合には CISG は適用されず（3条(1)：売買というよりも製作という役務の要素が強くなるためである），役務提供が義務の主要な部分である契約には CISG は適用されない（3条(2)）。

[61]　③　(1)(a)または(b)の要件を満たすこと

CISG 1 条(1)は CISG が適用される場合として，2 つの場合をあげる。まず，売買契約の当事者の営業所所在地国がいずれも CISG の締約国である場合である（1 条(1)(a)）。たとえば，締約国である日本に営業所を有する A 社と，同じく締約国である米国や中国に営業所を有する B 社との間の売買契約については，1 条(1)(a)により CISG が適用される。

[62]　次に 1 条(1)(a)の要件を満たさない場合であっても，1 条(1)(b)の要件が満たされる場合，すなわち，もし法廷地の国際私法が適用されたならばいずれかの締約国の法が準拠法となる場合には（実際に法廷地の国際私法を適用しているわけではない），CISG が適用される。したがって，締約国である日本に営業所を有する A 社と，締約国でない英国に営業所を有する B 社との売買契約について，法廷地である日本の国際私法によれば日本法が準拠法となる場合には（たとえば，A 社と B 社が日本法を準拠法として選択していた場合や，そうした選択はないものの A 社が売主として特徴的給付を行う場合），1 条(1)(b)により CISG が適用される。こうした CISG の適用は，CISG の締約国の義務として，CISG の規定に従って行われるものであって，法廷地の国際私法を介するものではない。

[63]　1 条(1)(b)については，95 条が「いずれの国も，批准書，受諾書，承認書又は加入書の寄託の時に，第 1 条(1)(b)の規定に拘束されないことを宣言することができる」と規定する。この留保を行っている国としては，米国，中国，カナダ，シンガポール等がある。日本はこの留保を行っていない。この 95 条の留保の意義については，相対的留保説（95 条の留保が意義をもつのは法廷地が留保国の場合に限られ，法廷地が非留保国である場合には，当該国の国際私法によれば留保国法が準拠法となる場合であっても，法廷地国裁判所は CISG を適用する義務があるとする考え方）と絶対的留保説（留保した国はもはや(b)の加盟国として扱わず，留保国法が準拠法となる場合には法廷地が非留保国である場合でも CISG を適用する義務はないとする考え方）が対立している。米国は 95 条の留保を行っているが，たとえば，日本の裁判所において米国（留保国）に営業所を有する A 社と英国（非締約国）に営業所を有する B 社との間の売買契約が問題となった場合であって，日本の国際私法によれば米国

のいずれかの州の法が準拠法となる場合には，相対的留保説によれば日本の裁判所はCISGを適用しなければならないが，絶対的留保説によれば日本の裁判所はCISGを適用する義務はない。

　当事者は，任意に，CISGの適用を排除したり，その規定の適用を制限・変更したりすることができる（6条。ただし，いずれかの当事者の営業所の所在地国が，売買契約の締結等には書面が必要であるとしており，96条に従い，契約締結等に書面は不要であるとする11条等の規定の不適用を宣言している場合には，そうした宣言の効果を打ち消すべく，書面は不要であるとの合意をすることは認められない〔12条〕）。したがって，当事者は契約等においてCISGが適用されない旨を合意することができるし，また，契約等において当事者がCISGの規定内容と異なる内容を合意した場合には，当事者の合意が優先する。このようにCISGの適用を排除することが認められているため，実務では，契約等においてCISGの適用を排除（opt out）する旨が合意されることが少なくない。また，黙示的にCISGの適用を排除することも認められる。たとえば，CISGに関する世界的な研究者のグループである CISG Advisory Council の Opinion No.16 では，当事者が契約準拠法として非締約法を選択している場合には，CISGの適用を排除する意思が推認されるが，締約国法を準拠法としているだけではそのような意思は推認されない，との考え方が示されている。[64]

　日本の実務で用いられている契約書式では，CISGの適用を排除（opt out）しているケースが多いようであるが，これについては賛否両論があり，一定の場合には opt out すべきでないという見解もある。opt out が選択される理由としては，日本法のほうが親しみやすい，従来通りでも実際上の問題がない，現行の契約書フォーム（約款）を見直す必要がない，CISGに詳しい専門家があまりいない，判例が蓄積・統一されないので予測可能性が低い，といったことが考えられる。ただし，こういった理由で今後とも opt out を継続すべきかどうかについては，あらためて検討すべき時が来るであろう。なお，既述の通り，契約において，単に「準拠法は日本法とする」と定めているだけでは CISG の opt out としては不十分であると解される可能性があることから，CISG の適用を排除するためには，契約においてその旨を明確に規定することが望ましい（たとえば，「This Agreement shall be governed by and construed in accordance with the laws of Japan, excluding the United Nations Convention on Contracts for the International Sale of[65]

第 1 章　国際売買契約

Goods.」といった文言を準拠法条項に加える）。

[66]　　**(2)　UNIDROIT 国際商事契約原則**

　　また，売買に限らず，より一般的に国際的な商事契約において望ましいと考えられるルールを条文の形で整理したものとして，UNIDROIT 国際商事契約原則がある。これは，CISG とは異なり条約ではなく，契約の準拠規範として利用されることは多くないが，国際商取引における法の一般原則を確定したり，CISG や国内法を解釈する際の参考とされたり，立法時の参考とされることがある。1994 年に作成され，最新版は 2016 年版である。

[67]　　**5　契約の成立**

　　契約に関するルールにおいて，契約成立の典型的なパターンとされているのは，一方当事者が申込みを行い，他方当事者がそれを承諾するという場合である。民法の原則によれば，申込みの内容と承諾の内容が一致した場合に，契約が成立する（ミラー・イメージ・ルールといわれる）。

[68]　　日本の民法 522 条 1 項は，「契約の内容を示してその締結を申し入れる意思表示」を「申込み」と定義する。CISG14 条(1)は，申込みとは，①1 人または 2 人以上の特定の者に対してした契約を締結するための申入れであって，②十分に確定し，③承諾があるときには拘束されるとの申込者の意思が示されているもの，と規定する。①との関係では，たとえば，不特定多数の者に対してなされた申入れは，単に申込みの誘引となる（14 条(2)）。したがって，カタログの送付や，インターネット上の宣伝等は申込みとはならない。②との関係では，14 条(1)では，物品を示したうえで，数量および代金について明示または黙示に定められているときは，十分に確定しているとされている。数量や代金については，具体的な数値が定められている必要はなく，その決定方法が定められているだけでもよい。

[69]　　CISG では，申込みは相手方に到達したときに効力を生じる（15 条(1)）。相手方に到達した後であっても，相手方が承諾の通知を発する前に撤回の通知が相手方に到達した場合には，原則として撤回できる（16 条(1)）。ただし，一定期間撤回ができない旨を示している申込みや，相手方が申込みが撤回できないものであることを信頼したことが合理的であって，当該相手方がその申込みを信頼

50

して行動した場合には，申込みの撤回は許されない（16条(2)）。この点，日本の民法では承諾の期間の定めのあるときは申込者が撤回の権利を留保した場合を除き撤回できず（民法523条1項），期間の定めのないときは相当の期間（525条1項）の撤回を認めていない。英米の契約法（コモンロー）では，期間の定めのある申込みであっても，申込みの相手方は何ら対価を提供していない（約因がない）ため，申込者は自由に撤回できる。しかし，このようなコモンローの原則は，UCC においては修正されており，商人が行った期間の定めのある申込み（firm offer と呼ぶ）は，当該期間は撤回できない（UCC2-205条）。

承諾は，申込者に対する通知のほか，被申込者による行為（代金の支払や物品の発送等）によってもなされうる（CISG 18条(1)）。日本の商法509条は，商人が平常取引をする者からその営業の部類に属する契約の申込みを受けた場合であって，遅滞なく諾否の通知をしなかった場合には，申込みを承諾したものとみなすとして，いわゆる「諾否通知義務」を規定するが，CISG 18条(1)は，沈黙それ自体は承諾とはならない旨を規定している。ただし，これは沈黙をしたという事実だけをもって承諾したとは扱われないということを規定したにとどまり，沈黙という事実に加えてその他の関係する事情を考慮した結果（8条(3)），承諾があったと判断されることはありうる。 [70]

申込みと承諾によって契約が成立するといっても，何を申込みとして扱い，何を承諾として扱うかが必ずしも明確でないケースや，いつ申込みや承諾が有効になされたかを巡って争いになるケースも存在する。 [71]

また，実際には，一方の当事者が申込みを行い，他方の当事者がそれを承諾するといったパターンではなく，一定期間の交渉を経て，次第に当事者の合意が形成されていき，ある時点で合意が調い契約が成立するといったパターンも多い。

なお，契約の成立は当事者の意思が合致することで足り，書面が作成されることは不要であるとするルールが多いが，書面が存在しなければ効力が生じないとされる例や（日本民法446条2項），一定額以上の売買契約は書面によらなければ相手方に強制できないといった例（UCC2-201条）（このようなルールをStatute of Frauds と呼んでいる）もあるので，注意が必要である。CISG 11条は，契約は書面によって締結される必要はないとする。ただし，96条により，締約国は11条が適用されないことを宣言することができる。

第 1 章　国際売買契約

[72]　　6　契約の相手方と契約締結権限

　　外国法人との間で契約を有効に締結するためには，①相手方は適法に設立された法人格を有する組織体であり現在も存在しているかどうか，②行おうとしている取引は相手方の権利能力を超えたものではないかどうか，③相手方は取引を行うことについて必要な法人としての意思決定手続を適法に完了しているかどうか，④相手方の役職員は法人のために意思を表示し契約を締結する等取引に必要な行為を行う権限を有しているか，⑤その他有効かつ円滑な取引を妨げる事情がないかなどを確認する必要がある。

　　法人との関係で生じる様々な法律問題，たとえば，法人として有効に設立され存続しているかどうか，法人がどのような機関（株主総会，取締役会，執行役員，監査役など）を有するのか，各機関の意思決定はどのような方法によるのか，会社の代表権は誰に帰属するのかなどの問題は，当該法人の設立準拠法によるというのが我が国の通説である（裁判例では，東京地判平成 4 年 1 月 28 日判時 1437 号 122 頁を参照）。したがって，外国法人と契約を締結する際には，設立準拠法によれば誰が契約締結権限を有しているのか，契約締結に必要な社内手続が履践されているか等を確認し，後日証明できるような関係書類等を得て，契約を締結する必要がある。

[73]　　会社法 817 条は，外国会社が日本において継続して取引を行おうとするときは日本における代表者を定めなければならないとし，この代表者は当該外国会社の日本における業務に関する一切の裁判上・裁判外の行為をする権限を有する（この権限に加えた制限は善意の第三者に対抗できない）。また，会社法 818 条は外国会社の登記をするまでは日本において取引を継続してすることができないと規定する。したがって，このような外国会社との関係では，外国会社の登記を確認することが取引にあたっての第一歩となる。

　　このような登記がなされていない外国会社については，相手国の法制や実務慣行，相手との取引経験や取引の重大さなどに応じて，何をどのようにして確認するかを慎重かつ柔軟に判断していかなくてはならない。たとえば，取締役会またはこれに相当する意思決定機関の決議書（署名者に対する授権を含む），英米流の Corporate Secretary が設置されている場合には，Corporate Secretary が発行した決議証明書または決議が不要である旨の証明書などによることもある。外国の設立準拠法の内容や相手国の実務慣行等を確認するのは容易ではな

52

いため，当該外国の法律事務所から，契約の相手方により契約が有効に締結されており，当該契約は契約の相手方に対して執行力がある旨などを述べた法律意見書（リーガル・オピニオン）を取得することも実務上はよく行われている。故意に契約締結権限を有しない者に署名させる事案も耳にすることから，相手との取引経験や取引の重大さ，当該外国の法律に関する経験・理解の程度等を勘案し，状況に応じてリーガル・オピニオンを取得することを検討するとよい。

●●本事例の考え方●●

　複数国にまたがる法律問題については，それらの法律問題について，いずれ [74]
の国の法が適用されるのかを考える必要がある。特に，国際的な売買取引については CISG が適用されるかどうかも見極める必要がある。日本法，英米法，
CISG では，契約の成立等に関するルールに違いがあるので注意が必要である。
取引相手方の契約締結権限に関するルールも国によって異なるので，取引相手方の設立準拠法等を確認するなどのステップを踏むことが重要である。

　本事例の状況は，X 社の担当者との間で商務条件をメールにより合意した段階にある。適用される準拠法上，契約は書面によって締結される必要がない場合，あるいはその必要があってもメールが書面として認められる場合には，この段階で契約が成立したといえる可能性は一応ある。ただし，一般的には，単なる担当者に契約締結権限はないと考えられ，担当者は無権限であり契約は成立していないとの主張を X 社側が展開する事態も考えられる。そこで，表見代理の法理や禁反言の原則のようなルールが使えるかどうかも検討しておく必要もあるだろう。

　このように，X 社との間では契約の成立が否定されうるリスクが残っている一方，Y 社との間では当社フォームを用いることを含めて契約条件が全て合意されており契約が成立しているとして扱われる可能性もある。仮に Y 社との間で契約が未成立とされても，Y 社から契約締結上の過失（→ [346]）を問われる可能性もある。予防法務的な観点からは，このような取引にあたっては，当社としては，X 社との正式契約締結が Y 社との契約締結の条件である旨を Y 社に対し明確に伝えておくなどの措置が必要であったと考えられる。

第1章　国際売買契約

[75]　　1-2-2　Battle of Forms
　　　交渉の結果，X 社が契約締結に応じることとなり，当社から X 社に対して
当社フォームの注文書を送付したところ，X 社は同社フォームの注文請書を
使って承諾してきた。売買契約が履行された後になって，X 社のフォームの裏
面に記載されている約款の内容と当社のフォームの裏面に記載されている約款
の内容が異なることが判明した。売買契約について争いがある場合には，どち
らのフォームの内容が適用されるのだろうか。

着眼点

　　実務では定型的な契約条件（約款）があらかじめ不動文字で印刷された標準書式
（フォーム）が用いられることも多いが，相互のフォームをやりとりすることから生
じる法的問題に注意が必要である。

■■ ポイント解説 ■■

[76]　**1　Battle of Forms**
　　一方の当事者が行った申込みに対して，他方当事者が変更を加えた承諾を
行った場合，変更を加えた承諾は当初の申込みの拒絶と，新たな申込みとして
扱うというのが典型的な契約法ルールである（たとえば，日本民法 528 条）。これ
との関係では，Battle of Forms（書式の戦い）という現象が知られている。
　　たとえば，買主である A 社が A 社の標準書式を用いて申込みをし，売主で
ある B 社は B 社の標準書式を用いて承諾をしたとする。A 社の裏面約款には，
「売主は商品が仕様に合致することのほか，隠れた瑕疵を含む一切の瑕疵がな
いことを保証するものとし，さらに，瑕疵があった場合には間接損害を含む一
切の損害を賠償すること」との記載があり，B 社の裏面約款には「売主は商品
が仕様に合致することのほか，一切の品質保証はせず，これから生じる一切の
損害（間接損害，特別損害を含む）について責任を負わない」と規定されていたと
する。A 社も B 社もこのような裏面約款の記載事項の違いに気づかずに物品
を引き渡し，代金を支払ったとする。その後，A 社が物品の品質を不満とし
て損害賠償請求を行った場合，A 社の裏面約款と B 社の裏面約款のどちらが
適用されるのかという問題である。この場合，A 社も B 社も契約は成立した
と考えて物品の引渡しや代金の支払を終えており，裏面約款の相違を理由とし
て契約が不成立とはいえない。問題は，契約内容は何かという点である。

54

このような場合の処理については，以下の2つのものが存在する。

(1) ラスト・ショット・ルール [77]

A社の書式によってなされた申込みはB社の書式によって拒絶され，B社の書式が申込みとなり，B社の書式が契約の履行という当事者の行為によって承諾されたとする考え方である。契約の履行の前に最後に提示された書式が勝つという点に着目して，ラスト・ショット・ルールと呼ばれる。日本の民法528条をこうした事例にあてはめれば，このラスト・ショット・ルールによることになる。

(2) ノック・アウト・ルール [78]

A社の書式とB社の書式に共通する部分のみが契約の内容となり，A社とB社の書式で内容が異なる部分については，いずれの書式も契約の内容とはならず，当事者の合意がないものとして，適用される実体法ルールによって補われるという考え方である。たとえば，UNIDROIT国際商事契約原則2.1.22条がこのようなルールを採用している。CISGはやや微妙である。19条(3)によればほとんどの場合に変更を加えた承諾は反対申込みと扱われることから，CISGはラスト・ショット・ルールとなるとの見解が主張される一方，相手方当事者（上記の例ではA社）が自分が考えていたのとは全く異なるB社の裏面約款にある内容が適用されることを想定していたとは考えられないし，CISG7条(1)に示された信義誠実の視点からは，B社の側についても両者の書式の規定内容が対立している場合に自分にとって有利な条項だけが適用されることになるような結果を期待すべきではないとして，CISGのもとでもノック・アウト・ルールが妥当すると述べた裁判例もある（CISG-online No. 651）。

2 契約の解釈 [79]

米国法では，合意内容を示すものとしての契約書のような書面が作成されている場合には，契約書が作成される前に存在した合意や，契約書の作成の際に口頭でなされた合意を証拠として，契約書に規定された内容を否認することはできない，というパロル・エビデンス・ルール（parol evidence rule）が存在する（UCC 2-202条）（→ [209]）。これに対して，たとえば，CISG8条は，当事者の言

第 1 章　国際売買契約

明等の行為は，相手方と同種の合理的な者が同様の状況の下で有したであろう理解に従って解釈することを原則としつつ（8条(2)），相手方が当事者の意図を知り，または，知らないことがありえなかった場合には，その意図に従って解釈するとしている（8条(1)）。また，当事者の意図や合理的な者の意図を解釈するにあたっては，関連する全ての状況に考慮を払うこととされている（8条(3)）。CISG 8条(3)の規定は，米国法が採用しているパロル・エビデンス・ルールを採用しないことを明らかにしたものであると解されている。

[80]　なお，パロル・エビデンス・ルールと同様に，契約書に規定された以外の合意の存在を当事者が持ち出すことを阻止する効果を意図するものとして，完全合意条項（entire agreement clause, merger clause）と呼ばれる条項が契約に置かれることが少なくない（→［209］）。

　パロル・エビデンス・ルールや完全合意条項に従えば，たとえば，契約書において「品質について不満がある場合には1週間以内に書面で通知しなければならない」と規定されていたとすると，買主の側が「契約書を締結する際に，売主との間で，品質についての不満がある場合には口頭で通知すればよいとの口頭での合意が存在した」と主張しても，そのような口頭での合意を根拠に前記の規定を否認することは許されない可能性が高くなるため，注意が必要である。

●●本事例の考え方●●

[81]　Battle of Forms といった事態が発生しないようにするためには，お互いのフォームを送りあったまま放置するのではなく，フォームの裏面約款も含めてしっかりと検討すること，そして，自社と相手方のフォームに違いがある場合には，全ての契約条件に合意が得られるまで，粘り強く対応することが必要である。もし結果として相手方のフォームを使用することとなった場合には，その内容をよく検討し，受け入れられない契約条項については適切に修正しなければならない。

　本件のように当社がX社とY社の間に入るような取引の場合，Y社との契約書が当社フォームである場合には，その裏面約款によってX社側の契約によって負うリスクをかなりY社にヘッジできている可能性はあるものの，い

ずれにしても，X社との契約とY社との契約の間に当社として許容できない相違がないかどうかという観点から，逐条での対比検討が必須である。間に入る当社としては，たとえば規格・品質保証内容，保証責任を負う期間，損害賠償の範囲などは，X社およびY社それぞれとの間で齟齬がないように修正しなければならない。また，当社だけでは実行不可能な条件，たとえばCFRP品質管理技術者の雇用や工場への立入り検査権等をY社から求められている場合は，メーカーであるX社にヘッジするといった対応が必要である。

【事例1-3】紛争解決方法や支払に関する営業部からの相談 [82]

　N国のX社は，単価の引上げとX社フォームの利用を要求して譲らない。当社は，A国のY社の工場ラインを止めるわけにいかないとの事情から，CFRPの調達を優先することとし，X社側の要求を容れ，CFRPの単価の引上げとX社フォームの使用に合意し，契約書を調印した。

　X社のフォームでは，準拠法はN国法とされていたが，紛争処理については何も規定されていなかった。一方，当社は，Y社との間でも転売契約を締結したが，転売契約では，準拠法は日本法，紛争解決は日本を仲裁地とする仲裁によるとされていた。

1-3-1　紛争解決方法 [83]

　X社との契約では，紛争処理方法について何も規定されていない。このような場合，仮に本件契約に関してX社との間で紛争が生じた場合には，どのような紛争解決方法を用いることができるのだろうか。

着眼点

　契約を締結しても，各当事者が義務を必ず履行するとは限らないし，契約内容を巡って争いが生じることも考えられる。国際取引の当事者間の紛争処理に関しては，どのような紛争処理方法があるのか，各紛争処理方法のメリット・デメリットは何か，などを理解しておく必要がある。

■■ ポイント解説 ■■

1　国際商取引の紛争解決 [84]

　国際的な商取引に用いられる代表的な紛争解決手段は，訴訟（litigation），仲裁（arbitration），調停（mediation）などである。訴訟が原告の訴え提起で開始できるのに対し，仲裁や調停では，当事者が仲裁・調停を行うことについて合意

第 1 章　国際売買契約

することが必要である。仲裁では仲裁廷が出す仲裁判断は一定の要件を満たせば確定判決と同じ効力が認められるが，調停については，調停人が調停案を提示した場合であっても，その調停案は当事者を拘束しない。

いざトラブルが発生した場合に，どこで争うのか，どういったルールが適用されるのかが全く不明というのでは，なかなか対策が立てづらい。予防法務の観点からは，当事者としては，可能な限り紛争解決方法と準拠法をあらかじめ決めておくことが望ましい。

[85]　**2　国際的な訴訟**

(1)　国際裁判管轄

国際的な商取引を訴訟により解決しようとする場合には，どこで争うのかが重要である。たとえば，当社が N 国の X 社を訴える場合，日本で訴訟提起するのか N 国で訴訟提起するのかを選択する必要がある。その際には，各国の裁判所がどのような場合に国際的な事案を取り扱ってくれるか（自国の裁判所に国際裁判管轄があると認めてくれるか）が問題となる。当事者が日本で訴訟提起したいと思ったとしても，日本の裁判所が日本には国際裁判管轄権がない，と判断したら，日本での訴えは却下される。

我が国では，かつては，国際裁判管轄に関する明文の規定がなく，「我が国の民訴法の規定する裁判籍のいずれかが我が国内にあるときは，原則として，我が国の裁判所に提起された訴訟事件につき，被告を我が国の裁判権に服させるのが相当であるが，我が国で裁判を行うことが当事者間の公平，裁判の適正・迅速を期するという理念に反する特段の事情があると認められる場合には，我が国の国際裁判管轄を否定すべきである」（最判平成 9 年 11 月 11 日民集 51 巻 10 号 4055 頁）との考え方が判例法として機能してきた。しかし，平成 24 年 4 月施行の民事訴訟法改正によって，民事訴訟法の中に国際裁判管轄についてのルールが明文で定められることとなった。

いずれの国も，当事者が裁判管轄について合意している場合には，その合意を尊重してくれる傾向があるため，紛争解決手段として訴訟を選択する場合には，あらかじめ契約書において，合意管轄の定めを置いておくことが望ましい。日本では，民事訴訟法 3 条の 7 で，当事者は，一定の法律関係について（たとえば，本契約に関して生じる紛争について，といったような形で管轄合意の対象を一定の法律

58

関係に基づく訴えに特定することが必要である），書面により，国際裁判管轄について
の合意をすることができると定めている（ただし，消費者契約と労働契約については
消費者保護，労働者保護の観点からの特則があり，消費者や労働者が当該合意に基づき訴えを
提起した場合等，効力を有する場合が限定されている〔民事訴訟法3条の7第5項・6項〕）。
その場合，どこを管轄裁判所として合意するか，そして，その管轄裁判所を専
属的管轄裁判所（そこでしか訴えられない）として合意するか，非専属的管轄裁判
所（そこで訴えが提起された場合には管轄権を争わないが，他の裁判所で法廷地の国際裁判
管轄ルールに従って訴えが提起されることを排除しない）として合意するかが選択のし
どころである。なお，管轄合意がはなはだしく不合理で公序に違反する場合に
は効力が否定される（最判昭和50年11月28日民集29巻10号1554頁）。

　裁判管轄についての合意がない場合には，訴えを提起した国の国際裁判管轄　[86]
のルールに従って，当該国の裁判所が管轄権を有するかどうかが判断されるこ
とになる。

　国際裁判管轄は，どのような訴えについてであっても管轄を認めることがで
きる一般管轄権（国内における普通裁判籍に相当）と，特定の訴えについて認めら
れる特別管轄権（国内における特別裁判籍に相当）に分けられる。日本に一般管轄
権が認められるのは，日本に主たる事務所もしくは営業所を有する法人だけで
あるので（民事訴訟法3条の2第3項），外国に主たる営業所を有する法人につい
ては我が国の裁判所に一般管轄権は認められない。そこで，外国企業を訴える
場合には，特別管轄権が日本に認められるかがポイントとなる。

　特別管轄権は，民事訴訟法3条の3において，訴えの種類ごとに定められて
いる。代表的なものは，以下の通りである。

　　① 契約上の債務に関する請求を目的とする訴え：契約において定め
　　　られた当該債務の履行地が日本国内にあるとき，または契約におい
　　　て選択された地の法によれば当該債務の履行地が日本国内にあると
　　　き（履行地が契約において定められたというためには，必ずしも明示ではなく
　　　ても，黙示でもよいと解されている）

　　② 財産権上の訴え：請求の目的である財産が日本にあるか，金銭の
　　　支払を求める訴えについて差し押えることのできる被告の財産が日
　　　本にある場合（ただし，日本にある財産の価格が著しく低いときを除く）

第1章　国際売買契約

③　事務所または営業所を有する者に対する訴えでその事務所または営業所における業務に関するもの：当該事務所または営業所が日本国内にある場合（どのような場合に，「当該営業所の業務に関する」といえるかについては，実際に当該営業所が何らかの形で関与したことを求めるかどうか，あるいは，当該事案には関与していなくても，当該営業所が関与しうるもの，当該営業所の業務範囲に属するものであればよいか，といった点について見解が分かれている）

④　日本で事業を行う者（日本において取引を継続して行う外国会社を含む）に対する訴え：訴えが当該者の日本における業務に関するものの場合（日本に営業所を持たずに日本でビジネスをしている外国法人との関係では重要な規定である）

⑤　不法行為に関する訴え：不法行為地が日本国内にある場合（不法行為地には加害行為地，損害発生地の双方が含まれる）

なお，上記のような管轄権が認められない場合であっても，被告が応訴した場合には，応訴管轄が認められる（民事訴訟法3条の8）。

ただし，上述のルールによって日本の裁判所の管轄が認められる場合であっても，当事者間の衡平や適正かつ迅速な審理の実現の観点から，日本の裁判所の管轄を否定すべき特別の事情が存在する場合には，訴えの一部または全部について管轄が否定される（民事訴訟法3条の9。日本の裁判所にのみ訴えを提起することができる旨の合意に基づき訴えが提起された場合を除く）。

[87]　日本企業が海外で訴えられるというケースも少なくない。特に，米国の訴訟手続は，民事訴訟についても陪審を採用していること，陪審審理の前に広範なディスカバリー（→[522]）が行われること，懲罰的損害賠償制度（→[520]）があること等，日本の民事訴訟とは大きく異なる面がある。このうち，ディスカバリー制度においては，日本の民事訴訟では到底認められないような広範な証拠の提出が求められたり，法廷外でお互いの関係者に宣誓のもとでの証言が求められたりする（デポジション）等，当事者にとっての負担も大きい。

米国の国際裁判管轄のルールは，日本とは相当異なるものである。米国では，対人管轄と事物管轄を分けて裁判管轄を考えるが，国際裁判管轄を左右するうえで重要となるのは，対人管轄権である（事物管轄という点では，連邦裁判所が管轄

権を有するのは，diversity〔州籍相違〕と federal question〔連邦法に関する訴訟〕に限定される点も重要であり，連邦裁判所で訴えを提起したいと思っても，州裁判所でしか訴えを提起できない場合もある）。対人管轄については，まず，被告が管轄区域内にいるかどうかが重要であり，管轄区域内で送達された場合には管轄権が認められる。次に，管轄区域外にいる被告を管轄権に服させるためには，1945 年の連邦最高裁判決である International Shoe Co. v. Washington, 326 U.S. 310 を始めとする裁判例によって，デュープロセス（合衆国憲法修正 14 条）の要請を基礎に，フェア・プレイと実質的正義という伝統的な観点に反しない程度の，ミニマム・コンタクトと管轄権行使の合理性が必要であるとされている。上記のような判例による管轄区域外の被告への管轄権肯定が進むにつれて，各州は立法による手当てを行うようになった。これらの立法を，ロング・アーム・スタチュートと呼んでいる。たとえば，ニューヨーク州の民事訴訟規則 302 条(a)(1)では，自らまたは代理人を通じて，州内でビジネスを行い，または，州内での物品またはサービスに関する契約を締結した者に対しては，そうした行為に関する訴えについて管轄権を行使することができると規定している。なお，米国には，フォーラム・ノン・コンヴェニエンス（*forum non conveniens*）の法理といった考え方があり，ルールに従えば管轄権が認められる場合であっても，他により便宜な法廷地がある場合には，管轄を否定したり，当該他の法廷地における手続の進捗をみるために一時的に手続を停止したりすることができるとされている点にも注意が必要である。

(2) 外国判決承認執行制度 [88]

　一定の要件を満たす外国の裁判所による確定判決は日本においてもその効力を承認され（民事訴訟法 118 条），そうした外国判決について執行判決を得ることによって（民事執行法 24 条），外国判決を債務名義とした強制執行を行うこともできる（民事執行法 22 条 6 号）。外国判決が承認・執行されるための要件は，民事判決であること，判決が確定していること，日本法からみて判決国が国際裁判管轄を有すること，敗訴被告が訴訟の開始に必要な送達を受けたか応訴したこと，判決の内容および訴訟手続が公序に反しないこと，相互の保証があることである（民事訴訟法 118 条，民事執行法 24 条 3 項）。

　同様のルールは他国にも存在する（ただし，我が国のような外国判決承認執行制度

を有していない国もある）。たとえば，米国の裁判所で敗訴した判決が確定した場合には，当該米国の裁判所の判決が日本，あるいは，第三国で承認され，日本や第三国にある被告の資産に強制執行される可能性も存在する。

[89]　**3　仲　裁**

　　世界各国の裁判制度をみた場合には，裁判手続の公正さや迅速性等の点で問題がある国も少なくない。このため，信頼できる裁判制度を有している国との取引であれば格別，そうでない場合には，当該国の裁判所を利用するよりも，信頼できる仲裁人に紛争解決を委ねることのできる仲裁のほうが望ましい。また，外国判決承認執行制度を有しない国もあるが，そうした国の当事者との取引にあたっては，外国の裁判所で判決を得ても実効性に乏しい。もし，その国が後述（→［93］）するニューヨーク条約の締約国であるならば，訴訟よりも仲裁という紛争解決方法のほうが望ましいということになる。

[90]　仲裁には，機関仲裁とアドホック仲裁がある。機関仲裁は常設の仲裁機関を利用するものであり，仲裁機関の定める規則に従い手続が行われ，仲裁機関が提供するサービス（事務，通信，仲裁人リスト等）を利用できる。アドホック仲裁は仲裁機関を利用しないものであり，当事者が個別に手続を設計したり，UNCITRAL 仲裁規則等を利用したりする。機関仲裁が一般的であるが，どの仲裁機関を利用するかは，取引相手方との関係や費用等から選択される。

[91]　仲裁手続の一般的な流れは以下の通りである。

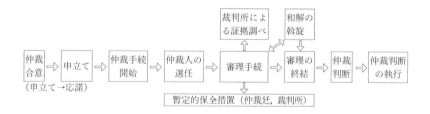

[92]　仲裁手続を規律する法は，仲裁地の仲裁法である。仲裁地という概念は，特定の場所と結び付いていない仲裁（たとえば，訴訟の場合は日本での訴訟手続であれば日本の裁判所で行われるが，仲裁手続はどのような場所で行ってもよい）を，特定の国家の仲裁法に結び付けるための概念であり，仲裁地の仲裁法が適用されることに

なる。日本では，UNCITRAL 国際商事仲裁モデル法に基づいて作成された仲裁法が 2004 年から施行されており，日本を仲裁地とする仲裁にはこの仲裁法が適用される（仲裁法 1 条・3 条 1 項）。仲裁地は当事者が選択することができ，当事者が選択していない場合には仲裁廷が決定する（仲裁法 28 条 2 項）。

　仲裁手続の前提となるのは当事者が紛争を仲裁に委ねるという仲裁合意であり，仲裁合意がなければ仲裁手続は行えない。仲裁合意は書面で行う必要がある（仲裁法 13 条 2 項）。たとえば，ある契約の紛争解決方法として日本商事仲裁協会（JCAA）による仲裁を事前に合意する場合，"All disputes, controversies or differences arising out of or in connection with this contract shall be finally settled by arbitration in accordance with the Commercial Arbitration Rules of The Japan Commercial Arbitration Association. The place of the arbitration shall be Tokyo, Japan."（これは，JCAA が公表している推薦仲裁条項である）といった条項を契約書に盛り込むことになる。仲裁合意の対象となっている紛争について訴訟が提起された場合には，当事者の申立てにより訴えは却下される（仲裁法 14 条）。

　日本法における訴訟と仲裁を簡単に比較したのが後掲（→ [94]）の表である。　[93]

　仲裁は，判断者である仲裁人を当事者が選任できる（したがって，当該紛争分野の専門家などを仲裁人に選任することができる）。仲裁人が誰であるかは，仲裁手続の進行や仲裁判断の内容を左右しうる極めて重要な事項である。仲裁人は，公正かつ独立（impartial and independent）でなくてはならず，当事者や紛争に利害関係を有するような者は仲裁人になることができない。国際仲裁の場合には，仲裁人の国籍も重要な要素である。

　手続についても，仲裁法の強行法規に反しない範囲で当事者が比較的自由に設計でき（実際にどこで実施するか，どの程度の証拠開示手続をするか，何語でするか等は当事者が決定できる），手続を公開する必要もない。仲裁手続の進め方は，当事者そして仲裁人が合意により決定することができる。仲裁人がどの国の出身であるか等によって，当該仲裁人に馴染みのある手続の進め方がベースとされることも多い。

　手続に重大な瑕疵がある仲裁判断は取り消されたり，効力が否定されたりされうるが，訴訟における上訴のように，実体的な審理をやり直すような制度は存在しない。その意味では，一発勝負というのが仲裁の特色である。

第 1 章　国際売買契約

　外国を仲裁地とする仲裁判断については，2024 年 10 月末現在日本を含む
172 か国が締約国となっている外国仲裁判断の承認及び執行に関する条約
(「ニューヨーク条約」と呼ばれている) が存在し，一定の要件を満たす外国仲裁判断
は締約国において承認執行される。仲裁判断が執行可能かどうかというのは実
務的に非常に重要な点であり，仲裁地等を考える際にも，将来的にどこで仲裁
判断を執行することが予想されるかを考慮に入れる必要がある。

[94]　仲裁を紛争解決手段として選択する場合には，あらかじめ契約において仲裁
を用いて紛争を解決する旨の仲裁合意を定めておくのが通常であり，仲裁によ
り紛争を解決することに加え，仲裁地，仲裁機関，仲裁人の数，使用言語など
が合意される。

　仲裁合意を定める際にもっとも重要なのは仲裁地である。日本法人と中国法
人との間の契約の例でいうと，日本を仲裁地とするのか，中国を仲裁地とする
のか，中立的な第三国を仲裁地とするのかについて合意がなされる必要がある。
中立地ということであれば，香港やシンガポール，場合によっては，ロンドン，
パリ，ロサンゼルス，ニューヨークなどが選択されることになる。アジアを仲
裁地とすることについて当事者が合意した場合にはシンガポールや香港が選択
されることが多い。

　一方，現実には，日本法人と中国法人との間の契約であっても，仲裁地とし
て日本または中国のいずれかが選択される場合も少なくない。これは，契約交
渉において，仲裁地は準拠法とパッケージで交渉がなされることが多く，準拠
法中国法＆仲裁地日本，または，準拠法日本法＆仲裁地中国といった合意がな
されることが少なくないからである。

　仲裁機関は，アジアについていうと，日本であれば，日本商事仲裁協会
(JCAA)，中国であれば中国国際経済貿易仲裁委員会 (CIETAC)，香港であれ
ば Hong Kong International Arbitration Centre (HKIAC)，シンガポールであ
れば Singapore International Arbitration Centre (SIAC) などの仲裁機関が利
用されることが多い。世界的には，たとえば，パリに本拠があり東京を含む
世界の主要都市に機関を設けている International Chamber of Commerce (ICC)，
ロンドンの The London Court of International Arbitration (LCIA)，米国の
American Arbitration Association (AAA) などがよく利用されている。仲裁機関
によって，仲裁費用 (仲裁人の報酬を含む) はまちまちなので，事前に調べてお

くとよい。

	訴 訟	仲 裁
手続の開始	原告による訴訟提起	当事者が書面により合意することが必要（仲裁法13条）
実施機関	国家や州の裁判所	仲裁サービスを提供する機関を利用することもできるし（機関仲裁），個別に仲裁人を選任することもできる（アドホック仲裁）
扱えることがら	法律上の争訟（裁判所法3条1項）	当事者が和解できる民事上の紛争（仲裁法13条）
判断者	裁判官	仲裁人（複数人で構成される場合は仲裁廷という）。通常は3名または1名である。仲裁人は法曹の資格がなくてもなれる
判断者の選定	裁判所	仲裁人は当事者が選任できる（仲裁法16条・17条）
手続の場所	裁判所	当事者，仲裁人の合意によりどこで実施してもよい（仲裁法28条3項）
言 語	日本語（裁判所法74条）	当事者が合意により定めることができる（仲裁法30条）
手続ルール	民事訴訟法による厳格な手続	仲裁法の強行規定に反しない範囲であれば，当事者が自由に決めることができる（仲裁法26条）
手続の公開	公開（憲法82条）	公開してもよいし，しなくてもよい
実体判断ルール	国際私法→準拠法としての国家法	当事者の合意で決める。当事者が選択できる法は国家法に限らない。当事者の選択がない場合には，最も密接な関係を有する国の法を適用する。当事者双方の明示された求めがある場合には，仲裁廷は衡平と善により判断する（仲裁法36条）
判断の形式	判決，決定	仲裁判断
不服申立て	控訴，上告	一定の場合には仲裁判断の取消しが可能（仲裁法44条）
強制執行（債務名義）	確定判決	確定した執行決定ある仲裁判断によって強制執行ができる（民事執行法22条6号の2）
外国でなされた判断	一定の要件を満たす外国の確定判決は，承認執行される（民事訴訟法118条，民事執行法24条）	外国を仲裁地とする仲裁判断についても，ニューヨーク条約あるいは仲裁法45条，46条（仲裁地がニューヨーク条約の締約国でない場合）により，承認・執行される
費用負担	民事訴訟費用等に関する法律	仲裁人報酬は当事者が負担

仲裁合意においては，仲裁人の数も合意されるのが通常である。仲裁人の数　[95]

第1章　国際売買契約

は3人とされる場合がもっとも多く，次が1人とされる場合が多いと思われる。3人とするメリットは，少なくとも1人の仲裁人を自社が選択する権利を確保することができる点であるが，デメリットは仲裁人の報酬がより多くかかる点である。また合議制のため，場合によっては1人の場合よりも時間がかかることがある。3人目の仲裁人は，両当事者から選ばれた仲裁人が選定することとされたり，仲裁機関が選定することとされたりすることが多い。また，3人目の仲裁人は必ず中立国から選定されるべき旨が合意されることも少なくない。なお，仲裁人の数および選定手続の定めは契約書において必須ではなく，記載をしなければ，適用ある仲裁法や仲裁機関の規則の定めによる。

　仲裁合意においては，言語を定めておくことが望ましい。言語の定めも必須ではなく，定めのない場合，適用ある仲裁法や仲裁機関の規則に従って定められるが，状況に応じて，英語をあらかじめ指定しておくことが望ましい場合は，その旨合意するとよい。

　なお，上記にかかわらず，仲裁法によっては，仲裁合意が成立する要件として，特定の事項が規定されていることを要求している可能性があるので，注意する必要がある。

[96]　　　　　　**Column　いわゆる指し違え条項（finger pointing clause）**
　契約書の仲裁条項において，たとえば，日中間の取引において，「A日本企業が仲裁を申し立てる場合は中国北京で，B中国企業が仲裁を申し立てる場合は日本東京で，仲裁を行うものとする」などといった，いわゆる指し違え条項（finger pointing clause）が用いられることがある。自己が被申立人となる場合に自国の都市を指定することから被告地主義などと呼ばれたりするが，たとえば，ドイツと日本の会社の間の取引において，ドイツが申立人となる場合はシンガポールで，日本側が申立人となる場合はロンドンで，と合意することもありうる。また，仲裁地を1つにしないといけないかというと，そうでもなく，「Aが仲裁を申し立てる場合は，当該仲裁は，Aの選択により，マドリッドかパリで行われ，Bが仲裁を申し立てる場合は，Bの選択により，ニューヨークかパリで仲裁は行われる」などとして2つの仲裁地を選択できるようにした実例において，スペイン法上は当該条項は有効であるとされた例もある（Case No. 5485 of 18 August 1987, Collection of ICC Arbitral Awards 1986-1990）。
　かかる指し違え条項を採用する理由は，ほとんどの場合が，お互いが自社に有利な場所での仲裁を主張した結果としての妥協の産物である。
　しかしながら，指し違え条項に関しては，以下のような例が存在することを

念頭に置いておくべきで，2か所で同時並行的に仲裁が行われ，異なった仲裁判断が生じうる可能性のある指し違え条項の採択は，できれば避けたほうが賢明である。

　この事例は，取引関係にあったイタリアの会社と中国の会社の間の契約の仲裁契約条項において，「紛争は仲裁により解決されるものとし，イタリアの会社が申立人の場合はストックホルムで，中国の会社が申立人の場合は北京で，それぞれ行われる」とされていたものである。イタリアの会社の契約上の債務が履行されたか否かについて紛争が生じたため，イタリアの会社がストックホルムで債務が履行済みであることの確認を求める仲裁申立てをしたところ，その後，中国の会社が北京で債務不履行に基づく損害賠償を求める仲裁申立てを行い，その結果，ストックホルムではイタリアの会社の主張が認められ，北京では中国の会社の主張が認められるという，相反する2つの仲裁判断が生じる結果となった。中国の会社が北京での仲裁判断の承認執行をイタリアで申し立てたところ，イタリアの会社は，ストックホルムでの仲裁が先行したのであるから北京の仲裁廷は当該争点については管轄権がなかった，と反論した。この点について，イタリアの高等裁判所は，同時並行的に仲裁が起こる可能性を当該仲裁条項は排除するものではないとして，イタリアの会社の主張を退けたうえで，相反する仲裁判断があることが他の仲裁判断の執行を妨げる事由となるものでもないとして，中国北京の仲裁判断を承認執行した（Yearbook Commercial Arbitration, A.J. van den Berg（ed.）, Vol. XXVI（2001）pp. 807-811.）。

4　紛争解決手続の選択

　実務上，国際取引の紛争解決手段として契約書に規定されるのは，訴訟または仲裁のいずれかがほとんどであるが，両者のうちいずれを選択するかは様々な要因により判断される。たとえば，納期遅延，品質不良，不可抗力事由などが紛争になりやすい国際売買であれば，専門的な知見をもち，業界や商品に詳しい実務家がより適切な判断を下す可能性が高いので，仲裁を選択するであろうし，たとえば国際融資のように，金銭的な不履行が紛争の中心となり，錯綜した事実問題が生じないような性質の取引については，訴訟が選択されることも多いであろう。ただし，当該国の裁判制度に透明性，迅速性，公平性などの面で問題があるような場合は別途の考慮が必要となる。一般的にいって，企業が仲裁を選択する理由は次の表に掲げたメリットによる。

第1章　国際売買契約

ポイント	メリット
迅速性	訴訟遅延は多くの国で問題となっている。仲裁の場合は，当事者と仲裁人のスケジュール調整次第で短期間での集中審理も可能。また仲裁は一審限りが原則なので，上訴可能な訴訟より早期終了することが多い。
簡便性	陪審制，ディスカバリーなど煩雑な訴訟手続を回避可能。
秘密性	手続・判断ともに原則非公開であるため，企業秘密の保持，Reputationの維持によい。
中立性	特定国のバイアスの排除：相手国裁判所での訴訟提起は不可（「妨訴抗弁」）。
専門性・実務性	たとえば貿易紛争に詳しい実務家や弁護士を仲裁人に起用可。ビジネス実務の目線に立った現実的，実務的な解決。

[98]　　また，承認執行の可能性という問題もある。たとえば，日本法人が中国法人との間の契約に関する紛争解決を訴訟で行ったとしても，日本の判決を中国で，中国の判決を日本でそれぞれ執行できないという問題がある。これは，中国法によれば外国判決の中国での承認・執行には当該外国との間に条約があることを要求しており，日中間には判決の相互承認・執行を定めた条約がないため，中国では日本の判決の効力は認められず，他方，日本法によれば，外国判決の承認・執行には「相互の保証」（同種の判決が同様の条件で承認・執行されること）（民事訴訟法118条4号，民事執行法24条3項）が要件とされているため，中国が上記のような法制である以上，日本でも中国の判決は承認・執行されないためである。これに対し，仲裁判断の承認執行については，中国は既述のニューヨーク条約の締約国であり，ニューヨーク条約の締約国は他のニューヨーク条約の締約国の仲裁判断を承認・執行する義務がある（ただし，ニューヨーク条約の締約国であっても，外国仲裁判断の執行手続に関する国内法が整備されていないと事実上外国仲裁判断を執行することができないため，この点も併せて調査する必要がある。また，国によっては，かかる国内法自体は整備されているものの，現実に外国仲裁判断が執行されることが難しい国もあるため注意を要する）。このため，中国法人を相手方とする契約では紛争解決方法として仲裁が検討されることが多い。

[98-2]　　国際的な商取引紛争の解決手段としては，訴訟や仲裁のほか，調停が用いられることもある。調停は，中立的な第三者が当事者による交渉や和解合意の形成を促進する役割を担う手続であり，調停人は訴訟や仲裁のような判断を行う権限を有しない。調停人は調停案を出すことはあるが，調停案を受け入れて和解するかどうかは当事者の自由である。調停には，法律論にとらわれず将来の

取引関係等も考慮した柔軟な和解が可能である等のメリットがあり，訴訟や仲裁の前に調停を行うことが合意されたり，仲裁を開始した後に和解の可能性を探るために調停に移行する等の形で調停と仲裁を組み合わせたりすることもある。国際的な調停の結果として当事者が合意した和解合意の執行のための国際的な枠組みを設けるものとして，2018年にシンガポール条約（国際的な調停による和解合意に関する国連条約）が採択された。日本は2023年に本条約に加入し，本条約を実施するための法律として，調停による国際的な和解合意に関する国際連合条約の実施に関する法律が制定され，2024年4月1日に施行された。

●●本事例の考え方●●

　ポイント解説で述べたような基本的な知識を踏まえ，個々の事案に照らして　［99］
もっとも適切な紛争解決手段をあらかじめ合意しておくことが肝要である。本件のような国際売買取引の紛争解決手段としては，一般的には機関仲裁が適当である場合が多い。これは，上述した仲裁のメリットがまさに妥当することに加えて，仲裁機関による仲裁手続の管理サービスや仲裁規則の利用が可能であるという理由にもよる。仲裁機関や仲裁地については，もちろん契約当事者としては自国において自国の仲裁機関を利用したいと考えるであろうが，それでは合意に至らない場合も少なくない。

　本事例の場合，たとえばX社がASEANの一国に所在する企業であれば，仲裁地としてのレピュテーションやロケーションの便宜を考慮して香港やシンガポールを仲裁地とし，HKIACやSIACなど定評ある仲裁機関を選択することが考えられる。一方，Y社が中南米に所在する企業であれば，同社としてはたとえばパリを仲裁地とし，ICCを選択したいと主張するかもしれない。また，X社との契約とY社との契約で同じ仲裁機関とすべきかどうかという問題もある。最終的には紛争リスクの発生の度合いやコスト等を踏まえての当事者間の交渉事である。

> **1-3-2　信用状の開設遅延**　　　　　　　　　　　　　　　　　　　　　　［100］
> 　物品は，直接X社からY社の工場があるA国に船舶で運送されることとなっていた。

第 1 章　国際売買契約

　　X 社との間では，売買代金は送金で決済することとなった。Y 社との契約交
　渉では，売買代金の決済方法が議論となり，当社は信用状（L/C）の利用を主
　張したのに対して，Y 社は送金での後払いを主張したが，結局，当社の主張通
　り，L/C で合意された。
　　Y 社との契約では，Y 社は○月○日までに信用状を開設することになってい
　たが，Y 社による L/C 開設が遅延している。この場合，当社としては，どの
　ように対処すべきだろうか。Y 社による信用状開設遅延を Y 社の債務不履行
　として Y 社との契約を解除できるだろうか。

着眼点

　売買代金の決済方法にはどのようなものがあるか。それぞれのメリット・デメリッ
トはどのようなものか。

■■■ ポイント解説 ■■■

[101]　　**1　国際売買代金の支払方法**

　国際売買における売買代金の支払方法としては，①送金，②荷為替手形，③
荷為替信用状（Letter of Credit，略称 L/C）の 3 つが代表的である。

　買主が売主の銀行口座に売買代金を送金するのが，もっとも安価な（上記の
②③に比べて銀行に対する手数料がもっとも安くてすむという意味で）支払方法である。
送金の問題点は，物品の引渡しと代金の支払の同時履行を実現することが困難
であるという点である。しかし，取引相手方の信用リスクを気にしなくてよい
ような取引，関連会社間取引などでは，送金を利用しやすい。なお，買主が健
全であり，売買代金を支払う十分な資力を有していたとしても，買主の所在地
国が経済危機に陥った場合などには，当該国からの送金が禁じられる場合があ
る。国家に起因する事情で取引が実現できないリスクのことをカントリー・リ
スクというが，このうち，前記のように国家に起因する事情で資金の移動がで
きなくなるリスクをトランスファー・リスクという。

[102]　　**2　荷為替手形**

　信用リスクの削減のために考えられた決済方法が荷為替手形である。これは，
物品の引渡しが実際には運送品の引渡請求権を表章する有価証券である船荷証
券という書類を通じて行われることを利用し（→［118］），船荷証券と為替手形

70

を用いた代金の支払とを組み合わせることによって，物品の引渡しと代金の支払の双方を銀行を通じて処理し，それによって物品の引渡しと代金の支払の同時履行を実現する方法である。具体的には，①売主は契約に従った船積を行い，運送人から船荷証券を受領する，②売主は買主を支払人とする為替手形を振出し，この為替手形に売主が運送人から受領した船荷証券，売主が作成したインボイス（請求書）等の船積書類を添付したうえで，売主が自己の取引銀行に手形の取立や割引（買取）を依頼する，③売主の取引銀行は買主の所在地の銀行に荷為替手形を送付して手形の取立を依頼する，④買主の所在地の銀行は買主に荷為替手形を呈示し，買主が手形代金を支払うか，為替手形を引き受けるのと引き換えに，船積書類を買主に引き渡す（荷為替手形には，船積書類を買主に交付する条件として買主による荷為替手形の支払を定めるもの〔支払渡（D/P: documents against payment)〕と，買主による荷為替手形の引受を条件とするもの〔引受渡（D/A: documents against acceptance)〕がある），⑤買主の所在地の銀行は売主の取引銀行に手形代金を送付し，売主の取引銀行は売主に手形代金を引き渡す，⑥買主は船荷証券を運送人に呈示し，荷物を受領する，といった形で売買代金の決済が行われる。④のステップで物品の引渡しと支払の同時履行を実現する。

　ただし，荷為替手形を用いても，売主にとっては，買主が支払わないというリスクを避けることはできない。買主が支払わない場合に貨物を他者に売却することが困難である場合も少なくないし，他者に売却するために再度運送を手配したり，それまでの間貨物を保管したりするための費用負担も無視できない。他方，買主にとっては，船荷証券は手にするものの，実際に船積された貨物が契約で定められた荷物ではないというリスクを避けることはできない。

3　信用状 [103]

　こうしたリスクのうち，売主にとってのリスクの一層の削減のために用いられるのが荷為替信用状（L/C, 以下，単に信用状という）である。信用状とは，買主の取引銀行（発行銀行）が買主（発行依頼人）の依頼に基づいて発行するものであり，信用状に記載された条件（信用状条件）を充足する書類が呈示されることを条件として，発行銀行が売主（受益者）に対して支払等を行うことを確約する取決めをいう。信用状を得ることによって，売主は信用状条件を充足する書類を信用状の発行銀行や信用状で指定された銀行（指定銀行）に対して呈示しさ

えすれば，仮に買主が倒産したとしても，代金を受領することができる。これにより，売主は，買主の信用リスクを銀行の信用リスクへと変更することができる。一般に，銀行は倒産しにくいと考えられているので，売主はより安全に取引を行うことが可能になる。なお，信用状発行銀行の信用力が乏しい場合や信用状発行銀行の所在地国のカントリー・リスクに対処する必要がある場合には，受益者の国の銀行に信用状の確認（Confirmation）を依頼することもある（発行銀行や指定銀行が支払を行わない場合でも，確認銀行は信用状条件を充足した書類が呈示された場合には支払を行う）。

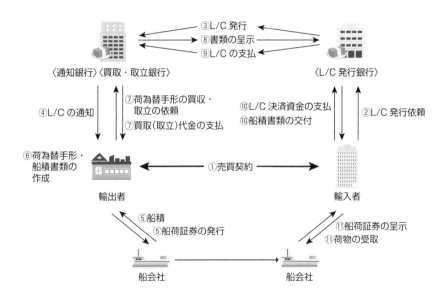

[104]　典型的な信用状取引の流れは以下の通りである。

① 売買契約が締結される。この売買契約において，信用状によって代金を支払うことが合意される。
② 売買契約に基づき，輸入者（発行依頼人：Applicant）が取引銀行に対して信用状の発行を依頼する。
③ 輸入者の取引銀行（発行銀行：Issuing Bank）が輸出者を受益者（Beneficiary）として信用状を発行する。発行銀行は受益者の所在地国の銀行（通知銀

行）に対して，受益者に対する信用状の通知を依頼する（こうした依頼は，銀行間の通信ネットワークを通じて行われる）。

④　通知銀行は信用状を受益者に通知する。

⑤　受益者は信用状に記載された条件（信用状条件）を満たす形で船積を行い，運送人から船荷証券を受領する。

⑥　受益者は信用状条件を満たすような形で荷為替手形やインボイス等を作成する。

⑦　受益者は，信用状に荷為替手形，船荷証券などの信用状条件を充足する書類を添えて自己の取引銀行に持ち込む。取引銀行が荷為替手形を買い取り，手形金額から手数料・利息を差し引いた額を受益者に支払う。

⑧　当該銀行は書類を発行銀行または信用状で指定された銀行に呈示する。

⑨　当該書類が信用状条件を充足していれば支払がなされる。

⑩　輸入者と信用状発行銀行との間の信用状の発行に関する契約において，輸入者は発行銀行が受益者に支払った金額について発行銀行に償還債務を負っており，この償還債務を履行して船荷証券等の書類を受け取る。

⑪　輸入者は運送人に船荷証券を呈示し，貨物の引渡しを受ける。

　信用状に関する当事者の権利義務や用語の意味等を定めているのが国際商業　[105]
会議所（ICC）が作成している UCP（The Uniform Customs and Practice for Documentary Credits）「荷為替信用状に関する統一規則および慣例」（一般に信用状統一規則と呼ぶ）である。最新版は，2007 年に作成されたもので，UCP600 と呼ばれる。信用状統一規則は法ではないが，世界中で用いられているほとんど全ての信用状は，その中で当該信用状が信用状統一規則に基づいて発行されたことを明示するのが通常であり，これにより信用状統一規則は信用状という発行銀行による約束の一部を構成することになる。

　信用状の基本原則としてあげられるのは，独立抽象性の原則と書類取引の原則である。独立抽象性の原則とは，信用状における発行銀行の受益者に対する債務は，売主と買主との間の物品の売買契約や発行銀行と発行依頼人との間の信用状発行契約からは独立（無因）のものであり，発行銀行は発行依頼人が受益者に対して有する抗弁をもって信用状債務の履行を拒むことはできないとい

第1章　国際売買契約

うものである（統一規則4条a）。書類取引の原則とは，信用状取引は書類のみの取引であり，銀行は書類のみを取り扱うのであって，物品等は取り扱わないというものである（統一規則5条）。

[106]　書類を呈示された発行銀行等は，書類が信用状条件を充足しているかどうかを点検しなければならない。この点検は5営業日以内に，国際的な標準銀行実務に即して行われなければならず（統一規則14条），書類が信用状条件を充足していたならば発行銀行等は支払等を行わなければならない（統一規則15条）。もし，発行銀行等が，書類が信用状条件を充足していないと考える場合には，支払を拒絶する旨，および，その根拠となる条件不一致等を書類の呈示者に対して通知しなければならない（統一規則16条）。呈示された書類が信用状条件を充足するかどうかを巡って訴訟で争われることも少なくない。

　売主と買主との間で売買代金の決済方法として信用状を用いることが合意された場合，売主は，特約がない限り，信用状の通知を受けるまでは自己の債務の履行を拒むことができるとするのが，日本の最高裁判例である（最判平成15年3月27日金判1169号39頁）。

[107]　売主は信用状条件を充足する書類を呈示しさえすれば，買主の資力等にかかわらず，発行銀行あるいは発行銀行が指定する銀行から支払を受けることができる。しかし，発行銀行が些細な条件不一致（discrepancy）を理由に支払を拒み訴訟に至るケース，発行銀行が倒産するケース，詐欺などを理由に発行依頼人が申し立てた発行銀行による信用状債務履行禁止の仮処分が認められるケース（日本ではそのような例はないが，諸外国ではそうした事例も散見される）等もあり，信用状を用いたからといって全てのリスクが回避されるわけではない。

●●本事例の考え方●●

[108]　国際的な売買取引における売買代金の決済方法としては，送金，荷為替手形，信用状が代表的である。安全性やコスト等を考えながら，個々の取引にもっとも適した決済方法を選択することが重要である。安全かつ安価な方法としては，まずは前金（送金）であろうが，交渉上の優位性がなければこれを相手方に認めさせることは難しい。安全性を重視する観点からは，信用状が用いられる。

　信用状を用いる場合，売主にとって信用状のタイムリーな入手は大変重要で

74

1-4-1　[111]

ある。そこで，契約書において信用状の開設時期を明確に定めるとともに，開設が商品引渡の条件であること，開設遅延が起きた場合には直ちに契約を解除できる旨を明記しておくことが大切である。

【事例 1-4】契約解除に関する営業部からの相談　[109]

　Ｘ社からの引渡しが見込めないまま，Ｙ社との契約期限が近付いている。Ｙ社からは，契約期限に多少遅れてもよいから，必ず納品してほしいとの要求がある。このため，当社としては，結局，他から高値でも CFRP を調達せざるをえないこととなった。

1-4-1　契約解除　[110]

　当社は，Ｘ社との契約を解除し，Ｂ国の Ｚ社から CFRP を調達したいと考えている。このような状況のもとで，Ｘ社との契約を解除することは可能か。

着眼点

　売買契約において一方当事者が義務履行を怠った場合，契約違反をされた相手方に対してどのような救済（remedies）が与えられるのかについて理解する。準拠法によっては，解除ができる場合も限られている。

■■■ ポイント解説 ■■■

1　債務不履行に対する救済　[111]

　契約の相手方が債務を履行しなかった場合に，どのような救済が与えられるかは，まず個々の契約の定めによる。契約に定めがない場合であっても，準拠法が定める救済が与えられる（特段の合意がない限り，契約で定められた救済と準拠法上の救済は排他的なものではない）。

　日本法では，債務不履行があった場合には，損害賠償のみならず，履行の強制を求めることができる（民法414条）とされており（債務の性質がこれを許さないときを除く），少なくとも法律上は，債務不履行に対する救済としての強制履行と損害賠償との間に優先劣後の関係はない。これに対して，英米法では，損害賠償が原則的な救済であり，履行の強制は特別な事情が存在する場合のみに認められる例外的な救済として位置付けられている。CISG は英米法とは異なり，履行請求を例外的な救済としては位置付けていない。しかし，履行請求を例外

75

第1章　国際売買契約

的な救済として位置付ける国々との妥協を図るため，28条において，類似の事案にCISGの代わりに法廷地法（法廷地の民商法）が適用されたとしても現実の履行を命じる裁判をする場合でなければ，法廷地の裁判所はそうした履行を命じる裁判を行う義務を負わない，とする。

[112]　　2　契約の解除

　日本法では，一方が債務を履行しないときは相当の期間を定めて催告し，その期間内に履行がないときは契約を解除できる（ただし，その期間を経過したときの債務不履行が軽微であるときを除く）（民法541条）。また，債務の全部の履行が不能であるとき，債務者が全部の履行を拒絶する意思を明確に示したとき，債務の一部の不能や不履行の場合であって残部の履行では契約をした目的を達することができないとき，契約の性質や当事者の意思表示により特定の期限までに履行されなければ契約をした目的を達することができないとき等には，催告をすることなく契約を解除できる（民法542条）。

　英国法では，伝統的に，契約条項を契約の根幹に関わる重要なもの（conditions）とそうでないもの（warranties）に分け，前者についての違反があった場合には契約を解除できるが，後者についての違反があった場合の救済は解除ではなく，原則として損害賠償に限られるとされている。

　CISGでは，契約違反の場合の救済について，できるだけ契約は存続させること，および，物品の不必要な移動を避けることにより，契約違反があった場合の処理に伴う当事者の負担をできるだけ小さくすることといった基本的な思想が存在し（なお，できるだけ契約を存続させようという発想は，売主による追完権についての規定にも表れている。売主が契約違反を行った場合であっても，売主は自らその契約違反を追完する権利を有する〔37条が引渡期日前の追完，48条が引渡期日後の追完について規定する〕），契約解除は，重大な契約違反があった場合に限って認められることとされている（代替物の引渡請求も同様である）。重大な契約違反となるのは，相手方が契約に基づいて期待することができたものを実質的に奪うような不利益を相手方に生じさせる不履行である（25条）。履行日を過ぎても引渡しがなされないからといって，直ちに契約を解除できるわけではない。買主が，47条(1)に従って履行のための付加期間を設定し，売主が当該付加期間中に物品を引き渡さないか，物品を引き渡さない旨の意思表示をした場合に限り，解除が可能と

76

なる（49条⑵）。解除は解除権者による意思表示により，解除の意思表示が有効になった時点で，両当事者は契約上の義務から解放される。ただし，損害を賠償する義務は残る（81条⑴）。解除により，両当事者はすでに引渡しを受けた物品や代金を返還する義務を負う。双方の当事者が返還義務を負う場合には，同時履行の関係に立つ（81条⑵）。

3　損害賠償

[113]

　損害賠償の範囲について，日本法では，債務不履行によって通常生ずべき損害の賠償が原則であり，ただし，特別の事情によって生じた損害であっても，当事者がその事情を予見すべきであったときは，債権者は，その賠償を請求することができるとされている（民法416条）。

　英米法では，債務不履行から通常生じる損害と，当事者が契約締結の当時に予見できた損害について賠償を認めるのが原則である（リーディング・ケースとして，Hadley v. Baxendale［1854］EWHC J70 が有名である）。損害の塡補ではなく，加害者の制裁を目的とする懲罰的損害賠償（punitive damages）は原則として不法行為についてのみ認められ，債務不履行については認められない。

　CISG では，契約締結時に契約違反をした当事者が知りまたは知るべきであった事情に照らし，契約違反から生じる結果として当該当事者が予見し，または，予見すべきであった損失についてのみ，損害賠償責任を負うと定めている（74条）。また，契約を解除して合理的な方法・時期で代替品を購入したり（買主の場合），物品を再売却したり（売主の場合）した場合には契約価格と代替取引の価格の差額および74条の規定に従って求めることのできるその他の損害賠償を損害として請求でき（75条），物品に時価がある場合であって，契約は解除したが代替品を購入していない場合（買主の場合）や再売却をしていない場合（売主の場合）には，契約価格と解除時の時価の差額および74条の規定に従って求めることのできるその他の損害の賠償を請求できる（76条）とされている。また，契約違反を行った当事者の相手方当事者（売主による契約違反の場合であれば買主）には損害を軽減するために合理的な措置をとる義務があり，損害を軽減するために合理的な措置をとらなかった場合には，契約違反を行った当事者は，合理的な措置をとっていれば軽減されたであろう損失額を損害賠償額から減額するよう請求できる（77条）。

第 1 章　国際売買契約

[114]　　4　不安の抗弁権

　履行期の前であっても，一方当事者が履行期が到来した時点で契約を履行しないことが明らかである場合に，他方当事者は契約の規定に従って自己の債務を履行しなければならないとしたり，当該他方当事者をいつまでも契約に縛り付けておくことで迅速に代替取引等を行うことを妨げたりすることは酷であることから，CISG は予防的な救済として，当該他方当事者が履行を停止したり，履行期前に契約を解除したりすることを認めている（71条・72条）。日本法では，明文の規定はないが，継続的な双務契約等との関係では，自らが先に履行することを拒否することができるという不安の抗弁権が判例・学説によって認められている（たとえば，東京地判平成2年12月20日判時1389号79頁）。

●●本事例の考え方●●

[115]　　準拠法上の解除の要件を確認したうえで，その要件に従って解除権を行使する必要がある。さもなければ，解除権の不当な行使であるとの相手方主張を惹起しかねない。しかし，法律上，解除の要件が必ずしも明確でない場合もありうることから（たとえば「合理的な期間の催告を要する」と規定されている場合の「合理的な期間」の意味など），契約で具体的な定めを置いておくことが重要である。

[116]　　　1-4-2　船荷証券

　　当社は X 社との契約を解除し，Z 社と契約した。Z 社には至急の船積を依頼した。折よく，B 国から A 国に向けて出発する定期便に空きがあり，そのスペースを利用して運送できることとなった。Z 社は CFRP の船積を行った。Z 社から船荷証券が送付されてきたが，本来であれば3通あるべきところ，2通しか同封されていなかった。どのように対処すべきであろうか。

着眼点

　国際的な売買における運送手段としてはどのようなものがあるか。海上運送で用いられる船荷証券とはどのようなものか。

78

1-4-2 [117]

■■ ポイント解説 ■■

1 国際的な貨物運送 [117]

　国際的な運送の方法としては，海上運送（船舶を用いた運送），航空運送（航空機を用いた運送），複合運送（複数の異なる運送方法が用いられる運送）などがある。

　船舶を用いた運送契約は，傭船契約（船舶を貸し切るもの）と簡品運送契約（船舶を貸し切るのではなく，個々の物品の運送を運送契約の目的とするもの）に大別される。

　海上運送については，商法737条以下に規定があるが，国際的な簡品運送契約については，国際海上物品運送法という特別法が存在する。我が国は，1924年の「船荷証券に関するある規則の統一のための国際条約（ヘーグ・ルールズ）」と1968年の改正議定書（ヴィスビー・ルールズ）および1979年改正議定書を批准しており，これを国内立法化したものが国際海上物品運送法である。

　2008年12月には，国連で，「その全部又は一部が海上運送である国際物品運送契約に関する条約」（ロッテルダム・ルールズと呼ばれる）が採択された。このロッテルダム・ルールズは，従来の条約ではカバーされていなかった問題を取り込んだり，電子商取引に対応する規定を設けている。2024年10月末現在，5か国が批准等しているにとどまり（我が国は未署名），未発効である。

　国際海上物品運送法では，運送人（船舶所有者，船舶賃借人，傭船者）の義務と責任について，民法や商法の特則を設けている。

　運送人の義務との関係では，運送品に関する注意義務（運送人は運送品の受取り，船積，積付，運送，保管，荷揚げ，引渡しにつき注意義務を負うこと）（3条）や堪航能力担保義務（船舶を航海に耐える状態に置くこと，船員を乗り込ませ，船舶を艤装し，需品の補給を行うこと，船倉・冷蔵室等運送品の受入れ・運送・保存に適した状態に置くことについて注意義務を負うこと）が規定されている（5条）。これらの義務違反については，運送人が自己またはその使用する者が注意を尽くしたことについて立証責任を負う（4条1項・5条）。

　運送人が注意義務を怠ったことにより，運送品が滅失・損傷・延着した場合には運送人は損害賠償責任を負うが，責任の限度については，運送品一包または一単位について（コンテナの場合は1コンテナ），1SDR（IMF〔国際通貨基金〕における特別引出権で，その価値は米ドル，ユーロ，人民元，日本円，英ポンドからなるバスケットで決まり，毎日，1SDRが何米ドルか等の情報がIMFのウェブサイトで公表されている）

79

第1章　国際売買契約

の 666.67 倍，または，滅失，損傷，延着にかかる運送品の総重量について1キロあたり 1SDR の2倍を乗じて得た金額のうちいずれか大きいほうとされる（13条1項）。運送品に関する注意義務については，船長，海員等による航海上の過失・船舶の取扱いに関する過失と火災により生じた損害については運送人は免責されるが（3条2項），こうした法定の免責事由のほかに，荷受人や船荷証券所持人にとって不利な特約，たとえば，運送人が契約により免責事由を定め，あるいは，国際海上物品運送法を下回る責任限度額を定めることは許されず，そうした特約は無効である（15条1項）。

[118]　**2　船 荷 証 券**

　海上運送の場合，荷物を受け取った運送人によって荷送人に対して船荷証券（Bill of Lading，略称 B/L）が交付されることが多い。

　日本の船荷証券に関する規定は，もともと国際海上物品運送法に規定されていたが，令和2年の商法等の改正により，国際海上物品運送法に規定されていた船荷証券に関する規定が商法 757 条以下に整備され，国際海上物品運送法 15 条において，これらの規定が国際海上物品運送法の適用対象となる運送にも適用される旨が規定された。商法 757 条1項では，では，運送人等は，荷送人から請求があった場合には，運送品の船積後遅滞なく，船積があった旨を記載した船荷証券を交付しなければならないと定めている。船積書類は郵送中の紛失等に備えて通常3通作成される。船荷証券には，運送品の種類，重量や数量，外部からみた運送品の状態，荷送人・荷受人・運送人の氏名，船舶の名称・国籍，船積港・船積年月日，陸揚港，運送賃，船荷証券の通数，作成地・作成年月日を記載しなければならない（商法 758 条1項）。船荷証券は，海上物品運送契約に基づく運送品の受取りや船積の事実を証明し，かつ，運送品引渡請求権を表章する有価証券である。船荷証券が作成されたときは，運送品に関する処分は船荷証券によってしなければならず（商法 761 条），船荷証券と引き換えでなければ運送品の引渡しを請求することができない（商法 764 条）。船荷証券の効力は，債権的効力と物権的効力に整理することができる。債権的な効力としては，運送人と船荷証券所持人の間の債権的関係は船荷証券によって定められ，船荷証券の正当な所持人は運送人に対して陸揚港で運送人に対して運送品の引渡しを請求することができ，運送人は陸揚港においてこの船荷証券と

80

引換えに船荷証券所持人に対して運送品を引き渡す義務を負うという点があげられる。物権的効力としては，船荷証券の引渡しは運送品の上に行使する権利（所有権，質権等）の取得について，運送品自体の占有移転があったのと同一の効力を生じるという点があげられる（商法763条）。

　船荷証券を発行した運送人は，船荷証券の記載が事実と異なることをもって善意の所持人に対抗できない（商法760条）。ただし，コンテナによる運送の場合でコンテナの中身を運送人が確認できないような場合は，運送人は船荷証券上に，"Said to contain"，"Shipper's load and count"といった表記を行い，種類・数量について運送人は不知であることを示す文言が用いられる。このような不知文言が付された船荷証券の場合には，実際には運送人が運送品の中身を知り，あるいは，知りうべき場合を除き，原則として運送人は運送品が船荷証券上に記載された運送品と同一であることについて責任を負わない（東京地判平成10年7月13日判時1665号89頁）。

　売買契約の買主が運送品を運送人から受け取るには，船荷証券を呈示する必要がある。運送人から売主に交付された船荷証券は，売主によって直接買主に郵送されるか，あるいは，売主の取引銀行・買主の取引銀行を経由して買主に交付される。このような船荷証券の送付には一定の時間を要するが，アジア航路など航海に要する期間が短い場合には，船荷証券よりも貨物が先に到着することも考えられる。こうした場合，買主としては船荷証券の到着を待つのではなく，船荷証券なしに運送人から運送品を受け取り，それを早期に売却して現金に換えたいと考える。こうした実務上のニーズに対応した慣行として，買主がその取引銀行と連名で，運送人に対して，船荷証券なしに買主に運送品を渡したことによって運送人が損害を被った場合には買主と取引銀行が連帯してその損害を賠償することを約束する保証状（Letter of Guarantee, 略称L/G）を差し入れることによって，船荷証券なしに運送品を受領することが行われている。なお，買主のみが差し入れる保証状（このような保証状をシングルL/Gという）によって運送品が引き渡される場合もあるが，買主が倒産した場合等には船荷証券所持人となった買主の取引銀行から運送品の引渡請求がなされる可能性があり，そうした場合には運送人は運送品を引き渡せないことにより船荷証券所持人に生じた損害を賠償しなければならない。このように，シングルL/Gは運送人にとって非常にリスクの高いものである。

第1章　国際売買契約

[120]　　3　航　空　運　送
　　航空運送については，1929 年に採択されたワルソー条約が存在し，運送人の義務と責任や航空運送状について規定しているが，1999 年にモントリオール条約が国際民間航空機関（ICAO）によって採択された。我が国は，ワルソー条約，モントリオール条約の双方とも締約国となっている。
　　航空運送については，船荷証券に対応するものとして，航空運送状（Air Waybill）が発行される。航空運送状は有価証券ではなく証拠証券である。物権的効力もない。航空運送状が有価証券とされないのは，航空運送の場合には書類が買主の手元に届くよりも運送品が先に到着するのが通常であり，書類が到着しなければ運送品が受領できないというのでは不都合であるためである。したがって，航空運送状で荷受人として指定された者は，航空運送状を呈示しなくても，運送契約の条件に従ったうえで，貨物の引渡しを要求することができる。なお，最近では，海上運送の場合にも Sea Waybill という有価証券ではない書類が利用されることも増えてきている。

●●本事例の考え方●●

[121]　　船荷証券は有価証券であり，正本 3 通のうち 1 通を運送人に呈示することで，船荷証券所持人は運送人から荷物を受け取ることができるのが原則である（商法 765 条 1 項）。
　　本来，3 通あるはずの船荷証券が 2 通しかないということは，誰か他の船荷証券所持人が残りの 1 通を呈示して運送人から荷物を受け取ってしまう可能性があるということである。速やかに Z 社に対して船荷証券の残り 1 通の所在の確認を求めたうえで，必要な対処をする必要がある。

[122]　┌─────────────────────────────
　　　　【事例 1-5】製品の品質を巡るトラブルに関する営業部からの相談
　　　　　当社は，Z 社から調達した CFRP を Y 社に納品したが，納品は Y 社との契約で定められた期限から 2 週間遅れてしまった。さらに，Y 社から当社に対して，納品された CFRP の品質は Y 社が期待したものを下回っており，Y 社製品には利用できない，とのクレームがあった。当社と Y 社との契約書には，"Unless expressly stipulated in this Agreement,

1-5 [123]

Seller makes no warranty or condition, expressly or impliedly, as to the fitness or suitability of the Goods for any particular purpose or the merchantability thereof." との条項が含まれていた。Ｙ社からのクレームとの関係で，本条項は，どのような意義を有するか。

着眼点

国際的な売買契約においては，買主が物品に求めていた品質や仕様と実際に供給された物品の品質や仕様の食い違いが紛争になることが多い。品質については，品質保証（warranty）条項が設けられるのが通常であり，買主側，売主側いずれの場合においても，契約締結前にその内容をよく検討する必要がある。

■■■ ポイント解説 ■■■

1 物品の品質等に関する売主の責任，warranties [123]

売買契約との関係でもっとも争いが多いのは，引き渡された物品が契約で定められた品質を満たしているかどうか，という点であり，対象商品の仕様や品質は売買契約において，後日のトラブルの元となりやすい条項である。鋼材を例にとると，サイズや成分に加えて，引張強度，錆なども問題になりやすい。貿易取引におけるかなりの数の紛争が，こういった Commercial Terms の取決めが不十分，不正確であったり，明確でないため，当事者間に認識の相違があったり，言いがかり的なクレームを許す隙があったりすることから生じる。リスクをとることと契約条件をあいまいに定めることは全く別問題であることを，よく理解する必要がある。なお，こうした問題は基本的には後述の warranty 条項の問題だが，「物違い」であるとしてそもそも引渡しがなされていないであるとか，もともと粗悪品を渡すつもりであったから詐欺（Fraud）であるとのクレームを受けることさえある（詐欺であるとのクレームがなされる場合，契約には紛争解決は第三国での仲裁によると取り決めてあるにもかかわらず，契約外の不法行為の問題であるとして相手国で訴訟提起を受けてしまうということもありうる）。

UCC 第2編では，2-312 条から 2-316 条にかけて，売主の担保責任についての規定が置かれている。このうち，2-313 条は明示の担保責任（express warranties），2-314 条と 2-315 条は黙示の担保責任（implied warranties）を定める。明示の担保責任は売主が行った説明や売主が示した見本等に適合するという担保責任である。これに対して黙示の担保責任は，売主が何らの行為を行わなく

83

第1章　国際売買契約

ても法律上当然に売主に課される担保責任であり，物品が商品性（merchantability）を有すること（2-314条）（商品性があるというためには，少なくとも，そのような物品として取引上通用し，そのような物品が使用される通常の目的に適するものである必要がある），および，その物品が求められている特定の目的に適合すること（ただし，契約締結時に，そうした目的を売主が知るべかりし場合であって，かつ，売主が適切な物品を選択・供給するための技能・判断力を有すると買主が信頼していることをも売主が知るべかりし場合に限る）（2-315条）が規定されている。注意しなければならないのは，このような担保責任を契約で排除したり変更したりする際の方法についても法定されている点であり，特に，商品性についての黙示の担保責任の排除・変更は，商品性に明示的に言及するとともに，書面による場合には顕著な形で記述すること，また，特定目的適合性についての黙示の担保責任の排除・変更は，書面により顕著な形（通常は，全て大文字で記載する）で記述することが求められている（2-316条）。

　CISGでは，どのような物品を引き渡したら契約に適合しているとされるかについて，2種類の要件を規定している。第1が，(a)契約に定める数量・品質・種類であるとともに，(b)契約に定める方法で収納・包装されていること，であり（35条(1)），要するに，契約で定められた通りの物品を，契約で定められた方法で引き渡さなければ，売主の義務違反になる。第2は，契約で定められていなかったとしても，法律上当然に求められる要件であり，(a)同種の物品が通常使用される目的に適したものであること，(b)契約締結時に特定の目的に使用することが売主に対して明示的または黙示的に伝えられており，かつ，買主が売主の技能（特定の目的に適合するような物品を買主のために選定する技能である）に合理的に依存していた場合には，当該特定の目的に適したものであること，(c)売主が買主に示した見本・ひな形と同じ品質を有すること，(d)同種の物品にとっての通常の方法または当該物品に適した方法で収納・包装されていること，といった4つの要件が定められている。

　なお，物品に関して買主の国に公的規制が存在する場合，売主はそのような公的規制を満たす物品を引き渡す義務を負うかどうか，が争われることがある。このような場合について，CISGに関するドイツ連邦最高裁判所の裁判例（1995年3月8日CLOUT123事件）では，①同様の基準が輸出国にも存在する場合，②買主が売主の専門知識を信頼して売主に対してそのような基準について通知し

1-5　[125]

た場合，③売主が特別の事情のもとでそうした基準を現に知り，あるいは，知るべきであった場合を除き，売主は，輸入国で施行されている全ての法令やその他の公的な基準を充足する物品を引き渡す義務を負わない，とされており，参考になる。

2　物品の品質に関する契約上の定め　　　　　　　　　　　　　　[124]

売主にとっては，品質不良に関する責任をどこまで負うかについて売買契約上で明確にしておかないと，その準拠法に基づき予想外の厳しい責任を負うことになる可能性がある。一方，買主としては，いささかの瑕疵もなく，その使用目的に合致した商品を購入したいので，万一問題があった場合の売主の責任をできるだけ広範に確保しておきたいであろう。したがって，物品の品質についての責任に関する売主と買主の立場は相反することになる。たとえば，上述のような UCC における商品性や特定目的適合性に関する黙示の担保責任についても，売主としては全て排除できればそれに越したことはない。

結局のところは，物品の品質に関する準拠法上のルールを理解したうえで，売主にとってはその一部排除や縮減，買主にとっては逆にビジネス上必要な保証内容の付加など，取引の内容や当事者の意図を反映した，現実的で，かつ，可能な限り具体的な品質保証条項を取り決めるべきであるということに帰結する。

交渉時に時間がかかるかもしれないが，お互いが理解し，納得した品質保証条項を規定することは，最終的には品質を巡る無用な紛争を減らすことにも役立つと考えられる。

3　検査通知義務　　　　　　　　　　　　　　　　　　　　　　　[125]

物品が引き渡されてから相当時間が経過した後であっても，買主が売主に対して「物品が契約に適合していない」と主張できるとすると，売主は，代金を受け取ったもののいつ訴えられるかわからないといった不安定な地位に置かれることになる。こうした売主のニーズを考慮した規定として，CISG 38条は，買主は状況に応じて実行可能な限り短い期間内に物品を自分で検査するか，他者に検査させなければならないとするとともに，39条は，一定の期間内に買主が売主に対して不適合を通知しない場合には，物品の不適合を援用する権利

第1章　国際売買契約

を失う（物品に不適合があったことを理由として解除，損害賠償等の救済を求めることができなくなる）旨を規定する。なお，速やかに検査をしなかったとしても，そのこと自体に対する制裁はないが，買主が本来一定期間内に行うべき検査を怠った場合であって，適時に検査をしていれば明らかになったであろう不適合が物品にあった場合には，39条の通知期間は売主が適時の検査によって不適合を発見すべきであったときから起算される（その結果，不適合を援用できなくなる）。

　日本法においても，商法526条は，商人間の売買においては，買主は物品を受領したときは遅滞なく検査しなければならず（526条1項），物品が種類，品質または数量に関して契約の内容に適合しないことを発見した場合には直ちに売主にその旨を通知しなければならないとする（526条2項）。また，契約書において，物品の品質に関するクレームの時期や方法についての定め（たとえば，物品に関するクレームは，物品が仕向港に到着した後30日以内に書面でなされなければならない，といったような規定）が置かれることも少なくない。

　これらのルールに照らすと，売買取引において買主が適時に検査・通知を行うことは極めて重要である。

●●本事例の考え方●●

[126]　この条項は，売主の担保責任（warranty）を免責するための条項である。特に後半部分は，UCCにおける黙示の担保責任（implied warranty）から売主を免責することが意図されており，国際的な売買契約では一般的な契約条項である。ただし，UCCの規定によれば，大文字で書いていないために免責条項の効力が認められないことになりかねないこと等を考えると，全て大文字で記載しておくべきである。

　本事例では，Y社が期待したというCFRPの品質が契約書において具体的に明記されていない限り，仮に品質がY社にとっては期待外れであっても，一般に流通している同種の物品と同等の品質を満たしている限りでは，Y社のクレームは原則として認められないことになると思われるが，予防法務的な観点からは，この種のトラブルを避けるため，物品の品質・仕様につき，できるだけ具体的な取決めをしておくべきである。

1-6　[128]

> **【事例 1-6】国営企業との取引に関する営業部からの相談**　[127]
>
> 　結局，当社と Y 社との間の CFRP の売買を巡る紛争は仲裁に持ち込まれ，Y 社の請求を認める仲裁判断が出された。当社としては，Y 社の請求を認める仲裁判断がなされたのは，そもそも X 社が当社との契約を履行しなかったためであると考えている。そこで，X 社に対して損害賠償請求したところ，X 社は，CFRP を引き渡すことができなかったのは，環境悪化の防止を理由として CFRP の国内生産を当面自粛せよとの要請が政府からなされたことによるとして，不可抗力（force majeure）を主張した。
>
> 　交渉では決着しなかったため，当社が損害賠償請求訴訟を東京地裁に提起したところ，X 社は，自社は国営企業であり，国策としての CFRP の輸出を担当していると主張して，裁判権免除の抗弁を提出するとともに，X 社は日本に営業所を有しておらず，日本には裁判管轄権はない，と主張した。当社としては，どのような反論が可能か。

着眼点

　国内取引にはない様々なリスクがあり，予測のつかないことが起きることのある国際取引において，不可抗力（force majeure）の有無が争われるケースは国内取引の場合に比べて多い。本事案のような政府による規制は，はたして不可抗力だろうか。

　国家や政府機関等との取引において留意すべき事項としてはどのようなものがあるだろうか。

■■ ポイント解説 ■■

1　不可抗力　[128]

　国際取引には当事者ではコントロールできない様々なリスクが伴う。そうしたリスクが現実のものとなり，それによって義務の履行が不可能あるいは困難になったとき，契約の当事者によって免責が主張されることがある。各国法は当事者の支配を超えた事情によって債務の履行が不可能・困難になった場合に当事者を免責するための制度をもっているが（呼び方や具体的内容には違いがある），実際にそうした主張が認められることは多くない。

　日本法では，債務不履行があった場合であっても，債務者に帰責事由がない限りは，損害賠償責任を負わないと解されている。これに対してコモンローでは，債務者は過失の有無にかかわらず債務不履行についての責任を負うが，こ

87

のような無過失責任を全ての場合に厳格に貫くと債務者に酷であることから，一定の場合に債務者を免責するための制度を有している。

　たとえば，英国法では，契約締結後に契約の目的物が滅失した場合，債務の履行が法律で禁止された場合等には，契約当事者は将来に向かって債務から解放されるというフラストレーション（frustration）の法理が存在する。英国法のもとでの有名な事例として，Tsakiroglou & Co Ltd v. Noblee Thorl GmbH［1962］A.C. 93 がある。この事例では，スーダンの輸出者がドイツの輸入者に対してスーダンのナッツ（豆）の輸出契約（CIF 条件）を締結した。通常，スーダンからドイツへの運送にはスエズ運河を経由するが，中東戦争のためにスエズ運河が封鎖された。売主は英国法上の免責の法理であるフラストレーションを主張したが，英国の House of Lords（当時，最高裁に相当）は，距離と費用が増加するとしても，喜望峰周りで運べるのだからフラストレーションではないとした（ちなみに，距離は 11,137 マイル対 4,386 マイルで，運賃は 25%増しであると認定されている）。

　米国の UCC では，2-615 条において，「ある条件が発生しないことを基本的な前提として契約が結ばれていたのに，その条件が生じたため，合意された履行が非実際的なものになった場合」や「外国もしくは自国の政府の規制に誠実に従ったために，やはり履行が非実際的なものになった場合には」，原則として売主による履行の遅滞や不履行は売買契約上の義務違反とはならない旨を規定する。

[129]　契約では，不可抗力（force majeure という大陸法系の表現が用いられることが多い）に対応した免責条項が盛り込まれることも多い。一般に国際取引においては，国内取引と比較して，当事者，特に商品の引渡義務を負う売主にとって，予想できないような事態の発生により契約の履行ができなくなるリスクが相対的に高く，不可抗力に関する取決めの重要性は国内取引の場合に比べて高い。不可抗力条項の定め方は契約によってさまざまであるが，たとえば，"Neither party shall be held responsible or deemed in default for any failure or delay in performance of this Contract due to cause or causes beyond the responsible control of such party, including, but not limited to, acts of God or natural disasters, strikes, labor disturbances, or compliance with any national or local law or regulation." といったようなものがあり得る。不可抗力条項では不可抗

力事由が例示されることが多い。最近では，新型コロナウィルスの感染拡大の際に，新型コロナウィルスの感染拡大やそれに伴う政府等による外出禁止等の措置が不可抗力となるかが問題となったが，その際にも，契約においてpandemic や epidemic に言及されているかどうかが，不可抗力が認められるかどうかを判断するうえでの手がかりの１つとなったようである。

なお，UNIDROIT 国際商事契約原則では，予見不能な自体に対処するための規定として，不可抗力による免責の規定（7.1.7条）とは別に，ハードシップと題する規定（6.2.2条以下）が設けられている。そこでは，経済状況の変化等により当事者が履行に要する費用が増加したり，当事者が受け取る価値が減少し，そのことによって，契約の均衡に重大な変更があった場合には，不利な立場にある当事者は相手方に再交渉を求めることができ，再交渉によっても合意に至らない場合には裁判所に対して契約の解消あるいは契約の均衡を回復させるための契約内容の改訂を求めることができるとされている（6.2.2条・6.2.3条）。

なお，不可抗力についてもハードシップについても，そのような事態が生じた際には速やかに相手方に通知する義務があるとされるのが一般的である。

2　国家との取引

[130]

外国国家が商取引の相手方となることは珍しくないが，外国国家がその債務を履行しない場合に，日本の裁判所に訴えを提起したり，外国国家の財産に強制執行を行ったりすることができるか，といった問題がある。

この問題は，主権免除（Sovereign Immunity）として論じられてきた問題であり，訴えの可否についての裁判権免除と強制執行の可否についての執行免除に分けられる。裁判権免除については，かつては，原則として外国国家は裁判権から免除されるという絶対免除主義が国際的にも主流であったが，現在では国家の行為を主権的行為と私法的行為（業務管理的行為）に分け，前者についてのみ免除を認めるという制限免除主義が主流である。我が国では，平成21年4月に「外国等に対する我が国の民事裁判権に関する法律」が成立している。この法律は制限免除主義を採用したものであり，契約等において外国国家が日本の裁判権に服することに同意している場合（5条）や商業的取引についての裁判手続の場合（8条）には，外国国家は日本の裁判権から免除されないことが規定されている。主権免除の対象となるのは国家に限られず，連邦国家の州そ

89

第1章　国際売買契約

の他これに準ずる国の行政区画や，主権的な権能を行使する権限を付与された
団体（当該権能の行使としての行為をする場合に限る）も含まれる（2条）。

[131]　　強制執行に関しては，外国が執行免除の対象外とすることを同意した財産，
あるいは，「政府の非商業的目的以外にのみ使用され，又は使用されることが
予定されている当該外国等の有する財産」でなければ執行免除の対象外とはな
らない（18条1項）。このように，執行免除の対象外となる財産は限られており，
仮に判決を得たとしても強制執行の対象となりうる財産の発見に苦労すること
も少なくない。これは，仲裁判断に基づく強制執行を行おうとする場合につい
ても同様である。

[132]　　以上のようなルールに照らすと，契約の相手方が政府系企業など Sovereign
とみなされる可能性のある者の場合は，契約が商行為に関するものであったと
しても，より万全を期すため，可能であれば，「X社は，法律上可能な限り，
X社に対する訴訟又は仲裁に関して享受し得ることあるべき裁判管轄権，訴訟
手続，差押え，判決又は執行からの免責特権を，ここに取消不能の形で放棄す
る」といった主権免除特権を放棄する旨を規定しておくことが考えられる。

　　なお，香港については，近年，中国本土と平仄を合わせて絶対的免除主義が
採られているので注意を要する（国家の資産に対する強制執行の例であるが，
Democratic Republic of the Congo and Others v. FG Hemisphere Associates LLC［2011］を参
照）。

●●**本事例の考え方**●●

[133]　　本件においてX社の不可抗力の主張が認められるかどうかは，まず，契約
書の不可抗力に関する規定に照らして判断される。契約に不可抗力に関する規
定がない場合や，契約で定める不可抗力の規定に該当しない場合であっても，
準拠法上の不可抗力等に関するルールにより免責が認められる余地がある。

　　一般的に，国家による禁止等は不可抗力の理由となりうることから，当局の
要請の具体的な内容（要請を拒否することが可能か，拒否した場合にはどのような事態が
生じるのか等）などを調査し，不可抗力の主張に対する反論を組み立てる必要が
ある。

　　裁判権免除が認められるのは国家等による主権的行為に限られている。本件

1-7　[135]

での取引は国家それ自体ではなくＸ社によるものであり，また，主権的な行為というよりも商業的な取引であるので，主権免除放棄文言の有無にかかわらず，裁判権免除は認められないと考えられる。

> **【事例 1-7】Ｘ社と和解しようという営業部からの相談**　　　　　　　　　　[134]
> 　Ｘ社とのトラブルについては，他に CFRP の有力なサプライヤーが存在しないことから，同社との取引関係を継続するには和解せざるをえないという方針になった。営業部から，交渉に先立って和解条件についての相談があり，和解契約書案の作成も依頼された。法務部員であるあなたとしては，明らかにＸ社側に非があるにもかかわらず和解するということには釈然としないが……。

着眼点

　国際的な商取引に関する紛争は和解によって処理されることが多い。和解交渉にあたって留意すべき点は何か。

▰▰▰ ポイント解説 ▰▰▰

1　企業の商事紛争対応と和解の意義　　　　　　　　　　　　　　　　[135]

　取引先との売買契約から生じる紛争には，品質不良，数量不足，納期遅延といったものが多くみられるが，こういった類型の紛争は，法的な論点がそれほど複雑ではなかったり，ビジネス上の関係や金銭的な損得等のバランスを考慮することで比較的解決が容易であることが多く，「時間と経費がかかる解決方法（その典型例は訴訟）に委ねるのは愚の骨頂」という場合も少なくない。これは何も国内取引に限ったことではなく，国際取引においても，紛争はかなりの割合で当事者間の任意の和解（Compromise, Settlement 等と呼ばれることが多い），たとえば価格調整，交換，修理などの実際的な方法で解決されている。こういった解決は，基本的には営業現場のビジネス判断として許容されるべきであり，法務部門の関与としては，和解条件の適法性，適切性のチェックや和解契約書の作成などが考えられる。

　和解とは，当事者が互いに譲歩して，その間に存在する争いをやめるという合意をすることによって成立する契約である（民法 695 条）。通常は，和解条件

91

第 1 章　国際売買契約

に記載された事項のほかは，他の一切の請求権を放棄するという条項が加えられる（これを General Release などと称する）。和解には一般に合意内容に従った効力が認められるが，あくまで契約であることから，錯誤が主張されたり，上記の権利放棄がなされても事後的に予想外の損害が生じた場合にはなおその賠償が認められる場合もないわけではない。たとえば米国カリフォルニア州民法典（California Civil Code）は，この点に関して明文で規定している（1542 条。条文は下記の通り）。

> A general release does not extend to claims that the creditor or releasing party does not know or suspect to exist in his or her favor at the time of executing the release and that, if known by him or her, would have materially affected his or her settlement with the debtor or released party.

　なお，和解契約において追加請求の権利を放棄させることは可能であるが，和解契約の準拠法次第ではそのような放棄が認められないリスクもあるので，必ず現地弁護士に確認を求めることが必要である。

[136]　**2　国際取引紛争に対する法務部員の対応**

　より一般に，国際的な取引に関する紛争に対する法務部員の望ましい対応としては，どのようなことがあげられるだろうか。

　まず，紛争が発生したとの情報に接した場合には，担当者から事実関係を聴取するとともに，関係する契約書その他の書類，通信記録，（もしあれば）稟議書や社内報告書，関係資料をレビューし，紛争の性質とおおよその帰趨を見極めたうえで，初期対応として何をすべきかを考える。たとえば，当社の請求権を確保するために必要な通知を出しておくとか（通知が遅れた場合にはクレームすらできないことがあるので要注意），関係書類やメールを破棄しないよう社内に徹底する，緊急の危機対応の要否を判断する，マネジメントへの報告を行わせる，などである。

[137]　次に，事実関係の把握が重要であり，時系列的にまとめた資料（Chronology of Events）等を速やかに作成する。このような事実関係の一定程度の把握は，相手方に書面で返事をする前が望ましい（さもないと，事実関係と異なる前提で不適

92

切な返事をしてしまうリスクがある）。事実関係の把握・整理を社外弁護士に丸投げするのは，単に弁護士費用がかさむというだけでなく，誤解，重要性の誤認や漏れが生じるリスクも考えられるので，避けるべきである。

　ビジネスにおいては様々な性質の紛争が起きうるが，たとえば，相手方の主張に合理性がなく一種の言いがかりのような場合，営業部門が紛争を隠蔽ないし放置していたり，木で鼻をくくったような対応や，相手の意図が理解できず的外れな受け答えをしていて，結果として事態をこじらせてしまっている場合，多額の損失が予想されるなどの理由から，社内的な責任回避のためにずるずると意思決定を遅らせている場合などは，なかなか面倒である。不必要に対応を遅らせていると，相手方が業を煮やして詐欺などを理由に刑事事件にしてくるケースもある（国によっては検察官による訴追を待たず，当事者が直接刑事手続を開始できる制度をとっているところもある）ので，希望的観測や意味のない遅延は回避する必要がある。

　紛争の芽が生じた場合には，まずは法務部門に相談するという社内風土なり社内ルールを形成することが肝要であるし，迅速・適切な対応が結果として会社の損失を軽減するとともに，個人を無用な懲戒処分などの二次災害から救うことになるものであることを，日頃から研修などを通じてよく社内で共有しておく必要がある。

　訴訟や仲裁が開始された後，紛争解決の方向性，着地点を決めるには，リスクの程度（①定性リスク：会社としての社会的信用〔Reputation〕の毀損，他の取引への影響など。②定量リスク：紛争額の多寡，不適切な和解を理由とする代表訴訟等のおそれなど）に応じて，訴訟や仲裁による解決を目指すべきか，あるいは少なくとも和解を検討することが可能な材料がそろうまでは訴訟等を継続すべき筋のものかどうかを検討したうえで，和解のメリットとリスクを比較考量して適切に経営判断を行う必要がある。

　たとえば，製品自体の欠陥に起因したものではないと思われる事故，労務上の争い，知的財産権に関わる問題など，経済的な理由のみで簡単に和解すべきでない性質の紛争もありうる。また労務上の紛争など，当事者間での直接の交渉では合意に至るのが難しいと予想される事案の場合には，信頼できる第三者による調停を行うことも考えられる。これは全くの任意の手続であるが，そのような調停の結果として合理的な和解が成立することも少なくない。

第 1 章　国際売買契約

●●本事例の考え方●●

[139]　基本的にはポイント解説で述べた通りであるが，商事紛争が発生した場合，企業は，①はや（早&速）く，②低コストで，③自社に極力有利に，それが難しい場合は経営判断に耐えうるように合理的に，損失を最小限にとどめるように，そして，④最終的に，かつ確実に，紛争を解決することを原則にして，適切な対応をとる必要がある。

　　本事例では損害賠償など定量的なインパクトは不明であるが，損失をできるだけ縮減するとともに，和解し，取引の継続によって損失を回復することのほうが，目先の訴訟よりも妥当な結果につながる可能性があると考えられる。したがって，法務部門としては，単に紛争の帰趨についての予想のみに拘泥することなく，また採算責任を持つ担当営業部門のビジネス判断のみに任せることでもなく，企業としての妥当な判断に至ることができるように全体感を持って判断していく必要がある。

[140]
> **【事例 1-8】X 社との間で長期の契約を締結し，サプライソースを確保しようとしている営業部からの相談**
>
> 　　和解から 1 年後，X 社の経営陣が刷新され，あらためて当社との間で取引を再開したいとの要請があった。営業部としては，過去の教訓を踏まえ，できるだけ長期間にわたって X 社からの CFRP の供給が確実に保証されるような契約を望んでいる。毎年の供給数量をできるだけ確定するとともに，それが難しい場合でも発注予想（Forecast）を X 社に提示して前広に必要量を手当てさせるようなことも検討したいという。長期契約における留意点としてはどのようなことが考えられるだろうか。

着眼点

　　長期間にわたる継続的な取引に関する契約としては，長期契約（Long-term Contract と呼ばれる）と，基本契約（Framework Contract, Basic Contract などと呼ばれる）の 2 種類が考えられるが，両者の性質は法的に大きく異なるので，注意が必要である。

　　長期契約では，1 回だけの取引にはないリスクが存在し，契約にあたっては，そうしたリスクに適切に対処することが必要である。

■▼■ ポイント解説 ▼■▼

1 売買契約の種類 [141]

　対象物品の受渡しや代金の支払が長期間に分割され，反復継続して行われるため，契約の履行に要する期間が長期にわたるものを長期売買契約（Long-term Sales & Purchase Contract）という。一般的に，鉱産品やエネルギー製品，本事例のCFRPのような原材料を対象とするものが多く，たとえば，CFRPを毎年12トン（船積は毎月1トンに均等分割とする），1キロあたり22米ドルで10年間にわたり売買する，といった契約である。後述する基本契約と異なり，その法的性質は売買契約そのものであり，この契約自体で売買の効力を発生させる。上記の例ならば，売主にとってはCFRP総計120トンの供給義務（船積は120回起きる），買主にとっては総額2,640万米ドルの代金支払義務（支払も前月払いなら120回起きる）という，具体的な債権債務関係を生じさせることになる。

　他方，長期間の売買契約を結ぶのではなく，両者間の継続的な取引関係に係 [142]
る基本的な事項を取り決めるための契約，すなわち売買基本契約を締結し，その下で個別の売買契約を締結する場合もある。当社が取引先とある特定の商品に関し売買取引を継続・反復して行う場合，受発注のメカニズムや基本的な売買条件（対象商品・品質・受渡条件・決済条件など）を，あらかじめ取引先との間で取り決めておくという役割を持つ契約である。長期売買契約と異なり，これだけでは具体的な売買の債権債務関係は生じない（これは，個別の売買取引に関してであって，個別の売買取引以外の点について，基本契約の中に具体的な権利義務に関する取決めがあれば，基本契約の締結によってそうした権利義務が発生することはいうまでもない）。売買基本契約に基づき具体的に売買取引を行う場合には，別途，個別契約を締結することになる。この個別契約は，基本契約に基づき，個々の取引に際して（船積ごと or 短期間ごとに），数量，価格等，最終条件を決定する契約であり，直ちに売買の効力を発生させるものである。

　たとえば，Distributorship Agreement（販売店契約）（→［187］）の性質は，売 [143]
買取引との関係では一般に売買基本契約であり，これに最低買取義務や販売促進義務など，販売店特有の義務（および権利）が付加された継続的取引契約であるといえる。そして，このDistributorship Agreementに基づく販売店からの商品の発注が売主によって受諾された場合は，個々の売買取引に関わる個別契

第1章 国際売買契約

約が成立する。

　ちなみに，長期売買契約とは反対に，1回限りの売買取引（ただし，船積が比較的短期間の数回に分かれる場合もある）のためにのみ締結される契約のことをスポット売買契約（Spot Sales & Purchase Contract）という。

[144]　2　長期売買契約の留意点

　長期売買契約は売買に関する具体的な債権債務関係を発生させるので，売主側にとっては長期安定供給先，買主側にとっては長期安定調達先を確保することができる。CFRP を長期的に確保したいという営業部門のニーズに沿った契約形態である。ただし，長期売買契約は法定または約定解除事由が生じない限り，原則として中途解除ができないので，契約期間が長期間に及ぶ場合には，その期間中に物品の時価や為替相場・金利が変動したり，物品の調達や販売にかかる市場の環境が変化したり，相手国の政治情勢・外貨事情や相手企業の業況が変化したりする等のリスクにさらされるおそれが強い。そのような様々なリスクに備える条項を置かなければならないが，長期契約において，物理的，経済的にみて契約の履行が不可能になったり，著しく困難になったりすることが少なくないことは，過去の多くの失敗事例が教えるところであるから，特に不可抗力条項が重要であろう。

　価格や数量に関する取決めにも慎重を要する。特に，その時々の市場における実際の取引価格以外の価格で長期的に価格を固定しようとする場合には注意が必要である。たとえば，ある事例では，日本の買主が，供給が逼迫していた商品をカナダの売主から 10 年間にわたって毎月，日本向けに購入する長期契約を締結したが，毎月の購入価格は業界紙に毎週掲載される Published Price の 1 か月の平均値と約定する一方，顧客（複数）に対しては日本市場の実勢価格によるスポットの売買契約を都度締結して販売していた（すなわち，仕入先との契約と販売先との契約を同条件で売りつないでいなかった）。ある時期から業界紙に掲載される Published Price が日本市場の実勢価格より乖離（上昇）し始め，結果として高値買いとなって莫大な含み損失を抱える契約となった。日本の買主は，交渉経緯から Published Price とは市場実勢価格（Market Price）を意図していると主張したが，売主は契約中の完全合意条項を援用し，上記 Published Price による全量引取りを求めた。紛争は仲裁に付託されたが，最終的には買主も相

96

当額を負担して和解した。

契約においては，こうした価格等の変動リスクにできるだけ備えるための条[145]項を盛り込むことが必要である。この点，いわゆるハードシップ条項（Hardship Clause）や再交渉条項（Renegotiation Clause）がそうした条項の例としてあげられることがあるが，これらの条項は事情変更の場合に協議する義務を定めるにとどまるのが一般的で，実務的には過度に期待できない。そこで，契約上は，いわゆる価格調整条項（Price Adjustment Clause）ないし価格改訂条項（Escalation Clause）のように，できるだけ客観的，具体的な金額調整フォーミュラを規定したり，一定の客観的な条件の下では契約の解約ないし船積の取りやめができるような余地を残しておくべきである（ただし，上述のPublished Priceの事例では，事情変更が起きたわけではなく，取引として価格リスクを買主が取ったのであるから，このような条項での解決は難しいかもしれない）。

長期（売買）契約と基本契約の中間的な契約というものも存在するので，営[146]業部門の意図をよく確認し，その意図に沿って適切なリスク対策を施した契約書を作成すべきである。たとえば，営業部門が契約期間5年間の長期売買契約のために作成した契約書Draftにおいて，商品価格について「市場価格に基づき都度協議の上決定する」とか，「初年度の価格は○○とし，以後は毎年度第1四半期開始のX日前までに合意するものとする」といった取決めをしていたとする（いわゆる「To be agreed」条件）。前者の例では，そもそも市場価格とは具体的に何であるかという基本的な問題もあるが，それはさておいても，価格につき合意できないリスクがあるという点でも問題がある。価格が決まらないのでは，長期売買契約としての目的である安定的供給・調達ということが達成できないおそれがある。また，合意できない場合の措置について明文の規定を設けておかなければ，準拠法によっては裁判所等が当事者の意思や取引の経緯を勘案し，合理的と考える価格（ただし，当該価格が当事者にとっても合理的とは限らない）により補充するという判断を行う可能性もあるので，注意を要する。たとえば，ある事例では，10年間の長期契約において第5年目以降の価格は，毎月「To be agreed」と規定されていたところ，日本の買主は，対象商品の日本における需要減退から大幅な価格値下げを要求し，合意できないときは商品を引き取る義務はないと主張した。これに対して外国売主は，契約準拠法である当該外国法上，裁判所が合理的な価格を定めて契約を補充できると主張し

第1章　国際売買契約

て訴訟となり，最終的には買主も商品を引き取ったうえで相当額を負担して和解した。契約書上の手当てとしては，もしある月の価格について一定期間内に合意できなかった場合には，売主，買主ともに当該月分の船積に関して契約上の義務を免れ，かつその数量は翌月に持ち越さない（あるいは一定限度まで持ち越す）といったような具体的なステップを，明確に取り決めておくべきであった。

　さらに，長期売買契約では一定の期間に複数回の売買取引が生じるため，たとえばある月の物品代金支払が遅延した場合に，売主は翌月の船積を留保したり，契約を解約したりすることが可能かどうかという問題がある。また，ある回の船積が不可抗力などで実行されなかった場合に，当該船積分の物品数量は総計から減少するのかしないのか，といった問題もある。これらは，各回の売買取引を独立した契約（分割された債権債務）であると捉えるべきなのかどうかという問題であるが，その結論は契約準拠法によって異なる可能性があるうえ，そもそも長期売買契約の主要なリスク事項でもあるため，契約書上で適切に手当てすべきである。

[147]　**3　売買基本契約締結のメリット**

　長期的，継続的な売買取引において，売買基本契約を締結しておく利点としては，各取引の都度作成される契約書（個別契約書）においては，数量・価格その他の毎回変わりうる条件についてのみ決定・記載すれば足り，したがって個々の売買取引には簡易な Order Sheet を用いることでもよく，事務合理化につながる点があげられる。また，各個別契約について一貫した取扱いができるし，当該取引に関する当社と取引先間の権利・義務を明確に基本契約に取り決めておくことにより，紛争を防止したり，紛争を有利に解決するための手段ともなりうる。あらかじめ個別取引の条件や用いる契約書式を取り決めておくことが可能であるため，Battle of Forms の解決策のひとつともなりえよう。ただし，既述のように，基本契約はある種の売買に関する枠組みを決めた契約にとどまるため，それ自体で直ちに具体的な売買の効力を発生させるものではない点には注意が必要である。

4 発注予想（Forecast）

[148]

基本契約等において買主が売主に対して発注予想（Forecast）を提示する，と規定している場合があるが，このForecastの法的性質は，原則として契約の規定いかんによる。たとえば，このForecastは売主（サプライヤー）の参考用として提供されるだけであり，買主は発注義務を負うものではないと明記するような場合や，Forecastに基づいて売主が原材料を先行手配したり生産を開始した場合における買主の一部買取義務や補償義務などを規定したりすることがある。このような規定がない場合は当事者の意思によるほかないが，往々にしてそれは不分明であったり，当事者の意図に齟齬があったりすることが少なくないので，あらかじめその法的な意味を明確にしておくことが肝要である。

●●●本事例の考え方●●●

まずは営業部門の意図をよく聴取・理解したうえで，各契約類型における当事者の権利義務の内容，メリット・デメリットを説明しながら，どのような仕組みが営業部門の意図にもっとも沿っているか，そして，リスク対策を適切にとれるかを確認することが重要である。そのうえで，仕組みやリスク対策を正確に条文化して契約書ドラフトに落とし込んでいく必要がある。また，契約準拠法を始めとする関係国法上，長期契約との関係で留意すべき点等（たとえば，中途解約条項の有効性）について，念のため現地弁護士に確認することも望まれる。

[149]

【事例1-9】安全保障貿易管理の問題はないか，と気付いた営業部からの相談

[150]

CFRPは，一般的には民生用であるが，用途はそれには限定されず，たとえばミサイルの構造材として使用されることもある。営業担当者によれば，交渉相手となっているＹ社グループの購買担当セクションからは，今のところ用途は明確にされておらず，上司から，このまま取引を成立させてよいか法務部に確認するように指示があったとのことである。

Ａ国は地域を代表する民主主義国家のうちの一国であり，このまま取引を継続しても特に問題はないのではないかという営業部の見解である。さて，どのような観点から法的リスクを検討すればよいのだろうか。

第1章　国際売買契約

　　また，Ｙ社から，Ｘ社製 CFRP の規格，品質および強度確認のため，
　少量の無償サンプルを空輸してほしいとの要請があった。この要請に応じ
　てもかまわないであろうか。

着眼点

　外国への物品や技術の輸出その他の提供は全く自由に行えるというわけではなく，
法的に規制されている物品や技術がある。特に，軍事目的で利用されるおそれのある
物品は，たとえ民生用であったり，細かい部品等であったとしても，規制対象とされ
ていることがあり，事前によく確認しておかなければならない。また，社内における
有効な管理体制の構築と適切な運用も重要である。

ポイント解説

[151]　**1　安全保障貿易管理**（Security Trade Control）**とは**

　国際貿易は，原則として自由，公平かつ公正に行われるべきものであるが，
これに国益や安全保障等の観点から，国際的な枠組みや各国固有の制度により
一定の制限が加えられることがある。こういった制限（貿易管理）の目的は様々
であるが，一般的には次の5項目に集約される。

　　①　国家安全保障（国防，テロ対策等）
　　②　国連決議など国際的なコンセンサスの実施（国際的な安全保障，平和維持等）
　　③　外交政策（紛争予防・解決，特定国に対する制裁等）
　　④　経済政策（戦略的な物資の輸出規制等）
　　⑤　その他（自然保護，人権擁護，技術優位性確保等）

　安全保障貿易（安貿と略称される）管理の目的は，上記のうち主に①および②
の安全保障に関わるものであり，Export Control（輸出管理）とも表現される通
り，武器や軍事転用可能な物・技術が，紛争当事国や大量破壊兵器を開発して
いる国など，自国や国際社会の平和と安全を脅かすおそれのある国やテロリス
トの手に渡ることを防ぐため，そうした物や技術の輸出を管理しようというも
のである。この安貿管理は，国際社会が直面する安全保障上の脅威に対応する
重要な手段であり，世界の平和と安全の維持に必要不可欠なものであるが，時
代時代によってその具体的なありようは変化してきた。

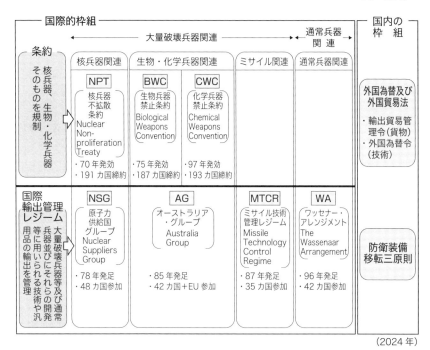

(出所：経済産業省貿易管理部「安全保障貿易管理について」〔平成29年1月〕〔https://warp.da.ndl.go.jp/info:ndljp/pid/10369289/www.meti.go.jp/policy/anpo/seminer/shiryo/setsumei_anpokanri.pdf〕から抜粋したものをアップデート）

　たとえば，冷戦時代には，共産主義国との通常兵器等の取引を制限するという，特定国・地域を対象とする「冷戦対応型管理」枠組みであるココム（Coordinating Committee for Multilateral Export Controls, COCOM）が代表的なものであった。ココムはソ連崩壊後の1994年に解散し，現在は，通常兵器の移転および関連するデュアルユース（民生利用のための物品や技術の軍事的転用）を制限する多国間ルールであるワッセナー・アレンジメント（Wassenaar Arrangement on Export Controls for Conventional Arms and Dual-Use Goods and Technologies, WA）が運用されている。近時の安貿管理の目的は，特定の国との取引を禁止するというよりも，大量破壊兵器（Weapons of Mass Destruction, WMD）（核兵器，生物・化学兵器およびこれらの運搬手段であるミサイル等をいう）や通常兵器の拡散を防止するという「不拡散型管理」に変化していたが，ロシアによるウクライナ侵攻や北朝鮮の核開発など国際的な安全保障環境の変化に対応し，特定の国への制裁措置を強

第 1 章　国際売買契約

化する動きも顕著になっている。

　安貿管理に関する国際条約や輸出管理を実行するためのレジームは前頁の図の通りである。

[152]　　**2　各国際条約の概要**

　　(1)　核兵器不拡散条約（Treaty on the Non-Proliferation of Nuclear Weapons, NPT）

　米，露，英，仏，中の 5 か国を「核兵器国」（Nuclear Weapon State）と定め，「核兵器国」以外への核兵器の拡散を防止することを目的とする条約。平和利用目的の原子力の軍事技術への転用を防止すべく，非核兵器国は国際原子力機関（IAEA）の保障措置（IAEA による査察などを含む核兵器等に転用されないことを担保するための検証措置）を受諾する義務を負っている。締約国は 191 か国（2024 年現在）。インド，パキスタン，イスラエルなどは非締約国である。

[153]　　**(2)　生物兵器禁止条約**（The Biological Weapons Convention, BWC）

　生物・毒素兵器の開発，生産，貯蔵等を包括的に禁止することを目的とする条約。批准国は 187 か国（2024 年現在）。本条約では締約国の条約遵守を検証する手段が未導入であり，今後条約の履行・強化につながる具体的な方策を推進することが課題となっている。

[154]　　**(3)　化学兵器禁止条約**（The Convention on the Prohibition of the Development, Production, Stockpiling, and Use of Chemical Weapons and Their Destruction, CWC）

　化学兵器の開発，生産，保有などを包括的に禁止するとともに，米国やロシア等が保有している化学兵器を一定期間内（原則として 10 年以内）に全廃することを定めた条約である。上記の生物兵器禁止条約と異なり，実効的な検証手段を有している（化学兵器禁止機関〔Organisation for the Prohibition of Chemical Weapons, OPCW〕による査察等）。締約国は 193 か国（2024 年現在）。

[155]　　**3　国際輸出管理レジーム**

　輸出管理に関する国際合意としては，前記の表の通り，現在は対象品目分野ごとに 4 つのレジームがあり，我が国はこの全てに加盟している。各レジームは，主に規制対象品目リストとその輸出管理に関するガイドラインからなって

102

1-9 〔156〕

おり，それ自体には原則として国際法上の拘束力はなく，各加盟国が合意内容を自国法化して運用している。これらのレジームに基づく不拡散体制に関する我が国の取組みについては，外務省軍縮不拡散・科学部編の「日本の軍縮・不拡散外交」(第7版，平成28年) が詳しい。なお，各レジームと我が国の国内規制体系との関係は後出 (→〔159〕) の表を参照してほしい。

以上のほか，国際的な枠組みとして重要なものに，国連安保理決議第1540号 (2004年4月採択) がある。同決議は，テロ組織など非国家主体によるWMDの入手防止を目的としたものであり，全加盟国に対して，仲介貿易・積替規制を含む国内輸出管理法令を整備，強化することを義務付けている。

4 我が国における安貿管理の概要 〔156〕

我が国では，物品の輸出のみならず，技術 (貨物の設計，製造または使用に必要な特定の情報をいい，技術データの供与や技術支援の形態により提供されるもの) の提供も安全保障貿易管理の対象となっている。具体的には，居住者と非居住者との間の物品，資本，技術の取引や支払を規制する「外国為替及び外国貿易法」(以下「外為法」という) に基づき，一定の取引を行おうとする者に対して，経済産業大臣あるいは財務大臣の許可の取得や届出を義務付けている。法体系としては，外為法25条および48条を基本とし，その下に具体的なルールが政省令，告示，通達等に規定されている。政省令としては，輸出貿易管理令 (輸出令)，外国為替令 (外為令)，輸出貿易管理令別表第一及び外国為替令別表の規定に基づき貨物又は技術を定める省令 (貨物等省令) が重要である。それぞれの判定基準については財務省通達「外国為替法令の解釈及び運用について」に列挙されており，居住者としては日本に居住している日本人，日本法人や日本に滞在している一定の外国人などがその例であるが，安全保障貿易の観点からは，居住者であっても外国政府や外国法人等の非居住者から強い影響を受けている状態にある自然人 (これを「特定類型の居住者」という) への居住者による技術提供が当該非居住者への技術提供と同一とみなされ，輸出管理の対象となることに注意が必要である (詳細については，経済産業省「安全保障貿易管理の概要」～安全保障貿易管理 (初級編) 説明会～ (令和6年度経済産業省委託事業) のスライド1-5～1-10を参照〔https://www.meti.go.jp/policy/anpo/seminer_document3.html〕)。

管理の基本は上述の通り許可制である。具体的には，物品に関し「貨物の輸

103

第1章　国際売買契約

出は，この法律の目的に合致する限り，最少限度の制限の下に，許容されるものとする」との原則を外為法47条に定めたうえで，同48条1項において，「国際的な平和及び安全の維持を妨げることとなると認められるものとして政令で定める特定の地域を仕向地とする特定の種類の貨物の輸出をしようとする者は，政令で定めるところにより，経済産業大臣の許可を受けなければならない」と規定している。また，同25条において，特定国に対する特定技術の提供を目的とする取引，役務取引，仲介貿易取引について同様の許可取得を義務付けている。

[157]　規制の具体的内容は，①物品・技術の種類，および，②輸出仕向地を基準として定められている。①については，国際輸出管理レジームに基づきリストが作成されており，貨物については輸出令（別表第一），技術については外為令（別表）において種類を列挙し，さらに貨物等省令で種類ごとに詳細な仕様（スペック）を定めている。このリストに該当するもの，いわゆるリスト規制品については，全ての仕向地について許可が必要であり，これを「リスト規制」という。②については，従来の北朝鮮に加え，ロシア，ベラルーシ等に対する輸出承認制度（輸出令2条および別表第二）が実施されている。これに対して，リストに該当しない品目であっても，安全保障上の問題から補完的に規制することも行われており，これを「キャッチオール規制」という。規制体系の概略を図示すると後出（→［159］）のようになる。

　キャッチオール規制の要件には「客観要件」と「インフォーム要件」があり，この2つの要件のいずれかに該当する場合には許可申請が必要となる。客観要件とは，輸出者が用途や需要者を確認した結果，当該物品や技術がWMDや通常兵器の開発等に用いられるおそれがあることを知った場合にこの規制が適用されるというものであり，用途要件（使用目的の確認）と需要者要件（需要者の確認）という2つの確認の基準がある。後者の需要者要件は，①WMDの開発等を行う（行っていた）需要者かどうか，②経済産業省が作成する規制対象者リストである「外国ユーザーリスト」に掲載された者であるかどうかが基準となる。一方，インフォーム要件とは，「おそれ」の有無を経産省が判断するものであり，経済産業大臣から許可申請すべき旨の通知を受けた場合に，許可を必要とする制度である。キャッチオール規制は，「グループA（旧ホワイト国）」という，輸出管理を厳格に実施している欧米など一定の国（輸出令別表第三に記載）

104

1-9　[159]

に向けた輸出を除き，適用がある。

　客観要件は，WMD の開発・製造等に用いられるおそれのあるものについては用途要件，需要者要件いずれも適用され，通常兵器の開発・製造等に用いられるおそれのあるものについては，特に国連武器禁輸国向けの輸出について用途要件が適用される。インフォーム要件は WMD，通常兵器いずれについても適用される。

5　社内コンプライアンス体制の整備 [158]

　上述の通り，安貿管理は国際的な枠組みに基づく国内法上の規制によって実施されるものであるが，実際に安貿管理を行うのは個々の輸出企業である。管理に遺漏があり法令違反を犯した場合には，刑事罰を含む厳しい罰則が適用されうるのみならず，国益を害し，企業の存続さえ危ぶまれる社会的制裁を受けることにもなりかねない。したがって，企業は，安貿管理のベストプラクティスというべき水準の自主管理体制を「輸出者等遵守基準」（外為法 55 条の 10，輸出者等遵守基準を定める省令）に従って構築し，適切に運用しなければならない。この基準は，輸出管理体制の構築，責任者の設置，該非確認・用途および需要者確認・監査その他の手続の制定，企業内研修の推進などを求めている。

6　その他実務上注意すべき点——幅広いデュアルユース品が対象 [159]

　安全保障貿易管理の対象となる物品・技術は広汎にわたり，思わぬものが規制対象となっている場合が少なくない。たとえば，ゴルフクラブのシャフト等に用いられる炭素繊維はミサイルの製造に利用可能であるし，自動車等を製造する際に用いる工作機械はウラン濃縮用の遠心分離機の製造に利用可能である。知らなかったでは済まされず，しっかりとしたチェック体制を整備することが必要である。特に物流取引量や種類が多い化学物質の取扱いに際しては，危険物管理だけでなく，安貿管理の点からも，性状によって，たとえば同位体であっても起爆性や毒性という危険性に大きく関わる面で似て非なるものがごく普通に存在するため，CAS 番号＝ Chemical Abstracts Service registry number まで調べ特定すること，また，取引の相手方に対しても SDS（Safety Data Sheet の略。その詳細については経済産業省のウェブサイト「化管法 SDS 制度」〔http://www.meti. go.jp/policy/chemical_management/law/msds/msds.html〕を参照）の交付によって，

105

第1章　国際売買契約

国際輸出管理レジームおよび規制体系概略

規制の方法	規制対象となる貨物・技術 （番号は輸出貿易管理令別表第一・外国為替令別表における項番を示す）			対応する条約・国際輸出管理レジーム	規制対象地域
リスト規制	1　武器			WA	全地域
	民生品（デュアルユース品）	WMD 関連	2　原子力	NPT, NSG	
			3　化学兵器	CWC, AG	
			3の2　生物兵器	BWC, AG	
			4　ミサイル	MTCR	
		通常兵器関連	5　先端材料	WA	
			6　材料加工		
			7　エレクトロニクス		
			8　電子計算機		
			9　通信		
			10　センサー等		
			11　航法装置		
			12　海洋関連		
			13　推進装置		
			14　その他		
			15　機微品目		
キャッチオール規制	上記リスト規制に該当しない全品目（ただし，食料品，木材等は除く）				グループＡを除く全地域（＝国連武器禁輸国・地域および一般国）

　規制の詳細や，許可要否の判断の手順，フローについては，経済産業省ウェブサイト「安全保障貿易管理の概要」から「制度の概要」を参照（http://www.meti.go.jp/policy/anpo/gaiyou.html）。
　具体的な規制品目の一覧表として，同省作成の貨物・技術マトリクス表がある（http://www.meti.go.jp/policy/anpo/matrix_intro.html）。

その危険性や関連法令等の情報を供与することが重要である旨，社内マニュアル等において定めておくことが大切である。
　安全保障貿易管理は，単なる法文の解釈で事足りるものではなく，取扱商品の厳格な確定がもっとも重要である。このためには，物質やその用途に対する正確な知識や取扱方法に対する知見等が必要であるので，こういった知識等を持たない法務部門が規制対象に該当するかどうかの判断をすることは大変危険である点を十分認識する必要がある。

●●本事例の考え方●●

　CFRP は本来の用途が医療機器などの構造材や航空機部品という民生品であ　[160]
るが，同時にミサイルや軍用機の構造材にも転用できるので，デュアルユース
品としてリスト規制の対象となっている可能性がある。そこで輸出令別表第一
の５項(18)および貨物等省令４条15号をみると，一定の CFRP がリスト規制の
対象であることがわかる。本件取引の形態が，N 国からいったん日本に輸入
され，日本からあらためて A 国に再輸出されるものである場合には，A 国が
グループ A であるかどうか等には関係なく，規制対象となる。

　一方，本件取引の形態が N 国から A 国への直送となり，日本からの輸出を
伴うものではないならば，関係法令上は「仲介貿易取引」（外国相互間の貨物の移
動を伴う売買取引。貿易関係貿易外取引等に関する省令１条１項４号）に該当し，それが
WMD 等の開発等のために用いられるおそれがある場合には，原則として規制
の対象となる。ただし，貨物が移動する２つの外国のうちどちらか一方（たと
えば A 国）がグループ A であれば，許可不要である（例外：貨物が「武器」〔輸出貿
易管理令別表第一の一の項〕である場合は全て要許可）（外為令17条３項）。

　サンプル品を送ったり，手荷物として携行したりする場合，同様に安全保障
貿易管理の対象となるが，一定の場合は許可不要となるので（無償特例，少額特
例など），都度確認することが必要である。また，近年は上記（→［156］）のとお
り技術の提供に関する規制が厳格化されており，輸出や通信等による提供だけ
でなく，人的交流による提供も問題となるので注意が必要である。

第2章

販売店・代理店契約

【事例2-1】介護・リハビリ用機器 Care One の海外向け販売推進を担当 [161]
する営業部からの相談

　当社は複数の事業部門を持つ日本の機器メーカーである。今般，メディ
カルヘルスケア部門の有力商品として，これまで日本国内で販売していた
介護・リハビリ用各種機器「Care One™」シリーズを，海外向けに拡販
することとなった。まずは，日本同様，急速に高齢化が進むと想定される
アジアのN国市場をターゲットに絞って検討を始めたいが，N国に限らず，
海外向け輸出販売の経験がほとんどない当社としては，自ら海外で直接販
売するだけの知見やリソースを持っていない。

　担当営業部としては，N国の商慣習，市場の状況や法規制など，不明な
点が多々あることから，まずは現地で信頼できそうな販売代理店を起用し，
マーケット情報の収集や潜在顧客の発掘・紹介，実際の販売業務を依頼し
てはどうかと考えており，法務部に相談があった。

2-1-1　販売店・代理店起用の妥当性 [162]

　外国の現地市場の需要を獲得するためには種々の方法が考えられるが，直接
N国企業向けに輸出したり，N国に自社の販売拠点を設けたりするのではなく，
販売店または代理店を起用するという方法を選択することが適当であるのは，
どのような場合が考えられるだろうか。

着眼点

　企業が外国の顧客に自己の製品やサービスを提供する形態には様々なものがある。
いずれの形態をとるかは，当該企業の戦略目的，取引規模，進出先の市場の状況，
進出先の規制や税制等，企業自身の管理能力など，様々な要因を適切に考慮して最
適の選択をすることが肝要である。

109

第 2 章　販売店・代理店契約

■■ ポイント解説 ■■

[163]　海外への進出形態

　企業が海外マーケットに進出（market entry）する形態としては，主に次のようなものが考えられる。

[164]　(1)　自らは拠点を設けない方法

　①　単純な輸出

　外国の顧客または当該顧客が指定する外国輸入商との直接の取引である。通常は売買契約形態がとられることが多い。一般論としては法的リスクが相対的に低い方法であるといえるが，一方で顧客の開拓は自ら行わねばならず，拡販も容易ではない。加えて，販売拡大の結果，多数の外国顧客に対する与信やクロスボーダーでの債権保全・回収という複雑な問題が発生する。

[165]　②　販売店，代理店の起用

　現地国の第三者の販売ネットワークを利用するものである。比較的低コストで，容易に継続的・組織的な製品・サービスの提供（拡販）が可能になるとともに，企業の販売政策をある程度反映することも可能となる。取扱商品に関し現地において許認可の取得が必要である場合，外国企業よりも内国企業である代理店，販売店のほうが取得しやすいことも少なくない。一口に代理店，販売店といっても法的な形態は様々であるが（→事例2-2），基本形としては，販売店方式であれば顧客に対する売主は販売店となり，当社の債権は販売店に対するものに集約できるので，個々の顧客に対する債権の保全・回収を心配する必要がない（すなわち，販売店に対する与信だけを考慮すればよいことになる）。また，単純輸出の場合の顧客とは異なり，代理店や販売店との関係では，販売店契約や代理店契約において，業績，財務状況や業務遂行状況の継続的なモニタリング（たとえば販売状況・在庫状況の報告義務や財務諸表提出義務を課す等）に関する取決めを行うことによって，実効性のある販売・与信管理が可能である。

　一方で，代理店や販売店は，通常はその起用者（本人，売主）との間で資本関係がないため，企業間の関係は外部的であり，起用者としては代理店や販売店の経営に関して何ら責任は負わない一方で，管理や統制の手段は代理店や販売店との間の契約上の取決めのみに基づいて実行せざるをえないことになる。経

営自体にはほとんど関与しえないため，たとえば代理店，販売店による贈賄行為などのコンプライアンス問題についても，予防措置を思うように構築できなかったり，発生時の対応が必ずしも行き届かなかったりするおそれがある。したがって，代理店，販売店を起用しようとする場合には，しっかりとした社内管理体制の確立と個々の起用にあたっての十分な審査が必要である（→事例2-1-2［171］，2-1-3［174］）。

③　現地企業への製造ライセンス等の付与　　　　　　　　　　　　　　［166］

　現地の企業に対して，製造についてのライセンスを付与し，現地企業に現地での製造や販売を担ってもらうことも考えられる（詳しくは→第3章を参照）。その実質は，現地企業を自社の製造・販売サイクルに取り込むことによる生産・販売拠点の海外への移行であり，前述の①②の方法とは根本的に異なる。

(2)　自ら拠点を設ける方法　　　　　　　　　　　　　　　　　　　［167］
①　事務所・支店の設置

　これらはいずれも本社と同一の法人格の一部であり，本社の指揮のもとに一定の事業活動を行う。事務所ないし駐在員事務所（英語では Liaison Office とか Representative Office などと呼ばれるもの）は，本社と現地をつなぐ連絡窓口であり，現地顧客に対する情報提供や，現地の情報を収集して本社に提供することが主な任務となる。営業活動は行わない（行えない）のが原則である（→事例5-2［491］）。一方，支店（Branch とか Branch Office と呼ばれるもの）は，営業活動を行える場合が少なくないが，現地国において外国企業の支店としての登記や，会計帳簿の備置，税務申告および納税の義務が課される場合が多い。また，事業範囲については，理論的には本社の定款に記載された目的事項全てについて事業活動が可能なはずであるが，実際には当該国の外国投資規制や事業規制によって制限を受けることが一般的である。

②　子会社の設立（合弁会社もしくは100％子会社の設立または現地企業の買収）　［168］

　現地法上，子会社（現地法人）の設立が容易で，営業活動の制限がなく，また事業採算ないしコスト的にも許容できるならば，この方法が選択される場合が多いだろう。たとえばアジアにおいては，シンガポールや香港がこのような理由で地域統括会社の設立地に選ばれてきた経緯がある。事務所・支店とは異なり，親会社と子会社はそれぞれ独立した法人であるから，親会社が子会社の債

第 2 章　販売店・代理店契約

務に対して責任を負うことは，法人格が否認されるような例外的な場合を除き，原則としてない（有限責任の原則）。子会社による法令違反の責任も親会社には波及しないことが原則である。ただし，例外的に親会社の責任が追及される場合もある（具体例として→［528］［547］を参照）。また，特に100％子会社などの場合には，親会社が事実上の経営責任を追及されることも少なくないため，相応の管理能力と知見，要員派遣を含むリソースが必要となる。また，投下資本の固定と回収リスク，運営コストを考慮する必要もある。

●●本事例の考え方●●

[169]　　上記の各種進出形態のうち，いずれの形態を選択するかにあたっては，まずはじめに，進出する目的・理由を明確にする必要がある。販売店または代理店を起用するという方法を選択するのが適切であるのは，①本事例のように，初期の market entry の段階にあり販売強化が当面の目的である，②外国企業の活動に対する制約が大きい，③発展途上国のように政治，経済，法制度等の面でのリスクが相対的に高い，といった場合であろう。拠点の設置，とりわけ販売子会社の設立や買収は，場合によっては非常に手間がかかるうえ，後戻りや撤退が難しい場合も少なくない。一般的には，代理店や販売店の起用など契約的に第三者のネットワークを利用する方法が，自ら販売拠点を設けるよりも迅速でコスト面でも優れている場合が少なくないであろう。ただ，実務においては駐在員事務所の設立を先行させる場合もあり，適切に法的リスクを踏まえたうえでのケースバイケースのビジネス判断によって決定すべきである。

[170]　　　2-1-2　確認すべき法令分野
　　　　　検討の結果，当社自身の販売拠点を設置することは時期尚早であるものの，Care One の販売には現地法に基づく医療機器販売許可の取得，一定量の部品・消耗品在庫の保持と迅速な補充体制，技術的なサービスの継続的な提供等が必須であることから，単純な輸出の方法によることでは販売政策として不十分であるとの結論になり，現地の販売代理店を起用する方針となった。
　　　　　そこでさっそく，担当営業部が起用先の選定を進め，①現地有力者の一族が経営するX社，②N国における医療機器製造販売会社で，当社と一部の製品では競合の可能性があるY社，および，③以前当社に勤務しており，その後

112

2-1-2　[172]

帰国し，独立して個人で医療機器のディーラーを営んでいる Z 氏を起用先候補としてリストアップした。なお，X 社と Y 社は，Z 氏の紹介によるものである。

　担当営業部の初歩的な調査では，同族企業である X 社の現 CEO は同国商務大臣の子息であり，N 国厚生省や税関などの関係当局にも人的なネットワークがあるという。一方，Y 社は N 国の政府系企業であるという。さらに，Z 氏は個人事業主で法人形態をとっていない模様である。担当営業部としては，X 社のネットワークを評価しており，また Y 社に比べて，販売価格の安定化その他販売政策への協力が得やすく，また競合品取扱いを禁止することも容易であることから，X 社起用に傾いている。

　このような外国企業と販売店契約，代理店契約を締結する際に確認すべき法的イシューにはどのようなものがあるか。

着眼点

　販売店や代理店を起用する場合には，独禁法や贈賄禁止法など注意すべき特有の法律問題がある。起用契約書の作成においても，こういった問題に配慮した条件の設定や具体的条文の作成が必要となってくる。

▗▖▝ ポイント解説 ▗▖▝

販売店契約，代理店契約と注意すべき法律問題　　　　　　　　　　　　　[171]

　販売店，代理店に関わる主な法律問題としては，①再販売価格の指定，不当な地域・転売先制限など，その販売方法・要領に対する制約の独禁法への抵触の問題（→事例 2-2-2［211］以下），②代理店等による現地公務員等への贈賄など，コンプライアンスに関する問題（→事例 2-1-3，2-4-2），③起用契約の解除または更新拒絶に対する制限（→事例 2-5-1，2-5-2），自国代理店等の起用強制，契約解除等の場合の補償義務付けなど，現地国のいわゆる代理保護法の問題（→事例 2-5-3），④代理店については代理人（Agent）PE 課税の問題（→［184]）といった種々厄介な問題がある。

●●本事例の考え方●●

　確認すべき法的イシューは，以上のように多岐にわたるものであることに十　[172]

113

第 2 章　販売店・代理店契約

分留意し，起用の可否の決定，起用契約書の作成，代理店等の業態や業務遂行
状況の定期的モニタリング等を適切に行う必要がある。個々の法律問題につい
ては，上記の通り別の箇所で詳しく説明しているので，当該箇所を参照してい
ただきたい。

[173]　　　**2-1-3　コンプライアンス上の注意**
　　　販売店や代理店等の第三者を起用するにあたっては，その業務や財務の状況
　　　のほか，風評や法令遵守の状況などをチェックする必要があると考えられるが，
　　　具体的にはどのような項目を，どのような方法で，どの程度まで調査すべきか，
　　　見当がつかない。
　　　　とりあえず担当営業部が公開情報などから調査を進めたところ，X 社は，過
　　　去，あるプロジェクトに関する不正行為に加担したという新聞報道がなされて
　　　いたことが判明したが，その詳細は不明である。さて，このまま X 社を起用
　　　してもよいのだろうか。

着眼点

　　販売店や代理店を起用するにあたっては，その業態や信頼性を適切に調査・確認す
　べきである。調査・確認は場当たり的，表面的なものではなく，あらかじめ社内規程
　を定めたうえで詳細なデュー・ディリジェンスを行うべきである。
　　万一代理店等がコンプライアンス問題を起こした場合，代理店等起用契約のみで対
　応できることには限りがある（基本的には契約の解除や損害賠償請求が可能であるにす
　ぎない）点に注意する必要がある。

■■ ポイント解説 ■■

[174]　　**社内規程の整備・運用と販売店・代理店候補者の調査**
　　代理店等に関わるコンプライアンス問題で特に注意を要するのは，贈賄禁止
法令，とりわけ米国 Foreign Corrupt Practices Act（海外腐敗行為防止法，通称
FCPA）違反である。FCPA に基づく米国での摘発事例のうち相当数が，第三者
である代理店等を経由した贈賄事件である。代理店等が贈賄事件を起こした場
合，問題は代理店等にはとどまらず，違法行為を認識していた起用者自身も
FCPA 違反に問われるリスクがあるほか（→ [235]），仮に法令違反とはならな
くても，不適切な代理店を起用したこと，違法行為を看過していたことに起因
するレピュテーション（reputation）の毀損やビジネス機会の喪失も起こりうる。

114

2-1-3　[175]

　このような事態の発生を極力予防するためには，基本的に，ビジネス上の合法かつ合理的な必要性がある場合にのみ，信頼できる代理店等を起用する以外にない。これを制度的に担保するため，代理店等の起用に関する社内規程（→[175]）やチェックリスト，代理店等起用契約書のひな形や作成ガイドラインなどを制定するとともに，これらの適切な運用を担保する社内管理体制を構築することが重要である。そのうえで，こうした社内規程等に基づき，実質的な（形式的，表面的なものではない）デュー・ディリジェンス（→[367]）を実施したうえで適切な先を選択しなければならない。特に，腐敗度が高い国や問題が起きやすい事業分野など，ハイリスクと思われる代理店等の起用にあたっては，通常以上の慎重な検討が必要であろう。

<社内規程のポイント>　　　　　　　　　　　　　　　　　　　　　　[175]

（注：義務付けの名宛人は代理店等を起用する社内担当部署である）

①　**代理店等の定義**　　代理店，Agent，Sales Representative，Business Advisor，Consultant，業務委託先等の名称や起用形態にかかわらず，およそ自社の取引活動に対して情報収集，受注協力，契約交渉・履行支援などの有償サービスを提供する第三者を対象とする。

②　**代理店等の選定基準**　　選定チェックリスト*を制定し，チェック項目に該当する場合には詳細な実態調査を義務付ける。

③　**デュー・ディリジェンス方法の明確化**　　たとえば信用調査会社，自国大使館，国際金融公社（IFC）出先機関，信頼できる取引先，検察当局出身者その他刑事事件を扱っている弁護士に対する調査依頼，各種照会，聴取り等を実施することを義務付ける。なお，代表役員等の個人情報入手にあたっては，現地法律上の可否（情報保護法等）を事前確認するよう義務付ける。

④　**起用契約書作成・締結**　　起用契約においては，ひな形およびガイドラインに基づき，活動地域や委託業務，代理権の範囲，報酬・経費の算定方法や支払条件，証憑類の提出義務などを明確に規定することを義務付ける。また，贈賄行為の禁止その他法令遵守義務，FCPA その他の法令違反がないことの表明保証，起用者による定期・不定期の監査権，違反時の契約解除権などを明記することを義務付ける。

⑤　**法令遵守の確保**　　代理店等の業態や業務遂行状況に対する継続的なモニタリング，必要な研修の実施，問題発生時の報告，違反時の契約解除その他必要な措置の実施等を義務付ける。

⑥　**法務部の関与**　　起用契約書については法務部の事前審査を受けることを

第 2 章　販売店・代理店契約

義務付ける。

> ＊チェックリストの項目としては，①過去の履歴や風評──不正行為や支払による訴追を受
> けたことがあるか，ネガティブな報道をされたことがないか，②組織形態──法人か個人
> か，取引先国以外に登記されたペーパーカンパニーではないか等，③送金先銀行口座所在
> 地：代理店等の所在国以外の Tax Haven その他第三国への報酬や経費の送金を求めてい
> ないか，④人的ネットワーク──公務員等との不適切な関係がないか，取引先との癒着関
> 係がないか，特定の代理人やパートナーを通じた入札を提案していないか等，⑤報酬や経
> 費の額の対価性，妥当性──報酬額が業界相場や提供されるサービスに見合わず過大では
> ないか，高額の経費の支払を求めていないか，支払要求が案件受注前のタイミングで行わ
> れていないか等が考えられる。これらの項目は，FCPA の管轄当局である米国司法省が
> 2020 年 7 月に公表した FCPA ガイド第 2 版（https://www.justice.gov/criminal/criminal-
> fraud/fcpa-resource-guide）において推奨しているものと基本的に同趣旨であり（同ガイ
> ド 62 頁以下参照），現時点でのベストプラクティスと考えてよいものである。なお，同ガ
> イドは，単なる "check the box" アプローチ（チェックリストに☑マークを入れていく方
> 式）では不十分であるとしており，法務部も関与して実質的かつ根拠のある有効なチェッ
> クが実施されることが望ましい。

●●本事例の考え方●●

[176]　　ポイント解説の通り，単なる公開情報のみに基づいて起用の可否を決定する
ことは適切ではなく，適切な社内規程を定め，これに従って十分な実質的調査
を実施する必要がある。不正行為に加担したという報道については，相手方に
対するヒアリングの実施や，現地弁護士等を通じた精査など，特に注意が必要
であろう。その際には，調査の結果いかんでは起用を見合わせる，という選択
肢も当然視野に入れなければならない。

[177]　　**2-1-4　個人を起用する場合の注意点**
　　Z 氏は，当社の有力商品を扱えることに非常に興味を持っており，他の商品
の取扱いをやめて Care One の販売に専念すると言ってくれている。将来的
には，当社メディカルヘルスケア部門が N 国に設ける販売拠点に席を置いて
常駐し，当社社員と一体となって対応してもよいとのことである。ただし，こ
れまで介護・リハビリ機器は扱った実績がないとのことで，販売やメンテナン
スサービスに必要なノウハウを持った要員若干名を雇用する必要があるほか，
新たにデモ設備などが必要になるだろうという。ただ，これらは全て Z 氏が
自前でそろえるとしており，大変心強い提案である。
　　上記のようなアイデアに対し，メディカルヘルスケア部門を管掌する役員か
ら，当社が個人を起用することに問題はないのか，できれば会社形態にしても

2-1-4　[178]

らったほうがよいのではないかという懸念が示された。担当営業部長は，かつてＺ氏の同僚であったこともあり，信頼できる人物として問題はないと言っている。法務部員であるあなたとしては，どのような切り口で考え，アドバイスすべきだろうか。

着眼点

　個人を起用する場合は，法人を起用する場合とは異なる注意点がある。

▰▰▰ ポイント解説 ▰▰▰

個人との取引の注意点 [178]

　企業が個人のスキルを利用する場合，通常は雇用の形態によることが多いであろうが，専門的なスキルを持った人材を従業員（employee）としてではなく業務委託，代理商，sales representative などと称される形態で起用することもある。これは，英米法では independent contractor と呼ばれ，employee とは法的に区別される形態であり，企業側のメリットとしては，原則として労働法上の保護の対象外であるため，役務提供の対価その他の条件や起用期間，契約終了事由を柔軟に決定できること，福利厚生面での配慮が不要であること，原則として使用者責任を負わないことなどがあげられ，実務的にも多く利用されている。

　このような個人を代理店等として起用する場合，起用者側との法律関係自体は法人の場合と異なるものではないが，代理店等が個人であるがゆえに生じる問題点も存在する。まず，代理店等が法人（企業）の場合には企業法上確保されているガバナンス制度や会計制度が，個人の場合には存在しない。当該個人の事業の状況や資産・債務，キャッシュ・フローその他財務状況を正確に把握する術はなく，ある日突然破綻することもありうるし，贈賄や，いわゆる架空取引などの違法な行為が行われていてもこれを探知し，抑止することは容易ではない。また，個人の銀行口座が取引口座として使われる場合など，個人財産とのいわゆるコミングル・リスクも考えられる。家族構成の事前確認，相続を含めた本人死亡の際の権利関係の明確化も必要であろう。また，指揮命令関係や業務遂行状況の実態いかんでは，同人との間に雇用関係があったと認定されるリスクも考えられる。

117

第2章　販売店・代理店契約

●●本事例の考え方●●●

[179]　ポイント解説の通りである。加えて，Z氏は，将来的には当社メディカルヘルスケア部門のN国販売拠点に席を置いて常駐し，当社社員と一体となって対応してもよいとしている。しかし，そのような形態で，実態として当社の指揮命令に服しながら業務を遂行している場合には，当該国の労働法に基づき雇用関係の成立が認められる可能性がある。これは我が国における偽装請負と同様の問題であり，注意が必要である。

　　　さらに，Z氏は，他の商品の取扱いをやめてCare Oneの販売に専念するとともに，販売やメンテナンスサービスに必要なノウハウを持った要員若干名を雇用する必要があると言っているが，仮にそのような丸抱えの形態で起用した場合には，起用契約を打ち切る場合の補償等の問題（→事例2-5-2）がより先鋭化することも念頭に置いておく必要があろう。

---

[180]　┌───┐
　　　│ **【事例2-2】販売代理店契約書を作成しようとする営業部からの相談**
　　　│ 　担当営業部から，最終的にX社とY社を販売代理店に起用することになったとの連絡があり，具体的な販売代理店契約の作成について相談を受けた。
　　　└───┘

[181]　### 2-2-1　販売店か，代理店か

　　　これまで漠然と販売代理店として起用する，ということであったが，実際に契約書を作成するとなれば，契約の名称のいかんにかかわらず，取引の実態に即して法的構成を決定する必要がある。したがって，担当営業部に対して販売店と代理店の違いやバリエーションを説明し，それぞれのPros/Consを明確にする必要がある。

　　　担当営業部にヒアリングしたところ，商品の単価が高く債権額が膨らむ可能性があることから，与信リスクが最大のポイントであり，当社としては，X社およびY社に対する与信のリスクは取れるが，その先の新規顧客に対する販売の代金回収リスクや，N国での商品在庫リスクをとることは難しいという見解であった。販売店，代理店のいずれの形態がより適当であろうか。

着眼点

　　　販売店方式と代理店方式の違いを理解するとともに，販売店，代理店の選択をする際の基準，視点を正しく使い分ける必要がある。

118

2-2-1 ［183］

◾◾ ポイント解説 ◾◾

1 販売店と代理店の区別
［182］

外国の市場における営業活動を行う主体として他の企業を利用する際の主な契約形態としては，講学上，販売店（distributor）と代理店（agent）がある。

一般に，販売店と代理店は，以下のように区別される。

> 販売店　自己の勘定で商品を製造業者から買い入れ，これを所有し，自分のリスクで在庫として売りさばく。製造業者からの仕入れ価格と購入者への売却価格との差額（margin）で収入を得る。
>
> 代理店　海外の製造業者のために製品の販売の仲介，媒介，代理を行う商人である。代理店は製品の売買契約の当事者とはならず，売買契約は製造業者と購入者との間で締結される。この結果，購入者による代金の不払リスクは基本的に製造業者が負う。代理店は仲介手数料（commission）で収入を得る。

しかし，実際の販売店，代理店の態様や取引内容は様々であり，実務においても上記のような区別を意識して名称が使い分けられているわけでは必ずしもない。したがって，名称に惑わされず，取引実態から判断する必要がある。予防法務的には，契約において，各当事者の権利義務内容を具体的に明記することが重要となる。

2 販売店と代理店の選択
［183］

販売店という形態を選択するか，代理店という形態を選択するかは，販売する商品の内容，進出先市場を委ねる会社の業容や意向，進出先市場の状況，進出先市場の法令等によって左右される。進出先市場の法令によって，販売店形態あるいは代理店形態のいずれかが義務付けられるということもある。

販売店となるためには，自分で商品を購入し，在庫を抱えるだけの資力等が必要となる。これに対して代理店は，小規模の事業者，あるいは，個人でもなることが可能であろう。

119

第 2 章　販売店・代理店契約

[184]　　3　代理店の代理権と課税問題

　代理店を起用した場合，代理店が，製造業者の代理人として製造業者のために売買契約を締結する法律上の代理権を有することはまれである。これは，税務上のコストを考慮したためであることが多い。すなわち，国際的な課税権の分配に関する基本的なルールとして，ある国の事業者は，他の国に恒久的施設（Permanent Establishment, PE）を有しない限り，事業所得については当該他の国において課税の対象とはならないとされることが多い。これは「PE なければ，課税なし」という原則であり，企業の拠点の有無によって課税，非課税が決定されるものであって，我が国の法人税法もこの原則に従っている（PE 課税を含む国際課税の基礎につき→事例 4-4-1 ［439］以下）。PE を通じて稼得された事業所得は，現地での課税対象となるのが原則であり，自社の法人格内の存在である支店や工場が典型的な PE である。一方，販売店や代理店等の第三者は，通常はそれ自体が当該国での課税主体であるため外国企業の PE とはされないが，例外が一部の代理店等であり，これを代理人（Agent）PE という。我が国の法人税法では，いわゆる①常習代理人，②在庫保有代理人，③注文取得代理人の 3 種類である（同法 2 条 12 号の 18，法人税法施行令 4 条の 4 第 3 項）が，租税条約等では，ある国の事業者が他国において，当該事業者の名において契約を締結する権限を有し，かつ，その権限を反復して行使する場合には，当該事業者は当該他国に恒久的施設を有するものとして扱うのが一般的である（たとえば，OECD モデル租税条約 5 条 5 項等。ただし，実務においては，個別に相手先国との租税条約を確認すること）。

　この結果，代理店に契約締結権限を与えてしまうと，進出先国に PE を有することになってしまい，事業所得課税の対象となって当該進出先国における事業所得について税務申告を行わなくてはならなくなってしまう。これは，事務的にも負担であるし，事業所得課税の対象となることによって納めるべき税額が増加することが多い。このため，代理店として起用する場合であっても，当該代理店には契約締結権限はない旨を契約で明記するのが通常である。

●●本事例の考え方●●

[185]　　販売代理店といっても実際の契約形態にはいろいろなパターンがある。法律

関係はおそらく売買か代理（もしくは準委任）のいずれかであろうと考えられるが，契約書の作成にあたっては，ドラフティングに先立って，まず，ビジネス上のポイントを営業担当者から聴取し，契約形態と主要な条件概要を固めることが先決である。

　ポイント解説で述べたような点に加えて，後述するような進出先国の販売店・代理店に関する規制の内容等にも留意して，販売店とするか代理店とするかを検討する。本事例では，X社およびY社に対する与信リスクはとることができるという事情があるので，両者との関係は売買による仕切り，すなわち販売店形態を選択することになると考えられる。

2-2-2　販売店形態とした場合の主な契約ポイントと法的検討事項　　　[186]

　担当営業部と相談の結果，当社とX社，Y社の間の取引形態は売買にすることとなり，起用形態は販売店（Distributor）と決定した。当社では，契約書取扱規程により，契約書は担当営業部が起案することが原則となっている。これは，取引を一番よくわかっており，損益に責任をもつ部署がしっかりと契約条件を考え抜き，契約書に落とし込む必要があるという趣旨である。しかしながら，担当営業部は，海外企業との契約書を作成するのは，単純な売買契約書（当社Formあり）以外では初めてとのことである。しかも，当社の国内用販売店契約書のひな形は，一般的な条項しか記載されていない。そこで，本件ではどのような特約事項を追記すべきかについて，担当営業部から相談があった。

〈担当営業部の意向は次の通り〉

　①　X社，Y社いずれも，独占（一手）権（Exclusivity）を要求している。担当営業部としては，X社とY社が競合しないように，それぞれの販売テリトリー・顧客分けを明確にする必要があると考えており，N国の東半分をX社に任せ，西半分はY社に任せる方針である。それぞれの地域において独占権を付与することは差し支えないが，両者が互いに相手方の販売地域を侵したり，販売合戦をすることのないように，契約で明確に縛っておきたい。

　②　N国における介護・リハビリ用機器マーケットの競争は，今後，他社も参入して激しくなっていくと思われる。そこで，当社としては，流通チャネルを強固なものにし，安全性を含むブランドイメージの確立を図っておくべく，販売価格の決定や販売方法の管理を自社の強力な管理下に置きたい。特に，競合品取扱いの禁止，並行輸入の禁止，販売・アフターサービス拠点の設置と専任の販売要員・技術要員の確保・維持，適正在庫の維持，純正部品の使用，知的財産権の確保，適切な販売価格の設定による安値競争の防止など，管理を徹底したい。

第 2 章　販売店・代理店契約

　　③　宣伝広告の方法や費用負担については，当社の同意を得なければならないことにしたい。
　　④　また，当社としても海外市場開拓に多額のコストをかけることになる。したがって，契約上，ビジネスとして採算がとれるだけの最低取扱数量のコミットメントは確保したい。ただし，当社としては国内の既存顧客への供給責任を果たす必要があり，Ｎ国向けについては，販売量をコントロールすることが重要である。いかなる場合でも，無制限の供給義務を負うことは避けたい。
　　⑤　改良品を対象商品とするかどうかについては，留保しておきたい。

着眼点

　担当営業部の意向を正確に把握し，条項化する。契約の準拠法がＮ国法となる場合も想定して，主要条件の合法性・Enforceability，現地法制上の制約を含む法的なイシューも洗い出し，その対策を検討のうえ，担当営業部が起案したドラフトを修正するとともに，そうした法的なイシューやドラフトの内容について，担当営業部に正確に理解してもらう必要がある。

■■ ポイント解説 ■■

[187]　**1　販売店契約の概要**

　一般的な販売店契約は，以下のような条項から構成される。

[188]　**(1)　販売店としての選任・販売地域・販売商品に関する規定**

　特定の地域において，特定の商品を販売する販売店として選任する旨の規定である。販売店の能力や地域の状況を見極めたうえで，販売店に委ねる地域や商品を契約で特定する必要がある。この規定を作るうえで考慮すべきことは以下の通りであるが，当該国の競争法に抵触する可能性もあるので，必ず，競争法の専門家に相談することが肝要である。

[189]　①　独占権（Exclusivity）について

　販売店には，exclusive distributor（契約で定められた地域においては唯一の販売店であり，かつ，販売店を起用したメーカー等の売主本人も当該地域において商品を販売することができないと解されるもの），sole distributor（契約で定められた地域においては唯一の販売店であるが，販売店を起用した売主本人は当該地域において商品を販売することができると解されるもの），単純な distributor（販売店を起用した売主本人は契約で定められた地域に他の販売店を選任することができ，また，売主本人自身も販売することができるもの）

122

の 3 種があり，契約では，exclusive や sole という用語の具体的意義も含めて
どのような販売店として選任するかを明らかにする。

なお，販売地域の外で販売することを自由とすると，営業活動が分散してし
まうというような懸念があり，原則として販売地域内での販売活動に限定する
ことが多い。しかしながら，これをあまり厳格にすると関係国の競争法に抵触
する場合が多く，「販売地域外から voluntary な引合いがあった場合は販売し
てよい」などの例外規定を設けることが多い。

② 競合製品の取扱い禁止　　　　　　　　　　　　　　　　　　　　　　[190]

販売店が同地域で競合製品も取り扱うということになると，自社の製品の販
売に影響すると考えるのは，ある意味当然であり，競合製品の取扱いを禁止す
る規定などが設けられることが一般的である。また，自社の製品であっても，
他国で安く販売しているものを安く輸入される（並行輸入）と値崩れを生ずるこ
とがあるので，これを制限したいと考えるのもよくあることである。ただし，
そのような規定は，関係国の競争法に抵触する場合があるので，注意が必要で
ある。

③ 代理権の有無について　　　　　　　　　　　　　　　　　　　　　　[191]

販売店という概念自体も必ずしも明確なものではなく，契約では，販売店に
選任するというのみならず，販売店の権限，責任の範囲などについて具体的に
明記する必要がある。特に「販売店は当社の代理人ではなく，両者間の関係は
売主・買主であり，販売店は何ら代理権を有するものではない」ということに
ついては，明確に規定する必要がある。たとえば，顧客が商品代金を支払わな
い場合に，販売店からは，「我々は，貴社の代理人であり，顧客が商品代金を
支払わなければ，貴社に対しても商品代金を支払わない」と言ってくる可能性
があるので，そのような主張の余地を残さないためである。

④ 販売価格の設定について　　　　　　　　　　　　　　　　　　　　　[192]

売主本人としては，適切な販売価格の設定による安値競争の防止を実現した
いと考えがちであるが，これは，「再販売価格の指定」として，ほとんどの国
の競争法で禁止されるものである。したがって，このような規定を入れること
は原則できないと考えたほうがよい。

⑤ 改良品についての規定　　　　　　　　　　　　　　　　　　　　　　[193]

販売店契約期間中に業者側が改良品を開発することが考えられる。こうした

第 2 章　販売店・代理店契約

改良品を対象商品とするかについて，販売店としては，当然取り扱いたいと考えるものであるが，売主本人としては，アップグレードモデルなどについては，別の販路を開拓したいということもあり，必ずしも現在の販売店に販売させたくないという事態も生じうる。交渉ではもめやすい論点であるが，ここをあいまいにしておいて，いざアップグレードモデルが出てきたときに，元の販売店に扱わせないようにすると必ず問題となるので，しっかり交渉しておく必要がある。

[194]　**(2)　売主本人と販売店との間の商品の売買に関する規定**

販売店契約においては，売主本人と販売店との間で商品の売買が行われるところから，販売店契約は，売買の基本契約としての性格（→ [142][143]）も有する。したがって，販売店が売主本人から商品を購入する際の価格，注文方法，FOB や CIF などの貿易条件（→事例 1-1-2），代金の支払方法（L/C なのか，手形なのか，現金なのか等）（→事例 1-3-2），検査方法，不良品の取扱い等，個別の売買契約に関する共通の基本的な条件についても規定することになる。

[195]　**(3)　販売店の販売活動に関する規定**

販売店契約でビジネス的にもっとも大事なのは，当たり前のことではあるが，いかにして商品を販売していくかということである。どのような販売活動が望ましいかは，当然のことながら商品ごとに異なるが，一般的に次のような事項を定めていくことが必要である。

[196]　**①　販売・アフターサービス拠点の設置**

商品販売のための店舗，ショールーム，アフターサービスセンターなどをどこに何か所設置するのか，そのための費用は売主本人と販売店がどのように分担するかなどを決定する。一度に全て設置することもあるが，数年をかけて徐々に増やしていくということもある。

[197]　**②　専任販売要員・技術要員の確保・維持**

販売店において，どのような人がどれぐらいの人数で当該商品の販売活動にあたるのかを規定する。また，アフターサービスの要員をどのように確保するのかということも規定する。特に開発途上国などでは，優秀な技術者を確保することが容易でない場合もあるので，注意をする必要がある。

③ 適正在庫の維持 [198]

適正な在庫を維持することも重要である。顧客から注文があっても，在庫切れで1か月も2か月も待たせるということになると，なかなか販売は伸びていかない。かといって，過剰に在庫をすると，倉庫料もかさみ，商品代金の金利もかさむうえ，万一，不良在庫となった場合に販売店の経営を圧迫することになるので，「適正な」在庫量を維持することが重要になる。

④ 純正部品の使用 [199]

商品の修理のための部品や，顧客の要請によってスペアパーツとして販売される部品については，売主本人が指定した「純正品」を使用することを定めることが多い。これは，品質や性能が劣る部品を使用することによる対象商品自体の性能不良等の発生を防ぐことが主な目的となる。販売戦略によっては，コピー機やプリンターのように，交換部品等の販売で利益を確保するということもあり，そのような場合は，純正品の使用は特に重要な規定となる。

⑤ 商標権・知的財産権の確保 [200]

販売店が売主本人の商標を利用できる範囲やその方法等について規定するとともに，本契約のため以外の目的で商標を用いてはならない旨についても規定する。また，第三者による売主本人の商標権や知的財産権の侵害と思われる行為を販売店が販売地域内で発見した場合，販売店は直ちに売主本人に連絡し，その指示に基づき，侵害排除のための手続をとるなどの規定も入れる。

⑥ カタログ，取扱説明書，その他顧客への説明に関する規定 [201]

カタログ，取扱説明書など顧客に渡される技術的な資料については，内容に誤りがあると故障や事故に発展する可能性がある。このため，売主本人のほうで書式，内容などを統一するか，少なくとも確認する必要があるので，誰がどのように作成し，どのようにチェックするか，費用はどのように分担するかを規定する。

⑦ 広告，資料等 [202]

広告・宣伝方法等についても過大広告などは後日の顧客からのクレームにつながる可能性があるため，売主本人が事前にチェックできる旨の規定が置かれる。また，どれだけの費用をかけて行い，費用をどのように分担するかも規定する。

第2章　販売店・代理店契約

[203]　　⑧　顧客からのクレームの処理について

　どんな製品でも必ず顧客からの技術的，品質的，その他のクレームという事態は発生しうる。その際に，売主本人と販売店との間でどのように業務と費用を分担するのかをあらかじめ定めておく。

[204]　　⑨　違法行為・贈収賄の禁止

　販売活動に関して，違法行為を行わないように販売店に約束させる。違法行為が行われると，販売店のみならず，売主本人についてもレピュテーションの低下が発生する。販売店が売主本人の意向により違法行為を行っていたとみなされれば，売主本人も罰せられることもある。特に最近は，カルテルや公務員に対する贈賄などが厳罰に処せられる傾向にあるので，間違ってもこれらの行為を行わないように明確に記載することが必要である。また，万一，行ってしまった場合には，リニエンシー（→ [534]）の申請なども検討するため，直ちにその事実を報告する旨の規定を入れることも重要である。

[205]　　⑩　業務報告，在庫報告，会計報告など

　販売店がどのような活動をしているかを明確に把握することは，売主本人にとって非常に重要である。このため，販売活動の状況，売上高，代金回収状況，クレーム処理の状況，在庫の状況など，主要な業務の遂行状況を販売店から定期的に業者に報告する旨の規定を入れる。また，会計報告については，必要に応じ，月次，四半期，半期，年間などの単位でそれぞれ行う旨の規定を入れる。

[206]　　(4)　最低販売数量・最大販売数量に関する規定

　一定の地域における販売を任せる場合，販売店にはしっかりと商品の販売に注力してもらう必要がある。そうした観点から，販売店は毎年一定の数量を必ず購入しなければならないとの規定を入れることがある。そして，これを単なる努力目標としないためには，たとえば「連続して2年間最低購入量を下回る購入しかできなかった場合には，売主本人側に契約解除権が発生する」等を規定する。

　一方，売主本人側としては，無限に商品や部品を供給することも現実的にはできないので，たとえば，1年間で供給できる最大数量をあらかじめ合意しておくこともある。

126

2-2-2　[208]

(5)　販売店契約の解消に関する規定　[207]

販売店契約の解除事由と解除手続，解除の効果（在庫，注文の取扱い等）について規定する。どのような事由がある場合に販売店契約を解除できるかは，売主本人・販売店の双方にとって，非常に重要である。販売店にとっては，せっかく努力してマーケットを開拓し，販売店契約から安定的な利益が得られるようになったにもかかわらず，簡単に販売店契約を解約されてしまっては，それまでの努力や投資が無駄になってしまう。他方，売主本人にとっては，働きの悪い販売店との契約を解除できるようにしておく必要があるほか，自ら拠点を設置し販売できる可能性も残しておきたいという観点からは，半永久的に解約できないということでは困る。

なお，国によっては，代理店のみならず，販売店との関係でも，契約の解消に関して販売店を保護する法制を設けているので注意が必要である。当該保護法制の概要や，販売店契約の解除に関する問題点の詳細については，販売店契約の打切りの項（→事例2-5）を参照されたい。

(6)　ボイラー・プレート条項　[208]

国際的な取引で用いられる契約書には，「ボイラー・プレート条項」と呼ばれる条項が置かれることが多い。近年は国内のM&A契約書などでも同様の条項を移入していることが珍しくはなくなってきたが，この「ボイラー・プレート条項」とは，取引の種類を問わず，どのような契約であっても共通して盛り込まれる事項に関する条項であり，一説には，代わり映えがしないという意味でボイラーの蓋といった呼び名が付けられたとされている。

具体的には，準拠法，紛争解決条項（仲裁合意や裁判管轄条項），不可抗力，契約の譲渡の可否やその方法に関する条項，契約で定められた相手方への通知を行う際の宛先や通知手段，通知の到達時点に関する条項，契約締結過程での合意や契約外の合意を排除する完全合意条項，書面によらないで契約内容を変更できない旨の条項，各条項の標題（タイトル）が契約内容を構成しない旨の条項，一部の条項について何らかの理由により無効とされた場合であっても当然に他の条項は無効とならないことを確認する旨の条項，権利を行使しないことが直ちに権利を放棄したことにはならない旨の条項，複数の言語で契約書が作成された際にいずれの言語のものを正本として扱うかについての条項等がある。

127

第 2 章　販売店・代理店契約

　ボイラー・プレート条項は，代わり映えのしない条項であるとはいえ，実務
上は，極めて重要な意味をもつ条項である。たとえば，準拠法や紛争解決条項
の重要性はいうまでもないだろう。

　また，内容証明郵便などの制度の存在を前提とすることのできない国際取引
では，どのような方法で誰宛に通知をした場合に有効な通知があったとして扱
うか等，通知の方法に関する規定の意義は国内取引の場合とは比較にならない。
また，世界的にみると，通知に関しては発信主義と到達主義が入り乱れている
ので，準拠法の選択にかかわらず，通知の効力発生時期については契約で明確
に規定しておきたい。

[209]　　完全合意条項（entire agreement clause）とは，この契約書に記載された内容が
当事者間の全ての合意内容であり，それ以前の書面や口頭による合意や，契約
書の作成と同時になされた口頭の合意があったとしても，それらは当事者間の
合意内容とはならない旨を規定する条項である。この完全合意条項は，米国の
UCC などコモンローの法理であるパロル・エビデンス・ルール（→［79］）に
相当する内容を，契約条項として規定するものである。このような完全合意条
項がある場合には，後になって口頭での合意の存在を主張するのは難しくなる
ことが予測されるので，より慎重に契約書の内容を吟味することが重要である。
一方で，この完全合意条項のように，ボイラー・プレート条項にはコモンロー
の法理や契約条項に由来するものも少なくないところ，これがたとえば日本法
を準拠法とする契約書に規定された場合には，日本法に基づいて解釈されるこ
とになる。その場合，これまでの裁判例では，完全合意条項の効果がコモン
ローと同様に認められているものが多いが，事案によってはコモンローに基づ
く解釈とは異なる法的効果を裁判所が認定する可能性もある点には注意が必要
である。たとえば，イングランド法では，完全合意条項の具体的な書きぶりに
もよるが，一般的には先行するやり取りを合意書の解釈に用いることは許され
るところ，名古屋地決平成 19 年 11 月 12 日（金融・商事判例 1319 号 50 頁）では，
「本件合意書はその目的に関する当事者の合意のすべてを構成する唯一のもの
であり，（中略）合意内容の解釈に当たっては，本件合意書の明文の規定により
確定することが予定されているものと考えられる」と判示されており，条項の
解釈についても，完全合意条項を含む契約書以外の証拠を用いないという証拠
制限効果を認めているとも受け取れる。また，UNIDROIT 国際商事契約原則

2016 第 2.1.17 条（完結条項）は，その但書きで，先行する言明または合意は当該書面を解釈するために用いることができる旨を規定しており，コモンローの考え方に類似した考え方を取っている。このように準拠法によって効果が異なり得る同条項を契約書に規定するにあたっては，英文のサンプル条項をそのまま移すのではなく，当事者の意図を明確にするような文言の補充など相応の工夫をすべきであろう。たとえば，契約書中の明文規定の解釈についても契約書以外の先行文書等を証拠として用いることを禁止する旨や，逆にこれを制限するものではない旨を明記したり，当事者にとって取引の前提となったような特定の表明（representations）や合意・先行文書等については完全合意条項の対象外である旨を，契約書において特に明示しておくといったことが考えられる（日本法が準拠法の事案で，完全合意条項に言及しながら口頭での合意の主張を退けた裁判例として，東京地判平成 18 年 12 月 25 日判時 1964 号 106 頁，東京地判平成 7 年 12 月 13 日判タ 938 号 160 頁などがある）。なお，完全合意条項に関する詳細な解説としては，増田史子「いわゆるボイラープレート（"BP"）条項の研究——第 2 回　完全合意条項」国際商事法務 47 巻 4 号（2019）439-445 頁などがある。

　不可抗力の詳細については，前述（→ [128] [129]）を参照されたい。なお，現地で必要な官公庁等からの許認可が取得できなかったことは不可抗力になるかが重要な意味をもってくる場合があることを意識しておかねばならない。

(7)　契約書の用語

[210]

　国際取引においては，仮に自らが読めない言語で契約書が作成されていたとしても，いったん署名した以上は，言葉が理解できなかったと主張して契約の効力を争うことは非常に難しい。また，複数の言語で契約書が作成された場合には，その内容が必ずしも一致しないことも少なくない。したがって，何語を正本とするかという問題も安易に妥協することができない点であり，当社の理解の土台となっている言語を正本としておきたいところである。なお，たとえば，中国などでは，合弁会社の許認可を取得するためには中文を正本とする合弁契約書を中国の関連当局に提出しなければならないため，日文を正本，中文を翻訳とする位置付けができない。このため，妥協案として，中文日文ともに正本とする実務が往々にしてみられるが，できることであれば避けたいところではある。また，たとえばインドネシアでは，2009 年に制定および施行され

た国旗，国語，国章及び国家に関する法律が存在し，インドネシア政府，インドネシア法人またはインドネシア人を当事者とする契約および覚書は，インドネシア語で締結されなければならないと定められている。その後，米国法人とインドネシア法人間で英語のみで締結された契約を無効とした地裁判決が，2015 年 8 月にインドネシア最高裁判所で維持確定したため，インドネシアの法人等を相手方とする契約書は必ず（英語や日本語に加えて）インドネシア語でも作成することが実務として定着してきている。なお，2019 年 9 月 30 日に制定および施行されたインドネシア語の使用に関する大統領令により，契約の優先言語は当事者の合意で定められるとされている（たとえば，インドネシア語と英語で締結した場合でその解釈に齟齬が生じた場合は，英語が優先するなど）。

[211]　**2　販売店契約と競争法**

　　販売店契約において，販売地域の制限，競合製品の取扱いの禁止，販売価格の拘束を行った場合には，競争法違反となる場合があるので，注意が必要である。

[212]　**(1) 競争法の概要**

　　国際的なビジネスとの関係で，年々その重要性を増しているのが競争法制である。競争法の基本的な理念は，公正かつ自由な競争を促進することにより，市場における消費者の利益の確保・経済の発達を実現することにある。我が国では「私的独占の禁止及び公正取引の確保に関する法律」（独占禁止法）が基本的な法源である。米国では，シャーマン法，クレイトン法，連邦取引委員会法，EU では，欧州連合の機能に関する条約 101 条，102 条が，基本的な法源である。また，社会主義（国による市場のマクロコントロールを是とすることが通常）を採用する中国においても，2008 年に独占禁止法が施行された。なお，英米法においては，独占禁止法全般を Antitrust Law と呼ぶことが多いのに対し，日本の独占禁止法は Anti-Monopoly Law と訳されるのが通常である。競争法全般は，Competition Law と呼ばれることが多い。

　　競争法上の問題を生じうる主な競争制限行為としては，たとえば，米国流に以下のような分類ができる。ただ，各国で法律の構成・構造や，禁止対象行為および定義はかなり異なっており，日本の独占禁止法における禁止対象行為類型もこのような分け方にはなっていない。分類方法自体は本質的な問題ではな

いので，ここでは，あくまでもおおざっぱな分類として理解していただきたい．

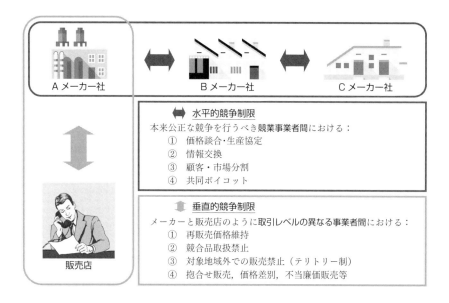

(a) 複数の事業者によるもの

① 水平的競争制限行為

本来競争関係（横の関係＝水平的関係）にある事業者が取決め・協調することにより，共同して競争を制限するものである．典型的には，カルテル（事業者等が価格・数量・取引内容等を共同で取り決める行為）があげられる（カルテルに関しては→事例5-5で扱う）．日本では，いわゆる談合行為の取締りが有名であり，「不当な取引制限」という名称で独占禁止法2条6項に定義されている．

② 垂直的競争制限行為

メーカーと卸売店，メーカーと販売店等，流通の異なる段階（縦の関係＝垂直的関係，上流・下流の関係という言葉を用いたりもする）にいる事業者が取決め・協調することにより，共同して競争を制限するものである．典型的には，メーカーと卸売店が卸売価格を固定（または最低販売価格を固定）したり，メーカーと販売店が小売価格を固定したりする取決めを行うこと（再販売価格維持）や，メーカーと卸売店が，他のメーカーの競争商品を当該卸売店が取り扱わないこと（競合品取扱禁止）を約束することなどがあげられる（なお，たとえば，メーカーがそ

第 2 章　販売店・代理店契約

の優越的な地位を利用して，販売店に上記のような行為を押しつけた場合は，別途優越的地位の濫用とされることもある）。なお，これらは，日本では「不公正な取引方法」（unfair trade などと訳される）と呼ばれる禁止対象行為にあたるもので，その内容は独占禁止法 2 条 9 項に定義されるほか，「一般指定」と呼ばれる公正取引委員会告示（昭和 57 年 6 月 18 日公正取引委員会告示第 15 号）に 15 項にわたって規定されている。

[214]　**(b)　単独の事業者によるもの**

　市場において支配的な地位にある事業者がその地位を濫用することによって競争を制限する場合には競争法違反となる。たとえば，中国の独占禁止法 17 条は，市場における支配的地位の濫用行為といった形で，そのような地位を有する事業者の一定の行為を禁止している。また，当該地位を取得すること自体を一般にモノポリー（Monopoly）という。日本法上はモノポリーのことを「私的独占」（独占禁止法 2 条 5 項）といい，ボードゲームのいわゆるモノポリーはかかる独占をむしろ目的とするゲームである。モノポリー自体を禁止している国においては，モノポリーの状況が生じていることを理由として裁判所による解体（分割）命令が下されることもある。

[215]　**(c)　企業結合規制**

　企業間の合併等の提携行為は競争を制限するまたは私的独占を導くおそれがあることから，多数の国の企業結合規制において，その規模等に応じて，事前届出や事後登録などの制度が設けられている。事前届出が必要な場合は，関連当局に事前に届け出て，審査を受けることが必要となる。

[216]　競争法は，現在の国際ビジネスにとって，非常に重要な法分野となっている。その理由の第 1 は，近年，競争法当局による競争法の執行が厳格化し，競争法違反とされた場合には巨額の課徴金が課せられる傾向にあることである。特に，国際的なカルテル事件との関係では，日本企業が欧米で巨額の制裁金を課されたり，民事事件や刑事事件の対象となったり，日本企業の役職員が逮捕・収監されたりするといったケースも発生している。第 2 に，競争法については各国が自国法を，自国の領域外で行われた行為であって自国に影響を与えるようなものについても，積極的に適用（域外適用）する傾向にあることである。したがって，国際的なビジネスに携わる企業としては，複数の関係国の競争法制に

目を配る必要がある。

　また，近年では，国際的な企業活動に適切に対処すべく，各国の競争法当局が協定を結ぶ例が増えてきている。日本も，1999年に米国，2003年にEU，2005年にカナダとの間で，反競争的行為に係る協力に関する協定を締結している。そこでは，競争法当局間の情報交換，相互支援，執行活動の調整，相手国による執行活動開始の要請，相手国の重要な利益の考慮等が規定されている。

　本書では，企業結合規制（→事例4-1-5）および国際カルテル（→事例5-5）を除き，競争法については概括的記載にとどめておくが，上記で指摘した通り，国際カルテルなどを中心として，国際取引において競争法の重要性が年々高まっていることから，必要に応じて各自で専門書を参照して理解を深められたい。

(2)　適用免除となる例

　欧州ではEUの機能に関する条約101条(1)が，加盟国間の取引に影響を及ぼすおそれがあり，かつEU域内市場における競争の妨害，制限または歪曲を目的とするか，結果としてそれらを生じさせる事業者間の全ての協定，事業者団体の決定および協調行為を禁止するが，販売店契約に対しても同条が適用される。販売店契約において問題となりうる垂直的制限については，垂直的協定に関する一括適用免除規則（Commission Regulation（EU）No. 330/2010など）や一括適用免除に関するガイドライン（Guidelines on Vertical Restraints, 2022年改正）によって，機能条約101条(1)の適用免除となるケースについて規定・解説している。それによれば，たとえば，供給業者および販売店の市場シェアが30％を超えない場合には適用免除とされる。ただし，再販売価格の維持や販売地域の制限は，ハードコア制限行為（法律上当然に違法とされる競争制限的行為，per se illegal）であるとされ，適用免除とはならない。

●●本事例の考え方●●

　基本的には営業部の合理的なニーズを反映した契約内容とすべきであり，実際の販売店契約書の作成にあたっては，取引相手方や取引内容，営業部としての意向等について，営業部からよく話を聞いたうえで，たとえば，以下のような事項についても適切にアドバイスすることが重要である。

第 2 章　販売店・代理店契約

① 表明保証，コベナンツ（コンプライアンスに関する規定を含む）に関する規定の整備

② 業務遂行状況のモニタリング・管理，報告義務に関する規定の整備

③ 名刺・ビジネスカードの使用（当社名，代理店の表示）その他対外的表示・言動に関する規定の整備

④ 正確な帳簿の維持や，その監査権に関する規定の整備

⑤ 有利な準拠法の確保

⑥ 債権回収の現実的実効性をにらんだ合意管轄地の設定（仲裁を選択するかどうかの検討を含む）

⑦ 事情変更（経済状況の変化，国内政治状況の変化，対日政治の悪化，日本製品の不買運動等）の際の解除権や撤退権の要否に関する規定の整備

　一方で，「担当営業部の意向」の①や②については競争法上の問題が生じる可能性がある。営業部のニーズをよく聴取したうえで，どのような契約内容であれば競争法等の関係法令との関係で問題を生じないのか，また相手方が当方の提案を拒否した場合にはどのような対案を示すことができるのか（あるいは，提案をのまないならば交渉を打ち切るのか）等を，しっかりと協議しておく必要がある。

[219]

【事例 2-3】N 国向けに仕様変更して輸出した Care One の事故発生にあわてる営業部からの相談

　Care One シリーズはもともと日本向けの仕様であったため，電圧が異なる N 国で販売するためには変圧器を内蔵しなければならない。しかも，N 国の不安定な供給電圧に合うよう，内部に特殊な安定装置を備えたものである必要がある。製造事業部は，この変圧器を下請け先である ABC 社に製造させた。ABC 社としては，現時点で考えられる最高レベルの技術を用いた安定装置を組み込んでおり，また当社としてもやはり現時点で最高レベルと考えられる緊急停止装置を組み込んだので，致命的な事故が発生するとは考えられない。また故障については必要あれば緊急修理や部品交換で対応可能であるというのが製造事業部の見解であった。

　そこで，担当営業部は数台の Care One を，N 国の販売店である X 社を買主として試験的に輸出した。ところが，約 1 か月後，最終ユーザーであった A 病院から，身体の不自由な入院患者に試用していた Care One が過熱し，装着していた患者が火傷を負ったとの連絡が販売店に

2-3　[220]

あった。患者の家族としては，病院，販売店，当社を相手取って巨額の損
害賠償請求訴訟を提起しようとしているらしい。販売店としては，とても
自社では負担できないので，当社に補償してもらいたいという。

着眼点

　製品に欠陥があり，消費者（ユーザー）が損害を被った場合に，その製品の製造者
や販売店等の流通業者はどのような責任を負うことになるだろうか。いわゆる製造物
責任（Product Liability, PL）の問題であるが，PL 法制は国によっても差異がある
ので，あらかじめ輸出先国等の PL 法制（法令・判例）の内容を把握するとともに，
製品安全への取組み策の実施，契約上の手当て，保険の付保などの必要な対策を有機
的に実施することが大切である。

■■ ポイント解説 ■■

1　製造物責任（Product Liability）法理の発展

[220]

　高度に発展した現在の工業化社会においては，消費者が日常的に購入したり
利用したりする物品やサービスには日々新たなものが登場し，既存の製品や
サービスも電子化や高機能化が進んでいる。その結果として，日常生活が大変
便利になった反面，製品やサービスの思わぬ欠陥による事故や損害発生のリス
クも増大した。この間，米国・EU だけでなく我が国やその他のアジア諸国等
も，事故や損害を被った被害者の救済を目的として，いわゆる製造物責任法や
消費者保護法等を制定したり，既存の法令中に同様の条項を追加したりするこ
とで対応を強化してきた。このような特別法が制定されるようになった背景に
は，従来の民法やコモンローの伝統的法理によっては被害者の救済が十分では
なかったという事情がある。一般に，被害者が損害賠償を求める相手方として
は，まず直接の購入先（たとえば小売店）が考えられよう。この場合，被害者は，
購入先との契約関係に基づいて契約不適合責任や保証責任を追及することにな
るが，仮に購入先が零細企業で賠償の資力もないようなときは，被害者として
は，当該製品を製造したメーカーや中間卸売業者に直接請求したいと考えるだ
ろう。たとえば日本法の下では，このような直接請求は不法行為責任に基づく
ものとして理論的には可能である。しかし，被害者にとっては，加害者である
メーカーの過失や因果関係の主張責任，立証責任を負担することが前提である
ため，実際には，製品技術や安全性などについては素人である被害者が，高度

135

第 2 章　販売店・代理店契約

な製品の設計や製造におけるメーカー側の過失を大変な苦労と時間，費用をかけて立証しなければならないという問題があった。このため，裁判所は，過失の前提としてのメーカーの注意義務の高度化，予見可能性要件の緩和，過失および因果関係についての立証責任の軽減など，被害者救済のための法理を展開してきたが，過失を前提とする以上は制度的な限界があり，全ての製造物事故で適切な救済が実現されるには至らなかった。

　一方，英米法の下でも，かつては直接の契約関係（privity of contract）がない相手方に対して不法行為的な責任を追及するということは認められておらず，契約関係がある者同士の間に限って，売買契約上の保証責任（warranty）などの法理を根拠に責任を追及できるとされていた。すなわち，黙示の保証責任として認められている商品性（merchantability）の保証には製品が安全であることも含むと解され，この保証責任は無過失責任ではあるものの，被害者は直接契約関係にないメーカーに対しては追及することができず，その救済は十分でない。そこで，直接の契約関係がない者に対しても製造物の欠陥に関する過失責任を追及できるとする不法行為（negligence）の成立を認めた判例が登場した。メーカーの negligence を認めた初期の代表的な判例が米国の MacPherson v. Buick Motor Co., 111 N.E. 1050（N.Y. 1916）［1916］（ホイールの欠陥による事故に関し自動車メーカーの不法行為責任を認めたもの），英国の Donoghue v. Stevenson AC562, HL.［1932］（異物の混入した飲料に関しメーカーの不法行為責任を認めたもの）である。これらの判例により，被害者が直接，その製品のメーカーを訴えることが可能になったが，上述の通りやはり過失の立証は被害者側にとってはハードルが高いため，英米法の判例は，一定の場合には損害発生の事実自体によって加害者の過失が推定されるという過失推定則（*res ipsa loquitur;* the thing speaks for itself）を適用し，被害者側の立証を緩和した。これにより，被害者は，製造物に欠陥があり，その欠陥が原因となって損害が生じたことを立証しさえすれば，メーカー側の過失の有無にかかわらずその責任を追及することができる途が開かれた。

[221]　今日では，欧米や我が国など主要先進国を始め，多くの国で製造物責任に関する特別法が制定されており，そうした製造物責任法制において厳格責任（無過失責任，strict liability）が確立されている国も増えている。現在の米国の製造物責任法は，原則として各州の州法によって定められているが，この膨大な各州

136

2-3 〔222〕

の判例の趨勢を分析・整理したうえで，おおよそ妥当と考えられる中間的な立場を条文形式とコメントで記載したものが，第3次不法行為法リステイトメント（Restatement（Third）of Torts, Products Liability〔1998〕）である。リステイトメントはアメリカ法律協会が作成公表しているもので，それ自体に法源としての拘束力はないが，実質的には法の解釈・運用の方向を示し，統一的な判例法の確立に寄与する，極めて高い権威と信頼を得ているものである。

　一方，欧州においては，従来，各国が独自に製造物責任法理を発展させてきたが，共同市場における競争条件の平等化，自由な商品流通の円滑化，消費者保護の斉一化を図ることの重要性，厳格責任の明確化等の必要性が認識されるに至ったことから，1985年に「欠陥製造物についての責任に関する加盟国の法律，規則及び行政協定の調整に関する理事会指令」（Council Directive 85/374/EEC of 25 July 1985. 以下「EU指令」という。Directive 1999/34/EC of 10 May 1999 により一部改正）が採択され，域内の製造物責任法が統一的に整備されることとなった（ただし，たとえば開発危険の抗弁の採否について加盟国の裁量が認められていた〔EU指令15条。下記新指令では18条〕）。近年はデジタル化や循環型経済に対応すべく新たな製造物責任指令案（Directive on liability for defective products）が検討されてきたが，2024年3月12日にEU議会がこれを承認し，同12月8日付で発効している。EU指令はこの指令（以下「EU新指令」という）に置き換えられ，加盟国による国内法の整備の後，2026年から適用される。EU新指令は，デジタルファイルやソフトウェアを適用対象に加え（4条），AIシステムに欠陥があり身体的危害，物的損害，データ損失を引き起こした場合，システム提供者またはAIシステムを他の製品に組み込んだ製造業者に補償をもとめることができるようにした。

2　国による法制度の違い

[222]

　PL法制は，国によって対象品の範囲，欠陥の定義，請求主体，責任主体，免責事由，賠償範囲，出訴期限など，重要な要件等が異なることに注意が必要である。たとえば，製造物責任に関する我が国の法律である「製造物責任法」は，消費者が損害賠償請求をしやすくするために，一般の不法行為法に対する特別法として作られている。同法は，製造物の欠陥によって，生命，身体または財産にかかる損害が生じた場合，製造物の製造者が損害賠償を負担する旨を

137

第2章　販売店・代理店契約

定めているが，その対象は「製造物」であり，「製造又は加工された動産」（2
条1項）に限られている。したがって，たとえば不動産やサービスは含まれず，
収穫されたままの農水産物も含まれない。我が国が参考としたEU指令におい
ても，1999年の改正前は1次（未加工）農産物が対象外とされていた。一方で，
請求主体は消費者に限定されておらず，事業者に生じた財産損害も対象となり
うる。

　諸外国をみると，たとえば製造物責任を消費者保護法の中で規定している国
では，請求主体を消費者とする一方，対象物は，消費者が使用するものと限定
しつつもその範囲は製造物に限らずおよそ全ての物品・サービスと広く規定す
るなど，消費者保護の性格が強い法制度をとっている例がある。また，対象品
を製造物に限定せずに，請求主体に消費者だけでなく事業者も含めている例も
ある。同様に，責任主体，免責事由，賠償範囲等についても準拠法による差異
に注意すべきである。

　本事例においても，まず被害者の当社に対する損害賠償請求権が発生するか
どうかを判断する準拠法を検討する必要がある。我が国で訴訟提起された場合
の準拠法決定ルールである「法の適用に関する通則法」に拠れば，その18条
（生産物責任の特例）によりCare Oneの引渡地であるN国の法律が準拠法になる
と考えられる。しかし，N国で訴訟提起される場合にはN国の抵触法が適用
されるため，同時にN国の抵触法についても検討する必要がある。

[223]　　**3　欠陥の意味**

　製造物責任においては「欠陥」があったことが責任要件であり，被害者は製
造物に欠陥があったこと，当該欠陥によって被害を被ったことを立証しなけれ
ばならない。そこで，欠陥とは何かが重要な問題となる。我が国の製造物責任
法は，「当該製造物が通常有すべき安全性を欠いていること」をもって欠陥で
あるとしており（2条2項），EU指令がその前文において「製造物の欠陥は，社
会全般が期待することができる程度の安全性を欠いていることによって決定さ
れるべきである」と規定しているところと同義であるといわれている。このよ
うな包括的，抽象的な定義は，多種多様な製造物の製造物責任に対応すること
ができ，多くの国が採用している反面，その具体的な意味は文言からは不明確
である。この点，米国第3次不法行為法リステイトメントは，①製造上の欠陥

（製造物がその意図された設計から逸脱しているという場合），②設計上の欠陥（合理的な代替設計を採用していれば安全であったはずであるという場合），③不適切な指示または警告に基づく欠陥（合理的な指示や警告を事前に施していれば安全であったはずであるという場合）という3類型を示している。さらに，それぞれの判断基準として，製造上の欠陥については標準逸脱基準（安全性に関する規格から外れていることをもって欠陥とするもの）を適用し，その他の欠陥については消費者期待基準（客観的に消費者が期待する安全性を欠いていることをもって欠陥とするもの），危険効用基準（危険性が効用を上回るときに欠陥があるとするもの）といった基準を適用するとしている（Restatement (Third) of Torts, Products Liability, §2 および同条の COMMENTS）。我が国の製造物責任法2条2項では，EU 指令6条1項を参考として，「当該製造物の特性，その通常予見される使用形態，その製造業者等が当該製造物を引き渡した時期その他の当該製造物に係る事情を考慮して」欠陥の有無を総合的に判断するとしているが，裁判実務においてはその具体的な判断にあたって上述の米国の判断基準が参考とされている。なお，EU 新指令7条2項は具体的に考慮すべき事情を9項目にわたり例示列挙して明確性を高めていることから，日本においても今後参考にされるのではないかと思われる。

　法令上，欠陥の定義や法的な意義については上述の通り抽象的，包括的なアプローチがとられており，個々の製造物について規定されているものではない。したがって，実際に製造物を市場に置くメーカー等の立場からすれば，欧米の法理に加えて輸出先国の法制度を踏まえた一種の自主的なルールなりガイドラインを策定し，その中で安全性確保のための基準を個別具体的に明確にしていくというアプローチが必要であると考えられる。

4　製造物責任を負う当事者（責任主体）　　　　　　　　　　　　　　　　［224］

　製造物責任を負うのは，メーカーや小売店だけとは限らない。たとえば我が国の場合には，中間流通業者も，メーカーと同視できる場合や，輸入者である場合には，製造物責任を負担する（製造物責任法2条3項。この点は，EU 指令と同様である）。製造物に氏名，商号，商標その他の符号を付して，自らがメーカーであるかのような表示をした者（表示製造者）は，それにより製造物の安全性に対する消費者の信頼を高めたのであるから，メーカーに準じて欠陥に責任を負うべきであるとされる。また，輸入者を対象としたのは，一国を単位としてみた

第 2 章　販売店・代理店契約

場合には，欠陥のある製造物を当該国の市場に最初に置いた源泉供給者であることからメーカーと同列に扱うべきであること，一般消費者が海外のメーカー等に対して損害賠償請求をすることは容易ではないこと，輸入業者は国外の製造業者に対して求償可能であること等から，政策的に加えられたものである。

　海外においても，製造者，表示製造者，輸入者を責任主体とするのは一般的であり，主な相違点は，中間流通業者も責任主体とするかどうかである。たとえば米国では，より広い範囲の相手方に対して訴訟を起こすことが認められており，ユーザーへの直接の売主ではないが，製造物の流通プロセスに介在する卸売業者等に対しても直接責任を問うことができる仕組みになっている（Restatement (Third) of Torts, Products Liability, §1, §20 および各条の COMMENTS を参照）。EU 新指令も新たに責任主体を "Economic Operator" として定義し，EU 域外国の製造事業者の場合にはその認定代理人か輸入者，域内に責任主体がいない場合には製品の保管・梱包・発送などを行う事業者，それもいない場合には販売店（distributor）といった順序で PL 責任を負うこととし，さらには製品を販売するオンラインプラットフォーム事業者・その管理する出店者などにまで広く網をかける仕組みとなった。

[225]　　5　免 責 事 由

　前述の通り，一般に製造物責任法制は製造物の欠陥に関し製造者等の無過失責任を要求するものであるが，あらゆる欠陥について例外なく責任を負わせるのは，産業の発展を阻害したり，当事者にとって酷であったりする場合もあることから，危険の引受けや製品の誤用・改造，寄与過失など一般的な抗弁のほかに例外的に免責となる場合が定められているのが通常である。各国の製造物責任法を概観してみると，この免責事由には，主に「開発危険の抗弁」，「部品・原材料製造業者の抗弁（設計指示の抗弁）」，「法令・行政取締基準遵守の抗弁」がある。

　開発危険の抗弁および部品・原材料製造業者の抗弁は，我が国の製造物責任法 4 条にも規定されており，前者については，「当該製造物をその製造業者等が引き渡した時における科学又は技術に関する知見によっては，当該製造物にその欠陥があることを認識することができなかったこと」（同条 1 号），後者については，「当該製造物が他の製造物の部品又は原材料として使用された場合

2-3 ［227］

において，その欠陥が専ら当該他の製造物の製造業者が行った設計に関する指示に従ったことにより生じ，かつ，その欠陥が生じたことにつき過失がないこと」（同条2号）を責任主体となる者が証明すれば，免責されることとされている。法令・行政取締基準遵守の抗弁とは，欠陥が法令等の定めた基準を遵守した結果として発生した場合に免責を認めるものである（たとえばEU新指令11条1項(d)など）。

　しかしながら，こういった種々の抗弁を認めるかどうかは国によって異なるので（たとえば，米国は法令・行政取締基準遵守の抗弁を認めておらず，そうした基準は安全性の最低限を定めるものにすぎないものと解されている），いずれの抗弁についても，また上述したもの以外の抗弁の有無や内容についても，個別具体的に輸出予定先国の法制度を調査，確認しておく必要がある。

6　損害賠償の対象・範囲
［226］

　我が国の製造物責任法は，「引き渡したものの欠陥により他人の生命，身体又は財産を侵害した」ことによって生じた損害が賠償されるべきことを原則とし（3条本文），但書で「その損害が当該製造物についてのみ生じたときは，この限りでない」と規定している。これは，一般の不法行為における準則に従って損害賠償の対象・範囲を決めるという趣旨であり，製造物の使用目的による限定（個人用，家庭用に限る等），請求主体による区別（自然人や消費者に限り，企業を対象としない等），損害の種類に着目した区別（人身損害に限り，物的損害は対象としない等）をしていない。また，賠償額の上限や下限を定めることもしていない。一方で，たとえば米国のように，製造物責任に関しても懲罰的損害賠償が認められる法制度をとっている国もある。したがって，我が国の製造物責任法に基づいて考えるのではなく，輸出先国ごとに，個別具体的に損害賠償の対象・範囲を把握し，予見性を高めておくことが重要である。

7　企業買収における承継者責任と製造物責任
［227］

　企業買収における売主と買主は，買収契約においてそれぞれが負担するリスクを明確に取り決めるが，米国法上，いわゆる承継者責任（Successor Liability）の法理により，売主に残されたはずの買収前の責任が買主に移転したとされる場合がある。

141

第2章　販売店・代理店契約

　合併の場合には包括承継であり，債務や責任は法により自動的に（automatically as a matter of law）移転する。買収の場合には，株式買収（stock acquisition）では被買収対象企業の債務や責任は当該企業に帰属したままで，株主には移転せず，また資産買収（asset acquisition）では，買収対象から除外された債務や責任は売主に帰属したままなので，いずれの場合にも買主が承継者になることはないのが原則である。しかし，場合によっては，衡平の観点等から，この原則の例外として買主に債務・責任を承継させるべきと裁判所，取締当局が判断する。このような承継者責任が問題となる典型例のひとつが，資産買収の場合における，製造物責任に基づく債務（strict liability in tort for defective products）であり，一定の場合には買主が売主の製造物責任を承継するとされている。たとえばニューヨーク州では，コモンロー上，以下の4つの場合には買主が売主の製造物責任を承継する：①買主が売主の債務を正式に引き受けた場合；②債権者を害することを目的とした取引である場合；③実質的な合併である場合；④買主が実質的に売主と同一である場合。これに対し，カリフォルニア州では，さらに⑤製造事業を買収した買主が同種製品を製造している場合に，買主は売主が製造し販売した同種製品について製造物責任を引き受けたものとされる場合がある（"product line" exception）。複数の州法の適用が考えられるケースでは，企業，とりわけ deep pocket とみられがちな日系企業としては，保守的なアプローチ，すなわちもっとも厳しいものに合わせるという実務対応を基本とせざるをえないであろう。したがって，製造業の買収については，この視点から，既存製品の安全性等を含む製造物責任に関するデュー・ディリジェンスを実施し，買収契約において承継した製造物責任に基づく支払を売主による補償対象とする旨を定めることに加え，買収後の統合作業（post-acquisition integration）におけるリスクの顕在化対策ないし再発防止策を速やかに行うことが必要になる（責任保険の付保も選択肢のひとつである）。

●●本事例の考え方●●

[228]　自社の製品を海外に輸出する場合には，国内同様，安全性を最優先することは論を俟たないが，企業としては万一の場合に備えることも必要である。輸出先国の法令が適用されうるという前提に立って，関係国の製造物責任に関する

法制度や判例動向を予防的に調査・把握し，法的リスクを正しく確定するとともに，社内報告制度やリコール体制を含む適切な危機対応プログラムの制定，製造物責任保険の適切な付保，現地専門弁護士の確保などの対策をあらかじめとっておくことが肝要であろう。

　本事例では，過熱の原因は未だ不明ではあるが，変圧器の安定装置不良，または現地の電圧不安定が過大となったことが原因で回線が過電流により焼損した可能性がある。当社としては，まずは被害者の救済や同様の事故発生防止を最優先として対応に万全を期す必要がある。その一方で，訴訟防御を念頭に，N国のPL法や不法行為法上，当社が責任主体となりうるのか，責任主体になるとしてどのような法的責任を負うかの分析とともに，客観的な第三者を起用しての証拠保全と原因調査も急務である。たとえば開発危険の抗弁など，各種の抗弁が主張できないかどうかも検討し，材料をそろえていくことになろう。この場合，対応当初からPLを専門分野とする弁護士を起用することに加え，ワーストケースシナリオを念頭に置いた危機対応（→事例5-7-3参照）を開始することも検討する。販売店への対応に関しては，販売店契約上，損害担保の特約（後述）をしているかどうかや，製造物責任保険の付保状況（販売店として付保しているかどうか，当社が付保した保険の被保険者となっているかどうかなど）の確認，約款に従った保険会社への適時の通知も必要である。

　また，製品を流通に置くが非製造者である買主（本事例であれば輸入者・販売店であるX社）としては，売り先である病院やCare Oneが使用される患者からのクレームについて，売主である当社に全てリスクヘッジしたいと考えるだろう。しかし，ここで，仮に当社とX社間の売買契約の準拠法上，製品の契約不適合に関する売主の責任期間が引渡しから6か月であるとして，病院への引渡しから7か月後にCare Oneの隠れた欠陥による本件過熱事故が生じた，という場合を想定してみると，準拠法上の上記責任期間を徒過しているためX社は患者や病院に対する責任を当社に法律上ヘッジできないことになりそうである。そこでX社の立場からは，上記のような事態も想定し，売買契約において，売買目的物に関して製造物責任の問題が提起された場合や，売買目的物の性質，欠陥または安全性の欠如により第三者に損害や紛争が発生した場合には，売主である当社が自己の費用と責任によりその紛争を解決するとともに，X社が被った損害を補填するといった趣旨の特約（法的には一種の損害担保，

第 2 章　販売店・代理店契約

indemnification の約定であると考えられる）を置くことが，予防法務的には望ましいであろう。このような特約は，実務的にも販売店契約書等でよく見かける条項である。

[229]

> 【事例 2-4】X 社が不正行為を行っているとの情報が！
> 　独占的販売店契約を締結して約半年間，N 国内で国有の介護・リハビリ施設や専門病院が増加したこともあり，X 社は順調に Care One の販売を伸ばしていった。ところが，ある日，X 社が，有力顧客のひとつである N 国ナショナル高齢者介護センターの幹部に対して贈賄等の不正行為を行っているとの内部告発があった，との現地新聞報道がなされた。

[230]

2-4-1　不正行為に関する報道があった際の初動対応

　不正行為は Care One の取引に関わるものであるとの報道はなく，現地でも騒ぎにはなっていないようなので，営業部としては，基本的にはこのまま X 社との取引を継続したいとしており，あえて詮索せずとも人の噂も 75 日であると言っている。法務部員であるあなたは，どのように対応すべきだろうか。

着眼点

　新規マーケットに進出する方法として，販売店や代理店（以下「代理店等」という）などの第三者を起用することは一般的であるが，実は相当数の贈賄行為が代理店等経由で行われているといわれるほど，代理店等は不正行為の温床，手段になりやすい。

　法務・コンプライアンス部門としては，その起用にあたっての審査体制の確立，日常的なモニタリングが重要であるが（→事例 2-1-3），実際に不正行為のおそれが生じたときはどういった対応をすべきだろうか。

ポイント解説

[231]

自社の危機として迅速に対応すること

　企業活動のグローバル化に伴う法務リスクのひとつとして，独禁法や環境法対応と並んで外国公務員や民間企業に対する贈賄の問題が指摘されている。ここ数年，欧米を始めとする先進国のグローバル企業が発展途上国の公務員等に対して贈賄を行い，特に米国や欧州で，巨額の罰金を支払ったり，役職員が刑事罰を受けたりする事例が少なからず報道されており，関係当局による海外腐敗行為禁止法令のエンフォースメントが日ごとに厳しくなっていることが窺える。

144

2-4-1 [232]

　企業としては，自社のみならずグループ企業や代理店等の関係者による不正行為の予防が重要であることはいうまでもないが，不正行為の早期発見や，不正行為があった際の初動対応も極めて重要である。そうした観点からは，自社の代理店等について不正行為があったらしいとの情報に接した場合には，自社とは関係ないことだろうと楽観的に考えるのではなく，自社に関する不正行為の存在を示しうる重要な情報であると受け止めて，迅速・適切に調査・対応等を行うことが肝要である。

　特に，国際的な取引との関係では，日本では大したことがないと思われる事態であっても，関係国の法令や法執行，宗教，国民感情等から，重大な事態として扱われることもありうる。こうした日本と関係国との間の違いを看過あるいは過小評価したために，後になって厳格な処罰を受けることとなった例も存在する。速やかに信頼できる現地の専門家に相談し，グローバルな視野をもって，迅速な対応をとることが重要である。

●●本事例の考え方●●

　本事例のような新聞報道は，企業にとって自社が不正行為に関わっているか　[232]もしれないという危機（パブリック・クライシス）の徴候を察知する重要な情報であり，決して放置してはいけない（→事例5-7-3 [559]）。この情報から直ちに連想すべきことは，自社関係の案件について類似の不正行為が行われていないかということであり，楽観的な見方に惑わされることなく，迅速な事実関係の確認が必要である。

　具体的には，X社との販売店契約に基づき，報道された事案に関する説明や自社関係の業務遂行状況の報告を求めたり，監査権を行使して実際に関係者からのヒアリングや帳簿記録閲覧その他の内部調査を行う。この調査は法務・コンプライアンス部門が中心となり，秘密保持に万全を期しながら進めるべきである。また，X社の調査にとどまらず，必要な場合は現地弁護士・会計士や調査会社を起用して，報道された事案についての詳細な情報収集，当局の動きその他の情勢分析を行うことも考えられる。関係国法上弁護士と依頼者との間のやりとりについて秘匿特権（attorney-client privilege）が認められている場合には，そうした秘匿特権の確保も大切である。

145

第 2 章　販売店・代理店契約

[233]　　　2-4-2　Ｎ国の厚生省に対する接待攻勢が発覚
　　　　　Ｘ社に対するヒアリングや監査権を行使しての内部調査を行った結果，同社がＮ国保健省の介護・リハビリ事業担当部署の幹部数名と，Ｎ国ナショナル高齢者介護センターの幹部に対して，たびたび接待を行っていることが判明した。その費用は当社からの経費によって賄われたようであり，当社から中堅幹部や担当者が同席することもあったようであるが，これまで特に報告は受けておらず，当社内部でも通常の販売促進費用として会計処理されていた。どのように対応すべきだろうか。

着眼点

　　接待が不可避な場合や慣習としてやむをえない場合であっても，それが野放しとならないように，全社的に有効な審査・管理体制を整備することが必須である。また，実際に接待が賄賂であると疑われるような場合には，迅速な事実関係の精査と適切な当局対応および危機対応が重要である。

▪▪ ポイント解説 ▪▪

[234]　　1　外国公務員に対する賄賂提供禁止の法的枠組み
　　外国公務員に対する贈賄を禁止する国際的な枠組みとしては，ロッキード事件を契機として 1977 年に Foreign Corrupt Practices Act（FCPA）を制定していた米国が主導し，OECD において 1997 年 12 月に成立した「国際商取引における外国公務員に対する贈賄の防止に関する条約」が成立，1999 年に発効している。この条約（OECD 外国公務員贈賄防止条約）は，不当な利益の取得・維持のために外国公務員等に対して金銭その他の不当な利益を申し出，約束しまたは供与することを，締約国の国内法において犯罪とすることを求めており（1条），これを受けて，日本もその実施のために不正競争防止法を改正した（同法18条）。OECD 外国公務員贈賄防止条約の遵守状況をモニタリングしているOECD 贈賄作業部会は，外国公務員贈賄罪による摘発を積極的に行うよう加盟国に求めており，これまで摘発が積極的でないと非難されてきた日本でも，同法に基づきいくつかの事案の摘発がなされている。なお，2003 年には，国連において，腐敗の防止に関する国連条約が採択されている。OECD 外国公務員贈賄防止条約の加盟国が先進国中心である一方，多くの発展途上国はこの国連腐敗防止条約に加盟しているが，その主旨は基本的に同一である。

146

2-4-2 [235]

　不正競争防止法 18 条では，外国公務員に対し，国際的な商取引に関して，営業上の不正の利益を得るため，職務に関する行為をさせ，もしくは，させないことを目的として，金銭その他の利益の供与またはその申込みもしくは約束をすることが禁止されている。ここで外国公務員とは，外国政府・地方公共団体・国際機関の公務に従事する者のみならず，これらの機関から公的な権限を委任されて事務を行う者を含む。営業上の不正の利益を得るための利益供与とは，たとえば，入札価格を聞き出すとか，工場設置の許可を受けるために利益を供与することをいう。外国公務員等への供与が禁止される利益は，当該外国の法令等で禁止されているものをいい，当該国の法令や判例で認められている利益はこれにはあたらない。現に利益を供与しなくても，利益の供与を申込みまたは約束するだけで違法である。

　不正競争防止法 18 条に違反して賄賂を渡した個人は，10 年以下の懲役もしくは 3000 万円以下の罰金に処され，またはこれが併科される (21 条 4 項等)。この犯罪については 21 条 10 項により，刑法 3 条の例に従うこと，すなわち，属人主義 (→ [535]) により日本人の国外犯 (たとえば企業の現地駐在員) が処罰されることとされているのに加え，21 条 11 項により，日本企業の外国人従業員が日本国外で行った行為についても適用される。また，22 条 1 項により，行為者個人のみならず違反行為をした法人の代表者等に対し上記罰金刑が科されるほか，法人に対しても 10 億円以下の罰金刑を科す両罰規定も設けられている。

　もちろん，国際的に事業展開を行う日本企業は日本の不正競争防止法だけを気にしていればすむわけではない。FCPA は，米国で一定の証券を発行する法人およびその役職員による行為をその対象としており，そこには，もちろん米国で一定の証券発行を行う日本企業も含まれる。また，証券を発行していなくても，米国の企業と Email で通信したり，米ドルでの賄賂支払を行っただけでも対象とされることがある。法人を対象とした FCPA に基づく米国での摘発も多く，その国籍も日本を含め様々である。FCPA との関係では，会社が直接贈賄行為に関わっている場合はもちろん，第三者である代理店等が贈賄を行った場合であっても，それがもし起用者側の明示，黙示の容認により行われたものであるときは，いわゆる agency theory が適用され，代理関係における本人にあたる起用者側も処罰対象となる。贈賄が行われる高い可能性を示す状

[235]

147

第 2 章　販売店・代理店契約

況がありながら，これを意識的に無視ないし見て見ぬふりをした結果として行われたものである場合（代理店等への手数料や経費が外国公務員に賄賂として供与されることを「知りながら」〔"knowingly"〕支払った場合）も同様である。また，親会社が米国証券法上の証券発行者（issuer）であると（注：日本企業の場合も ADR: American Depositary Receipt〔米国預託証券〕を発行し米国市場に上場している場合，この issuer となる），仮に贈賄の意図がなかった場合でも，本事例のように，贈賄に用いられた代理店等や子会社への費用の支出が親会社の会計帳簿上適切に記載されなかったことにより，FCPA の会計条項による責任の遡上（roll-up）や内部統制条項違反となるリスクもある。さらに，仮に証券発行者ではないとしても，子会社自身が FCPA 違反によって訴追されることになり，結果として親会社のレピュテーションの毀損のみならず，子会社による多額の罰金支払による企業価値の毀損や，親会社から派遣されている取締役の個人責任の問題も生じうる。管轄当局である米国司法省は，2020 年 7 月公表の FCPA ガイド第 2 版において，効果的なコンプライアンスプログラムを策定していたことや，自発的に犯罪を開示したことなどを，罰則軽減の重要な考慮要素としている（→事例 5-3-2［500］も参照）。

[236]　一方，英国も，近代的な贈賄禁止法として Bribery Act 2010 を 2011 年 7 月 1 日から施行し，摘発を押し進める姿勢を明確にした。Bribery Act と FCPA には，次のような重要な相違があり，注意を要する。① FCPA は外国公務員に対する贈賄のみを対象とするが，Bribery Act では，贈賄に加えて収賄も処罰対象となり，加えて，民間人に関する贈収賄も対象となる（いわゆる商業賄賂，Commercial Bribery →事例 5-6-1 で扱う）。② FCPA のような会計条項，内部統制条項はないが，英国法人および英国で事業の一部を行う法人は，当該法人の関係者が行った贈賄を防止できなかったことについて厳格責任を問われる可能性がある（汚職防止措置懈怠罪）。③ FCPA はいわゆる Facilitation Payment（本来であれば得られるべき非裁量的な行政サービスを円滑に得るために行う少額の支払）を許容しているが，Bribery Act はこれを認めていない。

[237]　**2　贈賄防止のための審査・管理体制の整備**

グローバル市場に展開する企業にとっては，贈賄防止のためのグローバル・スタンダードに適った内部統制システムを構築することが必須である。具体的

には，企業トップが贈賄行為を許容しないという明確なメッセージを継続的に発信するほか，贈賄禁止法遵守プログラムとして，法令遵守の確保に責任をもつ部署の確定，接待や贈答に関する規定を含む役職員行動規範や指針の整備，社内研修，接待や贈答に関する社内許可取得プロセスの導入といった制度構築が必要である。さらに，プログラムは実際に有効に運用されていなければならず，杜撰な運用はそれ自体が糾弾や訴追の原因にもなりかねない。そこで，コンプライアンス部門等による定期的な社内監査により，現場における問題の芽を早期に摘み取っておくことが望ましい。一方で，適切な接遇を行う営業部門等の負荷の軽減，社内手続の迅速性の確保のため，権限委譲を軸とした社内手続の合理化，申請のフォーマット化や審査基準の明示など，申請しやすいシステム作りも重要であろう。なお，2024 年 2 月に改訂された経済産業省の「外国公務員贈賄防止指針」は，制度概要の理解とともに，このような内部統制システムの構築にあたって参考となる。

　本事例のような代理店等経由の外国公務員への贈賄は，現在は大きな問題として認識されている。かつては，代理店等の情報収集のやり方などを知る必要はなく，むしろ知らないほうが不正行為に巻き込まれずによい，代理店はとにかく有益な情報を持ってくればよい，という考え方も企業にはあったと思われるが，これでは企業と実質同一視されやすい代理店等の不正行為に対するFCPA などの法的責任を免れることは難しい。代理店等の起用後も，実際の業務遂行状況をモニタリングし，高額な経費の支出についてはその目的や使途，送金先の確認（特に Tax Haven などの第三国への送金要請には注意）など，実際の出金を担当する経理部門と連携して不正行為の防止を図っていく必要がある。

Column　腐敗認識指数とは

　「腐敗認識指数」（Corruption Perceptions Index, CPI）とは，腐敗，特に汚職に対して取り組む国際的な非政府組織であるトランスペアレンシー・インターナショナル（Transparency International, TI）が，世界各国の公的セクターの腐敗状況を世界銀行など各種のデータ・要素から点数化したもので，国別のランキングとともに毎年発表されている。ランキング上位には主に北欧諸国が並び，2023 年のランキングでは，アジアの国・地域ではシンガポールが全 176 か国・地域中の 5 位でトップ，これに香港が 14 位，日本が 16 位で続く。最下位はソマリアである。その他の国のランキングなど詳細については TI のウェブサイ

第2章　販売店・代理店契約

トを参照されたい。

　この指数は，あくまでNGOであるTIが独自にデータ化し発表しているものにすぎないが，ビジネスの世界ではよく知られたデータであり，多くの企業や機関が様々な形で参考にしているといわれている。腐敗認識指数が高い国であるほど，腐敗，汚職をリーガルリスクとして適切に認識し，事業活動を展開するにあたってはコンプライアンス体制の強化などの対策をとって慎重に進める必要がある。

●●本事例の考え方●●

[239]　本事例でとりあえず判明している事実関係は，①当社社員がN国公務員と思われる複数の者に対して複数回にわたる接待を行っていること，②その費用は当社が負担しており，社内的には通常の販売促進費用として会計処理されていたことの2点であるが，実際に違法といえるような行為があったのかどうか，まずは法務・コンプライアンス部門が中心となって，必要であれば，専門家の助力も得ながら，事実関係の詳細な確認を速やかに行うべきである。

　具体的には，N国ナショナル高齢者介護センターはいかなる法的位置付けの組織か，接待の相手方の職責（ポジション）や職務は何か，接待の状況や趣旨がどのようなものであったか，何らかの請託があったのかどうか，接待はどのようなタイミングで行われたのか（たとえばプロジェクトの入札前や受注直前など，不正な意図を窺わせるようなタイミングではなかったか），金品その他の贈答や利益の供与はなかったかなどを，関係者から詳細にわたってヒアリングするとともに，関係書類や電子的データを確保し，精査する。こういった調査を行う場合，attorney-client privilege の確保や秘密保持の観点から社外弁護士等の専門家を起用して実施することや，経費支払状況の精査のため社内の関係部署（出納・会計部門等）の協力を得ることなども当然必要になるだろう。

　このようにして得られた事実関係を分析した結果，違法行為があったと認定された場合には，次のステップとして，現地規制当局や，FCPAの適用がある場合には米国司法省への自主的な報告を検討する必要がある（なお，米国司法省は，上記ガイドで迅速な違反報告を推奨している）。さらに，そのような不正行為が公になることを想定し，危機対応の一環としてメディア対応を検討する必要もある。このメディア対応を含む危機対応一般については後述する（→事例5-7-3）。

2-5-1　[242]

> **【事例2-5】販売店契約の打切り**　　　　　　　　　　　　　　　　　[240]
>
> 　X社による公務員接待については，X社内の精査を行った結果，犯罪性
> のないことが確認された。また，これを機に，X社では社内規程を制定し，
> 経理システムとも連携して，今後は疑わしい接待は行わないような社内体
> 制の構築が完成したので，今後とも当社の販売店として起用を継続するこ
> ととした（当社内でも，同様に社内規程の見直しと，経理システムの見直しを
> 行った）。
>
> 　一方，Y社については，販売業績が思わしくないので，同社との契約は
> 打ち切り，他の販売店を起用したいという営業部からの相談があった。

2-5-1　販売店契約の打切りに関する問題点　　　　　　　　　　　　　[241]

　X社の販売実績が好調であるのに比べて，Y社の販売状況は不振である。X
社の販売地域には首都を始め都市部が多いのに比べ，Y社の販売地域には未だ
発展途上の地域が多く，介護施設も少ないという構造的な問題はあるが，Y社
には販売拡大のためのアイデアもなく，このままでは最低取扱数量の達成は難
しいと思われる。また，Y社は，Care Oneの販売に興味を失っており，最近
は他の医療機器の販売にリソースを割いているという情報もある。そこで，で
きるだけ早くY社との契約を解消し，他の販売店を起用したいとの営業部か
らの相談があった。さらに，この2，3年のうちに当社として現地販売会社を
設立する方針であり，その場合はX社との合弁形態を考えているので，将来
競合の可能性もあるY社との関係は整理しておく必要があるという。同社と
の契約期間は1年で，1度更新しており，まだ，半年の期間を残している。
法務部員であるあなたは，何を検討し，どう営業部にアドバイスするか。

着眼点

　代理店，販売店との取引を打ち切る場合，日本では継続的取引の解除の可否という
論点が生じうるが，同じような問題はないか，また，国内の代理店，販売店を保護す
る法律が定められていないか，等を確認する必要がある。

■■ ポイント解説 ■■

代理店・販売店契約を終了させる方法としては，一般的に次の方法がある。

1　契約期間満了による終了　　　　　　　　　　　　　　　　　　　　　[242]

　通常，代理店・販売店契約を締結する場合には，契約の期間・更新条件を定
める「契約期間条項」を置く。次のようなものが一般的である。

151

第 2 章　販売店・代理店契約

「本契約の有効期間は，20 ○○年○月○日から[1]年間とする。ただし，契約当事者の一方，もしくは双方より，期限到来の[3]か月前までに契約更新拒絶の旨の書面による通知がなされない場合，本契約はさらに[1]年間自動更新され，以下もこれを繰り返す。」

　契約期間満了による終了は，このような契約期間条項に基づき行われるものである。この条項があれば，それに則り，事前に更新拒絶通知を送れば，解除が可能となる。

　ただしここで注意すべきは，この例のように自動更新条項があり，何もせずに契約が長年にわたって更新され続けている場合，準拠法によっては，「継続的取引」とみなされ，契約条項通りの解約が制限される場合もありうることである。また，契約準拠法のいかんにかかわらず適用される強行規定として，代理店や販売店を保護するための特別の法制が設けられている国も少なくない（代理店保護法制については，→［256］以下を参照）。したがって，あらかじめ，関係国法に詳しい弁護士などに確認しておくことが必要となる。特に「代理店・販売店保護法制」が厳しい国においては，たった一度更新しただけで，「期限のない契約」とされてしまう場合もあるので注意が必要である（代理店・販売店保護法制については→事例 2-5-3）。

[243]　**2　中途解除条項による終了**

　契約期間が長く残っていたり，とにかくすぐにでも解除したいという場合は，契約期間中であっても解除することができる場合について定める「中途解除条項」に頼ることになる。

[244]　**(1)　相手方の契約違反，信用不安による解除**

　中途解除の条項として，もっとも一般的なのは，相手方が契約違反をした場合など，契約を継続し難いと思われる状態になった時に，もう一方の当事者が契約を解除できるとするものである。文面としては和文でいうと以下のようなものである。

　　　本契約当事者は，相手方が次の各号の一に該当した場合，相手方に対する書

152

面による通知により，本契約を解除することができる。当該解除は相手方に対する損害賠償の請求を妨げない。

① 本契約に違反し，これを治癒することを求める書面による通知を受けてから［30］日以上経過しても違反が治癒されない場合。

② 相手方が当該国の破産法，事業再生関連法等の適用を受けることとなった場合。その他，信用不安の場合。

③ 相手方が事業を取りやめた場合。

(2) 営業成績不振による解除 [245]

契約違反があった場合に，契約を中途解除できるというのは，当たり前のことだが，代理店・販売店の営業成績がよくない場合にも，契約を解除できるようにしたいとするのであれば，売上目標金額を明確に定めて，これに到達しない場合を，契約違反とする必要がある。ただし，契約違反という表現は，相手方も嫌がる場合が多いので，中途解除条項を2通りに分けて，「契約違反」ではないが「中途解除ができる事項」として，契約違反の場合と解除の際の条件を変える（たとえば，損害賠償請求はしないなど）というのもひとつの方法である。

(3) 商品の販売停止による解除 [246]

一方，代理店・販売店は全然悪くないのだが，対象となっている商品が製造中止となった場合などは解除せざるをえない。このような場合についても，後日の紛争を避ける意味で，中途解除条項の中に規定しておくことが望ましい。

(4) 自由解約権 [247]

契約によっては，いつでも自由に一定期間（3か月など）の通知により，どちらからでも契約解除することができるという条項が入っていることがある。このような条項は，代理店・販売店側に不利である場合が多く，国によっては，自由解約権が制限される可能性が十分あるので，やはり，関係国法に詳しい弁護士に確認する必要がある。

3 契約準拠法のルールに依拠した終了 [248]

契約書の中に「中途解除条項」がない場合でも，契約準拠法における契約解除に関するルールに基づいて解除することができる場合もある。たとえば，契

第2章　販売店・代理店契約

約準拠法に相手方が債務を履行しない場合に解除できるといったようなルールがあれば，代理店等が全く販売活動をしていなかったような場合には，「そもそも販売店としての義務を全く果たしていない」として，債務不履行を理由とする契約解除が可能となることも考えられる。

●●本事例の考え方●●

[249]　　まずは，Ｙ社との販売店契約の内容を確認し，どのような場合に契約を解除できると規定されているか，そうした規定に照らして契約解除が可能な事実はあるかを検討する。

　　仮に，契約の文言上は契約解除ができそうな場合であっても，契約準拠法やＮ国法上，解除権の行使を制限するようなルールや，契約解除を禁止したり制限したりする代理店・販売店保護法制が存在する場合には，そうしたルールや法制との関係も検討する必要がある。

　　代理店・販売店契約を終了させることは，日本国内でもなかなか難しいが，海外となると関係国の「代理店・販売店保護法制」などにより，契約解除が非常に制限される場合がありうる。これは契約を終了させたいと思ってから契約書を読み返してももう遅い。必ず，契約締結の段階で，どのような場合にどのようにして解除することができるのかということを確認し，営業部にもビジネス上のリスク要因のひとつとして理解しておいてもらうことが必要である。

[250]　　**2-5-2　販売店からの損害賠償請求**

　　Ｙ社に対して，販売不振を理由に契約終了の意向を打診したところ，同社からは，①販売不振はマーケット事情によるものであるし，1年目も最低取扱数量未達成だったが当社からは特にクレームは受けていない。販売数量が伸びないのはＹ社の責任ではなく，これからが正念場だと考え販促に注力しているところであった，②Ｙ社としては，介護機器という新しい分野の販売促進のため，多額の設備投資や販売要員を投入した。もし当社との契約を打ち切られる場合，設備は廃棄し，要員も基本的に解雇することになるので，そのためのコストは当社に負担してもらいたい，③さらに，1年分の利益相当額を補償金として請求したい，との回答があった。

154

2-5-2 ［251］

着眼点

　代理店，販売店との取引を打ち切る場合，合意解除であっても何らかの金銭的な精算が生じることは通常であり，特に，相手方が解除に反対している場合は，損害賠償請求に発展することも多い。どのような点に注意すればよいのか。

▚▚▚ ポイント解説 ▚▚▚

1　発生した解除事由の取扱い　　　　　　　　　　　　　　　　　　　［251］

　契約で解除事由が定められており，契約の解除権が発生するような事実が相手方に生じたにもかかわらず，速やかに契約を解除しなかった場合，後になって解除権を行使しようとしても，相手方から，「解除権を放棄した以上，今になって解除権を行使することはできない」との主張がなされることがある。

　契約解除事由が生じたからといって，直ちに契約を解除する必要はなく，契約を継続して状況の改善に期待するほうが合理的である場合も多く，解除権を速やかに行使しないこと自体が悪いわけではない。しかし，その場合，もし解除権を留保しつつ，当面は様子をみるというのが企業としての判断なのであれば，相手方との関係でも，直ちに解除権を行使しないことは解除権の放棄を意味しないことを明確にしておくべきである。

　日本人のメンタリティーとしては，契約を継続する際にあまり相手の嫌がるようなことは言いたくないという気持ちはわからなくはないが，将来的に契約解除がありうるのであれば，「未達は未達なので契約違反です。すぐに契約解除はしませんが，いつでも契約解除できるよう解除権は留保します」もしくは「今年は契約解除いたしませんが，今後，未達の場合には，あらためて契約解除することを検討します」ということは，クールに言っておかないと，後から蒸し返すのは難しいと思ったほうがよい。

　この点に関して，契約中に"No Waiver"と題する条項が置かれ，当事者が権利を行使しないことは権利放棄と解釈されてはならない旨が規定されることもある。こうした条項がある場合であっても，相手方に誤った期待を抱かせないよう，解除権を留保するのであれば留保する旨を伝えるべきである。

155

第 2 章　販売店・代理店契約

[252]　　**2　契約終了時の費用精算事項**

　一般的に，期間満了による契約終了の場合も，契約違反による中途解除の場合も，次のような費用の精算について取り決める必要が出てくる。実際に，契約終了に直面してからでは，もめることが多いので，できれば，あらかじめ金額の計算方法や，支払方法を決めておいたほうがいい。

　　①　在庫品の処分方法，費用の負担
　　②　スペアパーツの供給責任，費用の負担，期間
　　③　アフターサービス提供責任，費用の負担，期間
　　④　すでに支出した広告宣伝費・販売経費の負担

　たとえば，④の販売促進のための費用の精算は，契約期間途中で解除する場合には，ほとんど必ずといっていいほど問題となるものであるので，契約期間中から代理店・販売店と協議し，金額・資金使途などの内容を確認しておく必要がある。

[253]　　**3　競合製品取扱禁止条項の取扱い**

　契約では代理店等が契約期間中に競合製品を取り扱うことを禁止する旨を規定することが多く，関係国の競争法上も，一定の範囲で競合製品の取扱禁止を代理店等に義務付けることが許される場合が多い。一方，契約期間終了後については，契約でそのような義務について定めていないことも多い。しかしながら，契約期間終了後直ちに競合製品の取扱いが許されるということになると，売主本人が代理店等とともに苦労して築き上げた販路をそのまま使って，ライバル会社の競合製品が流通していくということになってしまう。そこで，売主本人としては，契約期間終了後についてもある程度の期間については，競合製品取扱禁止の義務を延長させたいということになる。このように，契約期間終了後についても競合製品の取扱いを禁止することについては，競争法上の制限が契約期間中よりも厳しくなるが，全く認められないというわけではないので，検討してみる価値はある（たとえば，European Commission Notice: Guidelines on Vertical Restraints（2022/C 248/01）6.2.2. においては，最長1年までは，このような義務を認める場合があるとしている）。

156

4　得べかりし利益（Loss of Profit）の損害賠償　　　　　　　　　　　　[254]

　代理店・販売店契約を不当に解除した場合，日本法においても，一定期間の得べかりし利益を損害賠償として認める判例が存在する。代理店・販売店側から見れば，それまでの販売努力により，やっと期待していたような利益が出てくると思われた矢先に，理不尽に契約解除されてしまったような場合について保護してもらいたいと思うのはある程度理解できる話である。他方で，売主本人の側からすると，契約違反による契約解除や期間満了による契約終了のような場合までその後の期間の得べかりし利益の支払を期待利益として支払わなければならないとするのは釈然としないので，できるだけそのような可能性は排除しておきたいということになるだろう。たとえば売主本人の視点からは，契約書に「契約解除した場合には，その後の期間について得べかりし利益の支払は行わない」という趣旨の条項を入れておくことが考えられる。

　ただし，契約準拠法上，そのような規定は無効とされる可能性があるし，後述する「代理店・販売店保護法制」が適用される場合にも，そうした条項の効力が否定される可能性がある（特に，代理店・販売店側に非がないのに期中解除された場合など）。なお，売主本人側が日頃から販売店・代理店と将来的な利益予想についてよく話し合って記録にとっていれば，契約解除の段階になって法外な予想利益などを請求されるといった事態を回避しやすくなるだろう。

●●本事例の考え方●●

　本事例では，Y社の販売不振により，1年目は，「最低取扱数量未達」であっ　[255]
た，となっている。もし，契約の中で最低取扱数量未達が契約違反である旨規定されており，当社に解除権が発生していたのであれば，当社としては，この解除権を留保しておくべきであった。Y社の主張通り，最低取扱数量未達について，何もクレームせずに契約を更新していたのであれば，それは契約の解除権を放棄したと思われてもやむをえない。

　当社の対応は，Y社に契約違反があったと認められるか否かで異なる。契約違反ということになれば，「1年分の利益相当額」という請求については，全く受け付けない方向で交渉することとなるし，設備の廃棄や従業員解雇の費用についても，基本的にはY社が負担するよう求めていくこととなるだろう。

第 2 章　販売店・代理店契約

一方，Ｙ社に契約違反があったとはいえないということであれば，Ｙ社との合意解除が前提となるので，設備の廃棄や従業員解雇の費用，そして，1 年分の利益相当額についても，ある程度当社で負担せざるをえないであろう。特に「代理店・販売店保護法制」が強い国においては，かなり厳しい要求を突き付けられることを覚悟しなければならない。

　そして，そのような費用を支払うぐらいであれば，あと半年の契約期間を全うして，その時点で契約が終了するような方法を考えるほうが合理的であるという場合も考えられる。

[256]　　　**2-5-3　代理店・販売店保護法制**
　　　Ｙ社との設備廃棄・従業員解雇費用負担および利益補償の交渉はなかなか終結しそうにない。交渉中はＹ社もあまり真面目に働くとも思えないので，とりあえず，契約解除を先行し，新しい販売店を起用したうえで，Ｙ社との費用負担・利益補償の交渉はじっくりと行うこととしたい。
　　　一方，Ｙ社との契約の際に，「Ｎ国においては，販売店保護法により販売店を起用するには当局への登録が必要」とＹ社から説明があり登録をしている。Ｎ国の弁護士によれば，新しい販売店の登録には，Ｙ社の登録が抹消される必要があり，登録抹消には，Ｙ社の協力が必要とのことである。今さらそんなことを言われても困るのだが，販売店保護法とはどのようなものなのだろうか。

着眼点

　代理店・販売店保護法制の概要と注意点を理解する。

■■ ポイント解説 ■■

[257]　　外国の販売店・代理店等を起用する際に注意しなければいけないものに，いわゆる「代理店・販売店保護法」がある。主に中南米，中東，EU などの国々に見られるものであるが，同様の制度を立法もしくは判例法により確立している他の地域の国もあると思われるので，必ず現地法に詳しい法律事務所に相談することが必要である。

[258]　　**1　一般的な規制**
　代理店・販売店保護法規によくある規定は，次のようなものである。

158

2-5-3　[260]

① 当該国内の商行為を自国民・自国企業に限定している。
② 代理店・販売店を起用する場合には，当局への登録が必要である。
③ 契約の解除に際しては，予告期間を設けなければならないなどの制限がある。
④ 契約解除・契約更新拒否に際して，一定期間（たとえば1年分）の手数料額等に相当する補償を代理店・販売店に支払うことを義務付けたり，契約解除の結果として代理店・販売店が被る損害の賠償を義務付けたりする。

　具体的な内容は各国によって異なり，代理店は保護するものの販売店は保護しないといった法制の国もある。

2　各国の代理店保護法制　　　　　　　　　　　　　　　　　　[259]

次に，いくつかの国の代理店保護法制の状況をみておくこととしたい。

① ブラジル

代理店保護に係る主な法令としては，以下の法令が存在する。

　　・販売代理法（1965年12月9日付法令4,886号）
　　・民法10,406号710条〜721条（2002年1月10日付）

　このようなブラジルの代理店保護法制の特徴としては，以下のような点があげられる。

　　・最初は1年間などの限定期間の契約としていた場合でも，これを一度更新すると，以降は不確定期限の契約となる（販売代理法27条2項）。
　　・不確定期限の契約となると，正当な理由なく解除された場合は，直近3か月に得られたコミッションの3分の1を支払う必要がある（同34条）。
（参考，JETRO資料〔https://www.jetro.go.jp/ext_images/jfile/report/07001108/agency_brazil.pdf〕）

② サウジアラビア　　　　　　　　　　　　　　　　　　　　　[260]

代理店・販売店保護に係る主な法令としては，以下の法令が存在する。
　　・商業代理店法（ヒジュラ暦1382年2月20日〔西暦1962年7月22日〕）
　　・商業代理店法施行規則（ヒジュラ暦1401年5月24日〔西暦1981年3月31日〕）

　このようなサウジアラビアの代理店保護法制の特徴としては，以下のような点があげられる。

159

第2章　販売店・代理店契約

- 代理店・販売店は，当局に登録しなければ活動することができない（代理店法3条）。
- 本法は，事業を行うために，製造者またはその本国における代理人と契約を締結する全ての者に適用される。エージェントまたはディストリビューターのどちらの形態もとることができる。（施行規則1条）
- 運用上，契約終了に関して代理店・販売店と紛争が生じていると，代理店・販売店の抹消申請と新しい代理店・販売店の登録申請が受け付けられない（つまり，いったん代理店・販売店として登録してしまうと，その登録を双方合意のうえ，抹消しなければ，新しい代理店・販売店の登録は実務上難しい）。

（参考，JETRO資料〔https://www.jetro.go.jp/ext_images/world/middle_east/sa/law/agency/article.pdf〕）

[261]　③　EU・英国

EUでは，The Commercial Agents Directive（Council Directive 86/653/EEC）に基づき，各国において代理店保護法制が制定されている。また，英国においては，The Commercial Agents（Council Directive）Regulations 1993という国内法が制定されている。

英国のRegulationsも上記Directiveに沿った以下のような特徴をもっている。

- 代理店は，契約期間終了後といえども，主に代理店の努力により契約終了後の合理的な期間内に成約した取引について手数料を受け取る権利を持つ（Regulation 8）。
- 期間の定めのない契約について解除するためには，その継続期間が1年以内の場合は1か月以上，2年以内の場合は2か月以上，3年以上の場合は3か月以上の事前通知を要する（Regulation 15）。
- 代理店は，契約終了の際に，得べかりし利益の補償もしくは被った損害賠償を受ける権利を有する（Regulation 17）。
- 本法は，自己の計算と名義で契約を締結する「販売店」には適用されないと解釈されている。ただし，EU域内では，「販売店」にも同様の保護が与えられる法律を施行している国もある（例：ベルギー）。

[262]　3　実務上の対応

上記のような代理店・販売店保護法制は強行規定であり，契約準拠法を外国法としたからといって適用を免れることができるものではない。たとえば，

160

Court of Justice of the European Union（欧州連合司法裁判所）は，英国の Ingmar GB Ltd v Eaton Leonard Technologies Inc［2001］All ER（EC）57 という事案に関して，米国企業である本人と英国の代理店との間の代理店契約について，その契約準拠法（本件では米国カリフォルニア州法）のいかんにかかわらず，The Commercial Agents Directive 17条および 18 条（英国では Regulation 17および 18 として国内法化されている）は，代理店が事業を行っている締約国において強行的に適用されると判示している。起用者である売主本人の立場からは，上記のような代理店・販売店保護法制が適用されることを前提に，契約上，以下のような実務上の対応によって，代理店・販売店による制約の影響を小さくすることも考えられる。

① 契約期間を 1 年限りなどの限定期間とする。更新する場合は，無期限の契約になる可能性がないかをよく検討する。

② 独占権を与えない場合は，その旨を明確にするとともに（独占権を与えないと，活動できない場合もあるので注意），独占権を与える場合は，その商品の範囲，地域などを明確にする。

③ 代理店・販売店の登録制度がある場合，登録が必須かどうか，登録することによってどのような効果が生じるのか等をよく検討する。登録が必須となっている国においては，ある代理店・販売店との契約を終了させて新しい代理店・販売店を起用しようとしても，元の代理店・販売店が登録の抹消手続に協力してくれない場合は，登録抹消ができず，新しい代理店・販売店を登録して起用することができないこともあるので注意が必要である。

④ 契約を解除する場合の費用の精算，損害金額の算定方法などをあらかじめ明確に定めておく（売主本人が代理店・販売店等に支払う金額が低すぎると，そもそもの契約条項が無効となることも多いので，適当な額を弁護士と相談して決める必要がある）。ただし，売主本人が代理店・販売店等に支払うべき補償や損害賠償等の金額や算定方法については，代理店・販売店保護法制において，強行法規として定められている場合があるので注意が必要である。

⑤ 準拠法や法廷地・仲裁地は，極力，海外の先進国とする。ただし，準拠法や裁判・仲裁地が現地でないと登録が認められない場合がある。また，契約上は，準拠法や裁判・仲裁地を先進国としたとしても，現地で裁判を起こされ，現地法に準拠して解釈されてしまう可能性は否定できない。

第2章　販売店・代理店契約

[263]
Column　トルコのLGとDigicomのケース

　韓国企業のLGはトルコにおいてDigicomという現地企業を6年にわたって販売店として起用していたが，自らが直接トルコで販売するために，販売店契約を解除しようとしたところ紛争となり，結局4年間の裁判の後，2008年に日本円にして約160億円の損害賠償金の支払を命じられたと報道された。

　トルコには，「販売店・代理店保護法」と銘打った法律は特にないようであるが，「商法」において販売店・代理店に保護が与えられている。特に，トルコには，「のれん（ポートフォリオ）補償」という考え方があり，上記の賠償金額もこののれん補償による部分が大きいようである。これは「代理店もしくは独占的販売店が外国企業のトルコにおける事業に多大な貢献をした場合，代理店契約終了後も外国企業がこの利益を享受できる場合に支払われる」ものである。

　その金額は，当時の商法では「専門家によって決定される」となっており，現行の商法（2012年7月1日施行）では，「過去5年間の手数料・利益相当額を上限とする」となっている。

　なお，「契約違反など正当な事由に基づく契約解除の場合には，減額あるいは支払われない」となっている。

　トルコで代理店・販売店を起用する場合には，やはり，現地の弁護士のアドバイスを受ける必要があるといえよう。

●●●本事例の考え方●●●

[264]　代理店・販売店保護法制のある国においては，いつかは代理店・販売店契約も終了するということを念頭に，同法制上，どのような条件で契約を終了させることができるかということを含め，その内容を契約締結前にしっかりと確認しておくべきものである。これを怠った場合は，こちらの思い通りに契約を終了させることができなくなるリスクを覚悟しなければならない。

　一方で，不幸にして，代理店・販売店が契約の終了を受け入れずに，紛争になりかけたときは，あらためて代理店・販売店保護法制を研究し，代理店・販売店の主張が本当に同法制によるものなのか，脅しに使っているだけなのかということを理解することも必要である。それによって紛争解決における当社側の立場の強弱や交渉スタンスが左右されるからである。

162

2-6-1　[266]

> 【事例 2-6】X 社の状況の悪化
>
> 　X 社と契約を更新してすぐに，その事実上のオーナーでもあった CEO
> が死去し，同族間で争いが起きていることや，X 社の経済状況が悪化して
> いるという情報をキャッチした！

2-6-1　担保の設定　　　　　　　　　　　　　　　　　　　　　　　　　　[265]

　X 社に対する債権を保全し，支払を確保するべく，同社に対して担保提供を
申し入れたい。並行して，損失拡大を防ぐために検討すべき対策には何が考え
られるか。

着眼点

　債権の保全については常に意識しておきたい。各国の担保・保証に関する法律は
様々であるが，関係国法の担保・保証法制の基本については理解しておく必要がある。

■■■ ポイント解説 ■■■

1　担保・保証法制　　　　　　　　　　　　　　　　　　　　　　　　　　[266]

　国外の販売店に物品を継続的に販売するに際して，その販売代金の支払を前
払いとする条件をとり付けることは通常極めて困難である。そのため，販売代
金の支払受領のタイミングは物品発送後となるのがむしろ通常であり，販売店
からの不払いリスクがあることを常に意識しておく必要がある。

　販売店からの不払いリスクを削減するという観点からは，たとえば，L/C
（→［103］）による決済とし，L/C が決済されない限りは販売店に物品に係る B/
L（→［118］）が手渡されないような仕組みにすることが考えられる。このよう
な仕組みが採用できた場合，ある程度，不払いリスクは担保されているといえ
る。

　販売店の不払いリスクを回避するという観点からは，何らかの担保を取得し
ておくことを検討すべき場合も少なくない。担保対象としては，一般に不動産，
動産，債権などが考えられる。

　取引当初から何らかの担保を提供させることができればよいが，販売店が応
じないなど取引当初からの担保取得が困難である場合には，販売店契約の中で，
販売店の信用悪化等を条件として担保提供を求める権利を定めておくことも考
えられる。ただし，この場合，契約書において担保の対象の特定が不十分であ

163

ると，そもそも法的拘束力が認められない可能性があることや，仮に担保対象を十分に特定したとしても，作為義務なので，相手方が義務を履行しなかった場合の現実の執行には困難が伴う可能性があることに留意しておかなければならない（ただし，担保提供義務違反を理由に販売店が自社に負っている既存債務の期限の利益を喪失させるという効用は期待できよう）。

また，物的担保とは別に，人的担保（保証，guarantee）の徴求も考えられる。販売店の経営者からの個人保証をもらうことも考えられるし，販売店のグループ会社がもしあれば，資力のありそうな1または複数のグループ会社から保証を差し入れさせることを検討してもよい。また，Stand-by L/C 等銀行による保証が利用できる場合もある。

物的担保の設定を検討する場合，回収という観点からは，担保対象物がどこに存在するかが重要となる。販売店が日本において財産を保有していて当該財産に担保を設定できるならば，慣れ親しんだ日本法により担保設定を行い対抗要件を具備したり担保権を実行したりできるので大変ありがたいが，そういったことは現実にはあまりなく，多くの場合，販売店の所在地に存在する財産に対する担保設定を検討しなければならないであろう。

[267] 担保制度は，法体系，歴史的背景等から，各国において多種多様な制度が取り入れられており，多くの国において日本における担保制度と異なる制度が採用されている。不動産や動産についての担保権の成立，対抗要件，効力についてはその所在地の法によって決定されるというのが多くの国々において採用されているルールである（日本では，法の適用に関する通則法13条1項）。債権の担保の対抗要件については，担保権設定者の所在地法によるというルールと債権の準拠法によるというルールがみられるが，日本では対象となる債権の準拠法によるとされている（法の適用に関する通則法23条参照）。

たとえば，不動産に対する担保としては，コモンロー諸国では mortgage と呼ばれる制度が存在する。詳細は国によって違いがあるが，日本における抵当権のようなもので，債権を担保するために不動産に関する権利を担保権者に譲渡するものである。また，lien と呼ばれる担保も広くみられ，訳語としては先取特権と訳されることが多いように思われるものの，日本の先取特権とは異なる制度であることが多い。

動産担保の制度も国によって様々である。日本のように動産一般に対する抵

164

当権（動産抵当）を認めない国がある一方（日本でも農業用動産，自動車等，特定の動産については特別法により抵当権が認められている），動産抵当を認める国もある。動産質権（pledge）については世界的に広まっており各国の制度も類似しているように思われるが，動産の譲渡担保が世界的にみてよく利用されているかというとそうでもないようである。

　英米法的な体系を取り入れている国においては，floating charge という概念が採用されていることがある。英国法における floating charge は，担保提供者が有する一定の種類の財産を担保に取得するものであり，在庫や債権，銀行口座など全てを対象として担保設定できるが，担保提供者について倒産等の事情が発生するまでは，担保提供者が担保物を自由に処分することができる点に特色がある。floating charge の制度についても，国によって異なることから，当該国における制度をよく確認する必要がある。

　債権を担保にとる際には，英米法国において特徴的な上記のような floating charge を利用できるのか，大陸法国で従来から利用されている pledge（債権質）を利用することになるのか，日本のように債権譲渡担保といった担保形態も利用できるのかなどを確認することになる。特に販売店が不動産その他めぼしい財産を所有していない場合，販売店が物品を国内で販売して取得する売掛債権を担保にとることも考えるべきである。なお，英米法系の担保法制全般については，たとえば平野温郎＝板持研吾ほか編『シンガポールビジネス法のエッセンス』（中央経済社，2022）が詳しい。

　担保については，通常，担保権を第三者等に対して有効に主張するための要件（日本法における対抗要件に該当するもの）が存在し，対抗要件の欠如により利害関係のある第三者との関係で担保権を主張できなくなる可能性がある（→事例2-6-2 も参照のこと）。不動産，動産，債権それぞれについて，適用される可能性のある準拠法上の対抗要件を理解したうえで，対抗要件を備えておくことが望ましい。さらに，担保権を設定して必要な対抗要件を具備しただけで安心してはいけない。担保は債務不履行の際に担保権を実行（enforce）して金銭を回収できないとその目的を達成することはできないため，当該国における，担保権実行手続を調査しておく必要がある。たとえば在庫などの動産は国内であれば現地に行って物理的に占有してしまうことも可能であるが，海外ではこれは難しい。そのため，当該国における裁判所等を通じた担保権実行手続およびその

第 2 章　販売店・代理店契約

難度を理解しておきたいし，新興国などにおいてそもそも裁判所等を通じた担
保権実行制度が適切に機能し運用されているのかという点も確認しておきたい。

[269]　　また，経営者の個人保証が差し入れられている場合は，多くの法制において，
経営者死亡により，相続人に保証債務が引き継がれることになるが，相続放棄
の制度などにより引き継がれない場合もあるであろうし，相続人に資力がない
ときなど保証の実効性が失われる場合もあることも念頭に置いておく必要があ
る。

[270]　**2　不安の抗弁権**

　　当該販売店との取引を停止したいと考える場合，将来に向かって取引関係を
解消するだけでなく，場合によってはすでに発注を承認（受注）した個別取引
に関して当社からの出荷を停止することを考えるべき場面もありえよう。この
場合に問題となるのはいわゆる不安の抗弁権である（→［114］）。具体的には，
取引先の反対債務（支払債務）の履行に不安が生じたことを理由として，（同時履
行の抗弁権がない先履行義務の場合であっても）当社側の履行義務（出荷義務）を停止
できないか，という論点である。適用される可能性のある準拠法上，こうした
不安の抗弁権のような制度が認められているのかを調査したうえで，慎重に主
張していく必要がある。ただ，支払が確保できないことが確実な場面で出荷を
することは当社にとっては無益であるため，法的には認められないリスクを認
識しつつも，緊急避難的に，不安の抗弁権を主張して現実に出荷を止めること
を検討しなければならない場面も生じるであろう。

　　かかる観点からは，契約書において，X 社の信用不安の場合は出荷停止がで
きる権利をあらかじめ契約において明確に定めておくことが望ましい。かかる
出荷停止については，出荷停止という観点から規定することもありうるし，個
別契約の解除という観点から規定することもありうる。出荷停止の条項を設け
ることに相手方が難色を示す場合は，解除条項の中に，相手方の信用不安の兆
候をとらえる解除事由をうまく盛り込むことができるとよいが，現実の交渉に
おいては，たとえば，経営者の死亡を解除事由として盛り込んでほしいとは言
い出しにくかったり，提案できたとしても相手方が難色を示したりして，現実
に規定として盛り込むことは難しいことが多く，その場合，経営者の死亡も包
含されるような包括的・一般的な記載方法を工夫する必要がある。

166

2-6-2　[272]

●●●本事例の考え方●●●

　経営者死亡により同族間の争いが起きている場合などは，そもそも，当該販 [271]
売店との取引を続けるのか，という原点に立ち返って，再度販売店としての適
性を審査したほうがよい。中小規模の会社の場合は，経営者ひとりの実力や信
用で会社が成り立っていることも少なくないからであり，また，相続争いに
よってしばらくの間ビジネスがスローダウンまたはストップしてしまうリスク
もみておかないといけない。したがって，理想的には，このような状況になっ
てからあわてるのではなく，Ｘ社との販売店契約交渉の段階において，Ｘ社の
保有資産を調査したうえで，適切と思われる不動産，動産および債権に対して
担保設定を要求することが望ましい。仮に取引開始当初からの担保設定が困難
な場合であっても，Ｘ社の信用不安等の場合の担保提供義務をＸ社との販売
店契約に規定しておくことを検討すべきである。また，Ｘ社の経営者一族や関
係会社からの保証の徴求も同様に検討したい。担保設定をするのみならず，対
抗要件の具備も忘れないようにしたい。

　ただ，現実には，取引を開始した後に，中途で担保を要求することは難しい
場合が多い。十分な担保が確保できない場合，または，仮に十分な担保が確保
できていたとしても今後の損失拡大を防ぐためには取引を継続すべきではない
場合には，取引を停止または解除することも考えなければならない。いわゆる
不安の抗弁権といった一般法理も存在するが，かかる取引停止や解除について
も，当初よりＸ社との間の販売店契約にうまく盛り込んでおきたいところで
ある。

2-6-2　倒産の際の解除規定の有効性，Ｎ国の倒産法制 [272]
　Ｘ社からその在庫に対する担保を取り付けた。とはいえ，Ｘ社が万が一倒産
した場合の実効性ははたしてあるのだろうか。当社として不測の損失を被った
り，取締役が巨額の債権焦げ付きで責任を問われたりするような事態はできる
だけ避けたい。万が一に備えて対応しておくべきこととして，法務部員である
あなたは何をアドバイスするか。

着眼点

　販売店所在地の倒産手続制度がどうなっているか調査したうえで，倒産した場合の
権利関係等をシミュレーションしておくのが望ましい。

第2章　販売店・代理店契約

▄▞ ポイント解説 ▞▄

[273]　**1　倒産手続と担保権・相殺権**

　販売店等から何らかの担保を取得していたとしても，販売店等が倒産した場合に必ず当該担保を執行できるとは限らないことを知っておきたい。

　たとえば，日本法上は，担保を取得していたとしても第三者対抗要件 (perfection against a third party) を具備していなければ倒産手続における管財人等に当該担保を対抗できない。したがって，債務者に関して倒産手続が開始された場合でも担保権の実効性を確保するためには，当該担保について第三者対抗要件を具備しておかなければならない。他方，いわゆる管財人は第三者ではなく，担保設定契約が完全に成立 (perfection, 日本法における契約成立の概念とほぼ同じ) していれば足りるという国もあり，倒産の際の対抗要件の考え方も国によって違うことを知っておきたい。

　日本においては，たとえば，破産手続および民事再生手続においては，担保権は別除権として，原則として倒産手続外で自由に行使できるのに対し，会社更生手続においては，担保権は更生担保権として会社更生手続の中で処理されるため，会社更生計画の認可が終了するまでは行使することができず，かつ，会社更生計画において長期の繰延払いとする旨が定められたり，近時は，一括弁済とすることを条件とする一方で担保価値に満たない金額が返済額として定められることも多い。また，各担保対象資産が処分できた時点で，当該処分額を順次配当するという定めがなされることもよく見受けられる。米国の連邦倒産法には，倒産手続の開始等により担保権実行が法律により自動的に停止させられるという automatic stay という制度が存在する。

　倒産の際に大きな武器となりうるのが相殺権であることも知っておくとよい。相殺を行うことのできる反対債権がなければ利用できないが，当社がX社に何らかの金銭支払義務を負っている場合は，相殺により債権を回収することが可能かどうかを検討する必要がある。

　倒産手続の開始によって担保権や相殺権がどのような影響を受けるかは各国の倒産手続によって様々であり，販売店等の所在地における倒産手続の概要と各手続における担保権・相殺権の処遇についてある程度の知識を身に付けておきたい。

168

2　国際的な倒産手続

たとえば外国の販売店等の財産が日本にあり，当該財産を担保として徴求していた場合でも，販売店等の所在地で倒産手続が申し立てられた場合，当該財産も外国での当該倒産手続の対象となり，日本における執行が困難となる可能性があることも知っておきたい。

日本においては「外国倒産処理手続の承認援助に関する法律」があり，たとえば，販売店の本拠地において，販売店等に対して外国倒産処理手続（外国で申し立てられた手続で，破産手続，再生手続，更生手続，整理手続または特別清算手続に相当するもの）が開始され，当該外国倒産処理手続の管財人等の申立てにより，日本において外国倒産処理手続の承認（外国倒産処理手続について，これを日本国内において同法第3章の規定による援助の処分をすることができる基礎として承認すること）が管轄裁判所によりなされた場合，裁判所は，承認援助手続の目的を達成するために必要があると認めるときは，利害関係人の申立てによりまたは職権で，外国倒産処理手続の承認の決定と同時にまたはその決定後，全ての債権者に対し，債務者の財産に対する強制執行等の禁止を命ずることができる。また，債権者の一般の利益に適合し，かつ，競売申立人または企業担保権の実行手続の申立人に不当な損害を及ぼすおそれがないと認めるときは，利害関係人の申立てによりまたは職権で，債務者の財産に対してすでにされている担保権の実行としての競売の手続または企業担保権の実行手続の中止を裁判所が命ずることができる。外国倒産処理手続の決定があるまでの間の保全命令措置なども存在する。なお，当該販売代理店に関して，日本国内で別途倒産手続の開始が申し立てられて開始決定が行われる可能性や，販売店所在地以外の別の国における外国倒産処理手続の承認が日本で申し立てられる可能性もある。

国際的な企業グループが破綻した際には，グループ内の各社について複数国で倒産手続が並行して行われ，そうした倒産手続間での協調が重要となる場合がある。たとえば，リーマンブラザーズの倒産においては，関係国の倒産手続の協調のための枠組みとして，各国管財人が参加するプロトコールが作成された。

なお，倒産とは別の観点ではあるが，仮に担保権が実行できたとしても，担保権実行の代り金の日本への海外送金が何らかの理由により停止されたり制限されたりすることがあることも知っておかねばならない。国内通貨の海外への

第2章　販売店・代理店契約

流出を厳格に規制している国において，外貨の購入および当該外貨の国外への移転も規制されていることも多く，何らかの理由により送金がなされなくなるおそれがないか，当該国の外貨管理規制および実務を事前に調べておくとよい。

●●本事例の考え方●●

[276] 　N国においてどういった倒産手続が存在するかを把握したうえで，当該在庫担保に要求される対抗要件の有無およびその内容，各倒産手続が開始された場合に当該在庫担保が当該倒産手続においてどのように取り扱われるかという点をよく調査したうえで，営業部門に伝えておきたい。

　倒産手続において担保価値の全額が回収できそうなのか，一部カットがされる可能性があるのか，回収できるとしてタイミングはどれくらいになりそうなのか等の情報を営業部門に提供することにより，営業部門はこれらの情報を，他の担保取得も重ねて検討すべきか，全体の取引量をコントロールすべきか等を判断する材料として利用できる。

[277] 　**【事例2-7】Z氏から，これまでの開拓協力に対して適切な報酬と経費を支払ってほしいとの要求を受けた営業部からの相談**

　紆余曲折はあったが，N国向けの販売を開始してから3年が経過し，X社を通じたCare Oneシリーズの販売は順調に推移，年商5億円を超えるまでに成長した。

　ところが，ある日，Z氏が来日し，当社を訪れた。担当営業部長が面談したところ，これまでの貢献に対する報酬と必要経費として，過去のCare Oneシリーズ販売総額の1%，金額にして約1000万円を即時に支払ってほしいと要求してきた。同氏が主張するところでは，当初X社を紹介したことに加え，この3年間，当社には正式には報告していなかったが，営業担当者の依頼によって，X社販売活動のサポート，関係当局とのコネクション作り，顧客とのトラブル解決等，実質的な販売代理店として種々の協力をしてきたという。営業担当者によれば，Z氏一族の事業が不振で，かなりの私財を投じたものの業績が好転せず，資金繰りに困窮しているとの噂があり，それで今になって理不尽な要求をしてきたのではないかという。

　Z氏とは何ら契約書は取り交わしておらず，たしかに協力を頼んだこと

2-7 [279]

> はあるが，それはごく簡単な情報の提供であって，特に取引の成約につな
> がったわけでもないとのことであった。法務部員であるあなたとしては，
> 何を検討し，どのような解決案を提示すべきか。

着眼点

　実際のビジネスにおいて，正式な販売代理店等であるとは認識していないものの，
第三者から様々な形で役務の提供や協力を受けるという場合は少なくない。しかし，
自社と第三者の位置付けや法的な関係を契約書も取り交わさずあいまいにしておくと，
将来思わぬ紛争となるリスクがある。

■■■ ポイント解説 ■■■

1　代理店等による手数料等の請求権

[278]

　事例 2-5-3 の解説の通り，海外では，自国の代理店等の利益保護を目的とした保護法制を有する国々が少なくない。

　これらの保護法は一般に強行法規と位置付けられ，代理店等が提供した役務に対する合理的な手数料の支払や，代理店契約の解除等に伴う代理店への補償を起用者（本人等）に強制していることが通常である。

　さらに，こういった代理店保護法が制定されていない場合でも，準拠法によっては，特段の取決めがなくてもデフォルトルールとして報酬請求権や費用償還請求権が生じる場合がある。たとえば日本法は，商法 512 条（報酬請求権），民法 649 条（受任者による費用の前払請求権），同 650 条（受任者による費用等の償還請求権等）がこのような権利を規定している。

2　解決案の策定

[279]

　ビジネスにおける紛争の相手方が個人事業主や発展途上国の企業である場合には，先進国の上場企業や一般的な事業法人が相手の紛争とは異なった様相を呈する場合がある。

　相手方からの要求を拒否した場合には，切羽詰まった相手方がどのような行動に出るかは想定し難い場合もありうる。たとえば，紛争額の多寡にかかわらず民事訴訟の提起や仮処分・仮差押等の申立てを行うといった行動が考えられるほか，法廷外での種々の圧力や妨害行為，当社のレピュテーションを毀損す

171

第 2 章　販売店・代理店契約

る行為（たとえばメディア・キャンペーン）に及ぶこともありえないことではない。また，紛争解決に検察を巻き込み圧力をかけることを真の目的として，たとえば詐欺があった等のクレームを申し立てて刑事司法制度を利用しようとする場合もある。この点，国によっては刑事訴訟手続について公訴に限定せず，被害者による私訴も認めているので，特に警戒が必要である。相手が政治の力を利用してくることも考えられる。

　しかしながら，このような事態を恐れるがあまりにむやみに相手方の要求に応じることも妥当とはいい難い。明確な法的根拠もないまま，ただ漫然と和解することは，その判断を行った取締役の善管注意義務違反の問題を引き起こしかねないリスクがある。また，合理的でない和解金の支払については，税務上も損金算入が認められず，課税対象となるおそれもある。さらに，少し脅せば簡単に金を支払う企業である，といった噂が広まることの悪影響も大きい。

　解決策を検討するにあたって事実関係の精査が重要であることは，事例 1-7 のポイント解説で言及した通りであり（→［136］〜［137］），本事例のような営業担当者の楽観的な説明を鵜呑みにして判断することは危険であるが，一方で，いくら事実関係を精査してもなおこれが明確にならず，したがって法的帰趨も判断し難いというケースがある。このような場合には，訴訟になったときの弁護士費用その他のコストや労力を勘案し，合理的な和解を模索することも選択肢のひとつである。なお，和解する場合には，案件の法的帰趨および和解の妥当性，金額的なレンジについて，第三者である社外弁護士から Legal Opinion をとり付け，適切なロジックを基にレンジ内での和解を成立させることが，判断の妥当性をより客観的に示す材料をもっておくという観点からも望ましい。

●●本事例の考え方●●

[280]　仮に，N 国法が，ポイント解説で言及したような手数料請求権等に関する法的保護制度やデフォルトルールを持っている場合には，Z 氏に対する報酬等の支払義務が生じている可能性がある。対応検討の前提として，まずこの点の見極めが大切なので，代理店等による請求権の有無・内容を，事実関係や現地法の精査も含めて慎重に検討する必要がある。

　そのうえで，和解に関しては，たとえば，N 国の弁護士費用が時間制で 1

172

時間あたり数万円相当額であるとし，Ｎ国の民事訴訟制度が米国のように広汎なディスカバリー制度を採用しているとすると，仮に訴訟に至った場合には，弁護士費用だけで請求額の1000万円を超える事態も考えられないことはない（相手方も同様である）。そうであれば，訴訟で最後まで争うことは経済的に引き合わず，むしろ，一応の根拠がありそうな要求をしているといってよいＺ氏との交渉に応じ，和解金額の引下げを試みるという判断にも一定の合理性がある。

Column　インターネット取引 [281]

　ここ十数年で急激に普及したインターネットであるが，インターネット上の取引に関係する法律について，簡単に触れておく。

　まず，インターネット上の取引において，いつ契約が成立するかという問題がある。日本法では，承諾の通知が申込者によって受領された時点で契約が成立する（民法97条1項）。いつ承諾の通知が申込者によって受領されたかについては，たとえば，申込者のサーバに読取り可能な状態で承諾の表示（メールかもしれないし，ウェブ上のクリックかもしれない）がなされれば，申込者が承諾者の承諾の意思表示を受領したと解釈して，当該契約は成立と考えてよさそうである。

　しかしながら，これが外国のウェブページにアクセスした日本人が承諾のクリックをした場合であったり，日本の居住者に対して外国の居住者が承諾のメールを送ってきたような場合における契約成立の判断については，その契約の成立という問題に適用される準拠法は何かという問題が生じてしまう。

　また，売買取引については，ウイーン売買条約が適用される可能性についても留意しておきたい。

　ここで日本国内に目を向けて，特にインターネットを通じて物品の販売やサービスの提供を行う際に関連してくる法律をざっとみてみよう。

　たとえばインターネットを通じて顧客勧誘を行う場合，不当表示規制に関して不当景品類及び不当表示防止法，広告規制に関して特定商取引に関する法律（以下「特定商取引法」），健康増進法，医薬品，医療機器等の品質，有効性及び安全性の確保等に関する法律，食品衛生法，医療法，宅地建物取引業法，旅行業法，貸金業法，金融商品取引法などの法律において，それぞれの分野での顧客勧誘に関する具体的な定めが置かれており，これらは全てインターネット取引にも適用される。また，消費者基本法や消費者契約法などの消費者の保護を目的とする法律も当然のことながら適用される。さらに，インターネット取引に錯誤（誤クリック）があった場合に関する「電子消費者契約に関する民法の特例に関する法律」なども設けられている。

第 2 章　販売店・代理店契約

　特定商取引法 14 条 1 項 2 号は「顧客の意に反して通信販売に係る売買契約又は役務提供契約の申込みをさせようとする行為として主務省令で定めるもの」を禁止行為とし，さらに，消費者庁によって「通信販売の申込み段階における表示についてのガイドライン」も公表されている。また，迷惑メールの適正化を図るための法律として特定電子メールの送信の適正化等に関する法律などもある。

　その他，アダルトサイトの取扱い，支払代行その他の資金決済方法に関して適用される法律，個人情報の管理などなど，関連しそうな法律やガイドラインをあげていくときりがない。

　上記の法律は全て日本の法律であるが，日本から全世界に広告を発信して，世界中から顧客を獲得して取引を行おうとする場合，理論的には全世界の国の適用法を調査して遵守する必要が生じうる。現実にそういった対応は困難であり，主要市場の国に限定して調査をするという対応をとらざるをえない。しかしながら，英語など世界共通言語で表示し，全世界で閲覧可能な場合，思わぬ国から当該国の広告規制違反等の指摘や消費者保護法の適用の主張，当該国において許認可を必要とする旨，さらには文化・宗教などに基づく特定の国に固有の規制や倫理への違反の指摘などを受けかねないことを意識しておきたい。また，販売・サービス提供契約（約款）においては，準拠法を定めた上で，専属的な管轄条項を入れておくなど，販売商品・サービスに関連する紛争解決のために，思いもよらぬ法律が適用されたり，思いもよらぬ場所で裁判を提起されることを防止することを考えなければならないであろう。

　さらに，商標権や著作権などの知的財産権の侵害についても常に意識しておきたい。日本のみで登録している商標を用いて，世界中で閲覧できるインターネット上の広告・販売を行った場合，外国において商標権侵害に基づく損害賠償および差止の訴訟を提起される可能性が否定できない。この場合に管轄権の存否が問題になるが，米国においてはこの手の訴訟がすでに多数起こっており，たとえば，米国外の企業がウェブ上で発信している広告について，ある州の裁判所が当該広告の差止申立ての管轄を認めた事例もある。他方，ニューヨーク州外にあるジャズバーが「Blue Note」という名称でウェブ上で宣伝していたところ，有名なニューヨークのジャズバー「Blue Note」が商標権侵害訴訟をニューヨーク州において起こした事例においては，ウェブサイトを公開するだけではニューヨーク州に対する意図的な接触行為をしていないなどとして管轄権を否定している。

　また，昨今の個人情報保護の重要性の高まりを受けて，情報セキュリティ体制の強化が求められていることにも留意したい。

　なお，プロバイダについても若干触れておくと，いわゆるプロバイダに関する法律としては，プロバイダ責任制限法（特定電気通信役務提供者の損害賠償責任の制限及び発信者情報の開示に関する法律）（2021 年改正）が，インターネット

174

の掲示板などで誹謗中傷を受けたり，個人情報を掲載されて，個人の権利が侵害されるなどの事案が発生した場合のプロバイダ事業者や掲示板管理者などの責任や特定発信者情報の開示請求権等について定めている。なお，通常，プロバイダは情報流通の媒介を行うだけであって，インターネット上の取引に実質的に関与することはないが，もし取引の媒介を行っているとみなされる程度の関与を行うとなると，当該取引に関する媒介等の許認可が必要となってくるので留意しなければならない。

第3章

無形資産と技術関連契約

【事例 3-1】開発パートナーの吟味──秘密保持契約　　　　　　　　　　　[282]

　当社は複数の事業部門を持ち，グローバルに事業展開する日本の素材メーカーである。当社の産業資材事業部門の主力製品の一つである，抗菌・防汚加工を施した床材の売れ行きが好調になってきており，製造プロセスの合理化を検討している。リサーチをしていたところ，X 国の A 社が，高速なコーティングが可能な抗菌加工装置を開発したことを発見し，技術部門は，この装置を当社の床材の量産加工に活用できるのではないかと提案してきた。A 社とはこれまで取引実績がなく，その技術力がどの程度か不明である。技術部門が A 社にコンタクトしたところ，技術情報を提供するにあたって秘密保持契約の締結依頼があり，先方から秘密保持契約のドラフトが送付されてきた。技術担当者は，この秘密保持契約を締結してよいものか，法務部のあなたに相談をしてきた。

3-1-1　秘密保持契約締結の妥当性　　　　　　　　　　　　　　　　　　[283]

　取引実績のない企業と情報交換をする際，相手方から情報提供の前に秘密保持契約（Non-Disclosure Agreement, NDA。なお，Confidentiality Agreement, CA と称されることもある）の締結を求められることがよくある。その場合，相手方の要請のままに秘密保持契約を締結することがはたして適切だろうか。

着眼点

　技術等に関する情報の授受が想定される場合において，秘密保持契約を締結して相手方の秘密情報を受領することにより，結果的に，自社の事業の遂行に制限が課されることも考えられる。まず，秘密保持契約の締結の妥当性について慎重に検討することが必要となる。

177

第3章　無形資産と技術関連契約

■■　ポイント解説　■■

[284]　NDA 締結の必要性

　技術に関する情報に限らず，相手方から何らかの情報を受領する際に NDA を締結するケースは多い。秘密情報を提供する側としては，相手方が情報を厳格に管理し，それを第三者に開示・漏洩したり，目的外に利用したりしないこと等を約束してもらえなければ，安心して情報を提供できないというのは当然のことである。それゆえ，相手方から秘密情報を提供するので NDA を締結してほしいと求められた場合，何となく相手方の要求に応じて NDA を締結することが少なくない。しかし，NDA を締結することは NDA で規定された様々な義務を負うことを意味するので，そうした義務の負担が将来の当社のビジネスを不当に制約することにならないような検討が必要である。

　技術に関する取引の場合には，他の取引に比して，より一層，NDA の重要性が増す。しかし，上記のような観点からは，漫然と NDA 締結の依頼に応じるのではなく，以下のような観点からの検討を行うことが必要である。

[285]　(1)　NDA 上の義務履行に伴う制約

　NDA に基づき受領した相手方の技術情報については，第三者への非開示はもちろんのこと，当社内での利用目的，利用できる期間，情報に接することができる担当者等について，制約が課されるのが通例である。実際には秘密情報としての価値のない情報を不用意に NDA に基づいて受け取ることによって，本来，制約なく自社の独自製品の開発に利用できたはずの情報が利用できなくなり，円滑な開発が妨げられるおそれもある。そうした観点からは，問題となっている情報が NDA に基づかなくても入手できる情報でないかどうか，問題となっている情報によらずとも公知の情報によっても同じ目的の実現が可能でないか等，本当に NDA を締結してまで当社が現時点で入手する必要のある情報かどうかの検討が必要である。

[286]　(2)　自社技術への混入（コンタミネーション）のおそれ

　NDA に基づき受領する相手方の技術情報が，自社の技術と競合・類似する技術であった場合，もともと自社の技術として保有していた技術に混入してし

178

3-1-1　[287-2]

まったり，あるいは，混入したと NDA の相手方から疑いをかけられたりする可能性がある。たとえば，実際には自社で独自に開発した製品であったとしても，その製品に用いられている技術 α が NDA の相手方企業の技術 β（当該 NDA ではその技術 β を製品開発に利用することは許諾されていない）と非常に類似していたものである場合，NDA の相手方から，技術 β を無断で製品開発に流用したとして，NDA の違反を理由にクレームを受けるおそれがある。これが「コンタミネーション」（技術汚染，技術混入）の問題である。

　とりわけ，海外の企業は秘密情報流用を理由とする訴訟提起をいとわないことも多く，慎重な検討が必要である。

●●本事例の考え方●●

　本事例では，A 社の技術力は不明である。A 社が具体的にどのような技術　[287]
をもっているかがわからない段階では難しい場合もあるが，できる限りの情報を収集したうえで，ポイント解説で述べたような観点からの検討を技術部門に行ってもらうことが重要である。そのうえで，NDA の締結によるメリットが締結によるデメリット（自社のビジネスの制約やコンタミネーションといった問題が生じるリスク）を上回るとの判断がなされた場合には，法務部門としては，NDA の締結によるデメリットを最小化できるような契約内容としたうえでの契約締結に向けて努力することになる。

> **Column　個人情報やデータ**　　　　　　　　　　　　　　　　　[287-2]
> 　デジタル技術の発展に伴い，以前と比べると比較にならない膨大な量の個人情報やデータが生み出され，管理され，利用されるようになっている。以前は大量の個人情報やデータを取引に活用することは困難であった。しかし，デジタル化によって，多くの情報がデータベースに保管され，それをデジタル技術を利用して分析し，顧客の属性・動向・嗜好・ニーズ等を正確に把握し，事業活動に活用することが可能になっている。これに伴い，個人情報やデータの持つ価値が飛躍的に高まる一方で，個人情報の法的保護やデータに関する法的規律の重要性も高まっている。これは，国際取引においても同様である。情報やデータの価値や保護に対する関心の高まりに伴い，企業や顧客に関する情報の授受に際して取り交わされる NDA の重要性もますます高まっている。
> 　個人情報を保護する法制の代表例としては，EU の GDPR（General Data

179

第3章　無形資産と技術関連契約

Protection Regulation）があげられる。GDPR は，個人情報の保護と個人データの自由な移動を目的とし，データの主体となる個人が自身のデータや管理者の情報にアクセスする権利，自身のデータの訂正や消去を求めたり，他の管理者への移転を求めたりする権利や，データの管理者の義務や責任等を定めている。データは，特定され，明確で，かつ，正当な目的のために収集されねばならず，当該目的に適合しない利用等は許されない。データ管理者は，データを安全に取り扱うための技術上・組織上の措置をとる義務を負い，万一，データ漏洩等が生じた場合には 72 時間以内に監督機関に通知しなければならない。GDPRは EU 域内の拠点による活動による個人データの取扱いのみならず，域外の拠点による活動であっても EU 域内のデータ主体に対する物品やサービスの提供等に関連する個人データの取扱いにも適用され，GDPR に違反した際には多額の制裁金が課される。このため，EU 域内に拠点を有したり，EU 域内の個人と取引をしたりする日本企業は，GDPR を遵守した事業活動を行うための体制を整備する必要がある。たとえば，2022 年には日本企業の在欧子会社が欧州の顧客に提供したシステムのセキュリティ対策に不備があったことが理由で当該顧客の顧客情報の漏洩が発生した事案において，当該子会社に 6 万4000 ユーロの制裁金が課された。EU 以外でも厳格な個人情報保護法制を整備している国は増加しており，事業活動を行ううえで関係する国々の個人情報保護法制への対応は欠かせない。

　一方で，情報やデータの効果的な活用もますます重要になっている。しかし，情報やデータを活用しようとしても，自社が保有するデータについて，誰がどのような権利を持ち，どの範囲で利用できるのかが明らかでなければ，データを活用しにくい場面が出てきてしまう。個人情報との関係では個人情報保護法制によってデータ主体の権利や管理者の義務が明らかになっているが，法人に関する情報をも含めたデータについては，知的財産権法や不正競争防止法による保護の対象になる場合を除き，誰がデータについてどのような権利を有するのかが必ずしも明らかではない場合も多い。デジタル化されて帰属や移転を管理できるようになったデータについては，有体物と同じように物権法的なルールを一定の物権の対象とすることも提案されるようになっているが，形のないデータに対する権利に関する法制度はまだ生成段階であるといってよい。

　今後の国際企業法務にとって，個人情報やデータを巡る法制度の発展に適切に対応していくことは欠かせない。

[288]　　### 3-1-2　秘密保持契約締結の留意点
　特に，技術情報をやりとりするための秘密保持契約をドラフティングし，あるいは，交渉する際の留意点にはどのようなものがあるだろうか。

3-1-2 ［290］

着眼点

　秘密保持の対象となる情報の定義，情報の利用目的に関する制限，秘密保持期間等に関して，自社の利益が適切に守られているかどうかを確認する。また，技術や秘密情報の保護や取引に関する規制についても確認しておく。

■▪▪ ポイント解説 ▪▪■

1　秘密保持契約作成の際の留意事項
［289］

　一般に，秘密保持契約では，①どのような情報が守秘義務の対象となる情報となるか，②守秘義務の対象とならない情報は何か（たとえば，公知の情報や独自に別ルートで入手した情報等），③守秘義務の具体的な内容（提供された情報は社内のどの範囲の人間に開示できるか，提供を受けた情報をどのように用いることができるか，どのような行為が許されないか等），④守秘義務の例外（たとえば，裁判所や公的機関からの命令等に基づいて情報を提供する場合は例外的に義務違反とならないとする等），⑤守秘義務の解除・終了（一定の期間が経過したり，一定の事態が生じたりした場合に守秘義務は解除・終了されるか），⑥交渉終了時の情報の取扱い（取引が成約せずに交渉が終了した際に，それまでに提供された秘密情報を記載した書類やデータ等は返却・破棄すべきか等）が規定される。

　本件のように技術情報の提供を受ける側の視点から，もう少し具体的に考えてみよう。

①　秘密情報の定義
［290］

　相手方から提供を受ける情報については，秘密情報であることを明確に特定されたもののみを秘密情報として取り扱えばよい旨，NDA で厳密に規定しておく（「性質上秘密と想定される情報は『秘密情報』として扱う」趣旨の条文にはしない）ことが重要である。また，秘密情報から除外されるべき事項（公知技術，独自開発技術等）について漏れのないよう規定しておく必要がある。

　NDA に基づいて秘密情報として提供される技術は特許として権利化されておらず，その外延も明確でない場合も多い。そのため，検討の結果，自社技術情報と類似する技術情報を受領するかもしれない前提で NDA を締結する場合，コンタミネーションの問題発生を完全に回避することが難しい場合も少なくないが，自社の技術について熟知し，実際に秘密情報の管理・利用を行う部門と

181

第 3 章　無形資産と技術関連契約

の協議を通じて，NDA の内容や NDA の履行の点で，どのような手段・工夫が考えられるかを検討する必要がある。

[291]　②　利 用 目 的

　　今後の取引の展開を視野に入れた場合に，情報の利用目的が過度に限定的ではないかといった観点からの検討をすべきである。また，技術情報の授受が想定されている秘密保持契約においては，「利用目的として規定されている目的以外に秘密情報を利用しない」という一般的な利用目的制限に加えて，「受領した秘密情報のリバースエンジニアリング（解析，分析）をしてはならない」と規定することも多い。これは，相手方が受領した秘密情報を解析することにより，受領したままの秘密情報からは知りえなかったはずのノウハウを取得してしまうことを防ぐために規定する条項である。特に，技術面で競合する企業同士が秘密情報を交換する場合には，このようなリバースエンジニアリング禁止条項が重要な意義をもつ。

[292]　③　情報へのアクセス，再開示先

　　提供された情報について，会社内のどの範囲の者がアクセスできるのか，情報へのアクセスをコントロールするためにどのような措置をとることが求められるか等を定めておくことも多い。

　　会社内に複数の事業部門があり，他の事業部門の事業が NDA の相手方と競合する可能性がある場合には，当該他の事業部門は秘密情報を受け取らないことを NDA 上でも規定しておく（疑いをかけられる要素を減らす）ことが肝要である。特に競合・類似することが明確な技術情報については，受領する必要性の有無自体を慎重に検討する。

　　また，提供を受けた技術情報について，自社のみならず関係会社や委託先とも共有する必要がある場合には，そうした関係会社や委託先への情報開示についての許諾を得ておく必要がある。

[293]　④　秘密保持期間

　　授受される技術情報の性質に応じた秘密保持期間を規定することが重要である。たとえば，授受される技術情報が，製品が販売開始されれば必然的に公開されてしまう性質の製品構造等の情報なのか，あるいは，企業のノウハウが凝縮されており公開が予定されていない暗号技術やソフトウェアのソースコード等の情報なのかによっても，適切と考えられる秘密保持期間は異なってくる。

3-1-2 [296]

相手方から提示される秘密保持契約書草案においては，ひな形を用いた定型的な条文になっていることも多く，注意が必要である。

⑤　交渉終了時の返還義務 [294]

交渉が頓挫した際や，予定されていた秘密保持期間が満了した際について，提供された秘密情報を返還する義務が規定されることが多いが，実際に履行できないような返還方法を規定することのないよう注意する必要がある。

2　技術や営業秘密の法的保護 [295]

我が国における技術情報に対する法的保護としては，公開する代わりに発明者に特許権という独占的な権利を与える特許法に基づく特許制度と，公開されていない技術やノウハウなどの営業秘密を不正に持ち出すことなどを違法とする不正競争防止法に基づく営業秘密保護制度がある。日本の不正競争防止法において，営業秘密として保護されるためには，秘密として管理されていること，有用な情報であること，公然と知られていないこと，といった3つの要件を満たすことが必要である。営業秘密の不正な開示や取得は，損害賠償請求の理由となるほか，同法に基づく刑事罰の対象ともなる。

最近では，勤務先の企業の秘密情報を不正に持ち出し競争企業に対して提供して金銭を得ようとする者や，競争企業の秘密情報を入手すべく競争企業の従業員に働きかけて金銭あるいは自社において厚遇することを見返りに秘密情報を持ち出させようとする企業も少なくなく，国際的な法的紛争に発展することもある。

なお，データの利活用の飛躍的な発展に伴うデータの価値の高まりに応じて，2018年の不正競争防止法改正によって，限定提供データ（業として特定の者に提供する情報として電磁的方法により相当量蓄積・管理されている技術上・営業上の情報で営業秘密以外のもの）の保護の制度も設けられている。

3　技術情報の提供と輸出管理関連法令 [296]

技術の国際的なやりとりをする際には，輸出管理に関する法令の遵守についても注意する必要がある（→事例1-9）。

たとえば，我が国の外国為替及び外国貿易法25条1項は，国際的な平和および安全の維持を妨げることとなると認められるものとして政令で定める特定

183

第3章　無形資産と技術関連契約

の種類の貨物の設計，製造もしくは使用に係る技術を特定の外国において提供することを目的とする取引を行う場合には，経済産業大臣の許可を受けなければならない旨規定する。

このような許可を受けなければならない技術の具体的な範囲は，外国為替令，「輸出貿易管理令別表第一及び外国為替令別表の規定に基づき貨物又は技術を定める省令」によって定められている。個々の技術を特定したリスト規制（武器，原子力，先端素材，材料加工，エレクトロニクス，電子計算機，通信，センサー，航法装置等，15の項目に区分して規定されている）に加え，一定の国を除いた国に対する大量破壊兵器や通常兵器の開発・製造等に利用できる技術の提供については包括的に規制の対象となる等（キャッチオール規制），規制の範囲は予想以上に広い。暗号技術等も輸出管理の対象である。

[297]　　技術の提供は書面やサンプル等の提供によるものに限られず，口頭によるものや，インターネットを通じたものであっても規制の対象となる。最近では，担当者がパスワードが付されたサーバに情報をアップロードする形で相手方に技術を提供する方法が通例化しており，輸出管理関連法令の遵守が見落とされやすくなっている。

また，取引が開始しておらず，守秘義務契約を締結して取引を行うかどうかの前提となる技術情報の交換がなされているにすぎない段階では，輸出管理法令関連の精査が不十分なおそれもあるので，十分な注意が必要である。

[297-2]　　**4　秘密情報を開示する側の留意点**

本事例とは逆に，自社が技術情報を開示する側になる場合は，情報は一旦開示してしまうと，元の状態に戻すことはできないものであることから，本当にその情報が開示してよい性質のものなのか，また開示した情報の利用の範囲や開示できる対象，秘密保持期間や秘密情報の返還等について，納得できる内容のNDAの締結なしに情報開示が先行することのないよう厳重な注意が必要である。仮にNDAの締結なしに自社の重要な技術情報を開示してしまうと，相手方がその情報を無断で利用し，他社に開示したとしても，契約違反に問えないばかりか，[295]で触れた，営業秘密としての不正競争防止法に基づく保護の要件である「秘密管理性」を喪失したことになる。たとえその秘密情報が公知になってしまっても，相手方を何の責任にも問えないという，取り返しのつ

184

3-2　[299]

かないことになりかねないからである。

Column　オープン・イノベーションと技術関連契約　　　　　　　　　　　[297-3]

　経済のグローバル化，技術開発競争の激化，そして消費者ニーズの多様化と
商品寿命の短縮に伴い，企業はこれまで以上に迅速かつ確実に，イノベーショ
ンの成果を出すことを求められている。そのためには，従来の自前主義を捨て，
限られた自らのリソースは自社のコアコンピタンスの強化に集中させるととも
に，スタートアップ企業を含む他の企業や大学といった，外部の知見・リソー
スを取り込み，自社の強みと結合することによって，価値を創造するという
「オープン・イノベーション」の取組みが益々重要になっている。オープン・
イノベーションを実現するためには，まずは適切なパートナーを選定したうえ
で，パートナーと目的，役割分担，スケジュール等を決めて研究・開発を行い，
また，その成果の取扱いについて定める必要がある。特に共同の研究・開発の
中で生まれた知的財産の帰属やその取扱いについて，自社がその成果をどのよ
うに活用してビジネスを行いたいのか，パートナーは何を得たいと考えている
のかを見極めながら，将来に向けて双方の希望が実現するよう相手方と契約を
交渉すべきである。オープン・イノベーションのそれぞれの段階で，秘密保持
契約，共同研究開発契約，共同出願契約，ライセンス契約，OEM 契約等の技
術に関連する契約を，自社の技術戦略・事業戦略・知財戦略（→［309］）に合
わせて適切にドラフティングし，締結していくことがその後の成果を活用した
ビジネスを成功に導くために肝要である。

●●本事例の考え方●●

　本事例では，当社は技術情報を受け取る側である。技術情報を受け取る側と　　[298]
しては，不合理な負担を負ったり，提供された技術情報を適切に利用できなく
なったりすることのないよう，利用目的やアクセスを過度に限定的なものとし
ない，秘密保持期間を不合理に長いものにしない等，相手方と交渉する必要が
ある。また，自社の技術への混入（コンタミネーション）のおそれについても同
時に検討しておきたい。

【事例 3-2】製造装置の共同開発──スタートアップ企業との協業　　　　[299]

　NDA の締結に先立って，当社の保有する近接，類似する分野の技術情
報を整理し，社内の開発成果について確定日付を取る等のコンタミネー

185

第 3 章　無形資産と技術関連契約

ション予防措置を取った後，A 社と NDA の条件を交渉し，当社にとって
問題のない内容で契約を締結することができた。そして，A 社について
さらにリサーチをしたところ，同社は大手メーカーを退職した，博士号を
持つ技術者 5 名が立ち上げたスタートアップ企業であり，技術力には期
待ができる一方，資金力や将来性には不安があるということが判明した。
彼らの開発した装置はラボレベルのものであり，量産に使用するには大幅
なスケールアップと，歩留まりの向上が必須である。しかし，彼らの開発
した高速抗菌加工プロセスが実現すると，大幅なコストダウンが見込まれ
ることから，技術部門は共同開発の実施を強く希望している。技術部門か
らの依頼を受け，A 社との量産用の高速抗菌加工装置の共同開発契約書
を法務部で作成することになった。共同開発契約書を作成する際に注意す
べきポイントとしては，どのようなものがあるだろうか。

着眼点

　共同開発契約では，そもそも望んだ成果が得られるかどうか不確実である。した
がって，何を達成目標とするのか，相互の役割を明確にした上で，途中で目標の達成
可能性が低いと判断した際には撤退できるよう設計することが望ましい。さらに，開
発後の事業化を見据え，共同開発が成功した際にはその成果を確実にビジネスに活用
できるよう，事業化の際のビジネスモデルや役割分担までを含めた全体構想が必要と
なる。

■■ ポイント解説 ■■

[300]　　**1　様々な知的財産権の種類とその特性の違い，国際的な保護の在り方**

　知的財産は，知的財産基本法 2 条 1 項によれば，以下の 3 種類に分類される。

①　人間の創造的活動により生み出されるもの（発明，考案，意匠，著作物，新
品種）
②　事業活動に用いられる商品または役務を表示するもの（商標，商号）
③　営業秘密その他の事業活動に有用な技術上または営業上の情報（営業秘密，
ノウハウ）

　日本法における主な知的財産権の保護対象・保護期間・登録の要否や審査の
有無を，次頁の表に整理した。

186

3-2 [300]

	保護対象	保護期間	登録の要否	審　査
特　許 Patent	発明	出願後 20 年	必要	あり
実用新案 Utility Model	物品の形状等の考案	出願後 10 年	必要	なし
意　匠 Design	デザイン	出願後 25 年	必要	あり
商　標 Trademark	ネーミング ロゴマーク	登録後 10 年 （更新可能）	必要	あり
著作物 Copyright	文芸，絵画，音楽，映画等の作品，ソフトウェア，データベース等	死後，または公表後 70 年	不要	なし
種苗（育成者権） Plant Variety (Breeder's right)	植物の新品種	登録後 25 年または 30 年	必要	あり
営業秘密・ノウハウ Trade Secret	ビジネス上価値のある情報	要件を満たす限り継続	不要	なし

　知的財産権の保護法は，日本では特許法，実用新案法，意匠法，商標法，著作権法，種苗法のそれぞれの法律と不正競争防止法がある。不正競争防止法は，営業秘密や限定提供データを保護するとともに，他人の周知・著名な商標等の不正使用を禁止しており，保護の前提として登録を必要としない。いずれも侵害者・不正使用者に対して，侵害・不正使用行為の差止めと損害賠償請求が可能となる。

　特許，実用新案，意匠，商標の産業財産権（工業所有権）は，世界的に属地主義が採用されており，当該国内でのみ有効となる。したがってグローバルに事業を展開する場合には各国の法律・制度に基づいて個別に権利を取得・維持する必要がある。その手続には多大な費用と労力がかかることから，負担軽減のための国際協調の重要性は古くから認識されており，1883 年に成立した「工業所有権の保護に関するパリ条約」（パリ条約）は，同盟国間では，「各国工業所有権独立」「内国民待遇」「優先権制度」の三原則を定めている。優先権制度とは，同盟国で最初の出願をすれば，それを基礎にして一定期間（優先期間）以内（特許・実用新案は 12 か月，意匠・商標は 6 か月以内）に他の同盟国に出願すれば，優先期間中の行為につき不利益な扱いを受けないとする制度である。

第 3 章　無形資産と技術関連契約

[300-2]　①　特　　　許

　それぞれの産業財産権につき，国際出願を効率化するための仕組みがあり，特許については 1970 年に特許協力条約（Patent Cooperation Treaty）が成立し，一定の方式で出願することにより，全加盟国でまとめて出願（PCT 出願）することが可能となった（権利の取得には 30 か月以内に国別の移行手続が必要）。PCT 締約国は現在 157 か国（2024 年 8 月時点）であり日本は 1978 年から加盟している。

　欧州では 1977 年に欧州特許庁（EPO）が新設され，欧州特許条約（EPC）に基づき，ひとつの出願で複数の欧州特許が同時に取得できるようになった。（登録後に各国で有効化手続が必要）この EPC 出願と，PCT 出願に加えて，一度の申請で複数の加盟国で統一の特許を取得でき，個別国での手続が不要な新しい特許制度として，欧州統一特許制度（European Patent with Unitary Effect）が 2023 年 6 月創設され，今後の活用が注目されている。

[300-3]　②　商標・意匠

　国際商標出願にはマドリッド協定議定書，意匠の国際出願にはハーグ協定等の国際合意があり，日本はいずれも加盟しているが，加盟国は条約・協定により異なるので，権利の種類により，権利取得を希望する国の条約・協定への加盟状況を確認の上，出願方法を検討する必要がある。

[300-4]　③　著　作　権

　著作権法も属地主義を前提とするが，ベルヌ条約（文学的及び美術的著作物の保護に関するベルヌ条約）加盟国（2023 年 12 月末時点で 179 か国）は，著作権について無方式主義を採用し，内国民待遇を著作権者に与えることが求められる。具体的な保護の在り方には各国ごとに違いがあり，米国のように他者に対して侵害訴訟を提起し，救済を得るためには，著作権登録が要請される国もあるので実際の権利行使にあたっては現地の専門家に相談されたい（Fourth Estate Public Benefit Corp. v. Wall-Street.com, 584 U.S.（2019））。

[300-5]　④　実用新案権

　実用新案権は，無審査制度の導入や保護期間の短さ，権利行使のしにくさ（権利行使には技術評価書を提示した警告が必要）等もあり，日本ではあまり使われていない。しかし，特に中国では，特許の出願から登録までの期間に権利行使を可能にするために，特許と実用新案の同時出願が，積極的に活用されており注意が必要である。また，米国のように実用新案制度自体がない国もあり，国に

よって知的財産を保護する制度には様々な違いがある。

⑤　種苗の新品種　　　　　　　　　　　　　　　　　　　　　　　[300-6]

　近年日本のシャインマスカット等の果物の優良品種の海外流出が大きな問題
となり，改正種苗法が 2022 年 4 月に施行された。種苗の移転（販売）時には，
登録品種について表示が義務付けられ，育成者権者に意図しない海外への種苗
の輸出や意図しない地域での栽培を制限する権利が認められ，育成者権者が指
定する国以外の国への持出しを禁止できるようになった。国際的な植物新品種
保護の枠組みである UPOV（ユポフ）条約（植物の新品種の保護に関する国際条約）
には，2024 年 2 月時点で 79 か国・地域が加盟しており，「新品種の保護の条
件」「保護内容」「最低限の保護期間」「内国民待遇」を基本的な原則として定
めている。

⑥　営業秘密・ノウハウ　　　　　　　　　　　　　　　　　　　　[300-7]

　営業秘密については，国によって保護法，要件や罰則が異なる。米国では従
来から UTSA（Uniform Trade Secrets Act）（統一営業秘密法）というモデル法が各州
で採択されていたが，1996 年に制定された経済スパイ法（Economic Espionage
Act）に加え，2016 年に DTSA（the Defend Trade Secrets Act.）（連邦営業秘密防衛法）
が営業秘密の保護に関して初めて連邦レベルで制定された。EU でも同年営業
秘 密 の 保 護 に 関 す る 指 令（Directive（EU）2016/943 on the protection of
undisclosed know-how and business information（trade secrets）against their
unlawful acquisition, use and disclosure）が制定されており，日本でも 2023 年に不
正競争防止法が改正され，営業秘密や限定提供データの保護が強化される等，
デジタル空間における営業秘密の窃取および不正使用の増加への対応として国
際的に保護が強化される潮流がある。

2　共同（研究）開発契約の性質　　　　　　　　　　　　　　　　[301]

　共同研究（Joint Research）と，共同開発（Joint Development）の違いについては，
明確な区分はないが，大学等と共同で実施される，比較的基礎研究に近いもの
を共同研究と呼ぶことが多い一方，共同開発は事業化に近い製品や技術の開発
を指すことが多い。ここでは共同開発契約を中心に議論する。

　共同開発契約は，相互にリソース（資金や情報・技術・ノウハウ等）を持ち寄り，
協力して一定の成果を達成することを目的とするが，その当事者の業種（素材，

第 3 章　無形資産と技術関連契約

製薬，装置，電機・自動車等）や属性（大企業，大学，ベンチャー企業等），研究の
フェーズ（基礎研究なのか，応用研究なのか，実用化段階なのか）や開発目的（新商品の
開発，新素材の用途開発，基礎研究のスピードアップ等），当事者の数，共同開発実施
の体制等によって，その内容は異なり，それぞれの当事者の置かれた立場によ
り期待するものも異なるため，定型化が難しい。

[301-2]　**(1)　共同開発の不確実性**

　　共同開発は，まだ世の中にないものを生み出すための活動であり，望んだ成
果が得られるかどうかは保証の限りではないため，共同開発契約は，元々の性
質として，多くの不確実性を含む。したがって，当事者間の思惑のすれ違いを
防ぐため，何を達成目標とするのかを明確化し，当事者の役割分担を定め，相
互に意思疎通を図りながら実施することが重要である。共同開発期間も定める
必要があるが，開発行為は予定通りに進まないことが多く，新たな技術課題が
発見されることにより，途中でスケジュールや課題設定自体を見直すこともあ
り，そもそもパートナーを変更する必要すら生じうる。よって，途中で進捗を
見極め，目標の達成可能性が低い，または想定以上の時間とコストが発生する
可能性があり，それを正当化できないと判断した際には自社の判断で撤退でき
るよう，契約の途中修正や中止の可能性も含めた設計にすることも検討に値す
る。

[301-3]　**(2)　共同開発の相手方**

　　共同開発を実施する場面としては，部品メーカーと完成品メーカーのように，
将来の供給関係を前提としたものや，本事例のように先端的な技術を有するス
タートアップ企業や大学と企業が，その技術の完成と実用化を目的とするもの
もある。直接の競争相手となりうる同業他社との共同開発は，[303]で述べる
独占禁止法上の問題を招く可能性もあるので，実施する際には慎重な検討が必
要である。実際には，大学や政府機関を含む多数当事者で構成されるコンソー
シアムで次世代技術の研究開発を行うような場合には，同業他社とも一緒に参
加する場合もある。

⑶　共同開発契約の実務

共同開発契約と一口に言っても，実際に工程を分担する等して共同で開発行為を行うものもあれば，一方当事者が試作したものを，他方当事者が評価するといった，実質は開発委託に近いような内容のものもある。また，費用負担については，各当事者が，それぞれの役割に応じて必要な費用を負担するもの，または当事者の一方が，開発に必要な全体の費用を負担するもののいずれかが多いように思われるが，これは共同開発の成果を将来どちらが商業化するのか，または当事者の資力等に応じてケースバイケースである。開発には多額の費用が必要となる場合も少なくないことから，共同開発の前にPoC（Proof of Concept）（技術検証）を行う場合，情報のみならずサンプルを受領して検証するために，MTA（Material Transfer Agreement）を締結する場合もある。

共同開発の過程で得られた発明等の知的財産の取扱いについて定めることは，特に重要であり，そもそもの知的財産権の帰属，また，登録が必要な権利については，権利化に付随する手続や費用負担等について，長期的な視野に立った検討が必要となる。発生する知的財産権は，特許や実用新案，意匠，著作権等様々なものがありうるが，ここでは特許を中心に議論する。開発を途中終了し，他のパートナーと新たに共同開発を実施する可能性がある場合には，途中終了した共同開発のために受領した相手方の秘密情報の取扱いや，得られた成果に関する知的財産の帰属等についても，その後の利用について支障のないよう，手当てが必要となる。

また，共同開発が順調に推移した場合には，その先の事業化を見据え，相手方が元々保有する知的財産権や，共同開発で得られた知的財産権を含む成果をどのようにビジネスに活用できるかといった，事業化の際のビジネスモデルや役割分担，利益分配までを含めた全体構想も必要である。ただし，最初からそこまで見通せない場合も多いと思われるので，段階を区切って，節目ごとに新たな契約を締結することを予定しておく等の工夫をしておくことが望ましい。

3　共同開発契約の主要条項と留意点

共同開発契約の中で，一般的に定めておくべき主要条項と，それらに関する留意点を整理する。

第 3 章　無形資産と技術関連契約

・共同開発の目的（Purpose/Scope of Joint Development Project）

・役割分担（Roles/Responsibilities of Parties）

・進捗報告・定例会議の開催（Management of Project/ Steering Committee）

・費用負担（Expenses/Costs）

・第三者との共同開発の制限（Restriction on Development with Third Parties）

・成果の帰属と利用（Ownership and Commercialization of Development Result）

・知的財産権の取扱い（Ownership and Handling of Intellectual Property Rights）

・成果の公表（Publications/Public Announcements）

・共同開発期間・契約の終了（Term/Termination）

・改良（Improvements）

[302-2]　　①　共同開発の目的

　両当事者の間で何を目指すのかを共通認識とするために，共同開発の目的を明確にすることは，プロジェクトの前提として重要である。そして目的は，開発の対象となる製品や，用途・目的市場等も含めてできるだけ具体的に定めておくことが望ましい。たとえば対象製品は完成品なのか，それとも完成品に使用される特定の部品なのか，汎用品なのか，特殊な用途向けなのか，工程なら製造プロセス全体なのか，特定の工程のみなのか，目指すのは製品の機能向上なのか，量産向けの製造効率化なのか等である。相手方から受領した秘密情報の利用に関して，「目的外の利用は禁止」されるのが一般的であることから，共同開発の目的は情報の利用範囲の制限とも連動する。また，第三者との共同開発の制限の範囲も，違う目的であれば許容されうる等，様々な影響がありうるため，共同開発の目的は適切な範囲で定めることが重要である。過度に狭くすると，お互いに共同開発の自由度を下げてしまう可能性がある一方，広く定義すると，他社との開発等に関して広い制約を負う可能性があるので注意が必要である。

[302-3]　　②　役 割 分 担

　そもそも共同開発は，自社にない相手方の強みを活用するための取組みであり，相手に自社が望む役割を果たしてもらうためには，契約書で明確に定める必要がある。材料の選定や設計，試作や評価，改良案の提示をどちらが担当するのか等，開発に必要となる具体的な作業を洗い出した上で，担当する当事者を明示することが望ましい。また，共同開発には装置や材料，研究開発を実行

192

する人員が必要になるが，これらについても提供する側にコストが発生することから，役割分担の中に明示しておくと相互理解を確認することができ，不要な混乱を避けることができる。

③　進捗報告・定例会議の開催 [302-4]

海外の相手方との共同開発においては，国内と違って時差や言語の関係もあり情報の入手や意思疎通が困難になるため，進捗報告義務や定例会議の開催についても予め定めておくことが望ましい。それぞれが担当する課題の進捗についての月次レポートを課す，また，共同開発の実行に係る重要事項を話し合うために定期的に会議を開催することは，相互の意思疎通を図り，期待どおりの成果を得る確度を上げるために有益である。Joint Steering Committee（共同運営委員会）を設置し，相互にリーダー・メンバーを選定し，定期的に会議を開催して進捗確認を行い，方針決定，問題発生時の対応や，成果の帰属や特許出願の可否等について定める権限を同委員会に付与し，開催や決定に関する手続を定めておくことにより，問題が大きくなる前に情報を入手し，必要な判断をする機会を確保することができる。

④　費用負担 [302-5]

費用負担については，企業同士であれば当事者双方が自己の役割に応じて負担する場合が多いが，スタートアップ企業や大学と企業との間の共同研究・開発では，企業側が費用を負担する場合が多い。また，大学との間では，計画に基づき，年度ごとの予算に応じて実行されることが多いが，管理体制が脆弱なスタートアップ企業との間では，開発費が他の用途に流用される，従業員の退職により開発が停滞する等，さまざまな問題が発生しうる。この場合の開発費の支払については，少なくとも一括前払は避け，分割で，一定の成果を達成したら支払うマイルストーンペイメントとする，想定以上の成果を上げればボーナスを支払う等，相手方のモティベーションを維持し，最後まで成果達成にコミットして貰えるよう，工夫が必要である。また，スタートアップ企業の経営の安定化を図り，共同開発へのコミットメントを得るため，開発費とは別に，スタートアップ企業に出資することもありうる。

⑤　第三者との共同開発の制限 [302-6]

共同開発は多くの場合，競合に対する優位性を獲得するために行われ，支出も伴うものであるから，共同開発の相手方が同種の開発を第三者と行うことに

第 3 章　無形資産と技術関連契約

ついて制限をかけたいという心理が働く。リソースの分散や情報のコンタミネーションを防ぐためにも，実際に共同開発契約期間中は，他社と同種または類似の開発を行うことを制限する条項を入れることが少なくない。しかし，契約期間終了後についてまで［302-2］で述べたように共同開発テーマ以外の他社との研究開発を必要な範囲を超えて禁止することは，独占禁止法上の問題を惹起する可能性がある。

[302-7]　⑥　成果の帰属と利用

　共同開発の実施によって得られた成果をどちらのものとするか，どう活用できるかの取り決めは，共同開発契約の中核ともいえる重要事項である。帰属については共有とするのか，いずれかの単独所有にするのか，また共有の場合の持ち分比率をどうするか，均等に半分ずつとするか，当事者の開発への寄与度によって持ち分比率を変えることもあり，どのように定めるのが適切か判断する必要がある。自社の自由な事業展開を確保するために，もともとの自社の事業分野の成果や，契約期間中に単独で，独自に開発したものについては単独所有を認める要請は強く，相互にそれを認める場合もある。

　共同開発の成果の利用については，成果の帰属とは別に，ビジネス上の取り決めとして定めておくべきことは多い。前述のように，将来の供給関係を想定して行った新商品開発の場合に，共同開発成果を利用した製品を，サプライヤー（材料・部品）は，メーカー（加工品・完成品）に独占的に供給したいと考えるが，購入する側のメーカーはコストダウンや安定供給確保のため複数社へ発注したいと考える，または，メーカーが，共同開発した材料のサプライヤーによる他社販売を禁止したいと考える一方，サプライヤーは，投資回収のためメーカーの競合にも販売したいと考える等，両者の利害が対立する場合がある。双方が共同開発に投下したリソースを適切に回収できるよう，共同開発成果の実施については，一定期間の独占や優先供給を認める等，相互の利害を調整し，契約で合意する必要がある。これらの点につき，何も取り決めず，共同開発が終了した後に交渉で合意しようとすると，結果的に相手方から望んだ合意が得られず，想定した利益が獲得できないといった事態に陥りかねないため，大筋で相手方の了解を得ておき，取決めの大枠と詳細は追って契約で取り決める旨を契約書に記載しておくことが不可欠である。

194

⑦　知的財産権の取扱い　　　　　　　　　　　　　　　　　　　　　　　[302-8]

　共同開発成果の中に，特許等の知的財産権の登録が可能なものが含まれていた場合，結果として得られた権利の帰属は成果の帰属の定めに則って判断されるが，単独でなされた発明は単独所有，共同または相手方の秘密情報に基づいてなされた発明は共有と定めた場合でも，個々の発明に基づく特許が，それぞれ単独所有なのか共有なのか争いになることは少なくない。実際には共同開発期間中および終了後も一定期間は，出願前に当事者間で発明の内容を確認し，その帰属についても定めるとすることも検討に値する。

　また，帰属の問題とは別に，発明の性質によっては特許出願をせず，ノウハウ（営業秘密）として秘匿すべき場合もあることから，両者で確認・判断する場を設けることは重要である。一般に，製品が販売された際に明らかになってしまう，物に関する発明は特許化すべきだが，製造方法や材料の調合比率等，製品からは直接知り得ない発明については，他者による侵害の発見が困難であることもあり，特許出願による公開を避け，ノウハウとして秘匿すべきとされている。

　共同開発の実施にあたっては，双方の既存の知的財産権を利用する必要が生じることも多い。契約前から当事者が保有する，当該共同開発に関係しうる知的財産権を Background IP と言い，共同開発中に新たに生じる Foreground IP と区別する。成果の実施にあたって，相手方の既存の Background IP や，単独所有の（Soley Owned）Foreground IP の利用が必要になることもあるので，将来必要になった時のために予め実施許諾を得る等の手当てをしておく場合もある。

　実際の権利の取得に際しては，共有の場合にどちらが手続を実行するのか，費用負担や出願対象国等について，事前に詳細に定めておくことは困難であるため，別途共同出願契約を締結することが多い。共同開発契約締結の際に，将来共有すべき発明等が発生した場合には，共同出願契約を締結する旨，定めておくことが望ましい。

　共同開発契約に基づいて得られた成果にかかる知的財産権の帰属については，少なくとも一定の範囲で共有とする場合が多いが，共有特許権者は，それぞれ単独で自ら特許を実施することができ，その自己実施には，日米いずれにおいても判例により，第三者に下請製造させることも含まれると解されている。し

第 3 章　無形資産と技術関連契約

がって，たとえば先の例のように，サプライヤーがメーカーと共同開発した
製品に関する知的財産権を共有とした場合，特にメーカー側による下請製造を
禁止する契約上の合意をしない限り，メーカー側が同じ製品を第三者に下請製
造させることが可能になることに，留意する必要がある。

　さらに，共有とされた知的財産権の利用については，各国の知的財産法制に
より相違があるので注意が必要である。たとえば，共有特許の自己実施につい
ては，上述の，第三者に下請製造させることも含めて日本の特許法では原則と
して他の共有者の合意なく可能だが（特許法 73 条 2 項），第三者への実施（利用）
許諾（ライセンス）にはほかの共有者の同意が必要である（同条 3 項）一方，米国
特許法では，いずれの場合も原則として他の共有者の同意は不要である（262
条参照）。また，中国特許（専利）法は，基本的には米国法と同様だが，他人へ
の実施許諾に関して受け取った使用料は共有者間で分配しなければならないと
規定している（14 条 1 項）。したがって，国際的な共同開発契約については，特
に知的財産権の帰属と利用について疑義の生じないよう，契約上明確に規定し
ておく必要がある。なお，オープン・イノベーション・ロー・ネットワーク編
『共同研究開発契約ハンドブック──実務と和英条項例』（別冊 NBL 149 号，商事
法務，2015）25 頁に，日本・米国・中国・ドイツにおける共有の特許権・著作
権の比較表が掲載されており，有用である。

[302-9]　　⑧　成果の公表

　共同開発成果の公表については，相手方に事前通知義務を課し，発表内容や
時期について確認・調整する機会を設けることが望ましい。一般的に企業では
自社の秘密情報の漏洩や，特許出願前に情報が公知になることを避ける必要が
あること，また技術の性質によってはノウハウとして秘匿すべき場合もあり，
事業化前の研究開発成果の公表には慎重になる傾向がある。他方，大学やス
タートアップ企業は，学術成果の発表や，投資を受けるための開発成果のア
ピールといった要請もあり，積極的かつ早期の公表を望む傾向があることから
事前の調整が必要となる。

[302-10]　　⑨　共同開発期間・終了

　共同開発期間は，必要となる期間を想定し，早期終了や延長の可能性も含め
て一定の期間を設定する。この期間中は他社との共同開発の実施が制限される
ことが多く，秘密保持期間とも連動するため，不合理に長い期間は避け，しか

196

し期間終了後も一定の義務（秘密保持・成果の帰属・利用・知的財産権の取扱い，第三者との共同開発の制限等）は残存するように規定するのが通常である。共同開発の進捗の如何によって，当初想定した開発成果の達成が困難となった場合や，当事者間の関係が悪化し，協力関係を継続するのが困難になった場合に備え，相手方との合意により，または相手方への一方的な通知により契約を終了させることができる旨を定めることもある。

⑩　改　　良　　　　　　　　　　　　　　　　　　　　　　　[302-11]

　共同開発で得られた成果物に対し，それぞれの当事者がその後も研究開発を続け，改良がなされることがある。それが改良発明として特許出願された場合，他方の当事者が成果を実施することが阻害される場合があるため，契約終了後一定期間の間，改良発明をなした場合には通知義務を課すこと，または他方当事者にライセンスすることを義務付けることも検討する必要がある。

4　共同研究開発と独占禁止法　　　　　　　　　　　　　　　[303]

　日本では1993年4月に「共同研究開発に関する独占禁止法上の指針」が公表され（2017年6月16日改定），公正取引委員会は，共同研究開発にコスト軽減や期間短縮，技術の相互補完等の競争促進的な効果があることを認めつつ，競争制限的な効果が生じるおそれがある場合に限り，問題となるかどうかを検討するという立場をとっており，共同開発の相手方が外国企業である場合にも適用される可能性がある。同指針は，共同研究開発の共同化については，大企業同士による規格の標準化など，私的独占につながる場合を規定しているほか，共同開発に伴う取り決めを①共同研究開発の実施，②成果である技術，③技術を使用した製品の3つに区分し，それぞれを不公正な取引に該当するおそれの強さによって，黒条項，灰色条項，白条項に分けて規定している。また，同指針は一般に合理的な理由なく，相手方の研究開発行為を制限することや，製品の販売について顧客や市場を分割すること等を禁止しているほか，競争関係にある事業者間で行う製品の改良または代替品開発のための共同研究開発については，参加者の当該製品の市場シェアの合計が20%以下である場合には問題とならないとして，セーフハーバーを設けている。しかし，自社のノウハウを保護するためや，製品の品質を保持するため等，合理的な理由に基づく一定期間の拘束は許容されることもあることから，具体的な事案に応じてどこまで契

第 3 章　無形資産と技術関連契約

約で相手方を拘束することが許容されうるのか，指針の詳細や公正取引委員会が公開する Q & A 等を確認しつつ検討する必要がある。

　　また，企業間の共同研究開発は業務提携の一類型でもあるところ，公正取引委員会競争政策研究センターは，「業務提携に関する検討会報告書」（2019 年 7 月）において，共同研究開発によりイノベーションが阻害され，研究開発意欲が減殺される等の悪影響が生じるような場合には，独占禁止法上問題となりうるとしている。また，脱炭素社会の実現に向けたイノベーションを促進するため，2023 年 3 月 31 日に「グリーン社会の実現に向けた事業者等の活動に関する独占禁止法上の考え方」が公表されている（2024 年 4 月 24 日改訂）。同様の規制は各国で存在し，米国では 2000 年 4 月に司法省および連邦取引委員会が競争者間の協力に関する反トラスト法ガイドライン（Antitrust Guidelines for Collaborations Among Competitors）を発表しており，欧州でも EU 競争法における水平的協力協定に関する一括適用免除の改正規則が 2023 年 7 月より施行され，研究開発協定に関する考え方がアップデートされている。いずれも日本のガイドラインと基本的な考え方は共通しているものの，具体的に規制対象となる取り決めの類型・内容については，関係する国の競争法やガイドラインを確認する必要がある（競争法概要については，→［212］）。

●●本事例の考え方●●

［304］　　本件では，A 社が開発した高速抗菌加工プロセスをベースに，当社が量産にかかる製造技術や必要条件等の情報を提供し，段階を追って共同で装置を試作し，安定的に量産できるレベルの装置の完成を目指すこととなる。上述のように両者の役割分担やスケジュール，マイルストーン等を定め，開発の結果得られた装置や知的財産権の帰属をどうするのかについて，担当部門とよく相談をしながらできるだけ明確に契約書に規定する必要がある。

　　そのため法務部門としては，共同開発事業全体を見通し，将来開発が上手くいった場合，上手くいかなかった場合にはそれぞれどうするのかといった質問を担当部門に積極的に投げかけることによって，将来の不測の事態を避けるようにしたい。また，相手方がスタートアップ企業であるという特性に鑑み，資金ショートのリスクや，開発リソースの分散の防止，モティベーションの維持

198

にも配慮した契約にすることが望ましい。

> 【事例3-3】ベンチャー企業との共同開発成果の特許出願 [305]
>
> 　Ａ社との共同開発は順調に推移し，装置の仕様も見えてきた。Steering Committee に特許出願の件が上程され，当該特許出願をどのように取り扱うか，議論となった。Ａ社は予算の都合上，Ｘ国のみの出願を主張しているが，当社は本件装置を日本で使うことになるため，日本での出願は必須である。また，Ｙ国やＺ国の子会社にも使用させる可能性があるため，広く海外出願が必要だと考えている。

着眼点

　共同出願契約の作成・交渉は，共同開発契約で定めた帰属についての原則を見直す必要がないか，検討する契機にもなる。自社の事業にとっての当該特許の重要性を評価し，権利の共有にかかる制約や，登録・維持にかかる費用等を踏まえ，その後の状況の変化にも対応できる契約とすべきである。特に海外での特許出願は，翻訳や代理人費用等，国内とは桁違いの費用がかかることから，出願国の選定について，共有相手との調整も重要となる。

■■ ポイント解説 ■■

1　共同出願にあたっての検討事項 [306]

　契約上共同出願すべき特許等の知的財産が発生した場合であっても，先で述べた共有に伴う様々な制約に鑑み，自社の事業戦略上単独所有が望ましいと考える発明等については，譲渡対価を払っても相手方から持分を取得すべき場合もある。また，出願してから登録までに拒絶され，意見書提出や補正を行う等の事務処理負担が生じる可能性があるほか，権利取得後も出願から最大20年にわたって維持費を支払い続ける義務を負うことになるため，自社にとって重要性の低いものについては持ち分比率を調整し，費用の分担を減らす，または権利を譲渡，放棄することも考えられる。さらに，状況の変化に応じて当事者のいずれかが権利期間の途中で権利を不要と判断することもありうることから，権利取得後の放棄や譲渡についても定める等，長期的な視野に立って検討する必要がある。

　国外において生じた発明については，米国のように，発明が生じた国におい

第3章　無形資産と技術関連契約

て，あるいは発明者が居住するまたは国籍を有する国において第一に特許出願を行う必要があるとする第一国出願義務制度を持つ国は多く（米国特許法184条等），また，安全保障上の理由により外国出願をするのに先立って政府当局の許可が必要とされる場合がある（外国出願許可制度）ので留意が必要である。たとえば中国では，外国出願する前に秘密保持審査を受ける必要があり，（中国専利法19条）インドでも同様の規制がある。これらに違反して他国で出願をすると，罰金が科され，当該国で権利が無効になるリスクがある。

PCT締約国の中で，国際出願の国外官庁への提出につき制限を設けている国について，WIPO「国際出願と国の安全に対する考慮事項」（https://www.wipo.int/pct/ja/texts/nat_sec.html）が参考になる。

[307]　　2　共同出願契約の主要条項と留意点

共同出願契約を締結する際に検討すべき主要な条項と留意点は以下のとおりである。これらの条項の大部分は，共同開発契約締結時点で合意できればそちらに盛り込んでおくことも考えられる。

- 対象発明（Invention）：出願前のため，社内の管理番号，発明の名称，発明者などで特定する。
- 持分比率（Ownership Racio）：共同開発契約とは違う定めをする場合に取り決める。
- 出願および登録手続（Patent Application and Related Procedures）
- 外国出願等（Foreign Applications）
- 職務発明の取扱い（Relationship with Inventor(s)）
- 第三者に対する権利譲渡および実施許諾（Assignments and Licenses）
- 持分放棄：（Abandon）持分放棄により，費用負担等の義務を免れる手続を定める。
- 第三者との紛争／権利行使（Enforcement）

[307-2]　　①　出願および登録手続

出願，審査請求，中間処理対応等，特許の登録にかかる一連の手続についてはいずれか一方の当事者が担当し，費用については持分に応じて負担するのが一般的である。主たる発明者が所属する当事者が特許の明細書の作成を行うの

200

が合理的だが，手続を担当する当事者のほうが出願内容をコントロールできることから，自社の戦略的に重要な特許については出願手続も自社が担当できるよう交渉することもある。費用は特許庁に対して支払う費用とは別に，社外の特許事務所や代理人に支払う費用が発生する。使う特許事務所や代理人によって費用が変わってくるため，特許1件あたりの想定費用を共有相手と照会・比較した上で，手続をどちらが担当するのが合理的か，相手方とすり合わせる必要がある。

② 外国出願等　[307-3]

最初の出願国以外の国での出願については，当事者の立場によって，出願の要否や，出願先，出願国数等，方針が大きく異なることが少なくない。翻訳や代理人費用等も含めて，外国での出願費用は国内とは桁違いに高くなるため，特許製品の将来性，市場戦略，海外展開の見通し，競合企業の動向等によって，どの範囲で権利を取得するかは自社の戦略に応じて判断する必要があるからである。したがって国によって一方当事者が出願を希望しない場合には，他方当事者がその権利を譲り受け，単独出願できるよう取り決める必要がある。またその場合，相手方から手続への協力が得られるよう，協力義務を定めておくことが望ましい。

さらに，特許を受ける権利を譲渡または放棄する側も，権利取得は望まないまでも自己実施は許容されるとする無償実施権を交渉する場合もある。

③ 職務発明の取扱い　[307-4]

共同出願に先立って，相手方が特許をうける権利を保有していることを確認する必要がある。具体的には，特許であれば発明をしたもの（特許法29条1項），すなわち発明者が権利を取得することになるが，職務として業務上なされた発明であれば，日本法上は，一定の要件を満たせば職務発明として原始的に会社に帰属することになる（特許法35条3項）ため，共同開発の相手方が日本企業の場合は，会社が職務発明規定等を定め，権利が会社帰属となることにつき，従業員と合意が取れていることが比較的多い。しかし，職務発明についての取扱いは国や組織によって異なり，たとえば米国では特許法上に職務発明に関する規定はなく，発明に基づく特許を取得する権利は，発明者に原始的に帰属するため，会社との間に，その権利を譲渡するための取り決めが必要となる。また，従業員との取り決めは，会社で一律に職務発明規定等として定めるのではなく，

第 3 章　無形資産と技術関連契約

個別の雇用契約または発明譲渡契約の中で定めるべきとされている。したがって，従業員に帰属する発明に関する権利が会社に譲渡されることを契約上確認しておくことは将来のトラブルを避けるために重要である。また，相手方の発明者が単独でなした発明について，自社が当該発明者から特許を受ける権利の譲渡を受ける必要が出てくる可能性もあり，相手方に対し，従業員その他の共同開発従事者から全世界における特許を受ける権利の譲渡を受けておく義務や，権利取得に協力させる義務等を課しておく必要がある。これは，海外企業との共同出願の場合のみならず，大学やスタートアップ企業等，必ずしも雇用関係にない者が共同開発に参加する場合や，職務発明規定等の社内規則が未整備の会社，従業員に権利が帰属すると定めている会社との共同開発の場合にも重要となる。

[307-5]　　④　第三者に対する権利譲渡および実施許諾

　　［302-8］で述べたように，共有特許の自己の持分の第三者への譲渡や，第三者への実施許諾について，共有相手の同意や対価の分配を必要とするか否かは国によって異なるため，契約で具体的に同意や分配の要否について定めておくのが国際契約では一般的である。また，持分譲渡については競合企業への譲渡を防ぐため，第三者に優先して共有相手に譲渡するよう優先権を定めておく場合もある。さらに自己実施における下請製造の可否についても定めておくことも一考に値する。

[307-6]　　⑤　第三者との紛争／権利行使

　　共有特許を侵害する第三者に対して，各当事者が単独で差止請求や訴訟提起ができるかについても，各国の法制が異なるため，権利行使が想定される国での権利行使の要件を調べ，相手方の協力義務を定めておくことが望ましい。権利行使には相当の費用が発生することから，相手方の参加意思を確認し，権利行使を希望する当事者が一方のみで手続を行う場合には，現地弁護士や裁判所の費用等を当該当事者が負担する代わりに，得られた損害賠償等の対価についても当該当事者に帰属するとすることが多い。

●●本事例の考え方●●

[308]　　本件では，当該特許が本共同開発成果にかかる主要な特許になることに鑑み，

3-3 [309]

A社との協議の結果，当社が出願の手続を行うこと，また，X国を第一出願国とし，その他の国については協議して，国毎に出願希望の有無を確認，持分比率等を決めることとした。また，共有特許の第三者への譲渡については，当社が優先購入権を持つこと，ライセンスについての承諾は必要だが，不合理に留保されないことで合意した。

特許の実施可能性は常に不確実で，研究開発の担当者が事業のグローバルな将来構想まで認識していない場合も多いことから，活用を意図する事業部の戦略部門の担当者からも意見を聞きつつ，適切な条件を契約に落とし込むことが肝要である。また，相手方がリソースの限られたスタートアップ企業であることを踏まえ，可能な限り当該特許からの収益の可能性を閉ざしたくない先方の意向にも配慮する必要がある。

Column　LRMと知財，知財戦略の重要性　　　　　　　　　　　　　[309]

知的財産をリーガルリスクマネジメント（LRM）の観点から見ると，第三者の知的財産を侵害してしまい，それが紛争に発展するリスクがまず挙げられる。また，逆に自社が先行して開発した技術や製品を知財で適切に保護することを怠ったことにより，他社を排除できず，逆に後発者に市場から排除されてしまうリスクも存在する。日常的にR＆D活動や，新商品やサービスの開発，新市場への進出準備を行う中で，適切に他社の知財に関する調査を行うとともに，自社の権利をタイムリーに確保することを徹底する必要がある。企業の事業活動がグローバル化する中，知財の海外における調査や，戦略的な取得も重要性を増している。

知財戦略とは，企業がその知的財産をいかに取得，保護，管理，活用し，競争優位性を確保するかについての戦略を指す。たとえば特許のみならず，ノウハウや商標，意匠等の保護期間や保護の要件が異なる様々な知的財産を適切に組み合わせ，自社製品や技術を知財で保護するのも重要な知財戦略の一部だが（知財MIX），守るだけでなく，他社にライセンスする，権利行使によって他社を排除する，他社の権利とのクロスライセンスの材料にする等の攻めに使える知財を取得し，活用することも知財戦略の重要な側面である。また，近年は他社の権利を含めた知財情報をビッグデータとして取得・分析し，市場情報等と組み合わせることによって，業種や業界の状況や他社動向を知財の視点から把握し，経営判断に資する情報を提供，経営に提言を行うIPランドスケープという活動も活発になっている。このように知財情報を活用することによって自社の事業戦略，技術戦略と連携し，新規事業へ参入や，M&A，共同開発等の他社とのアライアンスを推進するのも，知財戦略の実施の一形態であり，リス

第3章　無形資産と技術関連契約

クマネジメントの観点からは，知的財産に関するポジティブなリスクを取りに
行く行為であると言える。

　金融庁と東京証券取引所が，上場企業が行う企業統治のガイドラインとして
2015年から共同で発行しているコーポレートガバナンス・コードが2021年6
月に改訂され，他の改訂と併せて知的財産に対する投資について開示すべきこ
とが盛り込まれた。更に2022年には「知財・無形資産ガバナンスガイドライ
ン」が策定されたが，その趣旨としては，日本企業は従来から，権利を取得す
ることには熱心だが活用に必ずしも積極的でなく，知財がビジネスに有効に活
用されていないと批判されてきたが，その批判を払拭し，日本企業の保有する
無形資産を企業価値の向上に生かすべく，知財・無形資産の活用を経営戦略と
して位置づけ，その価値を顕在化させることが求められている。

[310]
【事例3-4】製造技術とノウハウのライセンス（ライセンシー）
　A社との共同開発の結果，量産に耐えうる抗菌加工装置の試作機が完
成し，共有特許の出願も進んでいる。今後試作機を日本に移送し，本格量
産に向けた体制を整えていくことになる。そこで今後の事業化に向けて，
A社が従前から保有するBackground IPについても，床材を含む，住
宅・商業施設やオフィス向けの建材分野における独占ライセンスを取得す
るよう，技術部門は契約条件の交渉を依頼してきた。ライセンス契約の締
結にあたって，どのようなことに注意すれば良いだろうか。

着眼点

　他社の保有する技術（特許・ノウハウ等を含む）を利用して事業を行いたいと考え
た場合，ライセンス以外にも特許譲渡やM&A，製造委託等，様々な協業の選択肢が
ある。相手方や担当部門の要望を受け入れるか否かだけではなく，自社にとって何が
最適なのか，ありうる選択肢を検討・吟味し，検討した上で相手方と交渉し，相互に
受入れ可能な選択肢を見つけたい。また，ライセンスはそもそも必要なのか，独占な
のか非独占なのか，その範囲や対価の設定等，検討すべき事項は多く，技術面，ビジ
ネス面，法務面の各方面から社内関係者と検討する必要がある。

■■■ ポイント解説 ■■■

[311]　　1　協業の選択肢

　他社の保有する技術を活用したいと考える場合，最もシンプルな解決策として
は同社からのライセンスの取得が考えられるが，その他にも対象特許やノウ

204

ハウの譲渡を受けることや，スタートアップのような小規模な会社の場合，相手方の将来性や保有技術の重要性次第では会社ごと買収するという選択肢もあり得る。自社の意図するのが，製品の販売なのであれば，相手方への製造委託等の選択肢も存在する。また，先方の置かれている状況によっては，工場や仕入れ先，顧客，従業員も含めた事業買収や，JV の設立（→第 4 章）の可能性もあり，自社の戦略と優先順位，割けるリソース（払える金額）に応じて，様々な協業の選択肢を検討したい。しかしここでは比較的使用頻度が高いと思われるライセンス契約を中心に議論する。

2　ライセンス契約の性質と多様性 [312]

　一般に，知的財産権のライセンスの本質は，権利者が保有する権利に基づいて，権利者が行使しうる差止請求権や損害賠償請求権の不行使請求権であるとされており，ライセンス契約は，その不行使が約束される範囲を策定する役割を持つ。また，ライセンス契約においては，秘密保持契約や共同開発契約に比べて権利者であるライセンサーと，その利用者であるライセンシーとの間に圧倒的な力関係の不均衡が存在する。契約締結に向けた交渉においても，決裂した場合，ライセンサーは他のライセンシーを探せば良いだけだが，ライセンシーはその技術を使った事業を諦めざるを得ない状況になる。したがって，多くの場合ライセンサーは，許諾条件を一方的に決めたり，ライセンシーに様々な要求をしやすい立場にあり，従前から各国の独禁当局もそれを認識し，ライセンサーによるライセンス許諾にあたっての契約条件が競争を阻害し市場の健全な発展を妨げるものになっていないか，その許容される範囲を示すべく，ライセンス契約に関するガイドラインを発行している（その詳細については［316］で述べる）。

　ライセンス契約は，ビジネスで非常に広く使われている契約類型ではあるが，その対象となる知的財産の種類や当事者の立場，使用される場面や目的，業界慣行等に応じてその内容は非常に多種多様であり，一括りに論じるのは極めて難しい。市販ソフトウェアのパッケージライセンスのように，実際には売買に近いものもある一方で，通信技術の規格のライセンスのように，ある機能を持つ製品を製造販売するためにパテントプールから多数の権利者の大量の特許を一括でライセンスする場合もあり，同業他社との間で大規模なクロスライセン

第3章　無形資産と技術関連契約

ス契約を結ぶ業界もある。ライセンスの対象を特許やノウハウ等の技術に絞ったとしても，その技術の完成度，代替技術の有無，権利の存続期間等によりその価値は大きく異なり，当事者の技術力や業界での地位，製造・販売能力等の個別の事情により，ライセンス契約の内容には限りないバリエーションがあり得る。

　ここでは，例として製造業における事業者間の製造技術のライセンスを取り上げるが，製造技術ライセンスの場合は，特許のみならずノウハウも併せてライセンスすることがあり，またライセンシー側にライセンス料の支払以外にも，設備投資等の大きな投資負担を伴うものも少なくない。また，製品の製造に使う原材料の購入や，第三者への製造委託やサブライセンスの可否等についても，ライセンスに付随して取り決めることがある。特許ライセンスとノウハウライセンスは，権利の性質の違いから，その性質，内容にも違いがある。特許は公開・登録された情報なので，有効性や権利範囲，存続期間に関して注意を要するが，ノウハウはそもそも公開されない情報なので，開示義務を規定する必要があり，秘密保持が重要性を増す。それに伴い，契約終了時に返還義務等が発生する場合もある。契約では両方を含めて一本のライセンス契約とすることも多いことから，漏れ抜けのないように作成する必要がある。

　かつて日本は欧米先進国から技術導入を受けることが多かったが，近年は海外のグループ会社に日本で開発した技術をライセンスし，収入を得る場面が増えており，技術料収支は大幅なプラスで推移している。しかしデジタル分野，ソフトウェア等を含む著作権分野では米国等の先進国への支払が増え，マイナスが続いている。国際ライセンスの場合，国際税務の観点からもいくつか注意すべき点がある。海外子会社からのロイヤルティの受取，海外で技術指導を提供する場合や，海外のライセンサーに対するロイヤルティの支払等に関して，それぞれ両国間の租税条約の内容や，国内外の税務当局の動向，移転価格税制やPE課税等に関する国際間のルールを確認しておくことが望ましい（［317］にて詳述）。

[313]　**3　ライセンス導入にあたっての検討事項**

　他社からライセンスを取得するきっかけとしては，自社内での調査の結果，障害となる特許が発見された場合や，本事例のように共同開発成果の事業化の

ため，または権利者からの警告に基づき，ライセンスの取得を余儀なくされる場合等，様々である。しかしいずれの場合も，対象となる特許の内容や範囲，有効性や有効期間の確認，想定される自社製品との抵触性等の確認は必須であり，契約交渉が決裂した際には訴訟等の紛争に発展する可能性もあることから，自社の知財部門や，特許事務所等の外部専門家との連携が不可欠となる。

　ライセンス導入は，多くの場合事業の遂行にあたって一定の金額（ロイヤルティ）を継続的に負担することになるため，会社にとっての重大な事業上の判断になり得る。事業部門と売上計画とライセンス導入に伴う負担を確認し，許容できる条件の範囲とその決定権者が誰になるのか，社内でどのレベルでの決裁が必要か等を事前に確認する。

　また，ライセンス導入にあたって，自社が相手方から何を得る必要があるのか検討する。ライセンスの対象として，必要なのは特許のみなのか，関連するノウハウ等の技術情報も含める必要があるのか，ライセンス製品の製造設備を新たに購入する必要があるのであれば，必要な装置のスペックやメーカー，工場のレイアウト図等の関連情報を相手方から入手することや，製造ノウハウを習得するために，相手方から対面での技術指導を受けることを契約に盛り込む場合もある。

4　ライセンス契約の主要条項と留意点　　　　　　　　[314]

　ライセンサーおよびライセンシーのそれぞれの視点から，ライセンス契約に盛り込むべき主な条項とその留意点を以下の通り概観する。また，ここでは特許とノウハウのライセンスを前提として解説する。

- 定義（Definition）：ライセンス特許，ライセンス製品，ライセンスノウハウ，許諾地域等
- 実施許諾（Grant of License）
- 再実施許諾（Sublicense）
- 製造委託（Have -made）
- ノウハウの開示（Disclosure of Licensed Know-how）
- 対価（Payment）
- 契約期間・契約の終了（Term/Termination）
- 改良技術の取扱い（Improvements）

第3章　無形資産と技術関連契約

・侵害（Infringement）
・保証（Warranties）
・監査（Audit）
・不争義務（Incontestability）・非係争条項（Non-assertion of patents provision）

[314-2]　①　定　義

　定義条項で，ライセンス対象となる特許や，開示を求めるノウハウや技術情報，許諾される技術の実施対象となるライセンス製品等を特定し，ライセンス製品の製造・販売等が可能となる国・地域等を定める。ライセンス特許が複数ある場合には別表でリスト化する。出願中のものや，契約締結後に発生するライセンサーの将来の同分野の特許を含める場合もある。また，対応する外国特許や分割，継続出願等の関連出願を含める必要がないかを確認する。

　ノウハウの定義については，その外延を明確に定めるのは難しいが，ライセンス製品の製造のために，合理的に必要または有益な，ライセンサーが契約締結時点で保有する情報等のように必要とするノウハウの範囲を可能な限り特定する。ライセンス製品の定義は，当該ライセンス契約に基づいて製造・販売できる製品の範囲や用途等を規定するもので，同時にロイヤルティの支払対象となる製品を特定するものになるため，双方にとって極めて重要である。型番等で特定し，限定するのか，またはライセンス特許やノウハウを使用して作られる将来の製品も含めるのか，許諾技術の他用途への転用可能性等を含めて検討する。

[314-3]　②　実　施　許　諾

　ライセンス対象となる技術をどの範囲で使えるのかを定める実施許諾条項は，ライセンス契約の最も重要な条項である。ライセンシーは，一定の範囲で他事業者の参入を阻止するために独占ライセンスを希望するのか，競合他社の参入の可能性を容認し，非独占とするのか，当然ながら独占ライセンスのほうが対価は高額になるため，自社の戦略や競合の参入難易度等に基づき，払える対価との兼ね合いで検討する。なお，独占の場合には，ライセンサーは他の第三者に，ライセンシーに付与したのと重複する権利を許諾しないという不作為義務を負うことになるが，ライセンサー自身による同分野での実施行為が許容されるのか否かについても明確にする必要がある。

208

3-4　[314-5]

　日本には独占ライセンスについて，特許庁で専用実施権として登録できる制度がある（特許法77条・98条1項2号）。専用実施権者は，ライセンサーと同様に，侵害者に対して差止めや損害賠償請求ができ，かつライセンサー自身も専用実施権が設定された範囲では権利を実施することができないという独占的な地位を獲得する。しかし，登録の煩雑さやコストの問題もあり，実際にはあまり使われていない。登録されない独占的なライセンスは，独占的通常実施権と呼ばれ，2011年の特許法改正で，通常実施権者であっても，許諾特許が譲渡された場合に第三者に対抗できるようになっており（特許法99条），実務上はこちらが活用されることが多い。海外にもライセンス契約の登録制度がある国もあるが，いずれにせよライセンサーによる実施の可否は，将来問題になる可能性があるため，契約上で明確にしておくことが望ましい。

　実施許諾の範囲については，特許権の実施行為である生産，使用，譲渡等，譲渡等の申し出（特許法2条3項）の許諾をまとめて得るのが一般的だが，販売先の見込み等に基づき輸出や輸入についても権利を得る必要があるか検討する。また，特許の実施行為に該当するか否かにかかわらず，当事者間でのトラブル回避のため，研究開発や販売促進活動への利用の可否についても明確にしておくことが望ましい場合もある。

　③　サブライセンス　　　　　　　　　　　　　　　　　　　　　　　　　[314-4]

　サブライセンスとは，ライセンシーが，ライセンサーから付与された権利の全部または一部を第三者にさらに実施許諾すること，またはされた権利を指すが，サブライセンス権は，ライセンサーから特別に付与されない限り，当然に許諾されるものではない。サブライセンスの要否はライセンサー・ライセンシーのそれぞれの考え方や戦略によるが，多くのライセンシーに技術を許諾し，幅広くライセンス料を徴収したいライセンサーにとっては，サブライセンスを認めたほうが，より広く同技術を普及させることに繋がる。ライセンシーにとっても，自社の戦略により，自ら許諾製品を製造・販売するだけでなく，自らの子会社や第三者にサブライセンスして市場を拡大し，その対価の一部を自分のものにすることにより，追加で収益を得られる可能性がある。

　④　Have-made権　　　　　　　　　　　　　　　　　　　　　　　　　[314-5]

　ライセンシーが第三者に下請製造を委託する（have-made）権利は，先で触れた共有特許権者が自己実施をする権利の中に下請製造させる権利が含まれてい

209

第 3 章　無形資産と技術関連契約

【サブライセンス】ライセンシー，サブライセンシー双方が販売

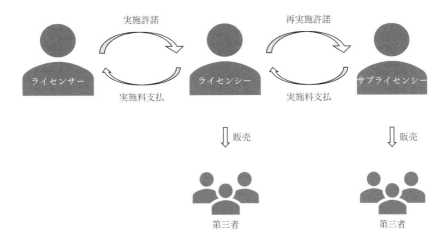

【Have-made（下請製造）】製造受託者は全量をライセンシー（委託者）に納入

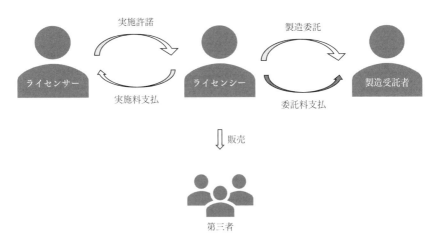

るのと同様に，少なくとも日米両国において，特に禁止されていない限り，ライセンシーに許諾された特許の製造販売にかかる実施権の中に下請製造させる権利が含まれていると解され，ライセンシー自身の実施と同視される（大判昭和 13 年 12 月 22 日民集 17 巻 2700 頁「模様メリヤス事件」，最判平成 9 年 10 月 28 日集民 185 号 421 頁「鋳造金型事件」等。Corebrace LLC v.Star Seismic LLC,566 F.3d1069（Fed.Cir. May

22,2009）。したがって，ライセンサーがライセンシーによる第三者への下請製造を禁止したいと考える場合には，have-made 権はない旨を契約で明確に規定しておく必要がある。また，下請製造に該当するか否か，当事者間で見解に齟齬が生じる可能性もあり，下請製造の可否，およびどの範囲で下請製造が可能か，明文で確認しておくことが望ましい。

ライセンスの譲渡可能性については，ライセンサーは通常技術力や販売力，支払能力等を評価した上でライセンシーを選定することから，譲渡は望ましくないためライセンサーの事前の承諾がない限り譲渡不可とされ，承諾なく譲渡された場合には解約できることが定められていることが多い。実際の契約書ではサブライセンスの可否や下請製造（have-made）の可否，ライセンスの譲渡可能性についても実施許諾条項の中で一緒に記載されることも多い。

⑤　対　　価　　　　　　　　　　　　　　　　　　　　　　　　　　[314-6]

対価についての取決めも，ライセンス契約の重要な条項の一つである。ライセンサー側は，開発費の回収や，権利の維持，権利行使等にかかる費用の回収および収益の最大化を考える一方，ライセンシー側は，自社開発のリスクの回避，時間や費用の節約，訴訟の回避の対価として，最低限のコストに抑えたいと考えるため，双方の隔たりは大きい。また，対価の設定の仕方や支払の時期，一時金の有無や，マキシマム・ロイヤルティ，ミニマム・ロイヤルティの設定等，対価の支払についての考え方はそれぞれの会社，業界，技術分野や慣習によって様々で，一定の考え方があるわけではない。支払の対象となる技術が特許のみなのか，ノウハウも含むのかによって，対価の組立や支払時期に影響がある場合もある。

最初に対価を一括で支払う場合（lump sum payment）もあれば，売上に連動しない一定の金額を払い続ける場合もあるが，最も一般的なのは売上に連動したロイヤルティ（running royalty）で，それに一時金（upfront payment）組み合わせることも多い。ロイヤルティは，売上に一定料率（royalty rate）を掛けるか，Unit Price（製品一個につき一定額）を定め，販売量に応じて支払ういずれかの方法が多い。

一時金は契約締結に伴い確定金額が無条件に支払われるもので，契約締結時点では事業が成功するか否かは不明なため，ライセンシーには負担が大きい。ロイヤルティは，売上や販売量の多寡に影響され，ライセンサーにとっては不

第3章　無形資産と技術関連契約

確実なものとなるが，ライセンシーにとっては，実績に応じて支払えばよいため比較的負担が小さい。それぞれをどれぐらいの金額，比率で支払うかは，世間相場や，販売計画，利益予測等を踏まえ，当事者間の交渉で決まるものとなる。

　ロイヤルティの算定根拠となる売上は，契約期間中の許諾製品の正味販売価格（Net Sales Price）とし，運賃や梱包費，税金や保険料等を除き，返品やサンプル，値引きや交換品についても調整した金額に，一定の料率を掛けて計算するのが一般的である。ライセンシーは自らの売上の実績を報告し，それに応じたロイヤルティの支払を行う必要がある。

　ライセンシーにとって，毎月報告や送金を行うのは煩雑なので，半期毎，四半期毎といった頻度で送金するよう交渉することが多い。ライセンシーは，ライセンス契約を遵守し，適切な集計・報告・支払ができるよう，社内体制を構築し，契約期間中維持・運用していく必要がある。契約期間が長期にわたり，途中担当者が変わったり，新たな許諾製品が出てきたりして，運用に混乱が生じることも少なくないため，許諾製品の特定，売上の集計，ロイヤルティの算定がある程度シンプルで，容易に履行可能であることを確認しておく必要がある。

　また，独占ライセンスの場合，ライセンサーは，許諾技術からの収益をライセンシーに依存することになり，もしもライセンシーの事業が上手くいかない場合は収益の機会を失うことになるため，高額な一時金やミニマム・ロイヤルティ等を設定して確実な収益を確保するとともに，ライセンシーの実績が振るわない場合は契約から離脱する術を考えておく必要がある。ライセンシーにとっても，事業が伸びない中でミニマム・ロイヤルティを負担し続けるのは合理的ではなく，契約を解除するまたは非独占契約に転換して負担を軽減した上で事業を継続することも選択肢となる。

[314-7]　⑥　契約期間・契約の終了

　先に述べたようにライセンシーは，ライセンスの導入とともに多額の設備投資等をすることがあり，一時金の負担等もあるので，投資回収ができるよう，権利が使用できる期間はできるだけ長いことが望ましい。しかし，許諾特許が失効してしまえば，その技術は誰にでも使えるものとなるため，ロイヤリティ支払の根拠が失われる。したがって，特許ライセンスの場合には，ロイヤルティ支払期間は特許の存続期間と連動させることが多い。複数の特許が許諾さ

212

れている場合には，最後の特許のクレーム（請求項）が失効する時までと規定される。

許諾技術にノウハウが含まれている場合，その取扱いは自明ではない。ノウハウは陳腐化する，または公知になる等の事由のない限り，その価値が失われるものではないため，継続してロイヤルティを徴収する根拠となり得る。しかし，特許権失効後も継続して失効前と同じ料率のロイヤルティを課すことは，消滅した特許に関して使用料を課していると見做され，独占禁止法の禁止する不公正な取引方法に該当するおそれがある。また，特許の失効とともに契約を終了させると，契約終了後はノウハウの使用もできなくなるため，ライセンシーとしては，許諾製品の製造を継続する場合には，特許の失効後は料率を変更して契約を存続させる，または契約は終了するが，終了後もノウハウを無償で利用できる旨を定めておくなどの対応が必要となる。

⑦　改良技術の取扱い　　　　　　　　　　　　　　　　　　　[314-8]

製造技術のライセンスに基づいて，ライセンシーが製品を開発，製造，販売する中で，様々な知見を得，契約期間中に許諾技術の改良発明をするということがある。改良技術の開発はライセンシー，ライセンサー双方にとってメリットとなりうるが，ライセンシーが単独で改良技術の特許権を取得すると，許諾技術の利用を阻害するおそれがあるため，ライセンサーはライセンシーの改良技術について，特許を受ける権利の共有や，少なくとも利用許諾権を望むことが多い。

実際にライセンス契約中に，改良発明の発生時の通知義務や，ライセンサーへの権利の譲渡（assign back）や許諾（grant back）についての規定を設けることが少なくないが，改良技術の開発者はライセンシーであり，その権利をライセンサーに譲渡する，またはライセンサーに独占ライセンスを与える義務を課す等の行為はライセンシーの開発意欲を削ぐものであると同時に，ライセンサーの地位をさらに強化し，競争を阻害しかねないもので，日本では独占禁止法の不公正な取引方法に該当する可能性が高い。この改良技術の取扱いについては各国でも問題視されており，ライセンサーへの権利の譲渡や利用許諾について規制を設けている国が多い。ライセンサーとしては，非独占ライセンスの許諾にとどめる等の配慮が必要となり，対価の支払の要否についても当該国の規制を確認する必要がある。また，ライセンサー側が改良発明をなす可能性もある。

第3章　無形資産と技術関連契約

これはそもそも許諾される権利の定義に将来発生する改良技術を含めることで対応できるが，ライセンサー，ライセンシーが相互に改良技術について開示義務やライセンス義務を課す場合もある。

[314-9]　⑧　侵　　害

　特許を対象とするライセンス契約において，ライセンス契約を結んで，対価を払ってライセンス技術を使用しているライセンシーにとって，同じ技術を第三者が支払をせずに勝手に使用している状況が放置されると，ライセンシーは競争上不利な立場となるため，ライセンサーに無断使用をしている第三者に対し，権利行使し，侵害を排除する義務を負わせたいと考える。しかし，ライセンサーからすると，権利行使は多額の費用がかかる上に特許の有効性を争われる可能性もあり，侵害排除義務まで負うのはリスクが高い。[312]で述べた，ライセンサーは，権利の不行使を約束しているに過ぎないという観点からは，侵害排除義務まで負わせるのは難しいという考え方が優勢で，ライセンサーは，ライセンシーに侵害発見時の通知義務を課し，権利行使するか否かの裁量を持つとするのが一般的である。ライセンシーは，自身は差止請求権を有していないため，第三者に対する侵害排除について，ライセンサーに努力義務を課す，またはライセンサーが何らアクションを取らない場合に，ライセンス料の減額を求めること等が考えられる。

　他方，独占ライセンスの場合には，ライセンシーは独占的に権利を実施するために対価を支払っているのであり，ライセンサーに侵害排除義務があるとする余地はある。さらに日本では，専用実施権を設定すれば，専用実施権者は自ら損害賠償請求権以外に，差止請求権も行使することができる。実務的には相互に協力義務を課し，侵害者に対し当事者のいずれかまたは共同で対応するかを定め，和解交渉や差止請求，訴訟提起を行うことになる。和解の内容は双方に大きな影響を与えるため，相手方の事前同意を必要とすることが多い。費用負担は対応する者が全額負担，または一定割合で分担すると取り決める場合もある。

[314-10]　⑨　保　　証

　上述のライセンス契約の本質に鑑みると，ライセンサーは，権利の不行使を約束しているに過ぎず，ライセンス技術の実施とその成否はライセンシーに委ねられており，ライセンシーの技量や原材料の調達可能性，種々のカントリー

リスク等，海外での実施には様々な不確実性があることから，ライセンサーは積極的に権利が有効であり，結果として目的が達成できることを保証することは可能な限り避けたいと考える。

　特に有効性に関しては，いつ第三者から無効審判の請求をされるかわからず，その結果次第で無効になってしまうので，ライセンサーには極めてリスクが高い。しかし，契約上の別段の合意がない限り，ライセンサーは契約に適合した権利を許諾する義務があると考えられ，特許の有効性や目的達成についても保証義務が課せられる可能性があるため，ライセンサーとしては明文で保証の不存在または保証範囲の限定を規定しておく必要がある。しかし，［316］で述べるように，法律で強行法規としてライセンサーに一定の保証義務を課す国もあるので注意が必要である。他方，ライセンシーとしては最低限，許諾特許の維持や，矛盾する内容の契約の不存在，係属中の紛争の不存在等の保証を得たいと考える。具体的な内容は両者の合意で定めることになるが，ライセンサーが負う保証違反の責任は，最大でも受領したライセンス料の範囲内に留まると定めることも多い。

　⑩　監　　査　　　　　　　　　　　　　　　　　　　　　　　　　　　［314-11］

　ライセンシーからの実績報告や対価の支払は，⑤で述べたとおり基本的にライセンシーの自己申告に基づくものになるため，その申告内容に虚偽や遺漏がないか確認するため，ライセンサーによる監査権が設定されることが一般的である。ライセンシーは，一定期間，記録保存義務を負い，ライセンサーから監査依頼が来た時には，合理的な範囲で協力する義務を負う。海外の大手企業がライセンサーの場合，実際に監査権を行使してくることが多いため，ライセンシーは監査条項についても，対応に無理がないよう，事前通知義務や，頻度や期間の制限を設け，通常の業務時間の範囲で他業務に支障をきたさず対応できるよう，条項を確認するべきである。

　実際にロイヤルティの計算に過誤があった場合，ペナルティとしての加算金や，監査に要した費用が請求されることになるため，契約内容からの逸脱がないよう，先方と理解をすり合わせておくことが望ましい。また，監査の結果，ライセンス料の支払で過払があったことが発覚したとしても，支払済みの対価はいかなる場合も返還されないと契約で記載されていることが一般的である。返金は得られないまでも，将来分に充当することは可能か，相手方と交渉の余

第 3 章　無形資産と技術関連契約

地はあると思われる。

[314-12]　⑪　不　争　条　項

　　ライセンス契約の中で，ライセンシーは許諾された権利の有効性を争わない
という不争義務（Incontestability）を定める場合がある。ライセンサーから見る
と，許諾技術の有効性に疑問を持ち，有効性を争ってくるようなライセンシー
とはライセンス契約を結ぶ理由がなく，締結後に有効性を争うなら，契約を解
除した上で差止めや損害賠償等の対抗措置をとりたいと考える。しかし，契約
締結後に無効事由が発見されたにもかかわらず，ロイヤルティを払い続けるの
はライセンシーにとって酷な場合もあり，有効性に疑問がある特許が放置され
ることもまた，競争法の観点からは望ましくない。

　　このように，ライセンサーがライセンシーに不争義務を課すことは，日本で
は独禁法上当然に違法とは言えないが，問題となりうるとされているため，不
争条項は無効となる可能性がある。しかし，ライセンシーが有効性を争った場
合に，ライセンス契約を解除する旨を定めることは原則としては問題ないとさ
れているため，解除条項の中に規定することは実務上有効であると一般的に考
えられている。

[315]　　　　　　　　Column　Tech Giants とのライセンス契約
　　　実務では，しばしば海外のプラットフォーマーと言われるような誰もが利用
　　する製品・サービスを提供する巨大 IT 企業や，その他の一定分野で特に強い
　　技術や製品を持つ企業からライセンスを受ける場合，彼らの圧倒的な購買力や
　　市場での影響力を背景に，非常に一方的な条件での契約の締結を求められるこ
　　とがある。その特徴的な条件の一つに，非係争条項（non-assertion of patents
　　provision），いわゆる NAP 条項がある。平成 20 年のマイクロソフト事件（公
　　取委審判審決平成 20 年 9 月 16 日審決集 55 巻 380 頁）では，マイクロソフト社
　　（以下 MS）が，Windows の PC を OEM 製造販売する事業者に対し，
　　Windows による特許侵害を理由に MS または他のライセンシーに対して訴訟
　　を提起しないことを誓約させていた非係争条項が，不当な拘束条件付取引に該
　　当すると判断された。NAP 条項は，ライセンシーが現在または将来保有する
　　権利を，ライセンサーまたはライセンサーの指定する第三者に対して行使しな
　　いことを約束させるもので，⑦で述べたライセンス技術の改良技術のグラント
　　バックよりも，広範かつライセンスと無関係な権利不行使を約束させるもので，
　　その合理性には疑問がある。公正取引委員会の「知的財産の利用に関する独占
　　禁止法上の指針」では，ライセンサーがライセンシーに非係争義務を課す行為

216

は，ライセンサーの地位を強化することにつながる，またはライセンシーの研究開発意欲を損ない，新たな技術開発を阻害するような場合には不公正な取引方法に該当しうるとされており，実務上も安易にこのような条件に同意することは避けたい。

5　ライセンス契約と独占禁止法，その他の規制法　　　　　　　　[316]

　各国の競争当局は，どのような行為がその国・地域において競争法違反に該当するのか，事業者の予測可能性を向上させるため，各種のガイドラインを発行している（競争法概要については，→［212］）。

　ライセンス契約に関しては，我が国では，公正取引委員会の「知的財産の利用に関する独占禁止法上の指針」が2007年に制定され，2016年に改正されている。同指針では，権利者が他者に当該技術を①利用させないようにする行為，②利用範囲を限定して許諾する行為，③利用を許諾する際に相手方の活動に制限を課す行為を対象とし，それらに対する独占禁止法の適用に関する考え方を明らかにしており，事業活動が国内外のいずれで行われるかを問わず，日本市場に影響が及ぶ限りにおいて独禁法が適用されるとしている。その中で，ライセンサーがライセンシーに対し，ライセンス製品の販売価格等の制限，研究開発活動の制限，改良技術の譲渡義務（assign back）や，独占的なライセンス義務（grant back）を課す行為は，原則として違法であるが，それ以外の制限行為についてはライセンス技術を利用している事業者の市場シェアの合計が20％以下または利用可能な代替技術が4つ以上あれば競争減殺効果は軽微であると捉えられるとし，セーフハーバーを設けている。改良技術の妥当な価格での有償譲渡，改良技術を共有とすること，および非独占ライセンスを課す行為は許容されうる。また，改良技術の報告義務は問題ないとされている。さらに，原材料，部品に係る制限，ライセンサーの一方的解約権，技術の利用と無関係なライセンス料の設定，権利消滅後の制限，抱き合わせ一括ライセンス，不争義務，非係争義務，競合技術排除や競争品の取扱制限等も合理的な理由がなく，公正競争阻害性を有する場合には不公正な取引方法に該当しうる。

　また，スタートアップとの契約に関しては，公正取引委員会と経産省が，2022年に「スタートアップとの事業連携及びスタートアップへの出資に関する指針」を策定しており，NDA，PoC契約，共同研究契約，ライセンス契約や出資契約に着目して契約の考え方を示しており，参考になる。

第 3 章　無形資産と技術関連契約

　米国では 2017 年に知的財産のライセンスに関する反トラスト法ガイドライン（Antitrust Guidelines for the Licensing of Intellectual Property）が改正され，欧州では技術移転一括適用免除規則（TTBER）が 2014 年にガイドラインとともに改正された（規則 316/2014）。中国でも国家工商行政管理総局により施行された「知的財産権の濫用による競争の排除または制限行為の禁止に関する規定」が 2023 年に改正され，国務院の独占禁止委員会からも，2019 年に「知的財産権分野に関する独占禁止指南」が出されている。これらの指針は，ほぼ日本と同様の考え方を含んでいるが，何を問題視するかについては国や地域によって温度差がある。特に中国のガイドラインは，不当な高値でのライセンスを問題視する等，欧米や日本とは異なる考え方を含むため，注意が必要である。なお，後者の指南は共同研究開発に関する規定も含んでいる。

　ライセンスを規制する法律は独占禁止法に限られず，たとえば中国では，国際ライセンスについては技術輸出入管理条例に基づき，契約の届出義務があり，ライセンス料の支払（海外送金）のために登録が必要となっている。また，技術輸出入管理条例は強行法規となっており，2019 年の改正によりライセンサーによる非侵害の保証義務と改良発明をライセンシーに帰属させる規定は撤廃されたものの，未だに技術の完全性や目標達成を保証する義務が課される等，ライセンサーの義務は日本や欧米に比べ加重されている。また，新興国の中には，海外からのライセンス契約について，期間を制限し，契約終了後は技術を自由に使用できるといった法律がある国もあるので注意が必要である。重要なライセンス契約を締結する際には，現地の専門家と相談し，当局から効力を否定されることのないようにしたい（アンダーソン・毛利・友常法律事務所『実務で役立つ世界各国の英文契約ガイドブック』（商事法務，2019）242-253 頁で，インドネシア，マレーシア，フィリピン，シンガポール，タイおよびベトナムにおける特許ライセンス契約に関する各国法の概要が紹介されている。必要に応じて参照し，最新情報も確認されたい）。

[317]　　6　ライセンス契約と国際課税

　国際ライセンス契約の締結にあたっては，国内契約では意識することのない，いくつかの論点が存在する。外為法上の規制は代表的なものであるが（→[269]），ここでは税務面での主なものを 3 点挙げる。まず，自己の海外にあるグループ会社にライセンス許諾する場合には，グループ会社に許諾する対価が，

同じ権利を独立した第三者に許諾する場合に比べて，低廉なものにならないよう配慮する必要がある。なぜなら，知的財産の価値算定は難しく，グループ内で対価を自由に決め得るため，グループ会社間のライセンス契約は，一般に両者間の利益の移転に利用されることが多いとされており，高課税国である日本から，グループ会社の所在する低課税国に利益を移転するために低廉なロイヤリティを設定しているとして，移転価格税制（→[453]）に基づき当局から是正を求められ，ペナルティを課されることがあるからである。移転価格は，ライセンシーであるグループ会社の所在国の当局から，ロイヤリティが過剰に高額である，または期間が長すぎる等の指摘を受けることもあり，その妥当性につき，独立企業間価格であると客観的に説明可能な状態にしておくと同時に，グループ会社の所在国の法制度や運用の状況を確認しておくことが望ましい（国際課税の基礎については，→[439]）。

　次に，海外の企業に対して特許ライセンスとともに，ノウハウを提供する場合，自社の人員を海外に一定期間派遣し，技術供与先の工場に駐在させて技術指導を行う場合がある。この場合，滞在期間が一定期間を超えると（国連モデル条約では年間183日），相手国の税務当局からPE（恒久的施設）（→[488]）と認定され，日本側で受領した技術移転の対価がPEの収入であると認定されて課税され，派遣した従業員の給与にも個人所得税が課されることがあり，国によってはかなりアグレッシブな運用がされているので注意を要する。こちらについても，相手国との租税条約（→[440]）の内容および現地法に基づくPE認定の要件や，課税当局の執行の動向を注視しておく必要がある。

　最後に，ロイヤリティを海外のライセンサーに支払うためには日本側で所得税の源泉徴収が必要であるところ，相手国との租税条約の内容によっては本来20％の税率が低減，免除されることがある。その恩恵を享受するためには租税条約の内容を確認し，相手方から必要な書類を入手した上で，税務署に届け出を行う等の手続が必要となる。いずれも社内の財務部門・税務部門と連携して対応し，問題の回避に努めるとともに，問題が起こった際には，外部専門家とも相談し，タイムリーに対応できるようにしておきたい。

第3章　無形資産と技術関連契約

●●本事例の考え方●●

[318]　本事例では，A社が従前から保有するBackground IPのライセンスを取得することとしたが，独占ライセンスの対価について合意が難しかったことから，結局サブライセンス権付きの非独占ライセンスとし，ただし，5年間は当社と同じ建材分野で他社にライセンスを許諾することは禁止することで合意した。ライセンスされる技術は全て装置に関するものなので，当社は同装置で使用するコーティング剤について単独で特許を出願し，対象装置の販売先に対して材料を販売するビジネスも検討している。スタートアップ企業との契約交渉は，落としどころを見つけるのが難しい場合もあるが，当社側の工夫で妥当な解決が図れることもあり，クリエイティブな解決方法を考えるのも法務担当者の腕の見せ所とも言えよう。

[319]
> **【事例 3-6】新興国企業への製造委託（OEM）**
> 　当社の100％子会社であるBY社は，軽量・高性能な自転車の部品を日本で製造し，国内のみならず海外に向けても輸出している。その品質は海外でも高く評価され，欧州や米国はもとより，アジアでも富裕層向けの需要が拡大している。しかし近年，BY社の部品とそっくりな模倣品を製造・販売する会社が出てきており，対策を検討している。調べてみたところ，V国のD社の製品は，BY社の輸出品の20％も低い価格ながら，同等に近い品質を備えているらしい。D社に模倣品については，特許権と意匠権侵害の警告状を出すと同時に，ライセンスの可能性も打診してみようかと考えている。しかし，BY社がV国では権利の登録はしていないことや，アジアのマーケットの成長速度を考えると，同社にOEM製造委託をして，BY社の名前で販売することができないか，検討したいとの相談が来た。

着眼点

　自社製品の第三者へのOEM製造委託は，頻繁に行われているが，委託によりコストダウンが可能になる一方で，品質の確保が難しいという側面もある。また，委託先によってはOEM受託ではなく，ライセンスを望む場合もあるため，自社の戦略と相手方の要望，メリット・デメリットを勘案し，適切な契約の種類を選択して自社の戦略の実現を図る必要がある。

220

3-6　[320]

■■■ ポイント解説 ■■■

1　製造委託と OEM, OEM とライセンスの違い　　　　　　　　　　　[320]

　自社製品の第三者への製造委託は，様々な業種で頻繁に行われており，OEM は製造委託の一つの類型である。製造委託は，製造プロセスの一部または全部が対象となりうるが，OEM は製造プロセス全体を他社に委託する形で行われることが多い。

　OEM とは，Original Equipment Manufacturing または Manufacturer の略であり，他社ブランドの製品を製造すること，またはその製造者を指す。ライセンスの場合も，ライセンシーがライセンス製品の製造を行うが，OEM とライセンスには，どのような違いがあるのだろうか。以下では，OEM とライセンスとの性質の違いと，使われる場面を検討する。OEM 製造は，アパレルや食品，雑貨，製薬，機械，自動車等，様々な場面で使われるが，ここでは機械や部品等の製造業における OEM を前提にする。

　OEM, ライセンスいずれの場合も，基本的には委託者／ライセンサーからすると，他社に自社の技術を使って製品を製造させる，受託者／ライセンシーからすると，他社の技術を使って製品を製造することになるが，ライセンス契約においては，ライセンシーはライセンサーの技術を使って，自社の事業として許諾製品の製造・販売を行うもので，そもそもライセンシーの要請に基づいて締結されることが多い。これに対して OEM 契約では，受託者（OEM 事業者）は，委託者の技術を使って，委託者のために製品を製造して引き渡すことになり，通常は委託者の要請に基づいて締結される。

　一般的な OEM は委託者が製品開発や設計を行い，受託者には製造のみを委託する。製品は全て委託者が買い取り，販売は委託者のみが，委託者の名前で行うのが通常で，受託者による OEM 製品の販売は許容されない。これに対してライセンスの場合には，ライセンシーは，許諾された技術を使って，自社で製品を開発，設計，製造し，ライセンシーの商品として販売するのが一般的である。ライセンサーは，ライセンシーから実施料収入を得るのに対し，OEM 委託者は，受託者に委託費を支払い，受託者から納入された製品の販売によって収入を得ることになる。

221

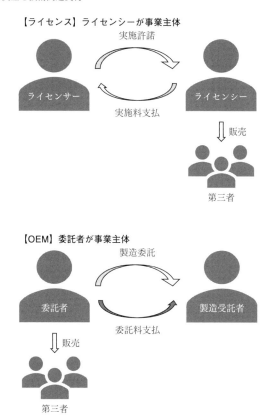

　なお，実際にはライセンサーがライセンシーから許諾製品を買い取って，ライセンサー名で販売する場合や，OEM受託者が，受託したのと同種の製品を自社ブランド名で既に販売している場合，OEM委託者と受託者が製品を共同開発する場合等もあり，両者の区別がつきにくいことや，両方の取引が併存することもある。また前述（→ [314 5]）のように，ライセンシーが have-made 権を使って OEM 製造をする場合もあるが，そもそもの概念を正しく理解しておく必要がある。

[321]　**2　OEMのメリット・デメリット**

　委託者にとって OEM のメリットは，自社で工場を設立し，装置を購入，人員を雇用して製造するより，時間やコストを節約しつつ売上を拡大できること

が挙げられる。また，自社工場を運営する場合と違って他社の工場を充足する責任は必ずしもないので，調達量のフレキシビリティもメリットの一つとなる。反対に受託者にとっては，生産量の拡大による収益の確保や，工場の稼働率の向上によるコストダウン，自社の販売能力の補完や，委託者のノウハウ提供による自社の技術力の向上も期待できるというメリットがある。

委託者のデメリットとしては，自社で製造するのに比べて製品の品質を担保するのが難しくなること，また製造ノウハウ等の技術流出や自社の製造に関する競争力の低下が懸念され，委託先が競合になる可能性がある。受託者のデメリットとしては，生産量が委託者の需要に左右されるため安定しないこと，自社製品として販売できないため，市場でのブランド力が育たないこと等が挙げられる。

3　OEM 契約における留意点　　　　　　　　　　　　　　　　　　[321-2]

まず，委託者・受託者間で決めるべきこととして，当該契約を売買契約（OEM Production and Supply Agreement）と構成するか，役務提供契約（OEM Service/Consignment Agreement）とするかという問題がある。原材料の調達や，金型・装置の購入等を委託者・受託者どちらが行うか，また委託者が提供する場合でも，有償で提供するのか無償で提供するのかによって，受託者が受け取る対価やその名目も変わってくる。受託者にとっては，売買と構成し，原材料や製造装置等も自分で手配するほうが自身の裁量・取り分は増え，反対に役務提供とし，委託者が無償提供するものが多ければ多いほど，受託者の裁量・得られる対価は小さくなる。基本的には当事者の技術力や購買力等に鑑みて決定すべきだが，クロスボーダーの OEM 取引では売買契約とすることが多いように思われる。

しかし，両者の区分はそれほど厳格ではなく，ケースバイケースで両者の中間的な性質を有する契約となる場合が多い。OEM 契約は法律に基づく明確な定義はないので，所有権の移転や危険負担，保証等についても，契約で詳細に定める必要がある。また，OEM 契約は長期にわたって取引が継続することが多いため，信頼に値する相手方を見極め，良好な関係を築いてゆくことが望ましい。

OEM 契約の主要な論点としては以下のものがある。

第 3 章　無形資産と技術関連契約

　　・発注量・発注方法（Ordering Volume /Procedure）
　　・仕様・原材料・金型・装置の提供（Specifications/Raw Material/Mold/Equipment）
　　・商標の使用（Use of Trademark）
　　・品質管理・検査　（Quality Control, Inspections）
　　・秘密保持（Confidentiality）
　　・競合製品の取扱い（Production of Competitive Products）
　　・第三者の権利侵害・製造物責任（Infringement/Product Liability）
　　・契約終了・解除（Termination）

[321-3]　　①　発注量・発注方法

　OEM 契約における受発注については，委託者にとっては安定供給を確保したい一方，発注量の柔軟さも重要であり，受託者にとっては安定受注が得られることこそが重要であるため，予め双方の落としどころを探る必要がある。最低発注ロットや，リードタイム，発注予測（Forecast）の提供等を定め，受託者は委託者による発注が契約条件を満たす限りにおいて，受注義務を負うと定めることが多い。また，年間最低発注量や，供給キャパシティ保証等を入れる場合もある。

[321-4]　　②　仕様・原材料・金型・装置の提供

　OEM 契約において，対象製品の仕様の決定と原材料についての取決めは極めて重要である。委託者としては，自社製品として販売するものの品質を担保するためにも，製品の仕様は可能な限り詳細に定め，契約書に添付する等して書面化しておくことは必須である。製品の性質によっては色合いや風合い等，言語化が難しい場合もあり，その場合は製品サンプルを提供し，その保管を義務付ける。原材料については，製品の品質を大きく左右する可能性があり，受託者に調達を任せると途中でより安価なものに変更され，品質が劣化したり，含有される物質等が委託者の基準に適合しないものになる可能性もあることから，重要な原材料については委託者が提供するか，しない場合には供給者や型番・等級等を指定する，また変更時には委託者の承認を得る等の厳格な手続を定める必要がある。

　委託者が金型や装置，治具等を無償提供する場合には，受託者の倒産等に備えてそれらの所有権が委託者に帰属することが分かるよう，マーキングして区別して管理することを義務付けることが必要である。原材料についても，他用

途に転用等されることの無いように，他目的での使用禁止を定めるほか，製造単位あたりの使用量を定めて，管理責任を負わせる等の条項を設けることもある。

③　商標の使用 [321-5]

OEM取引においては，委託者の商標を，製品に付すことが多いことから，その管理も委託者の重要な関心事となる。商標がどのように使われるべきか，表示されるサイズや色，場所等についても委託者は受託者に詳細なマニュアルを提供し，自社製品として販売するに相応しいものであることを確保する必要がある。また，商標の無断使用や無断登録を禁止し，商標を付した製品の委託者以外への販売を禁止する等，自社のブランドを保護するために適切な契約上の措置を講じることが重要である。委託者の商標を，販売予定地域で事前に登録しておくことは当然の前提である（商標権の登録については→［449］）。商標以外の委託者の知的財産権を受託者に使わせる場合もあるが，その場合も受託者による販売を許容しない場合には商標と同様に無断登録や他社販売，目的外使用等を禁止する必要がある一方，受託者による販売を許容する場合にはライセンス許諾となるので，ロイヤルティ等の支払を義務付けることになる。

④　品質管理・検査 [321-6]

OEM製品が，委託者の定める仕様書や品質基準に合致することを担保するため，受託者に対して厳格な出荷前検査を義務付けることが一般的である。検査基準についても，全数検査とするのか抜き取り検査とするのか，その基準等も詳細に定め「検査マニュアル」として受託者に提供する等して，有効な検査体制を構築する必要がある。また，検査の記録も問題発生時に備えて一定期間の保管義務を課し，委託者の要請に応じて報告を受けられるようにしておく。また，出荷前検査のみならず，製造設備や治具・金型等の適切な管理や，指定した原材料の使用，商標の適切な使用やマニュアルの遵守状況等についても立ち入り検査ができるよう，委託者の監査権を定めることも検討に値する。

⑤　秘密保持・競合品の取扱い [321-7]

OEM取引では委託者から受託者へ，製造ノウハウや使用する原材料・検査基準等，多くの秘密情報が開示されることがあり，また受託者も製造能力やコスト等について委託者に秘密情報を開示する。特に委託者は，その秘密情報やノウハウが，競合ブランドの製品や，受託者自身の製品に流用されないよう，秘密情報の目的外利用の禁止や，契約終了時の情報の返却，以降の使用禁止等

第3章　無形資産と技術関連契約

についても定めておくことが重要である。また，具体的に競合品・類似品の受注・製造を一定期間禁止する取決めを入れる場合もある。

[321-8]　④　第三者の権利侵害・製造物責任

OEM 取引においては，受託者が製造した商品が委託者名で販売されるため，商品に問題があり，第三者に損害を与えた場合，委託者・受託者双方が責任に問われる可能性がある。想定される主な場面としては，商品が第三者の知的財産権を侵害した場合，または商品の欠陥により利用者が身体や財産に損害を被った場合である。いずれの場合も具体的に問題が発生した際にどちらがどのように対応するのか，役割分担と責任の所在を契約で定める必要がある。受託者は製造物に対して一次的な責任を負うことから，実務的には受託者の PL 保険の付保状況を確認することも重要である（製造物責任については，→［220］）。

●●本事例の考え方●●

[321-9]　本件では，BY 社は海外市場に関し，自前で工場を設立して海外進出するよりも，リスク・コストを抑えた他社との協業による販売量の拡大を志向していることから，ライセンスと OEM 両方の可能性を踏まえて相手方の状況と出方を探ることになった。D 社については，D 社の企業情報（上場・非上場の別，株主の状況等），財務状況等を可能な範囲で調べた上で，警告状を送付し，面談を申し入れた。話し合いの結果，D 社は自社での販売に限界を感じており，BY 社からの OEM 製造を受託することに同意した。法務担当者としては，BY 社の戦略と提案しようとしている契約が合致しているか確認した上で，その実現を可能な限り支援していくことが望ましい。また，将来 D 社が競合となることへの対策として，D 社への資本参加の可能性についても，社内では検討していくこととした。

[322]　┌─────────────────────────────────
　　　│【事例 3-7】知的財産権を巡る国際紛争
　　　│　当社は，当社の製品 α を B 国に輸出しているが，B 国の Y 社が，当社
　　　│の α が B 国における Y 社の特許権を侵害すると主張して，日本の裁判所
　　　│において当社に対する訴訟を提起した。この訴訟において Y 社は，①当
　　　│社による α の製造の差止めと α の B 国への輸出の差止めを求めるととも

226

に，②αのＢ国への輸出によって被った損害の賠償を主張している。Ｙ社は，Ｂ国において甲という技術についての特許権を有しているが，当社がこの甲という技術を使ってαを製造したことがＢ国法上の特許権侵害行為にあたるというのがＹ社の主張である。Ｙ社はこの甲という技術について日本では特許権を取得していない。日本での訴訟では，いずれの国の法が適用されるのだろうか。

着眼点

　知的財産権に関する国際的な紛争が増加している。知的財産権を巡る国際私法，国際民事訴訟法のルールについて，基本的な理解を備えておくことが必要である。

■■ ポイント解説 ■■

1　知的財産権を巡る国際的な紛争 [323]

　特許権，著作権，商標権，意匠権，ノウハウ等の知的財産権を巡る国際的な紛争が訴訟で争われるケースが増加している。こうした知的財産権を巡る国際的な紛争事例では，どこで争うか，いずれの国の法律が適用されるか，が重要な問題となる。また，ある知的財産権を用いたビジネスが複数国で行われている場合には，複数国で同時に訴訟が行われることも珍しくない。たとえば，2012年以降，米国のアップル社と韓国のサムスン社がスマートフォンに用いる技術を巡って相互に特許権侵害があったとして争っている事例では，日本を含む10か国ほどで数十件の訴訟が提起された。

　知的財産権を巡る法的紛争が生じた場合には，まず，どこで争うかが問題となる。契約に関する紛争については，当該契約に仲裁条項があれば当該仲裁条項に従って仲裁を申し立てることになるだろうし，専属的裁判管轄を定める条項があれば専属管轄を有する裁判所に訴えを提起することになるだろう（専属的裁判管轄を有するとしても定められた管轄裁判所が自社にとって大変不利な場合，当該条項の有効性を争うことも考えられないわけではないが，対等な当事者間の契約ではそうした主張が認められる可能性は乏しい）。

　他方，契約に関する紛争でない場合や，契約に関する紛争であっても，仲裁合意や専属管轄条項がない場合には，どこで訴訟提起するかを検討する必要がある（紛争を仲裁に付すことを新たに当事者間で合意することも考えられる）。どこで訴訟を提起するかを考える際には，訴訟遂行の便宜，自社にとって望ましい結果

第 3 章　無形資産と技術関連契約

が得られる見込みに加え，仮処分などの暫定的な処分の要否（訴えを提起しないと暫定的な処分が得られないような国もある）や勝訴判決を得た際の執行の便宜等についても総合的に検討する必要がある。

　日本の裁判所が知的財産権を巡る紛争に国際裁判管轄権を有するかについては，民事訴訟法の定める国際裁判管轄の規定によって定まる。知的財産権のうち特許権のように登録によって成立するものについて，その存否や効力が争われている場合には，日本の裁判所が専属的な裁判管轄権を有する（民事訴訟法 3 条の 5 第 3 項）。外国で登録された知的財産権の成立や効力それ自体が争われているような事案については，日本の裁判所は国際裁判管轄を有しないと考えられる。

　知的財産権の侵害を理由として差止めや損害賠償が求められている事案については，判例は損害賠償請求はもとより，差止めについても，民事訴訟法 5 条 9 号に定められる不法行為地管轄に含まれるとしており（最決平成 16 年 4 月 8 日民集 58 巻 4 号 825 頁），加害行為あるいは結果発生地が日本にあれば，日本の国際裁判管轄が認められる。なお，日本において事業を行う者の営業秘密であって日本において管理されているものを不正に取得したり，不正に取得されたものであることを知りながら取得・使用等した者に対する訴えは，専ら日本国外での事業の用に供される営業秘密である場合を除き，日本の裁判所に訴えを提起することができる（不正競争防止法 19 条の 2 第 1 項）。

[324]　　**2　知的財産権についての準拠法**

　知的財産権を巡る法律問題にいずれの国の法が適用されるかについて，法の適用に関する通則法には知的財産権のための特別の規定は設けられていない。また，知的財産権を巡る法律問題といっても多様であり，問題の性格によって適用されるべき法は異なりうる。

　このような準拠法の問題を考える前提として重要なのは，知的財産権は各国の法が特に認めた権利であることを前提として，知的財産権が認められるのはその知的財産権を認めている国（保護国と呼ばれる）の領域内に限られるといった属地主義の原則が存在する点である。たとえば，日本およびドイツにおいてある技術について特許権を有する A 社が，ドイツにおける当該技術についての特許権に基づいて製造された製品を B 社が日本に輸入する行為（並行輸入と呼

228

ばれる）を差し止めることができるかどうかが争われた事例において，最判平成9年7月1日民集51巻6号2299頁（BBS事件）は，「属地主義の原則とは，特許権についていえば，各国の特許権が，その成立，移転，効力等につき当該国の法律によって定められ，特許権の効力が当該国の領域内においてのみ認められることを意味するものである」と述べている。

　知的財産権の侵害を理由として差止めや損害賠償が請求されている場合の準拠法については，米国法に基づく特許権が侵害されたとして，日本での製造・輸出の差止めと損害賠償が求められた最判平成14年9月26日民集56巻7号1551頁が，差止めの問題と損害賠償の問題を分けて検討している。

　最判平成14年9月26日では，差止めが認められるかどうかは特許権の効力の問題であると性質決定されるべきであるとしたうえで，特許権の効力については法例（現在の「法の適用に関する通則法」）には直接の定めがなく，①特許権は国ごとに出願および登録を経て権利として認められるものであること，②特許権について属地主義の原則を採用する国が多く，それによれば，各国の特許権が，その成立，移転，効力等につき当該国の法律によって定められ，特許権の効力が当該国の領域内においてのみ認められるとされていること，③特許権の効力が当該国の領域内においてのみ認められる以上，当該特許権の保護が要求される国は登録された国であること，に照らせば，特許権と最も密接な関係があるのは当該特許権が登録された国であり，条理により，特許権の効力については特許権が登録された国の法が適用されるべきであるとした。そのうえで，米国特許権は米国内のみで効力を有するにもかかわらず，米国特許権に基づき日本での差止めを認めることは，日本が採用する属地主義の原則に反するものであり，公序に反するとして，米国特許法の適用を排除し，結論として，米国特許法に基づく差止めを認めなかった。

　一方，損害賠償の問題については不法行為として性質決定したうえで，米国の特許権の侵害によって米国で権利侵害が発生したかどうかが争われているので不法行為地は米国であるとした。そのうえで，多数意見は，日本で不法行為の成立が認められるためには，日本法上も不法行為であると認められる必要があるが（法の適用に関する通則法22条1項を参照），日本の特許法は属地主義の原則を採用しており，領域外で行われた行為について特許権侵害として違法とすることはしていないとして，不法行為の成立を否定した。

第 3 章　無形資産と技術関連契約

　以上のような最判平成 14 年 9 月 26 日の判旨には様々な批判もあるが，たと
えば，差止めについては保護国法によるとし，損害賠償については不法行為の
準拠法によるといった枠組みは，著作権侵害を理由とする差止め・損害賠償が
求められた裁判例（知財高判平成 20 年 12 月 24 日民集 65 巻 9 号 3363 頁など）におい
ても採用されている。

[325]　　3　並行輸入・国際消尽

　知的財産権に関する国際的な問題としては，並行輸入の問題がある。並行輸
入とは，外国で当該外国法上正当に知的財産権を有する者から当該知的財産権
の対象である物品を購入した者が，当該物品を日本に輸入することであり，こ
のような並行輸入が日本の知的財産権者の権利を侵害することになるかどうか
が問題となる。

　並行輸入に関する日本法の状況は，権利の性格の違いも反映し，特許権，商
標権，著作権で異なる。

　特許権について参考となる既述の最判平成 9 年 7 月 1 日は，並行輸入の差止
めが認められるかどうかは日本の特許法の解釈の問題であるとしたうえで，
「我が国の特許権者又はこれと同視し得る者が国外において特許製品を譲渡し
た場合においては，特許権者は，譲受人に対しては，当該製品について販売先
ないし使用地域から我が国を除外する旨を譲受人との間で合意した場合を除き，
譲受人から特許製品を譲り受けた第三者及びその後の転得者に対しては，譲受
人との間で右の旨を合意した上特許製品にこれを明確に表示した場合を除いて，
当該製品について我が国において特許権を行使することは許されない」として，
差止めを否定した。このような結論について最判は，「特許製品を国外におい
て譲渡した場合に，その後に当該製品が我が国に輸入されることが当然に予想
されることに照らせば，特許権者が留保を付さないまま特許製品を国外におい
て譲渡した場合には，譲受人及びその後の転得者に対して，我が国において譲
渡人の有する特許権の制限を受けないで当該製品を支配する権利を黙示的に授
与したものと解すべきである」，「他方，特許権者の権利に目を向けるときは，
特許権者が国外での特許製品の譲渡に当たって我が国における特許権行使の権
利を留保することは許されるというべきであり，特許権者が，右譲渡の際に，
譲受人との間で特許製品の販売先ないし使用地域から我が国を除外する旨を合

230

意し，製品にこれを明確に表示した場合には，転得者もまた，製品の流通過程において他人が介在しているとしても，当該製品につきその旨の制限が付されていることを認識し得るものであって，右制限の存在を前提として当該製品を購入するかどうかを自由な意思により決定することができる」と述べている。本判決は特許権の国際消尽の考え方に初めて判断を下した判決として注目を集めた。

商標権については，最判平成 15 年 2 月 27 日民集 57 巻 2 号 125 頁が，「商標 [326] 権者以外の者が，我が国における商標権の指定商品と同一の商品につき，その登録商標と同一の商標を付したものを輸入する行為は，許諾を受けない限り，商標権を侵害する（商標法 2 条 3 項，25 条）」としたうえで，「そのような商品の輸入であっても，①当該商標が外国における商標権者又は当該商標権者から使用許諾を受けた者により適法に付されたものであり，②当該外国における商標権者と我が国の商標権者とが同一人であるか又は法律的若しくは経済的に同一人と同視し得るような関係があることにより，当該商標が我が国の登録商標と同一の出所を表示するものであって，③我が国の商標権者が直接的に又は間接的に当該商品の品質管理を行い得る立場にあることから，当該商品と我が国の商標権者が登録商標を付した商品とが当該登録商標の保証する品質において実質的に差異がないと評価される場合には，いわゆる真正商品の並行輸入として，商標権侵害としての実質的違法性を欠く」とした。このように考えることが適切である理由について判決は，「上記各要件を満たすいわゆる真正商品の並行輸入は，商標の機能である出所表示機能及び品質保証機能を害することがなく，商標の使用をする者の業務上の信用及び需要者の利益を損なわず，実質的に違法性がないということができるからである」と説明している。

著作権については，著作権法 26 条の 2 において，国際消尽の考え方（著作者が有する著作物の譲渡権は，当該著作物が適法に譲渡された段階で消尽するという考え方を国際的にもあてはめ，国外で適法に譲渡された時点で消尽し，著作者はその後の譲渡を制限できないという考え方）に従った明文の規定が置かれている（26 条の 2 第 2 項 5 号）。

●●●本事例の考え方●●●

本事例では特許権侵害による差止め・損害賠償の可否が問題となっており， [327]

第 3 章　無形資産と技術関連契約

日本の裁判所では，Ｂ国法に基づく差止めは認められず，損害賠償についても認められない可能性が高いのではないかと思われる。

第4章

合 弁 契 約

【事例 4-1】N 国の X 社から技術提供と出資の要請を受けた！

[328]

　当社は，精密機械分野で世界的な有力ブランドと最先端技術を有している日本の会社である。このたび，N 国の X ホールディングス社から当社の国際営業部にアプローチがあった。X ホールディングス社は，N 国における同業メーカーである X プロダクツ社の 100％親会社であり，N 国の実業家一族として有名な X 一族がその全ての株式を所有している。X ホールディングス社からの提案は，当社が特許を有する技術を X プロダクツ社に提供するとともに，X プロダクツ社に対する出資（持分の一部譲受けによる）をしないかというものであった。

　当社は，かねてから有望なマーケットである N 国での事業展開を狙っていた。しかし，同国に駐在員事務所を置いてはいるものの，ようやく情報収集を開始したばかりでほとんど知見がないので，X プロダクツ社に出資をし，X ホールディングス社との合弁会社とすることによって，迅速に N 国マーケットに新規参入できることは大きな魅力である。しかし，X プロダクツ社は，同国に工場，原材料供給ルートと製品販売網を持っているものの，資金力，ブランド力，技術力には乏しく，製品開発力も脆弱な，旧態依然たる老舗企業である。当社が出資し，N 国マーケット開拓の中核企業とするのであれば，相当な力を注ぎ込んで近代化を進める必要があるだろう。そのためには，当社としては少なくとも 50：50 の折半出資，できれば過半数を得て経営の主導権を握ることが望ましいと考えられる。

　さらに，社内的には，出資は時期尚早であり，技術・販売提携による市場参入からスタートすることによって，まずは X プロダクツ社のパートナーとしての適性を見極めるべきであるとの意見がある。また，仮に出資するにしても，当社としては X プロダクツ社の業態を把握していないこ

233

第4章　合弁契約

とから、いきなりXプロダクツ社に出資するよりは、新たに合弁会社を設立して必要な資産だけを獲得するほうがよいとの意見もあり、経営陣も方向性を決定しかねている状況である。

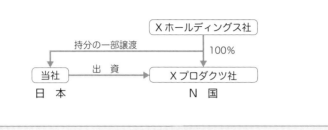

着眼点

国際的な企業提携を進めるにあたって、大まかな流れを事前に理解しておきたい。また、企業提携には様々な目的と態様があることを理解する。

ポイント解説

[329]　**1　企業提携の目的**

企業が国際的に事業展開をしようとする際には、自社の支店や工場、100％子会社等を設置して単独で海外に進出する場合もあるが、他の企業と事業提携に関する契約を締結したり、合弁会社を設立したりする場合も少なくない。

他の企業と提携して事業を進める理由には、①他の企業と提携することによって、事業に要する費用や、事業に伴うリスクを他の企業と分配し、費用やリスクを削減すること、②自社が持っていない他社の様々なリソース、たとえば、資金、技術、販売ネットワーク、人脈、人材、ブランド、ノウハウ等を活用すること、③国際的な競争に生き残るために他社の力を借りての事業規模の拡大や事業分野の統合・拡大・整理等を行うこと、④現地の法制において、外国企業単独での進出が許されておらず現地の企業との合弁等が求められていること、⑤言語、宗教その他の文化的要因から現地企業の助けを借りずに単独で事業を行うことに様々なリスク要因を感じること等が考えられる。

[330]　**2　企業提携の態様**

ある企業が、自前主義を捨て、経営資源の効率的な利用や、自らが持たない

234

外部の経営資源の利用，あるいはリスクやコストの分散を目的として他の企業と提携して事業を進めることは，グローバル競争を勝ち抜くための方法としても極めて一般的である。このように他の企業と提携して事業を進めようとする場合の態様には，大きく分けて，契約型と合弁型が考えられる。

　契約型——他の企業との間で一定範囲での事業協力等に関する契約を締結することによって，企業提携を行うものである。上記の例では，X プロダクツ社との間で技術開発や販売に関して協力することを内容とする契約を締結することが選択肢のひとつとしてあげられている。契約型は，合弁型に比べて参加事業者間の結合度が希薄で，多くの場合は債権債務関係に止まり資本関係が生じない非団体的結合であり，事業目的も個別的かつ一過性であることが多い。もっとも，単なる債権債務関係に止まらないパートナーシップや民法上の組合・匿名組合等が構成されているかどうかは，その実態に着目し，準拠法に基づき判断することになる。例として，シンガポール Partnership Act 1890, 2020 Revised Edition（https://sso.agc.gov.sg/Act/PA1890）2 条の判断基準などを参照されたい。また，我が国民法における組合契約の要件は「出資」と「共同の事業」についての合意であるが，たとえば共同技術開発で開発費用の負担や労務，情報等の提供があり，当事者が事業遂行に関与する権利を持ち，その成功に利害関係を有することにより，これらの要件が充足されたと判断される可能性もあろう。また，非典型契約関係ないし債権債務関係の集合体である場合でも，共同事業性が顕著なものから必ずしもそうとはいえないものまである（たとえば，戦略的提携契約といいながら，実態は単なる情報や取引機会の相互提供と，将来的な共同事業機会の検討努力を規定したにすぎないものなど）。

　合弁型——他の企業と共同で合弁会社を設立することが考えられる。合弁会社とは，複数の企業が共同で事業を行うためのビークル（Vehicle= 本来は乗り物という意味だが，ここでは手段や導管といった意味合いが強い）として，各社がそれぞれ一定の割合の持分を出資して設立・経営するものである。合弁会社の設立の手法としては，新たに合弁会社を設立することもあれば，上記の例におけるように，他の企業の 100％子会社に出資（持分の一部譲受けを含む）をすることによって，当該子会社を合弁会社化することもありうる。

　外国で事業を行う際に，単独で子会社を設置する場合と比べて，現地の企業との合弁を行うことによるメリットとしては，企業提携の目的と基本的に重な

第 4 章　合弁契約

るが，投下資本を節約したりリスクを分散したりできること，合弁相手の有する技術・経営資源・ノウハウ・販売ネットワーク等を活用できること，現地企業の人脈を利用できること，現地の文化や慣行等についての現地企業の知識を活用できること等があげられる。他方，意見の対立によって意思決定が遅延したり，事業方針が定まらない，撤退が困難になったりするおそれがあるほか，資金の使い方について対立や不正が起きたり，技術等に関する情報が相手方に流出してしまう，合弁が失敗した場合の責任を巡って争いになる等のリスクがあるといったデメリットも存在する。

　なお，提携先が常に現地の企業であるとは限らない。たとえば欧米の企業との合弁会社を第三国で設立することも行われている。この場合に，提携先の欧米企業がすでに当該国に進出していれば，提携先のノウハウを頼ることになるが，そうでない場合は，現地の企業との契約型の提携を同時に行うという選択肢もあるであろうし，合弁会社の役員または重要な管理職に，現地の経験豊かで優秀な人員を配置することが必要になってくることもあろう。

[331]　　**3　企業提携の流れ**

　このように他の企業と提携する際の大まかな流れは以下のようなものである。

　① 　提携に向けた交渉を行う前提としての秘密保持契約の締結

　提携に向けた交渉を行うためには，様々な企業情報や技術情報をやりとりする必要があることから，そうした情報の取扱いに関して規定する秘密保持契約（Non-Disclosure Agreement〔NDA〕や Confidentiality Agreement〔CA〕といったタイトルが付されることが多い）が締結される（秘密保持契約については，→ [283] 以下を参照）。また，提携交渉を行うこと自体を秘密と位置付ける場合もある。

[332]　　② 　提携内容についての検討・協議

　具体的な提携の内容を検討・協議し，詰めていく。たとえば，提携する事業の範囲はどのようなものか，提携は契約によるか，合弁会社を設立するか，提携事業に関する意思決定やガバナンスの仕組みはどうするか，各社は提携事業に何を（資金，技術，人材等）どのような形で提供するか，当面の提携期間としてどの程度の期間を定めるか等について協議する。

[333]　　③ 　Letter of Intent の締結

　これらの協議が進み，提携のストラクチャーがある程度固まり，双方とも今

4-1　[335]

後の交渉を続けていく意思がある場合には，暫定的に合意されたストラクチャーや今後の交渉の方向性を確認的に記載するとともに，一定期間は他社と同種の交渉はしないことを約束させる目的などで，Letter of Intent（LOI）または Memorandum of Understanding（MOU）（LOI と MOU のいずれについても一般にタイトルとしてよく用いられるが，内容についての実質的な差異はあまりない。漢字圏であれば，基本協議書や協議意向書などと呼ばれたりもする）といった書類が作成されることが多い。この場合，当初の秘密保持契約については，LOI とは別途存続させる場合もあるし，秘密保持条項を LOI に盛り込むことによって終了させてしまうこともある。

④　デュー・ディリジェンス（Due Diligence, DD）　　　　　　　　　　　　　[334]

②がある程度煮詰まってから，あるいは，秘密保持契約が締結された段階で②と並行して，事業提携に必要な範囲で，相手方企業の財務や経営，提供される技術等の状況についてのデュー・ディリジェンス（詳細は→事例4-2）を行う。契約型の事業提携の場合に，工場視察やマネジメントインタビューを超えた詳細なデュー・ディリジェンスを行うことはあまりないが，資本を投下して新たに株主または持分保有者になるような場合には，詳細なデュー・ディリジェンスを行い，子会社化または関連会社化することについて法律上，会計上および税務上のコンプライアンス問題を抱えることにならないか検討しておくべきことが多い。また，既存会社に出資する方法により合弁会社化する場合などで，提携先の技術やブランド等を頼りにしている場合には，当該技術やブランド等が権利化され当該会社により適法に保有されているかを確認しなければならないし，許認可事業である場合は，許認可が全てそろっているかを確認しなければならない。また，工場を保有するような場合には，工場設備が必要とするレベルで稼働できるか，環境問題はないか，工場用地や施設の権利関係に問題はないか等を確認しなければならない。詳細は後述するが（→事例4-2），このように，提携の方法，出資対象等に応じて，デュー・ディリジェンスの範囲，深度等をどの程度とすべきか個別に判断していかなければならない。デュー・ディリジェンスの結果，提携は取りやめるべきとの判断に至ることも多く，本格的な提携に向けた重要な作業として位置付けられよう。

⑤　提携に向けた準備　　　　　　　　　　　　　　　　　　　　　　　　　　[335]

提携に向けた様々な準備作業を行う。提携に伴いどの程度の資金が必要か，

237

第 4 章　合弁契約

提携相手や合弁会社に供与・移転させるべき技術，ブランド，人材等は何か，提携に関して関係当局の許認可や第三者の同意は必要か，等を検討し，必要な作業を行う。

[336]　⑥　事業提携契約の作成

契約による提携の場合には提携契約，合弁の場合には合弁契約が必要となる。加えて，既存会社の一部持分取得の方法による場合には株式売買契約または持分譲渡契約，既存会社への新たな出資の場合は出資契約が必要となるなど，事業提携の内容に応じて，必要な契約の作成を行う。その他，状況に応じて，技術・ノウハウのライセンス契約，商標のライセンス契約なども同時に作成する。また，合弁の場合は，必ず合弁会社の定款の作成・変更が必要となる。

[337]　⑦　調　　印

各社において必要な社内の意思決定を経たうえで，権限あるそれぞれの代表者が契約書に調印する。

[338]　⑧　クロージング（Closing）

契約に定められた取引実行の条件（たとえば，必要書類の完備，当局や第三者の承認等）が調ったことを確認し，取引が実行される（技術等の移転，出資または持分取得対価の支払等）。

[339]　⑨　クロージング後

契約に従い，事業提携を実施していく。事業提携がうまく効果を上げるように，様々な施策を実施していく。

[340]　4-1-1　Initial document――NDA の締結

Ｘホールディングス社より，技術者同士の面談も含め，当社の特許技術について詳細を知る機会を設けたいとの申し出があった。しかし，当社としては，Ｘプロダクツ社のことについては，未だほとんど情報がない。また，当社の特許技術だけでなく，先方の技術レベルを知ることも重要であるし，今後，ビジネスや財務面でも各種の情報交換をしながら，お互いをよく知ることが，合弁に向けた最初のステップとして重要である。そこで，当社として，法的な観点からはまず何をすべきか。また，どういった点に気を付けるべきか。

着眼点

合弁会社の設立や技術提供について話合いが始まった段階においては，相手方がどういった会社かを熟知していることは少ない。交渉が破談に終わることも考えて，技

238

4-1-2　[343]

術秘密の流出のリスクを最小限化することを同時に考えなければならない。

■■ ポイント解説 ■■

秘密保持契約の締結 [341]

秘密保持契約は，事業提携に係る契約のみならず，様々な場面で用いられ，もっともよく作成される契約のひとつである。

自社の秘密情報を他社に提供する際には，秘密保持契約を締結することが重要となってくる。秘密保持契約を締結する際のポイントについては前述参照（→事例 3-1-2）。

●●本事例の考え方●●

Ｘホールディングス社との間で秘密保持契約を事前に締結すべきである。秘 [342] 密保持契約の内容についても，利害状況をよく勘案のうえ，当社にとって不利のないよう，十分に検討しなければならない。たとえば，当社が海外で企業提携を行う場合，当社の最先端技術の開示が求められることが多いであろうから，開示範囲・開示先を提携の検討のために必要な範囲に絞ってリスト化するなど，技術漏洩の回避には細心の注意を払いたいところである。

4-1-2　Initial document——LOI または MOU の締結 [343]

当社とＸホールディングス社は，秘密保持契約を締結し，約３か月の間，両社間でお互いの基本的な技術等についての情報を交換しながら，協議を進めた。その結果，当社がＸプロダクツ社に出資することによってＸプロダクツ社を当社とＸホールディングス社との合弁会社とすること，当社が一定の技術をＸプロダクツ社に提供することなどについては，一応の了解に達した。しかし，投資規模や事業採算性，資金調達方法，出資比率，持分譲受価格については，未だいろいろと不確定要素があり，今後の Feasibility Study や各分野の Due Diligence の結果をみたうえで判断することが必要であると考えている。

Ｘホールディングス社からは，今後詳細を詰めていく前に，当社のＸプロダクツ社への技術提供と出資についての意向を書面で確認しておきたいので，Letter of Intent を作成したいと言われた。この時点で，そのような書面を取

239

第4章　合弁契約

り交わすことは妥当か。仮に妥当だとして，誰との間でどういった書面を取り
交わし，どういった内容に気を付けるべきか。

着眼点

　国際取引においては，具体的な取引条件の細部を詰める前に，基本方針を定めた
Letter of Intent などの中間的な文書を締結することも多い。まだ検討を進めてい
る段階であり，確定的なコミットメントはできないため，法的拘束力をもたせない配
慮が必要となる。一方，紳士協定だとしても，その後の交渉における基本方針として
事実上影響力をもってくるので，ワーディングは慎重に行いたい。

■■ ポイント解説 ■■

[344]　　1　Letter of Intent（LOI），Memorandum of Understanding（MOU）

　契約交渉が長期間に及ぶような取引では，それまでに合意された事項を整理
して記載する Letter of Intent（LOI）や Memorandum of Understanding（MOU）
と呼ばれる書類が作成されることが多い。こうした書類は，最終的な契約書
（definitive agreement）とは異なり，当該取引における当事者の法的な権利や義務
を規定するものではなく，当該時点までに当事者間で合意された事項や，今後
の交渉や最終契約書の締結に向けた方向性に対する理解などを確認的に記載す
るものである。それまでの交渉の結果，一定の事項が大まかに合意されていた
としても，それは，他の様々な条件についても合意され，最終契約書が締結さ
れた時点で初めて確定的な合意となるのであって，それまではあくまで暫定的
な合意にすぎず，法的な権利義務を発生させるものであってはならないという
のが，むしろ双方当事者の通常の意向である。こうした趣旨を明確にするため，
LOI や MOU においては，その時点での合意や確認事項が法的拘束力をもたな
い（not legally binding）旨を明記することが多い。

　そのような旨を定めることがいかに重要であるかについては，例として，米
国のテキサコ対ペンゾイル事件（Texaco Inc. v. Pennzoil Co., 729 S.W.2d 768〔Tex. App.
1987〕）があげられる。ゲティオイル社をペンゾイル社が買収するという交渉が
行われ，LOI が作成されたが，その LOI には「法的拘束力がない」旨の規定
が置かれていなかった。その後ゲティオイル社が売却先をテキサコ社に変更し，
テキサコ社に対する売却を実行したため，ペンゾイル社が，テキサコ社による

240

4-1-2 〔345〕

不法な契約関係の侵害を主張して訴訟を提起した。結局，ペンゾイル社の主張が認められ，テキサコ社（被告）に対し，ペンゾイル社に約105億ドルの損害賠償を支払うよう命じる判決が出され，テキサコ社はチャプター11（連邦倒産法11条の倒産手続）を申請するに至った。

このように法的な拘束力を有しないLOIやMOUを作成する意義としては，今後交渉すべき論点を明確にする，これまでの合意を事実上覆しにくくする，予定されている取引について公表する際のベースとする，金融機関や当局等に融資や許認可等について相談する際の資料とする等があげられる。

なお，守秘義務や独占交渉権のように今後の交渉過程において当事者が遵守すべき義務に関する記載がLOIやMOU内にある場合には，当該部分についてのみ法的効力を有する旨を明記することも重要である。そうした条項との関係では，準拠法および紛争解決条項について定めることも考えるべきである。

2　Letter of Intent（LOI）やMemorandum of Understanding（MOU）を作 〔345〕
成する際のポイント

企業提携取引との関係でLOIやMOUを作成するにあたって，たとえば合弁会社設立に向けた場合などには，以下にあげたような点を参考に，その内容を検討する必要がある。ただし，結局は，個別具体的な事情に応じた対応をしなければならないため，下記を念頭に置きつつ，話合いの進行度合いや，他に特殊な状況や要求がないかなどをよく考えて，LOIやMOUの記載内容を判断する必要がある。なお，いわゆるWhereas条項やRecital（前文）といった形で，冒頭に取引に至る流れや当事者の大まかな要望等を簡潔に記載しておくことも多い。

・LOI／MOUの各条項は別途明記されない限り「Not Legally Binding」（non-binding）とすること
・合弁の実行は，デュー・ディリジェンス等を踏まえた正式社内許可を取得後に，最終契約（Definitive Agreements）の交渉，合意，締結を必要とする旨を明記すること
・大まかなスケジュールまたは目標とすべきスケジュールを明記すること
・対象となる事業や会社，会社形態などを明記すること

第4章　合弁契約

- 合弁方法（新規設立か，既存会社の新規株式引受けか，既存株式の譲受けか等）やその他の資金の注入方法について，一定の合意が調っているのであればその旨を記載すること
- デュー・ディリジェンスの範囲，方法，期間等について，一定の合意が調っているのであればその旨を記載すること
- 合弁会社の機関構成（取締役会を構成する取締役を何名にするか，監査役は何名設置するか，それぞれの会社から何名ずつ派遣するか，代表者をいずれの会社から出すか，その他の役員や役職を設置するかなど）について，一定の合意が調っているのであればその旨を記載すること
- キーパーソン等，合弁会社を成功させるために必要な人員の確保・派遣について，一定の合意が調っているのであればその旨を記載すること
- 技術・ノウハウや商標等のライセンスについて，一定の合意が調っているのであればその旨を記載すること
- 許認可等の取得方法やスケジュールについて記載すること
- （法律上求められる国においては）合弁期間について，一定の合意が調っているのであればその旨を記載すること
- 税制等の優遇措置を見込んでいる場合は，その取得方法とスケジュールについて記載すること
- すでに判明している問題（たとえば環境問題の解決や不要な設備の処理等）の処理方法について，一定の合意が調っているのであればその旨を記載すること

（注：以下の条項については，通常は法的拘束力があるとする。
- 記載されたスケジュールを前提として，当事者が最終的な意思を表明すべき期限を明示すること
- No-shop 条項（独占交渉権，交渉期間中他の候補との交渉を禁じる条項）の具体的な内容・期間について検討すること
- 秘密保持義務や，今後の交渉に伴うコスト負担について規定すること
- 通知先や連絡先（特にプロジェクトに関する極秘チームを設けている場合）について規定すること
- 準拠法と紛争解決に関する規定を設けておくこと

[346]　　3　契約締結上の過失

取引に関する何らかの書面が作成されているような場合に，そうした書面に

よって，法的拘束力を有する契約が成立しているかどうかが争われるケースも少なくない。たとえば，東京高判昭和62年3月17日判時1232号110頁では，日本の商社とマレーシアの実業家との間の出資に関する案件が途中で頓挫したところ，マレーシアの実業家側が，交渉中に交わされた書簡の存在等を理由として，両者の間にはすでに契約が成立していたと主張した。判決では，契約が成立したとのマレーシアの実業家側の主張は退けられたが，予備的な請求であった契約締結上の過失の主張が認められ，日本の商社は損害賠償を命じられた。

契約締結上の過失とは，契約交渉が進展し，相手方が契約の成立が確実なものとなったと期待するに至った場合には，当事者としては相手方の期待を損なわないように誠実に契約の成立に努力すべき信義則上の義務があるという考え方であって，日本では判例によって認められている（たとえば，最判昭和58年4月19日判時1082号47頁）。諸外国でも同様の法理が存在する国が多いと思われる。

したがって，契約交渉の過程では，相手方に契約成立について必要以上の期待を与えないようにすべく，現在，交渉がどの段階にあるのか，契約成立までにはまだ何が欠けているのか等を段階的に確認しながら進めていくことが必要であるとともに，契約が成立していない段階で，法的な権利義務の発生を推認させるような書類は作成しない等の注意が必要である。

Letter of Intent のような書類を締結し，その中で最終契約に至るまでは法的義務が発生しない旨をお互いに確認しておくことは，契約締結上の過失の主張を防ぐうえで有用であると思われるが，仮にそのような書類を締結したとしても，客観的にみて相手方に過度の期待をもたせてしまったと裁判所に判断されてしまった場合などには，法的責任を負うとの判断が下されるリスクもある。また，日本の裁判所では契約締結上の過失が認められないレベルであっても，海外の裁判所や仲裁機関でどのように判断されるかわからないということを常に念頭に置いておき，不必要な期待を相手に抱かせることのないよう，また，最終的に契約成立に至らない場合であっても，誠実に対応し，相手方に理解を求める努力を怠らないことが重要である。当事者間の感情のもつれが，訴訟に至る原因となることも少なくない。法的に勝てそうであるからといっても，応訴するだけでも負担であるし，必ず勝てるとは限らない。また，対応が不誠実である，契約締結直前で裏切られた，といった風評が広まること自体も会社にとっては損失である。

第4章　合弁契約

●●**本事例の考え方**●●

[347]　　一定期間にわたる交渉を経るような契約の場合には，基本的な事項について合意が形成された段階で，Letter of Intent（LOI）や Memorandum of Understanding（MOU）といった書面を作成することが少なくない。そのため，本件でも，LOI や MOU といった基本合意書を締結することを考えてよく，X ホールディングス社からの申し出に応じる場合には，ポイント解説で述べたような点に注意する。LOI や MOU は，基本的には，法的拘束力をもたせない暫定的なものであるとの位置付けにしておくべきで，その旨を明記しておくべきである。また，X プロダクツ社が話合いの場に当初から参加しているような場合などは，X プロダクツ社も含めた3社間で締結することを考えてもよい。

　　その後の交渉においても，契約締結上の過失の理論を常に意識して，最終契約を締結するまでは契約成立について相手方に過度の期待をもたせないようにしなければならない。

[348]　　**4-1-3　Exclusivity**
　　　X ホールディングス社は，本合弁事業の推進にあたっては，当社が N 国においては X ホールディングス社のみと取り組むこと（No-shop 条項）を求めており，この趣旨を前述のLOIに記載したいと主張している。どのように考え，対処すべきだろうか。

着眼点

　　N 国にない技術をもっている当社との提携は X ホールディングス社にとって魅力的なはずであり，X ホールディングス社が当社を他のライバル会社から遠ざけたいと考えるのは自然である。当社としては，他の N 国の競合会社とも交渉を行う余地や予定がありうるのかをよく見極めたうえで，X ホールディングス社の提案する独占的交渉権を受け入れるのかどうか決めなければならない。

■■■ **ポイント解説** ■■■

[349]　　**No-shop 条項**（独占交渉条項）

Letter of Intent（LOI）や Memorandum of Understanding（MOU）等において，対象となっている取引について，一定期間，他社とは交渉をせず，専ら相手方

244

4-1-3 [350]

とのみ交渉を行う旨を約束する No-shop 条項を盛り込むことも少なくない。このような No-shop 条項は，日本法上は，法的には有効であるが，実務的に執行力があるかというと，限界がある。

たとえば，Column（→ [351]）で紹介する最決平成 16 年 8 月 30 日では，金融機関同士の業務提携に関する交渉に関して独占交渉条項が規定されていたところ，一方当事者が他の金融機関との交渉を開始したため，差止めや損害賠償が請求された事例であるが，差止請求は退けられた。No-shop 条項があるからといって，現実に相手方を交渉に縛り付けることができるかどうかというと，必ずしもそうではないということを示す事例であるといってよい。

No-shop 条項を規定する場合は次の点に注意するとよい。

・拘束されるべき義務主体をよく検討すること（グループ会社を含めるべきか，各社の代表者個人も含めるべきか，代理人・アドバイザー等も含めるべきかなど）

・交渉を禁止する取引形態をよく検討すること（合弁設立，株式または持分譲渡，出資引受といった検討対象となっている形態だけを記載するのではなく，潜脱的な形で行われると困る合併や会社分割，資産の譲渡までも禁止しておく必要がないか）

・行為形態をよく検討すること（契約締結，契約申入れ，それらに至る協議や交渉を記載するだけでなく，勧誘や接触といった程度のものも念のため記載しておくか）

・期間を定めるだけでなく，中途終了事由も定めておくこと（特に本件取引を中止する旨を最終決定した際に，No-shop 条項による拘束を相互に解除すること）

・延長も視野に入れておくこと（交渉が予想より長引くことは往々にしてあるので，自動的にまたは書面による合意によって期間が延長される旨の規定を入れるか）

●●本事例の考え方●●

No-shop 条項（独占交渉条項）の設定が提案されることは，本件のような [350] M&A 案件においては多くみられる。本事例では，X ホールディングス社からの提案となっているが，当社の競合他社が X ホールディングス社と交渉を始める可能性を危惧するのであれば，当社からの提案となる。置かれている状況をよく見極めたうえで，No-shop 条項の設定に当社にとって不利な点はないか，設定期間や規定内容は適切かなどをよく検討したい。

第4章　合弁契約

[351]
Column　住友信託銀行対 UFJ ホールディングス事件（最決平成 16 年 8 月
30 日民集 58 巻 6 号 1763 頁・東京地判平成 18 年 2 月 13 日判時 1928 号 3
頁）

　本件は，住友信託銀行の支援を受けることにより経営再建を図っていた UFJ
ホールディングスが，住友信託銀行との間で，UFJ ホールディングス傘下の
UFJ 信託銀行の営業や資産負債の一部の住友信託銀行または新銀行への移転等
からなる事業再編や業務提携等について基本合意書を取り交わしていたところ，
UFJ ホールディングスが，自力再建を断念したのに伴い三菱東京フィナンシャ
ル・グループとの統合へと方針を変えたため，本件基本合意書を一方的に破棄
したという事件である。

　まず，住友信託銀行は，基本合意書に含まれていた「各当事者は，直接又は
間接を問わず，第三者に対し又は第三者との間で本基本合意書の目的と抵触し
うる取引等にかかる情報提供・協議を行わないものとする」との条項を根拠に，
UFJ ホールディングスが三菱東京フィナンシャル・グループとの間の合併や業
務提携等に係る情報提供・協議を行うことの差止めを求めた。最決平成 16 年
8 月 30 日民集 58 巻 6 号 1763 頁は，住友信託銀行と UFJ ホールディングスが
交渉を重ねても，社会通念上最終的な合意が成立する可能性が存しないと判断
されるに至った場合には，本件条項に基づく債務も消滅するものと解されるが，
現時点では可能性がなくなったとはいえず，債務は消滅していないとした。そ
のうえで，本件基本合意書には協働事業化に関する最終的な合意をすべき義務
を負う旨を定めた規定はなく，住友信託銀行はその成立についての期待を有す
るにすぎないことから，UFJ ホールディングスが上記条項に違反することによ
る損害は，住友信託銀行が第三者の介入を排除して有利な立場で相手方らと交
渉を進めることにより，本件協働事業化に関する最終的な合意が成立するとの
期待が侵害されることによる損害とみるべきであるが，こうした損害は事後の
損害賠償によっては償えないほどのものではないのに対して，情報提供や協議
の差止めが認められた場合に UFJ ホールディングスが被る損害は，UFJ ホー
ルディングスが置かれている状況からみて，相当大きなものと解されること等
を総合的に考慮すると，差止めを認めなければ住友信託銀行に著しい損害や急
迫の危険が生ずるものとはいえないとして，差止めを認めなかった。

　続いて，住友信託銀行が，最終契約が成立した場合の得べかりし利益の損害
賠償を求めて裁判所に提訴し，最終契約を締結する義務違反，独占交渉義務違
反，誠実協議義務違反の 3 つが主な争点となったのが東京地判平成 18 年 2 月
13 日判時 1928 号 3 頁である。裁判所は，独占交渉義務違反および誠実協議義
務違反は認めたものの，最終契約を締結する義務違反については，「本件基本
合意の段階において，その後のデュー・ディリジェンスや協議等を通じて，本
件協働事業化を実現すべきか否かの判断に影響を及ぼすような事情が発生する
可能性があることが予想されるにもかかわらず，UFJ 3 社及び原告が，今後そ

246

4-1-4　[353]

の具体的内容について協議交渉する余地を残した本件協働事業化に関する最終
契約を締結する義務を相互に負うことまでも合意したと考えるのは困難である。
むしろ，本件協働事業化に関する最終契約を締結するか否かについては，上記
デュー・ディリジェンスや具体的な契約条件などに関する協議等の結果を踏ま
えた上で，各当事者の判断に委ねられていたと解するのが相当である」として，
最終契約の締結義務を否定したうえで，「本件協働事業化に関する最終契約が
成立していない上，UFJ 3社が独占交渉義務及び誠実協議義務を履行していた
としても，同契約の成立が確実であったとはいえず，また，同契約の内容も具
体的に確定していなかった本件においては，本件協働事業化に関する最終契約
が成立した場合の得べかりし利益（履行利益）は，独占交渉義務違反及び誠実
協議義務違反と相当因果関係にあるとは認められないから，原告は，被告らに
対し，最終契約の成立を前提とする履行利益相当額の損害賠償を求めることが
できないものというべきである」と判示して，住友信託銀行の損害賠償請求を
退けた。なお，本件訴訟は，住友信託銀行の控訴後の高等裁判所において和解
が成立している。

4-1-4　社内手続ルールの確認

[352]

　Xホールディングス社が提示してきたLetter of Intent案の中には，今後の
スケジュールについてのマイルストーンの記載があった。それによれば，合弁
契約の締結および記念式典を，2か月後，Xホールディングス社創業者である
A氏が日本で叙勲を受ける日に，東京で，駐日N国大使その他の要人を招い
て行うことを最優先の目標としていた。当社として対応可能であろうか。

着眼点

　企業提携を実現するまでには，数多くのステップがあり，しっかりとしたスケ
ジュール管理が重要である。

ポイント解説

企業提携契約と社内手続

[353]

　一口に企業提携といっても，その法的な形態は合併，合弁事業（法人型，非法
人型）といった組織的な結合の強いものから，共同研究開発プロジェクトや限
定的な事業提携など，組織的な結合を生じない契約型のものまで，様々である。
企業による提携の意思決定手続は，会社の基礎を変更するような特に重要な結
合である合併のように，会社法上株主総会の承認を必要とする案件は格別，通
常の事業活動において行われる提携の場合は，結合の形態や案件の重要性，規

247

第4章　合弁契約

模により，①会社法上の重要な業務執行（重要な資産の処分・譲受け等）として取締役会の承認が必要な案件，②代表取締役や担当役員の決裁（合議決裁または単独決裁）を要する案件，③法的には使用人である担当事業部長の承認でよい案件に大別できる。いずれの場合も，具体的な意思決定は各企業の社内ルール（取締役会規則・付議基準，職務権限規程，稟議規程等）に基づいて行われる。案件を進めるにあたっては，この社内ルールや手続，スケジュールの確認が重要である。

　本事例では当社がXプロダクツ社に出資することになっているが，会社法上，出資金も財産であり，その処分や，株式・持分といった財産の譲受けは，定量的に，または定性的に「重要」な財産であると判断される場合には，取締役会への付議が必要となる（会社法362条4項1号）。ある出資が「重要」か否かについては，①当該財産の価額，②会社の総資産に占める割合，③当該財産の保有目的，④処分行為の態様，⑤従来の取扱い等の事情を総合的に考慮して判断すべきという，最高裁が示した判断の枠組み（最判平成6年1月20日民集48巻1号1頁）に基づいて決定するべきであるが，実務上は，あらかじめ具体的な付議基準を定めている企業が多い。企業によってはおよそ全てを付議するとしているところもあるが，おおむね，企業の規模に沿って金額による基準を定めているところが多い（我が国企業による付議基準の整備状況や統計については，「取締役会の付議基準〔上〕〔下〕」商事法務 No.1868, 1869 を参照）。

[354]　　契約交渉の管理や契約調印のスケジュール決定にあたっては，その案件が取締役会付議案件となるかどうかの見極めと，付議が必要となった場合に，具体的にいつの取締役会に付議するかをあらかじめ日程調整しておくことが重要である。通常，企業の取締役会は毎月の定例開催日が決められており，その頻度は必ずしも高くはない。また取締役が一般に多忙であることや，社外取締役の存在も踏まえると，臨時取締役会の開催も容易ではない点に注意しておくべきである。また，取締役会への付議を不要としている出資案件でも，通常の取引のように担当事業部長権限とはせず，担当事業部長が自らの権限を超える案件として承認申請を発議し，経営企画，人事，経理，法務などの関係職能部門を回議したうえで担当役員以上の承認・決裁を要するというルールを運用している企業がほとんどであろう。この手続（しばしば稟議手続と呼ばれる）にかかる時間は，企業によっては起案から決裁まで数週間から1か月にわたることもあり，

248

4-1-4 ［356］

取締役会付議案件ほどではないにしても，前広なスケジューリングが重要である。

　日本企業の典型的な意思決定は，上述の稟議手続に象徴される集団的な意思 ［355］
決定であるがゆえに時間がかかるだけでなく，責任の所在をあいまいにするものであるとか，稟議手続前の段階では交渉担当者に明確な決定権が与えられていないため，交渉が円滑に進まないといった，海外の相手方からの苦情に遭遇することがある。本事例のように，相手方海外企業の要人来訪や儀式などのスケジュールから逆算して交渉・妥結スケジュールを決めることを余儀なくされる場合もあり，交渉担当者にとっては大きな時間的制約・プレッシャーになる。効率的でスピード感のある交渉や意思決定が大切ではあるとはいえ，現場の交渉に悪影響があったり，妥結を焦るあまりに十分なリスクの把握や対応策の構築がないまま，事実上元に戻れないコミットメントをしてしまうといったような事態は，企業の意思決定としては大いに禍根を残すものであり，経営判断原則の観点からも避けるべきである（「経営判断の原則」とは，取締役が善管注意義務を果たしているか否かの判断基準であり，たとえば，最判平成 22 年 7 月 15 日資料版商事法務 316 号 166 頁は，取締役の決定について，「その決定の過程，内容に著しく不合理な点がない限り，取締役としての善管注意義務に違反するものではないと解すべきである」とした）。稟議制度は日本企業独特のものといわれているが，必要十分な情報，正確な事業性やリスクについての分析と対策などが盛り込まれる「稟議書」を用いた意思決定手続は，取締役が事実関係や各種のリスクを把握したうえで適切・適法な経営判断を行い，かつその証拠も残せるという観点からは優れた手続である。電子化や決裁権限の委譲，稟議項目の絞り込みなど，手続の効率化を図りながらバランスよく運用することが大切であるといえる。

●●本事例の考え方●●

　社内における必要手続は何かについて網羅的に検討したうえで，あらかじめ ［356］
余裕をもったスケジュール管理を行い，必要な社内手続が間に合わないといったことのないようにしなければならない。

249

第 4 章　合弁契約

[357]　　4-1-5　企業結合規制（マージャーファイリング）
　　　　X ホールディングス社の担当者との話合いの中で，X ホールディングス社が
　　N 国国外でも製品を販売しており，具体的には，N 国近隣の O 国，P 国およ
　　び Q 国において，直接または子会社や代理店を通じて自社製品を販売してい
　　るという事実が明らかとなった。一方，当社は，このうち O 国に関しては一
　　切取引がないものの，P 国には現地工場があり P 国内で製品を販売しており，
　　また，Q 国には自社製品を日本から直接輸出している。当社としては，何を
　　確認すべきか。

着眼点

　　　他の企業との事業提携等を行ったり，合併・買収・合弁のような国際取引を行う場
　合，企業結合規制は常に念頭に置いておかなければならない。相手方企業の情報が必
　要なこと，複数の国において手続が必要な可能性があること，国によっては想定以上
　に日数がかかることなどを認識したうえで，スケジューリングへの影響も考慮しなけ
　ればならない。

ポイント解説

[358]　**1　事業提携と企業結合規制**

　　企業が他の企業と提携しようとする場合には，真っ先に企業結合規制のこと
　を思い起こして，事前の調査を始めなければならない。すなわち，多くの国の
　競争法は，たとえば，企業が他社の株式の取得，合併，事業の譲受け等を行っ
　たりすることにより，一定の取引分野における競争が実質的に制限されること
　となることを基本的に禁止または制限している。また，国によっては合弁会社
　の設立等も制限対象となっている。

　　日本の独占禁止法においては，他社の株式の取得・保有（10 条），合併（15
　条），他社と共同しての会社分割（15 条の 2）や株式移転（15 条の 3），他の会社の
　事業の全部または重要な部分の譲受けや経営の受任等（16 条）によって，一定
　の取引分野の競争を実質的に制限することとなる場合には，そのような企業結
　合を行ってはならないとされている。そして，そうした許されない企業結合か
　どうかを公正取引委員会が審査し，何らかの措置を命ずる必要があるかどうか
　を検討するため，一定の企業結合を行う場合には，30 日前に届け出なければ
　ならないとされている。そのため，日本国内において企業提携を行おうとする
　場合には，(i)独占禁止法上の規制対象取引か否かを見極めたうえで，(ii)届出基

250

準に該当するかどうかを判断し（たとえば，日本企業間の合併においては，1社の国内売上高合計額が200億円超，もう1社の国内売上高合計額が50億円超などの基準が設けられている），(ⅲ)届出が必要そうであれば，公正取引委員会が公表している「企業結合審査に関する独占禁止法の運用指針」（いわゆる企業結合ガイドライン）等を参照しつつ，問題となるべき市場の画定を試みたうえで，審査の見通し（ハーフィンダール・ハーシュマン指数〔HHI〕*などの指標をもとにしたセーフハーバー〔問題とならない領域〕におさまるか否かの検討など）を立て，(ⅳ)公正取引委員会が公表している「企業結合審査の手続に関する対応方針」（届出前相談に関するガイドラインとして2011年に設けられ，2018年に3度目の改定がされている）に沿って，届出前相談をすべきか否かを判断しなければならない。

　　＊ハーフィンダール・ハーシュマン指数（HHI）とは，個別事業者ごとに当該事業者の事業分野占拠率（％）を2乗した値を計算し，これを当該品目にかかる全事業者について合計したものである。たとえば，同じ3社で市場を分割していたとしても，1位40％，2位30％，3位30％のときは，$40^2 + 30^2 + 30^2 = 3400$ となるのに対し，1位70％，2位20％，3位10％のときは，$70^2 + 20^2 + 10^2 = 5400$ と高くなり，寡占の状況が高いことを表している。

　企業結合規制に係る届出においては，市場の画定が困難であることがしばしばあるが，前述の届出前相談では，届出で記載しなければならないシェアの記載をどうすべきかという観点から実質的に市場の画定についても相談することができるので，積極的に活用してよい。

　正式な届出には，調印済みの合弁契約が必要なため，合弁契約の締結後か，（直後に調印版を提出することを前提とした）最終ドラフト完成時点まで，届出を行うことができない。

　上記では，手続の流れのイメージを抱いてもらうために日本の届出手続について概観したが，各国の手続，対象行為，届出基準および必要日数等は，国によって違う。したがって，国際的な企業提携を行う場合は，企業結合手続を行わなければならない国を事前に調査して確認しておく必要があり，もっとも企業結合手続のクリアランス（手続の結果，企業統合に競争法上の問題がないとされること）が遅い国のクリアランス時点まで，取引を実行に移せない，ということをよく認識しておくべきである。かかる企業結合規制のクリアランスは，莫大な

第 4 章　合弁契約

調査時間と費用がかかる可能性もあることを理解したうえで，できる限り早くに調査を開始したい。近年は，アジア，アフリカ他の新興国においても，企業結合規制が新たに設けられたり，届出基準も随時変わったりするため，漏れがないようにするためには，グローバルな企業結合手続を常時手がけている専門の弁護士を雇うことを考えるべき場合も多いであろう。

[361]　　企業結合規制は，多くの場合，当該国における売上および資産（多くの場合連結ベースでの企業グループでの数字）を判断基準としているので，当社グループが売上または資産を有する国を平時よりリストアップし，アップデートしておく必要がある。そして，本件事例のような企業提携においては，相手方企業グループについて同様の情報を取得しないと届出基準を満たすか否かの判断ができないため，かかる情報を相手方企業からできるだけ早期に入手しなければならない。提携の話合いをまだ進めている段階においては，相手方企業がこういった情報を出すのを嫌がることもあり，調査がなかなか先に進まないといったことも経験するかもしれない。

　　情報が出そろったら，当該情報をもとに，問題となりそうな市場をある程度見定めたうえで，(i)売上および資産の規模から届出が必要となりそうな国をピックアップし，(ii)当該国において，企業結合規制が存在するか，存在するとして当該行為が規制対象行為となっているか，を見極め，(iii)市場の画定を試み，(iv)届出基準への該否および手続内容（事前届出が必要か事後登録でよいかなど）について確認していくことになる。各国の定められた手続を見定めたうえで準備を始め，市場の画定が困難でシェアの割出しが難しい場合など，状況に応じて事前相談の活用を検討し始めるということになる。早めに専門の弁護士に相談すべき場合も多い。

　　以上の通り，国際的な企業提携取引においては，企業結合規制のクリアランスが，非常に重要な意味をもつ。グローバルに事業を展開している企業にとっては，多くの国での検討を要するうえに，該当国の全てにおいて手続をクリアする必要が生じ，莫大な時間，費用がかかり，クロージングのスケジュールに多大な影響を及ぼす場合もある。したがって，法務部としては，国際的な企業提携を行う場合は，企業結合規制のクリアランスは最重要課題のひとつとして位置付け，心してかかる必要がある。

2 主要国の企業結合規制

[362]

　ここで主要国の状況をざっとだけ概観しておく。ただし，以下の記述は大まかなイメージを抱いていただくためのものであり，また，本書執筆時点のものであるので，実際の案件に際しては，各自で怠らずにその時点での詳細を確認されたい。

　欧州では，2004 年に制定された企業結合規則（Council Regulation〔EC〕No 139/2004 of 20 January 2004 on the control of concentrations between undertakings）が，企業結合に関する基本的なルールを定めている。企業結合規則の対象となる企業結合は，①企業結合の当事者全ての全世界での売上高の合計が 50 億ユーロ超であること，②当事者のうち少なくとも 2 社の共同体内での売上高の合計が 2 億 5000 万ユーロ超であること，③いずれの当事者も共同体内での売上の 3 分の 2 超を同一の加盟国内で得ていないこと，という全ての要件を満たすものであり（企業結合規則 1 条(2)），こうした企業結合については，事前に欧州委員会に届け出ることが必要である（企業結合規則 4 条）。企業結合規則 2 条(1)では，企業結合が共同体市場と両立するかどうかという観点から評価されるものとされ，その評価にあたっては，関係する全ての市場の構造や共同体市場内および共同体市場外の事業者との現実および潜在的な競争に照らして共同体市場において有効な競争を維持・発展させる必要性，および，当該企業の市場における地位，経済力，供給者や需要者にとっての他の事業者の代替可能性，他の事業者の市場へのアクセス，参入障壁，産品やサービスの需給動向，中間・最終需要者の利益，技術の進歩や経済の発展を考慮するものとされている。企業結合が，支配的な地位を形成あるいは強化することによって，共同体市場またはその実質的な部分における有効な競争を著しく阻害する（significantly impede effective competition）場合には，そうした企業結合は共同体市場と両立しないものとされる（企業結合規則 2 条(2)(3)）。届けられた企業結合について，欧州委員会が共同体市場と両立しないと判断した場合には，欧州委員会はそうした企業結合を禁止したり，すでになされた企業結合の解消を命じたりすることができる（企業結合規則 8 条）。

　米国のクレイトン法 7 条は，いずれの者も，競争を実質的に減殺し，または独占を形成するおそれがある企業結合を行ってはならないと規定する。1976 年ハート・スコット・ロディノ法により改正されたクレイトン法 7A 条および

第 4 章　合弁契約

これに基づいて制定された届出規則に基づき，一定規模以上の当事者による一定規模以上の企業結合（金額は毎年見直される）については，事前に連邦取引委員会および司法省反トラスト局に届け出る必要があり，待機期間（原則として届出の受理から 30 日）を経過しない限り，当該企業結合を行うことができない。

　世界の企業結合規制の趨勢は欧州基準か米国基準（またはその組合せ）を採用しているといってよく，上記の二地域の基準を理解しておくと，他の国の基準も理解しやすくなるといえよう。なお，EU については，EU に届出を行う必要がない場合でも，関連する個別の EU 加盟国における届出の要否を検討しなければならないことに注意しなければならない。

[363]　EU と米国に加え，国際企業提携を行う場合に企業結合規制として重要なのは，中国である。そこで，中国の規制についても紹介しておく。中国の独占禁止法（2022 年 6 月 24 日改正）26 条は，事業者集中（いわゆる企業結合のこと）が申告基準に該当する場合，事業者は事前に国務院独占禁止法執行機構（商務部）に申告しなければならず，申告していない場合は集中を実施してはならない，と規定している。同法 25 条によると，①事業者が合併すること，②事業者が持分または資産を取得する方法により他の事業者に対する支配権を取得すること，および③事業者が契約等の方式により他の事業者に対する支配権を取得すること，または他の事業者に対して決定的な影響を与えることができること，が事業の集中にあたるとされており，③の一形態として合弁企業の設立が含まれると解されていることが特徴的である。また，事業者集中の申告基準に関する規定 3 条によれば，①集中に参与する全ての事業者の前会計年度の全世界における売上高の合計が 100 億人民元を超え，かつ，そのうち少なくとも 2 つの事業者の前会計年度の中国国内における売上高がいずれも 4 億人民元を超える場合，または，②集中に参与する全ての事業者の前会計年度の中国国内における売上高の合計が 20 億人民元を超え，かつ，そのうち少なくとも 2 つの事業者の前会計年度の中国国内における売上高がいずれも 4 億人民元を超える場合，に該当すれば申告基準に該当し，かつ，中国国外の企業も除外対象ではない。

　申告基準を満たす場合は，資料の提出を完了してから，30 日の初回審査が開始され，状況に応じて 90 日の第 2 次審査，さらには 60 日の延長期間まで，最大 180 日の期間が審査期間として設けられている（中国独占禁止法 30 条・31 条）。問題のない事案であれば 30 日の審査期間で終了するのが通常ではあるが，

4-2　[365]

2012 年の尖閣諸島問題の発生直後等においては，日系企業がかかわる手続について 180 日の全期間が費やされたため当初の予定より大幅に遅れてようやく対象取引の実行が完了したという事例が生じた。予測はほぼ不可能とはいえ，政治的な状況や関係が，企業結合規制のクリアランス期間に影響を及ぼすことがあることもまた現実である。

●●本事例の考え方●●

　国際的に事業を展開している企業の結合事案では，本拠地国のみならず，拠　[364]
点が存在している国や，拠点がなくても一定程度の売上高や資産がある国の競争法が適用される可能性がある。

　本事例においては，N 国の企業結合規制について検討しなければならないのみならず，当社が現地工場を有し製品を販売している P 国や，現地工場を有さないが製品を販売している Q 国の企業結合規制が適用される可能性も検討しなければならない。さらには，当社が何らの取引もない O 国やそれ以外の国においても，資産を保有している場合などは企業結合規制の対象となる可能性がある。そのため，必要な情報を収集し，届出等が必要となりそうな国のリストアップを早い段階から始めなければならない。

　企業結合規制がグローバル化する中，ある特定の国における企業結合取引について，別の国での企業結合規制の対象となる可能性について認識し，全ての企業結合取引規制のクリアランスを取得するまでクロージングが完了しないことを知っておきたい。なお，クロージングの条件として，必要な全ての企業結合規制手続のクリアランスの取得を合弁契約などで規定しておくことを忘れないことも重要である。

【事例 4-2】X プロダクツ社への技術提供と出資を本格的に検討開始！　[365]
　当社は，取締役会の意向確認も経て，本格的に X プロダクツ社への技術提供と出資の検討を開始することにした。取締役会では，合弁会社の事業性について慎重に吟味するとともに，出資にあたってのプレミアムを極力抑制するべきこと，当社が経営権を持って主体的に合弁会社の経営にあたるべきこと，X プロダクツ社の業容を十分に調査し，当社が不測の責任

255

第 4 章　合弁契約

や損失を負担しないように注意すべきことが確認された。

[366]　　4-2-1　デュー・ディリジェンスの実施
　　　　Xプロダクツ社の実態を調査するため，デュー・ディリジェンスを実施する
　　　 こととなった。デュー・ディリジェンスを実施するにあたり，どのような点に
　　　注意する必要があるか。

着眼点

　デュー・ディリジェンスを網羅的に行うのは多大なコストと時間を伴う。対象会社
の事業をよく分析し，予想されるリスクをある程度絞ったうえで，効率的・効果的に
進める必要がある。

■■ ポイント解説 ■■

[367]　　**デュー・ディリジェンス**（Due Diligence）

　デュー・ディリジェンスとは，たとえば投資やM&A等を行う際に，その対
象となる投資対象，相手会社について行う調査や監査のことである。このよう
な調査や監査を行うことによって，投資やM&Aの対象の実態を適切に把握し，
投資やM&Aに伴うリスクを見極める。

　調査や監査の対象としては，多様なものが考えられる。たとえば，①ビジネ
ス面（製品，サービス，売上，取引先等），②財務・税務面（財務状況，納税状況等），
③法務面（主要な契約，ガバナンス，許認可，訴訟，コンプライアンスの状況等），④技
術面（特許，ソフトウェア著作権等），⑤労務面（主要な役職員との雇用契約，年金等），
⑥人事面（キーパーソンの有無，役員・従業員の配置状況等），⑦施設面（本社，工場等
の施設の状況等），⑧環境面（環境汚染やダイオキシン等）等である。

　どの程度，デュー・ディリジェンスを行うかは，取引の内容や考えられるリ
スク等による。契約型の提携を行う場合や，合弁において合弁会社を新設する
場合には，提携先について簡易なデュー・ディリジェンスのみを行うのが通常
であろう。この場合，相手方のガバナンスに問題はなさそうか，コンプライア
ンス上問題を抱えていないかどうか，重要な訴訟を抱えていないか，提携事業
に必要な技術等について権利が保全されているか，その他ビジネス，人材等に
ついて大きなリスク要因が存在しないか，といった観点からのチェックが重要
となり，その範囲や深度は案件に応じて適切と思われるレベルにとどめること

256

になろう。

　一方，既存の会社に新規に出資する場合やその株式または持分を取得する場合は，より包括的なデュー・ディリジェンスを当該既存会社に対して行うのが通常である。基本的には，上記の8つの項目についてデュー・ディリジェンスを行うことになるであろうし，また，当該会社に子会社や孫会社が存在する場合には，これらの会社に対してどの程度デュー・ディリジェンスを行うか，という点も検討して，判断しなければならない。基本的に，少数持分のみを有する会社より，連結子会社となるべき会社についてより慎重にデュー・ディリジェンスを行いたいと思うのは，どの会社も同じであろう。

　このようなデュー・ディリジェンスを実施する際には，たとえば上記であれば，①ビジネス面や⑥人事面については自らまたは場合によってはコンサルタントが担当し，②財務・税務面については会計士・税理士，③法務面から⑤労務面については弁護士（④技術面については場合によっては弁理士），⑦施設面については不動産鑑定士や司法書士，建築士といった不動産専門家，⑧環境面については環境コンサルタントなどを利用することが考えられる。国によっては，各分野の専門性があまり発展していないため，ほとんどを弁護士と会計士に依頼せざるをえないようなこともある。デュー・ディリジェンスの結果は，通常デュー・ディリジェンス・レポート（DDR）という形で書面で提出される。これに前後して，口頭での質問の機会を設けるべく，口頭でのレポートを同時に受けることも多い。また，中間的なデュー・ディリジェンス・レポートを要求して，早めに問題点の洗い出しを行い，その軽重を判断したうえで，特に重要と思われる問題点について深度を高めると同時に，ビジネスレベルでの解決策の協議を先行させるといったこともよく行われる。

　なお，派生的な問題ではあるが，デュー・ディリジェンス・レポートの言語をどうするかという問題もある。完璧な日本語で出てくるのであれば日本語で問題ないであろうが，外国人が作成した稚拙な日本語を目にして英語にしておけばよかったと思う場合もあるし，当社側のチームに日本語を読めない人材がいれば当初より英語を選択することになろう。取締役会等で日本語がどうしても必要な場合に，日本の法律事務所を通じて当該国のデュー・ディリジェンスを依頼し，英語で出てきたデュー・ディリジェンスの日本語要約版を日本の法律事務所に依頼するという手法もよくとられる。なお，英語対応ができる弁護

第 4 章　合弁契約

士や会計士が全く存在しない国というのはほとんどないので，根気よく探すと
よい。

　デュー・ディリジェンスの手順は，提携先との事前協議に始まり，依頼先の
法律事務所・会計事務所等の選定，関係者によるキックオフミーティング，資
料の請求・質問書の送付，資料や回答の検討，インタビューの実施，中間報告，
追加資料請求や追加質問の送付，最終報告の実施および最終レポートの受領と
いった形で進んでいく。

[368]　　デュー・ディリジェンスに要する時間は最短で 2 週間程度でやることもある
が，1 か月から 2 か月程度かける，または，かかってしまうのが標準的ではな
かろうか。途中で何かしら重要な問題が発覚し，予定より延長して行われるこ
ともありうるので，全体のスケジュールを組むときに頭の隅に入れておきたい。
特に新興国・発展途上国においては，思わぬ問題が発覚し，より詳細な調査の
実行，問題の軽重の分析や解決方法の検討に予想外に手間取ることが往々にし
て生じる。また，これらの国においては，そもそもデュー・ディリジェンスを
行うこと自体に提携候補先が大きな抵抗感を示すこともあるし，提携候補先が
デュー・ディリジェンスに慣れておらず，また，コーポレート・ガバナンスが
不十分であるため，書類の準備に手間取ったり，求められている資料が何かわ
からなかったり，そもそも作成義務・保存義務のある書類を作成・保存してい
なかったりということもまた，往々にして生じる。また，極めてまれな事態で
あることを祈るが，書類を偽造することもありえなくはないので注意しておき
たい。

　調査対象の書類を英語や日本語に翻訳するという作業が入る場合は，翻訳の
質や翻訳者の属性（提携先の人間か，当社側の人間か，外注かなど）にも気を遣い信
頼性の度合いも注意しておく必要がある。

[369]　　デュー・ディリジェンス・レポートが仕上がってきたら，当社としては，そ
の内容をよく検討したうえで，リスクを見極め，対応方針を定めていくことが
必要となる。特にアジア諸国においては，何かしらの問題があるのがむしろ通
常といってよい国もあり，提携を断念すべきレベルの問題か，許容できる問題
か，という点について，高度の判断が求められることも多いといえよう。当社
として，許容できる範囲を超えている結果が出てきた場合には，思い切って提
携を断念することも考えなければならない。万が一，たとえば進出を検討して

258

4-2-2 ［371］

いる市場において賄賂が横行しており賄賂を利用しない限りビジネスを行えないなどといった極端な状況が仮にあったような場合は，当該国への進出自体を見直さなければならないかもしれない。なお，駐在員事務所を先行して設けておき，こういった類の市場調査をしておくと，デュー・ディリジェンスの段階で初めて不適切な市場慣行を知るということは生じにくいであろう。

デュー・ディリジェンスの結果に満足し，また，洗い出された問題点について解決の目処がついた場合は，最終的な意思決定に向けて，さらに歩を進めることになる。

●●本事例の考え方●●

ポイント解説で述べた通り，デュー・ディリジェンスの実施範囲，手順等について，費用・スケジュールなども勘案しながら，事前によく詰めたうえで，デュー・ディリジェンスを実行したい。 ［370］

4-2-2　デュー・ディリジェンスの結果への対応，表明保証等　［371］
　デュー・ディリジェンス実施の結果，担当弁護士から以下のような点について報告を受けた。どういった形で当該リスクに対応すべきか。

① ガバナンス／コンプライアンス体制の不備
② 法令違反（独禁法違反，業法違反や贈賄行為）
③ 環境汚染
④ 過剰在庫や不良債権
⑤ 潜在債務や多数の訴訟
⑥ 労務問題（含む年金積立不足，労働債務の未払い）

着眼点

デュー・ディリジェンスの結果，リスクが指摘された場合には，それらの内容・程度に応じて適切な対応方針を決定する必要がある。

第4章　合弁契約

■■■ ポイント解説 ■■■

[372]　**デュー・ディリジェンス結果への対応**

　　デュー・ディリジェンスの結果は様々な判断に影響してくる。各項目について判明した調査結果に基づいて，取引に伴うリスクを見極める。そのリスクの内容・程度に応じて，

　　　①　案件を進めることを取りやめる
　　　②　提携の形態や投資額を変更する
　　　③　問題のある事業を提携対象から切り離す
　　　④　クロージングの前提条件という形で改善義務を課す
　　　⑤　④に加えて，クロージング後についても一定の行為義務を課す

など，もっとも適切かつ現実的に実行可能な対応を検討することとなる。リスクが深刻なものであれば取引を断念する必要があるし，クロージング前あるいはクロージング後を通じた相手方あるいは当社の努力によって改善したり，受容・管理したりすることが可能なリスクであれば，そうした改善に向けた取組みを合意したうえで，案件を進めることも考えられる。

　　もっとも，デュー・ディリジェンスを行ったからといって，相手方の実態について全てを確認できるわけではない。特に書類の作成・保存が不十分な場合に，インタビューのみで確実に問題点をつきとめるというのは困難な場合が多い。また，クロージングの前提条件として改善義務を課しても，実際に改善されたかどうかを見極めることが困難であることも少なくない。そこで，重要な事項については，契約書において相手方に当該事項について問題がない旨を表明および保証（Representations and Warranties）してもらい，表明・保証違反があった場合に相手方に損害賠償義務を負わせることも考えられる。このような表明・保証条項は，様々な契約において一般的にみられる条項であり，特に，M&A 取引においては極めて重要な役割を果たす条項である。

260

4-2-2　[375]

●●本事例の考え方●●

　ポイント解説での記述を前提に，上記の事項についてどういった対応が考え　　[373]
られるかを見てみよう。常に正解というものがあるわけではないので，事情・
状況に応じて柔軟に対応しないといけないが，考えられる対応例としては以下
のようなものがある。

1　ガバナンス／コンプライアンス体制の不備　　[374]

　クロージングの前提条件としての改善義務を課したうえで，必要に応じてク
ロージング後にも改善義務を課す。合弁会社とする場合は，当社も一緒に改善
に向けて努力することになる。なお，すでに起こってしまった問題が深刻で今
後の悪影響リスクが多大な場合や，コンプライアンス違反が常態化しており改
善が見込めない場合などは，案件をストップすることも考えなければならな
い。

2　法令違反（独禁法違反，業法違反や贈賄行為）　　[375]

　過去に事象が起きて，すでに刑事罰や行政罰が科されている場合は，コンプ
ライアンス体制の見直しを図るという観点から対応すればよい。難しいのは，
過去に事象が起きていることがデュー・ディリジェンスの結果わかったが，当
局は未だ把握しておらず，提携開始後に刑事罰や行政罰が科される可能性があ
る状況の場合である。この場合，合弁会社であれば，当社の連結子会社や関連
会社になった後に，処罰が科される事態が生じうるということをよく認識しな
ければならない。違反の程度の深刻性，予想される処罰，発覚可能性などをよ
く検討したうえで，たとえば，クロージング前に自首して問題を処理してしま
うことを相手方が許容するのであれば（相当抵抗感は強いことが予想され，非現実的
な場合が多いであろう），処罰を受けるのを待ってから提携するということも考え
られよう。また，スキームを見直し，合弁会社を新設のうえ事業を譲り受ける
方法に切り換えることも考えられる。そういった方法が現実にとれない場合，
この問題は金銭的な問題にとどまらず子会社・関連会社の不祥事になりうると
ともに，表明・保証条項その他の契約条項だけでは解決できないことが多いの
で，許容可能なリスクなのかをよく見極めなければならず，案件をストップす

261

第 4 章　合弁契約

ることを含む，慎重な対応が要求される。

[376]　　3　環 境 汚 染
　　クロージングの前提条件としての改善義務を課すか，できれば費用は全て相
手方の負担としたうえでクロージング後に改善義務を課すまたは当社で対応す
るということが考えられよう。土壌汚染の改善や，排水の改善等にかかるコス
トは小さくなく，かつ，当該国において十分な技術が発達していない可能性も
視野に入れておきたい。改善の見込みがなく，人体への悪影響等が考えられる
場合は，案件をストップすることも考えなければならない。なお，環境問題に
ついては，近隣や風下・川下へ被害が及ぶ可能性を検討しなければならないの
みならず，人体に影響がない程度であっても，近隣からのクレームにより事実
上工場の操業継続が困難になるリスクもあるので，慎重に検討する必要がある。
煙や排水等目に見えやすいものについてはより周辺住民によるクレームリスク
が高いことも知っておきたい。なお，環境汚染問題への対応については後述
（→事例5-7）も参照されたい。

[377]　　4　過剰在庫や不良債権
　　クロージング前の評価損の計上，取得価格の調整など，処理方法や改善方法
をよく協議したうえで，できればクロージングの前提条件としての改善義務を
課したい。状況によってはクロージング後の改善義務で足りる場合もあろう。

[378]　　5　潜在債務や多数の訴訟
　　潜在債務の存在は会社の価値を大きく毀損することもあり，状況によっては
潜在債務の現実化により倒産を余儀なくさせられる状況もありうることを理解
しておきたい。潜在債務を記載するまたは潜在債務の存在を窺わせるような書
面がないかという観点から，契約書や取締役会議事録等をデュー・ディリジェ
ンスの過程においてよく調査しておきたい。潜在債務が存在する場合は，その
解消を図ることをクロージングの前提条件としておくことができればベストで
あるが，困難な場合は，潜在債務が現実化することの可能性をよく検討したう
えで，そのリスク評価を慎重に判断したい。なお，潜在債務が現実化した時点
で株式や持分の取得価格を再調整（減額）する規定を設けることも考えられる

262

し，一定以上の潜在債務が現実化した場合に，相手方に取得した株式や持分を
プットできる（売りつける）権利を有しておくことも方策としては考えられなく
はない。

　多数の訴訟については，同種の訴訟が今後も起こりえて，合弁会社の財政上
深刻な悪影響を及ぼす可能性がないかよく検討したい。一過性のものであれば，
敗訴のリスクを織り込んだうえで，株式や持分の価格設定をすることが考えら
れる。なお，核となる技術が問題となっており，敗訴した場合は提携対象事業
を継続できないような場合も考えうるので，訴訟の内容をよく理解したうえで
の適切な対応を心がけたい。

6　労務問題（含む年金積立不足，労働債務の未払い）　　　　　　　　　　［379］

　労務問題については，小さな問題すらもない企業はほとんどないといってよ
く，その深刻度をよく検討したうえで，クロージングの前提条件としての改善
義務を課すか，状況によってはクロージング後の改善義務で十分な場合も多い。
年金積立不足や労働債務・社会保険の未払い等の場合は，株式・持分の取得価
格に反映することで足りる場合もありうる。なお，労務問題が深刻で，一時的
なストライキにとどまらない深刻な対立が従業員と生じるおそれがある場合な
どは，提携先として適切かよく検討する必要がある。また，国によっては組合
が存在すると工場の作業効率が格段に落ちることが常態化しているような国も
あるので，当該国における組合の位置付け，その存在がもたらすリスクについ
てよく理解しておきたい。組合の存在意義や目的等は，国によってかなり異な
るので，日本の常識で判断せずに，各国ごとにきちんと調査する必要がある。
また，ストライキは，提携後の事業進行に深刻な打撃をもたらすおそれがある
ので，当該国における動向全般（ストライキは国全般の賃金水準や社会政策の発展度合
いと深く関連していることが多いため，連動する場合が多い）もよく把握しておきたい。

4-2-3　Ｎ国外資法の確認　　　　　　　　　　　　　　　　　　　　　　　［380］

　発展途上国であるＮ国には，外国人がＮ国企業に出資するに際しての規制
が存在する可能性がある。外資法の調査に際しては，どういった点に注意すべ
きか。

第 4 章　合弁契約

着眼点

　国外企業への投資については，当該国の外資規制を最初によく確認することが大前提である。

▰▰ ポイント解説 ▰▰

[381]　**外　資　法**

　各国は外国人や外国企業が一定の分野に対して投資することを規制・禁止する法制を有しているが，こうした法令を一般に外資法という。

　日本では，外国為替及び外国貿易法（外為法と呼ばれる。外為法については，→[407]）において，対内直接投資等を規制している。対内直接投資等とは，外国投資家が日本の上場会社の株式の 1 ％以上を所有することとなったり，国内の非上場会社の株式・持分を外国投資家以外から取得したり，国内に支店や工場などを設置したり，国内法人に対して期間 1 年超で 1 億円超の金銭の貸付けを行ったりする場合などを指す（外為法 26 条 2 項）。外国投資家が，国の安全を損ない，公の秩序の維持を妨げ，または公衆の安全の保護に支障をきたすことになるおそれがある，あるいは，我が国経済の円滑な運営に著しい悪影響を及ぼすことになるおそれがあるとして政令が定める取引を行おうとする場合には，事業目的，金額，実行の時期等を財務大臣および関係する事業を所管する大臣に届け出なければならない（外為法 27 条）。政令で定められている業種（対内直接投資に関する政令 3 条 1 項 2 号，対内直接投資に関する命令 3 条 1 項により，財務大臣及び事業所管大臣が指定した業種）は，武器，航空機，原子力，宇宙開発等に関連する製造業，軍事転用の蓋然性が高い汎用品の製造業，電気業，ガス業，熱供給業，通信事業，放送事業，水道業，鉄道業，旅客運送業，サイバーセキュリティ関連，ワクチン製造業，警備業，農林水産業，石油業，皮革業，航空運輸業，海運業などの業種である。なお，日本企業への健全な投資を促進するため，コア業種（武器，航空機，原子力，サイバーセキュリティ等，国の安全に関する業種として指定された業種）以外への投資等で外国投資家が経営に関わらない等の基準を満たすものについては，事前届出が免除される（外為法 27 条の 2）。そして，届け出られた投資について国の安全等に係る上記のようなおそれがあると判断した場合には，財務大臣・所管大臣は，当該取引の変更または中止を投資家に対して勧

告し，投資家が従わない場合には，変更または中止を命ずることができる（外為法27条5項）。このような変更・中止命令がなされたにもかかわらず，外国投資家が投資等を行った場合，そうした投資が私法上無効となるかどうかについては，そうした投資が公序違反（民法90条）といえるかどうかによって判断されることになるだろう。以上のような対内直接投資の規制に関しては，「外為法Q&A（対内直接投資・特定取得編）」（https://www.boj.or.jp/about/services/tame/faq/data/tn-qa.pdf）が分かりやすい。

　また，航空法，放送法などいくつかの業法には，外国人・外国企業が一定割合以上の議決権を保有することを禁止する規定があり，たとえば，航空法の場合には3分の1以上（4条1項4号），放送法（93条1項7号）の場合には20%以上を占めてはならないとされている。

　各国も類似の規制を有している。たとえば，米国のエクソン・フロリオ条項 [382]
が有名である。米国では外国からの米国内直接投資は原則的には自由であるが，国家安全保障を目的とする例外が同条項による規制である。同条項は，1950年国防生産法721条（Section 721 of the Defense Production Act of 1950）の通称であるが，同条は，1988年オムニバス貿易および競争力法5021条（Section 5021 of the Omnibus Trade and Competitiveness Act of 1988）により修正され，さらに2007年外国投資および国家安全保障法（Foreign Investment and National Security Act of 2007）によって修正，強化されている。従来，外国人（政府や法人を含む）による米国企業の買収，合併，取得による支配（foreign control）が米国の安全保障（national security）に脅威を与えるものと大統領が判断した場合には，買収等を拒否（suspend or prohibit）することが可能であるとするものであったが，2018年8月，トランプ大統領の署名により「2018年外国投資リスク審査現代化法」（Foreign Investment Risk Review Modernization Act, FIRRMA）が成立し，2020年2月13日に施行された最終規則では，米国での事業内容に応じてCFIUS（The Committee in Foreign Investment in the United States, 財務省が議長を務める外国投資委員会）による審査対象とする取引を従来の外国人による支配的な投資のみならず，非支配的な投資にも拡大すると同時に，一定の条件を満たす不動産取引も審査の対象としている。その後，バイデン政権が，2022年9月に，CFIUSが重点的にフォローすべき分野・要因を示す大統領令を発表し，国内サプライチェーンの強靱性，マイクロエレクトロニクス，人工知能（AI），バイオ技術・製造，量子コ

265

第 4 章　合弁契約

ンピューティング，先端エネルギー，気候適応技術など安全保障に影響を与える分野，サイバーセキュリティー上のリスク，米国人の機微なデータに対するリスクなどをその対象として挙げている。審査手続は，通常，買収等の関係当事者からの申請によって開始される。当該申請は任意ではあるものの，事後的に買収等が拒否されることを避けるため，疑問のある取引については申請することが望ましい。本規制の詳細については，米国財務省ウェブサイトを参照のこと。

　また，中国も，同様の規制である外資の国内企業買収等に関する国家安全審査制度を導入している。具体的には，外国資本が国内企業を買収し，またはその他の方法で事業者の集中に参与し，国の安全に関わる場合，独禁法に従い事業者集中に対する審査を行う以外に，国の関連規定に従い国家安全審査も行わなければならないとされているが（旧 31 条，現行 38 条），独禁法自体には国家安全審査制度は規定されていない。従来は，この関連規定として，国務院「外国投資者による国内企業買収に対する安全審査制度の確立に関する通知」が 2011 年 3 月 3 日に施行されたほか，「外国投資者による国内企業買収に対する安全審査制度の実施規定」が商務部によって同年 9 月 1 日に施行され，外国投資家による中国企業買収に対し，国家安全・生活秩序維持を目的とする審査制度が実施されてきた。現在は，根拠法令として国家安全法（2015 年 7 月施行）59 条や外商投資法（2020 年 1 月施行）35 条があるが，実務上重要なのは外商投資法の下位法令である国家発展改革委員会・商務部の「外商投資安全審査弁法（＝規則）」（2021 年 1 月施行）である。同弁法は，上記の旧規定に比べて，企業（持分・資産）買収以外の形式による中国企業の支配権の取得（たとえば契約による取得）や，外国投資者間における中国企業の買収（いわゆる外・外取引）といった間接投資など，審査対象となる投資活動・投資分野の範囲が大幅に拡大されており，中国版 CFIUS として知られるようになっているが，その運用実態については未だベールに包まれている部分も多い。今後の審査実例などを注視しながら対応していく必要がある。なお，中国における国家安全審査制度の歴史や現行制度の概要については，孫彦『中国独占禁止法制の実務』（中央経済社，2024）174 頁以下や本邦の大手弁護士事務所が発行しているニュースレターなどを参照されたい。

[383]　　外資企業の出資比率の制限については，議決権の比率の制限であることがむ

しろ通常であると思われるが，国によってはあくまでも出資比率の制限にすぎないため，無議決権株式を利用することにより，議決権比率を高めることが可能なこともある。

日本では，会社法の中に外国会社についての規定が設けられているが，外資企業について，国内企業とは別の法律を定めている国も少なくない。たとえば，中国では，会社法を基本法としつつ，外商投資企業法と総称される特別法が従前から存在しており，合弁会社，合作会社および独資会社という3つの形態の外資企業（三資企業）について，それぞれ中外合弁経営企業法，中外合作経営企業法および外資企業法（三資企業法）が設立根拠法として適用されてきた。このように会社法や外国投資法とは別に外資系企業法を単行法として制定している法制度は，実は珍しい。これは，中国の改革開放政策の進展に間に合わせるべく三資企業法が会社法や外商投資法に先んじて立法され，長年そのままになっていたためであるが，2020年に三資企業法を廃止し，企業組織には公司（会社）法（1993年制定。その後数次に亘って主に経済発展に合わせた近代化のために改正され，企業ガバナンスや透明性の強化，柔軟な経営体制の選択肢を広げるなどの特徴を有する現行法は2024年7月施行）を全面適用するとともに，外資奨励・規制・管理については新たに外商投資法が制定された。これにより，中国の外国投資関係法令の体系もようやく一般的なものに一新されたのである。

インドネシアでは，インドネシア投資法に基づき，インドネシアで営利目的の事業を行う場合には必ず株式会社を通して行わなければならないとされ，そのため外国企業が設立または投資できる企業形態は株式会社に限定されており，かつ，その設立根拠法については外資企業に適用される特別法はなく，インドネシア会社法が設立根拠法となる。そして，外国資本企業（PMA企業と呼ばれる）に関してはいわゆる「ネガティブリスト」により事業遂行が禁止・制限される業種が定められている。潜脱的なスキームは違法である旨が明確に規定されているため，いわゆるVIEスキーム（Variable Interest Entity，種々の契約関係のみを通じて，経済的に株主となるのと同様の実態を確保するスキーム）の導入には慎重にならざるをえない。

その他，たとえば，ベトナムでは，従前は，外国投資家による投資を規律する外国投資法と，国内投資家による投資を規律する投資奨励国内法とが存在したが，2006年に導入された投資法（最新の改正は2020年）により統一された。

第4章　合弁契約

[385]　このように，外資企業による投資については，設立根拠法や投資制限法の制定状況が国によってまちまちなので，当該国の法制度をしっかり理解しておく必要があり，また，その改変のスピードも極めて速いという特徴があるのでしっかりアップデートを行っていく必要がある。

　　　上記の外資規制のほか，事業ライセンスが要求される場合には，別途事業ライセンスを取得しなければならない。たとえば薬品の製造にかかる法律上の製薬事業ライセンスなどが典型例としてあげられる（→事例4-3-2）。

●●本事例の考え方●●

[386]　本事例を進めるに際しては，N国における外資企業による既存会社の株式または持分取得への（設立根拠法上の）許認可の有無を確認するとともに，当社がXプロダクツ社に投資した後にN国内で行う事業に必要な事業ライセンスの外資規制をクリアしなければならない。

　　　こういった許認可に関しては，現地の法律や規則があいまいであったりわかりにくくなっていたりする場合も多く，このあいまいさ・わかりにくさをうまく利用して，当局の裁量をちらつかせ賄賂を要求してくるケースもあるようであるが，こういった事態をできる限り避けるべく，当社としては関連法令を綿密に調査して，適用条文・根拠条文をしっかりと詰めたうえで，法令上の明確な根拠条文に基づく折衝を当局との間で行えるよう心がけたい。

[387]
> 【事例4-3】合弁形態（Structure）の検討
> 　当社はXホールディングス社と合弁形態で事業を行うこととなった。合弁の形態やガバナンスについては，どのようなものが考えられるだろうか。

[388]　4-3-1　合弁会社への出資・ガバナンス

　　　Xホールディングス社は，合弁会社形態で，Xホールディングス社と当社の持分割合を50：50にしたいといっている。当社としては，経営権を確保できるなら，出資比率は50：50でも妥協の余地はあるが，どういった点に注意する必要があるか。

　　　当社出資後は，Xプロダクツ社は当社とXホールディングス社が共同出資する外資系の合弁会社となる。当社としては，Xプロダクツ社のコーポレー

4-3-1 ［389］

ト・ガバナンスをしっかりと整備することが重要であると考えている。どのような点に注意する必要があるだろうか。

着眼点

海外子会社のガバナンスはどういった形で設計されるのであろうか。ガバナンスを司るのは誰か。その者は信頼できるのであろうか。そもそもガバナンスに適した組織制度が設立根拠法により設けられているであろうか。X プロダクツ社の意思決定機関は何で，決定のための必要要件は何か。当社と X ホールディングス社の業務方針に食い違いが生じたため，X プロダクツ社の業務意思決定ができない場合（デッドロックという），その対処方法はどうしたらよいか。

ポイント解説

1 合弁のビークル（Vehicle） ［389］

合弁事業を行う際に，まず検討すべき点のひとつは，どのようなビークル（→［330］）を用いるかという問題である。

新たにビークルを設けず，契約で受け皿組織のみを作って契約のみで共同に事業を遂行することもあるが，有限責任出資が可能な何らかのビークルを設けることが多い。

パートナーシップがビークルとして用いられることもある。パートナーシップは複数の者が共同でビジネスを行う際の組織形態のひとつであり，法人ではないが，契約当事者になることができ，資産もパートナーシップ名で保有できることが多い。パートナーシップには，①無限責任を負うパートナーのみからなる General Partnership と，②無限責任を負う代わりに経営に参加する General Partner と，有限責任しか負わない代わりに経営には参加しない Limited Partner から構成される Limited Partnership がある。パートナーシップは，それ自体，通常納税主体でなく（pass-through entity などといわれる），合弁事業で得た利益や損失は，直接，投資家の利益や損失として税務上認識されることから，合弁事業で得た利益についてビークル段階と投資家段階で二重に課税されることを回避することができたり，合弁事業で発生した損失を投資家の他の事業で生じた所得と相殺することによって所得額を圧縮して節税できたりするといった税務上のメリットがある。また，そのガバナンスについては契約

269

第 4 章　合弁契約

で自由に設計することができるといったメリットもある。他方，General Partner は無限責任を負うというデメリットがある。このため，合弁事業をパートナーシップで行う場合には，別途，子会社を設立し，その子会社がパートナーとなることによって，パートナーシップが負う責任が親会社に及ばないような工夫をすることも少なくない。

これに対して，ビークルとして有限責任法人を用いた場合には，出資者は有限責任を享受することができる反面，法人は独立した納税主体であるため，合弁事業で得た利益についてはビークル段階と投資家段階で二重に課税されたり，合弁事業の損失を投資家の別の事業における所得と相殺できないといった税務上のデメリットがある。また，会社法等においてガバナンスの仕組みについて一定の枠組みが法定されていることによって，パートナーシップに比べるとガバナンスの設計の自由度が低いともいえる。

近年では，出資者が有限責任を享受しながら，税務上は納税主体とはならず，出資者が自己の損益と通算して納税できる組織形態として，Limited Liability Company（米国）や Limited Liability Partnership（英国）といった形態が認められるようになり，これらをビークルとして用いることもある。

[390]　**2　合弁会社への出資比率**

合弁会社に出資する際には，合弁当事者間の出資比率をどのようなものに設定するかが重要な問題となる。特に，後述の合弁会社のガバナンスにも関連して，過半数の出資を行うか，あるいは，50：50 の出資とするか（二当事者による合弁の場合），マイノリティ（50％未満）出資とするかは，出資を行う際の重要なポイントとなる。株主総会等の会社の機関における議決権の割合は出資比率を反映したものとなるのが一般的である。

過半数の出資を行う場合には，通常，株主総会の通常決議において決定権をもつことができ，また，出資持分を反映して取締役会における取締役の数を決定する場合，取締役会においても過半数の取締役を握ることができる（たとえば，出資比率が 3：2 であって，5 名の取締役を 3：2 の比率で選任するという取決めの場合）。ただし，一方当事者が過半数の出資を行う場合には，後述のように（→［398］）マイノリティとなる当事者の保護のための仕組みが設けられることが少なくない。なお，従前のベトナムのように 65％が過半数とされていた国もあり，過

4-3-1 [393]

半数＝50％超ということが必ずしも世界共通常識ではないので，当該国の過半数の定義は事前に確認する必要がある。

50：50の割合での出資の場合には，各当事者が株主総会において対等の議決権を保有し，あるいは，取締役会でも同数の取締役を選任する結果，取締役会や株主総会において両社の意見が対立した場合には，議案について賛否同数となり，意思決定ができなくなってしまうという事態（デッドロック）が生じる可能性がある（デッドロックの解消方法については後述する→[399]）。

一方の当事者が過半数を握るのと50：50のいずれが望ましいかは，当事者 [391]
の関係や取引の内容等によって異なり，一概にいうことはできないが，デッドロックが起きやすいといった観点から，50：50の出資比率は予防法務的な観点からはあまり好ましくなく，一般的には避けられる傾向にあるように思われる。ただし，外資の出資規制があり，その最大が50％であるため，最大値をとりたいといった観点から，50：50にせざるをえないといったこともある。なお，50：50の合弁事業のほうが，一方当事者による強引な運営等が生じにくいこと等により，結果的に長続きするといった学術調査結果もある。

出資先との取引関係を深化する，出資先の事業に一定の権益を得るための足掛かりとする，経営権を握るよりも財務的なリターンに期待する，将来的には過半数出資をにらみつつも当初は様子をみる等の理由で，マイノリティ出資が選択されることもある。

3 出資の前提条件 [392]

合弁会社への出資について交渉する際には，たとえば，受入国政府の必要許認可が得られること，あるいは，合弁事業の前提となっていた受入国政府や地方政府による優遇措置が実際に付与されること（これらの詳細は→事例4-4-2 [443]参照のこと），といった合弁事業開始の前提条件が当事者間で合意されることが少なくない。このような場合には，そうした出資の前提条件や，条件が充足すべき時期と充足したかどうかの判断方法，充足されなかった場合の取扱いについても合弁契約で明記しておくことが望ましい。

4 合弁事業のガバナンス [393]

合弁事業が成功し，各当事者にとって有益なものとなるためには，合弁事業

271

第4章　合弁契約

について適切なガバナンスの仕組みが整備されていることが重要である。合弁事業のガバナンスという観点からは，(1)合弁事業の意思決定のための機関としてどのようなものを備えるか，(2)機関構造として，各機関をどのように組成し，どのような権限を与え，どのような意思決定手続を採用するか，(3)合弁事業に関する役割や権限をどのように合弁当事者間に分配するか，(4)日常的な業務に関する意思決定はどうするか，(5)マイノリティ当事者の保護についての仕組みを設けるか，(6)デッドロックに陥った場合にどのように対処するか，といったことが問題となる。

[394]　　(1)　意思決定機関

　合弁のビークルとして株式会社のような法人を用いる場合には，通常，株主総会と取締役会といった意思決定機関が存在するので，こうした各機関にどのような権限を与え，どのような意思決定手続を採用するかが問題となる。なお，日本と同様，各国の会社法においても，株主総会および取締役会に関する法定の決議事項（定款等の定めによっても変更できない）が定められているのが通常であるので，確認しておきたい。

　株主総会と取締役会といった合弁会社内の組織のほかに，合弁事業について協議するための組織を合弁当事者間で組成することも考えられる。なお，中国の中外合弁会社（中国国内会社と外国会社の間の合弁会社）は，株主総会（社員総会）が存在せず，取締役会（董事会という）が最高意思決定機関で，合併や解散等の重要事項については董事会において董事の全員一致によって決議されるものとなっていた。現在は，中外合弁会社を含む外資系企業についても公司（会社）法が全面適用されるように制度が一新されており（→[384]），外資系企業の一般的な組織形態である有限責任会社では，株主が1人の場合は株主総会を置かない，小規模ないし株主数が少ない場合には董事会や監事会の設置が不要である（董事や監事を1名置けばよく，さらに株主全員の同意があれば監事を置く必要もない）など，柔軟性のある組織設計も可能となっている。なお，最新の中国公司法に関する概要については，在中国日本国大使館のウェブサイト（https://www.cn.emb-japan.go.jp/itpr_ja/20180911eco_00003.html）などを参照されたい。また，インドネシアにおいては，取締役会による会社経営を監督し取締役会の経営に関する助言を行う機関として，コミサリス会という同国特有の機関がある。そし

272

て，同国においては，株主総会の特別決議は 3 分の 2 以上を要件とするものと，4 分の 3 以上を要件とするものに分かれている。こういった例をみてもわかる通り，日本の常識が他の国にもあてはまると考えてはならず，法令上の意思決定機関，定足数，決議要件等について現地の法律をよく確認する必要があり，定期的にアップデートもしておきたい。

(2)　各機関の組成・権限・意思決定 [395]

取締役会については，設立準拠法である会社法等の規定に従ったうえで，人数を何名とするか，各当事者が何名の取締役を選任するかが合意される。取締役会長（Chairman），代表取締役（President, Representative Director）といったポジションを置き，より多くの出資を行う側が選任できるとしたり，出資比率が等しい場合などには交互に選任するとすることもある。また，一定の重要な事項については，過半数ではなく，全会一致や 3 分の 2 以上の多数を決議要件とすることなどもある。

取締役会と株主総会の権限の分配については，設立準拠法である会社法に一定のルールがあるが，合弁事業のためのビークルとして会社を用いる場合には，当事者間で会社法の定めるルールとは異なる機関間の権限の分配について合意することが少なくない。具体的には，合弁事業にとって重要な事項については，会社法の規定にかかわらず（それらの事項は会社法上も株主総会の決議事項とされていることもありうる），株主総会の通常の決議，あるいは，加重された特別の決議要件のもとでの決議の対象とされることが多い。たとえば，定款の変更，新株発行，事業内容の重要な変更，年間予算や決算の承認，配当の決定，一定額以上の借入れ，一定額以上の資産の処分・譲受け，一定額以上の契約，重要な訴訟についての方針の決定，CEO 等の主要な役員の選任，監査人や会計士の変更，子会社の設立，増減資，合併・事業譲渡・会社分割，事業の終了，合弁会社の解散・清算等である。

(3)　役割・権限の分配 [396]

合弁事業にかかる様々な事項について，各当事者がどのような役割や権限を有するかという問題がある。たとえば，ある事業分野や合弁会社の組織のある部門については A 社が，他の事業分野や組織については B 社が，主として責

第4章 合弁契約

任を負い，担当取締役を派遣するとしたうえで，重要な事項については両社が
協議して決定するというモデルもあれば，特にそのような役割分担をせず，取
締役会や株主総会での決議を通じて共同して事業を行っていくというモデルも
ある。あるいは，一方の当事者が事業全般について主導権を握り，他の当事者
は特に重要な事項についてのみ拒否権を有するといったモデルもある。

　また，一定の事項については経営会議等，取締役会とは別の組織に決定権限
を委ねることもあり，事例に応じて柔軟に機関構成を考えてよい。

[397]　⑷　**日常的な業務執行**

　日常的な業務執行については，設立準拠法である会社法上の業務執行権を有
する役員（たとえば，CEO，代表取締役等）やその下の役職員が権限を有すると
したうえで，どのような範囲の事項を日常的な業務執行として CEO 等の権限の
枠内で行うことができるとするかが検討対象となる。また，CEO や代表取締
役といった業務執行を担当する役員等をどのようにして決定するかも検討対象
である。これらの役員については，取締役会で決定する，株主総会で決定する，
各当事者に一定のポストをあらかじめ割り当てる等のモデルがありうる。

　日本側の取締役については，現地に駐在する常勤取締役の確保が難しいこと
から非常勤とせざるをえないことも多い。この場合，常勤取締役と非常勤取締
役の区別がない国においてはあまり問題が生じないが，そういった区別があり，
または，非常勤取締役を認めていない法制度もありうるので注意が必要である。

[398]　⑸　**マイノリティ保護**

　マイノリティ出資しか行っていない当事者は，通常の会社法のルールに従っ
た場合には，常に株主総会等の議決において負け，自らにとって不利な決定で
あっても受け入れなくてはならないということになってしまいかねない（会社
法によっては，少数株主の利益に一定の配慮を行う義務を多数株主に課している場合もある）。
これでは，合弁事業であるといいながら，マイノリティ出資しか行っていない
当事者の意向は経営に全く反映されなくなってしまい，その結果，マイノリ
ティ出資者を見つけることや自らマイノリティ出資を行うことが困難となりか
ねない。そこで，一定の重要事項については，株主総会における決議を全会一
致とする，マイノリティ出資者が賛成することを決議要件とする，等により，

マイノリティを保護するための仕組みを組み込むことが行われる。どのような事項について，マイノリティ出資者に拒否権を与えるかは，マジョリティ当事者とマイノリティ当事者との間の交渉で決定されるべき事柄である。ただし，あまりマイノリティ当事者の拒否権を広く認めすぎると，デッドロックに陥ってしまうケースが増えることにもつながりかねないので，自社がマジョリティ当事者である場合には，拒否権を与える事項について慎重に検討したいところである。

⑹　デッドロックの解消 [399]

50：50の合弁で各当事者の意見が異なる場合や，マイノリティ出資者が拒否権を行使している場合などには，合弁事業についての意思決定ができないという事態が生じる。このように，合弁当事者の見解が異なることによって，意思決定ができなくなってしまう状態をデッドロック（Deadlock）という。全ての事項について一方当事者が決定できるといったような取決めにでもしない限り，合弁事業においてデッドロックが生じる潜在的リスクを払拭することは困難であり，デッドロックに陥った場合にはどうやって解決するかについてあらかじめ取り決めておくことは非常に重要である。

デッドロックの解消方法としては，

① 一方当事者にキャスティング・ボートを与える
② 親会社の取締役や社長等の協議に委ねる
③ 外部の専門家に決定を委ねる
④ 紛争解決のためのパネルを設置して当該パネルの決議に従う

等が考えられる。

このうち，親会社の取締役や社長等の協議に委ねるという方法は，親会社の取締役や社長は合弁会社の取締役よりも広い視野から意思決定を行うことができるため，デッドロックの解消方法として有効であるとの指摘もある。

以上の解消方法は，合弁事業の継続を前提としたものであるが，デッドロック [400] が継続した場合には合弁事業を終了することも考えられる。そのような合弁事業の解消の方法としては，

第 4 章　合弁契約

① 　デッドロックが一定期間以上継続した場合には当然に合弁会社を解散・清算する

② 　一方当事者に他方当事者の株式の購入（買取り）に関するオプション（コール・オプション）あるいは他方当事者への株式の売却（売付け）に関するオプション（プット・オプション）を与えておく

③ 　一方当事者が他方当事者に対して一定の価格で自己の株式を他方当事者に対して売却する旨を通知し，他方当事者は当該価格で一方当事者の株式を購入するか，自己の株式を当該価格で一方当事者に売却するかを選択する（株式の売却を申し出た一方当事者には，自分が当該価格で株式を売却するか，当該価格で他方当事者の株式を購入するかを，他方当事者の意思に委ねることになるので，公正な価格を提示するインセンティブが働く。このような方式を，ロシアン・ルーレット方式という）

等があり，このような解消方法について，あらかじめ合弁契約に規定しておくこともある。なお，コール・オプションやプット・オプションは，デッドロックの解消方法（エクジット = exit）として広く定着していると思われるが，株式や持分の譲渡に許認可が必要な場合は，当事者の意思だけでオプションの行使を完了することができないという側面があり，また，外資規制上そもそも当該株式や持分をコールにより取得できないこともありえ，現実にデッドロックが生じた時点で機能するかどうかにも注意を払っておく必要がある。こういった不自由を回避するために，中間に中間投資会社（→事例 4-3-6 参照）を設立するといった手法が用いられることも多い。

　このように，合弁会社のガバナンスについては，当事者間の合弁契約で具体的に規定するのが通常であるが，合弁契約で定められた意思決定のルールと会社法の意思決定のルールが異なる場合（原因は，準拠法の違いや，会社法の強行法規性の解釈の問題などがありうる），いずれが優先するかという問題がある。合弁当事者間では合弁契約で定められた意思決定ルールが優先するといえるが（合弁契約で定められた意思決定がなされていないことを理由として，当該意思決定が有効になされていないことを主張することができる），合弁当事者外の第三者との関係では，会社法のルールに従って意思決定がなされている限りにおいて，そうした意思決定は有効であるとされることがむしろ通常であると思われる。

4-3-1 [402]

Column　合弁契約の準拠法

[401]

　契約の準拠法については，多くの国で当事者自治の原則を採用しており，合弁契約の準拠法については，当事者が自由に定められるべきものである。他方，法人に関する問題については，設立準拠法によるとされることが多い。したがって，本件の例においても，合弁契約の準拠法をたとえば日本法とすることも可能であるが，準拠法を日本法にした場合，合弁会社に関する問題について，設立準拠法であるＮ国の会社法の強行規定と合弁契約の定めが矛盾する場合の取扱いが問題となる。この点，そもそもＮ国の会社法上の強行規定と任意規定の区別が明確にできるかという問題があり，そのため，合弁契約上の規定のうち，どの部分がＮ国の強行規定に反するため無効とされるリスクがあるのか，という点について予測がつきにくい。こういったことから，合弁契約の準拠法にかかわらず，合弁契約のうち合弁会社に関連する部分についてはＮ国の法律に違反しない内容としたいという意識が働くことによって，自然とＮ国の法律に沿った形に仕上がっていくことが多い。そうすると，わざわざ準拠法をＮ国法以外の法律にするメリットがあるのかということになり，結局，準拠法をＮ国法にするという判断が下されることも多い。一方，そうはいっても，たとえば損害賠償に関する規定は日本法に基づかせたい，Ｎ国の損害賠償に関する考えを採用したくない，ということであれば，依然として合弁会社の準拠法を日本法に維持することも考えられるであろう。

　さらに付言すると，一般に，いずれの国の法が適用されるかについては紛争解決方法が密接に関連してくることも理解しておきたい。仮にＮ国の裁判所を管轄としていた場合は，当事者がＮ国以外の法を準拠法として選択していたとしても，Ｎ国の絶対的強行法規（準拠法のいかんにかかわらず適用される強行法規）が適用されることが予想されうるのに対し，たとえば東京での仲裁を選択していた場合には，仲裁廷が，Ｎ国の強行法規は適用されるべきではなく，当事者の合意を優先すべき，という考えを持たないとも限らない。

　このように，準拠法・強行法規・紛争解決方法は相互に関連しており，法務部としては，慎重に検討したうえで，事案に応じた判断をしていくべき事項である。

●●●本事例の考え方●●●

　Ｎ国の会社法等によって要求されるＸプロダクツ社の機関構造（株主総会や取締役会等の位置付け，機関設計の柔軟性）をよく理解したうえで，どういった機関構造が適切かをよく考え，当該機関構造下において，50：50の出資比率となった場合に，合弁相手方のＸホールディングス社またはその派遣役員が承諾し

[402]

277

第 4 章　合弁契約

ないと業務意思決定ができない事項をリストアップする必要がある。

　当該事項について意思決定できない状況，すなわちデッドロックが生じた場合の対処法として，会社の解散や，当社持分の X ホールディングス社への売付け（プット・オプションの行使）または X ホールディングス社持分の買取り（コール・オプションの行使）など様々な方策が考えられることを理解し，本件についてもっとも適切と思われる方策を契約書に盛り込むことを検討しなければならない。翻って 50：50 の出資比率で本当によいのかという点をもう一度じっくり考えたうえで，50：50 の出資比率を許容すべきかどうかを見定めたい。

[403]　　4-3-2　事業ライセンスの取得
　　　国際営業部から，その他，X プロダクツ社での事業を実際に遂行するために必要な法的規制を調査してほしいといわれた。事業ライセンスを調査するうえで，どういった事項を気に留めておくべきか。

着眼点

　事業を行う際に当局からの許認可等が必要な場合も多い。したがって，関係国からの事業ライセンスの種類および要否をよく見極めたい。

■■　ポイント解説　■■

[404]　**事業を行う際のライセンス**

　いずれの国も，特定の事業を行う際には，当局から免許や許可・承認を得たり，当局に届け出たりする必要があるとの定めを有している。たとえば，日本でも金融業には免許や届出が必要であるし，食品事業や製薬事業を行う際には営業許可や製造許可が必要である。このように，事業ライセンスが要求される事業を行う場合には，別途事業ライセンスを取得しなければならない。

　さらに，事業ライセンスに，外資企業にのみ適用されるライセンスがある国においては，当社が既存の X プロダクツ社に外資として投資をすることとなった場合に，新たにかかる外資企業向けのライセンスを取得しなければならない。したがって，本件では，X プロダクツ社が既存事業についてすでに取得している事業ライセンスについて，外資規制が格別になければ追加での許認可は不要であるのに対し，かかる既存事業のいずれかについて外資規制があれば外資企

278

業向けの関連ライセンスを新たに取得しなければならない。また，当社の技術を利用して新たに製造販売する事業について別途事業ライセンスが必要であれば当該事業ライセンスを新たに取得しなければならず，かつ，当該事業ライセンスに外資規制が存在するのか，も確認しなければならない。

合弁事業を行う際には，このような事業に必要なライセンスに関する規制が存在するかどうかを確認し，ライセンス取得のためにはどのような要件が満たされる必要があり，どのような手続を履践する必要があるか等について，早い段階から確認し，ライセンス取得のための作業を開始する必要がある。

ライセンス取得のための作業としては，関連法令をよく読み込んだうえで，特に（届出や登録ではなく）許認可が必要となる場合は，事前相談目的で管轄当局との面談やヒアリングを始めることが多い。特定の事業について関連する政府機関がひとつとは限らないし，事業の内容・拡がりによっては複数の事業ライセンスが必要となることもあるので，想定する事業の範囲をきちんと確定したうえで，それらの事業に必要なライセンスが何か，それらの管轄当局はそれぞれどこかについて，各管轄当局へ問い合わせたり，事情に詳しい現地のアドバイザーや弁護士等を通じて網羅的にチェックしたりする必要がある。また，法律上は単なる届出や登録でよいと規定されていても，事実上，管轄当局へ事前に連絡を入れておかないとスムーズにいかない場合もあるので，そういった情報も確実に仕入れておきたい。

●●　本事例の考え方●●

事業ライセンスの種類・要否については，国によっては法律があいまいなため判断がつきにくいことも多い。事前の管轄当局との折衝を早めに始めたり，事情に詳しいアドバイザーや弁護士に調査を依頼したりするなど，漏れのないようにしたい。また，根拠条文を手に入れて，その内容をしっかり理解しておくことも重要である。 [405]

4-3-3　外為法上の手続 [406]
当社経理部から，クロージングの際の出資金等の支払手続や配当金の本邦への送金に必要な法的規制を調査しておくようにいわれた。たとえばどういった

第 4 章　合弁契約

規制が考えられるか。

着眼点

クロスボーダー取引においては，送金が問題となることが意外と多い。N 国の国外との金銭の送受に関する法律（日本でいうと外国為替法令）を事前に調べて，必要な資金の送受に滞りが出ないよう配慮しなければならない。

■■ ポイント解説 ■■

[407]　**外　為　法**

　いずれの国も輸出入や外国への支払などの国際的な取引を必要に応じて規制するための法的枠組みを有している。

　我が国では，「外国為替及び外国貿易法」（外為法）などがこうした枠組みを規定する。外為法は，当初，「外国為替及び外国貿易管理法」として昭和 24 年に制定されたが，昭和 59 年の実需原則の撤廃，平成 4 年の対内直接投資の原則自由化（事前審査付届出から原則事後報告制へ）を経て，平成 10 年に外貨取引の原則自由化や外国為替公認銀行制度の廃止など大幅な規制緩和がなされ，名称も「外国為替及び外国貿易法」へと変更された。外為法は「居住者」と「非居住者」との間の一定の取引や支払を規制の対象とするが，非居住者の本邦内の支店，出張所等は居住者とみなされる一方，本邦の法人の在外支店等は非居住者として扱われる。

　現在の外為法は，対外取引を原則自由としつつ，必要最小限の管理・調整のために国際的な支払等およびその原因となる取引（資本取引，対外直接投資，役務取引等，対内直接投資等，外国貿易）を規制することとしている。現在における外為法の規制の大きな柱は，安全保障の観点からの貿易管理であり，たとえば武器や大量破壊兵器に使用される可能性のある貨物や技術の輸出については許可を必要とする（→事例 1-9，[296] を参照）。また，平時では自由な取引であっても，経済制裁等（→事例 5-8）を行う際には支払や取引に許可を受ける義務を課すなど，有事規制が可能な枠組みとなっている。

[408]　　日本と外国との間の資金のやりとりに関しては，①一定金額を超える海外送金や海外からの送金の受取りを行った場合（所定の報告書を銀行等の窓口に提出），②一定金額を超える資本取引を行った場合（所定の報告書を日本銀行に提出），③経

280

済制裁対象国に向けた送金等を行う場合（財務大臣の許可が必要），等の規制が存在するが，原則として自由に行うことができる。

なお，最近では，こうした外為法の観点からの規制とは別に，マネー・ロンダリングやテロ資金の融通を阻止するという観点から，金融機関等に対して厳格な本人確認を義務付けるとともに，疑わしい取引については当局宛に報告を義務付けるといった規制（日本では，犯罪による収益の移転防止に関する法律が規定している）も強化されている。

発展途上国等では，外国への送金を制限している国も少なくない。たとえば，[409]中国では，海外送金をする際に，当該送金の根拠となる外貨管理局における登記（ローン債権の弁済の場合の当該ローン債権に関する登記など）や商標局等登記（商標ライセンスのロイヤルティ支払の場合の当該商標ライセンスの登記など）の提出が必須となっていたり，登記が要求されていないような場合でも関連契約の提示が要求されることがあり，また，これらの要求される書類が省によって異なったり，銀行により異なるようなこと，さらには，一時的に審査が厳格化することも過去には見受けられた。他の国でも，自国の通貨の安定性を政府が厳重に管理していたり，バブル化を招きかねない自国への過度な投資やそれに伴うリターンの搾取などを避ける目的や，単に国内資金の海外への流出を避ける目的で，さらには自国の外貨準備残高をコントロールする目的で，国外への送金を個別にまたは総量において規制していたりするということがありうる。したがって，法的根拠のある資金の送金であっても，当該国の事情によっては，何らかの形で一時的に送金が妨げられ，たとえば，とりあえず同国通貨で留保し，現地における必要資金に充当したり，再投資に充当したりするなどの方法を考えざるをえない場合もありうる。なお，正攻法によらない国外持出しは外国為替法令違反として厳罰を受けることになりかねないので，避けるべきである。

●●本事例の考え方●●

外国為替関連法は意外と盲点となりがちであるが，資金の授受ができなけれ [410]ば何もできないわけで，必ずつぶしておくべき論点である。国によってはクロスボーダーの資金授受について厳格な規制が課されていることもあり，また，その時々の経済事情・政治状況等から資金授受が一時的に制限していることも

第 4 章　合弁契約

ありえるため，事前によく調査しておくべき項目のひとつとして意識しておき
たい。

[411]　　4-3-4　合弁事業の設計と法務部の役割
　　　必要な調査を終え，国際営業部から法務部に対し合弁契約書のドラフト作成
　　および相手方との交渉開始の依頼があった。しかし，法務部員であるあなたと
　　しては，どこから手をつけたらよいのかわからず，上司にアドバイスを求めた。

着眼点

　相手と交渉する前に，まず，自社としてしっかりとした検討を行い基本的な方針を
定め，その方針に基づいて合弁事業のストラクチャーを適切に設計し，これを合弁契
約書ドラフトに落とし込むことが必要である。

■■■ ポイント解説 ■■■

[412]　　合弁契約の設計

　　　合弁事業には，各当事者の各種経営資源を持ち寄った相互補完関係を活かし
たものや，複数当事者で事業リスクを負担することによるリスク縮減を考慮し
たものが多い。このような合弁事業では，補完関係やリスク縮減といった目論
見を最大限自己に有利に，ただし Win-Win の関係は毀損せずに実現できるよ
うなストラクチャー＝事業形態を種々の角度から検討し，工夫し，最適化し，
それを具体的に契約条件として，合弁契約において自己または相手方合弁当事
者の役割分担や権利義務として落とし込むという考え方がとられる必要がある。
合弁契約書は事業運営の設計図であるともいえるのであり，個別具体的な条件
もその全体の設計思想を基に作成されていく必要がある。

　　　合弁契約書が事業の設計図であるとすれば，設計コンセプトの良し悪しでそ
の設計図の良し悪しも決まってくる。また，個々の条項についても，設計コン
セプトを踏まえて，譲れる点，譲れない点を決めるという場面も少なくない。

　　　具体的には，①当社自身の投資目的（事業収益リターン獲得か，物流ビジネス獲得
か，あるいはその両者か），②パートナーからの当社に対する役割期待（経営力，資
金力，販売力，サプライチェーン構築力 etc.），③当社が提供できる付加価値，④当社
のパートナーに期待する役割（経営力，製造経験・技術力，現地販売ネットワーク，許

282

認可取得その他政府当局とのパイプetc.）といった観点から，事業形態を詰めていく必要がある。

設計コンセプトの全てが明確になってから合弁条件の交渉をスタートするのが望ましいが，いろいろなタイミングで当社とパートナー，あるいは当社以外のパートナー間で，それぞれの目論見（思惑）が異なっていることが明らかになる場合がある。当社としては，共同事業成立に向けた一種のファシリテーターとして，最適な補完関係の構築，共通項の整理に努めることが必要な場合もあるが，いずれにしても，コンセプトが不明確なまま個々の条項に対して単なる有利不利の観点から関わることは，必ずしもよい結果を生まないであろう。

このような合弁契約との関係での法務部の主要な役割のひとつは，案件形成の初期段階から営業部とともにこの設計コンセプト作りに関わることにある。かつては，設計コンセプト，事業性，基本的なリスク認識について稟議を行って決裁を得たうえで，法務部もその作成に関わった Letter of Intent 等を締結して実質的な合弁交渉に入るというのが常道であった。最近では，必ずしも合弁の方針についての稟議を行わずに合弁交渉に入る例も少なくないが，この場合は，設計コンセプトが当社の方針に沿ったものであり，基本的に妥当といえるかどうかの検証が必要である。法務部として営業部門のコンセプトに疑義がある場合は，投資を統括する部門や財務などの関係部門とも協議しつつ，その適切な修正を図ったうえで合弁契約書ドラフトの作成や交渉に入るべきである。

社内の各部署との交渉は，取引相手方との交渉と同様に，あるいは，それ以上に重要であり，合弁契約の設計に際して社内の各部署としっかりとした交渉を行っておくことは，相手方との交渉のために万全の準備を行うためにも必須である。

●●●本事例の考え方●●●

ポイント解説で述べたような合弁契約の設計が社内でしっかりとなされ，関係する部署の間で理解が共有されているか，といった点を確認しておく必要がある。

第 4 章　合弁契約

[414] 　　　4-3-5　合弁契約書
　　　国際営業部や投資総括部，財務部など関係部署との打合せを経て，合弁事業
　　の設計図はおおむね明確になった。ついては，いよいよ合弁契約書ドラフトを
　　起案することになった。さて，合弁契約書ではどのような内容が規定されるの
　　だろうか。

　着眼点

　　　国際合弁契約において一般的に規定される条項をよく理解しておこう。なお，ボイ
　　ラー・プレート条項については前述参照（→ [208]）。

■■■ **ポイント解説** ■■■

[415]　合弁契約書の内容
　　　合弁契約に盛り込まれるべき内容は，合弁の規模や内容等によっても異なる
　　が，一般的には，以下のような内容が規定されることが多い。

　(1)　合弁事業の対象に関する規定
　①　どのような事業についての合弁か
　　対象事業として記載すべき事業は，基本的には，合弁会社の定款に記載され
　るべき事業である。日本のように定款に記載しておいても実際に事業を行って
　いない段階では事業ライセンスを取得する必要のない国においては，将来に備
　えて幅広く記載しておくことができるが，中国のように外資会社設立に許認可
　が要求される国においては，対象事業は厳格・厳密に規定する必要があり，か
　つ，記載される対象事業について事業ライセンスが発行される見込みがない限
　り，会社設立の認可が下りないこともあるので注意したい。こういった国にお
　いては，対象事業を将来拡大する場合には新たに許認可が必要となるため当初
　より幅広く記載しておきたいという意識が働く一方，現実には幅広い事業内容
　を記載するとむしろ許認可の取得が困難になるおそれがあるため，この辺りの
　見極めが重要となってくる。なお，日本の会社で通常みられる「上記に付帯す
　る一切の事業」といった文言は，中国のように許認可制度を採用している国に
　おいては認められない可能性が高いので注意を要する。
[416]　②　合弁事業についての地理的範囲等をどうするか

N 国国内に限定するか，たとえば東南アジアなどの広い地域とするか，限定を設けないのか，についてよく検討しなければならない。たとえば，近隣のM 国や O 国において，すでに競合事業の合弁事業を行っている，または，将来行う可能性がある場合には，N 国国内に限定しておきたいということはありうるであろう。一方，東南アジアというくくりにおいてこれらの合弁企業をむしろ競争させたい，ASEAN 経済共同体の加盟国全体を対象として関税の撤廃または減額の恩恵を受けたい，ということもあるかもしれない。N 国で部品を製造し，M 国で完成させ，O 国で販売する，といったことも考えられ，そういった場合には，地域限定をより広くするか，設けない，といった選択もあるであろう。グローバルに事業を展開したり製品を販売したりするのがむしろ通常となってきている中，地理的範囲を限定するのはむしろ難しい場合も多いかもしれない。当社の現在および将来の当該事業の世界的展開および展開見込みをよく把握したうえで，適切な選択をしていきたい。

(2) 合弁事業のビークルの設立に関する規定 [417]

① 合弁事業のために，どのようなビークルを設立するか

事例 4-3-1 のポイント解説（→ [389]）を参照。

② 出資者は誰か

当社にも相手方にもいえることであるが，本体で出資するのか子会社や関連会社で出資するのかという論点が常にある。特に相手方企業の投資元として想定外の企業が選択されることがないよう，当初から相手方の出資会社についてはよく確認しておきたい。

③ ビークルの名称（英文名称を含む）はどうするか

類似商号，商標登録等の問題を同時に解決しなければならないことに留意すること。また，多くの場合，現地語での商号に加えて，英文商号（アルファベットでの商号）を併記する。

④ 本店はどこに設置するか

会社の住所は，許認可や届出の管轄地域にも関連してくる。米国のように，会社の設立根拠法はデラウェア州法としておいて，主たる事業所（principal place of business）は別の州に設けるといったことが広く行われている国もある。

第 4 章　合弁契約

⑤　資本金の金額とその通貨をどうするか

資本金の通貨について，当該国の法定通貨以外の通貨で定めることも多い。たとえば，中国の合弁企業の出資通貨を米ドルとすることもある（ただし，最終的には人民元に転換して利用する）。

⑥　出資比率はどうするか

出資比率の記載自体は通常シンプルではあるが，合弁事業において決定されなければならない最重要事項といってよい。

⑦　出資の前提条件としてどのようなものがあるか

出資（既存株式または持分の譲受け，新株の引受け）の払込条件について，関連書類の準備，必要許認可の取得，事業ライセンスの取得，その他相手方企業に負わせたい義務の履行，表明保証に違反する事実の不存在等，当社側の要求をきめ細やかに規定することが望ましく，合弁契約において非常に重要な規定のひとつである。

[418]　（3）　合弁会社のガバナンスに関する規定

①　合弁会社の設置機関構成をどうするか

事例 4-3-1 のポイント解説（→［395］）を参照。

②　株主総会の開催時期・招集手続・開催方法をどうするか

株主総会の開催時期については，多くの場合，会計年度終了後何か月以内といった形で定められている。招集手続についても詳細が定められるのが通常で，全株主の同意による招集手続の省略（放棄）が導入できるか検討しておきたい。開催方法については，書面決議，電話会議，テレビ会議の採用（禁止されている国も未だに多いので要確認である）について検討したい。

③　取締役の人数は何人とし，どのようにして取締役を選任するか

たとえば，50：50 の出資の場合であれば，典型的には，取締役の人数は 4人とし，当社側から 2 名指名・派遣し，相手方から 2 名指名・派遣すると規定される。

④　代表取締役や取締役会長その他，取締役の中で特別の地位を有する役職を設けるか

国によっては，日本のように代表取締役（Representative Director）という役職が存在する場合もあるし，中国のように董事長（Chairman）という役職が存在

する場合もある。

⑤　取締役会の開催時期・招集手続・開催方法をどうするか

　株主総会同様，招集手続について全取締役の同意による招集手続の省略（放棄）が導入できるか検討しておきたい。開催方法についても，株主総会同様，書面決議，電話会議，テレビ会議の採用を検討する必要がある。開催時期については，定時の取締役会については，年1回が通常の株主総会と異なり，毎月，四半期ごとなど状況に応じて適切な開催頻度を設定しておきたい。

⑥　株主総会の決議事項と定足数，決議要件をどうするか

　決議事項・決議要件については事例 4-3-1 のポイント解説（→ [395][398] など）を参照のこと。定足数も規定しておくべき重要事項であり，現地法の原則はどうなっているか，定款等により変更可能か，本事例（50：50の折半出資の場合）で適切な定めは何か，ということを検討したい。合弁当事者が二者の場合は，双方が出席しないと定足数が満たされないと定めることが多いのではなかろうか。この場合，拒否権のないマイノリティ株主であっても，株主総会への出席を拒否すると事実上株主総会決議を阻止できるということに注意しなければならない。また，出席をすることにより，拒否権はなくとも，株主総会で意見を述べる機会が与えられることとなる。

⑦　取締役会の決議事項と定足数，決議要件をどうするか

　決議事項については事例 4-3-1 のポイント解説（→ [395]）を参照のこと。株主総会同様，定足数も規定しておくべき重要事項であり，現地法の原則はどうなっているか，定款等により変更可能か，本事例で適切な定めは何か，ということを検討したい。合弁当事者が二者の場合は，双方から派遣された取締役が少なくとも一人出席しないと定足数が満たされないと定めることが多いと思われる。この場合，拒否権のないマイノリティ株主であっても，取締役会への出席を拒否すると事実上取締役会決議を阻止できるということに注意しなければならない。また，出席をすることにより，拒否権はなくとも，派遣取締役を通じて取締役会で意見を述べる機会が与えられることとなる。

⑧　業務執行を担当する役員の選任とその権限をどうするか，取締役会の下に，経営会議等下部意思決定機関を設けるか，監査役や会計監査人等の選任をどうするかなど（→ [395]〜[397]）

第 4 章　合弁契約

⑨　各役員の解任手続をどうするか

合弁の相手方から派遣されている役員であっても，会社の業務について任務懈怠した場合や，犯罪・破産等の不適切事由が生じた場合には，当社側の申立てにより解任できるようにしておきたい。

⑩　事業年度をどうするか

Ｎ国において事業年度の規制があるか（存在する場合は，多くの場合1月〜12月とされている），なければ，どのように設定するか。親会社との連結決算の関係で，同じ事業年度を選択すべきか，現地の慣行に従うべきか判断しなければならない。

⑪　マイノリティ保護のための取決めをどうするか

事例 4-3-1 のポイント解説（→ [398]）を参照。

⑫　デッドロックの解消に関する取決めをどうするか

事例 4-3-1 のポイント解説（→ [399]）を参照。

[419]　**(4)　合弁当事者の協力関係に関する規定**

①　合弁当事者は合弁事業に対して，どのような協力をするか

たとえば，土地の購入，生産設備の建設，技術援助，知的財産権のライセンス，原材料の供給，製品の販売，などについてどう分担するか，というビジネス上の協力関係について定めておく必要がある。また，クロージングに向けた，またはクロージング前後に必要となる法的手続として，会社設立許認可の取得，事業ライセンスの取得，競争法上の届出，外為法上の手続の履践，納税者番号の取得等についても，その分担を決めておく必要がある。特に当社側からみると，現地での土地取得や設備建設，許認可・ライセンスといった事項は，相手方企業に行ってもらいたいのが通常であり，こういった事項の履行責任は相手方にある旨を合弁契約において明記しておくことが肝要である。

[420]　②　合弁当事者は合弁事業と競合関係にある事業をしてはならないとの規定（競業避止条項，non-compete clause）を盛り込むか，その地理的範囲をどうするか

自己の事業と同一の（競合する）事業を行うことを禁止する規定を一般に競業避止条項（競合禁止条項）という（商法 16 条・23 条，会社法 356 条 1 項 1 号参照）。業務提携に際しては，特に業務提携解消後に，業務提携を通じて相手方当事

者が自社から取得したノウハウ（技術や販路など）を用いて自己の市場に参入し，強力な競業会社に成長していくことを防止したいことが多く，合弁事業形態における合弁契約においても，競業避止義務が規定されることが少なくない。

　まず，合弁期間中についてみると，たとえば，Xホールディングス社のグループ会社が，N国内において当社と競業関係のある会社と業務提携をすることを避けたいということであれば，その旨の競業避止義務を課すことを考えてよい（ただし，この場合は，合弁契約で規定してもだめなので，別途Xホールディングス社との間で覚書を交わす必要がある）。

　一方で，Xホールディングス社側が，当社がN国内においてXプロダクツ社と競業関係にある会社と業務提携をするような事態を避けたいと言って，当社に対して同様の競業避止義務を規定することを要求してくる可能性がある。

　さらに，競業避止義務がより重要になるのは，業務提携解消後であり，たとえば，（当社が合弁事業から撤退した場合の）合弁解消後3年間は，当社はN国内において自らまたは第三者を通じてXプロダクツ社の製造販売する製品と競合する製品の製造販売をしてはならない旨の競業避止義務を提案されることがありうる。地域についてもより広い市場を視野に入れている場合は，N国を含めたより広い市場の範囲内での競業避止義務が検討されることもある。しかしながら，かかる競業避止義務を負ってしまうと，当社はしばらくの間かかる対象地域に進出できなくなってしまうので注意しなければならない。

　一方で，当社としても，日本においてまたはその他の国において，合弁解消後一定期間Xプロダクツ社の競業を禁止しておきたいこともあろう。

　競業避止義務が課されると，当社の将来のビジネス戦略の足かせになることが十分にありうるので，当社の競業避止義務はできる限り限定しておきたい。一方，相手方当事者に競業避止義務を課すことがより重要な場合は，その見返りとして当社が一定程度の競業避止義務を甘受しなければならないこともありえよう。

　競業避止義務については，全く設けないことも含め，様々なパターンがありうるので，事例に応じて，当社の将来的なビジネス戦略も見据えつつ，当社にとってもっとも好ましい形は何かをよく理解したうえで，慎重に交渉していくという姿勢が求められる。また，「競業」の解釈には幅が出ることが多いので，

第 4 章　合弁契約

競業の対象となる事業内容をきめ細やかに定めておくといった配慮もしておきたい。

[421]　⑸　資金調達に関する規定

①　将来の新株発行（希釈化防止または引受義務）に関する規定

新株発行については，取締役会決議とするか株主総会決議とするかという論点があり，また，本事例とは前提が異なるが，当社がマイノリティ株主の場合には，当社の同意なくして新株が発行できないような仕組みにしておかなければならない。新株を発行する際には，当初の出資比率に応じて引き受ける旨の規定が置かれる場合が多い。これについては，出資比率に応じた引受けをしたくない場合には新株発行自体を拒否すればよいという整理もあるであろうが，そもそも出資比率に応じた引受義務を負ってしまうことがよいかという点も状況に応じて検討されたい。

②　親会社からの資金援助に関する規定

新株発行については上記の通りであるが，より柔軟に対応できる親会社借入れについても規定をすることが多く，この場合も，新株の引受けと同様，当初の出資比率に応じて貸し付ける旨の規定が置かれる場合もあるが，出資比率に応じているとはいっても，金額的にはそのような青天井の貸付義務を負ってしまうことがよいかどうかという点は慎重な検討が必要である。一方，包括的な資金援助ではなく，たとえば将来の設備増強等に備えて，都度合弁当事者間で合意した貸付計画の枠内において，といった限定的な形での貸付義務を定めることもありえよう。なお，国によっては，国内（相手方企業）からの借入れと，国外（当社）からの借入れについて異なる規制（許認可，届出，外為手続等のみならず利率等の経済的条件についても規制がありうる）が存在する場合もあるので，確認しておく必要がある。また，ドイツのように，親会社貸付けがその性質上資本性を有することから，会社法上劣後貸付け（倒産手続等において一般債権者に配当順位において劣後する）として取り扱われることもあるので注意したい。

[422]　⑹　株式譲渡に関する規定

①　株式の譲渡制限・禁止に関する規定

合弁事業は特定の相手方と共同で事業を行うことを約するものであるので，

4-3-5 [423]

株式や持分を自由に第三者に譲渡されることがあってはならない。そのため，株式や持分の譲渡は原則として禁止するか，合弁の相手方が株式を譲渡することについて当社の同意を要求する条項を設けておく必要がある。なお，かかる規定がなくとも，他の合弁当事者の同意が法律上要求されている国もある。また，日本の閉鎖会社のように取締役会の承認を必要としておき，取締役会を通じて譲渡をコントロールする方策もある。併せて，自己の優先買取権（right of first refusal）を規定しておくとより安全であろう。

② 一方当事者が株式を処分したいと考えた場合の処理に関する規定　　[423]

いかなる場合であっても株式や持分を処分することができないとすると，合弁当事者は合弁会社が解散・清算されない限り，合弁事業に拘束される（ロックイン）ことになってしまう。このため，一定の場合に株式を処分することができるための仕組みを契約であらかじめ定めておくことが行われる。デッドロックの場合のプット・オプション，コール・オプションについては別途述べた通りである（→［400］）。

当初から出口（エクジット）を確保しておきたいといった投資家（当初の事業資金を確保したい場合に，技術は有さず金銭のみを投資してリターンを求めるといった投資家を一合弁事業者として参加させる場合など）からの，たとえば5年が経過した後は自由に株式を売却できる仕組みとしてほしいといった要請を受け入れて，そういった仕組みを組み込む場合もあろう。この場合，好ましからざる合弁当事者の登場を回避すべく，当社を含めた他の合弁当事者の優先買取権を規定しておくべきことが多いであろう。

合弁の相手方から，技術ライセンス，商標ライセンス等の供与を合弁会社が受けている場合は，注意をしなければならない。すなわち，これらのライセンスは，当該ライセンサーがライセンシーの株主でなくなった場合をライセンスの終了事由として規定することが多いからである。したがって，合弁の相手方の脱退を認めざるをえず，同時に，これらのライセンスが合弁事業継続にとって必要な場合に備えて，こういった終了事由の規定を当初より置かせないようにするか，譲渡の承諾の条件としてライセンスの継続を要求できるようにしておくかなど，当初の合弁設立の際にしっかり検討しておく必要がある。逆の観点からは，当社側からみてエクジットの確保が重要なときで，当社がライセンス供与も行うような場合には，当社のエクジットに伴い，関連ライセンスも終

第 4 章　合弁契約

了するように規定しておくことを検討したい。ライセンス料収入はエクジット後も確保したいといった案件もあるかもしれず，よく考えたうえでどういった規定とするか判断したいところである。

[424]　**(7)　合弁の期間・解消に関する規定**

①　合弁の期間に関する規定

合弁の期間は定める必要がない場合もある。ただし，中国のように法定記載事項の場合もあるし，別途当事者の合意で，一応の目安（特にうまくいかなかった場合の撤退の目安という観点）として定めておくこともある。

[425]　②　合弁の終了事由に関する規定

合弁の解消に際しては，様々な問題が生じる可能性があり，前もって合弁契約でしっかりとした手当てを行っておくことが重要である（→事例 4-7-1）。

合弁の終了事由は，基本的には，(i)株主が一人になった場合と，(ii)合弁会社の解散の場合があげられよう。契約違反の場合に合弁契約の解除を認める条項が定められる場合も見受けられるが，合弁契約が解除されただけの状態では，合弁会社の取扱いに関する合意が白紙になるだけであるため（設立準拠法の定めに従い会社は存続），契約違反した合弁当事者が他方の合弁当事者に保有株式を全て売却する義務を規定するなどといった形で，合弁会社の取扱いに関する仕組みを併せて規定しておかないとあまり意味をなさない。なお，非公開会社に 3 人以上の株主を要求するタイのように一人株主会社が禁止されている国が存在する。

解散の原因となる事由については，合弁会社の設立根拠法等に定められる法定解散事由に加えて，当事者の合意によって定める解散事由を定めることが考えられる。たとえば，事業の遂行が何らかの理由により困難となった場合または法律により規制された場合に加えて，3 年連続赤字，累積赤字○○ドル等，業績に関する事項などが検討対象となる。

また，チェンジ・オブ・コントロール条項（change of control clause）と呼ばれる，一方当事者の親会社に変動があった場合に他方当事者に一定の権利が発生する条項を定めることがあるが，合弁の終了事由とまでするのは少し行きすぎな感じがあるため，プットないしコール・オプションの発生事由とすることが多いように思われる。当社としても，新しい親会社のほうが好ましいことも考

4-3-5　[429]

えられるわけで，あくまでも，新しい親会社が気に入らなかった場合に当社保有株式を相手方企業に売りつける権利または相手方企業から買い取る権利を確保しておく，というのが望ましい場合が多いであろう。外資規制（外資が50%を超えられないため，買い取る権利は法律が変更されない限り発動不能など）の観点から，かかる権利に実効性があるかも同時によく検討しておきたい。

(8)　ボイラー・プレート条項　　　　　　　　　　　　　　　　　　　　　[426]

準拠法や紛争解決手段についての取決めや，通知，譲渡等に関する取決めなどである。

詳細については前述（→[208]）。

(9)　そ　の　他　　　　　　　　　　　　　　　　　　　　　　　　　　[427]
①　表明保証条項

株式譲渡契約においてより重要な意味をもってくるが，合弁契約においても表明保証条項を設けることがよく行われる。たとえば，合弁当事者の存続・権限や，合弁契約書の署名者の代表権限，合弁契約の締結が法律，定款および第三者との契約に違反しないこと，各合弁契約者が取得すべき許認可や同意等の手続が完了していることなど一般的な事項が規定される。

②　クロージングに関する規定　　　　　　　　　　　　　　　　　　　　[428]

当該国における規制にもよるが，たとえば，各合弁当事者における正式な内部手続の完了，合弁会社設立に関する許認可，外資投資ライセンス，事業ライセンス（または外資用の事業ライセンス），外為法上の届出，関連する全ての国における企業結合のクリアランスなど，クロージングに必要な条件をよく練って記載しておく必要がある。

●●本事例の考え方●●

合弁契約書に規定されるべき事項や各条項の内容・意義・目的についてよく理解しておきたい。そして，本事例の趣旨や目的をよく理解したうえで，適切な内容について，担当部門と協議しながら，注意深く検討することが重要である。その場合は，自社が多数株主（Majority　Shareholder）か少数株主（Minority

293

第 4 章　合弁契約

Shareholder）か，あるいは 50：50 の折半出資かによって，合弁契約書に規定されるべき事項や条項には大きな違いがある点に留意し，契約書のひな形やサンプル等を利用する場合も，それが上記のいずれの形態を前提としたものかを確認したうえで利用するようにしたい。

[430]　　4-3-6　中間投資会社の設立
　　　　N 国では，外資系の会社の持分を譲渡する場合や解散する場合全般について，政府の許可が必要ということである。出資の段階では，X ホールディングス社の協力が得られるためスムーズに許可がとれそうだが，デッドロックが発生した後のエクジットの場面では許可取得に困難が予想される。どういった解決策が考えられるか。

着眼点

　　ある国に投資する場合に，必ずしも直接資金を投資する必要はない。会社持分の譲渡の融通性や，税務メリット等を考えて，中間的な会社を第三国に設立して，当該会社を通じて投資することを考えてもよい。

■▪■　ポイント解説　■▪■

[431]　　外資系企業の投資について許可主義が採用されている国に対する第三国を経由した投資の手法
　　　外資企業の国内投資について許可主義が採用されている国においては，新規会社設立や既存企業への投資といった当初の投資段階のみならず，その後の株式または持分の譲渡についても政府の許認可が必要とされていることが多い。こういった場合に，中間的な会社を他の国や地域に設立して，当該会社（中間投資会社）を通じて投資する方法が用いられることがある。この場合，かかる他の国または地域を選定する条件は，会社の株式または持分の譲渡についての許認可制限がない国や地域とすべきであり，たとえば従前の中国であれば，香港が用いられることが多かったが，香港である必要はなく，場合によっては日本であってもよい（香港は中国の一部であるが，法域としては，中国と独立した法域として取り扱われているので留意する必要がある。法律体系は，従前の統治国である英国法をむしろ基本としている）。

294

4-4-1　[435]

　では，会社の株式または持分の譲渡についての許認可制限がない国や地域の　[432]
中で，その他にどういった視点で当該国や地域を選定するのかというと，大き
くいうと2つの視点がある。第1に，当該国または地域を経由することにより，
当該国または地域と投資対象国間の条約等により，投資について何らかの有利
な条件が得られるか，という点である。第2に，当該国を経由することにより
配当その他の面においてタックスメリットが得られることである。この場合に
は，タックススキームに対する関係国の法制や社会的評価などにも気を配りつ
つ，専門の会計士・税理士から助言をもらって，当社に不利とならないよう慎
重に詰めていきたい。

　中間投資会社を利用する場合は，中間投資会社の設立準拠法に従った合弁契
約および定款の内容に加え，現地の投資対象会社（中間投資会社の100%子会社）
の定款の内容についても交渉する必要があり，交渉事項や検討事項（役員の配置
等）が増えるが，デッドロックその他のエクジットにおいて持分譲渡が必要と
なった場合に，手続が簡単であり，阻害要因がないことのメリットをとりたい
場合や，タックスメリットを享受できる場合には，利用する価値がある。

　なお，キャピタルゲイン課税については，中間投資会社を利用した場合に，
投資対象会社の対象国の税務局が，中間投資会社の持分の譲渡益について捕捉
して課税くる可能性があるので留意しておきたい。

●●●本事例の考え方●●●

　中間投資会社は，クロスボーダーの投資案件において，広く利用されている。[433]
ポイント解説で述べたような中間投資会社の利用を解決策のひとつとして検討
することが考えられる。

【事例4-4】新しい工場ライン建設に多額の資金が必要！　　　　　　　　　[434]
　Xプロダクツ社が当社の技術を前提とした新しい工場ラインを建設する
ためには多額の資金が必要である。また，工場ライン建設後の工場の維持
費用も馬鹿にならない。

4-4-1　ファイナンス・プランニング，タックス・プランニング　　　　　[435]
　当該資金を当社が拠出する場合には，どのような方法が考えられるか。ある

295

第 4 章　合弁契約

いは，Ｘプロダクツ社が第三者から資金を調達するためにどういった方策が考えられるか。また，税務の観点から留意すべき点はあるか。

着眼点

　資金調達には様々な形態があるが，各形態の難易度は当事者の信用状態，市場環境，当該国の規制等により変わる。将来の資金ニーズを見越して，事前に調査しておくことが肝要である。

　また，資金調達におけるコストはローンにおける利率等だけではなく，タックスメリットという観点があることも忘れてはならない。

ポイント解説

[436]　**1　資金調達の手法**

　企業が資金を調達しようとする場合には，金融機関や親会社等から融資（借入れ）を受ける，あるいは，社債を発行するといった形で他社や金融機関から資金を借り入れる方法（デット）と，株式の発行等により他社から出資を受けるという方法（エクイティ）がある。デットによる資金調達の場合には，返済期限が設定され，利息を支払わなければならないのに対して，エクイティによる資金調達の場合には，格別に定めない限り定まった返還期限はなく，出資者に対しては利益が生じた際に配当を支払う。

　融資による一般的な資金調達の場合，借入人は当該企業自身であり，貸し手は当該企業の財務状況や収益力等を総合的に分析し，将来にわたり当該企業に十分な返済能力があるかどうかを検討して貸出を行う。また，必要に応じて，担保の提供や親会社・子会社・関連会社からの保証が要求される場合もある。このような融資形態は一般にコーポレート・ファイナンスと呼ばれる。

　これに対し，ある特定のプロジェクトを企画した企業（スポンサー）自体ではなくスポンサーが当該特定のプロジェクトのために設立した特別目的会社を借入人としたうえで，専ら当該プロジェクトから得られる将来の収益（キャッシュ・フロー）のみを返済の原資とし，当該プロジェクトにおける資産のみを担保として徴求して行われる資金調達形態がある。こうした資金調達形態をプロジェクト・ファイナンスといい，後に詳述する（→第6章）。

　社債については，融資と異なり，法人の設立根拠法上に規定が存在するのが

296

通常で，当該規定に従って発行手続が行われなければならない。社債は，通常私募と公募に分けられ，公募を行う場合は，一般公衆から広く資金を集めるという制度設計がされるため，社債管理者（trustee）等社債権者を取りまとめる機関の設置等が求められるとともに（たとえば日本の会社法702条を参照），投資家保護の観点から必要な情報の開示等を求める証券規制（日本では金融商品取引法）の対象となる場合が多い。

　ここで気をつけておかなければならないのは，金融機関からの融資において　[437]
は，万が一，利息や元本を一時的に支払えない状況が生じても，当該金融機関と交渉することにより返済計画を変更（リスケジュール，略してリスケという）することが可能な場合が少なくないのに対し，公募社債の場合，リスケには社債権者の特別多数決議を要するのが通常で（日本の会社法724条2項・706条1項でも，「当該社債の全部についてするその支払の猶予」は議決権者の議決権の総額の5分の1以上で，かつ，出席した議決権者の議決権の総額の3分の2以上の議決権を有する者の同意がなければならないとされている），定足数を集められなかったり，否決されたりすると，社債の支払遅滞（デフォルト）が生じ，状況によっては倒産に追い込まれかねないことである。

　エクイティは，格別の定めをしない限り元本の償還をしないでよいうえ，通常は，会社法等において，配当原資がない限り配当をしてはならないとされているため（会社法461条），経営状況に関係なく定期的に利息を支払い，元本を全額弁済しないといけない融資や社債に比べて，安定した資金調達という点では優れている。一方，普通株式を発行した場合には，議決権を与えることになることも考えなければならない。なお，合弁会社自身が普通株式を発行する場合には，合弁契約も当該新株主も含めた形で再契約しなければならないであろう。

　デットとエクイティの両方の長所を兼ね備えたものとして，無議決権種類株式の発行が考えられる。これは無議決権とすることにより，経営への関与を極小化し（それでも，会社法等により解散等重大な事項については拒否権が与えられている場合が多いであろう），配当原資がある場合に限って配当を行えばよい，といった点でメリットが大きい。この見返りとして，配当原資がある場合には，他の株主に優先して一定の割合の配当を受ける，とするのが通常である。このため，こういった株式のことを「優先株式」と呼ぶことが多い。なお，優先株式については，普通株式と異なり，償還時期の定めを置くこともあり，その場合，経

第 4 章　合弁契約

済的な実質は融資に近くなる。

　さらに，転換社債型新株予約権付社債（convertible bond, CB）についても知っておきたい。これは，従来は単に転換社債と呼ばれていたものであるが，社債に，一定の期間経過後に一定の計算式で換算した数の株式に転換できる権利を付与するもので，会社の業績が右肩上がりであれば市場価格よりも低い価格で株式を取得できる権利を与えることから，将来の業績いかんでは社債を返済する必要がなくなることを見込んだものである。通常は市場価格が存在してその損得がわかりやすい上場会社に用いられるが，非上場会社が利用できないというわけではない。

[438]　どのような資金調達手法がよいかは，個別の状況によって異なるほか，関係する規制も考慮する必要があり，専門家と相談しながら選択する必要がある。たとえば，税務上の観点からは，デットに対する利子は損金として計上できるのに対し，エクイティに対する配当は損金として計上できないという点で，出資先の会社にとってはデットのほうが有利である。だからといって，本来ならばエクイティによる出資とすべきところを株主融資（shareholder's loan）などデットによる資金供与とした結果，出資先の会社の資本額が不自然に少なくなっている場合，このような行為は出資の種類を変更することによって本来の納税負担を回避したものであるとされ，本来あるべき出資額に引き直して（利子は損金計上できなくなる）納税をさせるという過少資本税制の対象となる可能性もある。日本の過少資本税制の場合，外国親会社の資本持分の 3 倍を超える負債に対応する利子については損金算入を認めないとされている。

[439]　**2　国際課税の基礎**

　国際取引を行ううえで，国際課税についての基礎知識をもつことは不可欠である。必要な税金を支払わなければならないことはいうまでもない。しかし，ビジネスにおける利益の獲得という観点からみれば，租税はコストであり，取引の仕方によっては払わなくともよい税を，節税のための何の工夫もなく支払っていたのでは，適切に節税した競争者との競争上不利になってしまう。このため，国際的な取引では，取引の組立ての段階で国際租税の専門家を交えてタックス・プランニングを行うことが重要である。

　国際課税に関してまず重要なのは，①居住者の所得についてどこまで課税す

298

るかという観点からのルールと，②非居住者のどのような所得について国内で課税するかという観点からのルールについての基本を理解することである。

　まず，居住者の所得についてどこまで課税するかについて，日本の租税法は，日本企業の所得は世界のどこで発生しようとも日本で課税するという全世界所得主義を採用している。他方，非居住者の所得については，その所得が，事業所得か利子・配当・使用料かによって取扱いが異なる。外国法人の事業所得については，その恒久的施設（Permanent Establishment, PE）が国内に存在しないか，存在していても PE に帰属する所得でない限り，課税権を行使しないのに対して，利子・配当・使用料については外国法人の所得についても源泉地が国内にあれば源泉課税するのが一般的である（日本の場合，法人税法141条を参照）。

　一般に PE とされるのは，事業を行う一定の場所であって企業がその事業の全部または一部を行っている場所であり，特に事業の管理の場所，支店，事務所，工場，作業場，鉱山，石油または天然ガスの坑井，採石場その他の天然資源を採取する場所その他事業を行う一定の場所を含むとされている（法人税法2条12号の19，法人税法施行令4条の4を参照）。注意する必要があるのは，内国法人（日本法人）が外国に支店等を設置していなくても，ある外国法人が，当該外国で当該内国法人の名において契約を締結する権限を有し，かつ，この権限を反復して行使する場合には，当該外国法人は，その者が当該内国法人のために行う全ての活動について当該内国法人の PE として扱われるという点である（たとえば，日米租税条約5条5項を参照）。したがって，外国で代理店を選任した場合に，この代理店に契約締結権限を与えてしまうと，この代理店が PE として扱われ，当該外国で事業所得についての納税を余儀なくされるリスクがあるので注意が必要である。

　また，「その他事業を行う一定の場所」に関して，PE 概念の拡張など，デジタル経済に対する課税ルールの見直しという近年の動きにも注意が必要である。たとえば，コロナ禍により自宅でのリモートワーク（ホームオフィス）が普及したが，A 国に本社を持つ企業の従業員が B 国の自宅でリモートワークを行っている場合，その自宅が B 国の税法上同企業の PE として認定されるかどうかが問題となる。この場合，単に従業員が自宅で働いているだけでは，通常はPE とはならないはずであるが，その仕事が企業にとって重要であり，かつ企業がその場所を事業運営のために意図的に利用している場合には，PE として

第 4 章　合弁契約

認定され B 国が課税権を行使する可能性がある。ほかにも，たとえばインターネット通販において，商品の保管・配送のために利用される倉庫が，企業の重要なビジネス活動の一環として機能しており，その活動が準備的または補助的と見なされない場合には，PE として認識されるリスクが高まる。今後，デジタル経済の発展により，従来の PE ルールでは課税が困難な状況が増えることが予想される。このため，物理的な存在に依存しない「デジタル PE」の導入や，2021 年の OECD「Two-Pillar Solution」合意（Pillar One）に見られるような，売上高やユーザーベースに基づいた課税方式が議論されている点にも，引き続き注目が必要である。

　ところで，本拠地国（ここでは日本とする）が全世界所得に課税しつつ，日本企業が外国の PE を通じて事業活動を行った場合には当該外国が事業所得について課税したり，また，外国に源泉のある配当・利子・使用料について源泉地課税がされたりすると，同一の所得について日本と外国で二重に課税がなされるという問題が生ずる。このような二重課税が発生した場合について，日本法では，外国で支払った税額の一定部分を国内での税額から控除するという外国税額控除制度により調整することとしている。なお，海外の子会社（原則として出資比率 25%以上）からの受取配当については，この外国税額控除制度ではなく外国子会社配当益金不算入制度が適用され，受取配当（源泉徴収前の金額）の95%を親会社側で益金不算入とすることにより，国際的二重課税を回避できる。

[440]　個々の国との間の課税権の分配については，租税条約がルールを定めており，たとえば，日本法人の PE が米国にある場合には，米国は当該 PE に帰する事業所得についてのみ，課税権行使することができる（日米租税条約 7 条 1 項）。また，配当については源泉地国は 10%（配当受領者が配当支払者の議決権の 10%以上を直接・間接に有する場合には 5%）（同条約 10 条），利子については 10%を超えない範囲で課税することができるとされているが（金融機関の受取利子は免税）（同条約 11条），使用料については源泉地国は課税することができないとされている（同条約 12 条）。

　租税条約の内容は相手国ごとに異なることから，取引の内容によっては，特定の国に子会社を置くなどして取引を組み立てることによって，納税額の負担を軽減することが可能になる場合もある。自社にとって有利となるように租税条約のネットワークを活用することはタックス・プランニングの一環である。

4-4-2 [443]

したがって，本事例でも，たとえば，日本とN国との間の租税条約によれば
利子には源泉課税がなされる一方，A国とN国との租税条約によれば利子に
は源泉課税がなされない場合には，当社から直接資金を提供する代わりに，A
国にある子会社を通じて資金を提供するほうが税務上のメリットがあるという
こともありうる。

　もっとも，税法は毎年変わることが珍しくなく，たとえばグローバル・ミニ
マム課税の導入といった国際的な枠組みの変動があるかと思えば，細かく技術
的な側面に注意すべき場合も多々ある。大切なことは，自ら各国の租税法や租
税条約の内容を熟知することよりも，税務の専門家に相談し，適切に専門家を
使いこなせることである。また，全世界的なタックス・プランニングに対する
社会的評価の変遷にも同時に注意を払っておきたい。

●●本事例の考え方●●

　資金調達目的，規模，返済計画，市場環境，規制等を総合的に検討し，望ま　[441]
しい資金調達方法を考える必要がある。また，その際，税務の専門家に相談し
て適切なタックス・プランニングも併せて検討しておきたい。

4-4-2　各種優遇措置　[442]
　その他，タックスやコストといった観点から受入国政府と交渉するなどして
獲得することを検討すべきものは何か。

着眼点

　外国からの投資は，技術の獲得，雇用の確保，税収入の拡大といった観点からメ
リットがあるため，受入国の中央政府や地方政府が，企業招致の観点から，各種優遇
措置を設けていることがあり，積極的に検討したい。一方，優遇を受けたのにもかか
わらず早期撤退をすることが許容されるかという点も念頭に置いておきたい。

ポイント解説

各種優遇措置　[443]
　外国からの投資を奨励するため，外国からの投資に対して，一定の優遇措置

301

第 4 章　合弁契約

を設けている国は多い。典型的には，一定の業種を定めて当該業種に関する外国からの投資に対しては，一定期間法人税を減免したり，輸出入にかかる関税を免除したりする等の措置がとられることがある。また，一定の地域を定めて，当該地域への外国投資家からの投資については，やはり法人税の減免や関税の免除等の優遇措置が与えられることがある。現実に，世界では多くの国や地方政府が，技術導入，雇用拡大，税収確保等様々な観点から外資企業の誘致を奨励しており，国や地方政府から優遇措置が提供されることが少なくない。

　優遇措置の典型例は，税制優遇措置である。たとえば，中国で従前広く導入されていた外商投資企業向けの 2 免 3 減制度（2 年間の法人税免除と，3 年間の法人税半減の優遇措置を与える制度）が有名である。また，道路，上下水，電気，ガス，電話，インターネット等々について，設置や料金について優遇措置を与えている場合もある。こういった制度が何らかの形で採用されている場合があるので，中央政府レベル（法人税等）および地方政府（地方税や水，電気等）に関して，優遇措置を受けられる可能性がないかよく調査しておきたい。

　同時に，優遇措置を受けるデメリットも知っておきたい。すなわち，優遇措置を与える見返りとして，当該国または地方は，雇用の継続的な確保，将来の税制収入などを見込んでいるわけであり，そのため，撤退をしようと思った場合に，撤退に許可が下りなかったり，人員の解雇ができなかったりする等様々な形で撤退が困難になる可能性があることを知っておきたい。また，早期撤退をする場合は免除・削減を受けた税金部分の相当額の追加納税を行わなければならないといった条件などが，優遇措置付与の条件に付随して課されていることもあり，優遇措置を受ける場合に課される付随条件について，しっかり当社として把握して，将来に向けて社内共有しておかなければならない。

　また，法律上明確な制度を設けて外資企業に優遇措置を付与している国や地方政府もあるが，法的根拠があいまいなことも多く，実際には，国や地方政府の内部ガイドライン等に従って，外部には法的根拠がよくわからないまま優遇措置が与えられていることも多いように思われる。しかしながら，後々になって優遇措置の付与自体の有効性が問題となることもありえるので，優遇措置を受ける場合は，可能な限りその法的根拠および権限の所在をよく確認して，適切な手続を経ていることを確認しておきたいところである。

[444]　たとえば，ベトナムにおいて，同国の財務省が承認していない税制優遇措置

4-5-1 ［447］

を，権限のない商務部が認めた形で外資系企業の設立がされた後，しばらく経ってから財務省が自己の承認していない税制優遇措置の執行を拒否してきた問題について，2013年にベトナム日本商工会が陳情書のようなものをベトナムの首相に宛てて提出したという事例があった。この事例は商務部があたかも財務省の承認が下りていることを前提としたような許認可書類を出していた事例で，当時財務省の承認の有無を確認することは難しかったであろうと思われるが，こういったことが現実に起きていることも念頭に置いておきたい。

また，日本と特定の国の間で投資協定が締結されている場合は，当該投資協定に基づく優遇制度の有無も確認しておきたい。

各国の投資に関する優遇措置の情報については，各国自身の関係当局や商工会議所等が情報発信を行っているほか，JETROのウェブサイトにおいても多くの情報が提供されている。これらの情報を活用しつつ，投資に関して自社に有利な優遇措置の獲得を目指すべきである。

●●本事例の考え方●●

中央政府または地方政府により提供される各種優遇措置がもしあれば，内容　［445］
によっては当社にとって有益なこともあるため，積極的に獲得を検討したい。一方，当該優遇措置に何らかの条件が付される場合は，デメリットとのバランスもよく検討する必要がある。投資協定上の優遇制度がないかも押さえておきたい。

【事例4-5】当社ブランド「α」！　［446］
　Xホールディングス社から，当社が国内製品に使用している「α」ブランドを，Xプロダクツ社が当社技術を利用して新しく製造する製品のブランドとして利用したいとの申入れがあった。

4-5-1　他社知的財産権の確認，当社知的財産権の登録　［447］
　当社の技術をXプロダクツ社が利用すること，「α」ブランドを製品名につけてN国で販売することに関して，どのような点に留意すべきか。

着眼点

「α」という商標がすでに他社により登録されていないか確認する必要がある。ま

303

第4章　合弁契約

た，Xプロダクツ社の事業が順調に進んだ場合，同社の製品は「α」という呼称で
N国国民に広く周知されることとなる。その人気にただ乗りしようと，「α」という
模倣品を他の会社や個人が販売してXプロダクツ社の収益に悪影響をもたらすリス
クに事前にどう対応しておくべきか。

◢◣ ポイント解説 ◢◣

[448]　**1　国際取引と知的財産権**

　近年の企業戦略においては知的財産権の重要性が高まっている。日本法上知
的財産権として認められているのは工業所有権（特許権，実用新案権，意匠権，商
標権）と著作権などである。この他，商法で商号が保護され，ノウハウやト
レード・シークレットについても第三者が不正に使用した場合には不正競争防
止法による差止請求や損害賠償請求が可能な場合もある（日本の知的財産権制度に
ついては，→［300］以下を参照）。

　知的財産権を有する者は自らそれを利用して製品を製造したりすることも可
能であるが，ライセンス契約を締結することによって第三者にこれらを利用す
ることを許可して対価を得ることもできる。

　工業所有権や著作権等の知的財産権は，個々の国家が各国の国内法に基づい
て発明者や創作者等に対して与える権利であり，一国の法の下で認められた知
的財産権は当然に他の国で権利として認められるわけではない（属地主義とも呼
ばれる）。しかし，知的財産権については古くから国際的な保護が必要と考えら
れたため，工業所有権については1883年にパリ条約，著作権については1886
年にベルヌ条約という国際条約が存在し，その後何度も改正されつつ知的財産
権の国際的保護の枠組みを構成している。さらに，WTOでもTRIPS協定
（Agreement on Trade-Related Aspects of Intellectual Property Rights）が知的財産権の保
護を定めている。

　知的財産権の保護に関する法制が整い，優れた知的財産権が持つ経済的な価
値の高さが認識されるようになってきたことに伴い，知的財産権を巡る企業間
の国際紛争も増加している。自らの知的財産権をしっかりと守ることに加え，
他社からの知的財産権侵害に係るクレームに適切に対処していくといった観点
からの知的財産戦略が求められる時代となっている。

304

2　商標権登録

[449]

　本件では，「α」という商標をN国のみならず，「α」という名称を付した製品を販売する予定のその他全ての国において登録しておかなければならない。まず，これらの国において，「α」という商標がすでに他社により登録されていないか確認する必要がある。商標登録が可能な場合，商標登録をして商標権を確実な権利にしておくことにより，後発の「α」という名称を付した類似品の製造・販売の差止めや，損害賠償請求を行うことが容易となる。なお，商標登録に際しては，対象となる製品群ごとに，たとえば，第1類，第2類といった具合に項目が分かれているのが通常であり，全ての対象製品群について商標登録をすると費用がかさむため，商標登録すべき対象製品群を絞らなければならない。この際の絞り方によっては，将来新製品を販売しようとした際に，当該製品が属する製品群について「α」の商標権を登録していなかったために，販売を断念するか，当該「α」の商標権を保有する権利者から「α」商標を買い取るという交渉をしなければならなくなるといった事態を招いてしまうので，コストと，将来の事業の拡がりをよく勘案して，商標登録をする対象製品群を慎重に検討したい。

　商標登録をしていなくとも，我が国の不正競争防止法に相当する法令が存在する国においては，「α」が著名商標として認められた場合に，他社の模倣行為を差し止めることが可能になる。ただ，世界的なインターネットの発達にもかかわらず，著名か否かの判断は，当該国内において著名であるか否かを基準に判断するというのが多くの国の態度である。したがって，当該国で新規に製品を販売する場合には，いくら当該製品に付された商標が日本で著名であったとしても，それのみを理由としては，不正競争防止法による差止め等は難しいことが多いと理解しておくべきであろう。

　なお，国によっては商標登録制度が未だ整備されていない国もあり，そういった国でそもそも事業を行うべきか，または，「α」という商標を利用すべきか（認知度だけ高まって，後発の模倣品に市場を食われるおそれはないか）について慎重に検討しなければならない。

Column　商　標

[450]

　海外で商品販売を開始する場合，事前に必ず確認すべき法務事項として，商

第4章　合弁契約

品に用いる商標がある。商品に用いられるブランド名や商品名を特定したうえ
で，販売対象国において類似商標がすでに登録されていないことの確認を行い，
当該商品をカバーする項目について，現地でまたは世界知的所有権機関
（WIPO）が事務局となっている国際登録出願制度を利用して商標を登録してお
くことが望ましい。

　ここで常に問題となるのが商標の言語である。現地の言語による商標を用い
て販売するのであれば，現地語での商標を決定したうえで登録することになる
が，気をつけなければならないのは，将来の模倣品対策である。すなわち，現
地語で模倣が想定される類似商標を周辺的に登録しておくことを考えるのはも
ちろん，アルファベットでの登録を押さえておくか検討しなければならない。
さらに，アルファベットでなく，現地の人が理解できないにもかかわらず，日
本というイメージを醸し出すためにカタカナ，ひらがなや漢字といった商標が
用いられることが落とし穴となったりする。通常日本語での商標登録は難しい
と思われるが，国によっては図形として登録できることもあるので，状況に応
じて検討するとよい。

　模倣品対策としては，他に，パッケージを意匠として登録したり，図柄を組
み合わせたうえで当該図柄を著作権として登録したりすることが効果的な国も
ある。知的財産権の登録制度の運用等は国によってまちまちなので，当該国の
知的財産制度に詳しい日本または現地の弁護士や弁理士と事前によく相談する
とよい。

　また，現実に模倣品が出回り始めた場合，裁判所を通じた差止めや損害賠償
が当該国においてどの程度実効性があるのか，模倣商品の輸入入に関して水際
での取締りがどの程度実効性があるのか，中国やベトナムにみられるような行
政手続による差止制度がどの程度機能しているのかなどについても，法務とし
ては事前にある程度の知識をつけておきたいところである。

　上記は，海外に拠点を設ける場合に用いる商号にもあてはまるが，商号につ
いては，類似商号の問題だけでなく，利用できる商号の範囲や組み合わせにつ
いての規制が会社法や投資法等で設けられている場合があるので，そちらも確
認することが望ましい。

　なお，商標が抜け駆け的に登録（冒用登録）されていることを発見した場合
は，現地の弁護士または弁理士を通じて取消手続を行うことを検討する必要が
あり，法的な取消しが難しそうな場合は，一定の金銭を支払って商標の登録権
者から買い取ることを検討しなければならない。場合によっては，多額の金銭
を請求されることもあることから，商標の登録については，第三者に冒用登録
されないよう，早期に手続を進めるにこしたことはない。

306

4-5-2 ［453］

●●本事例の考え方●●

ポイント解説で述べた通り，商標権の登録およびその範囲をよく検討する必 ［451］
要がある。事業を展開するうえでのブランドの保護の重要性についてよく理解
しておきたい。

4-5-2 移転価格 ［452］
　国際営業部から，当社技術（特許）と「α」ブランドの利用料（ロイヤル
ティ）での収入を高めに設定することにより，当社がＸプロダクツ社から受
け取る収益を安定させたい，との提案があったが，そのようなことは可能か。

着眼点

　当社は，Ｘプロダクツ社の親会社として，Ｘプロダクツ社の利益から法人税を支
払った後の余剰利益（税引後利益）から配当を受けることにより，投下資本を回収す
るが，これとは別に，ロイヤルティ収入も期待できる。ロイヤルティを高くすること
に何か問題はあるだろうか。

▚▚ ポイント解説 ▚▚

移転価格税制 ［453］

　移転価格税制（Transfer Price Taxation）とは，たとえば，Ａ社が外国にあるＡ
社の子会社に対して製品を輸出する際に，通常の価格（関連会社ではない独立した
企業との取引価格という意味で，独立企業間価格，アームス・レングス・プライス〔arm's
length price〕などと呼ばれる）よりも低い価格で輸出することによって，本来その
取引でＡ社が得るべき利益をＡ社の子会社に移転し（たとえば，子会社の国の税
率が日本より低い場合には，グループ全体での納税コスト引下げという観点から，こうした操
作を行うメリットが生じる。コーポレート・インバージョンなども，多国籍企業が節税目的で
親会社を税率の低い国に移転することにより，同様のメリットを狙ったものである），それ
によって，Ａ社が日本において支払うべき税額が減少している場合，本来あ
るべき価格に引き直して計算をし直し，不足額を追徴するという制度である。
最近では，企業と国税当局との間で，何が独立企業間価格であるかを巡って見
解の相違が生じ，訴訟で争われる事例もみられる。国内外で移転価格税制が適
用される事案が増加しており，国際的に事業展開を行う企業にとって重要な課

307

第 4 章　合弁契約

題となっている。

　さらに，移転価格が問題となるのは売買に限られず，たとえば，無形の資産を子会社に移転したのに相当の対価を得ていないとか，子会社と共同で事業を行い利益を得たのに子会社の取り分が多いといった場合も，移転価格税制の対象となるが，無形資産の価値や共同事業における貢献度を客観的に判定することは困難である。

　本件では，当社特許や「α」ブランドのロイヤルティが，同種特許や商標において関連市場で一般に用いられている料率より高いと N 国の課税当局が判断した場合に，当該ロイヤルティとの市場料率の差額部分について，N 国の法人税を回避したとして（法人税課税後の配当として受領すべき金額をロイヤルティという名目で法人税を課されることなく受領したとして），N 国が追徴課税をしてくるリスクがあるということとなる。

　こういったリスクがあるため，ロイヤルティの高めの設定というのは基本的に避けるべきであり，どうしても行いたい場合は，N 国の移転価格税制の実施状況を調査したうえで，N 国の移転価格税制に詳しい専門家の意見を求めて，追徴課税のリスクがあるかどうかについて，慎重に見極める必要がある。

●●本事例の考え方●●

[454]　　移転価格税制を理解しておきたい。市場価格より高いロイヤルティを設定したために，移転価格税制の対象とされると，追徴課税等がされる可能性があるため，事前に慎重に検討する必要がある。

[455]　　　4-5-3　ライセンス契約の内容
　　　　当社技術（特許）と「α」ブランドを X プロダクツ社に利用させるための契約において留意すべき点は何か。

着眼点

　当社はなぜ X プロダクツ社に技術およびブランドを提供しているのであろうか。基本的に，これらの提供は当社の X プロダクツ社への投資（X ホールディングス社との提携）に付随するものであることを前提に，合弁とライセンスとの関係をよく考えたうえで，ライセンス契約のあり方を検討する必要がある。

308

4-5-3　[457]

■■ ポイント解説 ■■

合弁に際しての技術やブランドの提供 [456]

当社技術（特許）と「α」ブランドは，あくまでも当社がXプロダクツ社に投資しているからこそライセンスしているのではなかろうか。その点を，当初よりよく検討して詰めておく必要がある。

すなわち，Xプロダクツ社との合弁を解消してN国から投資を撤退したり，N国の別の企業と提携または合弁事業をする場合，通常は，Xプロダクツ社に関する合弁を解消した時点で，当社技術（特許）と「α」ブランドのライセンスを終了したいはずである。

一方，合弁を解消してN国から投資を撤退する場合でも，Xプロダクツ社への当社技術（特許）および「α」ブランドのライセンスにより，事後も継続的にロイヤルティを稼ぎたいということもあるかもしれない。また，合弁を解消してN国の別の企業と提携または合弁事業をするにしても，当社技術（特許）や「α」ブランドを用いた製品については依然としてXプロダクツ社に継続的に製造させたほうがよいということもあるかもしれない。

いずれにしても，基本的には，Xプロダクツ社に対する投資を全て解消するような場合には，当社技術（特許）と「α」ブランドのライセンスも終了する旨を規定しておき，その後も継続したいと考えるに至った場合には，その時点の判断で継続するとのスタンスにしておくのがもっとも柔軟に対応できるのではないかと思われる。

いろいろな事情が複雑に絡みあって，特別な配慮を要する場合もありうると思われるが，投資と技術・商標ライセンスを一体として捉え，一方が終了すれば他方も終了するという仕組みにすべきか，という点を必ず検討し，解除条項，契約終了条項等において必要な手当てをしておくことを忘れないことが肝要である。

●●本事例の考え方●●

本事例における特許や商標のライセンスは，当社が合弁事業に投資していることに伴い，当社の投資者としての利益を最大限に高める目的で実行している [457]

309

第 4 章　合弁契約

ことを意識し，合弁事業から撤退する場合のことを当初より念頭に置いて，特許や商標のライセンスも自動的に終了する仕組みとしておくべきか，当初の段階においてよく検討しなければならない。

[458]
> 【事例 4-6】ポストクロージング
> 　X プロダクツ社の合弁化は成功裏に終わったが，ビジネス的にはこれからがいよいよ勝負であり，法務部としても，X プロダクツ社のコンプライアンス・ガバナンス体制の整備を図らなければならない。

[459]　**4-6-1　ポストクロージング**
　　クロージング後，合弁会社に関して法務部が検討すべきことは何か。

着眼点

　合弁会社への投資が完了した時点から，今度は，合弁会社のガバナンスに向けた作業が始まる。ポストクロージングにおいて，合弁会社のコンプライアンス体制の整備を含めたリスクマネジメントをいかに図るべきか。

ポイント解説

[460]　クロージング終了後をポストクロージング（ポスクロ，Post-Closing）と呼んだりするが，ポストクロージングにおける合弁会社のリスクマネジメントも法務部としては大事な仕事である。合弁はクロージングで終わるわけではなく，むしろ，クロージング後，合弁事業を円滑に進めていくための様々な取組みを実践していくことが重要である。このようなポストクロージングにおける取組みの重要性は，合弁の場合に限らず，M&A の場合も同様で，Post-merger Integration（PMI），Post-acquisition Integration（PAI）などということがある。また両者を Post-Transaction Integration（PTI）と総称することもある。

[461]　クロージング後の合弁会社におけるリスクマネジメントに本社の法務部がどの程度かかわるかについては，合弁会社への出資比率によっても違うであろうし，それを考慮に入れたうえで，合弁会社にどの程度の経営の独立性をもたせるかという判断にもよってくる。法務部の役割として第 1 に考えられるのは，コンプライアンス体制の確立であるが，企業のブランドイメージ等を重要視し，親会社による徹底したコンプライアンス統制を行うことも考えられるであろう

310

し，現地の風土・文化を重んじて，現地の事情に応じたコンプライアンス体制を現地で構築させることにより，現地にある程度の独立性をもたせることも考えられよう。

　基本的なアプローチとしては，親会社が本国で行っているコンプライアンス体制をベースに，同程度のものをまずは要求することを考え，現実をみながら，実現可能なことから順次導入していく（または現地の経営陣に導入を任せる）という対応になるのではなかろうか。特に，デュー・ディリジェンスにより発覚した問題点のうち，クロージングまでに解消されなかった（ポストクロージングでの対応でも十分と判断した）事項については，優先的に対応していくことになるであろう。具体的には，まず，コンプライアンスに関わる規則を整備することを考えなければならず，かつ，現地従業員に規則を遵守する意識をもたせなければならない。遵法意識の欠如している地域においては，遵法意識の啓蒙も必要となってくる。また，たとえば情報流出の防止などシステムの構築によりコンプライアンス違反をある程度防げるような場合は，システム構築も同時に検討しなければならない。

　問題が起こった場合のレポートラインも重要である。親会社の法務部への直接のレポートラインを創設することも考えられる一方，合弁会社に派遣する役員に現地のコンプライアンスを基本的に任せることも考えられよう。その場合，現地への法務部員の派遣による定期監査などといった体制を併用したり，現地法律事務所を活用したりすることも考えられる。

　いずれにしても，現地法人に法務部員を駐在させるのは，当該現地法人の規模が相当程度大きくなってからということになるため，親会社の法務部として，現地法人のコンプライアンス体制をどのように構築し，その遵守や違反状況に関する情報をどのように収集していくか（モニタリング），についてプランニングを行い，適切なリスクマネジメントを図っていくことが必要となる。

●●本事例の考え方●●

　Ｘプロダクツ社の今後のリスクマネジメントについて，ポイント解説で述べたように，コンプライアンス体制をどのように構築するかについての検討が必要となる。なお，海外におけるコンプライアンス体制の整備に関する基本的な

第 4 章　合弁契約

解説につき，後述参照（→事例 5-3）。

[463]　　4-6-2　X プロダクツ社の上場
　　　X プロダクツ社のビジネスが成功を収め，順調に売上高が上昇し，継続的に
　　利益を生み出しているような場合に，当社として検討すべき新たなエクジット
　　としてどういったことがありえるか。

着眼点

　　合弁会社への投資時に合弁契約に盛り込むエクジット手段は，多くの場合，合弁会
　社のビジネスがあまりうまくいかなかった場合のことを想定してのものである。しか
　し，合弁事業が成功した場合は，「上場」というエクジットが浮上してくる。

■■ ポイント解説 ■■

[464]　　**株式上場**

　　株式会社は，その株式を上場させることができる。より具体的にいうと，当
　該株式会社の株式の上場を受け付けている取引所に当該株式を公開することに
　より，当該取引所において誰でも当該株式を取得することができるようになり
　（株式会社の公開会社化），上場後は，当該証券取引所内での自由な売買により市
　場価格が形成されることとなる。証券取引所に上場された会社のことを，上場
　会社や公開会社と呼び，上場していない会社を非上場会社や非公開会社，ある
　いは閉鎖会社などと呼んだりする。

　　株式を上場させること，すなわち株式を公開することは一般に IPO（Initial
　Public Offering）と呼ばれる。IPO を行おうとする場合，通常は証券会社等の助
　けを借りて，当該株式会社が対象証券取引所の上場要件に該当するかについて
　の詳細な調査（デュー・ディリジェンス）を行い，改善すべき点を改善したうえで，
　上場申請に必要な膨大な書類を準備・作成する必要があり，その作業には，当
　初の作業開始から半年から 2，3 年程度かかるのが一般である。

　　IPO に際しては，新規公募価格が設定され，その後は市場の中で市場原理に
　基づいて価格が推移していくことになる。通常は，当初の株式取得金額（資本
　投入金額）より新規公募価格のほうが大幅に大きいため，上場前の株主は，IPO
　の成功により，大きな利益（上場益）を獲得することとなる。

312

4-6-2　[465]

　一方，上場会社になると，機関設定や決算等においてより厳格なガバナンスが要求されるのが通常であるし，証券取引所の規則に従って，適時開示（重要な事実や機関決定に関する速やかなディスクロージャー）など，投資家保護に資する様々な手続が要求されることとなる。さらに，一般の株主が株主総会に参加することが可能となるため，株主総会の準備や現場対応において重い負担が課されることとなる。そうしたことから，グループ内会社をあえて上場させず非上場のままにしておくという判断をすることも多い。また，手元に残した上場株式を売却する場合や新たに株式を購入する場合，インサイダー取引規制に違反しないよう慎重な検討を要することも知っておきたい。

　日本国内には東京証券取引所を始めとする取引所がいくつかあるが，世界に目を向けると，有名なニューヨーク証券取引所やロンドン証券取引所などに加え，アジアでも，たとえば，シンガポール，香港，上海，深圳，台湾，タイ，マレーシア，ボンベイなどの名称がついた証券取引所が各地に存在する。各地の証券取引所は国内または地域内の株式は通常取り扱っているが，必ずしも国外の株式を取り扱うとは限らない。ニューヨークやロンドンの証券取引所に上場している日系企業があることは周知の通りであるが，アジアに目を向けてみると，上海，香港，タイおよびマレーシアなどでその現地法人を上場することに成功している日系企業も存在する。

●●本事例の考え方●●

　X プロダクツ社をいずれかの証券取引所に上場する可能性を検討する。どこの取引所に上場させるかをまず決めなければならず，当該証券取引所の上場条件を満たすことができそうかを検討しなければならない。なお，N 国外の証券取引所への上場については，そもそも当該証券取引所が国外株式の上場を認めているかという点を確認しなければならない。同時に，そもそも，上場することが好ましいのか，上場するとして，上場後に株式の保有を一定程度維持するのか，その場合保有割合をどの程度に設定したいか，なども併せて検討する必要がある。

[465]

第 4 章　合弁契約

[466]
【事例 4-7】合弁会社からの撤退

　Ｘプロダクツ社は，当初好調に滑り出し，一時は現地の証券取引所への上場を検討したこともあったが，その後Ｎ国経済の不振が続いたこともあり，近年は赤字続きとなってしまっているため，当社はＸプロダクツ社からの撤退を検討している。

[467]
4-7-1　合弁会社からの撤退方法

　当社が合弁事業から撤退するための方法としては，どのようなものが考えられるか。

着眼点

　新規に投資をする際には，同時に必ず撤退方法をよく検討し，合弁契約書や定款に明確に規定しておく必要がある。撤退の方法としてどういったものがあるかも理解しておきたい。

■■ ポイント解説 ■■

[468]
合弁事業からの撤退

　合弁事業から撤退するための方法には，合弁企業を清算し合弁事業そのものを終了する，合弁事業における権利（たとえば，合弁会社についての株式や持分等）を合弁パートナーや第三者に譲渡して撤退する，といった方法がある。

　合弁事業からの撤退を巡っては，合弁当事者間で意見，利害関係が一致せず，トラブルになることも少なくない（当事者間で意見が一致せず，デッドロックになった場合については，→［399］［400］を参照）。このようなトラブルを回避するためには，あらかじめ合弁契約において，合弁契約をどのようなときに終了させるか，合弁契約が終了する際にはどのような形で合弁事業を処理するか（合弁契約が終了するといっても，合弁の対象となってきた事業を当然に清算しなければならないわけではない），等について，明確に定めておくことが重要となる。

　合弁契約における合弁事業からの撤退についての規定のしかたとしては，たとえば，以下のようなものが考えられる。

　　①　一定の契約期間（合弁期間）を定めたうえで，当該契約期間経過時に当事者が合意しない限りは契約は終了すると規定するもの

314

② 各当事者は他の当事者に通知することにより，合弁事業から撤退できると規定するもの

③ 一定の事由（たとえば，合弁当事者の倒産，契約違反，事業目標の不達成等）が生じた場合には，当然に合弁契約は終了する，あるいは，当事者は合弁契約の終了を選択する権利を有すると規定するもの

　他の当事者の同意を得る必要があるとする場合には，他の当事者の同意が得られないことによってなかなか合弁事業から撤退できなくなってしまう，といった事態も生じる。他方で，他の当事者の同意がなくても合弁から撤退できるとすると，合弁事業は不安定なものとなってしまう。

　合弁からの撤退の具体的な方法としては，

① ある当事者が合弁から撤退する場合には合弁会社を清算すると規定するもの

② 撤退しようとする当事者は他の当事者あるいは合弁会社に対して，一定の価格で株式・持分の買取りを請求でき，もし，他の当事者等が株式・持分を買い取らない場合には第三者に売却できる等とするもの

③ 合弁当事者間で撤退の方法について協議し，協議が調わない場合には，①②等の方法によるとするもの

等がある。

　以上は，択一的なものではなく，合弁会社の設立準拠法，合弁契約の内容，合弁事業に対する方針等も考慮したうえで，当該合弁契約にもっとも適切な撤退条項を設計することが肝要である。

　合弁会社の株式・持分を他方当事者が買い取るという方法の場合には，合弁 [469] 会社の設立準拠法や適用される規制法上，株式や持分の譲渡に対してどのような法規制が存在するかという問題がある。また，買取価格をいくらとするかも難しい問題である。合弁会社の株式・持分には，上場会社のような市場価格はなく，また，合弁事業の撤退を巡って合弁当事者の意見が分かれている場合には，合弁会社の持分の価値についても意見が分かれることが多い。したがって，株式の買取価格の決定方法についても，あらかじめ規定しておくことが重要で

第4章　合弁契約

ある。なお，インドなど，国内当事者保護の観点から，外国企業が国内企業に対して持分を譲渡する際の価格についての規制を設けている国も存在する。

　なお，合弁会社の清算や合弁事業からの撤退に際しては，当局の許認可が必要な場合もあることに注意が必要である。合弁事業が現地政府の後押しなどで行われてきた場合などには，現地政府が合弁からの撤退に難色を示すことによって，事実上，合弁からの撤退が困難になることもある。

　実際に合弁事業を清算する際には，後述（→事例4-7-2）の通り，従業員の解雇に関する規制や解雇に際して支払う必要のある金銭（補償金など），事業を途中で清算することに伴う第三者との契約の解消等による費用（たとえば，賃貸物件，リース物件の中途解約に伴う費用），合弁会社が損失を抱えていた場合の損失分担（通常は株主有限責任の原則により法的な分担ないし補填の義務はないはずだが，事実上求められる場合はありうる），税制等での優遇措置が与えられていた場合の早期撤退の際の利益返還規定の有無，合弁会社の清算に関する法制度や規制の内容，税務処理，清算処理を行うにあたって用いる必要のある専門家（弁護士，会計士，税理士など）に関する費用等，様々な問題が存在することには留意が必要である。

●●本事例の考え方●●

[470]　　ポイント解説で述べた通り，撤退の方法，手続その他必要な検討事項を理解しておこう。なお，合弁契約からの離脱は，必ずしも合弁会社からの撤退を意味するものではないので，両者を混同しないように注意が必要である（→[425]）。

[471]　　**4-7-2　合弁会社の清算**
　　　　合弁会社を清算する場合，何を検討しなければならないか。また，清算に伴うコストとしては，どのようなものが予想されるか。

着眼点

　　清算により不利益を被るのは誰かよく考えてみよう。前述（→[443]）の通り，外資の誘致は，技術の獲得，雇用の確保，税収入の拡大が目的であることが多い。

316

4-7-2　[473]

▰▰▰ ポイント解説 ▰▰▰

　合弁会社を清算する場合に，まず検討しないといけないのは，会社法または　[472]
投資法上の清算要件である。日本であれば，解散の株主総会決議を行ったうえ
で，会社法の規定に従って清算手続を進めることになり，債務超過等の場合に
は特別清算手続が用意されている。

　一方，諸外国，特に新興国においては，以下のような点を併せて検討しない
といけないので，注意する必要がある。

　まず，解散自体に政府の許認可が必要な国もありうる。その現実の運用とし
て，債務超過のままでは解散は認めないとされると，合弁会社を清算するため
に，新たに増資するなどして資金を注入しなければならず，当社としては苦渋
の決断を迫られる。こういった国では，特別清算のような手続が用意されてい
ないこともある。

　また，インドのように，一定規模の会社について，会社の解散について従業
員の承諾を要求している場合も見受けられる。これは従業員の雇用を保護しよ
うとする目的であろうが，投資側からみると，撤退に関して大きな障害となり，
従業員の承諾を得るために莫大な補償金等を要求されることを甘受しなければ
ならない。従業員に補償金や退職金（severance）などを支払うことが事実上の
プラクティスとなっていることもあるので，そういった場合，解散・清算によ
り，従業員を解雇できるとしても，それなりの金銭の工面をしなければならな
い。

　また，国によっては，会社の清算の際に過去の納税について税務当局の厳格　[473]
な調査が入ることもある。当該調査の結果，追徴課税が課されることもありう
るし，調査対応のため税理士や税務アドバイザーなどのコストもかかる。また，
中国などにおいて調査自体が2年，3年と長引くような事例も耳にすることが
ある。こういった国では，税務調査により，予想以上に清算に時間がかかるこ
とも視野に入れておかなければならない。

　さらに，税制等の優遇措置の要件もよく確認しておきたい。たとえば，税制
優遇措置は外資誘致の条件として政府または地方政府から提供されることが多
いが，これは当初の数年間は法人税を減免する代わりに，その後は当該政府に
継続的に税金を納めることを期待しての制度である。そのため，一定期間内に

317

第4章　合弁契約

撤退した場合や，一定の税額を納めることができないまま撤退した場合に，過去に減免した税金を納めなければならないといった条件が付されることがある。税務に限らず政府や地方政府から提供される優遇措置は，将来の税収および雇用の拡大を狙っているのが通常であり，予定より早い撤退をする場合に備えて，税および雇用の面から何らかの条件が付加されている可能性がある。

●●本事例の考え方●●

[474]　ポイント解説で述べた通り，従業員の待遇や，税務調査による追徴課税の可能性などを検討しなければならない。また，政府からの優遇措置を受けている場合は，付随条件により撤退が何らかの形で制限されている可能性があり，当初の合弁事業の設計段階で，根拠法令の確認を含む入念な調査と撤退のシミュレーションを行う必要がある点に注意しなければならない。

[475]　**4-7-3　今後への教訓**
　　今回のＸプロダクツ社への出資においては，当社にとって，いくつかの反省材料を提供するものであった。そうした反省点を今後の同種の案件に活かしていくためにはどうしたらよいか。

着眼点

対処法務と予防法務の考え方の違いを理解する。

■■ ポイント解説 ■■

[476]　**対処法務と予防法務**
　　対処法務とは，具体的に発生しているトラブル，紛争等の具体的な解決を目的としたものである。たとえば，あるトラブルが生じた場合，自社としてはどのような対応をとることができ，どのような対応をとることがベストか。それを検討するためには，何を調べたらよいか，などを考えるケースである。考えられる対応は，もちろん，一通りではない。決まった答えを探すのではなく，想像力を豊かにして，自社としてどのような主張が考えられるのか，その主張がどの程度説得力をもつのかを考え，交渉や訴訟等の戦略を練ることになる。

318

4-7-3　[478]

その際には，高い確率で勝てるような主張ばかりではなく，判例や学説に照ら
してやや説得力という点では劣りうる主張であっても，それなりに合理的なも
のであれば，積極的に使っていくことにより，和解を狙うといったことも十分
考えられる。何らかのトラブルが訴訟に至り，訴訟での勝敗の可能性が予想し
難く，仮に半々であったとすると，訴訟を継続した際の費用も考えるならば，
数万ドルを支払って和解するという決着が，経済的に十分合理的なものとなる
こともある。商取引の世界では訴訟で決着がつくことのほうが少なく，訴訟を
しながらであっても，当事者は和解の可能性を視野に入れ，訴訟の展開に応じ
て和解のタイミングを狙っていることのほうが圧倒的である（金銭では解決でき
ないような案件，判例を作りにいくような案件は別である）。その意味では，訴訟は交
渉の一部であるといってもよい。

　対処法務はすでに起こったトラブルの解決の対処を目指すものであるが，予　　[477]
防法務は，将来の取引に関して将来生じるリスクを回避・減少するために，
予防的にあらかじめ対策を練っておくことを目的としたものである。予防的な
対策は，契約書の規定や社内の体制等に反映されることになる。同様のトラブ
ルをできるだけ回避するために，契約書に何らかの文言を入れる必要があるか，
このような取引をしようとする際に，社内でチェックすべき事項を決める必要
があるか等を考えることになる。

　対処法務と予防法務は密接に関係する。対処法務の経験を予防法務に活かす　　[478]
ことでよりよい対策が可能になるし，よい予防法務ができていれば，対処法務
はより容易になる。たとえば，トラブルに至った場合，周到に作成した契約書
の一定の条項を示すことによって，自分達の主張を裏付けることが可能になる。
新しい取引であれば，他の会社の失敗事例や契約書なども参考にしながら，こ
の取引に関するリスクとしてはどのようなことが考えられるかを，過去の経験
も参考にして想像力豊かに考え，そのようなリスクを受け入れられるかどうか
を検討し，必要に応じて契約書等で手当てする。もし，リスクが受け入れられ
ず，取引相手方が契約書の文言にも同意しないのであれば，取引をやめると
いった判断も時には必要になる。

319

第 4 章　合弁契約

●●本事例の考え方●●

[479]　　今回の事例での経験を予防法務に活かすという観点から，社内の体制整備や
ルール作り，関係部署向けの解説資料の作成や勉強会の実施，契約書等の文書
の改訂等の必要性を検討する。合弁事業の過半数は，開始から 10 年以内に事
業不振や目論見違い，デッドロックの発生などの理由で解消されているともい
われる。合弁事業を継続することは容易ではなく，リスクマネジメントとして
は始めるときから終わるときのことを想定しておくべきものなのであり，その
ための知見や経験の記録化と伝承は，失敗を繰り返さないためにも実は非常に
重要である。

第5章

海外拠点の設立や運営

【事例 5-1】まずは出張ベースで本社社員を派遣したいという営業部からの相談 [480]

当社は複数の事業部門を持つ日本の機器メーカーである。今般，メディカルヘルスケア部門の有力商品として，これまで日本国内のみで販売していた CFRP（炭素繊維強化プラスチック）製介護・リハビリ用各種機器「Care One™」シリーズを，海外向けに販売することとなった。まずは，日本同様，高齢化が進む N 国に進出するとの方針が決定され，経営企画部が中心となってタスクフォースが形成された。法務部もタスクフォースに加わることになり，あなたとあなたの上司がメンバーに指名された。

N 国は外資に対する規制が厳しく，現状，外資 100％では，Liaison Office（連絡事務所）の設立のみが認められている模様である。Liaison Office の設立には，スポンサーとなる現地企業の候補選びから始まり，手続に数か月かかることが判明したが，担当営業部としてはすでに第 1 号となる顧客向けにデモ用の機器を近々輸出する予定であり，それほど待てないという。

そこで，タスクフォースの検討結果を待たず，まずは N 国に出張ベースで本社社員を派遣する方針となった。同社員は，N 国の短期業務ビザで N 国に入国し，1 回の滞在期間限度（原則として 30 日）が満了した場合はいったん帰国し，再度短期業務ビザを新たに取得して繰り返し入国するとのことである（ただし，個人に対する現地所得税課税を避けるため，滞在期間は年間 183 日を超えないことにする）。また，その業務は，上記顧客のオフィスにおけるデモサービスの無償提供に限ることとした。これで問題はないだろうか。

321

第 5 章　海外拠点の設立や運営

着眼点

　企業が海外に事業拠点を置く場合，その形態には様々な選択肢がある。どのような形態とするかは，自社の進出の目的・事業展開の構想，現地事情やリスク，コスト，人的リソース等を踏まえて決定する必要がある。一般に，外国企業が拠点を設置しようとする場合には，現地法制に基づく様々な制約があるので，合法的に行うことができる事業活動・事業目的の範囲，各種許認可の要否，税法上の取扱い，現地人雇用義務の有無を含め，当該拠点の法的位置付け（ステータス）を明確化し，これを遵守することが基本となる。

ポイント解説

[481]　**1　海外拠点設置における法的視点**

　企業による国際取引の遂行のための方法としては，事例 2-1-1 のポイント解説（→［163］以下）において解説した通り，①自らは拠点を設けず，契約を通じて第三者の役務を利用する方法と，②自ら拠点（駐在員事務所や現地法人等，様々な企業組織体）を設ける方法に大別される。前者の典型例が先に（→第 2 章）検討した代理店・販売店の起用であるが，本章では後者の方法に関する法的な問題を扱う。

　海外に拠点を設置する場合には，その現地法上のステータスの明確化や事業形態の安定化が重要である。この問題の核心は，いわゆる "doing business" の問題，すなわち営業行為・営業活動の可否およびその範囲にあり，そもそも進出先国が外国人（外国企業）の活動を認めるかどうか，いかなる形態・内容の活動を認めるかという，いわゆる外国人法的視点からの検討が必要である。特に新興国では，doing business の定義や許容範囲が必ずしも明確でないことが多く，時には裁量的に決められることもある。したがって，現地弁護士・会計士や関係官庁に確認しつつ，やや安全サイドに立って拠点の業務範囲を確定することや，その後の関係官庁の運用に変更がないかどうかを継続的に注視していくことが必要である。これに加えて，海外拠点の税務上の取扱いも重要である。

　上記①，②以外の進出方法としては，外国企業が現地企業や拠点を介さず直接同国内で事業活動を行うということが考えられるが，これは当該事業から生じる所得に対する課税の問題（いわゆる PE 課税の問題→［488］）を惹起するだけでなく，そもそも活動自体が禁止されているのが一般的であることから，事業内

容に応じた企業組織体を現地に設立することが必須である場合が多い。

　例として，ある外国のホテルチェーンが，中国において内国資本のホテルの [482]
マネジメントを直接請け負ったうえ，自国から幹部社員を派遣して管理にあた
らせていたことが，許可なく事業（経営活動）を行っており違法であると認定さ
れた事例がある。ここでいう「経営活動」とは，一般論として，外国企業が，
①経営場所（その支配管理する固定的な場所）を現地国内に保有し，②その経営場
所に要員（必ずしも自己の社員には限定されない）を配置し，③原則として営利を得
る目的をもって，④反復継続して一定の行為を行っている（またはそのような意
図がある）ことを意味する場合が多いと思われるが，実務上は個別事案ごとに
確認する必要がある。たとえば，①の「経営場所」の典型例は事務所（ホテル
などの宿泊施設で常設的に使用されている場合を含む）であるが，そのほか各種の物理
的な販売拠点，倉庫（自社保有のみならず，賃借契約により占有権を取得している場合を
含む）などが考えられる。本事例におけるデモサービス（自社製品の販売支援活動
ないし広告宣伝活動と考えられる）は，特定の顧客に対するその事務所での１回限
りの販促活動であることから，一般論としては違法な doing business に該当
しない可能性が高いと考えられるが，やはりあらかじめ国ごと，活動実態ごと
に現地の弁護士・会計士等に確認することが望ましい。

2　外国からの投資に対する法制 [483]

　一般に，新興国は，資金，技術，人的リソース等を海外から取り込み，自国
の経済発展の起爆剤とする政策をとるが，自国産業保護の観点から，様々な税
制面の優遇措置や公的支援，各種インフラの優先的供給などの奨励策と同時に，
種々の投資規制を設けることが多い。たとえば，現地法人を設立する場合でも，
事業目的や取扱商品の範囲が制限されるなど，内資企業に比べて制約が存在す
ることが少なくない。

　投資受入国にとって外資は有効に利用すべきものであるから，投資奨励と投
資規制は表裏一体を成すといってもよく，外資導入の分野に優先順位をつけ，
これに応じて様々な恩典や制約を設けるということが行われる。しかもそれは
投資受入国の政治的，経済的状況に応じて変化していく。

　外資導入に関わる規制のパターンには一定の類似性がみられ，後発の新興国
が先発組の規制に倣う場合もある。こういった規制は，その目的という視点か

第 5 章　海外拠点の設立や運営

らは主に次のようなものに大別することが可能である。

① 産業政策的規制：高度な技術を伴わない労働集約的産業・成熟産業への参入規制，事業範囲の制限，合弁形式の強制や外資比率の制限，一定の国産化や製品輸出義務などのいわゆる特定措置履行要求（Performance Requirements），減資規制や海外送金規制その他の外国為替規制等

② 民生重視ないし地元権益保護的規制：地場産業保護のための参入規制，現地労働者雇用の強制，代理店起用の強制等

③ 安全保障的規制：基幹的産業や政治的，公益的事業への参入規制，土地取引規制，M&A における安全保障審査の義務付け等

　このうち，安全保障的な観点からの外資規制については，事例 4-2-3 のポイント解説（→［381］以下）で述べた通りである。

[484]　**3　規制の例**

　たとえば，中国では，外商投資企業の設立について，あらかじめ産業分野を「奨励業種」，「許可業種」，「制限業種」，「禁止業種」の 4 つに分類した「外商投資産業指導目録」を定め，時々の国内産業発展動向に基づき都度業種を指定し，主に奨励業種に対して法制上，税制上の優遇政策を設けたり，地方に許可権限を委譲したりすることで，当該業種への投資を誘導してきた。1990 年代までは外貨獲得に資する輸出型企業や技術導入効果が期待される高度先進技術企業に対する数々の優遇措置を設けることによって，こういった分野の事業への投資を促進する政策がとられたが，90 年代後半になると，立ち遅れたサービス業の発展改革を促すため，卸売業，小売業，貿易業の分野での試験的な外資導入の試みが始められた。その後は外資規制自由化への舵が切られ（外資系企業の設立が許可主義から原則として準則主義となった），上記目録も 2017 年からは「外商投資奨励産業目録」および「外商投資参入許可特別管理措置」という 2 部分から成る枠組みとなった。前者の目録は，全国を対象とする全国版の奨励リストと，中西部地域の各省・直轄市・自治区の優位性産業リストから構成され，奨励類に該当する項目については，従来のように投資総額内で輸入する自家用設備の輸入関税免除（一部例外を除く）や土地の優先供給などの優遇措置を受けることができるという特長を残している。一方，後者の措置は，奨励類の

うち特別管理要求のある条目，制限類，禁止類を統合したもので，2024年版では製造業分野の外資参入制限措置が全面的に撤廃されたほか，対象産業はさらに減ったものの，たとえば市場調査（合弁形態に制限）や社会調査（禁止）などの制限が維持されており，外商投資参入許可のネガティブリストを形成している。また，インドネシアでは，投資法（2007年第25号）に基づき投資が禁止されている事業分野（禁止業種）および制限されている事業分野（制限業種）を除き，全ての事業分野への外国投資家が認められているが，この禁止・制限業種リストがいわゆる「投資ネガティブリスト」である。本書執筆時点での最新のリストは大統領令2021年第49号で定められている。

　一般に製造業に比べ商業・サービス業の対外開放は後送りになりがちであり，たとえば比較的規制緩和が進んだインドでも，商工省（Ministry of Commerce and Industry）が作成する外国直接投資（Foreign Direct Investment, FDI）ポリシーに基づき，公益事業等に加えて一部小売業への参入規制が残存している。ASEANの経済大国であるインドネシアにおいても，2014年には国内卸売業の外資比率上限が従来の100％から33％へ逆に引き下げられるということがあった。小売業に対する広汎な規制もある。

　土地であるとか，鉱物資源といった戦略的な物資に関しても参入規制がある　[485]
国も少なくなく，たとえば，中国では放射性鉱物やレアアース（希土類）の探査，採掘および選鉱は外資参入禁止業種とされている。

　なお，インドネシアではその時々の投資ネガティブリスト（大統領令として定期的に公布される）において，外資比率が緩和されたり強化されたりしているが，いわゆるグランドファーザー条項（一般に，新しい法令では制約を受けることになる活動にすでに従事している企業などが，既得権者としてその適用外となることを定めるものをいう）が規定されている場合には（たとえば2014年第39号9条，2016年第44号13条など），許認可当局である投資調整庁（BKPM）の基本許可をすでに得ている案件については遡及しない。

4　新興国における裁量的な規制運用と対策　　　　　　　　　　　[486]

　特に新興国においては，上記のような規制は裁量的，時に恣意的に運用されるので，純粋な法的論理構成のみに依拠した仕組みによる規制回避にはリスクがある。本事例には特段の悪性はないといえるが，たとえばVIEスキームの

第 5 章　海外拠点の設立や運営

ごとく，外国企業が外資参入禁止の不動産事業に開発権（契約上の債権的権利義務）の取得という形態で実質参入していた事例，通信事業に実質的な匿名組合契約の形態（内資通信事業者への設備賃貸契約の形をとるが，賃貸料が事業収益の多寡に応じて変動するもの）で参画していた事例など，意図的な規制回避とみなされるリスクのある取引も，過去，中国などの新興国においては散見された。これらは，民事上無効となりうるほか，違法所得没収等の行政罰，不法営業罪等の刑罰の対象にもなり，場合によっては当該国での自社事業の存続自体も危険にさらすようなおそれのある事例である。進出事業形態の安定度を高めるためには，進出先国の発展段階や法制度全般の成熟度を見極めたうえで，当局との事前折衝による確認や現地弁護士意見の取得等も含め，経営判断として説明可能な論拠を固めるべきである。

　また，国によっては，外資系企業の事業目的外活動に対する取締りが厳格に行われている場合がある。実際に行う予定の事業が限定列挙の形で許可証上記載されることもあるため，機動的な事業展開に対する障害となる場合が少なくない。だからといって記載された経営範囲を逸脱すれば上記のような罰則の対象となるので，日常的に注意する必要がある。

[487]　**5　ビザの問題**

　ある国が外国人の入国を認めるかどうか，受け入れる場合にいかなる条件を付すかについては，当該国が自由に決定することができるというのが国際慣習法の原則である（日本であれば最大判昭和 53 年 10 月 4 日民集 32 巻 7 号 1223 頁を参照）。外国人がある国に入国し，在留する場合は，受入国の入国管理当局による入国許可（上陸許可）を取得する必要があり，その申請に必要な書類のひとつがビザ（査証）である。一般に，査証は，その外国人の所持する旅券が権限ある官憲によって適法に発給された有効なものであることを「確認」するとともに，当該外国人の入国および在留が査証に記載されている条件の下において適当であるとの「推薦」の性質をもっている。したがって，仮に査証を持っていても他の理由により入国が許可されないという場合はありうる。大多数の国が同様の制度を運用していると考えられるが，同時に一定の条件内で査証免除が行われている場合も少なくない。

　査証の条件には，在留資格に応じて，就労（駐在員業務を含む）や投資経営，

短期滞在（日本であれば短期間滞在して行う観光，保養，スポーツ，親族の訪問，見学，講習または会合への参加，業務連絡その他これらに類似する活動），教育・研修など種々のものが法定されている。そこで，本事例では，「顧客に対するデモサービスの無償提供」が，N国の定める「短期業務」という在留資格で可能な活動かどうか，短期とはいえ就労許可（work permit）が不要であると判断してよいかどうかがポイントとなるが，この判断は当局の裁量による部分が大きいので，安易に解釈することにはリスクがある。たとえば，あるアジアの国での事例で，短期訪問ビザによって繰り返し入国し，かつ，毎回滞在期限いっぱいまで現地での機器据付作業の指導業務に従事していた日系企業社員について，単なる会議参加や業務打合せを超えた在留資格外の活動を行っているおそれがあるとして，数回目の入国が拒否された事例がある（ただ，幸いにして不法入国の処分を受けることはなかった）。なお，同社員の同国滞在期間は1年間で通算90日を超えていたところ，同国と我が国の間では租税条約が締結されていなかったために，いわゆる短期滞在者免税（通称183日ルール）とはならず，同国税法が定める90日間の非課税期間が適用され，結果として重加算を含む個人所得税も追徴されている。これは，個人に対する課税ではあるが，業務命令による活動が原因であることから，外国企業としてのdoing business問題のひとつであると考えなければならない。

6　外国企業の営業活動への課税──いわゆるPE課税の問題 [488]

事例4-4-1のポイント解説（→〔439〕）で述べたように，外国会社の支店，事務所，工場，工事事務所その他作業所，在庫拠点，契約締結代理人等の恒久的施設（Permanent Establishment, PE）を通じて稼得された収益は，現地での課税対象となるのが原則である。このPEという概念は，外国法人（非居住者）に対する事業所得課税のもっとも基本的なもので，拠点の設置を含む海外事業展開においては常に考慮しなければならないポイントである。

ある国において，一定の場所や施設がPE認定を受けるかどうかは，事務所登記や登録等の有無によって決まるものではなく，その活動実態に基づき，原則として当該国の租税法令上の定義によって決まる。たとえば，当社の社員がN国に短期出張し，ホテルに宿泊して特定の顧客に対する広告宣伝活動を行っても，それだけでは通常はPEには至らないが，さらに期間契約でホテルの一

第5章　海外拠点の設立や運営

室を借りて販売用の商品を保管，展示したり，その部屋をプレゼンテーションルームとし，プレゼンテーション機器を備え，会議も可能なように設備を配置のうえ，現地人のアシスタントを使い反復継続して不特定の顧客に対する広告宣伝活動を行ったりするような場合には，そのような使用が「準備的又は補助的な性格のもの」でない限り，事業を行う一定の場所（駐在員事務所）としてPE認定を受ける可能性が高まる（上述のビザの問題も生じる可能性が高い）。一方で，さらに進んでN国に子会社を設立した場合には，当該子会社はN国の内国法人であり外国法人ではないのでPE課税の問題とはならず，子会社自身が同国の税法に基づきその所得に対して課税されることになる（ただし，子会社がその活動内容いかんでは代理人PEと認定され，親会社も課税対象となることがある）。このようにある拠点がPE認定を受けるかどうかは，海外展開におけるコスト要素としても重要であり，当該拠点を展開することが事業採算や効率性の観点から問題ないのかどうかは慎重に見極める必要がある。その場合，特に資本輸入国である新興国の課税当局はPEの範囲を広く解釈して課税しようとすることがあるので，注意を要する。

●●●本事例の考え方●●●

[489]　ポイント解説中で触れた通り，当社社員の活動が，特定の顧客に対する，その事務所における単純なデモサービスの一過性の無償提供に限定される場合には，事業活動を行っているとはいえず，原則として違法経営や違法滞在とされるリスクは低いと考えられる。また，PEとしての一般的な要件も満たしていないことから課税リスクもなさそうである。しかし，これらの判断となるルールは国によって異なるので，やはりあらかじめ国ごと，活動実態ごとに現地の弁護士・会計士等に確認することが望ましい。

[490]　【事例5-2】駐在員事務所が営業行為を行っている疑いがある！
　　数か月後，ようやくN国駐在員事務所の設立が許可され，ライセンスが交付された。有効期間は2年間で，ライセンス上の事業目的は，「本社との連絡，関連情報収集，プロモーション活動，付帯関連業務」となっている。ところが，実際には業務上のニーズから，少量ながら有償部品を在

328

5-2 ［491］

庫として保有しているほか，販売条件の交渉や，緊急時の契約書代理署名
も行われるようになった。ただし，在庫部品を含む品代の決済は本社と顧
客が直接行っている。
　駐在員事務所の所長によれば，「他社も同様にやっているし，事務所は
あくまで本社の補助という立場で，利益を計上しているわけでもないから，
大丈夫ですよ」とのことなのだが，これで本当に問題はないのだろうか。

着眼点

　海外進出の最初のステップに用いられる駐在員事務所であるが，その機能は通常，
非営業行為に限定される。営業行為，非営業行為の該当性判断は，一般論ではなく，
当該国の具体的な法令や関係当局の指針等に基づき慎重に行う必要がある。

■■ ポイント解説 ■■

駐在員事務所

［491］

　企業がある国に進出する場合に，支店や法人を設立する前段階として駐在員
事務所を設立するということがよく行われる。駐在員事務所の特色は，通常の
場合，営利活動を行わず，市場調査，研究活動，本国との連絡等という補助的
な活動のみを行うことが許されている点にある。営利活動を行うことが禁止さ
れているのが通常で，事業活動を行うことにより何らかの利益が生じる場合は
法人化（または支店化）し，タックスナンバーを取得して現地での納税義務を果
たすべきとされるのが一般的な法規制である。

　通常，駐在員事務所には，少人数の駐在員が本国から派遣される。駐在員は，
現地での情報収集を行い，現地でこれから行おうとしている事業が法的に可能
か，市場として適切か，文化的な阻害要因がないか，現地提携先の要否や適切
な提携先が存在するか，現地従業員や管理職候補の確保に困難がないかなどを，
たとえば1年から3年程度の期間をかけて検討し，本国の本社に報告を行い，
現地法人（または支店）や工場設立へ向けた最終決断を仰ぐという役割を担うこ
とが少なくない。

　駐在員事務所は本社の法人格の範囲内の組織であるから，その地位や権利義
務関係は本社に直接帰属する。組織としては単純であり，また設立も比較的容
易だが，営業行為は一般に認められていない。逸脱するとペナルティー（警告，
罰金，閉鎖，駐在員の就労許可取消し等）が課せられることもある。国によっては，

329

第5章　海外拠点の設立や運営

駐在員事務所の設立許可文書等に記載される事業目的が必ずしも法的に明確な
ものではないため，現地の駐在員は本社からの指示や要請があると，どうして
もその記載を拡大解釈し，営業行為とみなされうる活動を行ってしまうという
危険がある。最近の一般的な傾向として，この面での現地規制当局のチェック
も厳しくなっており，注意が必要である。従来は外資系企業の拠点誘致が第一
義的に重視され，相当程度，営業活動に近いような行為が黙認されてきた例も
あったものの，経済発展に伴って，むしろ投資やノウハウをもたらさないもの
として，駐在員事務所自体の設立や活動規模を制限する方向にある国も出てき
ている。

●●本事例の考え方●●

[492]　　本事例のような業務（緊急時の代理署名や少量の有償部品の在庫）を行っている場
合は，たとえ反復継続の意図がない「緊急」，あるいは介護・リハビリ機器用
部品という特殊性ゆえに即時対応が必要な場合に備えた「少量」であっても，
許可された事業目的を逸脱しており，外資法のコンプライアンス上，違法であ
るとされるリスクがある。販売条件の交渉も，顧客と本社の連絡業務の範疇を
超えた実質的な交渉であるならば，やはり問題となる。したがって，こういっ
た業務が許可された事業目的内であるという当該国の管理当局による確認が得
られない限り，そもそもこのような業務を駐在員事務所として行うことは慎む
べきである。もし行われていた場合には，直ちにそのような行為は中止させる
とともに，事後処理については，管理当局に対する自主的な申告の要否も含め，
現地弁護士等の見解を得て迅速に対応すべきである。また，こういった行為を
行っている駐在員事務所を PE と認定し，課税する国もありうるので，注意が
必要である。さらに，こういったリスクのある行為を行っていない場合（許可
された事業目的のみを行っている場合）でも，税収拡大などの理由から一定の課税を
するという国もある。このような国の税務当局は，税法に基づく課税所得は計
算せず，一方的にみなし所得（たとえば，当該国への輸出額や駐在員事務所経費の X%
を所得とみなす）に対して課税することがある。

　　以上からすれば，駐在員事務所長の判断を鵜呑みにしてはいけない。

5-3-1 ［495］

【事例5-3】ようやく設立できた現地法人のコンプライアンス体制不備を ［493］
懸念する同法人社長からの指示

　その後，N国は外資の積極的な誘致姿勢に転換し，一部業種を除き，広
く外資100％出資の現地法人の設立が認められることになった。そこで，
当社も，進出の第2段階として，販売・保守点検サービスを行う現地法
人を設立することになった。N国政府は介護・医療を同国主要産業のひと
つとして位置付けており，当社100％出資のN国法人であるX社もその
流れに乗って滞りなく設立が許可された。

　その後，設立から約1年が経ち，X社社長から，業務も本格化してき
たので法務担当者を派遣してほしいとの要請があり，あなたが指名されて
先週末に赴任したところである。さっそくX社社長に挨拶に行ったところ，
挨拶もそこそこに，コンプライアンス問題を迅速に解決するとともに，未
然にその発生を防止するようなシステマティックな方法を検討し，実施し
てほしいとの指示を受けた。X社にはこの1年の間に多くの予想外の問
題が発生しており，解決すべき法務・コンプライアンス関係マターも山積
しているようである。

5-3-1　法的リスクの洗い出し ［494］

　まずはX社の社内規程類を見てみたところ，基本的な規程は整備されてい
たものの，コンプライアンスに関するルールやガイドライン，マニュアルなど
は何も整備されていないことがわかった。ついては，手始めとして，X社の事
業にはどのような法的リスクが潜在しており，またどのような法的規制の適用
があるのかを洗い出す必要がありそうである。どのような方法論，手順で行う
べきだろうか。

着眼点

　海外での法令違反は，日本の常識では思いが及ばないような厳しい処分や刑罰が用
意されていることが少なくない。現地の事情，法制度に適ったコンプライアンス・プ
ログラムの早期策定と実施が重要である。

▰▰ ポイント解説 ▰▰

1　コンプライアンスの意義 ［495］

　コンプライアンスには適当な和訳が付されていないこともあり，ともすれば
法令遵守と同義であると狭く捉えがちであるが，その概念はもはや単なる受け
身的な法令（ハードロー）の遵守にはとどまらない。今やコンプライアンスは企

331

業風土や文化の度合いを示すものとして見られるようになり，組織的取組みの問題として，その良し悪しが社会，市場における評価を受けるようになった。コンプライアンスは，「企業の創業の精神，経営理念，ビジョンなどに掲げられている企業使命の実現を目指して，法令・ソフトローや社内規範・マニュアルの遵守，社会規範への配慮を至上とする企業文化・倫理を確立し，これに基づいて経営や事業を推進することを通じて，SDGs など時代の要請や様々なステークホルダーの期待に適合した社会的責任（Corporate Social Responsibility, CSR）を果たすこと」と広義に理解することが適切である。

　このように，コンプライアンスが企業の社会的責任の確立と実践であるとするならば，企業にとっての社会的責任とはどのようなものであるかを明らかにする必要がある。これには，その時その時の時代背景や価値観などにより様々な考え方がありうるが，ひとつの例として，米国の研究者であるアーチー・キャロル（Archie Carroll）によれば，企業の社会的責任は，経済的責任（利益を上げよ），法的責任（法に従え），倫理的責任（倫理的であれ），慈善事業的（ないし自発的）責任（良き企業市民であれ）の 4 段階の階層的構造（Carroll's Pyramid）をもつという。これらの責任は衝突したり対立したりするものではなく，総体としてCSR を構成し，企業（マネジメント）はその実現のために自律的な行動が求められる。企業は社会の公器である，という名言と重なる考え方であるが，このような考え方はグローバルな趨勢であるといってよい。国連の指導原則（→〔580-9〕）や SDGs の前身とも言うべきもので，我が国の大手企業も多数参画している国連グローバル・コンパクト（UNGC）というイニシアチブでは，これに自発的に署名する企業・団体が，社会の良き一員として行動し，持続可能な成長を実現するため，人権の保護，不当な労働の排除，環境への対応，そして腐敗の防止に関わる 10 の原則の実現に向けて努力を継続するものとされている。もちろん，公器とはいっても企業は営利を目的とする組織であり，利益はその本来の事業，すなわち本業を通じて得られるものであるから，まずは本業によって利益を上げ，経済的責任を果たすことが大前提であるが，その利益は，違法な，あるいは非倫理的な方法によって獲得されたものであってはならないことになる。

　以上の考え方を，たとえば食料品メーカーの CSR にあてはめて考えてみると，「地球・人に優しい食品の安定的かつ低コストでの供給」という現代の社

5-3-1　[496]

会的な要請や期待，すなわち企業の使命に応えるためには，次の具体例のような CSR を果たしていくということになる。

Carroll's Pyramid

企業の社会的責任（CSR）の類型	具体例
慈善事業的責任 （理想的なコンプライアンス経営）	・最貧国において JICA に協力し，大規模エコ農業開発を行う。 ・農業学校に寄付を行い，優秀な人材の開発を継続的に支援する。
倫理的責任 （企業倫理遵守の責任，より上位のコンプライアンス）	・政策や法令を先取りし，健康によい有機栽培・無公害食品販売を推進する。 ・強制労働や（当該国では合法でも）児童労働により生産された原材料を使わない。そのような原材料を使った食品を販売しない。
法的責任 （法令遵守の責任，狭義のコンプライアンス）	・食品衛生法に合致した食品を売る。 ・不公正な取引方法を用いない。
経済的責任 （営利企業としての最低の責任）	・食料品を売って利益を上げ，納税する。 ・供給責任を果たす。

これら CSR の類型のうち，経済的責任，法的責任が義務的（やるべきことをやる）行動であるのに対して，倫理的責任は社会の要請，慈善事業的責任は社会の期待に基づく行動であるが，慈善事業的責任の具体例でさえ，将来的には本業に貢献する可能性がある，あるいはそれを前提とした行動であることがみてとれる。したがって，これらはいずれも食料品メーカーの本業に関わるものであると考えるべきである（これを「本業を通じた CSR の実践」と表現することがある）。

2　法令違反に対する厳しい制裁

[496]

近時，企業活動におけるコンプライアンスがグローバルベースでより強く求められるようになっている。上述の通り，コンプライアンスは単なる法令遵守にとどまるものではないが，やはり法令違反の影響がもっとも大きく，その防止が企業におけるコンプライアンス推進の重要な柱である。たとえば，近年，域外適用が強化されている欧米の独禁法や腐敗防止法令の違反によって莫大な罰金を支払ったり，経営幹部が収監されたりしたような日本企業の事例や，経済発展が著しい新興国の恣意的，腐敗的な行政や激しい受注競争に耐え切れず，法令違反を起こしたりする日系進出企業の事例も少なくない。自社の現地法人

第5章　海外拠点の設立や運営

や買収先の企業において，コンプライアンス違反，特に法令違反事例が発見され，結果として事業が蹉跌したり，事業機会の減少や多額の損失を被ったりするケースもある。

　コンプライアンスリスク（法令違反，倫理違反）は，ある意味で挽回不可能である。それは，金銭的な損害の補塡だけではすまないということであり，特に法令違反については，民事，刑事，行政という3つの制裁に，もうひとつ社会的な制裁が加わる。これには，法令違反を犯す企業ということがその Reputation（信用，評判）を毀損し（しかもその事実は瞬く間にグローバルに伝播する），商品のボイコット，取引の打切りや銀行融資の引上げなどの事態もありうるため，最終的には企業倒産につながりかねない。さらに，海外では，日本の法常識では計りしれない規制や法の懲罰的運用その他の事態がありうるので，基本的な姿勢としてリスク管理のハードルを高くしなければならない。法令違反かどうかの立証責任は本来訴追する当局側にあるはずだが，実態として企業側にこれが転換され，「違反していない」ことを立証していかなければならない場合もあるので，コンプライアンスの"日常的で目に見える"実践が何より大切となる。

[497]　3　リスクベースによる法的イシューのマッピングの重要性

　上記のような事態を極力回避するためには，コンプライアンス体制の確立・運用が必須である。そこで，まずいかなるリーガルリスクがあるかの洗い出し，分析（Plan），処理（Do），検証（Check），改善（Act）といった PDCA サイクルを回すことになる（この洗い出しの方法を，法的リスク・マッピングまたはプロファイリングなどと呼ぶことがある）。具体的には，各営業部門の事業内容，ビジネスモデル（売買か代理かも含む），事業地域，取扱商品をヒアリングや社内データに拠って確認し，リスク分野を特定する。その後，適用法令の洗い出しと確定を行う。ヒアリングでは，質問状やチェックリストを作成し，各部門に設置したコンプライアンス責任者を通じてチェックを行うなどが考えられる。

　しかしながら，対象範囲が多岐にわたることに加え，時間的制約のため，全ての問題点を同時に洗い出し対策を実施することは困難であるかもしれない（むしろ困難な場合のほうが通常であろう）。そこで重点的調査項目を定める必要が生じるが，コンプライアンス違反については，そのパターンを過去の同業他社の問題事例や，ビジネスモデルの特性から見通すことも重要である。重点調査項

334

5-3-2　[499]

目の確定にあたっては，a．刑事または行政的な制裁を受ける可能性がある事項（事業法令違反，独禁法違反，腐敗防止法違反，環境法令違反，税法違反，情報保護法違反等），b．大規模な訴訟等の紛争に発展する要素が潜在している事項（製造物責任関連問題，知的財産関連問題，労働組合対応や差別問題その他労務問題），c．その他多大なコスト負担や損失発生の可能性がある事項（年金問題，税務問題，長期契約やデリバティブなど非日常的取引）など，後述（→事例 5-7-3）のいわゆる危機（パブリック・クライシス）につながるカテゴリーに重点を置いて，メリハリの利いた選定および調査を行うことが肝要である。

●●本事例の考え方●●

　コンプライアンス・プログラムの策定にあたっては，前提として N 国法人　[498]であるX社の法的リスク・マッピングを実施する必要があるが，これを本社のガイドラインやマニュアル等に頼って社内で完結することは適当ではない。やはり現地法制に精通した現地の弁護士等を起用し，適切に優先順位を付して実施するべきである。この場合，現地弁護士等は当社のビジネスモデル・事業内容に対する理解や商品知識をもっていないことが多いので，前提となる必要かつ十分な情報を誤りなく提供することが大切である。また弁護士等のクオリティーは必ずしも 100％信頼に足るレベルにあるとは限らないので，彼らの調査方法や手順，検討プロセス，判断根拠などについても，メリハリを付けて確認していくことが必須であろう。

5-3-2　法令遵守体制の整備　[499]
　　法的リスク・マッピングの結果，X社の事業に関して注意すべき法的リスクは，主に独占禁止法リスク，環境関連リスク，公務員・公共事業関連リスク，消費者関連リスク，知的財産権関連リスク，労働問題リスク，規制業種である医療事業関連の商品やサービスに関する事業法令（業法）規制リスク（特にその改正動向のフォロー）であることが判明した。また，Care One のような比較的新しい製品の場合，N 国における輸入規制法令や関税法にも注意する必要があると思われる。
　　そこで，あなたとしては，全社員に対してこのような法的リスクへの注意喚起を図りつつ，コンプライアンスを周知徹底することが第一歩であると考え，

335

第 5 章　海外拠点の設立や運営

　こういった内容を網羅した役職員行動規範の配布と社内研修を実施した。これ
により社員がコンプライアンスに対する意識を持ったことは重要ではあるが，
こういった研修活動は今後とも継続する必要があることは当然であろう。しか
し，X 社としては，これだけで十分なのであろうか。他にどのような方法が考
えられるだろうか。

着眼点

　行動規範を作って終わり，研修は年 1 回限りで後は現場任せでは，海外進出企業
のコンプライアンス体制としては全く不十分である。むしろそういった杜撰な運用自
体が当局の心証を害し，糾弾や厳罰の原因にもなりかねないので，包括的なコンプラ
イアンス・プログラムを策定し，継続的かつ適切に運用することが重要である。

ポイント解説

[500]　**1　コンプライアンス・プログラム策定の考え方**

　コンプライアンス・プログラムとは，企業におけるコンプライアンス推進の
ための包括的かつ具体的な方針，行動計画，手続の総体であり，従業員や代理
人等による法令違反を探知し，適切に対応するとともに，その予防を図ること，
組織における倫理の確立を図ることを目的とする。その内容は，事前予防のた
めの様々な方策とモニタリングシステムの 2 つに大別できるが，具体的には，
個々の企業の事業内容，事業活動範囲，事業規模などの要素に応じて多様なも
のになりうる。海外進出企業の場合には，特に独占禁止法や海外腐敗行為防止
法（Foreign Corrupt Practices Act, FCPA）といった米国法の適用を受ける可能性が
あるので，米国連邦量刑ガイドライン（United States Federal Sentencing Guidelines）
第 8 章（企業等組織に対するガイドライン，https://www.ussc.gov/guidelines/2023-
guidelines-manual/annotated-2023-chapter-8#8b21）に示された有効なコンプライアン
ス・プログラムの要素を踏まえて構築されるべきである。

　この連邦量刑ガイドラインとは，米国において刑罰の重さ（企業等については
罰金額の多寡）を裁判所が決めるにあたってのガイドラインである。その組織犯
罪に関する第 8 章パート C に罰金額の算出方法が規定されており，①基準金
額（base fine）に対し，②有罪点数（culpability score）により決定される③乗数
（multiplier）をかけることにより算出する。一例として，ある FCPA 違反事件に
おける米国司法省と違反者との和解の例では，次のように算出されている。ま

336

5-3-2 [501]

ず，①基準金額を贈賄行為の結果として獲得した利益である $235.5million と認定し，②有罪点数を，基礎点の5点に，会社の人員規模や上級職員が関与したこと等の要素による加算（+5点）と，違反を認め全面的に捜査に協力したことによる減算（-2点）を反映した8点とし，③この有罪点数見合いの乗数である1.6〜3.2を上記基準金額にかけて得られる最小 $376.8〜最大 $753.6million という罰金額が算出され，最終的にその間，$402million で和解（plea agreement が締結）されている。この②有罪点数の減算要素のひとつに，企業が法令・倫理違反を抑止できる有効なコンプライアンスおよび倫理プログラム（an effective compliance and ethics program）を実施している場合という要素があり（-3点。ただし，違反報告が遅延した場合等，減算不適用となる場合あり），そのようなプログラムを制定して適切に運用することによって，仮にコンプライアンス違反が起きても刑罰の軽減を受けることができる，というインセンティブ効果があるとされる。

2 コンプライアンス・プログラムの内容 [501]

このガイドラインにおいて示されているコンプライアンス・プログラムに対する考え方については批判的な見解もあるものの，これが現在の国際的な企業実務におけるベストプラクティスであると考えてよいと思われる。したがって，海外進出企業のコンプライアンス・プログラムは，この連邦量刑ガイドラインが示している以下のような7つの最低限の要素を基本として構成されるべきである。

① **コンプライアンス基準・手続の確立**
コンプライアンス・マニュアルや行動規範の作成と周知徹底，公務員等接遇ルールやガイドラインの制定など

② **同基準・手続の監督責任者たる上級役職者の選任**
コンプライアンス委員会，コンプライアンス・プログラムの内容や運用を熟知したチーフ・コンプライアンス・オフィサー（CCO）の設置など

③ **管理職等に対する権限委譲における注意**
コンプライアンス・プログラムに関わる役職員に廉潔性において疑問がない者を充てること，必要に応じたバックグラウンド・チェックの実施など

④ **役職員・代理人等とのコミュニケーションと研修**

第5章　海外拠点の設立や運営

マネジメントからの基本方針宣言（policy statement）の発信，職層ごとの
各種コンプライアンス研修や内外重要法令動向説明会の開催など

⑤　**監査・モニタリング・報告システムの確立と運用**
定期的なコンプライアンス監査やコンプライアンス意識調査の実施とプロ
グラムの改善，内部通報制度（社外専門家への通報ルート設置を含む）その
他の報告・相談体制の運用など

⑥　**適切な強制システムによる基準の一貫した実施**
人事評価におけるコンプライアンス要素の考慮，コンプライアンス違反に
対する厳格な懲戒処分など

⑦　**再発防止のための適切な措置**
コンプライアンス・プログラムの見直し，合理的な再発防止策の実施など

　ここで注意すべきは，上記の要素に従って具体的なプログラムを策定するに
あたっては，個別の法令やガイドラインが求める内容を取り入れる必要がある
という点である。たとえば，米国における腐敗防止法の観点からはFCPAガ
イド第2版（https://www.justice.gov/media/1106611/dl?inline）が具体的な推奨事項
を記載している。コンプライアンスが関わる法制度・個々の法律は国によって
当然異なるので，策定にあたってはコンプライアンス分野での経験があり，関
係法令に精通した現地弁護士等の専門家の支援を受ける必要がある。

●●本事例の考え方●●

[502]　ポイント解説で述べた通り，米国法が求める基準を満たしながらも，さらに
進出先であるN国の法制度や関係当局の指針・考え方，関連する実務も考慮
したコンプライアンス・プログラムの策定と運用が必須である。この場合，た
とえばコンプライアンス意識調査の実施に関して労務政策の視点から考慮すべ
き点はないのか，内部通報制度の設計や運用体制をどのようにすべきか，情報
の管理や秘密保持にはどのような配慮が必要かなど，社内の人事部門やシステ
ム部門といった関係部署とも密接に連携しながら，徒に形式だけ厳格に整える
というのではなく，適切かつ実態に即した実効性のあるものとすることが必須
である。さらに，コンプライアンス・プログラムは定期的に見直され，改善さ
れるべきものであるという点にも注意する。

5-4-1　[504]

【事例 5-4】労務問題に悩まされている人事課長からの相談　　　　　　　　[503]

　N 国法人である X 社の管理全般を担当している Chief Administrative Officer から，社内で労務問題が発生しているので，N 国人の人事課長 A に協力して大きな紛争にならないように収拾を図ってほしいとの指示を受けた。あなたは，さっそく A に話を聞いた。A によれば，日本から派遣されている Rotational Staff（RS）と Locally-hired Staff（LS）の間で意思疎通が十分でなく，RS による LS に対するパワハラ，セクハラ行為が行われているとの苦情や内部通報がたびたびあったとのことであった。また一部の LS（主に女性）からは，当社の人事制度が不公平で，日本人の RS（全員男性）が不当に優遇されているとの苦情が申し立てられているとのことであった。経験や能力が自分よりも劣る日本人が管理職に登用され，待遇もよいのは納得がいかない，自分に決定権限があると思われることについても自分の意見は無視され日本人が勝手に決めており，自分の雇用が侵害されている，という趣旨らしい。

　さらに，ある複数の若手 LS からは，最近赴任してきた日本人 RS の上司がとても厳格で，たとえば，月曜日からの業務出張に行くのに前週の日曜日に出発し，月曜日朝一から仕事ができるようにするのが当たり前だと強要する，あるいは，若手 LS は未だ経験不足で仕事に時間がかかるのだから，一日の業務の目処がつくまでは帰るなと言い，しかも勉強だと言われて残業代も満足に請求させてもらえない，といった苦情を言ってきているとのことであった。A としては，日本人や日本本社の制度がよくわからず，どのように手を付けてよいか悩んでいるという。

5-4-1　問題の確定と検討すべき法的イシュー　　　　　　　　　　　　　　[504]

　まずは問題点を整理し，対応の優先順位を考える必要があるだろう。パワハラ，セクハラの問題は個人間の問題だから，当面は静観でよいのではないか，あまりにも目に余るようなら A から注意させよう，人事制度や待遇，昇進の問題は，RS と LS では立場も違うし，少なくとも労働法違反の問題ではないはずだ，出張の週末出発については，RS に確認したところ他部署でも慣行として頻繁に行われており，これまで問題にもなっていないようだ。常識の範囲内であればよいのではないか……さて，こういった考え方でよいのだろうか。

着眼点

　自国の感覚や法制度の常識に依拠して他国の労働法務を考えることは危険である。労働法は，国によっても種々の相違があり，日本の常識で考えたのでは想定できない規制があったり，罰則の有無も含めて違反における深刻度に濃淡があったりすることも珍しくない。また，専門家を起用せずに対応することはリスクが大きく，N 国労

339

第 5 章　海外拠点の設立や運営

働法に詳しい弁護士を起用したうえで，検討すべき法的イシューを確定していくこと
になる。

　現実にある労働慣行が存在しているといっても，人事担当部門が現地法を完全に理
解したうえで許容，運用しているとは限らないので，法務部門としても現地労働法弁護
士を起用のうえ，その根拠や適法性を現地法に基づき確認しておくことが必要である。

◤◢ ポイント解説 ◤◢

[505]　1　海外拠点における主な労務問題

　労働者保護法制の強化は，欧米のみならずグローバルな趨勢であり，近時の
「ビジネスと人権」（→［580-4］）という文脈からもますますその重要性を増して
いる。たとえばアジアにおいても，労務問題は海外進出企業にとって重要な関
心事となってきたが，労務問題とは実は企業による人権侵害の問題と表裏一体
であることがほとんどである。不当解雇，組合潰し，本事例のようなハラスメ
ント（Sexual Harassment, Bullying），差別（Discrimination），残業問題（Overtime）な
ど企業内部の問題だけでもさまざまな類型があるが，特に日本人は差別に関す
る意識が低いために図らずも問題を起こしてしまうことがあり，何が差別にな
るのか，どのような言動が現地の法律に抵触するのか，十分な知識を持って制
度設計や運用にあたることが肝要である。

[506]　2　差別（Discrimination）

　差別の問題は，他の問題と異なり，文化，言葉，習慣の違いや，感情という
主観的な要素が関わってくるために，非常にセンシティヴであり，慎重な対処
が必要である。事例としては，現実に差別を受けている場合のほか，整理解雇
の対象となったり低い人事評価を受けた従業員が，自らを守るために，それま
で忍従していた上司の不適切な言動やメール，職場環境の問題点を取り上げて
クレームしたり，時には従業員組合などの支援を受けて訴訟を提起したりする
といったものもある。しかし，こういったクレームや訴訟が起きるのには，実
はより根深い問題，たとえば差別的な人事が行われているとか，従来の日本的
労務慣行（これは今の日本でも問題になっている）が蔓延しているといった問題が背
後にある場合も少なくない。

　そこで，まずは差別が大きな社会問題である米国を基準として問題の所在を

340

5-4-1　[506]

問題となる差別（米国の一般的な場合）

差別の類型	差別の内容	具体例 （○は差別とはならないもの， ×は差別となるであろうもの）
差別的な取扱い （disparate treatment）	人種，肌の色，性別，民族的出自等を理由とする意図的な差別行為 ＊真正な職業的資格（bona fide occupational qualification, BFOQ）が認められる場合は極めて例外的ながら許容されうる。	○正当な業務ニーズに基づき，人種等を一切考慮せず「日本語堪能で日本の取引慣行に通暁している人材」を採用する。 ×「日本人」以外は採用しない。
差別的な影響 （disparate impact）	人種や性別などの差別的な要素を含まない中立的な制度や基準であっても，結果として不均衡な効果をもたらすもの（差別意思なしでも違法）。 ＊業務上の必要性または職務関連性があり，他に差別的効果がより少ない別の方法がなければ例外的に許容されうる。	○知的労働職の募集における合理的な学歴や必要な職務経験を要件とする。 ×採用や昇進に関する試験・選抜基準において，たとえば漠然と日本語が堪能であるといった，本来必要な職務遂行能力とは十分な関連性が認められない要件を加えることで，結果的に特定者の採用・昇進を困難にする。
便宜の不提供 （failure to accommodate）	使用者は，従業員の宗教上の行為・身体障害者・妊婦のために合理的な範囲で便宜を図る義務があるが，これを怠るもの。 ＊便宜の提供に過大な困難（undue hardship）を伴う場合は例外的に許容されうる。	○車椅子が必要な身体障害者の応募に対して，社屋の一部がバリアフリーでないことを理由に直ちに拒否することなく，バリアフリー化の可否を合理的に考慮したうえで採否を決定する。 ×特定の日の労働が禁じられている宗教を信仰する従業員について，職務の再配置や勤務シフトの調整などが容易であるにもかかわらず，業務繁忙を理由に休日取得を認めない。

（注：上記内容は説明の便宜上，あえて簡略化しているので，実際の案件の可否を判断するにあたっては，必ず現地労働法弁護士の見解を確認すること）

考えてみよう。米国では，雇用機会均等（Equal Employment Opportunity）に関連する様々な労働法（ここでは連邦法を取り上げるが，州法ではより従業員保護に手厚い条件を設定する傾向があるので，州法の基準にも注意が必要である）を遵守しなくてはならない。その基本法は Civil Rights Act（CRA）of 1964, Title VII（公民権法第7編）である。これらの法は，人種，皮膚の色，宗教，性，出身国などによる，採用から解雇までの全局面における差別および嫌がらせを禁止する。ハラスメントについては同編には規定はないが，米国 Equal Employment Opportunity Commission（EEOC，雇用機会均等委員会）のガイドラインの運用等によって，現

第 5 章　海外拠点の設立や運営

在では性差別としてのセクハラ法理が定着している。

[507]　差別的な取扱いが個別の散発的なものにとどまらず，一種の組織的なパターンとして不特定多数の被用者，求職者に対して行われる場合には，systemic disparate treatment という類型に該当する。米国など海外における日本企業が直面するのは，まさにこの問題である。公になっている事例だけでも少なくないが，その内容は主に race discrimination（人種差別），national origin（出身国）および gender discrimination（性の違いによる差別）が問題とされている。

　このような日系企業を被告とする差別等の訴訟における原告側の主張には，ある程度，共通のパターンをみてとることができる。たとえばある訴訟では，日本企業の米国法人に派遣される日本人駐在員（Rotational Staff, RS）が経験や能力に関係なく上級管理職となり，現地採用社員の待遇も同様のポジションにある RS の駐在員に比べて低劣であること，上級管理職への任用基準が不透明であり昇進が妨げられることが不当な差別である旨，原告側が主張した。また，他の訴訟では，解雇されたベテラン米国人社員が，「A 社管理職は全て RS であり，業務力量ベースで客観的に管理職登用を決定する仕組みがなく，事業計画摺り合せ等の重要会議・資料も全て日本語で行われている……。自分は日本人でないため，待遇や昇進で不当な差別を受け，不利益を被った」（人種差別の主張），「A 社管理職の任用は明文化されておらず，その実態は RS による年功序列であると同社の日本人経営幹部も認めている……。自分より若い RS の上級管理職が着任したため，年功序列システムにそぐわない自分が年齢を理由に解雇された」（年齢差別の主張）など，駐在員制度に対する理解が不十分なまま，制度のあいまいさや説明不備を突いた主張をしている。原告は，このような差別は組織的なパターンとして systemic に行われているとして，A 社への復職と差別行為の即刻禁止，慰謝料と懲罰的損害賠償金の支払を，時に集団的訴訟を提起して請求することもある。

　これに対し，日本企業側は，RS 制度の合理性を主張するものの，一般的に「真正な職業的資格」の抗弁は認められ難いと考えられるため，これに加えて日米間の友好通商航海条約（Treaty of Friendship, Commerce and Navigation Between Japan and the United States of America, FCN 条約）8 条(1)に基づく主張をすることがある。同条は，いずれの一方の締約国の国民および会社も，他方の締約国の領域内において，自己が選んだ会計士，上級管理職員，弁護士その他の専門家を

5-4-1 [508]

用いることができる旨規定している。米国の下級審判決例では，親会社から派遣されるRSの上級管理職に関して，現地法人が同条約8条(1)の権利を援用することを認めたものもある。しかし，最高裁の判断が出ているわけではなく，派遣されるRSの資格やポジション（上級管理職といえるのかどうか）によっても適用されない可能性がある，人種，出身国という要素による場合にも適用されるかどうかが不明であるなど，不確定な面があるといわざるをえない。また，そもそもFCN条約のような上級管理職選択の自由の取決めがない国においては，派遣されるRSの取扱いは現地の雇用差別禁止法令の原則に従うほかはない。この場合は，やはり正当な業務上のニーズや資格要件に基づく任用・昇格基準に基づいた運用が必要であろう。現地法人の人事制度の構築においては，重層的，多角的な主張が可能となるように理論武装することが必要である。

3 ハラスメント（Harassment）   [508]

米国公民権法第7編は，いわゆるハラスメントについては特に明文の規定を置いていないが，上記の通り，EEOCのガイドラインや裁判例によってハラスメント法理が定着している。近時においては，セクシャル・ハラスメント（セクハラ）に加えて，いわゆるパワー・ハラスメント（英語ではbullyingないし単にharassmentと表現される）も問題となる。ハラスメントの問題は，従業員が加害者である場合には本人が不法行為責任を負うことは当然であるが，使用者も責任を負う場合が多く，加害者個人の問題であるとして片付けられるものではない。我が国においても，従業員のセクハラが事業の執行につき行われた場合や，事後の対応が不適切で，適切な職場環境が整えられていないような場合には，民法715条による使用者責任や，労働契約上の配慮義務違反に基づく責任を負わなければならないとされる。また，米国においても，監督者の立場にある者によるセクハラ行為に関する使用者の代位責任（vicarious liability, 無過失責任である）など，使用者としての責任が連邦最高裁の裁判例（Burlington Industries Inc. v. Ellerth, 524 U.S. 742〔1998〕，Faragher v. City of Boca Raton, 524 U.S. 775〔1998〕等）により認められ，その判旨がEEOCのガイドラインにも取り入れられている。

セクハラには「代償」（*quid pro quo*）型と「環境」（hostile environment）型の2種類があり，セクハラとなる言動等や，それを制止しない使用者の不作為によって従業員の就労環境が悪化する場合は「環境型」，従業員の対応によって

343

第5章　海外拠点の設立や運営

その労働条件に不利益が行われる場合は「代償型」となる。日系企業が訴訟対象となったセクハラ事件としては，EEOC が 1996 年に集団訴訟として提訴した米国三菱自動車製造のセクシャル・ハラスメント事件が，多数の被害者と 3400 万ドルという巨額の和解金支払による和解というその規模の大きさにより，特に知られている。この事件に関しては，同社内における苦情処理手続の不備が指摘されているほか，いわゆる危機対応（→事例5-7-3）においても不備があったものと考えられる。

[509]　　**4　残業に関する制度の違い**

労働法は，各国の歴史，政治体制，経済状況，国民意識，文化，宗教などによって種々の相違が存在する，極めてローカルなものであることを常に意識しておかなければならないことは上述の通りである。残業に関する制度でも，日本では想定できないようなものがあり，しかもそれは新興国に限られるものでもない。先進的な労働保護法制を持つ EU において，たとえばドイツでは，原則として日曜日等の残業は，理由のいかんにかかわらず命じることはできないとされており，融通は利かない。また，平日（月曜日から土曜日まで）の労働時間は 8 時間までと決められており，延長したとしても 10 時間までである。10 時間まで延長するのも，過去 6 か月において，平均の労働時間が 8 時間を超えていないことが条件である。また，10 時間を超える残業は通常認められない。日本のように，割増賃金を支払えばこれを命じることができるという法的枠組みとは基本的に異なっている。同規制に関する規定の基本的な概要は次の通りであるが，ドイツに進出した日系企業の本社派遣社員がこの規定に違反して（あるいは規定を知らずに），部下に日曜残業や平日の超過残業を強制した場合には，罰則が適用されることもありうる。

　　ドイツ労働時間法（Arbeitszeitgesetz）

　　　日曜・祝日の休息

　　　（1）原則として，労働者を，日曜および法定祝日の零時から 24 時まで就労させてはならない。

　　　（2）①緊急・救急隊および消防隊における場合，②病院その他の人の治療，介護および介助の施設における場合等の必須サービス業その他特定の業種や状況においては，例外的に，平日に労働をすることが可能でない範囲において，

344

日曜・祝日に就労させることができる。

労働時間

(1) 平日の労働時間は 8 時間を超えてはならない。

(2) ただし，過去 6 か月もしくは 24 週間の平均の労働時間が 8 時間を超えていない場合は 10 時間まで延長することができる。

ドイツ閉店法（Ladenschlussgesetz）

小売業の営業時間

平日および土曜日は 6 時から 20 時までに制限され，日曜日や祝日は，ガソリンスタンド，薬局，駅のキオスク等の公共の利便性を提供するものなどを除き営業が禁止される。

（注：諸外国の労働時間制度に関する最新の情報については，都度現地法令等を確認すること）

●●本事例の考え方●●

本事例のような状況は，ポイント解説でも述べた通り実は大変な問題に発展 [510]
する可能性があるので，速やかに具体的な解決に向けて動く必要がある。まず，個人の問題として片付けるのではなく，企業としても N 国法上，たとえば適切な就労環境を維持すべき法的義務や，従業員の職場における不法行為に関して使用者責任を負っている可能性がないか等，基本的な確認を行う必要がある。また，週末出張やサービス残業の問題は，日本における慣行はさておき，N国では明確な労働基準法違反の可能性があるので，特に注意が必要であろう。労働法に詳しい現地の弁護士との相談を開始し，現地国法に基づいた法的な問題点や類似事例の有無，考えられるシナリオ展開の想定などを行う。同時に，事実関係の精査が重要なので，弁護士や人事部門と協調しつつ，もっとも適切と思われる方法によって進める。ただし，事案によっては，社外弁護士による事情聴取が適当でない場合もあるし，そのような事情聴取が行われていることが社内に噂として広まるリスクもあるので，方法論の検討を含め，慎重に進める必要がある。

5-4-2 労務問題への対応のポイント [511]
これまでの事実関係調査の結果，本店からの派遣社員である営業課長が，部

第5章　海外拠点の設立や運営

　　下である現地採用職員Bに対してハラスメントを行っている可能性が確認さ
　　れた。では，対策として，具体的に何をどのような手順で行うべきだろうか。

着眼点

　この種の労務案件において法務部として対応すべき，事実の確定から，会社の責任
の分析，事案の解決，再発防止策の構築に至る一連の流れを理解しよう。

■■■ ポイント解説 ■■■

[512]　　**1　案件対応における留意点**

　差別などの労務問題は，米国だけでなく，欧州はもとよりアジアでも問題と
なるので，進出先それぞれの現地法制や労働慣行，文化・習慣，社会的な成熟
度に沿った持続的な予防が重要である。具体的な予防策としては，職場におけ
る実情と問題点を整理したうえで，解決可能なものは速やかに解決するととも
に，RSとLSの取扱いの違いが合理的な駐在員派遣制度に基づくものである
ことを，客観的に十分立証できるような制度の明確化および運用が重要である。
　実際に問題が起きたときは，使用者として，次のような点に留意して対応す
る。

　　①　問題を軽視，無視，放置せず，速やかに人事部門と情報を共有する。なお，
　　　職場のライン内での内輪の処理は，問題をこじらせる場合のほうが多い。
　　②　加害者による誠意ある謝罪や適切な釈明により，信頼関係とコミュニケー
　　　ションの回復に努める。謝罪や釈明の方法，内容等については，事前に専門
　　　家等のアドバイスを受けさせる。ただし，相手方のプライバシーには常に配
　　　慮することが必要である。
　　③　加害者による謝罪等では被害者が納得しない場合もある。その場合は，人
　　　事部門による組織的な対応が必要となろう。会社（Employer）としての真摯
　　　な姿勢と行動が重要で，たとえば，加害者に対して管理職研修（人事評価，
　　　Employment Policy，コンプライアンス）の受講を命じることや，会社幹部によ
　　　る釈明と改善策，再発防止策の明示，人事部門によるアフターケア等の目に
　　　見える具体的な対応が必要になる場合もある。
　　④　報復的な対応，いわゆるRetaliationは火に油を注ぐことになるだけでな
　　　く，それだけでひとつの訴因となったり，被害者がメディア等の外部に対し

346

て通報したりすることにもなりかねないので，厳に慎むことが大切である。会社としても被害者の保護を第一義的に図っていく必要がある。

　一方，法務・コンプライアンス部門としては，使用者としての案件対応全般に関与し，人事部門とともに中核として，あるいはこれを支援する形で動くことになろう。対応の手順としては，一般的には，①雇用専門弁護士の起用，②苦情・内部通報の内容，事実関係の弁護士による確認（被害者へのインタビューも含む），③会社としての危機対応の要否の検討，④加害者からのヒアリング（弁護士，人事部門との共同による），⑤法令・就業規則違反の有無の精査，⑥会社としての法的責任の分析（使用者責任の有無，職場環境配慮義務違反等），⑦調停・和解の検討，⑧再発防止策の検討と提示，⑨必要に応じて加害者の懲戒・再教育支援といったものが考えられる。

2　赴任前研修の重要性 [513]

　海外に初めて転勤する本社社員にとって，外国人の同僚や部下とどのように対したらよいかは，率直にいって不安であろう。企業によっては，この不安を少しでも和らげるとともに，本社社員が無知や日本の常識だけで現地で行動し，結果として労務上の問題を引き起こすこと，それにより会社自身に対するクレームや訴訟が起きることを防止するため，海外に赴任する本社社員に対する研修を実施しているところも少なくない。当該国における法制度や文化，慣習等をできるだけ正しく理解し，予防的な対応をとることが重要であるため，赴任前研修は有効である。

　現地に派遣される本社社員には，少なくとも当該国の賃金制度，労働時間制度（法定労働時間，時間外労働，深夜労働，休息・休日・休暇等），解雇制度，年金制度，福利厚生制度，労働衛生安全制度といった労務関係の主要制度・規制の概要や，一般的な差別・ハラスメントに関する知識を理解させる必要がある。さらに，単なる知識だけでなく，自社や他社の失敗事例による教訓・注意事項の共有，外国人との面談練習（人事面談や苦情対応のロールプレイ）なども考えられよう。自社で内製することが難しい場合には，こういった研修を日本企業に提供している外資系弁護士事務所やコンサルタント会社もあるので，個別に相談してみるとよい。教訓・注意事項の一例は，以下の通りである。

第5章　海外拠点の設立や運営

＊教訓・注意事項の例（差別関連）

1　基本的な姿勢として，常に相手に対する敬意（respect）を失わないこと。

2　次の事項に関する言動には細心の注意を払うこと（業務上，業務外を問わず）。特に，合理的な説明ができない対応や言動を行わないよう，常に意識すること。
〈人種，肌の色，出身国，国籍，性別，宗教，年齢，身体障害，健康状態，病歴〉

3　フェアで，透明性の高い対応を行うとともに，説明や指摘をいとわないこと。
・役割や期待を明確化し，評価結果についても，事実を踏まえ明確に説明すること。甘く評価をして，問題を先送りするようなことがあってはならない。
・会社や自らの指示・方針については，その意図・理由を明確に説明し，質問を受けた場合は説明をいとわず，相手が納得するまで時間をかけ，誠意をもって説明する努力を行うこと。
・よい仕事や貢献は十分に賞賛する一方で，業務での明らかな間違いや不適当な行動は，誰であれ都度，速やかに指摘・指導すること。
・日本からの派遣駐在員を不当に優先しているとみられるような言動をしないよう注意すること。

4　受け手の立場に立って慎重に発言・行動すること。
・自らが意図していない場合であっても，相手は差別やハラスメントと受け取る可能性があるので，より保守的に，安全サイドに立って発言・行動を制御すること。
・対外的な発信はもちろん，社内の通信でも，書く前，発信前によく考えること。感情に任せた内容は問題外であるが，表現のレベルや言葉尻にも注意すること。

●●本事例の考え方●●

[514]　労務問題は，根絶することは容易ではないが，ポイント解説で述べた通り，合理的な予防措置をとっておくことや，不幸にして問題が発生した場合における誠意ある迅速な対応，実効性が期待できる再発防止策の実施等により，その拡大を抑制し，影響を最小限とすることが重要である。こういった日頃からの

5-4-3 ［516］

対応は，次の事例のように訴訟が起きた場合においても，使用者側としては職場環境配慮義務など使用者としての義務を適切に果たしていたと主張するうえでの有力な根拠のひとつともなるのである。

5-4-3 クラスアクションを提起された場合 ［515］

　N国法上，当社に適切な職場環境を維持する法的な義務があることが判明し，これまでハラスメントが個人間の問題であるとして対応してきたことは，使用者として適切ではないことが明らかとなった。その後，ハラスメントの被害者であるBは，ハラスメントが原因で体調を崩したとの理由で休職し，その代理人であるというX&Y弁護士事務所から，休業補償，医療費，慰謝料その他多額の補償金の支払請求と，これに応じない場合には損害賠償請求訴訟を，当社だけでなく日本の本社も被告として提起するとの通知があった。当社側弁護士によれば，X&Y弁護士事務所は雇用訴訟を重点的に取り扱っており，成功報酬（contingency fee）方式によるクラスアクション提起や，積極的なメディア利用戦術で知られているという。人事課長からは，訴訟になるのであれば今後は法務が対応の中核を担うのがN国では通常だという。さてどのように対応していくべきであろうか。

着眼点

　海外進出の場合，日本とは異なる進出先国の訴訟制度をよく理解しておこう。たとえばクラスアクションやディスカバリー制度とは何か。海外の訴訟を念頭に置いた場合，常日頃からどういったことに気をつけておくべきか。

ポイント解説

1　訴訟提起への対応 ［516］

　訴訟に関する法制度は国によって異なるので，訴訟のおそれが生じた場合には，当該国の訴訟・裁判制度を調査し，手続の全体像や特徴，留意点，節目となるスケジュール等を把握することが先決である。我が国の民事訴訟手続と英米法国の民事訴訟手続では種々の相違点があり，またたとえば中国の民事訴訟手続とも審理手続のスピード感でかなりの差があるので，漠然とした日本の常識で考えることは禁物である。

　一方で，いかに制度に違いがあるといっても，民事訴訟の手続は原告による訴えの提起によって開始されるという点は共通である。被告の側からみれば，

349

第 5 章　海外拠点の設立や運営

訴状（complaint, writ, summons などその名称は国や請求原因によって異なる）を受領することからスタートする。たとえば，我が国の裁判所が外国に所在する事業者（外国事業者）への訴訟書類を送達するには，1954 年の「民事訴訟手続に関する条約」（いわゆる民訴条約），1965 年の「民事又は商事に関する裁判上及び裁判外の文書の外国における送達及び告知に関する条約」（いわゆる送達条約），あるいは，二国間における司法共助の取決めや個別の応諾に基づき，外国に駐在する我が国の在外領事に送達を嘱託したり，条約で指定された中央当局（送達条約の場合）や指定当局（民訴条約の場合）に要請して送達を行う方法等がある（相手国によって使える方法が異なる）。

　なお，契約や，社債の債券の要項などで Service Agent として送達受領代理人が指定されることがあるが，かかる契約や債券の要項等における送達受領代理人の指定は，現在の日本の民事訴訟法上は無効であることに留意しなければならない（民事訴訟法 104 条 1 項参照，受訴裁判所への送達受取人の届出が要件）。一方，海外では Service Agent の指定が有効である国もあり，実務では，契約において自己の顧問弁護士や専門の業者が指定されることが少なくない。これら以外の者（たとえば自社の現地法人など）を指定すると，訴訟手続に不慣れであることから転送を失念したり，放置されてしまったりするリスクがある。

[517]　実務において，民事訴訟が提起された場合や，提起されることが予想される場合において最初にすべきことは，早急に適切な弁護士を起用することである。特に米国など英米法系諸国においては，依頼者と弁護士との間のやりとりについては attorney-client privilege，非開示特権（秘匿特権ともいう）が認められていることが多い。これは，訴訟に関して依頼者が弁護士に対して法律上の助言を求める場合に行われるコミュニケーションの内容については，それが適切に管理されている限りにおいて，訴訟等において証拠として開示を請求されたとしても，書類提出や証言の拒絶が可能であるというものである。また，これと同様に，訴訟を予期して弁護士が依頼者のために行った職務活動の成果（有形物）は，弁護士のワークプロダクトの法理（work-product doctrine）によって開示を拒むことが原則として可能である。訴訟においてこういった非開示の権利を適切に確保，維持することは，訴訟の帰趨を左右しかねない極めて重要なポイントである。このため，初期段階から弁護士を社内外のコミュニケーションに関与させることにより，本来であれば利用できる attorney-client privilege や

350

5-4-3　[519]

work-product doctrine が利用できないといった事態がないようにすることが重要である。また，大規模な訴訟ともなれば，自社が継続的に起用していた弁護士がすでに他の被告によって確保されてしまっていた，ということも起こりうるので，弁護士の確保はこれを最優先として迅速に動くべきである。

　関係資料の確保も重要である。このため，早急に litigation hold という通知　[518]を関係者に送付する必要がある（他に legal hold, preservation order, suspension order, freeze notice, hold order, hold notice などといわれることもある）。これは，関係者に対して，訴訟に関連する証拠（電子的なものを含む）を廃棄したり隠匿したりせずに保存するように指示するものであり，そのタイミングは実際に訴訟が提起された時よりも前，訴訟の提起が合理的に予測（reasonable anticipation）できる時点で送付する必要がある（米国の裁判例によるルール）。この通知を発信するには，その名宛人・部署や保存すべき文書等の範囲を決めなければならず，必要に応じて弁護士と打合せのうえ進めることが望ましい。米国では，子会社，販売先その他契約当事者，公認会計士事務所といった第三者が保有するものまで保存義務の対象となる可能性があるので注意が必要である（一方，保存義務の対象ではないものの，自社の訴訟戦略上むしろ保存させるべきものも当然あろう）。企業によってはあらかじめこの litigation hold のテンプレートを作成し，緊急事態に即応できるように備えている場合もある。

　その他，①損害や訴訟・弁護士費用等をカバーする保険に加入している場合には，その利用の可否を検討のうえで約款に基づき保険会社に通知すること，②上場企業であれば上場先国の証券取引法制に基づく適時開示の要否を確認すること，③事業法令上の管轄当局・各種契約における相手方その他第三者への報告や通知等の要否を確認することも必要であろう。

2　米国の訴訟における特異な制度　　　　　　　　　　　　　　[519]

(1)　集団訴訟（クラスアクション）

　米国は訴訟社会であるといわれ，日本では想像できないほど訴訟が頻繁に起きているが，その中でも日本人に馴染みのない訴訟形態がクラスアクションである。米国では，連邦裁判所や多くの州裁判所において，被告の特定の行為により同様の損害を被った多数の人（この多数の人の集団を「クラス」〔class〕という）を代表して，1人または少人数の者が原告となって訴訟を提起することが認め

351

られる。このように，少人数の者が class representative となって訴訟を行う
ものをクラスアクションという。

　クラスアクションでは，訴訟手続に関与していない者（class member）であっ
ても損害賠償を受けることができる。この制度のひとつの意義は，1人であれ
ば泣き寝入りするような事案を多数まとめることによって，訴訟経済を成り立
たせることができるという点である。たとえば，ある製品が不良であった，製
品メーカーのカルテル行為によって高値で製品を購入させられた，といったよ
うな場合で，1人あたり500ドルの損害が発生したようなケースを想定してみ
よう。個人が1人で訴訟するにはおそらくコスト倒れであろうが，多数の被害
者，たとえば1000人の被害者が想定でき，これをクラスにまとめることがで
きれば，訴訟額は少なくとも50万ドルとなり，訴訟として成り立ちうる金額
となる。クラスの認定は最終的には裁判所が行うが，この場合は，たとえば
「XX 年から YY 年までにこの製品を購入した人全て」といった形でクラスとし
て認定される。また，1人1万ドルの被害があったとして，原告を1000人集
められれば訴訟額は1000万ドルとなり，企業に対するプレッシャーが働いて
高額の和解成立を促すこともある。被告側（企業）としては，クラスアクショ
ンが裁判所によって承認されないように，また仮に承認されてもより狭い集団
の範囲（クラスの定義）の被害者となるように，できる限りの手を尽くすことが
原則的な対応である。なお，被告側（企業）としては，ばらばらに訴訟を提起
されるよりは，ひとつの裁判において一回的に解決できるといった観点からの
メリットが認められるといった考え方もありうるかもしれないが，クラスメン
バーになりうる者のクラスへの参加については，オプトイン（参加）やオプト
アウト（脱退）が認められるのが通常であり，クラスへオプトインしなかった
者やクラスからオプトアウトした者に対しては当該クラスアクションとは別個
に独立して訴訟を提起する自由が与えられるため，一回的解決が保証されてい
るわけではない。米国におけるクラスアクションにおいては，前述の通り裁判
所がクラスの認定を中間的な判断として行い，クラスメンバーには事後的にク
ラスからオプトアウトする権利が与えられるのが一般的である。

　米国では，本事例のような差別訴訟がクラスアクションとなることも少なく
ない。たとえば上述の米国三菱自動車雇用差別（セクシャル・ハラスメント）訴訟
は，多数の同社女子従業員をメンバーとするクラスアクションである。その場

合は，たとえば「2000 年から 2013 年の間に○○ Inc. に勤務経験のある日本人以外の全ての従業員」をクラスとする旨の申請が出される。これがクラスとしての要件を満たし，裁判所によって承認されれば，これに該当する人は皆，自動的にクラスメンバーとなる。

米国では，時々，公共料金の請求書にクラスアクションの通知が同封されていたり，インターネット上での通知，時には「○○クラスアクションで勝訴した，あるいは和解したので，クラスに参加して配分を受けたい方は連絡して下さい」という弁護士事務所からのメールを受け取ったりすることがあるが，これらはいずれもクラスメンバーに対する通知である。

このようなクラスアクションは，原告となる被害者等よりも，むしろ弁護士事務所が主導することが多いといわれている。米国では，雇用差別のほか，独占禁止法違反，製造物責任や環境汚染など，個人が被害者となる事案を専門的に扱う弁護士が多数おり，事務所のホームページに刺激的な宣伝をするなどして被害者，事件を呼び込み，クラス代表者となってくれる被害者を見つけ，被害者には費用を負担させず自ら負担する成功報酬条件（contingent fee basis）でクラスアクションを提起することが少なくない。彼らの狙いは，まずは訴訟を提起したうえで，（弁護士にとってもコストがかかり，敗訴のリスクもある）法廷における審理（trial）に至る前の段階で和解することによって，成功報酬を稼ぐことにあることが多い。このため，案件を大々的にマスコミにリークしたり，被害者を煽って抗議運動を展開させたりするなど，様々な変化球を投げてくるので注意が必要である。

日本でも近時日本版クラスアクション（消費者の財産的被害の集団的な回復のための民事の裁判手続の特例に関する法律）が導入されたが，これは特定適格消費者団体が原告となって多数の消費者のために訴訟を提起する制度である。

(2) 懲罰的損害賠償，3 倍賠償（punitive damages, treble damages）　[520]

懲罰的損害賠償とは，本事案のような雇用差別訴訟や製造物責任訴訟，独占禁止法訴訟など，不法行為に関する金銭的損害賠償のひとつであり，日本法のような実損補填的損害賠償や不当利得返還に加えて，害意の著しい不法行為者を懲罰し，同種の違法な行為の抑制（deterrence effect）を狙って厳しい金銭的ペナルティーを課すものである。罰金に似た性格をもつが，原告がこれを利得す

第 5 章　海外拠点の設立や運営

るという点が基本的に異なり，訴訟提起のインセンティブとしての性格ももっているといえる。この制度は米国特有のもので，日本を始めとする他の先進国には類を見ない，被告にとってはリスクの大きい制度である。ペナルティーの額は，独占禁止法訴訟のように 3 倍賠償（treble damages）等法定されており自動的に付与されるものや，制定法で賠償額が定められておらず裁判所（陪審）が決定するものがある。

なお，米国以外に中国なども 3 倍賠償のような制度を導入しているが，日本では，この懲罰的損害賠償は公序良俗違反として承認執行されない（最判平成 9 年 7 月 11 日民集 51 巻 6 号 2573 頁）。

[521]　**(3)　陪審制度（Jury System）**

米国の民事訴訟において賠償額が高額となり，また裁判の帰趨が読みにくくなる背景として，陪審制度の存在がある。これは米国固有の制度ではないが，同国では民事訴訟も広く陪審審理（jury trial）の対象とする等，他国の法制度における陪審の利用をはるかに超えた，特別な役割を担っているといわれる。管轄区内の成人市民から無作為抽出された者の中から選ばれた構成員による陪審（jury）が，証拠を評価し，争いとなっている事実関係，損害額等について判断し，裁判官がこの判断を基に法律を適用して判決を下すという制度であり，憲法上，陪審による裁判を選択することが当事者に認められている。この陪審員は個々の裁判ごとに選任されるが，一般的に事実認定などの経験に疎いうえ，メディア報道などにも影響を受ける場合が少なくないため，結果として予測し難い判断がなされることがある。このことも，企業が陪審審理前の段階で和解を図ろうとする，ひとつの大きな理由であると考えられる。

[522]　**3　ディスカバリー（Discovery）と文書管理**

米国における訴訟では莫大なコストがかかる。その大きな原因のひとつがディスカバリー制度である。ディスカバリー制度は，米国特有のものではなく，コモンロー系の国等でも同様の制度をとっている場合がある。しかし，米国のディスカバリーは，他国に比して開示が求められる範囲が広く，また，電子メール等を含む電子的な記録も広く証拠開示の対象とする e ディスカバリーが導入されたこともあり，作業負担も大きく，また，規模等によっては，ディス

354

カバリーに対応するために専門の業者を利用しなくてはならない場合も出てくることがあり，数百万ドルのコストがかかる場合もある。

ディスカバリー（証拠開示手続）とは，当事者が相手方や第三者から証拠を収集するための手続である。ディスカバリーには種々の方法があるが，実務的には，①質問書（Interrogatories），②事実承認要求（Requests for Admission），③文書提出要求（Requests for Production of Documents），④証言録取（Deposition）がよく用いられる方法であり，特に③，④が重要である。

③の文書提出要求においては，訴訟に関連する全ての文書は，既述のattorney-client privilege や work-product doctrine の対象となる場合を除き，広く開示の対象になる。文書には電子メールその他の電子的な情報（electronically stored information）を含むほか，日本の民事訴訟では自己使用文書として開示する必要がないような「稟議書」等の社内意思決定文書も対象となる。また，非開示特権が適用されない部署が訴訟関連の社内報告書を作成すると，相手方当事者からの証拠開示対象となる可能性がある。そこで，文書は開示される前提で作成するとともに，不要な書類は作成しないことが基本であり，社内外との交信文書と同様に，将来訴訟においてその存在や内容が明らかになりうるという前提で内容を記述すべきである。また，不都合な文書を隠しているとか，廃棄したとかいった主張を相手に許さないようにするためには，開示が要求された場合にはタイムリーに必要な文書が出てくること，不必要な文書は文書保存管理規程などの内部ルールに従って確実に廃棄されていることも大切である。また，電子メールなどの電子的な情報の収集・特定には莫大なコストと労力がかかるので，日頃から収集・特定が容易な保管方法を励行することが望ましい。

一方で，訴訟になることが合理的に予想される局面では，関連する文書等の廃棄・削除は，それがたとえ文書保存管理規程に基づくものであっても，もはや許されない。訴訟や関係当局の調査（たとえば米国司法省による独禁法関連調査）が開始された後，または開始されることが明らかになった場合に関連文書を廃棄・処分することは，司法妨害罪（Obstruction of Justice）に該当しうる（米国では最長20年の懲役刑）。法務部門からも関連文書を廃棄しないよう，前述のlitigation hold（→［518］）という要請が反復して出されることもある。なお，著名なエンロン事件で，アーサー・アンダーセン会計事務所は，この違法な文

第5章　海外拠点の設立や運営

書廃棄を行ったことをひとつの理由に自主廃業に追い込まれている。

　④のデポジションは，情報の収集を目的として証人の証言を録取するディスカバリー手続のひとつであり，弁護士が，自らの訴訟戦略を踏まえて，事実の明確化を図ったり，自らに有利な事実を相手方に認めさせたり，自らに不利な相手方の証言の予測・調査の糸口の発見に役立てる等の目的で，証人に対して質問するものである。弁護士事務所などで行われ（裁判官は同席しない），証人の証言は全て記録されて証拠となる。このデポジションは民事訴訟においては大変重要な手続であり，それが効果的であればあるほど，相手方の主張を切り崩し，弱気にさせ，有利な条件での和解を引き出すことが可能となっている。

[523]　裁判所はディスカバリーの制限・拡大・修正に関し広範な裁量を有しており，そのルールを理解して適切に対応しないと，ルール違反によって敗訴するリスクがある。

　ディスカバリーにより，各当事者が，相手方当事者や第三者から事実および情報を入手し分析することで，審理される争点が明確化されるほか，当事者がそれぞれの主張の強み，弱みに対する理解を深めることができるため，陪審審理に進んだ場合の帰趨（勝算）についての現実的な見通しが一段とはっきりする。このため，米国の民事訴訟は，その多くが陪審審理に至る前の段階で和解に至るといわれている。また，陪審審理の直前での和解は条件面でのハードルが高くなるリスクがあることや，ディスカバリー自体に莫大なコストがかかることから，ディスカバリー手続に進むよりも早期に和解したほうが経済的にメリットがある場合も考えられる。

●●本事例の考え方●●

[524]　具体的に訴訟を意識した対応が必要な局面になっていることから，人事課長が言う通り，法務部門が主体となり，弁護士と相談しながら，N国法の裁判手続の確認，関係書類の保存，訴訟の見通しやコストの検討，和解による決着の可能性の検討等，迅速に対応すべきである。

[525]　**【事例5-5】独占禁止法違反（カルテル）の疑いが発生した！**
　　X社は，設立当初から，N国保健省傘下の国営病院，大手国有企業の附

5-5-1　[527]

属診療機関，大手国有企業のグループ企業等向けに，自社製品を売り込んできた。また，1年ほど前からはN国内で汎用品の委託生産も開始し，N国内市場での販売のほか，欧米市場に向けても輸出取引を開始していた。これらの取引では，有力な競合企業が複数参入してきており，最近はとみに乱売合戦が激しくなったため，ビジネスとしては赤字続きとなっている。

　ある日，X社に設けられている内部通報ホットラインに匿名の通報があり，X社の営業課長（RS）が秘密裏に競合他社の関係者とたびたび会合をもっており，そこではN国の病院や診療機関向け製品の販売価格安定化や顧客分割を目的とした協議が行われているらしいとの情報提供があった。

5-5-1　初期対応　　　　　　　　　　　　　　　　　　　　　　　　　　[526]

　法務部員であるあなたが，初期対応としてまず行うべきことは何か。

着眼点

　競争法（独禁法）は，グローバル規模でその規制，執行が強化されてきている。特に，米国やEUにおけるいわゆるカルテル行為に対する摘発強化や厳罰化は，外国公務員等に対する贈賄の問題と並んで，企業にとって最大のリーガルリスクのひとつとなっている。しかしながら，同法のエンフォースメント強化や域外適用に対して無防備な日本企業は未だ少なくない。このカルテルについてよく理解したうえで，カルテルの嫌疑が内部で発覚した場合の初期対応について考えてみよう。

■■ ポイント解説 ■■

1　カルテルと競争法　　　　　　　　　　　　　　　　　　　　　　　[527]

　競争法（独占禁止法）（competition laws, antitrust laws）は，主要な禁止対象として，市場における競争を制限または阻害する行為として法が定めるものを禁止し，違反に対して各種の制裁を課すが（競争法の概要については→［212］～［216］），このうち，事業者が相互に連絡をとり合い，本来であれば各事業者が自主的に決めるべき価格，数量，取引条件などを共同して決める行為のことをカルテルという。こうしたカルテルの中でも，特に価格，数量，市場分割・販路等に関するカルテルは「ハードコア・カルテル」と呼ばれ，近時の欧米や日本における独禁法執行の最大のターゲットとして厳しく処罰されている（日本では，独占禁止法3条で禁止されている「不当な取引制限」の一類型がカルテルである）。

　カルテルは，私的独占（monopolization）の禁止と並んで，グローバルに禁止

357

第5章 海外拠点の設立や運営

されている行為であるといっても過言ではない。米国では，基本的な連邦法であるシャーマン法（Sherman Antitrust Act of 1890）1条が，数州間または外国との取引，通商を制限する全ての契約，トラスト（信託）その他の形態による結合または共謀は違法であり，重罪（felony）とされる旨を規定している。

一方，EU では，欧州連合の機能に関する条約（The Treaty on the Functioning of the EU, TFEU）101条1項が，加盟国間の通商に影響を与え，共同体市場における競争を阻害，制限，歪曲する目的または効果を有する全ての事業者間の協定，事業者団体の決定および協調的行動を禁止する旨を規定している。ここでいう「事業者」（undertakings）とは，企業や法人に限らず非営利団体や自然人も含まれ，広く経済的活動に従事する全ての主体を意味する（ただし，被用者やエンドユーザー等は含まれない）。また EU 内の者には限定されず，EU 域外の者も含む（いわゆる域外適用の問題）。

価格カルテルは，競争者同士が，お互いに何らかの形で意思の疎通を図り，本来は個々の企業がそれぞれ自主的に判断して決めるべき商品の価格を共同して定め，市場における有効な競争が行われない状態をもたらす行為である。独占禁止法は，経済活動において競争（健全な効率競争）が果たす長所を重く受け止め，競争の機能を妨げる（歪める）行為を禁止しようとする法律であるが，価格カルテルは，本来，価格というもっとも重要な売買条件において真剣に競争すべき同業者間で競争をしないことを合意すること，すなわち競争停止を目的とするものである。これはユーザー・消費者を欺き，適正市場価格より高値で商品を買わせ，損失を被らせるというものであるから，独禁法の目的に正面から抵触する最悪の違反行為であるといわれる所以である。たとえば，米国では，価格に関するカルテル（数量制限，入札談合も含まれる）は，市場分割等とともに「当然違法」（per se illegal）であるとされており，具体的な行為の効果や市場への影響についての詳細な審査を要さず当然に競争制限効果をもつ行為として違法とされる。当事者は，カルテルの目的の正当性，競争促進効果の存在などを立証しても責任を免れることができない。一方，EU の場合にはこのような当然違法という考え方はないものの，TFEU 101条1項は，競争制限（競争の阻害，制限，歪曲）という「目的」または「効果」をもつ行為を，同3項により例外的に免責されない限り，原則として違法としており，販売価格に関するカルテルは，それ自体が競争制限の「目的」をもつものとして，「効果」（具体的

5-5-1　[528]

な価格への影響や市場における競争制限効果の発生の有無）を評価することなく同項違反とされる。例外的に，そのような行為であっても①効率性の向上，②消費者による利益の公正な享受，③目的達成に不可欠な制限，④競争排除の不存在という同条3項に規定された4要件（詳細は欧州委員会ウェブサイト〔http://ec.europa.eu/competition/antitrust/legislation/art101_3_en.html〕を参照）全てに該当する場合には許容されうる。しかし，これらの要件を満たす競争事業者間の販売価格カルテルというものはほとんどありえないであろう。

2　近時の規制強化　　　　　　　　　　　　　　　　　　　　　　　　　　[528]

　独禁法はグローバル規模でその規制，執行が強化されてきている。まず注意すべきは，後述するような（→[535]以下）米国やEUの独禁法の域外適用の強化であり，日本企業を当事者に含む事例は，摘発事例，罰金額ともに増加傾向にある。

　また，EU独禁法に関して注意すべきは，グループ子会社の違反行為に対する親会社の責任を問う動きである。たとえば，2009年9月10日，欧州裁判所の最終審（European Court of Justice）が，オランダの化学品メーカーAkzo Nobel社に対して，同社の100%子会社4社のEU競争法違反（カルテル・制裁金2099万ユーロ）に関し，親会社である同社（カルテルには直接参加していない）が子会社とsingle economic unitを構成しており，連帯して責任を負う旨の判決を下した事例が話題となった（Akzo Nobel NV v. Commission, Case C- 97/08P, [2009] ECR I-8237）。この事例は，100%子会社の競争法違反については，親会社が子会社に対し「決定的な影響」を与えているものと推定され，子会社が市場において独立して行動していたことを有効に反証できない限り親会社の連帯責任が認定される，というものであるが，この反証のハードルは非常に高いと考えられる。したがって，企業グループ全体としての独禁法を含むグローバルな法令遵守（コンプライアンス）戦略がますます重要になっている。

　新興国においても，経済の発展や国民の権利意識の高まり，社会的要請を受けて，次々と競争法が制定，強化され，やはりカルテル行為に対する法執行が強化される傾向にある。各国の競争法には多くの共通点があり，欧米の競争法をモデルとし，違反に対する制裁が厳しいのも特徴的である。たとえば，社会主義計画経済体制にあった中国では，改革開放政策の下，グローバル経済に取

第 5 章　海外拠点の設立や運営

り込まれる形で資本主義経済化したことに伴って 2008 年に独占禁止法が施行され，競争関係を有する事業者が独占合意を結ぶことを禁止した（17 条）。具体的な禁止行為としては，価格に関する協定，生産数量または販売数量の制限，販売市場または原材料購入市場の分割等，6 つの行為類型を列挙している。注目すべき事例として，中国の独禁法執行担当機関のうち，価格に関わる行為を担当する中国国家発展改革委員会（以下「発展改革委員会」という）が，2013 年 1 月に「外国企業 6 社の液晶パネル価格独占協定行為を処罰」というニュースを公表している。本件は独禁法施行前の価格カルテル行為に関するものであるが，中国大陸部以外の企業の価格カルテル行為に対し，1998 年施行の価格法を適用して処罰を下した初めての事案である。価格法は，互いに通謀して市場価格を操作し，他の事業者または消費者の合法的権益を侵害してはならないと規定しており（14 条 1 号），同号に違反したとして，同法 40 条および 41 条により処罰を決定したという（なお，価格法には後述〔→〔534〕〕のリニエンシー〔leniency〕制度が導入されていない）。同法 40 条は，「事業者に本法第 14 条に掲げる行為のいずれかがある場合，是正を命じ，違法所得を没収するものとし，併せて違法所得の 5 倍以下の過料に処することができる」と定めている。また，41 条は，「事業者は，価格違法行為により消費者または他の事業者に代金を余分に支払わせた場合，超過分を返還しなければならない。損害を与えた場合は法に基づき損害賠償責任を負わなければならない」と定めている。本件処罰決定の意義について，当時，発展改革委員会の関係責任者は，これをひとつの契機として独禁法の啓蒙活動を強化し，価格カルテル行為に対する研究を深め，関係業界の独禁法ガイドラインを作り，市場競争のルールをより明確化させることにより，中国市場経済の健全な発展に寄与することを期待するとの考えを示していた。価格法の規定は現在も維持されているものの，上記の経緯を経て独禁法に基づく執行が開始され，多くの価格カルテル行為が独禁法に基づいて制裁されることとなった。

[529]　**3　会合への参加の是非**

　同業者との会合は，会議の目的，必要性等を吟味し，弁護士や法務部門ともあらかじめ相談のうえ，出席の可否を判断する必要がある。注意すべきなのは，実際にカルテルの要件となる「合意」，「協定」に至らなくとも，商品の価格，

仕入・販売数量，市場や顧客の状況等につき競争者間で情報交換を行うことも，同業者間の価格協調を招きやすいことから，多くの法制において，それ自体が違法とされる点である。「値上げを明言しなければ大丈夫」，「値上げの合意をした証拠がなければ大丈夫」，「主要なメンバーはともかく，当社は会合でも積極的に発言してないから大丈夫」と考えるのは誤りであり，実務上は，仮にカルテルの意思がなくても，価格等に関連する情報を同業者と交換することは不可とし，競争者との会合やゴルフは回避すべきこと，仮に業界団体の会合などで価格等の話題が出た場合は直ちに退席し，（後日の証拠とするため）法務部門に相談すべきこと，といった指導を徹底すべきである。

　また，自社が同業者間のカルテル・情報交換会等に直接参加しなくとも，これらの水平的競争制限行為に巻き込まれて独禁法上の処罰を受ける場合がある。これは教唆または幇助（aiding and abetting）という類型で，たとえば米国において，カルテル・価格情報交換等が行われた同業者会合の設定・会議室手配その他の幹事役を務めていた非同業者であるコンサルタントが処罰された例や，関係会社の幹部に対して価格協定や情報交換の場に出席するように指示した親会社幹部が処罰された例もあるので，注意を要する。また，自社が，競争者である業者間（売先または仕入先のメーカー間等）の価格情報等交換の媒介者（hub）となる場合も，hub-and-spoke という類型で独禁法違反として処罰される可能性があるので，同様に注意を要する。

4　独禁法違反（カルテル）への初期対応 [530]

　独禁法違反事件に対する調査は様々な理由により開始される。たとえば郵便・電話・Email 等を通じた従業員（退職者も含む），消費者，取引先その他第三者からの告発，内部通報，当局自身による調査（米国の場合，FBI の協力による盗聴，おとり捜査等を含む），他の政府機関等からの情報提供，ある案件の調査から他の案件が芋づる式に探知されるなど，様々である。また，近時においては罰則の減免を受けようとして後述（→ [534]）のリニエンシー制度を利用する同業者からの情報提供（これは非常に広汎かつ大量の情報がその対象となる）が有効に機能することも少なくない。本事例では匿名の内部通報があったとされているが，独禁法違反行為を発見した場合には，何をおいても直ちに法務部門，そして，独禁法を専門とする弁護士に第一報を入れ，その後の対応について指示を受け

第5章　海外拠点の設立や運営

なければならない。仮にカルテル行為が実際に行われており，自社がその当事者である場合には，リニエンシー制度の利用を早急に検討する必要があるからである。同プログラムの利用は，いわば「早い者勝ち」であることから，第一報の迅速さがその後の対応の死命を制するといっても過言ではない。

[531]　なお，リニエンシー制度と混同しやすいものとしてアムネスティ・プラス（Amnesty Plus），その逆のものとしてペナルティー・プラス（Penalty Plus）がある。前者は，ある違反事件の調査の過程で，その当事者が，他の違反事件を認識して司法省に申告し，リニエンシー制度の適用を申請して摘発に協力した場合に，リニエンシー制度が適用されない前者の違反事件についても量刑上有利な扱いを受けられる，という米国の刑事訴訟手続上の制度である。後者はこの逆で，当該当事者が他の違反事件に関わっていたことを認識しながら司法省に申告せず，最初の違反事件についてのみ司法取引をしようとした場合に，司法省は双方の事件について量刑ガイドラインの上限でなければ取引に応じないという取扱いをいう。

●●本事例の考え方●●

[532]　第一報を受けた法務部門としては，まずは独禁法専門の弁護士を起用し，非開示特権を確保しつつ，内部通報者や発見者からの詳細ヒアリング，関係部署へのヒアリングを行い，事実関係を確認する。昨今は主要国の独禁当局が相互に協力し，濃密な情報交換が行われているといわれており，本事例でもN国以外の米国・欧州等の独禁法が域外適用されるケースではやはり調査対象となる可能性があるので，この点も踏まえて対応策を構築する。担当営業課長がいかなる文書等（個人としてのメモや手帳を含む）も破棄，隠匿しないように，直ちにこれを会社側の管理下に移し，新たな文書等の作成を禁止する。訴訟提起への対応と同様，litigation hold（→ ⌊518⌋）の送付も必要である。

[533]　　5-5-2　リニエンシー
　　　事実関係を確認した結果，Ｘ社は，競合企業3社との間で，Ｎ国国営病院向けの汎用機器や保守部品の売込み（随意契約ベース）において，価格談合を行っていたことが明らかとなった。Ｎ国独占禁止法が禁止するカルテル行為

362

5-5-2　[534]

が行われていたことは間違いない。また，同様の機器・部品は欧米向けにも輸出されており，米国や EU の独禁法の域外適用の問題も懸念される。では，次のステップとして，リスクを最小化するためにはどのようなオプションがあるだろうか。

着眼点

カルテルの当事者が独禁法違反を自主的に申告した場合，国によっては刑事罰や行政罰の減免を受けることが可能な場合がある。これをリニエンシー制度というが，その利用のためには他の当事者に先駆けての迅速な意思決定，行動が死命を制することになる。

ポイント解説

1　独禁法違反に対する制裁とリニエンシー制度の効用　　　　　　　　　[534]

独禁法違反に対する制裁は極めて厳しく，違反した企業への影響は甚大である。たとえば米国では，価格カルテルなどシャーマン法1条の違反に対する制裁には①刑事罰（法人については1億米ドル以下の罰金，個人については100万米ドル以下の罰金および／または10年以下の禁錮刑），②差止命令，③民事訴訟（損害賠償の請求。いわゆる3倍賠償の対象）があり，同様に EU 独禁法違反に対する制裁には，①課徴金（違反事業者の最終親会社の前会計年度における全世界，全商品の総売上高の10%を上限とする課徴金を賦課する。課徴金の計算方法については，2006年に欧州委員会が公表した「課徴金算定に係るガイドライン（Guidelines on the method of setting fines imposed pursuant to Article 23 (2)(a) of Regulation No1/2003)」を参照。厳しい制裁および抑止の効果を狙った運用の結果，課徴金の高額化傾向が顕著になってきている），②差止命令，③民事訴訟がある。罰金や課徴金の額の高額化は過去10年で一気に進み，日本企業が多額の罰金や課徴金を支払ったり，日本人幹部が米国において禁錮刑を受け，収監されるという事態になったカルテル事件もある。そこで，リニエンシー制度を利用し，このような厳しい制裁からの減免を受けることが企業経営の視点からは極めて重要となる。

リニエンシー制度とは，独禁法違反行為の摘発強化を目的とする制度で，違法行為を行った者が，一定の要件を充足して，独禁当局に違法行為を行った事実を自白することで，①米国では刑事責任（最初の報告者のみ），②日本や EU で

363

第5章　海外拠点の設立や運営

は課徴金支払（日本では5社まで。ただし調査開始後は3社まで。EUでは最初の報告者のみ）について，その全部または一部の免除を認める制度である。民事損害賠償責任の免除は原則認められないが，刑事責任や課徴金支払の減免を受けることのメリットは大変大きい。日本でも2006年から導入され，当初の予想に反して有効に機能しているといわれている。これは，カルテルに参加した場合，参加者の誰がいつ当局に対してカルテルの事実を申告するかがわからないことから，そもそもカルテルの形成を妨げる効果をもつとともに，できあがったカルテルを瓦解させるという効果によるものである。さらに，当局にとっても潜行するカルテルの発見に非常に有用なシステムとして機能している。

主要国における独禁法違反の制裁とリニエンシー制度

	日　本	米　国	Ｅ　Ｕ	中　国
違反者（企業等）への制裁	行政罰＋刑事罰①課徴金として売上高の2〜10%（原則），②法人・代表者に対して最高5億円の罰金あり（三罰規定）	刑事罰刑事罰として違反行為1件あたり最高1億ドル（または違法利益等の2倍）の罰金	行政罰違反者の前年度の全世界売上高の10%が上限	行政罰違反者の前年度売上高の1〜10%（同売上高が全世界か中国内か不明）
個人に対する制裁	あり刑事罰として最高5年の懲役・500万円の罰金	あり最高10年の禁錮刑・100万ドル以下の罰金または併科	なしただし，加盟国レベルで各国法令に基づき可	なしただし，当局に対し虚偽報告を行った個人に対して10万元以下の罰金あり
民事上の損害賠償	あり	あり3倍賠償請求（Treble Damages）	なしただし，加盟国レベルで各国法令に基づき可	あり提訴事例あり
リニエンシー制度	課徴金減免	刑事責任減免	課徴金減免	課徴金減免

[535]　2　独占禁止法の域外適用

(1)　域外適用とは

日本企業が米国内で米国の競争法に違反する行為を行った場合に米国競争法が適用されるのは当然である。また，外国企業が日本国内で日本の競争法に違反する行為を行った場合も同様である。それでは，日本企業が米国外で行った行為に対して米国競争法が適用されたり，外国企業が日本外で行った行為に対

5-5-2　[535]

して日本の独禁法が適用されたりすることはあるか。答えは YES である。

　このように一国の独占禁止法が国外で行われた行為についても適用されることを域外適用という。この域外適用の問題は独占禁止法に限った問題ではなく，刑事法，貿易管理法，金融法，環境法等，様々な公法的規制との関係で共通に問題となる。そして，どのような域外適用であれば許されるのか，どのような域外適用は過度な域外適用として許されないのか，といった問題が，国際法等の分野で活発に議論されてきており，また，欧米では域外適用の可否が争われた裁判例も少なくない。

　どのような域外適用ならば許されるのかという問題は，国際法上は国家管轄権の問題として整理することができる。国家管轄権には，①立法管轄権（一国は，国際的な広がりを有する事項について，どこまで自国法の対象とし，自国法を適用して規律することができるか），②裁判管轄権（一国の裁判所はどのような国際的な広がりのある事案を取り扱うことができるか），③執行管轄権（一国はどの範囲で自国の公権力を実際に行使することができるか）。このうち，②の裁判管轄権については，民事事件については主権免除が問題となる場合を除いては基本的に国際法上の制約はなく，非民事事件については立法管轄権の範囲と基本的に一致する（刑事裁判など非民事の事件については，外国法を適用して裁判をすることはなく，どのような範囲の国際的な事案について自国法を適用して裁判できるかという形で問題となるからである）。③の執行管轄権については，基本的に自国領域内でのみ公権力を行使することができ，他国の同意を得ることなく他国領域内で公権力を行使することは許されない。

　立法管轄権については，属地主義（自国内で行われた行為についてはいずれの国民が行った行為であっても管轄権を行使できるとする考え方）や属人主義（自国民が行った行為であれば国外でなされた行為であっても管轄権を行使することができるとする考え方）等が主張されてきた。たとえば，刑法においては，自国の領域内で行われた行為を規律の対象とする属地主義を基本としつつ（刑法1条），属人主義（当事者の国籍等を基準に適用範囲を考える考え方）（刑法では日本国外で一定の罪を犯した日本国民についての積極的属人主義〔刑法3条〕と，日本国外で日本国民に対して一定の罪を犯したものについての消極的属人主義〔刑法3条の2〕が採用されている），保護主義（自国にとって特に重要な犯罪については場所・行為者の国籍にかかわらず管轄権を有するという考え方）（刑法2条）により，国際的な適用範囲が明文により定められているが，我が国の多くの法令では，このような国際的な適用範囲は明記されず，解釈に委ねられ

365

第 5 章　海外拠点の設立や運営

ている。

　国際法上，立法管轄権の及ぶ範囲はどこまでか，どのような域外適用は過度な域外適用か，複数国の管轄権が競合した場合にはどのように調整するか，といった問題については，明確な基準が定立されているとはいえない。属地主義はもっとも基本的な考え方であり，属地主義に従っていれば管轄権の行使が正当化されることが多いと考えられるが，一連の行為のうちどの程度の行為がなされていれば国内で行われた行為であるといえるかは定かではない。また，属人主義については，自国民が国外で行った一定の行為に自国法を適用することができることについて異論はないものの（たとえば，刑法 3 条のような重要な犯罪の場合），どのような行為であっても自国民が国外で行った行為について自国法を適用するといった考え方が国際的に承認されているわけではなく，ある国が自国民が国外で行う行為を規制したとしても，そのような規制が他国における裁判で適用・考慮される保証もない（たとえば，A 国法人が B 国内において，B 国法人と B 国法を準拠法とする契約を締結したとする。A 国は A 国法人が国外で行った行為についても A 国法を域外適用すると主張し，こうした A 国の立場を受けて，当該 A 国法人が A 国法によれば当該契約は違法であるので債務の履行を拒否したとしよう。A 国法人が債務の履行を拒んだことから，B 国法人が B 国の裁判所で訴訟を提起したらどうなるか。A 国法は契約準拠法でも，法廷地法でもないので B 国の訴訟において適用されることはなく，また，B 国からみれば属人主義に基づく A 国法の適用は過度な域外適用であると判断されれば，A 国法を根拠として債務の履行を拒むことは許されない，といった判断が B 国裁判所によって出されることが考えられる）。

　このように，立法管轄権の及ぶ範囲についての国際的なルールが不明確であり，実際には，各国が自国の政策や他国との関係等を考慮しながら，どこまで自国法を域外的に適用するかを決定していることから（その結果，ときには過度な域外適用と思われる事態も発生する），国際的に事業展開をする企業が，ある国のルールに従えば問題がない行為をしていながら，他の外国（しかも，当該国内で実質的な行為はなされていない）のルールに違反したことを理由として，当局から巨額の制裁金を課せられたり，関係者が刑事罰の対象となったり，当該ルール違反によって損害を被ったと主張する原告からの損害賠償請求訴訟で敗訴したりする，といった事態も生じる。

366

5-5-2 ［536］

(2) 競争法の域外適用

[536]

　独占禁止法に関する立法管轄権についても，属地主義が基本として考えられ
てきたが，外国で行われた行為によって自国の市場の競争が制限されることが
少なくないことから，米国では効果理論という考え方が採用されてきた。効果
理論とは，国家の領域外で行われた行為であったとしても，当該行為が主とし
て当該領域内に実質的な効果を与える場合には，当該行為の規制について管轄
権を有するという考え方である。効果理論を認めた裁判例として有名なのは，
1945 年のアルコア事件判決（United States v. Aluminum Co. of America, 148 F. 2d 416）
であり，その後の裁判例によって確立してきた。その後，1982 年に制定され
た Foreign Trade Antitrust Improvement Act（15 U.S.C. §6a）は，外国で行われ
た行為の直接的，実質的，合理的に予見可能な効果が米国に及んでおり，その
効果が米国競争法上の請求原因となる場合には，米国競争法を適用できるとし
て，米国競争法の域外適用の範囲を明確化した。なお，米国では，裁判例を条
文の形で整理したものとして「リステイトメント」という資料があるが（リス
テイトメントは制定法でないが，判例法の内容を一流の学者が条文の形にまとめた資料として
裁判例においても参照されることがある），国際法に関する米国の対外関係法リステ
イトメントの 415 条(2)，(3)も，このような効果理論を規定している。

　また，EU では，1988 年の Wood Pulp 事件によって，EU 域内での implementation
（域内での商品等の販売）が行われているのであれば，欧州競争法を適用できると
いった属地主義に基づく実行理論が採用されていたが，欧州委員会は 2004 年
の「EC 機能条約 81 条，82 条における取引への影響概念についてのガイドラ
イン」で実行理論に加えて効果理論が域外適用の根拠となるとの考え方を示し，
欧州司法裁判所も，2017 年の Intel 事件において効果理論を認めた。

　最近では，日本でも効果理論を認める見解が主流になっており，たとえば，
日本で販売されるテレビの部品であるブラウン管に関し，外国の事業者が日本
の事業者の現地法人向けのブラウン管の販売価格について外国で販売価格等の
合意をした事案において，最高裁は「独禁法は，国外で行われた行為について
の適用の有無及び範囲に関する具体的な定めを置いていないが，同法が，公正
かつ自由な競争を促進することなどにより，一般消費者の利益を確保するとと
もに，国民経済の民主的で健全な発達を促進することを目的としていること
（1 条）等に鑑みると，国外で合意されたカルテルであっても，それが我が国

367

第5章　海外拠点の設立や運営

の自由競争経済秩序を侵害する場合には，同法の排除措置命令及び課徴金納付命令に関する規定の適用を認めていると解するのが相当である」と述べ，効果理論を採用している（最判平成29年12月12日民集71巻10号1958頁）。

　米国，EUはもとより中国も，近年，競争法の執行を強化してきており，グローバルにビジネスを展開する企業にとって，関係国の競争法への対応は極めて重要な問題となっている。たとえば，経済産業省は2015年4月24日に「各国競争法の執行状況とコンプライアンス体制に関する報告書——国際的な競争法執行強化を踏まえた企業・事業者団体のカルテルに係る対応策」を公表し，企業が実効的なコンプライアンス体制を整えるために留意すべき点について提言している。また，経済産業省は，2016年6月3日に「国際カルテル事件における各国競争当局の執行に関する事例調査報告書」を公表し，EU・米国・日本等における競争法の域外適用事例を紹介している。こうした報告書も参考に，グローバルな視野を持った競争法コンプライアンス体制の構築が求められる。

　なお，競争法の分野では，近年，国際的な企業活動に適切に対処すべく，各国の競争法当局が協定等を結ぶ例が増えてきている。日本も，1999年に米国，2003年にEU，2005年にカナダとの間で，独占禁止協力協定を締結している。そこでは，競争法当局間の情報交換，相互支援，執行活動の調整，相手国による執行活動開始の要請，相手国の重要な利益の考慮等が規定されている（上記以外の国との取決めその他詳細については，公正取引委員会ホームページ〔http://www.jftc.go.jp/kokusai/kokusaikyoutei/index.html〕参照）。

●●本事例の考え方●●

[537]　　N国独禁法のみならず，輸出先国である米国，EUの独禁法が域外適用されるようなカルテルが行われている可能性もあると想定されることから，直ちに事実関係を確認したうえで，これらの国全てにおけるリニエンシー制度の利用につき早急に方針を決定し，実行する必要がある。この場合，リニエンシー制度の恩恵を受けるのは「早い者勝ち」であるから，問題が起きたときに一から対応を組み立てるのではなく，日頃から迅速な社内意思決定・対応体制の構築，主要国の独禁法専門弁護士の確保（カルテル当事者が先を争って確保に動く可能性があ

5-6-1 ［540］

り，conflict が発生することも念頭に置いて複数を確保する）などの予防法務措置を万全
にしておくべきである。

【事例 5-6】顧客や関係者に対する贈賄の懸念が浮上した！　　　　　　　　［538］
　　Ｘ社の営業課長は，競合企業とのカルテルの対象外であった Ｎ 国大手
国有企業附属診療機関のグループ企業群向けに自社製品を売り込むにあ
たって，情報収集のために同グループ企業関係者に対して，定期的に飲食
の接待を行っていることが，社内の内部通報によってわかった。また，過
去に何度かゴルフをともにし，記念としてゴルフセットを贈っていたこと
も判明した。これらは，社内的には通常の会議費および販売促進費として
処理されていた。

5-6-1　民間企業に対する接遇の可否　　　　　　　　　　　　　　　　　　　［539］
　　法務部員であるあなたは，上記内部通報を受けて，営業課長へのインタ
ビューを行った。同課長によれば，Ｎ国大手国有企業のグループ企業には，同
社が出資する企業だけではなく，出資関係のない民間企業も多数あること，自
分が情報交換を目的に接待をしていた企業はこの民間企業であり，相手は公務
員ではないので接遇は問題ないと思っていた，と説明している。これで本当に
問題はないだろうか。

着眼点

　接待が犯罪になるのは公務員や国有企業役職員等に対してのみであると思い込んで
いないだろうか。民間企業に対する賄賂を犯罪としている国もあるし，たとえそうで
はなくても他の現地法制上問題になることがあるのではないか，とまずは疑ってかか
ることが大切である。

ポイント解説

1　Commercial Bribery とは　　　　　　　　　　　　　　　　　　　　　　［540］
　　いわゆる Commercial Bribery は「商業賄賂」という和訳で理解されること
が少なくないが，民間企業等の役職員に対する贈収賄のことを指す一般的な用
語であり，何か統一された法的定義があるわけではなく，また狭義の意味での
「商業」に限定されるものでもない。国際的な枠組みとしては，「国連腐敗防止
条約」（United Nations Convention against Corruption）21 条が，締約国に対して，経
済上，金融上または商業上の活動において故意に行われる民間部門の贈収賄を

369

犯罪とするため，必要な立法その他の措置をとることを考慮すべき旨を定めている。我が国は2017年に本条約を受諾しており，世界的にはその締約国・機関はすでに191（2025年2月24日現在）に及んでいる。民間部門（すなわち私人間）における贈収賄の禁止は，国によって規制対象や程度の差がありうるにしても，もはや世界的な趨勢であるといってよい。たとえば，事例2-4-2のポイント解説（→ [236]）で言及した通り，英国はこれまでの法制度を一新する近代的な贈賄禁止法として Bribery Act 2010 を2011年7月1日から施行し，公務員等のみならず非公務員（私人）の贈収賄も禁止している。また，中国においても，反不正当競争法（不正競争防止法）や刑法により商業賄賂が禁止されており，その対象には私人を含んでいる。

[541]   ## 2　英国 Bribery Act における贈賄防止措置懈怠罪

英国 Bribery Act 2010 の特徴として，企業による贈賄防止措置の懈怠に対する刑事責任を導入したこと，および広汎な域外適用がなされることがあげられる。英国で事業の一部を営む commercial organisation（設立地を問わない法人またはパートナーシップと定義されている：同法7条）であれば，英国に限らず世界のどこかでその関係者（当該法人等に役務を提供する第三者：たとえばその従業員のほか，子会社，代理人が含まれるが，これらには限定されず，実態により判断される）が行った贈賄行為に関し，これを防止できなかったことについて，当該法人等は厳格（無過失）責任の違法行為をしたものとして扱われ，贈賄防止措置懈怠罪を問われる可能性がある。実務的には，日本企業の本社が上記の commercial organisation に該当するだけで，たとえば，その従業員が英国以外の第三国において，英国の現地法人やプロジェクトとは無関係の案件で，当該第三国の私人，民間企業に対して同法上の贈賄行為を行った場合には，本社に対して同法が適用されるリスクがあることになる。この場合，違法行為に問われた法人等が，その関係者による贈賄防止のための適切な手続（adequate procedures）を実施していたことを証明することが唯一の法的な防御となる。この適切な手続の策定，運用にあたっては，英国法務省のガイドライン（The Bribery Act 2010 Guidance）の6つの原則に沿って具体的なプログラムやアクションプランを検討しなければならない。この6つの原則とは，Proportionate procedures, Top-level commitment, Risk Assessment, Due diligence, Communication (including training）, Monitoring and review である。それぞれの原則の詳細については，当該ガイドライン（http://www.justice.gov.uk/downloads/legislation/bribery-act-2010-guidance.pdf）20 頁以下を参照されたい。なお，「英国で事業を営んでいる」かどうかという点に関しては，本社の法人格内にある組織たる支店や駐在員事務所を保有していれば，これに該当することになると考えられるが，上記ガイドラインによれば，単に英国子会社を有するという事実だけでは「英国で事業を営んでいる」とはいえないという。しかしながら，一般的には日本企業の英国現地法人・子会社は，親会社から独立して事業を営んでいるとはなかなかいい難く，その事業活動の実態や経営管理体制等から，親会社として，実質的にこれら現地法人等を通じて英国において何らかの事業活動を行っていると認定されるリスクがあると考えていた方が安全である。

3　中国における商業賄賂禁止の概要 [542]

　英国と異なり広汎な域外適用はないものの，中国においても，同国の公務員（国有企業等において公務に従事する者も含む）や国家機関・国有企業等などに対する贈賄のほかに，民間企業等の職員に対する贈賄や職員による収賄も禁止されている。企業等の組織による不正な利益供与等についても，刑法上の贈賄罪または反不正当競争法上の商業賄賂として責任が追及されることがある。特に刑法上の贈賄罪に該当する場合に，当該組織および直接の責任者等の両方が犯罪の主体となりうるので，注意が必要である（刑法 163 条：収賄行為，同 164 条：贈賄行為，反不正当競争法 7 条 1 項）。

　中国における商業賄賂の定義はあいまいで，我が国では通常行われているような商習慣も違法行為となりうるリスクがあり，慎重な検討が必要である。たとえば，公平な競争の原則に反して取引の機会等を提供・取得するために，商品の販売・購入その他の営利活動において，相手方（組織）または個人に対して現金その他財物を贈ったり便宜を供与したりする行為のほか，リベート，値引き，手数料の支払も，たとえそれが通常の商取引に属する性質のものであったとしても，帳簿に記載せずに非公然で行ったり，正しい名目で記載せずに支払われた場合には，やはり賄賂とみなされる余地があるので，適切な会計処理に注意する必要がある。なお，適切な会計処理の実施は，国連腐敗防止条約（12 条 3 項参照）や米国 FCPA（→ [234]）の会計条項の観点からも重要であり，

企業としては，広く腐敗防止という視点に立ってコンプライアンスに万全を期すべきものである。

　たとえば，2016年9月，上海市工商行政管理局（現在の上海市市場監督管理局）は，ある日系のタイヤ大手メーカーの中国法人に対し，同法人が，代理店を通じて販売店に，「販売奨励」の名目でタイヤの販売1本毎に一定金額の奨励金を提供していた行為が商業賄賂に該当するとして，反不正当競争法に基づき罰金および違法所得没収の行政処分を科した。当該事案は，反不正当競争法に基づき外資系企業の商業賄賂行為を認定した事例として注目を集めたが，外国企業の感覚では，中国で社会通念上許容される基準と商業賄賂として認定される基準との境界を把握することが困難なことが多く，現地の社会情勢をよく見極めた上での現地法令に沿ったコンプライアンス体制の構築が重要となる。

　具体的にどの程度の金額の贈収賄が訴追されるかについては，訴追（立件）基準というものが存在しているが，これはあくまで刑法上の訴追に関する基準であり，これを下回っても合法というわけではなく，また決して訴追されないというわけでもない。また，かかる訴追基準に達せず，刑事責任を問われない場合であっても，企業等の事業者が商業活動に関連して贈収賄を行った場合には，反不正当競争法上の商業賄賂としての行政責任（罰金や営業許可証の取消し等）が追及される可能性もある。そもそも，不正な利益を得るために金品を贈ったり有形無形の便益を供与したりすることは，金額・価値のいかんにかかわらず法令違反であり，厳に慎むべきでものである。仮に不正の利益を得ることを意図していない場合でも，当該国の社会的儀礼の範囲を超えた過剰な接待や贈答は不正な意図を推認させるものであり，その不存在を立証することは容易ではないので，やはり慎むべきである。

[543]　　4　秘密保護法制に対する注意──中国の場合

　一般に，ビジネスを進めるために情報収集を行う場合，その情報が相手方の営業秘密に属するものでないかどうかや，個人情報保護法制に違反しないかどうかについては，国内取引では日頃から注意しているであろう。また，情報が相手方の営業秘密に属するものであることを知って取得すれば，それが犯罪を構成する可能性があることも常識的に理解できるはずである。しかし，国際取引の場合には，国によっては情報収集行為自体が問題になる場合がある。特に，

中国では近年，個人情報保護法，サイバーセキュリティ法およびデータセキュリティ法（いわゆる「データ三法」）ならびに一連の下位規則が相次いで制定されるなど，データ・情報の保護がより一層強化されているため，特に注意が必要である。中国は歴史的な経緯もあり情報管理については従前から非常に厳格な対応をとっている。たとえば外国企業や駐在員事務所が，その通常の業務として，自社のビジネスに関係のある各種の情報収集活動を行うことがあるが，海外の組織と個人は，中国国内において市場調査（商品および商業サービスの市場における動向や見通しに関する情報を収集し，整理するもの）と社会調査（質問用紙，訪問・面談，観察その他の方法により，社会に関する情報を収集し，整理，分析をするもの）を直接に行うことができず，「渉外調査許可証」を取得した調査会社を通じて調査を行わなければならないとされている。したがって，自社の海外拠点が行う調査がこの市場調査・社会調査に該当するかどうか，あらかじめ信頼できる弁護士に確認することが望ましい。

　また，中国には国家秘密保護法という法律があり，収集した情報に国家秘密が含まれているような場合，その窃取は通常の商業秘密の窃取より罪が重く，重大事件とされてしまうので，注意を要する。国家秘密とは，「国家安全及び利益に関係し，法定の手続によって確定する，一定期間内において一定範囲の者のみが知る事項」（同法2条）であり，外部者がそれと特定することは困難である。機密情報を自ら積極的に入手しようとすることは論外であるが，図らずも国家秘密が含まれた媒体を取得し，保有することも違法となるリスクがあり，機密書類を「善意で」提供する相手への対処，業界団体や国有企業における秘密が国家秘密，商業秘密のいずれにあたるものかの確認など，対応に苦慮する場合も少なくない。国家秘密保護法は2024年2月に改正され（同年5月1日施行），ネット上の情報管理や，海外への情報の流出防止などが強化されており，情報技術の急速な進化に対応すべく，今後も中国における情報管理がより一層厳格化されていくことが予想される。いずれにしても，社会情勢なども頭に入れながら，あらぬ疑いをかけられないように，日頃から情報の取扱いには注意する必要がある。

第5章　海外拠点の設立や運営

●●本事例の考え方●●●

[544]　　仮に，グループ企業の役職員が，N国法上，あるいは本邦不正競争防止法や米国FCPA（→〔234〕）上，みなし公務員にはあたらない場合でも，上記のような私人の贈収賄を禁止する法制度の対象とならないかどうかが問題となる。したがって，海外拠点設置にあたってのリスク・マッピングの一環としてそのような法制度の有無や内容をあらかじめチェックし，社内に周知徹底することが必須である。また，接遇行為が商業賄賂にあたるかどうかの個別判断や，相手方の役職員が本当に外国公務員等の定義に該当しないかどうかといった，正確な事実関係に基づいてなされるべき法的な判断を，専門的な知見のない担当事業部門任せにするのは危険であり，専門的な知識を有する部署への事前相談制度を整える等，しっかりとした組織的な対応ができるような体制を整備することが重要である。

[545]

> 【事例5-7】環境汚染問題が発生した！（クライシスの発生）
> 　N国法人X社の業績は順調に伸長し，業務拡大に伴って新しいオフィスおよび技術サービスセンターを保有することになった。そこで，N国最大の港湾地帯に面した外資企業向けの工業団地内において，ある休眠状態の機械保守サービスセンター会社の土地建物等の資産を買収した（休眠会社であり事業活動をしていないこと，資産買収の方式を選択したこともあって，デュー・ディリジェンスは基本的な権利関係の確認程度にとどめていた）。ところが，改装工事が終了し，運営開始後から約1か月後の休日の朝，総務課長からあなたに電話があり，最近，当該土地に隣接した廃棄物処理場付近の河口につながった古い排水管付近から，法定の基準値を超えたPCB（ポリ塩化ビフェニル）が流れ出ていることを理由に，ある環境NGOの代理人弁護士から市民訴訟を提起する，との通告があったという。

[546]　　**5-7-1　環境法に対する理解の必要性**
　　総務課長の報告を受けたX社社長は，「当社は汚染物を排出した当事者ではないのだから，問題ないはずだ。しかし，とにかく訴訟は面倒だし，このNGOは何をするかわからない危険な連中だ。早いところ金を払ってやって黙らせたほうがいい！」と繰り返すばかりである。これでは，法務部員であるあなたがリーダーシップを発揮して対応しないと，時間の経過とともに事態が悪化するおそれもある。あなたとしては，どのようなことをどのような優先順位

5-7-1　[547]

をもって検討・実行すべきか。

着眼点

　近時，先進国のみならず新興国においても，環境や公衆衛生に対するリスクとなる有害物質の速やかな廃棄や除去，環境損害の回復を図るための措置が法制度化されてきており，グローバルに事業展開する企業にとって，環境問題は大きなリスクファクターとなっている。進出にあたっては，現地国における環境関連の法制度の概要やその影響度をあらかじめ理解しておく必要がある。また，環境問題が発覚した場合の対応についても，事前に検討し，適切に備えておくべきである。

■■ ポイント解説 ■■

環境法と環境リスク　　　　　　　　　　　　　　　　　　　　　　　[547]

　一般に，環境汚染対策に関する法令の目的は，土壌，地下水，港湾，大気等の汚染防止とともに，その除去等の措置，すなわち浄化（クリーンアップ）を実施することにある。この場合，浄化には多額の費用がかかることから，当該費用を現在および過去の幅広い関係者・受益者の負担とすることが制度の基本的な考え方になっていることが少なくない。たとえば我が国においても，土壌汚染対策法により，必ずしも汚染を生じさせた当事者ではない土地所有者等に対し，汚染状況調査や汚染の除去等の措置が義務付けられている。

　海外進出企業が環境責任を問われ多大な影響を受ける可能性がある国としてまずあげられるべき国は，やはり環境問題対応の先進国たる米国である。そこで，ここでは，米国の EPA（Environmental Protection Agency, 環境保護局）を法執行機関とする「包括的環境対処補償責任法」（Comprehensive Environmental Response, Compensation and Liability Act of 1980, CERCLA）を代表的な法律としてとり上げる。同法は，その後の改正や判例形成も経て，EPA が，命令または訴訟の形式により，浄化責任の潜在的責任当事者（potentially responsible party, PRP）に対して，浄化させ，または EPA が浄化に要した費用を負担させることにつき，無過失連帯責任を遡及的に負わせることができるとしており，環境汚染対策という観点からは極めて強力な法律となっている。CERCLA の目的は過去の行為により引き起こされた汚染の浄化（クリーンアップ）であり，有害物質によって汚染された施設（facility: 工場用地，工場他）の，①現在の所有者（owner）・管理者（operator），②有害物質の処理・放出時（すなわち過去）の所有者

375

第 5 章　海外拠点の設立や運営

(owner)・管理者 (operator)，③有害物質の発生者 (いわゆる generator)，④有害物質の輸送者 (transporter) が PRP として法定されている (CERCLA 107 条)。EPA は，緊急性の高い浄化事業を個別に実施するほか，汚染リスクのある地域の情報を収集・検討し，その結果に基づき全国優先地域順位表 (National Priorities List, NPL) に登録し，長期的な修復事業計画を立てて浄化事業を実施する。EPA のウェブサイトによれば，近年，浄化に関する CERCLA 執行案件 (civil cases and settlements) は年間 10 数件から 20 件以上が報告されており，対象となった企業が負担する浄化費用額としては，個別の汚染地域を対象とするもので 1 億ドルを超える高額なケースも見られる (たとえば 2013 年の AVX Corporation による PCB や重金属による港湾汚染の浄化費用等の負担額は約 3 億 6600 万ドルである)。

　CERCLA は，本来の汚染原因者を責任負担者とする原則を超え，上記の通り，汚染された不動産その他の施設の買主 (現在の所有者) を PRP と規定しただけでなく，親会社・株主，金融機関，役員，土地・施設の賃貸人，事業の実質的承継者等にも PRP を拡大して運用される傾向にある。たとえば，親会社が，買収した現地子会社の施設そのものに対する管理 (operation) に積極的に参加し (participated in)，コントロールを及ぼした (exercised control over) 場合には，その法人格が否認され，施設の管理者として直接責任 (operator liability) を負うことになるリスクがある。

　上述のように，買収対象資産に汚染源である土地その他施設が含まれていた場合には，その買主は，汚染に寄与しているか否かにかかわらず，現在の所有者として CERCLA 上の責任を課されるが，その例外はいわゆる innocent landowner defense (善意購入者の抗弁。CERCLA 101 条(35)によるもの) である。これは，施設の購入者は，所有権取得時に有害物質がその施設において処分されていたことを知らず，また知るべき事情もなかったことを証明すれば，責任を免れることができるというものであるが，取引時にそのような事情があるとは知らなかったといえるためには，施設の取得にあたって相当と認められるデュー・ディリジェンスが行われている必要があり，そのハードルは高い。

●●本事例の考え方●●

[548]　環境問題は，本事例のような実質的な不動産の買収の場合に限らず，広く海

376

5-7-2　[549]

外進出，M&A を実施する場合において重点的な検討事項である。我が国の土壌汚染対策法の基本的な考え方も CERCLA と同様であり，汚染に関わっていない所有者や事業承継者にも浄化責任を連帯して負わせるという法制度は，ある意味で世界的な趨勢であるともいえよう。実際の進出先国における法規制の考え方，内容やリスクの限界を適切に確認することが重要であるが，その場合，世界的にももっとも厳しい規制法のひとつである CERCLA の考え方を視座に置くことが適切であろう。

　本事例では，買収した機械保守サービスセンター会社が，過去，敷地内か敷地に隣接した廃棄場所に投棄した機器類・パーツから漏出した PCB や，過去の保守作業ないし今回の改装工事に使用していた化学品などが，破損した排水管，土壌，地下水を経由して漏出している可能性がある。しかし，デュー・ディリジェンスでは土地の利用履歴調査やボーリング調査等を行っていないため，正確な状況は不明である。この場合，資産買収者・現所有者である X 社にどのような責任を負うリスクがあるのか，把握することが先決であり，速やかに専門家（環境法弁護士，環境コンサルタント等）を起用して，N 国の環境法制度（民事責任のほか，刑事責任，行政責任等の有無・内容等）や環境訴訟の実態を確認するとともに，現時点における漏出の有無について可能な限り確認する必要がある。これらの結果いかんにより，提起された市民訴訟への対応方針（争うか，和解を模索するか）や環境当局対応も方向性が定まることになる。

　なお，海外進出にあたっては，親会社本体として，グローバルコンプライアンスや危機対応の観点から海外子会社の環境リスクについても積極的に管理するという方針をとる企業も少なくない。この場合，親会社が子会社の環境問題対応に関与することの是非やその方法論，程度については，自社のグループ・ガバナンスの基本的な方針に基づき，ポイント解説中で述べた管理者責任や，法人格否認の法理により責任を負うことになりうる点も踏まえ，慎重に検討すべきである。

5-7-2　初動対応

[549]

　総務課長にさらに確認したところ，環境 NGO は「N 湾環境キーパー」と称する団体であり，実は約 1 か月前，新しいセンターの運営開始直後に当社に来訪していたという。直接応対した総務課員によれば，来訪したのは若い学生

第 5 章　海外拠点の設立や運営

らしき 3 名で，当社のサービスセンターがある土地一体の環境汚染はひどいので，クリーンアップが急務であると言って，何か紙を置いていった。環境浄化のための寄付を求めているものと早合点し，その書類の中身は未だよく見ていないという。来訪の趣旨がよくわからなかったので，来訪者には早々にお引き取り願い，これまで放っておいたが，寄付をすればよかったかなと反省しているという。

　あなたが NGO のウェブサイトをチェックしてみたところ，過去，この土地の所有者であった旧肥料工場運営会社，件の機械保守サービスセンター会社，X 社およびその役員に対して，N 国の環境保全・回復法に基づく市民訴訟を提起するとの「Notice of Intent to Sue」を送ったとのニュースが掲載されており，総務課員が受け取った書類とは実はこの Notice であった。それによると，市民訴訟提起の期限まであまり時間はない。この後どのように対応すればよいのだろうか。

着眼点

　社内における環境問題に対するリテラシーや感度を引き上げることが重要である。環境問題は，当局対応だけではなく，環境 NGO，近隣住民，メディアなど，複数のステークホルダーに同時に対応しなければならない状況になることが少なくない。現地国の環境法・訴訟制度に精通し，危機対応の経験豊富な外部弁護士，コンサルタントの起用が先決である。

■■　ポイント解説　■■

[550]　**1　環境 NGO とは何か**

　NGO（Non-Governmental Organization）とは，一般に，政府に参加せずまたはこれを代理しない民間団体もしくは個人により組織された団体のことであり，環境 NGO とは，このうち環境活動をその主要な活動のひとつとする団体である。環境 NGO には，世界自然保護基金（WWF）やグリーンピースなどの大規模な国際組織から，本事例に登場する NGO のように，特定の地域や目的に注力する中小規模のものまで，実に多数の団体が存在する。環境問題の先進国である米国の環境 NGO の活動目的は各 NGO によって異なるが，典型的には，環境保護のため，市民として環境当局の行政対応を監視するとともに，独自に環境調査・分析，メディア・キャンペーン，苦情申立てや市民訴訟（Citizen Suit）の提起を含む合法的で多角的な方法を通じて企業に働きかけ，保護を実現しようというものである。たとえば，米国の大気汚染防止法（Clean Air Act）

378

や水質汚染防止法（Clean Water Act）を始めとするいくつかの環境法は，NGOを含む市民に，法令違反を主張してこの市民訴訟を提起する権利を与えている。これにより，環境法に基づく環境基準またはこれに関連する行政命令違反を原因として，合衆国政府，地方自治体その他行政機関を含め，違反者に対して差止命令や民事制裁金（Civil Penalty）の支払を求めて訴訟提起できるため，これが環境 NGO の活動にとって強力なレバレッジとなっている。さらに，環境NGO の内部・外部の弁護士として頻繁に活動し，企業に対する訴訟や和解を通じて多額の弁護士報酬を獲得しようとする弁護士も少なからず存在する。これらは基本的には正当な活動であり，市民参加型社会である米国では環境NGO はごく日常的にこのような活動を行っている。多くの環境 NGO は，環境保護への関心の高まりを背景に，多角的な活動のための十分な財源と人的資源を有しており，社会的にも一定の支持を受けている存在である。

2　環境 NGO の力と，あるべき初期対応 [551]

　米国におけるある日系企業の事例であるが，水質汚染防止法上の許認可に関する同社の違反行為を主張する環境 NGO から訴訟を受け，最終的には和解により解決する道を選択したものがある。同社は違反行為を否定しつつも，訴訟にかかるコストや労力，敗訴リスクや社会的な reputation の毀損などの事情を勘案し，当該 NGO の指定する他の環境団体に対する寄付と当該 NGO が負担した弁護士費用の支払，および，当該 NGO に対する一定の報告義務を遵守するとの和解条件に合意したものである。この事例は，環境当局が排水基準違反を発見していない場合，違反視していない場合，違反に対し何らの行政措置がとられていない場合であっても，環境 NGO が独自の調査によって排水基準違反を探知し，これを基に企業による法令違反を主張し，環境当局の怠慢を突いて市民訴訟を提起することを通じて，環境保護に力を発揮できるものであることを示す好例である。

　環境 NGO と良好な関係を維持し，企業経営への悪影響を避けるためには，環境法令を遵守しながら営業活動を行うことがもっとも重要であることはいうまでもないが，万一本事例のような事態になった場合には，それは「危機」（クライシス）として認識する必要がある。環境 NGO からのコンタクトがあった場合には，適切に対応するとともに，直ちに法務部門に第一報を入れること

第 5 章　海外拠点の設立や運営

が必須である。

●●本事例の考え方●●

[552]　本事例のように，環境 NGO からのコンタクトを無視，放置したり，軽視した対応をすることは，同 NGO がメディア等を通じてネガティブキャンペーンを行ったり，市民訴訟を提起するなどの事態を生じさせるリスクがある。本事例で来訪者が置いていった紙とは，米国の市民訴訟制度に類似した N 国法上の訴訟提起を予告する法定文書だったものと考えられ，内容を精査のうえ，直ちに危機として対応すべきであった。

　環境 NGO への対応には，適切な戦略と法的知識が不可欠であり，むやみに情報を提供したり必要以上の回答を行ったりする等，不適切な初期対応の結果，逆に迅速かつ合理的な解決を困難にしてしまう危険性もあるので，注意が必要である。このことは，環境問題だけではなく，たとえば製造物責任問題，食品衛生問題，事故などの場合の被害者対応についても同様であり，適切な初期対応を含む危機管理が重要である。

　特にパブリックリレーションズ（PR）コンサルタントや弁護士の素早い起用がポイントのひとつとなる。適切な専門家の平時からの確保・交流と，緊急時の起用および情報のインプット，さらには初動方針決定のポイント確認から適切な情勢判断まで，基本的には法務部門の役割である。なお，弁護士以外の専門家の選定や協働については，必要に応じて広報部門（PR コンサルタントの場合）や担当事業部門（たとえば業界や製品，技術の専門家などの場合）との打合せも必要である。

[553]　5-7-3　危機対応の概要

　本件を X 社社長に報告したところ，主なターゲットは旧国有肥料工場運営会社と機械保守サービスセンター会社であろうから，むしろ当社は low profile で対応したほうがよいのではないか。本社に報告すると大ごとになるので，現場で秘密裏に対応するようにとの指示を受けた。あなたも N 国に赴任したばかりで，信頼できる弁護士や PR コンサルタントといった専門家のネットワークも持っていない。悩んでいるうちに，今度は，N 湾環境キーパーのウェブサイトを見たと思われる近隣住民が騒ぎ出しており，近く近隣住民が

380

5-7-3 ［554］

民事訴訟（Class Action）を提起するだろうというローカル TV 局の報道が
あったとの報告を受けた。
　翌朝，その TV 局が当社に取材に訪れた。総務課長とあなたの 2 人で対応
したが，昨日の今日のことで何も準備ができておらず，他のテナント同様に
ノーコメントを貫き通した。ホッとしたのもつかの間，そのニュース番組を見
たことで不安に駆られた周辺住民の騒ぎが大きくなり，これまで特に目立った
動きのなかった環境当局も事態に押されて動かざるをえなくなったようである。

着眼点

　事業活動においては，企業は様々な危機（クライシス）に遭遇する。一般的に，危
機の範囲は，自然災害による危機（たとえば地震，台風や雪害），ビジネス上の危機
（たとえば投資の失敗，大口取引先の倒産や，重要社員の流出），財務的な危機（たとえば
運転資金不足）など幅広いが，その中でも，特に，自社またはグループ会社が，メ
ディア，政府・監督官庁，地域住民，NPO 等の活動団体，従業員・顧客等のステー
クホルダー等から非難・糾弾・訴追等を受ける可能性のある異常な事態については，
これを「パブリック・クライシス」という概念で捉え，法務部門が中心となって，通
常のリスク対応とは異なる独特のダメージコントロールを図ることが重要である。

◾◾ ポイント解説 ◾◾

1 危機対応（public crisis management）の目的 ［554］

　危機対応とは，危機を探知し，これに適時，適切に対応し，解決に導くため
の一連の管理活動のことであるが，特に初期対応が重要である。一般に危機は
発生から 1 ～ 3 時間で最初のピークに達し，24 時間以内に適切な初期対応が
行われない場合，その影響は大きく拡大する。したがって，危機対応の要諦は
迅速性の確保にあり，具体的には①そのような事態発生をどこに・何を・いつ，
連絡・相談すべきなのか，報告ルートを明確にし，危機に遭遇した担当部門や
グループ会社が迅速に第一報を入れることができるシステムを構築・維持する
こと，②何をすべきなのか，何をしてはいけないのか（初期動作）を直ちに画定
し，速やかに行動できる体制を整備しておくことが重要である。

　法務部門の立場からは，事態発生時から，事態の悪化を防ぎ（crisis
containment），最終的に事態を解決する（crisis resolution）ための，法的分析やス
テークホルダー対策の立案・実行を含む，一連の意思決定および行動が危機対
応であるといえる。なお，crisis containment とは「救急（救命）措置」のよう

381

第 5 章　海外拠点の設立や運営

なものであり，crisis resolution は，「治療およびリハビリ」に例えて考えると
理解しやすい。また，危機は，潜在的な訴訟発生のリスクを伴うことが通常で
あるため，たとえば非開示特権の確保など，事例 5-4-3 の解説（→ ［517］［522］）
で述べた注意事項が妥当する。

[555]　　**2　危機対応の流れと各ステップの概要**

　　危機対応の流れはおおむね次の通りである。

　　以下では，この流れに沿って各ステップの概要や主な注意点について説明す
る。

危機対応の流れ

　　危機（またはその徴候）を認知　⇒法務部門への第一報　⇒初期情報の分析
と危機かどうかの判断　⇒展開予測と初期動作の決定，実行（<u>以上を原則 24 時
間以内に完了する</u>）　⇒本格解決に向けた対応　⇒危機対応の収束と平時対応へ
の移行

---

[556]　　**(1)　事前徴候の探知と迅速な第一報の重要性**

　　危機の徴候を捉えなければ危機対応をスタートすることはできないが，現場
にいない法務部門が自ら危機の徴候を探知することは，通常は難しい。危機の
徴候の探知は現場の担当部門が行い，法務部門に対して迅速に第一報を入れる
ことが極めて重要である。現場から案件の相談や報告があった場合には，法務
部門は初歩的な事実関係を過不足なく聴取のうえ，潜在的な危機の有無を直ち
に見極めなければならない。明白な場合は別として，ある小さな事象が危機の
徴候であるかどうか，それが誰にとってのいかなる危機となりうるかの判断は，
相談を受けた法務部門の役割であり，危機の徴候ありと判断した場合は，関係
部署との情報共有を速やかに開始する必要がある。

[557]　　**(2)　報告者への対応**

　　危機の第一報を受けた後，報告者への対応は，原則として法務部門が実施す
る。その場合は，非開示特権の確保に留意する。報告者から必要十分な情報を
取得するとともに，危機対応を阻害するような言動をさせないようにすること

が肝要である。まずは動揺している報告者を安心させ（危機対応チームが適切に対応することを伝え），報告者に対する批判，責任追及，誤りに対する非難などのネガティブな対応は慎むことが大切であるが，次のような点には留意するよう指示すべきである。最後には感謝の意を表し，引き続き社員の報告意欲を高く維持する必要がある。

・書類，Email，電子ファイル等を破棄しないこと。
・問題の隠蔽を図らないよう注意すること。
・別段の指示がない限り，自ら問題を調査したり，解決したりしようとしないこと。
・秘密保持に留意すること（当該事態に関して社内外で議論したり，Email で交信したり，書面を残したりしないこと）。
・追加情報を報告する（随時アップデートする）こと。
・連絡窓口（正，副）を伝え，報告者やその上司が上記指示に疑問や質問がある場合は，遠慮なく連絡窓口にコンタクトすべきこと。

(3) 初期情報の収集   [558]

　迅速かつ正確な初期情報収集は的確な事態把握の前提であり，危機対応の死命を制するといってもよいほど重要である。この情報収集も法務部門が主導することが多い。これは，当該事態の性質からその展開や起こりうる問題，法的イシュー等を瞬時に推測したうえで，その危機対応シナリオの中で必要となる情報を適切に絞り込み，収集・整理する必要があるからである。特に米国では，非開示特権の維持が必要となるため，法務部門や法務部門が選任した弁護士が情報収集の基点，窓口となることが必須である。情報ソースは，第一報の報告者，担当部門等の関係者等，報道，すでに入手した，あるいは一般に入手可能な文書等，その他である。社内弁護士には attorney-client privilege が認められない場合もあるので，万全を期すためには，関係者への事情聴取を外部の弁護士に依頼することも検討すべきである。ただし，不要不急な調査，過分な情報収集は時間を無駄に費やすことになり，その間にも事態が悪化するおそれがあるので，注意が必要である。

第 5 章　海外拠点の設立や運営

[559]　　(4)　危機の探知とそれが本当に危機か否かの判断

　危機の徴候は，顧客からのコメントやクレーム，従業員からの嘆願や告発，紛争の決裂，政府当局・政治団体・活動団体等からの非公式な，あるいは友好的な接触，同業他社や競争事業者等での問題発生，一般的な報道など社会的な注目，時には噂という形でも現れるので，日頃からアンテナを高くしておくことが重要である。このような徴候や現実の事態が本当に危機であるかどうかを判断することが，危機対応の出発点である。現場第一線の危機感度（sensitivity）が重要であるが，その判断は容易ではない。そこで，当該徴候や事態が，以下に列挙する「おそれ」（深刻度要素）のひとつでももっている場合には，原則としてこれを危機（またはその徴候）として扱うよう徹底すべきである。

【深刻度】
- 信頼，信用（Reputation）を毀損するおそれ
- 政府当局等による介入のおそれ
- 刑事事件となるおそれ
- 高額訴訟，特にクラスアクションのおそれ
- 事業の継続を中断させるおそれ
- 多額の損害が発生するおそれ
- 否定的なメディア露出のおそれ（誤報道の場合を含む）

　以上の深刻度要素で判断が難しい場合には，特徴的要素から総合的に事案を分析する。たとえば，通常の商品クレームと，最終製品の事故やリコールにつながるような商品クレームとの違いや，高炉メーカー向け鉄鉱石品質クレームと消費者向けパンの品質クレームとの違いを想起してみると，理解しやすい。

【特徴的要素】
- 法令違反や倫理違反の疑いがある。
- 環境破壊や，労働災害などのように，人の健康や安全を脅かす疑いがある。
- 「弱者」（たとえば「消費者」や「一般市民」，「マイノリティ従業員」，「保護生物」）を巻き込む疑いがある。
- 一度限りの問題ではなく，反復性や共通性のある問題である。

- 関係者が不特定多数である。
- 何らかの事故（人的，物的）である。
- 有名な場所や人物に関わる事態である。
- その他，通常起きるクレームにはない不審な側面が感じとれる。

(5) 危機対応チーム（Crisis Management Team）始動　　　　　[560]

　事態が危機であると判断した場合は，直ちにマネジメントおよび危機対応チームとのコミュニケーションを開始する。迅速性を重視して電話により危機発生を通知するとともに現状説明を行い，初動方針を確認する。必要に応じて専門家を起用し，アドバイスを得る。もし重大な危機である場合は，危機対応チームを物理的に招集し，初動方針の詰めや，初期対応における当面の責任分担等を決定する。

(a) PR コンサルタントの起用　　　　　[561]

　初動方針を決定するにあたっては，通常，社内広報部門とも連携しながら，社外専門家，いわゆる Public Relations/Crisis Management を業とするコンサルタントを起用し，初歩的なアドバイスを取得する。自社の常識と当該国での世間やステークホルダーの常識との間に乖離がある場合がありうることや，対応の基準の判断が独善的にならないよう，幅広い観点からのアドバイスを得て，あらゆる角度から検討する。また，同コンサルタントにメディアおよびインターネット・モニタリングを直ちに開始させ，事案に関する報道やキャンペーン，ブログ等を監視し，必要に応じて反論を行うなどの対応をとるべき場合もある。

(b) 社外弁護士の起用　　　　　[562]

　危機の形態によっては，社外弁護士の速やかな起用が必要となる場合がある。たとえば法令違反の可能性ある事態で，関係当局対応や折衝が必要となる場合，社内法務部門では知見が薄い特殊な法令分野（例：麻薬取締法，食品衛生法，安全保障貿易）が関係している場合，警察対応が必要な場合（例：社員の逮捕），案件の性質から高度な判断が必要となる場合などである。それぞれのニーズに応じて，分野，地域，文化的背景，コストなどを勘案しながら，速やかに決定する必要がある。理想的には，地域ごとに，賢人的な弁護士，クライシスマッピングを基にした主要分野の専門弁護士，刑事弁護士を日頃から確保しておくことが望

第 5 章　海外拠点の設立や運営

ましい。

[563]　(c)　**初期対応のルール**

初期対応の一般的なルールは次の 4 点に集約される。

①　Act Quickly and Decisively（迅速かつ果断に行動する）

【事例】タイレノール事件

企業向けに書かれた危機管理の教科書を開けば，必ず出てくるといってもよい事例がタイレノール事件である。1982 年，米国の製薬会社ジョンソン・エンド・ジョンソンの主力商品だった解熱鎮痛剤タイレノールに，何者かが毒物を混入し，シカゴ周辺で少女ら 7 人が死亡した事件である。「いったい何本の瓶に毒物が混入されたか」「さらに死者が出る可能性があるか」「模倣犯の可能性は」といった，単純だが基本的な疑問に回答が出せなかったことから，同社として，その Credo（社是）に基づき，大規模な情報公開，全量の回収，販売場所からの撤去，および，包装の改善といった判断を「直ちに」下した。危機対応における「直ちに」は，通常は今（now!）を意味することが多いので留意する必要がある。

②　Put People（Public Health and Safety）First（人の安全が第 1 であり，人身被害をまず回避）

危機の初期段階では，正確な情報が十分に得られ，適切な分析が可能であるという状況はまれであり，その場合，とにかく「直ちに」防止すべきは人身被害の発生である。タイレノール事件の対応は本ルールに沿っているが，いかなる場合でもこのルールが原則であることに疑いはない。

③　Be on the Scene（経営トップまたは事件の程度に応じた幹部クラスが陣頭に立つ）

【事例】エクソン Valdez 号事件

1989 年，エクソン社の Valdez 号がアラスカ湾で座礁し，大量の原油が流出する事故を起こした。回収機材輸送の遅れもあって，最終的に 4 万キロリットル以上の原油が流出し，約 2500 キロメートルの海岸線が汚染された。エクソン社は，対応の遅れによる環境汚染の広がりとともに，経営層の危機管理意識と消極的な情報提供態度，不適切な謝罪姿勢においても，社会から厳しい批判を受けることとなった。

④　Communicate Liberally（先手を打った戦略的情報公開）

危機が生じてからの情報公開の遅れが，噂や憶測，あるいは不信感を増幅さ

386

せる結果となる場合がある。初期段階では情報不足から，メディアは記事に噂や憶測を加えて字数／放送時間帯を埋めようとする傾向にあるので，取材，情報提供要求に対しては，噂や，メディアが好むと予想される憶測を惹起しないような情報公開がカギとなる。ただし，問題の性質，事件発生国の法制度や文化，慣習等を勘案した場合に，あえて対外的な公表を暫時あるいは全く見合わせたうえで，内々の処理を先行することを選択する場合もある。

(6)　初期対応——予測と初動 [564]

①　事態展開の予測

初期情報に基づいて，当該事態がいかなる性質の危機で，どのように展開しうるのか，また最悪のシナリオ（worst-case scenario）は何かの予測およびその経営に対する影響（定性，定量）を，可能な限り正確に行う。

②　初動方針の決定

当該事態が危機であると判断されても，全ての危機が同じインパクトをもっているわけではない。危機対応チームは，危機の性質や大きさと，情報収集による現状把握の結果を勘案して，当該危機の展開を客観的に予測し（予断，楽観ではない），「直ちに対策（Management）を講じるべき危機」と，「監視（Monitoring）すべき危機」に区分のうえ，初動方針の決定を行う。

③　初動方針の決定において考慮すべきポイント

事態の性質や周囲の状況によってもバリエーションがありうるが，基本的には次のようなポイントを考慮すべきである（列挙の順序は必ずしも緊急性，重要性を示すものではない）。

- a. 当該危機における本質的な問題は何か。
- b. 定性，定量面での，当社経営・事業への影響はどの程度か。
- c. 直ちにすべきことは何か（優先順位，劣後順位の決定）。当社の対外的な信用（reputation）を守るために，何をすべきか。影響を軽減するために直ちにできること（ダメージコントロールやオプション）はないか。たとえば，リニエンシー制度の利用，緊急修理その他被害不拡散措置，操業・出荷停止等。
- d. 訴訟提起がなされているか。いかなる訴訟か。
- e. 政府当局等による調査や介入が迫っているか。いかなる調査か。予想シナリオと対策の方針はどうか。

第 5 章　海外拠点の設立や運営

f.　法令違反があるか。刑事事件に発展する可能性がある場合の，予想シナリオと対策の方針の決定。法令違反や刑事事件性有無の調査方針，第三者による調査委員会設置等の決定。

g.　メディア対応・広報体制の確立。メディア対策は直ちに必要か。記者会見を開催する必要はあるか。規制当局その他の関係機関への自主報告，適時開示その他の開示等が必要か。必要な場合は，原因究明結果報告・謝罪会見等，さらに具体的な開示の適否や内容，タイミングの検討。

h.　その他のステークホルダー対策は必要か。ステークホルダーの確認と，それぞれへの対応の要否，説明責任の遂行，そのステップの決定。

i.　危機対応チームのリソースは十分か。社外専門家（たとえば，危機管理・PRコンサルタント，刑事弁護士等）が必要か。

j.　危機対応担当役員（通常の社内手続等を要さず，コンサルタントの起用や費用の支出を含む単独での意思決定が可能な者）の設置が必要か。

[565]　　(7)　本格解決に向けた対応

　　初期対応のステップが完了した後は，事件の本格解決に向けた対応に進むことになる。その内容は事件の性質や内容によって様々であるが，基本的には，ダメージコントロールの継続，再発防止策や信頼回復策の策定・実施，責任の所在分析と最終責任主体への懲戒や法的責任の追及（訴訟提起を含む）などが進められる一方，法務部門としても，政府当局等との罰則の扱いに関する交渉や和解（たとえば米国では司法省とのNon-Prosecution Agreement〔NPA〕やDeferred Prosecution Agreement〔DPA〕の締結による裁判上の和解をすること），被害者の一律救済・正当な範囲による補償パッケージの策定，集団訴訟への対応等に注力していくことになる。この補償パッケージ策定にあたっては，むやみに金額を積み上げるのではなく，一定の法的根拠を備え，取締役の経営判断として適切，適法なものでなければならないため，拙速に和解を急ぐ担当部門を適切に指導する必要がある。

●●本事例の考え方●●

[566]　　本事例では，ポイント解説において述べた初期対応のステップがとられてお

5-7-4　[568]

らず，事態の悪化が懸念される状況になっている。もはや一刻の猶予も許されず，たとえ自らはN国にネットワークがなくても，グローバルに展開する弁護士事務所およびPRコンサルタントなどが適切なリソースをもっていることが通常であるので，これらを起用し，その支援を受けて動く体制を直ちに構築するべきである。

5-7-4　当局対応　　　　　　　　　　　　　　　　　　　　　　　　　[567]

　過去，工場が操業していた時代の環境報告書をN国環境保護庁のデータベースで確認したところ，何回か，法定の基準値を超えた廃液が漏出していたことが判明した。デュー・ディリジェンスの結果では，問題の排水管はすでに閉鎖されていることになっていたが，総務課員による目視では詳細はよくわからない。

　そうこうしているうちに，N国環境保護庁からN国法人X社の社長宛にsubpoena（罰則付召喚令状）が送達された。同庁に趣旨を照会したところ，明朝，関係担当官が説明および任意事情聴取のため当社を訪問するとの指示があった。あまりに急なことで十分な準備も難しいうえ，社長や関係営業部門の責任者も，ある重要案件で多忙のため，1週間後に延期してほしいところだが……。

着眼点

　たとえば本事例の環境汚染のように，企業による法規制違反（corporate wrongdoing）が疑われる問題には，政府当局が関与してくることになる。この政府調査（government investigation）も上述のパブリック・クライシスのひとつであるが，これへの対応の巧拙は企業の行く末を左右するおそれがある。

◾◾◾ ポイント解説 ◾◾◾

1　当局対応の基本姿勢　　　　　　　　　　　　　　　　　　　　　　[568]

　企業活動を展開する国の政府当局による調査等に対しては，商売の維持や顧客の確保といったビジネス優先の考えは横に置き，最優先かつ真摯に対応・協力することをその基本方針とすべきである。これは，当該国において営業活動を行う一企業として当然の義務であることはいうまでもない。政府当局者は，当社がいかなる企業なのかわからず，政府当局に協力的な姿勢をとるのかどうかも不明であることもあり，当社の最初の対応に注目している。来訪した政府

389

第5章　海外拠点の設立や運営

当局者を尊重していることを明確に示すとともに，一貫して丁重かつ誠実に対応することを直ちに表明し，かつ，政府当局に対し協力する用意があることを伝え，良好な第一印象を与えるように努めなければならない。ただし，召喚令状を受け取ったり，政府当局者の来訪を受けたりしたからといって，当社や当社関係者がターゲットであるとは限らず，たとえ被疑者であっても直ちに罰せられるというわけでもない。浮き足立つことなく，毅然とした態度で，是々非々の姿勢で対応することが肝要である。

[569]　**2　主な対応上の注意事項**

当局対応においては，自分達の常識や尺度だけで物事を楽観的に考えないこと，希望的観測を排し，最悪のシナリオを踏まえて対応すること，常に次善の策を考えて機動的に対応すること等が必須である。個々の事案ごとにシナリオや優先すべき事項に違いがあることは当然であるが，企業として，以下のような基本的注意事項を理解して臨むのと臨まないとでは，対応の巧拙にも大きな差が生じる。なお，これらはあくまで一般的な事項を例示列挙したものであるので，実際に対応が必要となる場合に備えて，当該国の国情，法制度，危機対応要領等を踏まえ，現地弁護士とも相談のうえで適切に調整していただきたい。

[570]　**(1)　専門家を含む複数による対応**

正確な記録を取る必要があることや，後日の面談内容に関するトラブルおよび発言内容に誤解を受けることを避けるため，複数による対応が原則である。関係営業部門のみで応対せず，適切な助言を行うことも可能な法務部員（特に米国では米国弁護士資格保有者が望ましい）が同席するべきである。社外弁護士を同席または待機させたほうが望ましい場合もある。政府当局者から経営幹部の同席を要求された場合は，適切な理由をもって丁重に謝絶することが望ましい場合が多いが，どうしても経営幹部による直接面会が必要な場合は，機会をあらためて設定することで先方の了解を得られるよう要請する。これは，状況がよく把握できていない中，経営幹部の発言が一人歩きしたり，不用意に言質をとられたりすることを避けるためである。

5-7-4 ［572］

⑵　基本情報の確認 ［571］

　政府当局者の所属官庁や身分等を所定の証明書等によって確認し，そのうえ
で，どのような目的で来訪したのか，その趣旨・目的を確認する。できれば書
面による確認が望ましい。その際，政府当局による調査が公式の調査なのか非
公式な情報収集なのか，自社はいかなる立場に置かれているのか（法令違反等の
疑いを受けており主要な調査対象になっているのか，側面的調査または反面調査の対象なのか，
あるいは単に情報提供を求められているのか等）をできるだけ確認する。

　また，面談を通じて，政府当局者からできるだけ多くの情報（例：事件の概
要・現状，ターゲット・関係当事者，今後の展開など）を得るように努める。当社側の
事情や言い分を主張する前に，まずは政府当局者側の話をよく聞くことが大切
である。その際，政府当局者による説明，発言等については，できるだけ正確
に記録する。政府当局者によって何らかの書類等が示された場合には，その了
解を得てコピーをとる。

　なお，こういった情報の秘密保持に万全を期すべきことはいうまでもない。

⑶　正確な情報提供や回答 ［572］

　政府当局者から，各種文書やデータの提出，情報提供等の指示，要求があっ
た場合，その場で直ちにかつ正確に回答できる公開情報については，法務部員
や弁護士に確認のうえ，提供してもよい（例：当社の営業許可証写しの提出，会社概
要の説明等）。一方，取引の概要，顧客リスト，契約書・インボイス内容等の具
体的な事項や文書等については，関係者の把握や迅速，正確な情報収集・確認
が難しいことを説明し，政府当局者の理解を得て，後刻取りまとめたうえで対
応する旨を回答するにとどめる。口頭で回答する場合も，上記に準じて正確に
回答できることだけを回答することとし，不正確なことや憶測を交えたことは
一切回答しない。回答するかどうか迷ったときは，とりあえず回答を留保する。

　また，情報提供等，当社側対応の期限を確認することも重要である。取引規
模・組織も大きく，取引先や関係先も多岐にわたるような企業の場合には，
往々にして対応には予想外に時間がかかる点を説明し，できるだけ余裕のある
期限を定めてもらうよう交渉する。定められた期限は，これを厳守する。

391

第 5 章　海外拠点の設立や運営

[573]　**(4)　面談記録，調書等への署名**

　政府当局者から面談記録，調書等，何らかの書類に対する署名・捺印等による確認を求められた場合は，内容のチェックや社外弁護士との相談が必要であるとして，その場での署名等は原則避ける。一方，単なる書類受領確認書等，当社の立場や将来の対応に影響がないと判断できる書類については，「単なる受領」の趣旨であることを明記のうえで署名・捺印することはかまわない。ただし，その場合でも「確認」，「同意」，「認可」など，当社が書類の内容に同意したかのような誤解を受ける記載をしてはならない。

[574]　**(5)　政府当局者に対する供応等**

　たとえば新興国などで，政府当局者が昼近くや夕方に来訪し，それとなく供応を求めたり，車代や物品を要求したりする場合があるが，絶対に応じてはならない。この場合，そのような行為が社内ルールによって禁止されている旨を説明する。もちろんそのような申し出を当社側から行ってはならない。さらに，問題の隠蔽や早期解決のために政府当局者に対して金品等を供与することは，贈賄という新たな犯罪を構成することになるので，まさに論外である。

●●本事例の考え方●●

[575]　　司直や当局からの捜査は，任意捜査（事情聴取・資料提出要請）であっても最優先で，かつ真摯に対応することが大原則である。個人に対する任意事情聴取の呼出しがあった場合も，慌てず，社内における第一報の連絡を忘れずに，真摯に応対しよう。

　自社の海外拠点に現地の司直や当局からの強制捜査があったときは，担当部門はもちろん，役員，秘書担当部署，法務その他の管理担当部署も対象となり，その調査対象も関係者の PC 記録全部のコピー，机上・引出しの書類・写真，手帳や鞄の中身まで及ぶことがある。この場合，できることは極めて限定的ではあるが，日頃からこのような事態も想定して社内対応体制を構築するとともに，直ちにコンタクトでき，捜査に立ち会うことも可能な現地の有力刑事専門弁護士を確保しておくことが大切である。

5-8-1　[577]

【事例 5-8】N 国に対して経済制裁が発動された！

　N 国に対して，テロ活動を支援した疑いがあるという理由で，S 国で N
国を対象とする経済制裁が発動されることとなった。S 国の法令では，S
国法人はもとより，S 国法人の海外 100％子会社が N 国宛の輸出や支払
を行うことが禁じられた。日本では，まだそのような経済制裁は実施され
ていない。

5-8-1　経済制裁措置　　　　　　　　　　　　　　　　　　　　　　　[576]

　当社は，N 国の B 社との間で，当社製品 Care One を B 社に宛てて輸出す
る契約を締結している。当社は，製品 Care One の部品を S 国法人の 100％
子会社である日本法人 A 社から購入しているが，S 国政府の経済制裁を受けて，
A 社は部品の引渡しはできないと通知してきた。Care One の製造には，この
部品が必須である。この事態を受けて，B 社に連絡したところ，B 社は，万一
Care One が引き渡されなかった場合には損害賠償を請求すると主張している。
当社がどのような対応をとるべきかを考えるにあたり，以下のような論点につ
いて検討するよう上司から指示があった。

①　万一，B 社が N 国において当社を訴えた場合，当社は損害賠償を支払
　わなければならないか。

②　万一，当社が B 社に対して損害賠償の支払を余儀なくされた場合，当
　社が日本で A 社を訴えたとすると勝訴できるか。

着眼点

　経済制裁その他，超法規的な経済取引規制は，契約にどういう影響を与えるか。不
可抗力の規定は経済制裁をカバーしているか。

■■ ポイント解説 ■■

1　我が国における経済制裁の法的枠組み　　　　　　　　　　　　　　[577]

　経済制裁とは，テロリズムを支援したり，犯罪行為に加担したりしている国，
自国の安全を脅かそうとしている国，国際的な約束を遵守しない国等に対して，
一国が単独で，あるいは，国連の安全保障理事会の決議等に基づき，当該国に
対する物品等の輸出を禁止する，一定の資本取引や役務取引を禁止する，当該
国あるいは関係者の資産を凍結する，関係者の出入国を禁止する等，経済的な
制裁を実施することを指す。

　我が国が経済制裁を実施する際の法的枠組みを提供する基本的な法令は，外

393

第5章　海外拠点の設立や運営

国為替及び外国貿易法（外為法）である。現在の外為法では，平時において居住者が非居住者に対して支払を行ったり，居住者と非居住者とが物品，資本，役務等の取引を行うことは一定の取引を除き原則として自由に行うことができるが，平時においては自由に行うことのできる支払・取引等であっても，①我が国が締結した条約その他の国際約束を誠実に履行するため必要があると認めるとき，②国際平和のための国際的な努力に我が国として寄与するため特に必要があると認めるとき，③我が国の平和および安全の維持のため特に経済措置をとることが必要である旨の閣議決定がなされたときには，経済制裁の対象となる国家や法人・個人に対する一定の支払等や各種の取引には財務大臣や経済産業大臣の許可を受ける義務を課すことができると定めている（外為法16条1項〔支払等〕，21条1項〔資本取引〕，23条4項〔対外直接投資〕，24条1項〔特定資本取引〕，25条6項〔役務取引〕，48条3項〔輸出〕，52条〔輸入〕）。実際に，経済制裁措置を実施する際には，財務大臣や経済産業大臣の告示により，経済制裁の対象となる特定の国家等や許可を受ける必要のある支払等や取引の内容を指定したうえで，基本的に許可をしないといった形で制裁が実施される。我が国が行っている経済制裁措置の多くは，国連の安全保障理事会の決議に基づくものであるが，我が国単独で実施している経済制裁措置も存在する。

[578]　**2　契約に与える影響**

　外為法違反の契約の効力との関係では，最判昭和40年12月23日（民集19巻9号2306頁）が，外為法「は本来自由であるべき対外取引を国民経済の復興と発展に寄与する見地から過渡期的に制限する取締法規であると解せられるのである。……取締法規と解する以上，これに違反する行為は刑事法上違法ではあるが，私法上の効力に何ら影響がないといわなければならない」とする。この判例は，貸金債権の支払を求められた債務者が，借入れは当時の外為法上必要であった大蔵大臣の許可を得ておらず，外為法違反であるので，貸借に関する契約は無効であるなどと主張したものであった。このような事例において，外為法違反を理由に本来負担すべき債務を免れさせることは適切ではなく，外為法に違反したから直ちに契約が無効となるわけではないとの結論は妥当なものであるが，外為法違反の契約の効力が問題となる状況は様々であり，外為法違反の契約が公序に反する等の理由で無効とされるべき場合もあるというべき

394

である。日本の経済制裁措置に反するような契約については，日本では公序違反とされる場合が多いのではないかと思われる。

3　海外拠点の取引に与える影響と対応 [579]

　グローバルな広がりをもってビジネスを行う企業は，日本の経済制裁措置が海外での取引にどのような影響を与えるか，また，外国の経済制裁措置が日本や他国での取引にどのような影響を与えるか，という視点をもたねばならない。

　日本が経済制裁措置を実施する際には，日本企業の国内の拠点による取引のみならず，在外支店や在外子会社による取引についても，許可の対象とされる場合がある。このような場合，在外支店や在外子会社が所在する国に同様の経済制裁措置がない場合に，日本の経済制裁措置を根拠として支払や取引を拒むことができるか，といった問題がある。たとえば，米国がリビアに対する経済制裁として，米銀（在外支店を含む）によるリビア政府関係者への預金の払戻しを禁止した際，米銀ロンドン支店に預け入れられた預金を払い戻す義務があるかどうかがロンドンの裁判所で争われたことがあった（Libyan Arab Foreign Bank v. Bankers Trust, [1989] QB 728）。この事件では，英国高等法院は，英国法が契約準拠法であるとしたうえで，法廷地法でも契約準拠法でもない米国法に基づく経済制裁措置を根拠として支払を拒むことはできないとして，米銀に対して預金の払戻しを命じた。このように，本店所在地国等における経済制裁措置が在外拠点による取引をも対象としたものである場合があり，かつ，拠点所在地国の裁判所が外国による経済制裁措置をどのように法的に評価してくれるかが明らかではないことを考えるならば，予防法務的には，契約書の不可抗力等に関する規定において，関係国による経済制裁措置によって債務の履行が禁じられた場合には免責される旨を定めておくことが考えられる。

　一方，外国の経済制裁措置が当該外国内の取引のみならず，日本や他国での取引に影響を与えることがあることを理解しておかなくてはならない。たとえば，米国では，International Security and Development Corporation Act, International Emergency Economic Power Act, National Emergencies Act等様々な法令を根拠として，外国等に対する経済制裁措置が実施されており，財務省内の Office of Foreign Assets Control（OFAC）が経済制裁措置を統括している。米国の経済制裁の対象となっている国等の数は我が国と比べると相当多く，我

第 5 章　海外拠点の設立や運営

が国では経済制裁の対象になっていない国等であっても，米国の経済制裁措置の対象となっている場合がある。そして，外国法人が外国で行った取引であっても，米国内に支店等の拠点を有していたり，決済が米国内の銀行等を通じて行われたりする場合には，米国法が適用されるとされ，米国の経済制裁措置に反して取引を行ったとして米国当局により巨額の罰金が課せられることもある（たとえば，フランスの銀行が，米国が経済制裁の対象としているイランやスーダンなどと取引をしたケースについて，その取引に際して米ドルの決済が米国の金融システムを介して行われた以上，米国法が適用されると主張して，米司法当局が数千億ドルの罰金の支払を命じた事例がある）。このように，各国（特に米国）の経済制裁措置は違反した場合のサンクションが厳格であり，かつ，域外的に適用されることが多いので，関係国による経済制裁の状況については常に気を配っておく必要がある。

●●本事例の考え方●●

[580]　ある国の経済制裁等によって契約の履行が禁じられた場合，それが契約を履行しないことについての有効な抗弁となるかどうかについては，まず第一に契約書次第である。契約書において，そのような事態が生じた場合には当事者は免責される，債務は履行しなくてもよい，といったことが規定されていれば，それらの規定による。債務者にとっての予防法務的な観点からは，国際的な契約書には関係国の経済制裁等の規制が将来発動されることに対応した規定が設けられていることが望ましい。

そのような規定が契約にない場合に，外国政府の経済制裁を理由として契約の履行を拒むことができるのは，基本的には，当該外国法が契約準拠法となっているか，当該外国で訴訟が行われる場合である。その他の場合には，契約準拠法上，当該外国の措置が契約準拠法上の免責事由（たとえば，不可抗力，帰責事由がない等）に該当するか否かで当社の立場が決まることになる。しかし，契約準拠法によれば，外国での経済制裁が契約にどのような影響を与えるかという問題について，明確な答えを用意していないことも多い。

本事例における①②の論点は，まず，当社とＢ社間の契約，当社とＡ社間の契約においてこのような事態における取扱いについて何らかの規定があるかどうかによる。規定がない場合であっても，経済制裁を行った国の法が契約準

396

5-9-1　[580-3]

拠法となる場合には，契約準拠法によれば債務の履行が禁じられていることになり，債務者は免責されることになると考えられる。経済制裁を行った国の法が契約準拠法でない場合には，契約準拠法上，不可抗力といえるような状態かどうか等が判断の分かれ目になると考えられる。

【事例 5-9】サプライチェーンにおける人権侵害の懸念が浮上した！　　　[580-2]

　当社の N 国法人 X 社では，昨年から N 国内での Care One シリーズの汎用品生産，同国内向け販売および欧米市場向け輸出を開始した。製品の生産は，低賃金で若年労働者が豊富なアジア B 国にある A 社に委託している。製造に必要な炭素繊維や基幹部品は X 社からの有償支給だが，座席や背もたれのクッション，電動ベッドのマットレスや綿・ポリエステル混紡の布など，車椅子やベッド関連の部品については，委託契約では特に調達先は指定していない。現に品質は非常によくコストも低いので気にしていないが，N 国だけでなく先進国における介護用汎用品の競争は激化しており，A 社には今よりも更に 3 割のコストダウンを求めている。
　ある朝，X 社社長がニュースを見ていると，B 国の繊維工業製造の中心地にあるリニプラザという建物が倒壊し，多くの死傷者が出ているという。X 社社長は，「リニプラザ……そういえば A 社の工場があったな。まあ委託先の問題だろうから」と高を括っていた。ところがある休日の朝，総務課長から電話があり，人権 NGO の代理人弁護士から当社の人権侵害について糾弾し，リニプラザ倒壊の犠牲者（多くの貧しい女性や児童を含むという）に対して補償を求めるとの通告があったという。

5-9-1　ビジネスと人権という新たな課題への理解の必要性　　　[580-3]

　総務課長から報告を受けた X 社社長は早速あなたを呼びだした。社長は「当社の人権侵害とは，どういうことだろう。倒壊した工場はうちの工場ではないし，A 社とは何らの資本関係もない。詳しい事情は分からんが，そもそも法的には問題ないんだろうから，そのうち諦めるだろう。文句があるなら B 国政府や A 社に言えとでも返事をするか」と言うのだが，当社としてそれでよいのだろうか。

着眼点

　企業には，その事業活動を通じて多様なステークホルダーに対して直接または間接的に負の影響を生じさせるリスクが不可避的に内在しており，グローバル化の進展によってその影響が拡大している。労務問題（→事例 5-4）や環境汚染問題（→事例 5-7）に加え，近年は「ビジネスと人権」という理念に関する社会的な意識の高まり

第5章　海外拠点の設立や運営

を受けて，ビジネスの中核的当事者である企業に対し，自国内や自国基準にとどまらないグローバル標準の人権尊重責任を果たしていくべしという，法的責任に加えて倫理的な責任に亘るような新たな課題が突き付けられている。特に，経済のグローバル化に伴って先進国企業を中心に構築されてきた国境を跨ぐサプライチェーン（SC）においては，主に発展途上国における労働力の搾取が大きな問題となっており，国連や欧州を軸にさまざまな人権保護の枠組みが整備され，そのハードロー化も進行中である。企業としては，このような変化を敏感に捉え，事後対応ではなく，予防法務の観点からリスクの把握や速やかな対応体制の確立，リスクマネジメントの推進を図っていく必要がある。また，万一その SC において人権侵害リスクが顕在化した場合には，通常の危機対応とともに上記枠組みに沿った対応が急務となる。

■■ ポイント解説 ■■

[580-4]　　1　ビジネスと人権という新たな課題

　近年，企業が「充足」すべき社会的責任の範囲は，従来の経済的責任，法的責任から倫理的責任や慈善事業的（ないし自発的）責任に滲み出してきたが，「充足」とはどこまで何をすべきなのかを適切に判断することは容易ではない。なぜならば，CSR4 階層説（→ [495]）で Carroll が指摘したように，社会的責任の境界は流動的であり，経済の状況や社会動向によって急激に変化するからである。2013 年のラナプラザ倒壊の悲劇に象徴される人権侵害が，SDGs の浸透や SNS による情報伝播革命によってグローバル社会において認識され，人権の保護に対する時代の要請や幅広いステークホルダーの期待が急速に高まったことは，その典型であると言えよう。

[580-5]　　**Column　ラナプラザ倒壊の悲劇**

　2013 年 4 月 24 日朝，バングラデシュの首都ダッカ近郊にあったラナプラザという違法建築のビルが倒壊し，同ビル内の縫製 5 工場の労働者多数（その多くは貧しい女性であった）が死傷した事件である。国際的なアパレルブランドメーカーがこれらの工場に対して自社製品の製造を下請けに出しており，製品のコストダウンを生み出していた低賃金や過酷な労働環境が SNS なども通じてグローバル経済の負の影響として広く知られることになった。それは，社会一般の問題意識を高めることとなっただけでなく，2015 年の G7 エルマウ・サミットでも取り上げられ，その首脳宣言に盛り込まれたことで，その後のビジネスと人権に関する多くのステークホルダー，とりわけ投資家の関心の高まりや，企業によるサプライチェーンの人権・労働問題に対するさまざまな取組み

398

強化につながっていったのである。

ところで，自社が充足すべき社会的責任をいかに画定するかは一義的には企 [580-6]
業自身の問題であるが，近時は，経済的責任や法令遵守責任を超えて，
Integrity を理念とした経営を基本とし，自らの事業が単に合法であるという
だけでなく "just business"（正しいビジネス）であると言えるかどうか，課題を
正しく捉え，公正妥当かつ客観的な目で見る企業文化や体制があるかどうか，
ステークホルダーに対して説明責任を果たせるかどうかが重要となっている。
さまざまなステークホルダーの見方や優先順位は一様ではないが，少なくとも
社会的動向や政策動向等を丁寧に追うことで，普遍的な課題，自社にとって優
先度や深刻度の高い課題が何であるかは把握できるはずであり，ビジネスと人
権という課題は以前からその典型であった。たとえば，OECD 多国籍企業行
動指針（1976 年策定，最終改訂 2023 年）でも国連の「ビジネスと人権に関する指
導原則」（Guiding Principles on Business and Human Rights〔以下「指導原則」〕）に沿っ
た人権の章（第Ⅳ章）が 2011 年に追加されており，企業には人権を尊重する責
任があること，自社および取引先の活動等において，適切にリスクベースの人
権デュー・ディリジェンス（以下「DD」）を実施すべきと明確に打ち出している
（そのための詳細なガイドラインも公表されている）。2023 年の改訂では，環境，技術
分野，SC などにおける優先課題についての DD の明確化や範囲の拡大が図ら
れており，グローバルな課題認識は明らかであるといえる。

2　人権とは何か（人権に関する国際的な枠組みの概要）　　　　　[580-7]

近年の日本における人権問題と言えば，男女差別や LGBT 差別などが直ぐ
に思い浮かぶところであるが，これらはその一部に過ぎない。人権と多国籍企
業に関する国連事務総長特別代表として指導原則を策定したジョン・ラギー教
授によれば実にシンプルであり，人権とは「誰もが人間であるという固有の尊
厳に関わるものであり，当然に払われる敬意をもって扱われる権利があるとい
うこと」である（ジョン・ジェラルド・ラギー（東澤靖・翻訳）『正しいビジネス』（岩波
書店，2014）日本語版の読者へ ⅶ頁）。

一般に人権とは，①世界人権宣言およびこれを国際法として成文化した国際
人権規約（社会権規約・自由権規約）という国際人権章典，②国連グローバル・コ

第 5 章　海外拠点の設立や運営

ンパクト（社会の持続可能な成長を実現するための，人権，労働，環境，腐敗防止に関する 10 の原則を提唱。各企業が賛同して自発的な行動を取ることに期待），③国際労働機関（ILO）の中核的労働基準（強制労働に関する条約（第 29 号），最低年齢条約（第 138 号）など 8 つの条約から構成されている）に関わる基本的自由・平等に関する権利，労働に関する権利（強制労働の禁止や児童労働の実効的な廃止，雇用や労働における差別の排除），④労働における基本的原則及び権利に関する ILO 宣言に挙げられた基本的権利に関する原則を含むが，これらには限られない。我が国においても，法務省公表の「今企業に求められる「ビジネスと人権」への対応（｛ビジネスジネスと人権に関する調査研究｝報告書）（概要版：https://www.moj.go.jp/content/00141713 8.pdf）が 26 項目にわたる権利を列挙している。

　強制労働には，暴力的な強制に限られず，たとえば日本でも問題となった技術修習生からのパスポート取り上げや過度な超過勤務など，およそ労働力の搾取と考えられるものが多数含まれる（ILO の強制労働に関する条約（第 29 号，1930 年採択）5 等の定義を参照）。また，児童労働については，ILO の「就業が認められるための最低年齢条約」（第 138 号。1973 年採択），「最悪の形態の児童労働条約」（第 182 号。1999 年採択）等の国際条約をもとに．15 歳未満（途上国は 14 歳未満）の義務教育を受けるべき年齢の子どもが教育を受けずに働くこと，および，18 歳未満の子どもによる危険有害労働などへの従事を指すと一般的に定義されている。なお，我が国はいずれの条約も批准している。

[580-8]　**3　人権侵害リスクの特徴**

　一般に，リスクマネジメントでは，影響の大きさと起こり易さのマトリクスによって，主に費用対効果の観点から重要度ないし優先順位，対処方法（回避や受容など）を決めるが，人権侵害リスクは，通常のビジネスリスクとは異なるその幅広さや負の影響の深刻さ（対応の遅れによっては影響が是正不能になること）のゆえに，原則として no tolerance という性格のリスクである。

　企業にとっての人権侵害リスクが顕在化した場合の結果には，①レピュテーションの毀損（ブランド価値の毀損や不買運動，取引停止，株価の下落など），②法令違反による罰則等（刑事罰，行政罰，輸入規制や経済制裁），③民事訴訟（人権侵害の被侵害者からの訴訟，人権に関する企業の表示・表明行為が欺瞞的であるとして，消費者によって起こされる集団訴訟や投資家に誤解を生じさせたこと等を理由とする株主代表訴訟など）

400

による損害賠償や多額のコスト負担，④財務リスク・ダイベストメント（機関投資家等による，人権侵害や課題への対応不全を理由とする投資先としての評価の降格や投融資の引き上げ，投資対象ないし投資先候補からの除外など），⑤事業運営への影響（従業員のモチベーション低下や離職の増加，暴動やストライキ，原材料調達の途絶など）が考えられる。

　企業活動の中に存在する人権侵害リスクは，自社や自社のグループ企業内のみではなく，外部の取引先等を含む SC においても存在する。これに関しては，1990 年代に起きたナイキ社の不買運動の事例があまりにも有名である。ナイキ社は完全な外部委託生産を行った最初の製造企業の一つであるが，問題となったのは，その委託先工場における奴隷的な賃金，強制労働，児童労働であった。ナイキ社は，当初，「この問題は当社のものではない。それらは当社の工場ではない。当社はそうした工場と何らの資本関係もない。当社は単にその製品を買っているだけである」と回答したとされる。この回答は厳密な法的意味では正しかったが，十分だと考えたのは誤りであったと指摘されている（ラギー，前出 46 頁）。

　企業が人権侵害リスクに関わる特徴的な形態としては，直接的に人権への負の影響を引き起こす（cause する）行為だけでなく，ナイキ社の事例のごとく，これを助長する（contribute する）行為や取引関係を通じてその事業や製品，サービスがリスクと直接結びつく（directly linked する）場合の 3 つが指導原則において挙げられている。指導原則では，3 つ目の場合にも企業は影響力を行使してサプライヤーに働きかける責任があるとしているため（指導原則 19），SC 全体で負の影響を特定し，対処する必要が生じるのである。この SC は複数の国に跨って形成されていることも少なくないことから，法規範との関係では，欧州など日本より厳しい規制や基準を持っている国の法規範が適用されていることもあれば，逆に発展途上国など法の支配が弱く，法整備も十分ではないような国の現地国内法を遵守しただけでは，国際的な基準に比べて規制内容が緩いことから人権侵害が解消されない場合も少なくない（いわゆるガバナンスギャップと言われる問題である）。

4　ソフトローからハードロー化に向かうグローバルな枠組み　　　　[580-9]

　近年は企業行動の指針となるべきグローバルな枠組みが明確になってきた。

2011 年 6 月 16 日に国連人権理事会で全会一致により採択され，ソフトローながら事実上のグローバル基準となっている指導原則には，Ⅰ．人権を擁護する国家の義務（10 原則）と並んで，Ⅱ．人権を尊重する企業の責任（14 原則）が規定され，さらにⅢ．効果的救済へのアクセス（7 原則）と合わせて 3 つのフレームワークが提示されている。この背景には，従来，人権侵害は国家がその主体者であり上述した国際人権法の名宛人も国家であったところ，グローバル経済の発展とともにビジネスの主体的当事者である企業が実は人権侵害を引き起こしているという事実が認識され，企業を名宛人とする仕組みの重要性が意識されたためである。指導原則は，国際人権章典および国際労働機関（ILO）の中核的労働基準を最低限とする国際的に認められた人権を基準に（指導原則 12），これを尊重する責任をグローバル行動基準として国内法の上位に位置付けた（指導原則 11）。

　もっとも，この指導原則は，企業の自主的な取り組みを促すというソフトローに止まる。それは，条約や各国のハードローによる規制には国際的なコンセンサス形成という困難なハードルがあったためと言われている。しかし，先進国を中心に，国別行動計画（National Action Plan）を始めとする国家によるイニシアティブ，ハードロー化が進んでおり，その制度類型には大きく 3 つ，即ち「開示報告義務型」，「人権 DD 実施・開示・報告義務型」，そして「通商規制型」がある。「開示報告義務型」の典型例は英国現代奴隷法で，一定の売上高を超える英国で事業を営む営利組織に対して，人権侵害が発生していないかを定期的に調査のうえ現代奴隷に関する声明の作成を義務付けている。「人権DD 実施・開示・報告義務型」の典型例はフランス企業注意義務法やドイツサプライチェーン DD 法で，英国現代奴隷法と異なり一定の企業に対して自社の事業，子会社や SC における人権や環境破壊等に関する DD の実施など一定の行為規範を義務付けているほか，フランス企業注意義務法の場合は義務違反により生じた損害について民事上の賠償責任を負うと定めている。なお，2024年 7 月に企業持続可能性デュー・ディリジェンス指令（Corporate Sustainability Due Diligence Directive: CSDDD/CS3D）が発効したことにより，EU 各加盟国は2026 年 7 月までに DD の実施や結果の公表義務，義務違反に対する制裁金賦課制度導入を含む本指令に沿った国内法を整備し，2027 年 7 月から域内外の企業に対して人権・環境 DD を義務付ける効果が生ずることとなっている。3

つ目の「通商規制型」は，他の2類型と異なり人権DDの実施を軸とする規制ではなく，米国のグローバル・マグニツキー人権問責法，EUのグローバル人権制裁制度のように，人権侵害に関与した組織や個人を制裁対象として指定・公表（米国の場合：財務省外国資産管理局（OFAC）がSDNリスト（Specially Designated Nationals and Blocked Persons List）をウェブサイトに掲載）し，資産凍結や入国禁止といった措置を取るものや，米国の1930年関税法307条（連邦法19編1307条）のように，強制労働や奴隷労働など人権侵害により採掘，生産，製造された製品等を輸入禁止とするものが主で，その抑止力や企業へのインパクトは非常に大きいものと考えられる。以上の各法令の詳細については原法令に直接あたることが最も正確であるが，概要については西村あさひ法律事務所「ビジネスと人権」プラクティスグループ『「ビジネスと人権」の実務』（商事法務，2023），福原あゆみ『基礎から分かるビジネスと人権の法務』（中央経済社，2023）などの文献を参照されたい。

●●本事例の考え方●●

X社社長の言はビジネスと人権という問題の本質を踏まえていない。ハードローが制定されていればその遵守は最低の責任であるが，法的拘束力がないルールやガイドラインなどいわゆるソフトローについても，指導原則のようにそれが世間に広く受け入れられているような場合，これを法的に言い換えると会社法上の内部統制システムの構築・運用の一環と位置付けられるほど一般的に実施されている場合や，そのソフトローが政府により策定されていたり，指導の指針として用いられていたりするような場合には，これを一種の最低基準として尊重し適切に実行していく義務が，会社の利益最大化の義務に優先するという考え方も成り立ち得る。この場合，そのようなソフトローに従わなかった結果として会社に損害が生じたようなときには，やはり取締役の善管注意義務違反となり，X社としても不法行為責任を負うことになる可能性を正しく認識しなければならない。 [580-10]

5-9-2 初期対応 [580-11]
事故からは既に1か月以上が経過しており，先進国の大手企業であって金

第5章　海外拠点の設立や運営

　銭的負担能力が高いと見られやすい X 社に人権 NGO や労働者・遺族の矛先
　が向いているとするならば，今後，ナイキ社の事例のように X 社やその製品
　に対するレピュテーションの毀損や民事訴訟の提起などの人権侵害リスクの顕
　在化が危惧される。実際に人権問題が発生したのはあなたにとっても初めての
　経験であり，どこからどのような考え方で手をつけたらよいか，どのようなこ
　とをどのような優先順位をもって検討・実行すべきかを考えようとしている。

着眼点

　本事例のような事態は，深刻度要素，特徴的要素のいずれから考えても明らかに差
し迫った危機の徴候であると捉えることができ（→ ［559］），当面はダメージコント
ロールを最優先に対応することになる。並行して，法的な紛争となり得る問題を速や
かに見極め，対応策を立てることも必須である。

ポイント解説

［580-12］　**1　迅速な危機対応の重要性**

　まずは現地の状況や人権 NGO の動向など，迅速かつ正確な情報収集や分析
が必要であるが（→ ［558］），同時に，N 国および B 国の法令調査を行い，X 社
にどのような法的責任があるか，（たとえば N 国に実は現代奴隷法や人権 DD 法等があ
ればその）法令違反があるのかを早急に調査し，確定する。次に，メディアモ
ニタリング（→ ［561］）を開始し，SNS の監視も行うとともに，メディア対応・
広報やステークホルダーへの情報開示を行うかどうか，行うとしてどのタイミ
ングでどのような内容で行うかを検討する必要がある。対応においては，本件
を単なる法的紛争と捉えず，より広くステークホルダーを意識し，初期対応の
4 つのルール（→ ［563］）に基づいて倫理的にも適切な方針を明確にしつつ，人
権侵害の解消に向けて努力するという基本姿勢が必須である。

［580-13］　**2　A 社との取引を直ちに停止ないし中止すべきか**（指導原則 19 参照）

　X 社としては製品の供給を継続することが喫緊のビジネス課題である。A 社
の工場が操業できない状態になっているのであれば，早晩，製造委託契約の不
履行が生じるであろうことは想像に難くない。X 社の製造委託先が A 社 1 社
ならば，早急に代替委託先を確保するか，親会社からの供給体制を整えること
が必要だろう。

404

一方，A社に第2工場があり生産継続が可能ということならば，直ちに同工場の監査を実施し，必要に応じて労働環境や条件を国際的な標準に合わせて是正させることができたならば，取引を継続しても問題はなさそうである（ただし，A社が被害者への補償や売上減などによって倒産するリスクは踏まえておきたい）。しかし，第2工場の労働環境等が是正されない場合や，国内法準拠の是正にとどまった場合はどのように対応すべきか。伝統的な契約理論では，製品が条件通り供給される限りA社側に債務不履行があるとは言えず，X社としては取引を中止したり契約を解約したりすれば損害賠償の責を免れないであろう。一方で契約を継続した場合，レピュテーションの更なる毀損や，たとえば独仏などのCare Oneの顧客による，X社SCにおける人権DDの実施やA社など下請け業者の労働環境の適切な是正といった要請にこたえられないと，一方的に取引を打ち切られることが考えられる。こういった場合でもX社としてA社との取引中止等が法的に難しいかどうかの判断は難物だが，法律構成として，たとえば契約準拠法の解釈において指導原則や独仏の人権DD法の事実的影響を考慮し，解約は難しくても是正がなされるまでの暫定的な取引停止は正当化される（X社の債務不履行が免責される）という主張は可能かもしれない。

3　被害者への補償要求に応じるべきか　　　　　　　　　　　[580-14]

N国法人であるX社とその親会社である当社としては，リニプラザ倒壊による死傷者や強制労働させられていた生存者等に対する損害の補償に応じるべきか。まず，X社に補償を求めてきた人権NGOや弁護士の支援を受けて被害者が不法行為による損害賠償請求訴訟をX社や当社に対して提起した場合の帰趨を検討する必要がある。この場合，被害者が発展途上国であるB国において裁判による救済を得ようとしても，必ずしも法の支配や司法アクセスが保障されていないことや，補償額の水準が不十分であり実質的な救済にならないことが考えられる。そこで被害者としては，N国や親会社所在国である日本において共同不法行為訴訟を提起することを検討するだろう。この場合，日本でも親会社に対する国際裁判管轄は問題なく認められ（民訴3条の2第3項），現地子会社や請負業者に対する併合管轄も認められるだろう（同3条の6後段）。一方で，不法行為準拠法は原則として損害発生地であるB国法が適用され（法適用通則法17条以下），かつ日本法が累積的に適用される（特別留保条項〔法適用通

第5章　海外拠点の設立や運営

則法22条〕）。日本法上，本事例のように独立した法人格を有する親会社がSC に入っておらず，その取締役もX社に対して監督・指揮命令権を行使していないならば，原則として親会社の共同不法行為を基礎づけることは困難であり，（N国法も日本法と同様であれば）法的にはX社の問題に限定されることになるのではないかと考えられる。

●●本事例の考え方●●

[580-15]　　以上のような分析の結果に基づいて実際にはどのように対応するか。基本的には，自社のレピュテーションの毀損（ブランド価値の低下や不買運動，取引停止など）の防止を最優先に考慮した対応が必要である。特に介護・リハビリ機器という Care One™ の性質から考えれば，そのような製品の低価格が実は人権侵害によって実現されているという風説がSNSなどを通じて流布された場合の影響は予測が困難であり，レピュテーション毀損のリスクは深刻度が高いと判断すべきである。そこで，A社との取引中止については，法的な正当化が難しいとしても自社の人権侵害解消の観点を優先して一方的に実行する，あるいは合理的な補償金支払により契約を合意解約するといった実務上の選択肢が適当であろう。

　　また，被害者への補償要求に応じるべきかどうかは，レピュテーションの毀損に繋がりかねない訴訟等を回避するべく，法的な救済とは切り離して，指導原則が求めている被害者の救済に積極的に関わっていくこと，それを通じてレピュテーションの維持・向上に努めていくことが有力な選択肢となろう。なお，ラナプラザ倒壊による多数の労働者への補償は，関係する企業などの拠出に基づき ILO が管理するラナプラザ・ドナー信託基金など，関係者のコンセンサスに基づく枠組みによって行われた。

[580-16]　　**5-9-3　企業としての取組み**
　　その後X社は，他に工場を持たないことが判明したA社との取引を中止するとともに，コストは高くなるが近隣国の親会社製造拠点において製造した製品を調達し，取引先への供給を継続している。また，当初補償を求めてきた人権NGOとの対話を通じて，その被害者救済事業に一定の資金を拠出すること

406

5-9-3　[580-17]

で合意にも至った。さらに，将来に向けて A 社に代わる新たな製造委託先候補が見つかったので，あなたを中心に本件のような事態の再発を予防する体制を構築することになった。

着眼点

　X 社 SC 全体の人権影響評価，製造委託先候補に対する人権 DD の実施，それを通じて確認された人権侵害の解消措置の実施要請，SC マネジメントの強化を図ることなど，X 社として指導原則や（もしあれば）N 国の人権ガイドライン等に基づく一連の予防体制作りや予防措置の実施を速やかに推進する必要がある。

◤◢◤ ポイント解説 ◤◢◤

　上述した指導原則の 3 つの枠組みの「Ⅱ.人権を尊重する企業の責任」の中　[580-17]
核は，人権方針の策定，人権 DD の実施，人権侵害の解消および被害者の救済であり，体制作りはこれらが中心となる。

　日本における企業の取組みを促す動きとしては，国別行動計画（2020 年—2025 年）における企業の人権尊重責任を促すための政府の取組みとして【国内外のサプライチェーンにおける取組みおよび「指導原則」に基づく人権デュー・ディリジェンスの促進】が挙げられており，ソフトローによる枠組みの整備が進められている。主なものとしては，上場企業の企業統治（コーポレートガバナンス）改革を促す東証のコーポレートガバナンス・コードの改訂版（2021 年）が，人権を含む自社のサステナビリティを巡る取組みにつき取締役会に基本方針の策定や開示を求めたことから（補充原則 4-2 ②，3-1 ③），ビジネスと人権に関する企業の具体的な取組み促進につながることが期待される。また，2022 年 9 月には，企業が行うべき人権方針の策定や人権 DD 等のガイドラインとして，「責任あるサプライチェーン等における人権尊重のためのガイドライン」が公表されており，人権方針の策定，人権 DD の実施，自社が人権への負の影響を引き起こし又は助長している場合における救済が企業の取組みとして挙げられている。以下では人権方針の策定，人権 DD の実施について簡単に触れる。

第 5 章　海外拠点の設立や運営

[580-18]　　**(1)　人権方針の策定（指導原則 16）**

　　人権方針は，企業が，その人権尊重責任を果たすという企業によるコミットメントを企業の内外のステークホルダーに向けて明確に示すものである。指導原則 16 は，人権方針の策定に必要な，企業トップの承認，専門的情報の取得，従業員その他関係者への期待の表明，公開性，企業活動方針や手続き（たとえば企業行動指針や調達指針等）への反映という 5 つの要件を定めており，企業は，自社の事業の種類や規模等，負の影響を受ける人権の種類や深刻度を踏まえて，これらの要件を充足しつつ，いかなる国においても国際基準に準拠した人権尊重の責任を負うという考え方を原則に置いて実態を適切に反映した方針を策定することになる。この場合，上記人権ガイドラインも，日本企業が人権方針の策定にあたって準拠すべきソフトローの一つという位置付けにあると捉えてよいだろう。

[580-19]　　**(2)　人権 DD の実施（指導原則 17）**

　　人権 DD とは，「企業の事業や製品，サプライヤーやビジネスパートナーのネットワーク全体を通じて，人権に与える影響を特定し，対処する継続的なプロセス」をいう（「指導原則に関するよくある質問」26。https://www.ohchr.org/sites/default/files/Documents/Publications/FAQ_PrinciplesBussinessHR.pdf）。具体的には，自社の事業や子会社，SC における人権侵害リスク（＝負の影響。潜在的なものを含む）を特定・評価し，特定した負の影響に対する対応を，優先順位を付して実施し，それらのモニタリングを行い，ステークホルダーへの情報開示を行うという流れとなる。優先順位付けについては，被害者の生命・心身に関わるリスクは救済が困難であるがゆえに最も深刻度が高く，優先されるべきであろう。

　　負の影響への対応は，上述した「企業が人権侵害リスクに関わる特徴的な形態」（→ [580-8]）に応じて，潜在的なものである場合には予防措置，既に発生している場合は是正・解消措置となる。実務的にも，日本企業で EU や EU 各国において拠点を持っていたり，一定の売上や事業規模を有していたりするような場合には人権 DD を実施すべき直接の規制対象（義務者）となったり，そうでない場合も EU 企業の取引先として人権 DD の対象となったり，契約等において人権侵害リスクへの対応を義務付けられたりすることも当たり前になっていることに注意が必要である。なお，人権 DD に関する詳細な参考文献と

408

5-9-3 ［580-21］

しては，たとえば木村恵美＝佐藤暁子＝高橋大祐『人権デュー・ディリジェンスの実務』（金融財政事情研究会，2023）がある。

その他，モニタリング（指導原則20），グリーバンス（苦情処理）・メカニズム（申告窓口）の構築（指導原則29）など，企業としての重要な取組みがあるが，ここでは省略する。

●●本事例の考え方●●

ビジネスと人権という課題にどのような体制で対応すべきか。この課題も結局は広義の（ソフトローや企業倫理ないし倫理的な行動基準を含む）法令遵守の問題，契約（条項のドラフティングや妥当な運用，解釈等）や民事訴訟を含む紛争予防の問題，危機管理・対応（→［553］）の問題であると言えるうえに，環境法の観点，贈賄防止の観点，政府調査への対応など，従前から法務・コンプライアンス部門がリーガルリスクマネジメントの一環として担ってきたさまざまな問題や機能とも密接な関連があり，また実務の類似性もある。 ［580-20］

人権方針などは取締役会が決定し企業トップから発信すべきことは勿論であるし，財務リスクへの対応や開示の在り方などは財経部門，SC マネジメント全体については経営企画部門やリスクマネジメント部門などの専門性も求められようが，ビジネスと人権という課題は，上述してきたようなその本質から考えれば，法務・コンプライアンス部門がリーダーシップを発揮して取り組むことが最も適当であると考えられる。

> **Column　国際企業法務と Legal Operations（LO）** ［580-21］
>
> 　序章（→［10］）で言及した LO とは，法務部門の戦略的な機能で，業務プロセスの最適化や効率改善，そして組織内での法務サービスの価値を最大化することを目指す活動ないしそれを担う専門家，敢えて和訳すれば法務部運営ないし法務機能企画運営（者）とでもいうべき存在である。General Counsel の運営負担軽減から始まった LO が専門職として認知されている米国では，弁護士を追加で雇うよりも LO を雇う方が，弁護士がアドバイス提供に集中できるようになりむしろ効率的だ，という見解があるほど注目されている（米国における LO の発展に関しては，ダニエル・H・フット「アメリカ企業法務における『リーガル・オペレーションズ』発展の歴史と現状」ビジネス法務 2020 年 10 月号 12 頁以下を参照）。日本の法務部門では，この機能は法務部員自身が本来の法

409

第5章　海外拠点の設立や運営

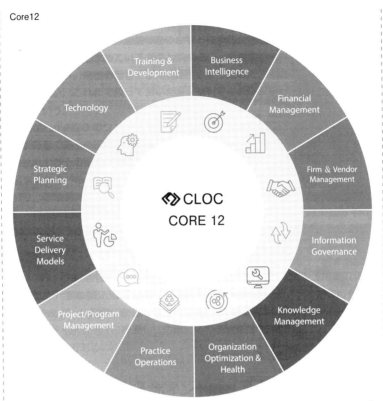

出典：CLOC ウェブサイト（https://cloc.org/what-is-legal-operations/）

務実務と並行して担っており，これまで何気なく実践していたということも少なくない。今それが LO として改めて注目されているのは，業務の効率化ということに加えて，法務機能変革のフレームワークとしても受け止められたものと考えられる。

　この LO の中心的な要素（core competencies）は，以下の図表にあるように，世界最大の LO コミュニティである CLOC（Corporate Legal Operations Consortium）が Core 12 としてまとめている（日本版として Core 8 というものも公表されている）。

　これら 12 の要素の各内容（その詳細は，我が国における LO の先駆的研究成果ともいえる鈴木卓＝門永真紀編著『Legal Operations の実践』（商事法務，2024）45 頁以下や CLOC のウェブサイト〔https://cloc.org/〕を参照）を見ると，国際企業法務における部門戦略や業務運営の有効性，効率性の強化においても有用と思われる示唆が少なくないことに気づく。序章においても説明したように

410

（→［4］），国際企業法務は，国内企業法務に比べて法務部員がやらなければいけないことは多角的で，初めて担当する人にとっては両者の違いに当惑することもあるだろう。しかも近年は，サプライチェーンのリスクマネジメントやビジネスと人権，あるいは経済安保への対応など，経営課題そのものとも言える重い案件が増えている。これらへの対応においては，法律相談や取引契約書ドラフトの検討などの日常的な案件に比べて，グローバルな経済・社会動向や海外法令・ソフトローの制定改廃・運用の変化もタイムリーに把握する必要があり，限られた法務部門のリソース，コア人材をいかにして重要案件に集中させるか，どうすれば有効かつ効率的に高い成果を上げられるか，そのためのリソースをいかに捻出・強化するかが喫緊の課題である。

　そこで，この LO の考え方を国際企業法務という仕事に当てはめて考えてみたい。Core 12 の Practice Operations の考え方を応用すれば，法務部員は法令調査や契約書ドラフトそのものの検討など個々の業務をこなすよりも，これらは外注しつつ案件全体を適切に管理することが，有効かつ効率的な案件処理につながる。この場合，アウトソーシングおよび外部リソース管理の推進，具体的には各国の外部法律事務所や ALSP（Alternative Legal Service Provider の略。日本経済新聞電子版 2024 年 7 月 22 日「企業の法務，外部に『お任せ』米国発『ALSP』双日など導入　業務増と人手不足で」がその特徴を端的に説明している）など，法務サービスプロバイダーの発掘，関係構築，モニタリングなどが重要となる。また，これらのコスト管理やサービスの質の向上を図るための戦略的な管理についても，Financial Management や Firm and Vendor Management が参考になるだろう。さらに，Service Delivery Models にあるように，経営・ビジネスのニーズを満たすため，社内外のベスト・リソース・ミックスを構築していく必要があるが，この場合，法務部員には，外部リソースに対する目利き力や質問力の質の高さが求められるので，そのようなスキル育成も必要となろう。人材育成に関しては，Training and Development において，目的を明確化したトレーニングにより新規人材を迅速に戦力化することの重要性が示唆されている。たとえば，英文契約書一つ読むにしても，また外部法律事務所とのコミュニケーションにおいても，英米法の概括的理解が必須であり，必要な知見を過不足なく迅速に身につけさせなければならない。他にも，業務ニーズに応じて個々人の専門的スキルのギャップを計画的，体系的に埋めていく必要があり，体系的なトレーニングプログラムの実施や，Knowledge Management の考え方を踏まえた国際企業法務の知見・ベストプラクティスを見つけやすく，利用しやすいように整備しなければならない。さらに，部門横断的連携ということも重要である。Core 12 には直接該当する要素はないが，LO の役割として Business Intelligence や Strategic Planning などの複数の要素に分散して組み込まれている。国際企業法務における戦略的目標の達成や課題の解決には，他の部門（経営・事業，HR，IT，財務など）と協力し，計画や実

第 5 章　海外拠点の設立や運営

際の活動を相互に有機的に連動させたりデータを共有したりして最適解を見出していく必要性が国内法務よりも高い。この場合法務部員は，リーダーシップ発揮のためにも，法務以外の副次的な専門性・リテラシーを体系的に学ぶ必要がある。

　組織であれ個人であれ，国際企業法務の仕事のやり方において迷いが生じたときは，法務機能の在り方のフレームワークでもある Core12 をヒントにして思考を巡らせてみるというのも一法である。

第6章

プロジェクト・ファイナンス

【事例6-1】プロジェクト・ファイナンスによる海外電力事業参画の打診 [581]
を受けたが……

　当社はA国の民営電力会社である。今般，日本の総合商社X社から，
同社が主導して計画中のアジアN国における洋上風力発電事業への参画
の打診があった。当社としては需要が頭打ちとなっているA国にとどま
らず，将来的な発展が見込まれる隣国のN国の電力事業にはぜひ参入を
検討したいと考えている。

　しかしながら，発展途上国であるN国には種々のリスクがあると予想
され，公共的な事業を営む当社としては，多額の投融資を行ったり，事業
主体として過大なリスクを負担したりすることは難しい。

　これをX社に伝えたところ，「プロジェクト・ファイナンス」の手法を
用いるため，当社の資金負担や事業リスクは限定的となるので検討してほ
しいとの要請があり，また，後日，同社から詳細な案件説明を受けること
になった。

6-1-1　プロジェクト・ファイナンスとは
[582]
　当社はこれまでプロジェクト・ファイナンスの経験がない。プロジェクト・
ファイナンスとは何か。当社はプロジェクト・ファイナンスに参加すべきなの
か？

着眼点

　プロジェクト・ファイナンスの大まかな特徴，メリット・デメリットを理解する。

413

第6章　プロジェクト・ファイナンス

■■■ ポイント解説 ■■■

[583]　**1　プロジェクト・ファイナンスとは**

(1)　一般の融資形態

　一般の融資形態では，企業が何らかのプロジェクトの必要資金を借入れにより調達しようとする場合，銀行は当該プロジェクト自体の採算性のみならず，当該企業の財務状況や収益力等を総合的に分析し，将来にわたり当該企業に十分な返済能力があるかどうかを検討する。また，必要に応じて当該プロジェクト外で保有されている資産も担保とされる。そして，万が一，返済ができなくなった場合には，強制執行により，その企業の資産の全てを処分して，返済に充てる。このような融資形態は一般にコーポレート・ファイナンスと呼ばれる（子会社などを設立してこれを借入人にする場合でも，原則として，融資金全額について親会社が保証を入れることになる）。

[584]　**(2)　プロジェクト・ファイナンスの融資形態**

　これに対し，プロジェクト・ファイナンスとは，専ら当該プロジェクトから得られる将来の収益（キャッシュ・フロー）のみを返済の原資とし，当該プロジェクトにおける資産のみを担保とする融資形態である。多くのプロジェクト・ファイナンス案件においては，プロジェクト専用の事業会社を設立し，当該事業会社を借入人として借入れを行うため，実質的に運営している企業（スポンサー）は万が一返済ができなくなったとしても，原則として当該事業会社に出資した資本金の回収を放棄すれば，それを超えて返済について全く責任を負わない（ノン・リコース）。返済について一部保証を入れることもあるが，この場合でもその保証の範囲でしか責任を負わない（リミテッド・リコース）。

　プロジェクト・ファイナンスは，発電所，ガス供給，水道，鉄道，高速道路，空港，港湾等のインフラ整備，および，石油，石炭，天然ガス，石油化学コンビナート，パイプライン等資源開発など，巨額の資金を必要とするプロジェクト（したがって企業の信用力に依拠するには限界がある）を対象として海外で発展してきた手法であり，英国ではいわゆる PFI（Private Finance Initiative）における資金調達手法としても用いられている。日本では，2010 年代以降に，太陽光・風力などの再生可能エネルギーおよび PFI を利用した空港設備などのインフラ案

414

件などにおいて利用されてきている。なお，地球温暖化への懸念から，近年では，石油，石炭等の資源開発，これらを使用する発電などのプロジェクトについては，銀行が融資を行わない傾向にあり，また，保険会社も保険引き受けに厳しい姿勢を向ける傾向にある。

コーポレート・ファイナンス概念図

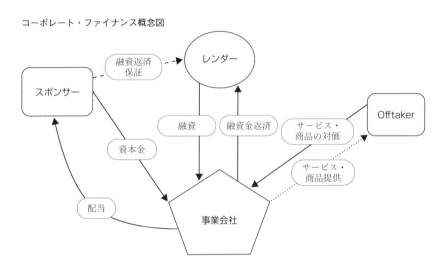

プロジェクト・ファイナンス概念図

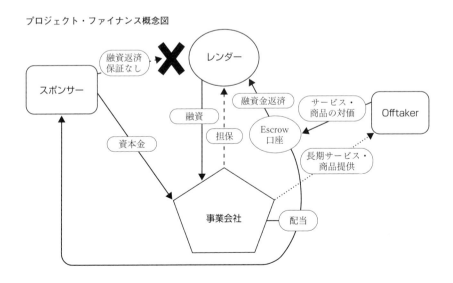

第6章　プロジェクト・ファイナンス

[585]　　**2　プロジェクト・ファイナンス案件に絡むリスク**

　プロジェクト・ファイナンスの返済原資は，基本的にプロジェクトから得られるキャッシュ・フローのみである。このため将来にわたりプロジェクトが十分な収益を生み出すと確実に見込めることが，プロジェクト・ファイナンスを行ううえでの大前提となる。したがって，あらかじめ当該プロジェクトに関するあらゆるリスクを分析し，十分なリスク回避策を講じるのと同時に，万が一リスクが顕在化した場合におけるリスク分担について，あらかじめ当事者間で合意することが，プロジェクト・ファイナンスの基本である。

　代表的なリスクとしては，予定された時間や費用の中でプロジェクトが完工しないリスク，市場の変化等により期待した売上が得られないリスク，天災や感染症の世界的流行等の不可抗力によるリスク，優秀な従業員を確保できず予定通り操業できないリスク，事業継続のための様々なコストの上昇リスク，借入金利の変動リスク，プロジェクト実施国の政府の作為・不作為によりプロジェクトの進行が妨げられたり，プロジェクト資産が収用されたりするリスクなどがあげられる（リスクの詳細については，→6-3-1参照）。

[586]　　**3　プロジェクト・ファイナンスのメリット・デメリット**

　　(1)　事業を行う者（スポンサー）の立場から

　　①　メリット

　事業を行う者（スポンサー）のメリットとしては，次のものが考えられる。

- 仮に当該プロジェクトが不振であったりまたは破綻したりしても，スポンサーの資産やそのほかの収入に遡及されない。
- 通常の融資に比較して，多額・長期間の融資が得られる。
- レンダーからの様々な条件・要請に対応することにより，プロジェクトが良質化する。最終的にレンダーによる評価において，融資に足る優秀なプロジェクトと認められたのであれば，スポンサーとしてもある程度安心してプロジェクトに臨める。

　　②　デメリット

　一方，デメリットとしては，以下のものがあげられる。

- 銀行がリスクをとる分，金利が高くなる。
- 借入れの特約条件として，借入人（事業主体）の事業は当該事業に限定され，

416

他の事業を行ったり，プラントの増設等を行う場合には，レンダーの許可がいるなど，事業の自由度が少なくなる。

・プロジェクト・ファイナンスの組成には，弁護士，フィナンシャルアドバイザーなど多くの専門家を起用するため多額の費用がかかる。

・貸付けはシンジケーション（協調融資団）を組成することが通常で，多数の国際金融機関がレンダー等の立場において関与するため，最終合意の形成に時間がかかる。

(2) レンダーの立場から [587]

① メリット

レンダーのメリットとしては，次のような点があげられる。

・コーポレート・ファイナンスと比較して高金利が期待できる。

・Swap Counterparty Fee, Arrangement Fee 等の金利収入以外の収益機会を期待できる

・多額の貸付けを行うことができる。

・事業を完全にコントロールするので債権回収の確実性が高まる。

② デメリット

レンダーのデメリットとしては，次のような点があげられる。

・事業の専門家ではないレンダーは「事業を完全にコントロールする」といっても，結局のところ，スポンサーの意見を尊重せざるをえなくなる。

・いざ，事業が破綻しそうになった場合でも，結局のところ自ら事業を立て直すことは難しく，他の同様の事業を営むものに頼らざるをえない。

・貸付けはシンジケーションを組成することが通常で，多数の金融機関が絡むため，自行の意見だけで意思決定できない。

・手間と時間がかかる（なお，レンダー側のアドバイザー費用もスポンサー・事業会社側の負担となるため，費用に関してレンダーの持ち出しは，原則としてない）。

●●本事例の考え方●●

プロジェクト・ファイナンスは，スポンサーにリコースがない，または，制 [588] 限されているという点でスポンサーにとって魅力的なファイナンスだが，それなりに手間も金もかかるものであり，その後の制約もかなりあるものである。このことをよく理解して，「それでもやる必要があるのか」ということをよく

第6章 プロジェクト・ファイナンス

検討したうえで取り組んでいくことが必要である。

[589]　6-1-2　プロジェクト・ファイナンスの登場人物
　　　　X社から提示された一般的なプロジェクト・ファイナンスの解説には，次のような図が示されていた。プロジェクト・ファイナンスにはどのような当事者が参加してくるのであろうか？

着眼点

　一般的なプロジェクト・ファイナンスに出てくる主な登場人物を理解するとともに，どのような登場人物であれば，よいプロジェクトといえるのかを理解する。

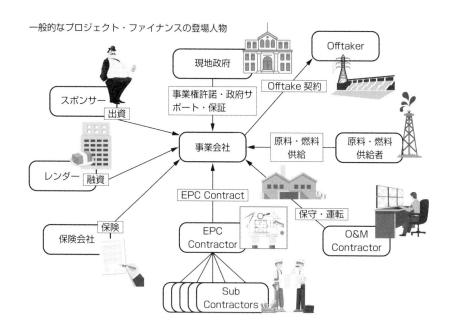

一般的なプロジェクト・ファイナンスの登場人物

ポイント解説

[590]　ここでは，以下の登場人物について説明する。
　　　1　スポンサー（Sponsor）
　　　2　レンダー（Lender）
　　　3　事業会社

6-1-2　［591］

4　Offtaker

5　現地政府

6　EPC（Engineering, Procurement and Construction）Contractor

7　原料・燃料供給者

8　O&M（Operation and Maintenance）Contractor

1　スポンサー [591]

　スポンサーとは，事業を実質的に行おうとするものである。通常は，同種の
プロジェクト遂行経験のある企業が複数社参加する。また，これに加えて，プ
ロジェクト実施国の法制度や政府意向によって，現地パートナー（政府系や民間
企業）の参加が求められることもある。スポンサーが，直接，事業を行うこと
はなく，事業会社を設立し，その事業会社を通じて事業遂行する。スポンサー
は，Offtaker もしくは政府などが行う入札に参加して選ばれることが多い。

　事例では，「当社」は民間電力会社となっているが，この登場人物の中では，
現地に設立する事業会社（SPC）に出資するスポンサーの立場になる。スポン
サーは1社であることは少なく，複数の企業等が共同でスポンサーとなる（そ
のようなスポンサーの共同体をコンソーシアムと呼ぶこともある）。

　スポンサーは，そのプロジェクトに関連する業界で有力な企業がなることが
望ましい。これは，他のスポンサーにとっても，レンダーにとってもである。
たとえば，発電プロジェクトであれば発電機械の製造メーカー，EPC Contract
などの経験のあるエンジニアリング会社，発電所運営経験のある電力会社，プ
ロジェクト・マネジメントの経験のある商社などである。これは，スポンサー
といっても，たとえばファンドなどのように純粋な資金提供の役割にとどまる
よりも，そのプロジェクトの実質的な遂行にある程度の役割を負っており，プ
ロジェクトの成否にある程度の利害関係をもっていたほうがよいからである
（スポンサーと事業会社の利益相反の問題点については→［646］）。

　プロジェクト・ファイナンスで，レンダーにとってもスポンサーにとっても
怖いのは，プロジェクトがうまくいかなくなりかけたときに，あるスポンサー
がノン・リコースであることをいいことに，自分の出資金だけを捨てて，プロ
ジェクトを見放してしまうという状況である。したがって，出資金以外にも，
そのプロジェクトを何とか成功させたいというインセンティブが働くことが望

419

ましい。そして，万一，プロジェクトが立ち行かなくなるような問題が発生した場合には，自分の役割を通じて，プロジェクトの再建に協力するような体制が求められる。たとえば，発電プラントの性能が思うように出ない場合は，EPC Contractor と製造メーカーと電力会社が必死に協力して，その性能基準を達成するようなものである。

　もちろん，スポンサーには，満足な財務能力も求められる。いざ，問題が発生した場合に，資本金以上の追加資金が出てこないということであれば，いくら技術的な能力があっても，他のスポンサーの足手まといとなるだけである。一方で，レンダーに「暗黙の追加資金拠出」を期待させないよう，しっかり交渉することも重要である。

[592]　　**2　レ ン ダ ー**

　レンダーとは，事業会社に融資を行うもので，主に銀行である。民間の銀行のみで融資を行うこともあるが，JBIC（国際協力銀行），US-EXIM（米国輸出入銀行）など公的な金融機関と協調融資団を組んで融資を行うことも多い。1 社で融資を行うことは少なく，4，5 社で協力し合って融資（協調融資またはシンジケートローンなどという）を行うことが多い。

　レンダーの選定によって，そのファイナンス・スキームの性格が決まる。一般的にいって，国際復興開発銀行（IBRD, International Bank for Reconstruction and Development）などの国際金融機関，JBIC などの Export Credit Agency（ECA）など公的なレンダーを入れている場合は，ファイナンスコストが少なく，確実性が高いため，プロジェクト実施国に歓迎される傾向にある。また，カントリー・リスクに強いという点で，スポンサーにも有利な点がある。ただし，融資の条件や交渉手続が固いものとなり，民間だけでレンダーを構成している場合に比べて時間と手間がかかるという傾向がある。要は，プロジェクトの性質を見極めてレンダーを選定することが重要である（公的なレンダーの活用については→［735］）。

[593]　　**3　事 業 会 社**

　事業会社とは，スポンサーによりそのプロジェクトのために新規に設立された会社で，融資契約，Offtake 契約，EPC 契約などプロジェクト関連契約の契

約主体となる企業である。スポンサーが直接・間接の株主（出資者）となっている。そのプロジェクトのために「特に（Special に）」設立されるところから Special Purpose Company（SPC）または Special Purpose Vehicle（SPV）と呼ばれることも多い。いろいろな呼び方があるが，ここでは，事業会社（Project Company）という。

一般的には，株式会社のような有限責任法人とすることが多い。これは，スポンサーが出資以外に責任を負わないようにするためである。Unincorporated Joint Venture や Partnership などの出資者に責任が及ぶ形態とする場合もあるが，その場合であっても，スポンサーとしては，株式会社などを経由して出資することにより，スポンサー本体に直接責任が及ばないように仕組みづくりをするのが普通である。

また，最終的に事業会社をどのような形態とするかは，主に税務，会計上の要請によって決まる。たとえば，事業会社に対して出資する際に株式会社などの有限責任法人を経由する場合，その株式会社をどの国におけば，税務・会計的に不利とならないかということを財務・税務担当者が検討して決定することになる。

4　Offtaker [594]

Offtaker とは，プロジェクトが生産した生産物または提供するサービスを有償で引き取るものである。そもそもこの Offtaker がその生産物・サービスを必要としているために，そのプロジェクトが企画されているという場合が多い。

通常は，政府の部局か，公共企業体か，国営・国有会社などである。プロジェクトが発電事業であれば，電力庁，国営電力会社など，当該国において，住民に電気を配電する責任を負った企業・団体である。また，水道事業であれば，水道局などとなる。

ただし，具体的な Offtaker が存在しないプロジェクトも存在する。ひとつには，事業権型ビジネスと呼ばれるものである。たとえば，高速道路・橋・トンネルなどで通行料を取る権利を与える場合，空港・港・駅などで利用料を取ったり，空港ビル・駅舎などを運営したりする権利を与える場合などである。あえていえば，その施設を利用する民衆が Offtaker ということになる。

もうひとつは，一般の市場（マーケット）に売っていくものである。石油・石

第6章　プロジェクト・ファイナンス

炭・ガスなどでは，価格の変動はあるがマーケットは存在するので，ある程度の価格では売れるであろうというものである。

　Offtaker は，プロジェクト・ファイナンスでもっとも重要な立場にある。Offtaker が支払う代金がプロジェクト・ファイナンスの返済原資となるからである。したがって，Offtaker への信頼がどれだけあるかという判断を行わなければならない。具体的には，過去において，支払停止となったことはないか，Offtaker は，引き取った製品・エネルギー・サービスなどをどのように転売して利益を得るのか，その転売先は安定して支払が可能か，事業規模や事業バランスがどのようになっており，政治状況，為替状況などの変化にどれだけ耐えられるか，などの点を確認する必要がある。

[595]　**5　現 地 政 府**

　現地政府とは，プロジェクトが所在する国の政府である。政府といっても，国そのものではなく，州，県，市等の下部組織という場合もありうる。現地政府が，プロジェクトに関して事業権（ライセンス）許諾者となっている場合もある。また，電力庁，交通局など政府の部局の一部が Offtaker となっていることもある。

　近年の傾向として，現地政府の積極的な関与は，少なくなってきているが，やはり，プロジェクト・ファイナンスを組むような大型案件においては，現地政府の協力というものが必要になってくることが多い。したがって，その政府の安定性の見極めが重要となる。まず，財政的に破綻しそうな政府は要注意である。財政的に安定しているようにみえても，独裁的政権や，汚職の疑いのある政権，その他政情が混乱する要素を多分に含んでいる政権については，いずれ崩壊したり，戦争，武力紛争をおこしたりする可能性が高いので注意が必要である。

　具体的には，Moody's や Standard & Poor's（S&P）などの国債のレーティングを確認したり，その国で同様の大型のプロジェクトを行ったことがあるか，その際に問題はなかったか，隣国との紛争の有無などを調べたりすることが重要となる。また，国そのものではなく，州，県，市といった地方政府である場合には，その権限や，財政基盤といったものも確認しておく必要がある。地方政府でも破産する可能性もあるからである。

422

6　EPC Contractor

EPC Contractor とは，EPC Contract（Engineering, Procurement and Construction Contract）と呼ばれる建設契約に基づき，プラントの設計・調達・建設の全てを行う建築業者をいう。なお，単独の建設業者がすべての建設を行うのではなく，たとえば，風力発電事業のように，タービンのサプライヤー，その他の発電設備の設置・建設，送電線の設置など複数の業者に分けて行うことが通例となっていて，レンダーもこれを認めている場合もある。

EPC Contractor は Offtaker の次に大事である。EPC Contractor がしっかりしていないと，プラントの完成が大幅に遅れたり，性能が思ったように出なかったり，契約金額が膨れ上がったりしてしまう。もちろん，それを防止するために遅延損害金や性能未達損害金を設定したりするのだが，EPC Contractor が倒産してしまえば，そのような損害金を取ることもできなくなる。また，契約金額上限を設けても EPC Contractor が様々な理由をもち出して，増額を要求してくることも多い。契約金額が著しく上がれば，プロジェクトの成功は難しくなる（EPC Contract の注意点については→［638］）。

EPC Contractor の選定にあたっては，次のようなチェックポイントを確認することが重要である。

- しっかりとした財務体質であり，プラント建設期間中の資金負担に十分に耐えられること
- 対象国におけるプラント建設に関して，十分な経験・技術力・人的リソース等を持っていること
- プラント建設に問題が発生した場合に，すぐに他の業者のせいにしようとしたり，施主に訴訟・仲裁の提起をちらつかせたりするなど，素行に問題がないこと

7　原料・燃料供給者

原料・燃料供給者とは，鉄鉱石・石炭・原油・天然ガスなどのプロジェクト実行に必要な原料・燃料などの供給業者である。原料・燃料の供給者が同時にOfftaker になっている場合もある。

なお，太陽光・風力発電，インフラプロジェクトのように原料・燃料供給者

第6章　プロジェクト・ファイナンス

が存在しないものもある。

　原料・燃料の供給者は長期的にプロジェクトを支えるという意味で，安定的な信頼性があるかということがポイントとなる。一番大事な要素は，当然のことながら，長期安定供給ができるだけのリザーブをもっているのかということになる。また，企業自体の経済的な安定的信頼性ももちろん重要である。この点，たとえば国営の石炭，石油会社などは，比較的安心度が高いといえる。しかしながら，国営会社は将来的に民営化される可能性があり，民営化されても経済的に信用できるかという点については，検討しておく必要がある。また，原料・燃料の供給者については，万一の場合に備えて，代替の候補を選んでおくことも大切である。

[598]　　8　O&M Contractor

　O&M とは Operation & Maintenance の略であり，プラントの運転・保守を行うことを指す。O&M Contractor は，単に物理的にプラントの運転をするだけではなくて，プラントの運転計画，保守計画，原料・燃料の保管・調達管理などプラントを運転し続けるための全ての業務を行うものである。ただし，必ずしも外部の業者を雇うのではなく，スポンサーの中にプラント運転の専門家がいれば，そこが運転・保守を請け負うこともあり，また，事業会社の中で，必要な人員を確保して行うこともある。

　O&M Contractor において，重要なことはプラントを運営していくのに充分な「経験」と万一トラブルが発生した場合にそれを自らの費用で解決し，それもできない場合は，賠償金を支払う「財力」ということになる。

　「経験」について注意すべきは，O&M Contractor といざ契約というときに，何らかの事情で，O&M Contractor 側から「現地に新規に設立した子会社と契約してほしい」といってくる場合である。この場合は，仮に親会社の O&M Contractor が経験豊富であるとしても，子会社は経験ゼロである。したがって，親会社からしっかりとした技術者が派遣されることになっているかなど，どのような実務履行体制となるのかを確認したうえで，親会社から子会社の O&M Contract の履行保証をとり付けておくことが必要である。

　また，O&M Contract の代金は EPC Contract に比しても，また，買電契約代金等 Offtake の代金に比しても少額であり，契約違反の場合の損害賠償金も

比較的少額になる傾向にあるため，O&M Contractor に「契約違反しても損害賠償を支払えばよい」といった考えを抱かれないとも限らない。そこで，O&M Contractor については，単に契約関係で縛るのではなくて，O&M Contractor もプロジェクトの成否に十分な関心をもつ程度には，事業会社に対して出資しているスポンサーであることをレンダーなどが求めることがある。具体的には，電力会社などに出資をさせたうえで，その電力会社を O&M Contractor とすることなどである。

Column　現地政府・現地企業がスポンサーとなる場合の問題点　　　　[599]

(1)　政府，政府系企業

政府，政府系企業がスポンサーの一部となることもある。これは，事業権許諾契約や Offtake Agreement といった契約関係のみならず，事業会社の経営を政府が株主としてもコントロールしようという考えによるものであることが多い。

政府がスポンサーになるということは，スポンサー側の考えというものが全て政府側に筒抜けになる可能性があるということであり，民間スポンサーとしてはできれば避けたいことである。このような場合は，政府を除いた民間スポンサーでまず話をして，それから取締役会のような公式の意思決定機関で決議を行うというようなことが行われることがあるが，手間がかかる話である。また，事業会社と Offtaker など政府側の企業とのコンフリクトが出てくる場合，政府は，Offtaker などの側につきがちであり，事業会社としての意思決定に支障をきたすこともありうる。

しかしながら，よい面もある。政府が出資しているということは，政府としても，そのプロジェクトが失敗すれば損失を被ることになり，何としても，そのプロジェクトを成功させようというインセンティブが働くということであって，政府からのより強い協力が期待されるのである。

(2)　現地企業

現地企業をスポンサーの一部にすることが，Offtake Agreement や事業権許諾契約上の前提条件として義務付けられるケースもあり，また，義務でなくとも現地対応の見地から自主的に行うこともありうる。

義務付けられる場合の理由は，現地企業にも利益を分配することと，技術移転を図ることが主である。

現地企業をスポンサーにする場合に気を付けるべきことは「資力」「政府とのつながり」「賄賂の可能性」「実質的に個人である可能性」などである。

① 資　力

　現地の企業が資力不足であることは，よくあることである。にもかかわらず，現地企業としては一定以上の出資比率を確保したいというのが一般的である。そのような場合には，方法として2通りある。ひとつは，資本金額をごく小さく（たとえば10,000円ぐらいに）して，現地企業でも出せる金額とするというものである。もうひとつは，資本金は通常の金額（たとえば，必要資金の30％など）として，現地企業もその金額を出資するが，その原資は，他のスポンサーが出資比率に応じて融資するというものである。

　資本金全体をごく小さくする方法は，レンダーが Debt/Equity Ratio の関係から認めない場合も多い（Debt/Equity Ratio の意味等については，→［656］〔Debt Equity Ratio の項〕参照）。しかし，資本金以外に株主が劣後融資も行う場合に，これも資本としてカウントすることをレンダーが認めるのであれば，資本金をごく小さくすることは，理論上は可能となる（ただし，現地政府が，許認可等の観点からこのような過少資本の会社を認めるかという問題がもちろん存在する。また，仮に許認可等の関係では問題なくとも，税制により，出資に代えて借入れを多くすることによる税負担の軽減を防止するため，一定の割合を超える融資について利息を損金算入できないことがありうるので注意しなければならない）。

　この方法をとる場合の問題点は，現地企業は，実質的にほとんど資金負担をしていないにもかかわらず，事業会社において，出資比率に応じ発言権を有し，また，巨額の配当を得るということである。

　また，資本金の原資を融資する方法については，その返済は，配当がなされた場合にその一定割合を差し引くのみということになることが多く，「ある時払いの催促なし」ということになってしまうという問題がある。さらに，事業会社の株式については，現地企業による無断譲渡などを防ぐために，融資金の返済債務の担保権を設定したいところ，プロジェクト・ファイナンスにおいては，まず，レンダーが全ての事業会社の株式を第1順位で担保に取るうえに，仮に，第2順位以降であっても，その株式に対する担保権の設定を認めないというのが基本的な態度であるために，他のスポンサーが担保権を設定することはなかなか難しいという問題も存在する。

② 政府とのつながり

　現地の企業をスポンサーとするということは，現地の事情に詳しいものを仲間にするということであり，多かれ，少なかれ，現地における影響力，政治力のようなものが期待されている。しかしながら，政府に対して影響力があるということは，逆に，政府に対して情報が筒抜けになっている可能性もあるので注意が必要である。

③ 賄　賂

　現地企業の経営者の中には，政府や国営会社の職員に対して，賄賂を贈って商売をとるということを当たり前と思っているような者がいるかもしれない。

6-2-1 [602]

面と向かって相談してくれれば,「そのようなことは絶対にするな」と,くぎ
をさせるのであるが,陰でこっそりやられたりすると後の祭りである。株主間
協定に賄賂の禁止規定を入れるだけでは,「建前の規定」と思うかもしれない
ので,「何があろうと絶対に,賄賂は禁止」である旨を確実に現地企業の従業
員,役員等に徹底しなければならない。

④ **実質的に個人である可能性**

現地企業の中には,ワンマン経営者が株式のほとんどを保有している場合が
結構ある。こうなるとその会社は実質的にそのワンマン経営者そのものであっ
て,そのワンマン経営者が亡くなったり,引退したりすると,その後継者問題
でもめたり,誰が株式を保有しているのかが不明確になったりということが起
きる。したがって,現地企業をスポンサーとする場合は,プロジェクト期間中,
企業として存続できるのかということをよく確認する必要がある。

●●本事例の考え方●●

プロジェクト・ファイナンスでは,主な登場人物が大体決まっており,その [600]
良し悪しでプロジェクトの良し悪しが決まる。プロジェクト・ファイナンスに
取り組むにあたっては,登場人物の見極めが重要である。一般的には,「資金
力」「役割遂行力」「廉潔性」および「経験」などである。これらに欠けるもの
が含まれている場合はどのように補完されているかも見極めることが重要であ
る。

【事例6-2】プロジェクト・ファイナンスに取り組むことになった [601]

X社によれば,スポンサーには,優秀な EPC Contractor が参加し,
他のスポンサーもプロジェクト・ファイナンス経験が豊富であるとのこと
である。また,レンダーには,ECA を含む優良銀行が選定され,
Offtaker は現地の国有電力会社ということであり,政府保証もつく見込
みという。後は,当社が O&M Contractor として発電プラントをきち
んと運転しさえすれば,問題のないプロジェクトと思われたので,当社と
してプロジェクト・ファイナンスに取り組むことに決定した。

6-2-1 事業推進チームの組成 [602]

当社は,プロジェクト・ファイナンスに取り組むのは初めてであり,どのよ
うな社内・社外の体制を組めばよいのかわからない。

427

第6章　プロジェクト・ファイナンス

着眼点

　プロジェクト・ファイナンスで社内外のチームを結成する際に注意すべき点はどのようなものか？

◢◢ ポイント解説 ◢◢

[603]　**1　社内事業推進チームメンバーの役割**

　どのような事業推進チームができるかは，その会社の仕組み，伝統などにより異なるが，大体，以下のような役割を果たす担当者が必要となる。

[604]　**(1)　プラント建設担当**

　プラント建設担当は，プロジェクトを実施するためのプラントの設計・調達・施工について，もっとも競争力があり，かつ，安定しているものとするための担当者である。自らの会社がEPC Contractorとなる場合以外は，直接，設計図を作成したり，資材の調達リストを作ったりすることはあまりない。EPC Contractorが決まっていれば，EPC Contractorが作成する設計図や調達リストなどの妥当性を判断して，プラントの建設コストや規格，性能等が妥当なものであるかを検証する。EPC Contractorが決まっていない場合には，スポンサーに雇われたコンサルタントが作成するモデルをもとに建設コストの妥当性を判断する。

[605]　**(2)　プラント・事業会社運営担当**

　プラント・事業会社の運営担当者は，プラントの営業運転計画・資金計画，また，事業会社の運営方針・コストなどを最適化するための担当者である。

[606]　**(3)　資金調達担当**（銀行担当）

　対銀行の窓口となる担当者である。財務部などの日常，銀行取引の担当を行っている部署のものがなることが多いが，プロジェクト・ファイナンスを理解していることが必須であるため，特別な部署を設けている場合もある。融資条件に関する知識のみならず，金利のリスクヘッジなどの手法にも精通している必要がある。

428

6-2-1　[611]

(4)　税務会計担当 [607]

プロジェクト・ファイナンスでは，税務上のメリット・デメリットも考えてスキームを組むことが大切であり，そのための担当者が必要となる。具体的には，プロジェクト実施国，本邦の税制を調査理解し，税務会計，法人税，VAT（Value Added Tax），配当課税，租税条約などにつき，精通する必要がある。場合によっては，プロジェクト実施国，本邦以外の第三国に事業会社への出資会社を設立することもあるので，そのような国際税務にも知識がないといけない。

(5)　フィナンシャルモデル担当 [608]

フィナンシャルモデル担当とは，プロジェクトの建設費用，プロジェクトの運用経費・収入，事業会社の運営費用，資本金額，融資金額，融資期間，金利，物価上昇指数，税率などプロジェクトに関するあらゆる財務・会計・税務・商務・オペレーショナル等の情報に基づいて，プロジェクトの採算や資金効率を計算する担当者である。様々な指標を変化させて収益率への影響をみて，プロジェクトのセンシティビティーを量ったりもする。大切なことは，どれだけ現実に即したモデルとなっているのかを見極める能力である。

(6)　信用審査担当 [609]

プロジェクト・ファイナンスでは，EPC Contractor，現地政府，O&M Contractor など様々な関係者が登場するが，これらの関係者の各契約の遂行能力に関して審査するのが役目である。

(7)　保　険　担　当 [610]

プロジェクト・ファイナンスでは，多種多様な保険をかける必要がある。中には非常に高価な保険やなかなか引受け手のない保険もある。保険をかけそこなってプロジェクトが立ち行かなくなるのも困るが，無用な保険や割高な保険は採算にも影響する。保険の担当者は必要十分な保険を適時適価でアレンジしていくのが役目となる。

(8)　法　務　担　当 [611]

プロジェクト・ファイナンス案件に登場する全ての契約書，現地における法

429

第6章　プロジェクト・ファイナンス

律上の問題など全ての契約・法律問題の担当者となる。上記にみるように様々な担当者が関係してくるが，基本的にどの担当者とも最終的にかかわりが出てくるのが法務の担当者であるので，連携は密にとるようにしなければならない。

[612]　**2　社外のアドバイザー**

(1)　Financial Advisor（FA）

Financial Advisor は，プロジェクト・ファイナンスのファイナンス関連の全ての事項を統括してアドバイスするもので，非常に重要である。また，レンダーとの交渉において中心的な役割を果たすもので，プロジェクト・ファイナンスに深い経験を持っていることと，レンダーからも信頼されていることが大切である。Financial Advisor は，Ernst & Young，PricewaterhouseCoopers，Deloitte Touche Tohmatsu，KPMG などの会計事務所や三井住友，三菱 UFJ，みずほなどの銀行の FA 部門がなることが多い。

　なお，Financial Advisor は，あくまで社外の存在であり，最終局面においては，スポンサーの利益よりも，案件をまとめることを優先して，多少スポンサーに不利な条件でも受け入れるように働きかける場合がなくはないので，スポンサーとしては注意が必要である。

[613]　**(2)　Arranger（Lead Bank ともいう）**

　プロジェクト・ファイナンスにおいては，その金額規模が大きいため，多数のレンダーがシンジケーションを組成して貸付けを行うことがむしろ通常であり，その取りまとめを行うレンダーを Arranger と呼ぶ。その役割は，主に，スポンサーとの間で借入条件のうち重要な条件を決定して，参加候補の金融機関に対する参加招聘手続を行い，その後の借入条件の詳細を参加金融機関とスポンサーの間に入って取りまとめることである。また，プロジェクト・ファイナンスに関連して貸付金融機関として押さえておかなければならない法務論点の調査等を Arranger が率先して行い，参加金融機関と共有することもある。Arranger は，複数存在する場合もあり，その場合，Co-Arranger などと呼ばれることが多い。スポンサーと，当該プロジェクト・ファイナンスについての独占的組成契約を締結してから業務を開始するのが通常で，かかる独占契約をマンデートレター（Mandate Letter）と呼んだりする。また，一般的には，融資

430

6-2-1　[616]

実行後もシンジケーションの取りまとめ的な立場を継続することが多く，この場合の役割は通常 Agent と呼ばれるが，その役割に応じて，Intercreditor Agent，Security Agent，Facility Agent，Paying Agent などの呼称が用いられたりする。

(3)　Legal Advisor
[614]

スポンサーが起用する Legal Advisor には，スポンサーが合同でコンソーシアムや事業会社のために起用するコンソーシアムローヤーと各スポンサーが自分のために起用する個別の弁護士の 2 通りがある。

コンソーシアムローヤーは，一般的には，英米の一流弁護士事務所を起用することが多い。これは，プロジェクト・ファイナンスが，最終的には，膨大な英文契約の束を作成することになるため，かかる事務処理能力と経験を有する相当程度の規模の弁護士事務所の関与が必要となるためである。

(4)　その他のアドバイザー
[615]

上記のほかに，技術アドバイザー（Owner's Engineer），保険アドバイザー，マーケットアドバイザー，環境アドバイザーなどを起用することもよく行われる。

Column　Legal Advisor の選び方
[616]

　一流の弁護士事務所は，それなりに高いリーガルフィーを取るものである。数百億円のプロジェクトであれば，全体で 1% ぐらいのリーガルコストがかかることはまれではなく，Legal Advisor の選任の仕方は重要となってくる。

(1)　海外の弁護士事務所・個別弁護士の「格」

　海外のプロジェクトでは，海外の弁護士事務所を起用することも多いと思うが，海外の弁護士事務所には，格のようなものがあり，弁護士同士にもやはり格のようなものがあるように思われる。格下の弁護士事務所の格下の弁護士は，格上の弁護士事務所の格上の弁護士に最初からのまれてしまって，まともな交渉にならない場合があるように思われる。そういう意味からもそれなりの弁護士事務所を起用する必要がある。

　海外の弁護士事務所・弁護士のレベル感や，経験・強みを持つ分野を知るには，以下のようなインターネットサイトを参照することも一つの方法である。

431

第 6 章　プロジェクト・ファイナンス

・Legal 500（https://www.legal500.com/rankings）（世界各国）
・Law Asia（https://law.asia/）（主にアジア）
・Martindale（https://www.martindale.com/）（主に米国）

(2)　プロジェクト・ファイナンスの経験（クラブメンバーか？）

　プロジェクト・ファイナンスの世界というのは，実は，狭い世界であって，どこの国のどのようなプロジェクトであっても，スポンサー，銀行などは，同じようなところを繰り返し出てくる傾向にある。そして，そこが起用する弁護士事務所も大体同じようなところになってくるので，なかなか初めてプロジェクト・ファイナンスを経験する法務担当者が，他のスポンサーが推すコンソーシアムローヤーの選定に口出しをするのは難しいかもしれない。しかし，最低限，これまでどのようなプロジェクトの経験があり，その中でどのような役割を果たしたのかということを確認する必要がある。

　その中で注意すべきは，大きなプロジェクトともなると，実に多数の弁護士事務所が関係してくるので，実際に重要な働きをしているのは，コンソーシアムローヤーとメインのスポンサーのローヤーおよびレンダーの代表のローヤーぐらいであることが多いという点である。マイナーのスポンサーについたローヤーなどでは，ほとんど仕事をしていないにもかかわらず，経歴には，あたかも自分がそのプロジェクトを全部仕切ったように書いていることもある。したがって，あるプロジェクトに参加したことがあるといわれても，そのプロジェクトで誰のローヤーで何をしたのかということは，きちんと確認しなければならない。

(3)　各スポンサー個別の弁護士の必要性

　各スポンサーが個別に弁護士を起用することは必ずしも必要ではないが，自分たちがあまりプロジェクト・ファイナンスに経験がない場合には，起用したほうが賢明である。その理由としては次のようなものがあげられる。

・まず，株主間協定・スポンサー間協定については，コンソーシアムローヤーは，特定のスポンサーに味方するわけにはいかないので，特定のスポンサーからの個別の相談には乗ることができない。このため，個別の弁護士がいなければ，株主間協定・スポンサー間協定の交渉においてそのスポンサーが自ら交渉することになるため，プロジェクト・ファイナンスについてある程度の経験がないと，他のスポンサーのいいようにやられてしまう危険がある。
・株主間協定等以外の場合でも，たとえばプラントの建設，プラント運転保守業務などを事業会社から請け負おうというのであれば，これらについて事業会社と締結する契約のアドバイスも必要となってくる。

・コンソーシアムローヤーが本当にコンソーシアムのための働きをしているかということを監視するにも，やはり，プロジェクト・ファイナンスに精通した弁護士のアドバイスは必要になる。コンソーシアムのローヤーといっても，実際には，スポンサーの誰かのお気に入りの弁護士事務所であることが多く，その場合，その弁護士事務所は，そのスポンサーのいうことをもっともよく聞くということになりがちである（いつも多額のフィーを払ってくれるお得意様だと仕方がない面もある）。そうすると，ついついそのスポンサーに有利な形で，融資契約や建設契約を取りまとめてしまう危険性は存在する。その際に，個別の弁護士がいないと，仮に法務担当者のあなたが「なんかおかしいんじゃないか」といっても，「プロジェクト・ファイナンスはこんなものだ」といわれてしまって，すごすごと引き下がってくることになりかねないのである。

(4) 各スポンサー個別の弁護士の選定のポイント

個別のローヤーの選択のポイントとしては，あなたの会社のことをよく知っていて，なおかつ，プロジェクト・ファイナンスのこともよく知っている法律事務所が望ましい。必ずしも，あなたの会社のことをよく知っている弁護士とプロジェクト・ファイナンスのことをよく知っている弁護士は同じ人でなくてもかまわないが，その事務所の中で前者が後者を監督する体制，あるいは，前者と後者のコミュニケーションがよくとれる状況にあることを確認したうえで委任することが必須である。

会社のことをよく知っているというのは，会社の意思決定方法や考え方の傾向などをよく知っているということである。プロジェクト・ファイナンスでは当たり前のようなこと（たとえば，全ての契約を担保に差し出すなど）であっても，慣れていない会社などでは，拒否反応が出ることも多い。そのような事項について，依頼主の会社の確認もとらずに弁護士が話を進めてしまうようなことがあると，社内で不信感をかうことになる。

(5) 弁護士料の設定

弁護士との弁護士料の設定も十分にやっておく必要がある。

プロジェクト・ファイナンスは，契約書の数・ボリュームも検討すべき事項も山のようにあるので，思いつくままに作業を依頼していると，とんでもない金額の弁護士料の請求が来てしまう。

こういうときは，事前に，弁護士事務所との間で，料金の見積りをとることが必要である。その際に，どのような作業をいつまでにどのような弁護士が行うのかということを明確にしておく必要がある。無理に金額を値切るとHourly Rate は低いがあまり経験のない弁護士が作業を行うことになり，質の高い仕事ができない場合もある。

第6章　プロジェクト・ファイナンス

　また，ときに Financial Advisor の事務所の中に法律部門があり，こちらを使ったほうが安上がりですよという誘惑的な提案があることがある。しかし，Legal Advisor は時に，Financial Advisor が暴走して，危険な条件をのんでまで案件をまとめようとするようなときにこれを止める役割を果たすので，Financial Advisor の法律部門を Legal Advisor として使う場合は，自分たちがプロジェクト・ファイナンスの中身を充分に理解していて，いざその Legal Advisor が必要以上に Financial Advisor 寄りの発言をしたときに，きっちり見分ける自信があるかなどの点に十分注意する必要がある。

　⑹　現地法のローヤー
　コンソーシアムのローヤーとして，現地法に詳しいローヤーも必要とされるが，その際の注意事項については後で説明しているので（→［730］），そちらを参照願いたい。

●●本事例の考え方●●

[617]　　プロジェクト・ファイナンスは，ビジネスの理解力，技術力，財務・会計・税務処理能力，法務能力など，その会社の総合力が問われるものであり，その専門の担当者をひとつにまとめあげることが非常に重要である。また，社内のリソースだけでは限界があるので，優秀な社外のアドバイザーを選ぶことも非常に重要になってくる。

[618]　　**6-2-2　実務の流れ**
　社内のチームについては，X社のアドバイスも受けて結成し，社外のアドバイザーについて，Financial Advisor は，他のスポンサーと共同で起用し，Legal Advisor は，他のスポンサーと共同のものと，当社個別の弁護士事務所も起用した。
　さて，これからどのようなスケジュールでプロジェクトは進んでいくのだろうか。

着眼点
　プロジェクト・ファイナンスが組成されるまでの手続の中で重要な点を理解する。

434

プロジェクト・ファイナンス組成までの流れの例

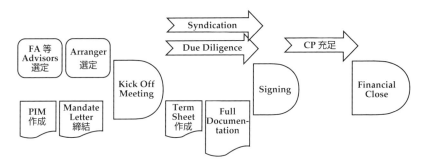

ポイント解説

プロジェクト・ファイナンスの組成までの一般的な流れは、次のようなものである。

- まず、Financial Advisor を選定し、彼らとともに Preliminary Information Memorandum（PIM）を作成する。これを元に、融資予定金融機関の中から Arranger を選任し、融資契約等の条件交渉に入る。Arranger とは、Mandate Letter を交わす。ECA などの公的金融機関を入れる場合には、この時点で申込みを行う。
- 融資契約条件の交渉は、最初に Term Sheet という契約書の概略を項目ごとに定めたものを作成し、その後、Full Documentation と呼ばれる正式契約書の作成作業が行われる。
- それと並行して、事業性などの検証作業（Due Diligence）も行われる。
- Arranger は、プロジェクト・ファイナンスに参加する協調融資団を組成する。これをシンジケーションの組成という。シンジケーションは普通最終の融資契約などを締結する前に、Term Sheet 等により条件を提示して参加を招聘する方法により行われる。また、Arranger が1行または比較的少数の金融機関とともにあらかじめ融資契約を締結したうえで、その後、他の金融機関に声をかけていくという方式も行われる（これを Sell Down といい、通常、参加金融機関に対してローン債権を債権譲渡する方法により参加させる）。シンジケーションに参加を検討する金融機関に対しては、Final Information Memorandum（FIM）が開示される。
- 融資契約が締結されて、ローン実行の前提条件（Conditions Precedent, CP）が

第 6 章　プロジェクト・ファイナンス

全て満たされると，資金の貸出しが行われる。これを Financial Close という。

[620]　**1　Preliminary Information Memorandum（PIM）**

PIM とは，Arranger となることを検討している銀行に対して提示されるプロジェクト・ファイナンスの基本となる条件を記載したものである。具体的には，次のような事項が記載される。

① プロジェクトの概要（事業の種類，登場人物，主要な契約，所要資金，予想収益など）

② ファイナンスの概要（資本金・融資金の金額，金利，返済プラン，保証・担保の状況など）

③ Mandate Letter のドラフト

[621]　**2　Mandate Letter**

Mandate Letter とは，Arranger とスポンサー・事業会社との間で締結されるシンジケーションに関する合意事項をまとめたものである。主な条項としては次のようなものが含まれる。

[622]　**⑴　Arrangement Fee と Cost & Expense**

Arrange を行うことについての手数料と Arrange に要する費用の分担について取り決める。

[623]　**⑵　Underwriting Commitment**（そうでない場合は **Best Effort Base**）

Underwriting Commitment とは，Arranger が Mandate Letter に添付された Term Sheet に基づき融資を行うという確約である。ただし，以下のような条件が付くことが多い。

① 正式な融資契約書の内容に合意すること

② 適切な Due Diligence が行われ，満足な結果が得られること

③ 事業会社がプロジェクトを遂行するにあたって重大な悪影響が生じるよう

6-2-2 [626]

な変化（Material Adverse Change）がプロジェクトに関して発生していないこと

④　Mandate Letter の条項にスポンサー，事業会社が違反していないこと

　プロジェクト・ファイナンスにおいては，融資予定金額の全額が実行されないとプロジェクト自体が資金不足となるため，「残額引受方式」（Underwriting Base），すなわち，シンジケーションが満額組成できなかった場合は残りを Arranger が引き受ける約束をとりつけることが望ましい。ただし，近年では，金融市場の不安定化を受けて，条件付きといえども確約が得られない場合も多い。そのような場合は，Arranger の義務はシンジケーションの組成に向けて努力することにとどまり，かかる場合を Best Effort Base という。

(3)　Exclusivity [624]

　Mandate Letter の有効期間中は，同じプロジェクトのファイナンスについて，他の Arranger を選任してはならず，当該 Arranger に独占的にシンジケーションの組成権を与えなければならない，とする独占条項が入ることが多い。

(4)　Clear Market [625]

　Clear Market とは，一定の期間，スポンサーおよびその関連会社が，競合しうる他のファイナンス案件を行わないという約定である。これは，Arranger としては，他のレンダー候補に話をもっていく際に，同じスポンサーが行う，より魅力的なファイナンス案件があると，それと競合してしまうからである。ただし，スポンサーが同時に複数のプロジェクトを遂行する大きな会社などの場合は，この条項をそのまま受けることができないので，競合しうるファイナンス案件の種類・地域・規模を限定するなどの交渉の必要がある。

(5)　Market Flex [626]

　Market Flex とは，Arranger が，金融市場の状況などを勘案して，金利，融資期間，返済スケジュールなどの主要な融資条件を変更することができるというものである。これは，事業会社側としては，プロジェクトの成否にかかわるような大きな影響のあるものであり，本来受け入れ難いものであるが，2008

437

年のリーマンショック以降さらに一般化している条項である。したがって，丸ごと拒否することは難しく，Arranger が変更できる内容をできる限り明確にし，変更できる際の要件なども極力絞るなど，きっちりとした交渉をしなければならない。

[627]　(6)　**Termination**

Arranger は通常，融資契約が正式にサインされるまでは，フィーを受け取らないこととなっているため，Mandate Letter を事業会社が解約する権利を認めたがらない。しかしながら，交渉により次のような解約条項を入れることは通常可能である。

① 一定期限までに，融資契約が正式にサインされない場合
② Arranger の重大な違反により，一定期限までに融資契約が正式にサインされないことがほぼ明白な場合
③ プロジェクト全体が取りやめとなった場合
④ Market Flex による条件変更が事業会社にとって認められない場合

[628]　**3　Kick Off Meeting**

Kick Off Meeting は，プロジェクト・ファイナンス組成のための最初のミーティングのことである。その時期はプロジェクトごとに異なるが，通常，スポンサー，Financial Advisor，Legal Advisor，Arranger などが決まった時点でこれらのものを集めて行う。内容としては，プロジェクトの概要，ファイナンス・スキームの概要，役割分担，今後の予定などについて話し合うことが多い。

[629]　**Column　Kick Off Meeting は意味があるのか？**

キックオフミーティングでは，大体がプロジェクトや諸契約についての基本的な説明と，大まかな日程が確認されるだけのことが多く，忙しい法務担当者としては，わざわざ外国まで出張していかなくても，あとから他の担当者から資料を見せてもらえば何とかなりそうである。しかしながら，このミーティングに出ているのといないのでは，後から大きな違いが出てくる。このミーティングに出ることによって，相手方の顔つきや，性格のようなものがわかる。こ

438

6-2-2 ［631］

れは，そのあと飛び交うことになる Email で「見たことも聞いたこともない Mr. ○○」なのか，「あの時一緒にビールを飲んだ Bob」なのかでは，大きな違いがある。後者はかなり精神的なストレスを減らしてくれる。また，Kick Off Meeting に出てくるということは，「その案件の法務の主担当である」と関係者全部に宣言するようなものである。相手方もあなたが Legal の主担当であるということをわかってくれれば，Email で問い合わせをしたときでも，全然対応が違ってくる。ここは，他の担当者から「来なくていい」といわれても同行するくらいの気持ちでいるほうがよい。

4 Term Sheet ［630］

Term Sheet とは，融資関連契約の主要な項目を比較的簡潔に取りまとめたものである。簡潔といっても，十数ページ以上に及ぶこともあり，日本のちょっとした長い契約書と同じぐらいの分量があることもある。

融資関連契約の条件交渉は，この Term Sheet により行われる。契約書の Full Draft をもとに交渉することは，時間的に不効率なためである。Term Sheet は，法的拘束力がないものとして作成されることが多いが，これを事後ひっくり返すのは，よほどの両当事者の想定外の後発事象でも出てこない限り，現実的にほぼ不可能である。したがって，Term Sheet の交渉は法務担当者にとってもっとも大切な部分であろう。

5 Full Documentation ［631］

Full Documentation の交渉は，主にプロジェクト側およびレンダー側の弁護士事務所が担当する。融資関連の契約書は，主に Arranger の選任したレンダー側の弁護士事務所がその事務所の標準フォームにより作成することが多い。プロジェクト側は，その契約書の内容が Term Sheet の内容と合致していることを確認することはもちろんであるが，Term Sheet にないプロジェクト側に不利な条項が紛れ込んでいないかということを確認することも大切である。

なお，融資関連契約以外の EPC Contract，O&M Contract など Project Agreement といわれる契約については，プロジェクト側の弁護士事務所がフォームを作成する。Project Agreement については，契約の相手がそれぞれ異なるが，その内容については，レンダーの承認が必要となる。したがって，

439

第 6 章　プロジェクト・ファイナンス

プロジェクト側としては，契約の相手との交渉のみならず，常にそれがレンダーの承認を得られる内容かということを確かめながら交渉する必要がある（レンダーが好む契約内容については，→事例 6-4 を参照）。

[632]　**6　Financial Close**

　プロジェクト・ファイナンスでは，融資契約にサインしたからといってすぐにお金を貸してくれるわけではない。融資が実行されるためには，政府の許認可，スポンサーの社内許可，Project Agreements の発効など満たされるべき条件がいくつもあり，サインから実際の引落しまで数か月以上かかることもある（引落しの詳細手続について→ [661] [662]）。

　Financial Close は，その貸出実行金が引き出されるための条件を全て満たしているかということを確認する作業である。たとえば，取締役会の承認決議など，社内手続を行っているか，EPC Contract，O&M Contract その他の Project Agreements が全て締結されていて発効可能な状態となっているか，政府の許認可など必要なものは全て取得されているか，担保権の設定や対抗要件具備が完了しているか，などを全て書証で確認していくものである。

[633]

> **Column　Financial Close は事務作業か？**
>
> 　Financial Close は，一見，事務的な作業にみえるかもしれないが，ここでも法務担当者がアドバイスするところは多い。たとえば，取締役会の承認決議にしても，会社によっては取締役会規則等により，そもそも承認の対象となっていない場合もある。また，議事録にしても社外に開示禁止という規則がある場合もある。そのような中で，どのような書類を取締役会議事録の代わりに提出できるかということを考えるのも法務担当者の役目となる。大したことがないように思うかもしれないが，海外のレンダーに納得のいく日本の会社法上の意味を説明することは，なかなか大変である。
>
> 　また，Financial Close では，関係者はみな何とかして予定の日に Financial Close をさせたいと考えているため，最終局面では，まだ正式にそろっていない書類や内容が詰まっていない書類でも，それを正式なものと認めたり，その書類自体を条件から外したり（これを条件の放棄＝Waiver という），代わりのものをとり付けたりということが起こる（Financial Close 後のパーティーの準備など始まっているときはなおさらである）。
>
> 　法務担当者としては，最終的な場面で急な変更や条件の放棄について，同意を求められることがある。普通の場面では，それは「社内許可違反ですからで

440

6-2-3 [635]

きません」とか「それでは，プロジェクトにとって大きなマイナスです」とか
言えるものであっても，周り全体が「そんなこと，もういいじゃないか」とい
う雰囲気になってくると，なかなかそうはっきり言うことは難しい場合もあ
る。

　しかし，ここで踏ん張るのが法務担当者の役割である。本当に，放棄しても
いいものと，やっぱりどうしても必要なものの見極めというのが大事になる。
そうでないと後から，なんでこんなものにサインしたのかとか，なんで条件も
そろわないのに金を引き落としたのかということになってしまう。

●●本事例の考え方●●

　プロジェクト・ファイナンスは，FA の選定に始まって，PIM 作成，[634]
Arranger 選定，Mandate Letter 締結，Kick Off Meeting，契約交渉，Due
Diligence，Signing，Closing と，いくつもの重要なステップを踏んで進んで
いくものであり，そのひとつひとつのステップのもつ意味とその中で達成して
おかなければならない事項を認識しておくことが重要である。

6-2-3　プロジェクト・ファイナンスの契約書 [635]

　社内の推進チームにプロジェクト・ファイナンス関連契約書のファイルが送
られてきた。融資契約関連だけでも数種類もあり，それ以外の契約書も十数種
類ある。法務担当としては，全て読み込まなければならないと思うのだが，そ
れにしても，あらかじめ，ある程度何が書いてあるのかわからないと理解する
のが大変である。

着眼点

　プロジェクト・ファイナンスでは，どのような契約が締結されるのか，それぞれの
契約で注意すべき点は何かを理解する。

441

第6章　プロジェクト・ファイナンス

一般的なプロジェクト・ファイナンスの登場人物（再掲）

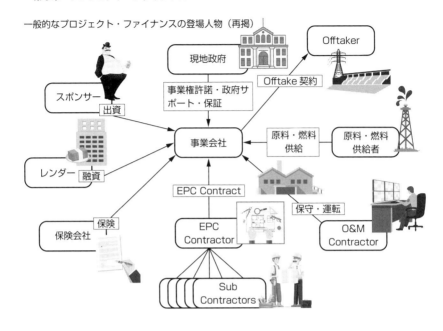

ポイント解説

[636]　1　融資契約・担保契約

　　プロジェクト・ファイナンスの融資契約は，Facility Agreement もしくは Loan Agreement と呼ばれ，レンダーである協調融資団と事業会社の間で締結される。融資契約自体は，融資の種類（融資者，通貨，返済条件等の違い）により2，3種類程度である。融資契約以外には，各種担保設定契約およびレンダー間の関係を定める担保協定，スポンサー等から保証が差し入れられる場合の Letter of Guarantee，融資金返済・利益配当の優先順位その他株主であるスポンサー，レンダー等との権利関係を決める Subordination Agreement，全ての融資・担保契約等に共通の事項を定めた Common Terms Agreement など，様々な融資関連契約が締結される（詳しくは後述→［654］）。

[637]　2　政府サポートレター・政府保証状

　　プロジェクト・ファイナンスが付くぐらいのプロジェクトになると，当該国の政府の協力が必要になってくる場合が多い。かつては政府の保証状なりサ

442

ポートレターというものをとりつけることがよく行われた。現在でも，案件の性質やその国情などによっては，必要な場合も出てくると思われる。

その内容としては次のようなものがあげられる。

・国営会社による支払のサポート
・優遇税制の維持（もしくは，不公平課税を行わない保証）
・輸出入通関の公正さの保証
・事業に必要な許認可の適切な承認
・水・電気・道路・インターネット回線などの Utility の提供
・外貨への転換・外国送金の保証
・強制収用の場合の補償金金額算定方法と支払確約
・紛争処理の方法（仲裁ルール・仲裁地）

このような政府サポートレター・政府保証状については，その実効性が問題となる。政府は一般的に，できるだけ法的な効力のあるサポートレター・保証状を出したがらない傾向にある。何か出してくるとしても最初は「Offtaker が支払を続けられるように見守ります」というようなあいまいな表現による "Comfort Letter" のようなものを出してくることが多い。

しかしながら，あいまいな表現による一方的な差入れ形式のレターでは，「合意」を基とする「法的効果のある契約」というものになりづらいため，極力，政府と事業会社（もしくはスポンサー）が両者サインする「契約書」の形式をとることが望ましい。そのための交渉は粘り強く行うことが必要である。

また，政府との書面のやりとりでは，そのサインをするものに本当に政府，国家を代表する権限があるのか，ということを確認しなければならない。たとえば，発電担当の省庁の大臣が，所得税や輸入関税に関する約束をする権限がない場合もありうる。

法的な実効性をもたせる方法として，側面的であるが次のようなものもある。

・準拠法の記載
・仲裁地・仲裁規則の記載

第 6 章　プロジェクト・ファイナンス

いざ，法的な効力が争われたときに，このような条項があれば，「法的な解決に関する記載があることは，この書類が法的な書類であるという証拠である」と主張することが可能となるという理屈である。

[638]　　3　EPC Contract（設計調達建設契約）

プロジェクト・ファイナンスにおいては，発電所や浄水場などの利益を生むプラントの建設については，「1 つの業者が全責任」をもって「一定の期限」までに「定額」で「一定の性能」を持ったプラントを建造することが求められる。このような建設契約を EPC Contract という。EPC とは，Engineering（設計），Procurement（調達）and Construction（建設）の略である。プロジェクト・ファイナンスでは，ひとつのしっかりとした契約履行能力のある企業が設計から部材・原料の調達そして建設までの全てを担当し，この 3 つについての責任を負うことが原則である。これらの原則は一見，当たり前のものと思うかもしれないが，実は建設業界では比較的新しい考え方である。

伝統的なプラント建設契約（たとえば FIDIC の Red Book）では，そのプラントについて十分な知識をもつ施主が設計を行い，その通りに建設する業者を雇って，部品・部材などについても指定を行ったうえで施工をさせる。そして，設計図通りにできあがっている限り，業者は，原則として，プラント全体の性能の保証など行わない。契約代金については，業者の実費に手数料を乗せたもの（Cost Plus Fee）が支払われる。この金額は，工期の長さや工程の複雑さなどにより，上下しうることになるが，この方法のほうが，結果的に安くプラントを建設できる可能性が高いといわれている。なぜなら，逆に，EPC Contract のように，定額で工期も性能も保証しなければならないということになると，Contractor 側としては，何かあった場合に備えてたっぷりと Contingency（予備費）を積む傾向があるので，結果として工事代金は割高となるからである。

それでは，割高とわかっていても，なぜ EPC Contract のような契約形態とするかというと，伝統的な方法は，工事費の増額，工期の延長，性能の未達などの事態が発生したときに，その原因が施主の設計にあったのか，業者の施工にあったのか，部品・部材にあったのか不明確になり，紛争が起こる可能性がかなりの確率でありうるからである。そして，こうなると施主が思わぬ多額の損害を被り，融資金の返済が困難となる事態がありうる。レンダーとしては，

444

6-2-3 [639]

そのような事態の発生を極力避けるために，多少，高価格となろうとも，全ての設計・調達・建設工程を一定価格で一定納期に一定性能のプラントを供給することを信頼できる Contractor に負わせることを選ぶのである。

　ただし，洋上風力発電などの，進化途上の複数の製造・据付・建設・土木等の技術を要するもので，一つの建設業者に責任を負わせることが困難な場合もある（Multi-Contract 方式）。この場合の問題点は，工期遅延，建設費増額，性能未達などの問題が発生した場合に，どの業者がどれだけ責任を取るのかということが不明確になりやすいということである。このリスクを軽減するためには，すべての建設工程・進捗管理を統括するコンストラクション・マネージメント会社（Construction Management company）を起用，あるいは事業会社内で十分な人員を抱えたコンストラクション・マネージメントの専門部署を設置して，それぞれの契約間の齟齬を事前に解消したり，問題が発生した場合の紛争処理に当たらせることが有効とされている。

また，主要な業者と事業会社の間で Interface Agreement などと呼ばれる契約を締結して，並行して行われる作業の情報交換・調整・紛争解決などを潤滑に行われるよう取り図ることも重要とされている（Interface Agreement を結ばずに各業者との契約の中に同様の条項を埋め込む場合もある）。

　なお，実際の契約書作成においては，一定価格，一定納期，一定性能ということが実現できなかった場合に，どのように処理するのかという点について，厳しい交渉が行われる。完工が遅れたり，性能がでなかった場合は，予定損害金（Liquidated Damages，業界では，リキダメと呼んだりする）を Contractor が払うとするという規定は，至極当然で交渉の余地はあまりないと思うかもしれない。しかし，それでは，「Contractor の責任でない不可抗力や Owner の契約違反により，遅延したり，追加費用が発生したりした場合」はどうするのか，また，「Owner も契約違反しているが，Contractor も同時に違反している場合」はどうするのかといったことは，それほど簡単な話ではない（EPC Contract に関する具体的な注意点については→［700］〜［703］［734］）。

4　Offtake 契約
[639]

　プロジェクト・ファイナンスにおいては，一般的に，融資金を返済したうえで，スポンサーとして満足できる配当が可能な利益が長期に安定して出ること

445

が必須である。このため，少なくとも融資金の返済期間にわたり，何らかの物かサービスと引換えに，信頼のおける政府・企業等（Offtaker）が返済の財資となる金銭を事業会社に支払うことを約束する契約（Offtake 契約）が事業会社との間で締結されることが望まれる。この Offtaker はプロジェクトの性質によりそれぞれ異なる。たとえば，発電所のプロジェクトであれば，電気の売り先である当該国の電力庁か電力会社等であるし，石油精製のプロジェクトであれば，当該国のエネルギー庁か石油会社が Offtaker となることが多い。

Offtake というのは，「必ず引き取る」といった意味合いで名付けられているが，実際には，「引き取るか否かにかかわらず，必ず支払う」ということに重きが置かれている（Take or Pay などともいわれる）。

石炭・ガスなどの燃料による発電プロジェクトの場合でいえば，電力料金は，基本的に発電容量（200MW などの発電能力）を維持することに対する固定料金と，実際の発電量（1 時間あたりの発電 kW 数）に応じた変動料金の 2 本立てで構成されることが多い。このうち固定料金は，主に発電所の建設代金の返済の財資等に充てられるものであり，一方の変動料金は，主に石炭・ガスなどの燃料代，人件費等に充てられるものである。固定料金は，実際の発電量が仮にゼロであっても支払われるものである。したがって，事業会社としては，「発電所を常に稼働可能な状態にしておきさえすれば，仮に一切電力会社が電気を使用しなくても，融資金の返済は可能で，ある程度の利益もあげられる」というように電力料金を設定できれば，発電量が変動しても問題ないということになる。

風力・太陽光などのリニューアブルエナジーによる発電プロジェクトの場合は，安定的な発電量を維持することが難しいところから，この発電容量を維持することの対価としての料金は設定されず，実際の発電量の対価が料金となる。また，二酸化炭素ガスを発生せずに発電することによる Carbon Credit などの環境対価も事業会社の収入となるのが原則である。なお，その際に，当該国特有の固定価格買取制度（Feed-in Trif）や Carbon Credit を利用することも多いが，その堅牢性，永続性についてもよく検討して，プロジェクト期間中に，廃止・変更される危険がないかも確かめる必要がある。

石油精製プロジェクトの場合でいえば，「エネルギー庁や石油会社などの Offtaker が，プロジェクトが生産する石油製品を毎月最低何トン引き取るものとし，その最低数量の引取りができない場合は，その分の価格相当金額を事業

会社に支払う」といった取決めがなされることが多い。引き取れなかった場合に支払われた金額については，契約の内容により，翌月の支払に充当されることもあれば，そうでないこともある（翌月の支払に充当される場合は，翌月に最低数量を超えて引き取った製品の代金に充当するとすることが一般的である）。製品価格については，固定とされることもあるが，石油は価格変動が大きい商品なので，WTI（West Texas Intermediate，米国西部テキサス原油価格）などの国際的な石油価格指標に連動するとすることが一般的である。この場合も，理論上は，仮に石油製品を一切引き取らなくとも代金は支払われるので，プロジェクトとしては成り立つということになる（ただし実際には，そのような事態になると，Offtaker はいろいろと理屈をつけて支払を拒むので，紛争となることが多い）。

Offtake 契約の変形として，Energy Conversion Agreement もしくは Tolling Agreement と呼ばれるものもある。これは，石炭，石油，ガスなどの原料を Offtaker が供給し，これを事業会社が電力や石油化学製品などにして Offtaker に供給するものである。これは，委託加工のようなもので，原料は無料とするほうが普通である。このような場合でも，一定量の原料供給，製品引取りが義務付けられており，仮にこれを行わなくても所定の料金を支払うというのは同様である。

5　事業権許諾契約（Concession Agreement, License Agreement, Implementation [640] Agreement など）

高速道路，鉄道，航空，空港といった交通事業，水道，発電，ガスといった Utility 事業などは，国家の特別な許可が必要な場合がほとんどである。事業権許諾契約とは，そのような場合に，政府などと事業会社（もしくはスポンサー）の間で締結される契約で，どのような事業を何年間行う権利を政府が事業会社に与えるかということを定めるものである。この場合の政府などを事業権許諾者（Concession-Granting Authority もしくは Licensor など）と呼び，事業会社を事業権者（Concessionaire もしくは Licensee など）という。

事業権許諾契約には，BOO，BOT および BOOT などと呼ばれる類型がある。これらはたとえば，「事業会社がこの土地にこのような発電所を建てて，30 年間運営する権利を許諾します」というように，本来は，政府が行うべきインフラ整備・運営を民間に委託するような場合によく使われる概念である。

第6章　プロジェクト・ファイナンス

このうち BOO とは，Build Own Operate の略で，「プラントを建設して，所有して，運営する権利を与える」というものである。

また，BOT とは，Build Operate Transfer の略，BOOT とは，Build Own Operate Transfer の略であり，この2つはいずれも，「プラントを建設して，所有して，運営する権利を与えるが，一定期間後に，政府や国営会社に譲渡してくれ」というものである。

なお，事業権許諾契約の中には，政府・公共企業による製品の引取り義務など Offtake 契約の主要な要素を含んでいて，Offtake 契約を兼ねている場合もある。また，空港事業のように事業権だけを与えて Offtake の要素のないプロジェクトの場合は，事業権許諾契約だけが締結される。

ところで，事業権許諾契約も政府サポートレター・保証状も政府が当事者となるので，事業権許諾契約がしっかりとできていれば，政府サポートレター・保証状は不要となるはずである。しかし，実務的には，事業権許諾契約や Offtake 契約が「事業権を与える」「製品を引き取る」などの具体的な行為について担当の政府部局と詳細に取り決めるものであるのに対し，政府サポートレター・保証状は，首相や大統領など，より上位の者から，そもそも政府として，そのプロジェクトの邪魔をせずに，しっかりとサポートするという基本的な確約をとり付けるものであり，その目的の違いから，別々に締結もしくは発行されることが多い。

[641]　　6　原料・燃料供給契約

原料・燃料供給契約は，プロジェクトに必要な原料・燃料を調達するための事業会社と原料・燃料供給業者との契約である。期間は最低でも，融資返済までの期間とすることが多く，プロジェクト全体の期間とすることも多い。

原料・燃料供給契約では，まず，供給業者に長年にわたって安定した供給能力があるかということが重要になる。原料・燃料が，天然ガスなどの一次産品であれば，オンスペックの埋蔵量，掘削能力，生産地からプロジェクトサイトまでの輸送・貯蔵インフラ等がしっかりしているかということが，まずポイントとなる。また，他の顧客に優先して供給してもらえるのかということが大切である。その旨の規定がないと，供給能力が不可抗力で低下した場合などに，他の顧客と契約数量をもとにした案分比例で分けなければならないので，事業

6-2-3 [642]

会社が使う分に足りないというようなことも起こりうる。一方で，引取りの保証を要求されるということが多いが，何らかの理由で，電気などのプロジェクトの生産物が引き取られないような状況になった場合を考えると，原料・燃料も引き取らなくていいというようなオプションにしていたほうがよいこともある。

また，原料・燃料価格について，契約期間全体にわたって，固定価格というわけにはいかず，一般的には，市場価格指標，消費者物価指数などを用いて，価格を変動させるという方法がよくとられている。

なお，前述のように，太陽光・風力発電，インフラプロジェクトのように原料・燃料供給契約が存在しない場合もある。

7　O&M Contract　　　　　　　　　　　　　　　　　　[642]

O&M Contract とは，プラントなどの運転・保守（Operation and Maintenance）のための契約で，事業会社と O&M Contractor との間で締結される。O&M Contract 上，O&M Contractor は事業権許諾契約，Offtake 契約，諸法令，業界基準等に則った運転・保守の実行について責任を負う。個別には通常，次のような事項が O&M Contractor の業務となる。

・プラント運転に関して必要な許認可の取得
・年間予算の策定，予算内での運営費用管理
・原材料の調達
・スペアパーツ・保守器具の調達
・定期点検・保守計画の策定および実行
・緊急修理
・運転・保守・安全に関する記録

O&M Contract では，プラントが契約で合意された基準よりも効率的に運転された場合には，ボーナスが支払われ，非効率的に運転された場合には，Liquidated Damages（予定損害金）が支払われることが通常である。

たとえば，燃料発電プラントの場合，ヒートレート（発電量に対する使用燃料比率）が約束された数値よりもよくなれば，それだけ，少ない燃料で発電できたことになるので，燃料代の一定割合相当を O&M Contractor に支払うと，取

449

第6章　プロジェクト・ファイナンス

り決めることがある。一方，約束された数値よりも悪くなれば，逆に余計にかかった燃料代の一部をO&M Contractorに負担してもらうということになる。また，1年のうち，どれだけの日数について，発電プラントを発電可能な状態としたかによって，買電契約上，契約代金が変わってくる仕組みであれば，発電可能な日数が，約束された日数よりも多ければ，ボーナスが支払われ，少なければ，Liquidated Damagesが支払われることになる。このように，O&M Contractorにインセンティブを与えることにより，効率的なプラントの運転を目指しているのである。

　洋上風力発電では，タービン供給業者との間でタービンについての長期保守契約を締結し，その他の部分については，別途，保守業者を選定して契約を締結することが行われる。タービンの保守契約では，熱効率に関する規定はないが，稼働可能時間，発電性能等について，「○○％以上○○％未満」という保証がなされる。この範囲に満たない場合に，Liquidated Damagesがタービン供給業者から支払われ，この範囲を超える場合に，ボーナスが支払われるのは，燃料発電プラントと同様である。

[643]　ところで，O&Mとは，「プラントを運転・保守すること」であるが，ある意味「事業会社の目的」も「プラントの運転・保守」であるところから，極端なことをいうとO&M Contractorに事業会社の運営の全てを任せてしまうこともできる。しかしながら，それでは，事業会社のO&M Contractorに対するコントロールが全く効かなくなってしまう。そこで，O&M Contractorと事業会社との間で，どこに業務の境界線を引くかということを明確にさせる必要がある。

　具体的には，予算の承認，運転保守計画の承認，予算を超える入出金管理，会計・決算業務，納税業務，会社人事（ただし，O&M業務にかかわる人事を除く），保険など，会社の業務，総務，会計，税務，法務に属する業務については，事業会社側が行うとするべきである。

[644]　**8　保　険　契　約**

　保険契約は，主なものとして，プラント建設中の工事に関する保険，プラント資材の運送に関する保険，プラントの工事が遅れた場合の逸失利益補償に関する保険，プラント操業中の事故などに関する保険，事業が中断した場合の利

6-2-3 [645]

益補償に関する保険，政府の接収などの場合の投資金の返還を保証するカントリー・リスク保険などがある。

　保険料は，種類により非常に高いものになることがあり，プロジェクトの収益性に影響が出てくる。レンダーは一般的にできるだけ安全サイドを考えるため，多少保険料が高くともできるだけ保険でのカバーを求めることになるが，事業会社としては，不要もしくは蓋然性の低い事象，ほかの方法でカバーできる事象については，保険をかけたくないと考える。このため保険の専門家等に意見を求めることが必要になってくる。

　なお，当該国の法制度により，現地の保険会社の保険を付保することを義務付けられることがあるが，現地の保険会社は，必ずしも，巨額の保険金を支払うことができない場合もあるので，欧米などの信頼のおける保険会社に対して再保険を求めたり，個別に二重に保険をかけたりする場合もある。

9　株主間協定・スポンサー間協定 [645]

　プロジェクト・ファイナンスでは，スポンサーが事業会社を新設するケースがほとんどで，その会社を運営するための株主間協定を締結することが通例である。また，スポンサーが直接株主として株主間協定の当事者となる場合もあるが，投資子会社を設立してそれを株主とする場合には，株主間協定に加え，親会社にあたるスポンサー間で別途協定を締結することも行われる。スポンサー間協定の内容は，主におのおのの投資子会社による株主間協定の履行保証であるが，事業会社の運営に直接関係しないスポンサー間の役割分担（たとえば，銀行団や各国政府との交渉窓口，プラント建設・保守・運営等への技術援助）などについても定める場合がある。

　株主間協定の内容としては，基本的には，通常の株主間契約と変わるものではなく，次のような事項が定められる。

　　・出　資　比　率
　　・出資金額の上限
　　・役　員　比　率
　　・役　割　分　担
　　・意思決定の方法

451

第 6 章　プロジェクト・ファイナンス

・株式譲渡
・違反条項
・清算条項

　プロジェクト・ファイナンスにおいて株主間協定を締結する場合，次のような点に注意する必要がある。

[646]　**(1)　利益相反取引**

　プロジェクト・ファイナンスでは，スポンサーは単に資金を供給する金融機関であるよりも，EPC Contractor であったり，O&M Contractor であったり，原材料の供給者であったりと，プラントの建設・運営に実質的に関与するものが望ましいと前述（→ [591]）した。しかし，一方で，事業会社とこれらのContractor とは，利益が相反する関係にあることも事実である。たとえば，主要なスポンサーが EPC Contractor でもあるとすると，事業会社と EPC Contractor との契約を締結する際に，EPC Contractor 側に有利な条件（Liquidated Damages の金額を少なくするなど）としてしまいがちである。こうなると，他のスポンサーとしては，事業会社が不利になるので当然阻止したいところだが，もしその主要なスポンサーが重要契約についての決定権（議決権の過半数など）を有していたとすると，他のスポンサーは阻止できない。そこで，事業会社と利益が相反する取引については，当該スポンサーは，その意思決定について議決権を行使できないという規定を置くことがある。

　しかし，これとても問題がないわけではない。たとえば，主要なスポンサーである EPC Contractor と事業会社との間で EPC Contract について紛争が発生し，仮に EPC Contractor であるスポンサー以外の株主が事業会社が EPC Contractor に対し訴訟を提起することを主張し，結果，敗訴して（EPC Contractor 側からみると勝訴して），事業会社に弁護士費用，訴訟費用が多額に発生した場合，当該スポンサーは，訴訟に勝ったにもかかわらず事業会社を通じて自らもその費用を出資比率に応じて負担していることになってしまう。

　こういうことはさすがに不合理であるとして，事業会社とスポンサー間のプロジェクト関連契約に関して紛争が生じた場合，事業会社はスポンサーをいきなり提訴することはできず，公平な第三者による「提訴すべき」との意見聴取

6-2-3 ［648］

が義務付けられたり，事業会社が敗訴した場合は，その主要なスポンサー以外のスポンサーが訴訟費用等を負担すると取り決めたりすることもある。

(2) 株式譲渡条項 ［647］

株式の譲渡について，通常の株主間協定書では，「他の株主の事前承認が必要」と簡単に記載しているものも多い。しかし，プロジェクト・ファイナンスは長期にわたるプロジェクトであることが多く，その間には，そのプロジェクトの持分を売却して，回収したキャッシュを他のプロジェクトに充てるということをしたくなる可能性はどの株主にもある。そのため，単に，他の株主の事前承認とするのではなくて，「ある条件を満たせば，株式譲渡が認められる」とすることも多く行われる。「ある条件」とは，プロジェクトごとにまちまちであるが，次のようなものが一般的といえる。

- 株式譲渡予定（最低）価格の提示
- 株式譲受人が，他の株主の競業者でないこと
- 株式譲受人が，レンダーに対する株主の義務を履行する経済的実力があること（Moody's もしくは S&P などのレーティングが一定基準以上など）
- 株式譲受人が，同様のプロジェクトの株主としての経験があること

なお，プロジェクト・ファイナンスにおいては，株式の譲渡はスポンサーとレンダーとの約束事としてレンダーの承認事項とされていることが多く，また，事業会社の株式は，レンダーに担保に取られていることが多い。このため，株式譲渡の条項についても，レンダーの承認をどのようなタイミングでとりつけるのかが実務的には微妙になってくる（正式には，他の株主の同意をとってからレンダーに承認をとりにいくことになろうが，事前にレンダーの代表の担当者などにレンダーとして同意の可能性をサウンディングしてから，他の株主の承認をとりにいくということも十分考えうる方策である）（持分の譲渡禁止を巡る議論については→［682］）。

(3) 違 反 条 項 ［648］

株主間協定違反について，通常の株主間協定書では，契約違反があった場合には違反株主の保有株式を他の株主が割引価格で取得できるなどと定めること

453

第6章　プロジェクト・ファイナンス

があるが，前述のように，プロジェクト・ファイナンスでは，株式はレンダー
に担保に取られており，その譲渡はレンダーの承認事項とされていることが多
いため，単純に違反株主の株式を取り上げることはできない場合がほとんどで
ある。また，Sponsor Support Letter などで，完工保証・追加出資の約束をし
ている場合において，違反株主の保有株式を受け取るということは，その完工
保証・追加出資の約束まで引き継ぐこととなりかねない。

　そこで，プロジェクト・ファイナンスにおける株主間協定・スポンサー間協
定では，違反株主については，「取締役会，株主総会等での出席権，議決権等
を停止し，配当金の支払も停止する」「違反株主がレンダーとの出資義務等に
違反している場合で，他の株主がこれを立て替えた場合は，違反株主は，直ち
に立替金に金利を付して，当該株主に支払う」というように，株式の譲渡が起
きない形で処理することも行われる。なお，違反株主が出資義務等に違反して
いる場合に，他の株主がこれを立て替えることを「義務」としてしまうと，究
極的には，一人の株主が他の株主全ての立替を行うことにもなりかねないので，
株主としては，立て替えるか否かは任意としたいところである（実際には，誰も
立て替えなければ，レンダーに対する義務違反となってしまうので，その場合の対応策につい
ては他の株主で話し合うことになる）。

[649]

Column　超長期間の契約

　なんといっても，プロジェクト・ファイナンスにおいて重要なのは，どのよ
うにして 10 年，20 年という長期にわたって，安定した利益を生むプロジェク
トを構築するかということである。

　燃料発電プロジェクトを例にとると，通常の発電プロジェクトであれば，電
力会社がその時々に最適と思える条件で，発電所を建設会社に建設させ，送電
設備を整え，これらを自らの従業員に運転・保守させて発電・送電し，電気の
使用者から電気料金を徴収して，建設コストと発電コストを回収していくとい
うことになる。発電の燃料となる LNG などについては，その時々の情勢に合
わせて，より効率的で安定的な供給先を探していくということになる。つまり，
その時々の情勢に合わせて，柔軟に対応していくことが必要なのである。

　しかし，プロジェクト・ファイナンスにおいては，これらの手配は，原則と
して事前に，ファイナンスの返済完了までの期間について，全て完了していな
ければならない。

　先ほどの発電プロジェクトの例でいえば，発電所建設のための建設契約は定
額で完成が約束されている必要がある。また，発電された電気を販売する契約

454

6-2-3　[650]

は，融資金返済完了までの期間について，返済が確実にできるような料金体系であるある必要がある。発電の燃料となる LNG などの供給契約は，定額もしくは一定のフォーミュラーで必要量が安定して供給される必要があり，運転・保守契約も，定額もしくは一定の計算式により算出される額で必要なサービスが提供される必要がある。しかも原則として，これらのプロジェクト諸契約は，レンダーの許可なく，変更も解約もできないこととされている。

　このように，10 年，20 年にわたって，有効に使い続けられる契約スキームの構築をするにあたっては，「こういうことが起きたら，こうする」「これができなくなったら，代わりにこれを使う」など，長期間で起こりうることに対して，できる限り契約の中で対処できるような柔軟な作り込みが重要になる。設備の劣化等は通常の予想の範囲内である。地震や大雪などの自然災害が起こることもありえるし，民族間対立等が原因で設備が毀損される事態もありえなくはない。また，長年使われている国際的な金利指標が廃止されることもある。そのような事態にも対応できる仕組みになっていないといけないのである。

●●本事例の考え方●●

　プロジェクト・ファイナンスでは，融資契約はもちろん，建設，運転・保守，[650] 燃料供給，製品引取りなどの事業行為そのものに関する契約，政府保証，事業権許諾契約，保険契約などの事業を支える契約など，そのプロジェクトに必要なありとあらゆる事項が，契約としてあらかじめ合意されている必要がある。しかもそれらの契約は 10 年，20 年といった長いプロジェクト期間をカバーするようなものでなくてはならない。言ってみれば，プロジェクト・ファイナンスというのは，これらの契約書の束に対して融資をしてもらっているようなものなのであり，その出来不出来がプロジェクトの成功不成功に大きく影響する。

　したがって，法務担当としては，個々の契約書をただ闇雲に検討するのではなく，まずはプロジェクト・ファイナンス案件としての本質や案件内容を十分理解したうえで，交渉相手となるレンダーの立場も考えながら関係契約書を有機的に読み込み，論点を咀嚼することが求められる。そのためには，個々の契約書の主要項目を記載した大きな図を自ら作成し，それぞれの項目が他の契約のどの項目と関係するかなどを明確にする作業などが有効と思われる。

455

第6章　プロジェクト・ファイナンス

[651]　　6-2-4　融資契約・担保契約の仕組み
　　　これまで，ファイナンスに関する契約書は融資契約にしろ，担保契約にしろ，銀行所定フォームが提示され，融資金額・金利・融資期間以外の文言については，交渉の余地もあまりないところから，法務担当者としてはそのまま受ける傾向にあったが，プロジェクト・ファイナンスにおける融資契約書・担保契約書は文言上，交渉すべき点はあるのか？

着眼点

　　プロジェクト・ファイナンスにおける融資契約・担保契約の仕組みと交渉上の重要点を理解する。

◾◾ ポイント解説 ◾◾

[652]　　1　ファイナンスプランの作成
　　プロジェクト・ファイナンスにおいても，まず最初は大まかなプランをまとめていく。その際に検討すべき要素としては次のようなものがあげられる。

　　① 　借り入れる金融機関はどこにするのか。
　　② 　借入金と資本金の比率はどうするのか。
　　③ 　プロジェクトの建設資金はどれだけを見込むのか。Contingency はどれだけとるのか。
　　④ 　借入れの通貨は何にするのか。
　　⑤ 　プロジェクトの運営費用をどれだけ見込むのか。
　　⑥ 　どのような返済条件とするのか。
　　⑦ 　金利のリスクをどれだけとるのか（どれだけを固定金利として，どれだけを Floating とするのか）。
　　⑧ 　様々なリスクをどのようにヘッジするのか。担保はどのように取得するのか。
　　⑨ 　資本をどのような形で入れるのか。
　　⑩ 　Tax Planning をどのようにするのか。

[653]　　2　セキュリティー・パッケージとは
　　プロジェクト・ファイナンスのファイナンスプランを作成する際に，セキュリティー・パッケージという言葉が出てくることが多い。セキュリティー・

456

パッケージという語は，広義ではレンダーからの融資金の返済を確実とするためのプロジェクト全体の仕組みのことであり，発電プロジェクトの例でいえば，プラントの建設，電気料金の回収，燃料の確保，保守運転などの実態面および契約面がしっかりしているかということである。一方，狭義では，融資金債権の担保の集合体のことであり，発電プロジェクトでいえば，Offtake 契約，EPC Contract，O&M Contract，原料・燃料供給契約などのプロジェクト関連契約の全てを担保目的でレンダーに対して譲渡する契約，電力代金債権およびその銀行口座に対する担保権設定契約，発電所の土地・建物等への担保権設定契約などの一連の担保契約がしっかりと構成されているかということである。

3　プロジェクト・ファイナンスにおける融資契約・担保契約等の概要　[654]

　プロジェクト・ファイナンスにおける融資関連契約の主なものは，融資契約，担保関連契約，Subordination Agreement，Common Terms Agreement，Direct Agreement，Sponsor Support Agreement などである。

(1)　融資契約 (Loan Agreement もしくは Facility Agreement)　[655]

　プロジェクト・ファイナンスにおける融資契約自体は，通常の融資契約とそれほど大きく違うものではないが，いくつか，プロジェクト・ファイナンス特有な事項もある。ここでは，それを総合して主な条項について説明していく。

(a)　融 資 金 額　[656]

　プロジェクト・ファイナンスでレンダーが貸し付ける金額の決定には様々な要素が絡むが，基本的には，次のような要素が検討される。

①　Debt/Equity Ratio（デット・エクイティ・レシオ）

　借入金と事業会社資本の比率をいう。一般に借入金の比率が高まると資本効率がよくなるが，高すぎると返済するための収入が多く必要となって苦しくなる。この比率はプロジェクトの種類によっても異なるが，一般的には，借入金：資本＝70％：30％ぐらいを中心に調整される。

　Debt/Equity Ratio の計算で注意するのは，何を借入金と考え，何を資本と考えるかである。

　スポンサーは，一般的に資本を全部「資本金」の形で入れることをせず，一部について株主からの融資（Shareholders Loan）の形態とすることを好む（その理

457

第6章　プロジェクト・ファイナンス

由については，→［678］の Shareholders Loan の項参照）。このため，スポンサーは，Debt/Equity Ratio の計算においては，株主融資の形で入れた資金についても「資本」として扱ってほしいと考えるのである。

②　Debt Service Coverage Ratio（デットサービス・カバーレッジ・レシオ，DSCR）

CFADS（Cash Flow Available for Debt Service）（対象期間の運営収入から運営費用等を差し引いたもの）が Debt Service（元本返済と金利支払の合計額）をどれぐらい余裕をもってカバーしているかという比率をいう（DSCR = CFADS/Debt Service）。これが 1 を下回っていると，事業から上がる収入で元利返済ができないということになる。融資金額の決定は，その返済計画において，各返済期間の返済額と事業会社の収入をみて DSCR がそのプロジェクトの性格上，適正な値であるかを確認したうえで行われる。スポンサーに配当を行うための DSCR の下限は，大体 1.2 〜 2.0 の間で設定され，プロジェクトの事業リスクが高いと高くなる。たとえば，Offtake 契約が締結されている電力事業では，1.3 ぐらいとされており，価格変動リスクのある資源開発プロジェクトで，1.5 〜 1.8，Offtake 契約のない電力事業では，2.0 ぐらいとされている。融資契約上の Default となる基準としては，1.1 などより低い値が設定される傾向にある。

なお，CFADS にどのようなものが入るのかについては，よく内容を精査する必要がある。たとえば，数年ごとに大きな保守点検が入るようなプラントでは，その費用を積み立てていくのだが，これを CFADS の計算の際に差し引くのか，否かという点は議論の対象となりうる。

［657］　(b)　融　資　期　間

融資期間については，大きく分けて Term Loan の場合と Mini Perm Loan の場合の 2 種類がある。

①　Term Loan

Term Loan は，プロジェクトの期間の全体をほぼカバーする Loan である。プロジェクトの規模，期間にもよるが，通常の融資契約よりもはるかに長い。長いものだと 25 年を超えるものもありうる。

ただし，プロジェクトの許可期限いっぱいに融資期間を設定することは避けるのが一般的である。これは，プロジェクトに何らかの問題が発生し，返済に必要な金額の収入が当初の返済期限内に得られない場合に，返済期限を延長し

458

ても，プロジェクトの許可期限が到来してしまえば，もはや返済の見込みがなくなるからである。

② Mini Perm Loan

Mini Perm Loan は，Mini Permanent Loan の意味で，主にプロジェクトの建設開始から商業運転が安定的になるまでの期間（建設開始から 3 ～ 8 年程度）をカバーするものである。プロジェクトの中でもっともリスクが高いのがこの期間であり，中小の金融機関でリスク負担力の少ないものや，リスク査定能力のあまり高くないものは，このリスクをとることが難しい場合がある。Mini Perm Loan は，有力な金融機関がそのリスク吸収力とリスク査定能力を元に，このリスクの高い期間の融資を行うものである。

Mini Perm Loan の期間が終了した際には，残りのプロジェクト期間をほぼカバーする Term Loan（Permanent Loan とも呼ばれる）もしくは，Bond（社債）などに切り替えられる。プロジェクトが完成し，一定の収入が得られることがわかれば，リスクは少ないと判断され，Mini Perm Loan ができないような金融機関でも融資を行うことができる。切替え後の金利については，リスクが少なくなった分 Mini Perm Loan よりは低くなるのが通常である。

③ Availability Period

融資期間に関連して Availability Period という概念が出てくる。これは，「その期間貸出可能」というものである。プロジェクト・ファイナンスにおいては，融資契約の署名時（Conditions Precedent 成就時ではなく）から一定の期日もしくはプラントが建設段階から運転段階に移行した時までとするのが一般的である。Availability Period については，Commitment Fee という手数料をレンダーに支払う必要がある。Commitment Fee の料率はプロジェクトの内容，その時々の金融情勢などにより大きく異なってくる。

(c) **Interest**（金利）   [658]

通常は，国際的な変動金利の指標となる利率に一定の Margin（Spread という）を乗せた利率とすることが多い。国際的な指標としては，かつては LIBOR（London Interbank Offered Rate）が使われることが多かったが，LIBOR が不祥事により廃止されたことから，現在は，借入通貨ごとに，銀行との交渉に基づき設定されることが多い。たとえば，米ドルであれば，Secured Overnight Financing Rate（担保付翌日物調達金利，SOFR）をもとに算出される期間 10 年の

第 6 章　プロジェクト・ファイナンス

スワップレートを使用したりする。Spread は，プロジェクトごとに異なるが，大体 1％から 3％の間である。契約で 3 か月もしくは 6 か月を interest period として設定し，当該 interest period に相当する指標の利率に Spread を加えた利率を融資の利率とする。interest period ごとに適用される指標の利率が参照されることになる。

　金利に関しては，Margin Protection Clause と呼ばれる条項が置かれることがよくある。これは，法令の制定改廃，銀行間の慣習変更，合意していた指標の金利による資金調達不能など，予期せぬ費用がレンダーにかかった場合に，借り手側（事業会社）がこれを負担するというものである。ただし，複数いるレンダーの内，一部のレンダーについてのみ費用が発生したような場合に，これを事業会社が補塡するというのは，レンダー間の不公平感につながるため，「既定の元利金返済，各種準備金積立などを行った後に，まだ余剰の資金がある場合のみ補塡される」とするのが一般的のようである。

　この条項は事業会社側としては，受け入れ難いと思うであろうが，マーケットのプラクティスとして定着しており，これを外すことはなかなか大変である。

[659]　(d)　**返済条件（Amortization Schedule）**

　返済の方法については，プロジェクトごとにまちまちであるが，Level Payment（元本均等払い，もしくは，元利均等払い）が一般的である。元本均等払い（Equal Installment Repayment Structure）は，文字通り，元本が均等でこれに金利を乗せて支払う返済条件である。元利均等払い（Annuity Repayment Structure）は，元本と金利の合計額が均等になる返済条件である。返済の初期は，金利が大半を占め，徐々に元本の金額が大きくなってくる。どちらも一長一短がある。元利均等払いは，常に支払う金額が一定なので，プロジェクトの収入が安定的なプロジェクトに適しているが，同じ期間で返済しようとすると金利が多いため，元本均等払いよりも合計で多額となる。一方，元本均等払いは，初期に金利の金額が大きく，一回の返済額が多額となって，プロジェクトの立ち上がりで思わぬ出費が多い時期に苦しくなる。

　返済のタイミングは，プロジェクトによりまちまちであるが，あまり頻度が高いと計算事務等が大変になるので，商業運転開始から半年毎とすることが多い。

　返済条件の中には，Level Payment 以外に，Bullet Payment，Balloon

460

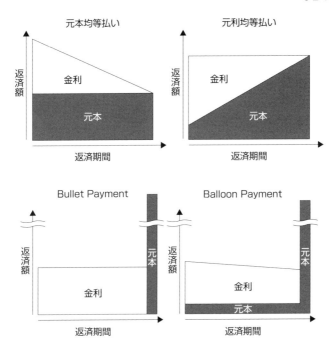

Payment, Cash Sweep Prepayment と呼ばれるものもある。

① Bullet Payment は, 融資期間中は, 元本の返済を行わず満期に一括払いするものである。上記の Mini Perm Loan などは, Bullet Payment 条件になることが一般的であり, 社債などについても, Bullet Payment 条件になることが多い。
② Balloon Payment は, Bullet Payment と同義のこともあるが, 一般的には, 融資期間中にもある程度の元本弁済をするものの, 満期に支払う元本の金額が融資期間中に比べてかなり大きい場合をいう。
③ Cash Sweep Prepayment は, プロジェクト運営諸経費支払, 一定の元利返済を行い, 様々な準備金の積立, そして一定条件のもとでスポンサーへの配当などを行った後に, 余った資金を全額期前弁済に充てることである。これは, プロジェクトの性質上, 毎年の収入に変動がある場合などに行われる。上記の Balloon Payment と組み合わせて使われることも多い（上記のような資金の分配については→［692］)。

第6章　プロジェクト・ファイナンス

[660]　(e)　**Representations and Warranties**

　　プロジェクト・ファイナンスの融資契約では，Representations and Warranties（表明保証）という条項において，借り手である事業会社が，契約締結の前提となる事実関係について，表明（Represent）し，保証（Warrant）する。貸出実行の前提となる事実を確認する条項であるが，かかる前提事実として表明保証した事項が事実と異なった場合は，レンダーは期限の利益喪失請求権を行使して，貸し出した資金を直ちに回収できる仕組みとなっている。表明保証違反を原因として発生した損害についての賠償義務を併せて定めることも多い。

　　表明保証の中身としては主に次のようなものがある。

　①　資本金が約定の全額が振り込まれるなど，事業会社が予定通り有効に設立されたこと
　②　融資契約の締結に必要な取締役会決議等の内部手続が全て完了していること
　③　融資契約の締結が適用法令や定款等内部規則，事業会社が拘束される第三者との契約などに違反していないこと
　④　融資契約に署名した者が代表権等融資契約の締結権を有すること
　⑤　融資契約の締結に必要な政府許認可等が全て取得されたこと
　⑥　融資契約の各条項が有効で，借入人を法的に拘束すること
　⑦　プロジェクト関連契約が予定通り全て有効かつ適法に締結されたこと
　⑧　プロジェクトに必要な許認可等が全て取得されたこと
　⑨　事業会社の設立または最終の決算書類作成時以降，事業会社がプロジェクトを遂行するにあたって重大な悪影響が生じるような変化（Material Adverse Change）が生じていないこと
　⑩　その他事業会社に関してレンダーに提供された情報が全て真実であること

[661]　(f)　**General Conditions Precedent**（全般的な前提条件）

　　General Conditions Precedent とは，レンダーの融資義務が発生するための全般的な前提条件といったものであり，これが満たされないと銀行は融資を行う義務を負わない。General Conditions Precedent としては，主に次のようなものがあげられる。

① 定款，取締役会議事録等の社内許可の書証の提出
② 様々な銀行口座の開設
③ プロジェクト関連契約書のコピーの提出
④ 様々な許認可証の提出
⑤ 必要な弁護士意見書の確保
⑥ 担保・保証関連契約の締結

　ここで事業会社側にとって意外に実務的に重要なことは，どのような書式で提出するかをあらかじめできるだけ詳細に取り決めておくということである。引落しの直前になって，このような書式では不十分であるとレンダーにいわれてしまうと，それに従わざるをえないということになり，苦労することが多い。たとえば，スポンサーの取締役会議事録などにおいては，「○○の件につき出資先である事業会社が○○億円の借入れをすることにつき承認」のように非常に簡単な決議内容とすることがある。レンダーの中に，「これでは，はたして，スポンサーの取締役会が細かい契約書のひとつひとつを全て理解して決議しているのか不安だ」というところがあると，「契約書の内容についても取締役会が承認している」旨の定型文言を要求してくるということもありうる。しかし，一度作成した取締役会議事録を事後に変更することは難しく，法務担当者は苦しい立場に置かれてしまうのである。そこで，取締役会議事録をどの程度詳細なものにするのか，あるいは，取締役会議事録そのものではなく，「レンダーが求めるような内容にて取締役会が承認した」という Certificate を代表取締役が発行することにするか等をあらかじめ合意していくことが望ましい。

(g)　**Conditions Precedent for each drawdown**（個別の融資の前提条件） [662]

　個別の融資の引出しが可能となるためには，General Conditions Precedent が満たされるのに加えて，個別の融資のための前提条件として契約書に規定されている以下のような条件が充足される必要がある。

① Default 事由が発生していないこと
② Representations and Warranties の内容が真実であること
③ 融資契約上またはプロジェクト関連契約上の何らかの義務に違反していないこと

第6章　プロジェクト・ファイナンス

④　プラントの建設工事契約上，Contractor に対して，支払義務が発生していることの書証

⑤　スポンサーが定められた金額の Equity を払い込んでいること

⑥　プラントの建設工事の完成に必要な資金を事業会社が確保できるめどがあること（多額のコストオーバーランなどが発生していないこと）

[663]　(h)　**Covenants**（もしくは，**Undertakings**）

　プロジェクト・ファイナンスの融資契約では，Covenants もしくは Undertakings（日本語では，「誓約」や「確約」などといわれることが多い）の規定を設けることが一般的である。これは，借入れをするにあたって，「○○をします（これを特に Affirmative Covenants という）」もしくは「○○をしません（これを特に Negative Covenants という）」という借入人によるレンダーへの約束である。その中身としては主に次のようなものがある。

①　プロジェクト関連契約の条件を遵守すること

②　プロジェクト関連契約の重要な変更をレンダーの承認なく行わないこと

③　プロジェクト関連契約に関する重要な意思決定をレンダーの承認なく行わないこと（たとえば，EPC Contract における性能仕様・契約代金・完工期日に関する Contractor からの変更要請の承認など）

④　プロジェクトの遂行を放棄しないこと

⑤　プロジェクト以外の事業を行わないこと（この Covenant については→ [681]）

⑥　保険の付保を維持すること

⑦　必要な許認可を維持し，かつ，適用法令を遵守すること

⑧　納税を適切に行うこと

⑨　為替・金利のヘッジをあらかじめ定められたポリシーに基づいて行うこと

⑩　プロジェクトの資産を譲渡，売却，処分しないこと

⑪　組織再編をしないこと

⑫　プロジェクトの資産に担保権を設定しないこと

⑬　あらかじめ定められた融資契約によらずに新たに融資を受けないこと

⑭　一定の条件を満たさない限り配当をしないこと

⑮　株主の変更をしないこと（株主の変更禁止＝株式の譲渡禁止を巡る議論については→ [682] の持分譲渡の禁止の項を参照）

6-2-4　[664]

⑯　財務諸表を適時にレンダーに開示すること

(i)　**Default Clause**   [664]

　融資契約における Default Clause の役割は，ある事象が起きた際に，それ以上の融資を行う義務がなくなり，それまでに行った融資の期限の利益を喪失させてすぐに返済可能とすることである。Default は以下のような事象（Event of Default）が起きた際に発生することとされるが，いきなりではなくて，事象の軽重により，治癒のための猶予期間が設けられることが普通である。

① 　プロジェクトの建設が約定期間内に完了しないこと
② 　プラントの主要部分が破壊されたこと
③ 　プロジェクトの遂行が一定期間停止したこと，あるいは，放棄されたこと
④ 　プロジェクトが国営化されたこと，プラントが接収されたこと，あるいは，事業会社が接収されたこと
⑤ 　法令変更によりプロジェクトの経済性が失われたこと（税制優遇措置の撤廃など）
⑥ 　主要な許認可が無効となったこと
⑦ 　主要なプロジェクト契約が解除されたこと
⑧ 　スポンサーが約定の資本金を払い込まないこと
⑨ 　本融資契約上の義務履行（返済等）を遅滞したこと
⑩ 　Covenants その他本融資契約上の義務違反があったこと
⑪ 　Representations and Warranties 違反があったこと（Representations and Warranties が不正確またはミスリーディングであったこと）
⑫ 　他の主要な資金調達契約（通常は，融資契約と社債）の支払を遅滞したこと（Cross Default Clause と呼ばれ，他の融資契約や社債の期限の利益喪失事由の発生を条件とすることもある）
⑬ 　事業会社の預金が差し押さえられたこと
⑭ 　事業会社のいずれかの担保対象物が差し押さえられたこと
⑮ 　事業会社の手形の不渡り，支払不能，破産，会社更生等倒産手続の申請があったこと
⑯ 　事業会社が解散したこと

第 6 章　プロジェクト・ファイナンス

[665]　　(j)　**Illegality Clause**

　Illegality Clause とは，法令の制定改廃により，レンダーが融資を継続することや，その他の役割をプロジェクト・ファイナンスで継続することが「違法」となった場合に，融資金を全額返済しなければならないとするものである。これは，近年の国際情勢の緊迫化を反映して挿入されるようになった条項である。

　この条項も「金利」の Margin Protection Clause（→［658］）と同様に，一部のレンダーにのみ適用となった場合には，「既定の元利金返済，各種準備金積立などを行った後に，まだ余剰の資金がある場合のみ返済される」とするのが一般的なようである。

　その他の融資契約の注意点については後述を参照（→［679］）。

[666]　　(2)　担保関連契約

　プロジェクト・ファイナンスでは，プロジェクトに関連するほぼ全てのものがレンダーに対し担保として供与されることになる。したがって，担保は，ひとつの担保というよりは，多数の担保契約から構成される集合体であるというほうが近い。以下は，その代表的なものである。なお，担保に関する法律は，その国ごとに異なるものであり，プロジェクト・ファイナンスでは一般的な担保手法がその国では機能しないこともあるので，現地の弁護士など専門家の確認を受けることが重要である。

[667]　　(a)　担保目的の譲渡契約

　まず，買電契約，上水供給契約，製油販売契約など利益を生み出す契約については，事業会社がその契約相手方に対し有する現在および将来の全ての債権（電気料金，水道料金，石油料金等）をレンダーに担保目的で譲渡する（Assignment by way of security などといわれる）。また，発電所，浄水場などの施設，土地，その他事業会社の全ての資産も担保目的で譲渡される。さらにスポンサーが保有する事業会社の株券なども担保目的で譲渡される。保険会社への保険金請求権ももちろん担保目的で譲渡される。

[668]　　(b)　**Floating Charge**

　事業会社の資産の全てを担保に取る方法として，英国法系の法律では

466

Floating Charge という方法をとることがある。これは，通常時は資産の処分は一定の範囲内で可能とするもので，資産の内容は常に入れ替わっているものである。日本法でいうと，工場財団抵当や集合流動動産譲渡担保がこれに類似するが，Floating Charge のほうが対象とできる資産の範囲を広く設定できることが一般的である。Floating Charge においては，被担保債権の不履行などがあった場合に以降の資産の処分を禁じる宣言を行い担保資産を確定させる。これを Crystallization というが，Crystallization は被担保債権の確定という意味ももっている。

　なお，洋上風力の場合に特徴的なものとしては，海面・海底などの海域部分について，私的な占有を認めていない法制度も存在する（日本法など）ので，海域の管理者との間での占用使用契約等に対して，担保権が設定できるかなど，現地法を特に確認する必要があることがあげられる。

(c)　**Direct Agreement**（もしくは **Step-in Right**）　　　　　　　　　[669]

　Direct Agreement とは，EPC Contract，O&M Contract，Offtake 契約，原料供給契約，事業権許諾契約などのプロジェクト関連契約において，事業会社が契約違反をした際には，レンダーが事業会社の代わりに契約違反を解消して契約を継続する「権利」をレンダーに認める旨をプロジェクト関連契約の相手方とレンダーとの間で合意することである。

　これは，重要なプロジェクト関連契約が事業会社の契約違反により解約され，プロジェクト全体の遂行が不可能となってしまうことを防ぐためのものである。よくある事例としては，借地上の建物に抵当権を設定する場合に，抵当権設定者に代わって地主に地代を支払う権利をレンダーに認めるものがある。

　具体的に決める内容としては，

①　事業会社の契約違反により契約解除しようとする場合には，直ちに契約解除することなく，まずレンダーに通知する。

②　レンダーは通知受領から〇〇日以内に，当該契約違反を治癒するか否かを決定する。

③　違反を治癒する旨決定した場合，レンダーは，当該契約上の義務を事業会社に成り代わり履行する。これは，代理人として遂行する場合と，当該契約上の事業会社の地位を承継して履行する場合がある（俗にレンダーの Step-in Right と呼ばれる）。

第 6 章 プロジェクト・ファイナンス

④ 契約の相手方は，レンダーによる契約上の地位の譲受けを承認するのみならず，レンダーの要求がある場合には自らの下請け先・業務委託先との契約における自らの地位のレンダーへの譲渡も認めさせなければいけない。

特に問題となるのが④である。契約の譲渡は両者合意のうえというのが基本であり，これを全ての下請け先，業務委託先等に対してレンダーへの譲渡を認めさせよというのは非常識と思うかもしれない。しかし，プロジェクト・ファイナンスではレンダーが事業リスクを負うものであり，最終的にレンダーが全ての契約をコントロールする権利をもっていなければならないというのは理解できる考え方である。下請け先，業務委託先等にとっても，事業会社が立ち行かなくなったときに，ただ契約解除しても，債権回収ができない可能性のほうが高く，レンダーが立て直す努力をするというほうが利益となるとも考えられる。また，事業権許諾契約などの場合，相手方が，国，地方公共団体だったりして，なかなか認めようとしない場合もありうるが，プロジェクト・ファイナンスの世界では，これが一般的な対応であるということを理解してもらうよう粘り強く交渉する必要がある。

Direct Agreement 概念図

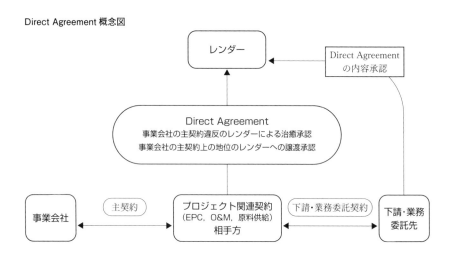

[670] (d) **Sponsor Support Letter**（あるいは，親会社保証）

Non-Recourse Finance, Limited Recourse Finance といっても，実際は，ス

ポンサーは出資金以外は全く責任を負わないわけではなく，レンダーはいろいろとスポンサーに対して負担を求めてくる。プロジェクト・ファイナンスの交渉のポイントというのは，結局，レンダーとスポンサーの間でどちらがどれだけの責任をもつかということを決めるものである。スポンサーが責任を負う内容を取りまとめたものが Sponsor Support Letter（あるいは親会社保証）と呼ばれるものである。これについて注意すべき点は次のようなものである。

① 完 工 保 証　　　　　　　　　　　　　　　　　　　　　　　　[671]

　プラントが完成し，ある一定の性能を達成して商業運転ができることが確認されるまでをスポンサーが保証せよという主張をレンダーが行うことが多い。レンダーの立場からみれば，当然のようにも思うかもしれないが，完工というのが一番リスクのある部分であって，スポンサーとしては，そのリスクを全て負うことになってしまうと，スポンサーのリスクが大きくなりすぎ，プロジェクト・ファイナンスを利用する意義が薄れてしまう。そこで，実際に完工が遅れたり，完工しなかったりした場合にスポンサーがどのような義務を負うかが重要になってくる。一般的には次のように分類される。

（i）全 額 返 済

　一番厳しいのは，Loan を全て返済せよというものである。要は完工まではフル・リコースの Loan ということになる。スポンサーがそのようなリスクを負うのであれば，金利などの条件はかなりスポンサーに有利にしないと割が合わないということになる。

（ii）追 加 支 出

　次に厳しいのは，完工が遅れたり，コストオーバーランが発生したときに，それによって生じた費用の一部をスポンサーが負担するというものである。追加出資，追加融資などの形式で一定額もしくは一定上限の資金を供給することが求められる。

（iii）監 督 義 務

　一番軽いのは，スポンサーは EPC Contract の履行を誠実に監督する義務を負うといった程度にとどまるものである。一般的には，このような規定の実効性は乏しいが，公的な金融機関に差し入れる場合は，そうした金融機関との様々なしがらみから，実質的にいくら費用がかかろうとプラントを完工するまでは許してもらえないということもありうるので注意が必要である。

469

第6章　プロジェクト・ファイナンス

[672]　② 譲 渡 禁 止

　レンダーがスポンサーに必ず求める事項が，事業会社の持分（株式等）の譲渡禁止である。レンダーはスポンサーの事業経験，プロジェクト完遂能力などを評価して，融資を決めるのであるから，そのスポンサーが持分を売り払って，プロジェクトと関係なくなってしまうことは極力認めたくない。この譲渡禁止は，徹底していて，名目上だけ株式を保有して，実質的な利益を第三者に譲渡するというようなことも禁止される（持分の譲渡禁止を巡る議論については→［682］）。

[673]　③ Comfort Letter

　既述の Sponsor Support Letter については，legally binding なものとして作成することも多いが，"Comfort Letter" というような，legally binding なのかそうでないのか不明確な形式で締結されることもある。このような "Comfort Letter" は，その内容の精度と準拠法によっては，その一部または全部が legally binding とされることもあるので注意が必要である。また，仮に legally non-binding と明記してあったとしても，その内容を違えることは，レンダーを始めとする金融マーケットに対する評判（reputation）の悪化ということを考えると，かなり困難だと思わざるをえず，事業会社としては，実質的には binding なものという認識が重要である。

[674]　④ Sponsor Equity Contribution Agreement

　プロジェクト・ファイナンスでは，「スポンサーが定められた金額の Equity を払い込んでいること」が Loan Agreement 上の融資金の引出しの条件であるということは前述（→［662］）した。しかし，Loan Agreement は，事業会社とレンダーとの契約であって，レンダーはスポンサーに対して直接 Equity の払込みを強制することはできない。このため，Sponsor Equity Contribution Agreement という契約をレンダーとスポンサーとの間で正式に締結することが多い。この内容は，Sponsor Support Letter の中に織り込まれることもあるが，上記のように Sponsor Support Letter が legally binding であるか不明確な場合もあり，正式な契約の形式をレンダーは要求することが多い。

[675]　(3) **Subordination Agreement**

　プロジェクト・ファイナンスにおいては，株主からの資本金，主要レンダーからの融資金以外に，Mezzanine Finance，Shareholders Loan などと呼ばれ

6-2-4　[677]

る様々な資金が事業会社に提供されることになる。そのそれぞれの資金に対する返済，金利払い，配当，償還などについて，その優先順位を定めたものがSubordination Agreement と呼ばれるものである。一般的に，Senior Loan → Mezzanine Finance → Shareholders Loan →資本金という優先順位となる（→ [678] の図参照）。

① Senior Loan　　　　　　　　　　　　　　　　　　　　　　　　[676]

　そのプロジェクトの中で，もっとも優先順位が高い融資を Senior Loan と呼ぶ。一般的には，主要レンダーからの多くの割合の融資金がこの Senior Loan となる。

② Mezzanine Finance　　　　　　　　　　　　　　　　　　　　　[677]

　Senior Loan よりは劣後し，資本金よりは優先するといった意味合いである。ちなみに，Mezzanine というのは中二階のことで，デパート等で M2 階（M はMezzanine の略）という表示を見かけたことのある方も多いであろう。Mezzanine Finance は，スポンサーが提供できる資本金（Shareholders Loan を含む）とレンダーが提供できる融資金の合計額では，プロジェクトの資金全部を賄えないときに，その差を埋めるために利用されることが多い。Mezzanine Finance の提供者は，銀行のほかに，インフラファンド，公的金融機関などである。

　Mezzanine Finance は，Senior Loan には劣後するものの，金利が Senior Loan よりも高く設定され，返済期間は，Senior Loan と同じ，あるいは，それより長く設定されることが多い。Mezzanine Finance の形式は，劣後融資，劣後社債，優先株式等の形態をとる。

　Mezzanine Finance は，上記のほかに，あるプロジェクトを既存のスポンサーから，他のスポンサーが買収しようという場合で，その資金をやはりプロジェクト・ファイナンスで調達しようとするときにも利用される。新しいスポンサーへの融資もプロジェクトの収益を返済の財資とするわけだが，プロジェクトの収益は，既存のスポンサーへの融資の返済にまず優先して充てられるため，新しいスポンサーへの融資の返済はこれに劣後することになる。Mezzanine Finance がこのように利用される際には，既存のスポンサーへのレンダーと，新しいスポンサーへのレンダーとの間で，その権利関係を調整するための契約が締結されることになる。

471

Subordination Agreement 概念図

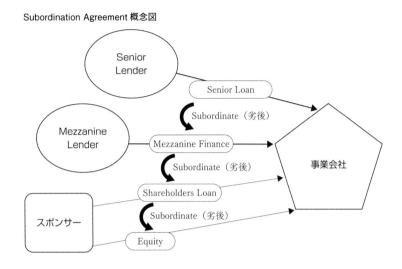

[678]　③　Shareholders Loan

　スポンサーは，資本金ばかりではなく，融資の形でも事業会社に資金を入れることがある。これをShareholders Loanという。スポンサーからのShareholders Loanは，Senior LoanやMezzanine Financeに劣後する旨が合意される。

　資本金のみでなくShareholders Loanを行う理由は，大体次の通りである。

- 資本金の形で入れてしまうと，その資金を取り返すためには減資を行う必要がある。国によっては，減資の手続が厳格で自由に取り戻せないので，できるだけ取り戻しやすい融資の形態を使いたい。
- 融資は米ドルなど国際通貨での貸付けも可能であるが，資本金は原則自国の通貨のみとされることがある。そうなると為替のリスクにさらされるところから，できるだけ安定した国際通貨での貸付けを多くしたい。
- 融資の形をとって担保を付ければ，レンダーの融資・担保には劣後するものの，その他の債権者には優先して回収できる可能性がある。
- 資本金に対してどれだけの配当があるのかという資本効率を重視する場合，融資の部分を資本効率の計算から外せば，資本効率が向上する。

6-2-4　[680]

⑷　**Common Terms Agreement**（もしくは **Common Agreement**）　　　　[679]

　プロジェクト・ファイナンスでは，実に多数の融資関連契約をレンダーとスポンサーその他の当事者間で締結することになる。その際に，Definition，Default事由，Representations and Warranties，Covenants，準拠法，紛争解決方法などが融資関連契約間で異なると，解釈に相違が出て非常に不便である。このため，各融資関連契約に共通に適用される事項を定めた契約を締結する。これを Common Terms Agreement（もしくは Common Agreement）という。

　Definition や Default事由を決めるだけというと，形式的であまり重要でないような気がするかもしれないが，実は，プロジェクト・ファイナンスにおけるレンダーとスポンサーとの交渉において，法務担当者がもっとも精力を注ぐのは この Common Terms Agreement であ る こ と が多い。つ ま り，Loan Agreement，担保契約，Subordination Agreement などのその他の融資関連契約は，ある程度書式が決まってしまっていて，あとは，金額や期間といった数字を入れていくだけということが多く，法的な問題というよりも，営業部門やファイナンス部門によるビジネス上の判断に委ねられる部分が大きい。一方，何 が Default に な る の か，ど の よ う な Representations and Warranties，Covenants をスポンサーとして行うのかということは，実は定性面でプロジェクトの性格を決めてしまうものであり，法務担当者としては，全精力を傾けて交渉すべきところなのである。

①　Material Adverse Change の Definition　　　　　　　　　　　　[680]

　たとえば，「Material Adverse Change（事業会社がプロジェクトを遂行するにあたって重大な悪影響が生じるような変化）があった場合には，それ以降の融資を取りやめることができる」というような条項（MAC条項などと呼ばれる）が Conditions Precedent などに入ってくることがある。これは，Force Majeure よりは緩い情勢の変化であっても，レンダーにとって融資を開始もしくは継続しなくてもいい状況（たとえば，為替の大きな変動，リーマンショックのような景気の落込み，当該国の国債のレーティングの悪化など）について定義しようというものである。

　その条項自体を認めるか否かという問題ももちろんありうるが，近年，MAC条項を入れることが一般的になってしまっている部分もあるので，具体的に何が Material Adverse Change に該当するのかが交渉のポイントになる。事業会社の視点からは，この定義があいまいであると，いざという時に，大し

473

第6章　プロジェクト・ファイナンス

た事態でなくてもレンダーに融資を取りやめる口実を与えてしまうことになるので，プロジェクトの生命線ともいえる交渉となることもある。事業会社としては，できるだけ，MAC 条項を狭くしたいと考えるものであり，具体的には，事象を限定的にしたり，また，プロジェクトの採算性に与える影響を金額や割合などの具体的な数値に置き換えていくということも考えられる。

[681]　② 追加投資・工場増設の禁止

工場の増設などのための追加投資・追加借入れについて，レンダーの承認なくして行わないという Negative Covenants を入れるよう要求されることも多い。これは，プロジェクト・ファイナンスが，ひとつの融資をひとつのプロジェクトで返済することを前提にスキームが組み上がっているためであり，同じ事業主体がまた別の借入れを起こして，別の融資を返済していくことになると，最初の融資の返済の能力に悪影響を与えかねないからである。

しかし，プロジェクト・ファイナンスが比較的長い返済期間を設定していることが多いことを考えると，この間に，プラントの増設や予定外の大規模な改修が必要になり，新たな資金調達需要が発生するということは想定しておかなければならない。

このとき，レンダーグループの構成銀行が全て同じであれば，あまり問題はないが，プラントの増設や大規模改修が必要なぐらいの長い期間が経過した場合には，レンダーグループの構成銀行間でもいろいろと状況の変化が出てくることが多い。たとえば，新しい融資に参加したいと考える銀行がいる一方で，これ以上貸したくないと考える銀行が出てくるといったことが起こる。また，新しい融資を行うレンダーグループとプラント資産を担保として共有することに協力的な銀行と，新しいレンダーグループに入っていないなどの理由により非協力的な銀行に分かれてしまうことも多い。このような状況で，全てのレンダーの承認をとり付けるのは，至難の業である。

したがって，事業会社の立場からは，よくある Negative Covenants だからといって安易に認めるのではなく，将来的な増設・大規模改修の可能性などを見越して，一定の条件を満たしていれば，全てのレンダーの承認をとらなくとも（たとえば，過半数のレンダーの承認などで），追加借入れなどができるような仕組みを組み込むよう交渉することなども必要になってくる。

6-2-4 [683]

③ 持分譲渡の禁止 [682]

Default 条項のひとつとして，レンダーの承認のないスポンサーの持分譲渡禁止が入ってくることも多い。これは，前述（→［672］）のように，スポンサーの信頼度も加味して融資を決めたレンダーとしては，当然の要求であるが，スポンサーとしては，「最後の1ドルを返済するまで，1株たりとも売ってはいけない」ということであるとすると，「厳しすぎるのではないか」ということになる。そこで，たとえば，「プラントが完工して，商業運転が始まったら，もう安心なので半分くらいは売っていいではないか」とかの緩和措置を求めることになる。レンダーとしては，「問題ない譲渡であればレンダーとしては承認するので，あえて，今，緩和処置について話し合わずとも……」と主張して，このような緩和措置を認めることには一般に消極的であるが，多数のレンダーの全ての合意をタイムリーにとり付けるのは，現実的には難しいため，「譲渡先が経済的に安定していること」「事業運営経験があること」などの条件により，あらかじめレンダーに譲渡を認めてもらえないかどうか，という交渉が行われる。

なお，JBIC や US-EXIM などの特定国の貿易奨励金融機関（ECA）がレンダーの中に含まれてくる場合は，自国の投資家が撤退することを好まず，より強い制限を要求してくる傾向にあるので注意が必要である。一方で，インフラファンド等の金融投資家などがスポンサーである場合には，早めの投資資金回収を図ろうとして，撤退に関する条件を少しでも緩めようとしてくる傾向にある。そして，契約交渉の最後の段階になってレンダーおよび他のスポンサーに「自分たちだけでも抜けられるようにしてくれ」という要求をして，嫌ならプロジェクトに参加するのをやめるといった主張がなされることもある。資金提供だけが機能であってプラントの運営には役割のない投資銀行については，レンダーは意外にあっさりと撤退権を認めてしまうことがあるが，他のスポンサーとしては注意が必要である。

●●本事例の考え方●●

プロジェクト・ファイナンスにおける融資契約・担保契約は，コーポレート・ファイナンスと比べて，プロジェクトそのものに対するレンダーのコント [683]

475

第6章　プロジェクト・ファイナンス

ロールを極力強めようと，様々な仕組みが織り込まれている点が特徴的である。一方で，ノン・リコース，リミテッド・リコースといいながらも，「完工保証」など，できるだけスポンサーにもプロジェクト遂行に関する責任を負わせる仕組みが織り込まれてくる傾向がある。したがって，スポンサー側としては，レンダーによるプロジェクトへの関与とスポンサーのプロジェクトへの責任を適切なものにするために，案件の特質を踏まえたレンダーとの交渉を行う必要がある。

[684]　6-2-5　プロジェクト・アカウントの創設

融資契約を読み込んでいくと，様々な銀行口座の名前が出てきたが，それらの口座の役割は何か。また，融資金は事業会社の保有口座には，必ずしも払い込まれるわけではないようである。プロジェクト・ファイナンスにおける資金の流れはどのようになるのか。

着眼点

プロジェクト・ファイナンスにおける各種口座を利用した支払のメカニズムについて理解する。

一般的なプロジェクト・ファイナンスの資金の流れ

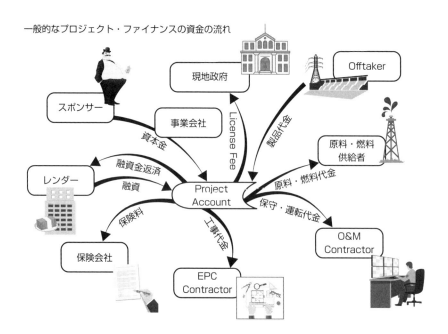

6-2-5　[687]

■■■ ポイント解説 ■■■

1　プロジェクト・アカウントの設置　　　　　　　　　　　　　　[685]

　プロジェクト・ファイナンスにおいては，いくつもの専用口座を設置して，資金の流れをコントロールし，また，担保設定を行うことが一般的である。この専用口座のことを一般的にプロジェクト・アカウントという。

　その個々の口座の内容・名称等は，プロジェクトごとに異なるが，概略としては，次のようなものである。

(1)　Disbursement Account　　　　　　　　　　　　　　　　　　[686]

　これは主にプラントの建設期間中に使用される Account で，出資金，Shareholders Loan，レンダーからの融資金などが払い込まれる。この Account から支払われるのは，建設資金（事業会社の運営費用を含む）と建設期間中の金利である。Disbursement Account は，建設期間が終了しても必ずしも直ちにクローズするものではない。たとえば，EPC 契約において，建設代金の一部（10%など）を Retention Payment として，プラントの性能保証期間中支払を留保することがあり，その期間については，Account を継続することがある。Disbursement Account に入った資金に余剰がある場合は，まず，後述するいくつかの Reserve Account に払い込まれ，さらに余剰がある場合には，Revenue Account に支払われる。

(2)　Revenue Account（もしくは Proceeds Account）　　　　　　　[687]

　運営期間中のプロジェクトの収入は，全てこの Account にいったん払い込まれる。この Account からの支払は，プロジェクトの運営費用，資本財の購入費用，税金，融資契約上の支払，各種 Reserve Account における積立などに充てられ，さらに余剰があれば，様々な規制のもとに，スポンサーへの配当に充てられる。この Account の中をさらに分けて，プロジェクトの運営費用，資本財の購入費用，税金などを支払うための Operation Account，融資金の元利返済のための Debt Service Account などを設けることもある。

477

第6章　プロジェクト・ファイナンス

[688]　(3)　**Reserve Account**

①　Debt Service Reserve Account

短期的な資金不足に対応して，融資金の元利金の1回分の支払金額を積み立てておくための口座である。一般的な積立額は，6か月分の元利支払相当額である。

ここから資金が引き落とされるのは，一般的にいって，Revenue Account に事業運営や融資金の返済に必要な資金が不足している場合である。また，Debt Service Reserve Account に余剰な資金がある場合，および，事業会社が見合いの Letter of Credit を担保としてレンダーに差し入れている場合も，引落しができる。

②　Maintenance Reserve Account

この Account は，数年に一度といったサイクルで行われる定期点検・改修のために多額の費用が発生する場合に，毎年一定額を積み立てていくためものである。毎年の定期点検・改修費用については，通常の運営費用として Proceeds Account の中から引き落としていくことが一般的である。

[689]　(4)　**Insurance Proceeds Account**

プラント故障・事故の損害賠償などのための保険金の受領口座である。レンダーは，この口座からの支払（すなわち保険金の使い道）については，融資金の期前弁済に充てることを主張する傾向にあるが，事業会社としては，これらの保険金は，プラントの修理等に充てたいと考えるため，交渉による調整が必要となるところである（Business Interruption Insurance〔→［707］〕については，プロジェクト収入の代わりとして Revenue Account に支払われるとする例もある）。

[690]　(5)　**Compensation Account**

プラントの完工遅延・性能未達の予定損害金の受領，契約中途解除時の EPC Contractor からの補償金等の受領のための口座である（遅延損害金については，Disbursement Account に支払われるとする例もある）。その使途については，やはりレンダーは期前弁済に充てることを主張する傾向にあるが，事業会社としては当然，Offtaker，事業権許諾者等への支払に充てたいと考えるので，交渉による調整が必要である。なお，Compensation Account は，前の Insurance

478

Proceeds Account を兼ねていることもある。

(6) Distribution Account [691]

スポンサーへの配当や Shareholders Loan 元利支払のための口座である。この口座には、レンダーは担保を設定しないことが多い。また、現地政府からの接収リスクを避ける目的で海外の口座が利用されることが多い。接収が怖ければ、すぐに配当なり借入金の返済をしてしまえばよさそうなものであるが、配当をするためには、株主総会決議が必要であったり、Shareholders Loan にしても、期日前の返済などは、レンダーの承認が必要であったりする等自由に行えるものではないので、いったん安全な口座にプールする必要があるためである。

2 Payment Priority （Cash Waterfall あるいは Cash Cascade） [692]

前述（→ [686]）のように建設期間中においては、支払は基本的に Disbursement Account からのプロジェクトの建設に必要な費用の支払に限られるが、プロジェクト運営開始後は、様々な種類の支払が発生する。これらについては、一般的に次のような優先順位が定められる。なお、この順位はプロジェクトごとの交渉により異なることがある。たとえば、⑦の Debt Service Reserve Account に不足額がある場合の積立てが⑥の Maintenance Reserve Account への積立てに優先することもあり、⑤の「その他融資契約上必要とされる支払」については、③の「金利支払」より上位に来ることもあると思われる。

① プロジェクト運営費用、税金の支払等
② 融資契約上のコミットメントフィー、エージェントフィー等の支払
③ 融資契約上の金利支払
④ 融資契約上の元本返済
⑤ その他融資契約上必要とされる支払
⑥ Maintenance Reserve Account への積立
⑦ Debt Service Reserve Account に不足額がある場合の積立
⑧ 一定条件（Distribution Test）のもとでの Distribution Account への積立
　　（注）Distribution Test として代表的なものは次のようなものである。
　　　　・プロジェクト契約上、Event of Default や Force Majeure がないこと

第6章　プロジェクト・ファイナンス

・Sponsor Support Agreement 違反がないこと
・DSCR（Debt Service Coverage Ratio）が規定の比率（たとえば1.4等）以上であること

⑨　Cash Sweep Prepayment（これについては→［659］の③を参照）

この仕組みは，優先順位が高い支払・積立が完了すると，次に優先順位が高い支払・積立に移っていくところから，あたかも水が徐々に高きから低きに流れることになぞらえて，Cash Waterfall または Cash Cascade などといわれる。

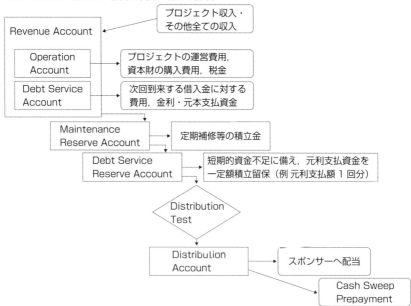

[693]　　　Column　Escrow Account について
　プロジェクト・アカウントは Escrow Account という呼ばれる特別な口座として設定されることが多い。Escrow Account とは，一定の条件が充足された場合に限って資金を受領できるような取決めがなされている場合に用いられる

ものであり，預金者が自由に引出しができるのではなく，あらかじめ合意された一定の条件が充足されて初めて引出しが認められる仕組みの口座である。

　プロジェクト・アカウントは，レンダーグループの中のひとつの銀行がAgent もしくは Account Bank となり，海外の支店内に開設することが多い。あらかじめレンダーと事業主体間で定められた条件に基づき，払込みや引出しが行われる。レンダーはプロジェクト・アカウントに担保権を設定していて，いざ事業主体が倒産というようなときには，当該担保権を行使する。

　プロジェクト・アカウントを海外に設定する理由のひとつは，プロジェクトが当該国政府によって接収されてしまったような場合に，口座が当該国に存在していると，その口座も当該国政府がいろいろと難癖をつけて接収してしまおうとすることが多いので，これを避けるためである。

Column　プロジェクト・アカウントの交渉ポイントについて　　　　[694]
　プロジェクト・アカウントは単なる支払のための機械的な仕組みにすぎないので，契約上の交渉のポイントなどないように思うかもしれないが，プロジェクトで一番大切なお金を扱う以上，やはり重要なポイントがある。
① 積立不足は Default か？
　たとえば，Debt Service Reserve Account に積み立てる金額が不足している場合は，融資契約上の Default になるのかという問題がある。レンダーからすれば，このアカウントに資金が不足しているのであれば，プロジェクトの資金計画に問題が生じているはずであり，次回の元利返済が危うくなる可能性が高いので，レンダーの判断で Default 宣言ができるようにしておきたいと考える。一方，スポンサーは，そもそもこのアカウントの目的は，何らかの理由により，Revenue Account からの元利返済が難しい事態に備えるためにあるのであって，ここから資金を引き出した瞬間に積立額不足になり，Default になるのだとすると，このアカウントの意味はないと考える。
　この問題への対応はプロジェクトごとに異なるが，一般的には，「融資金の返済が契約通りに継続しており，その他に Default 事由が発生していなければ，Default にはならない」とする傾向にあるようである（逆にいうと，Debt Service Reserve Account に既定の積立てができないという状況は，なにがしかの Default によることが多いので，そちらで対処すればよいだろうということになる）。
② 余ったら運用できないか？
　また，プロジェクト・アカウントの金利は一般的にそれほど多くないため，もし，プロジェクト・アカウントに多額の資金が寝るようなことになるともったいないと考えるスポンサーは少なくない。そこで，そのような場合に備えて，あらかじめレンダーとの間でどのような条件がそろえば，資金の運用を認めるのかということを交渉しておくこともよく行われる。レンダーとしては，信用度が高く，換金が容易で，運用期間があまり長すぎないものを望んでおり，具

第 6 章　プロジェクト・ファイナンス

体的には，Moody's もしくは S&P のレーティングのよい国債，社債などになると思われる。

●●本事例の考え方●●

[695]　プロジェクト・ファイナンスにおいては，多数の Escrow と呼ばれる銀行口座を用いて，資金をプールし，またこれらの口座を担保にとることが行われる。また，これらの口座は，投資先国による接収のリスクを回避するため，海外に開設されることも多い。口座からの引出条件等は，プロジェクトの円滑な遂行に影響を与える場合もあるため，法務担当者としても契約書上の条件をしっかり交渉する必要がある。

[696]

> 【事例 6-3】プロジェクト・ファイナンスにおけるリスクはどのように分担されるのか
>
> 　ここまでの研究で，諸契約の概要，特に融資契約・担保契約の仕組み，資金の流れなど，プロジェクト・ファイナンスの仕組みについては，おおむね理解することができた。そこで担当チームとして，本件プロジェクト・ファイナンスの取組みついて，社内の幹部に説明したところ，「本件においてはどのようなリスクが存在し，そのインパクトはどれぐらいで，当社はそのうちどのリスクをどれだけ負うのかわからないとプロジェクトには参加できない」との意見があった。

[697]　6-3-1　プロジェクトに関わる主なリスク
　法務担当者としては，本プロジェクトに関する主なリスクの洗い出しと対策について検討する必要がある。どのようなリスクが考えられ，それをどのように関係当事者に配分すべきであろうか。また，関連諸契約にはどのように落とし込んでいくべきであろうか。

着眼点

　プロジェクト・ファイナンスに一般的に存在するリスクと関係当事者間の分担方法について理解する。

■■■ ポイント解説 ■■■

プロジェクト・ファイナンスでは，様々なリスクを分析し，それを誰がどのように負担するか決めていくが，リスクは大きく次のように分けられる。

　①コマーシャル・リスク　事業の仕組みや仕入れ先，販売先など基本的に，そのプロジェクト自体に内在するリスク
　②マクロ経済リスク　　　物価，金利，為替など，世界全体の経済情勢に影響を受けるリスク
　③カントリー・リスク　　収用・接収，戦争・内乱，為替規制・資産凍結，法令変更といったプロジェクト設置国の固有の問題により影響を受けるリスク

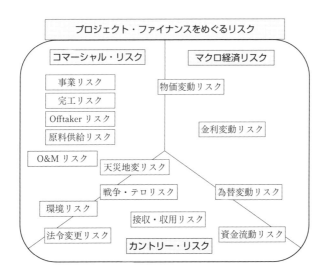

もちろん，完全にきれいに分けられるわけではなく，いくつかのリスク分野にまたがるものもあるので，分類としては便宜的なものである。

これらのリスクを誰がどのように負担するのかについては，前に（→6-2-3）取り上げた様々な契約書の中で規定していくことになる。基本的には，そのリスクをもっともコントロールしやすいものが負担する。たとえば，プラントの

第 6 章　プロジェクト・ファイナンス

完工リスクであれば，EPC Contractor であろうし，法令の変更リスクであれば国であろう。しかし，法令の変更によりプラントの仕様が変更され，これにより費用がかさみ，工期が遅れ，その間に物価が上昇していたとすると，誰が責任を負うべきなのだろう。

このような場合について，ひとつひとつ負担者と負担割合を決めていくのがプロジェクト・ファイナンスの契約書の交渉において重要なところである。

次にそのリスク内容，対応策などの留意点を当社＝スポンサーないし事業会社の立場から考えてみたい。

[699]　**1　コマーシャル・リスク**

(1)　事業リスク

事業リスクとは，「そのプロジェクトが事業として，融資金を返済し，スポンサーが満足する配当をするだけの一定の利益をあげられるのか」というものである。これは，プロジェクト・ファイナンスに限ったものではないが，プロジェクト・ファイナンスでは，一般に長期の返済期間・プロジェクト期間を想定しており，その間の経済環境変化も加味してリスクを検証する必要がある。

事業リスクを検証するうえで，重要となるのは次のような要素である。

①　プロジェクトが生産する製品・サービスは，マーケットにおいて競争力があるか，どれだけの規模があるのか，将来的に拡大するのか縮小するのか
②　市場価格の変動リスクはどれほどあるのか
③　プロジェクトの建設費用は，適正な金額に設定されているのか
④　プロジェクトの運営費用は，適正な金額に設定されているのか

上記のような様々な事業リスクを誰がどのように負うかは，プロジェクトごとに異なる。

たとえば，LNG などの燃料による発電プロジェクトなどで，「一定の発電能力のプラントを稼働可能な状況にしておくことに対して固定代金を電力会社・電力庁が支払い，個別の発電量については，変動代金を支払う。仮に，一切発電しないとしても，固定代金の支払により，借入金の返済は可能」という基本条件がある場合は，販売マーケットのリスク，市場価格変動のリスクは，電力

484

会社・電力庁などのOfftakerが負っていることになる。もし政府が電力会社・電力庁の支払債務に対し保証を入れるのであれば，政府もこのリスクを負っていることになる（洋上風力などの再生可能エネルギーによる発電プロジェクトでは，一般的にこのような固定代金は設定されない場合が多い）。

一方で，Offtake契約が締結されず，石油製品のように直接マーケットに販売したり，公共料金のように一般市民にサービスを提供したりする場合には，事業会社が一義的にはリスクを負っており，最終的には，スポンサーとレンダーがリスクを負っているということになる。

(2) 完工リスク [700]
① 用地の確保

用地の確保が遅れると，プラント等の建設の開始が遅れ，結果，プラントの完工が遅れるという事態につながる。用地の確保については，事業権許諾者・Offtaker側の責任とするのが一般的であるが，事業会社側の責任で確保する場合もある。政府側，Offtaker側の責任の場合は，事業権許諾契約，Offtake契約の中に，「用地の確保が遅れた場合には，相応の期間につきプラントの完工期限が延長され，これに要した費用も賠償される」とするのが一般的である。しかしながら，ある程度以上の期間にわたって用地確保が遅れると，プロジェクト全体を取りやめざるをえないという状況に陥ることもある。本当に用地を確保できるのかについては，事業会社としてもよく注意する必要がある。地元住民の反対運動が起こったり，地主がよりよい買収条件を求めたりして用地の確保が遅れることはよくあることである。特に，送電線や，線路や高速道路などを敷設する場合には，非常に長い距離の土地を取得したり，使用権を確保したりすることは容易ではないので，事業会社として責任を負うことはできれば避けるべきである。

② 許認可を受けられるか [701]

許認可は，プロジェクトの建設スケジュールに影響するだけではなく，更新が拒否される可能性がある場合などは，プロジェクトの運営，存続にも影響する。許認可については，事業会社の責任で取得・維持していき，事業権許諾者・Offtakerとしては，その取得・維持に協力するというのが一般的である。これは，許認可が得られるかというのは，プラントの仕様，性能などによって

第 6 章　プロジェクト・ファイナンス

もその成否が異なるため，事業権許諾者・Offtaker としては，仕様，性能など
を自ら指定していない限り，これをあらかじめ保証することは難しいからであ
る。

　このため，事業会社としては，そのプロジェクトを行うにあたり，どのよう
な許認可が必要で，その取得にはどのぐらい時間がかかるのかということを担
当官庁とよく打合せしておく必要がある。必要な許認可が遅れれば，その分工
事が遅れ，最終的に許認可が得られなければ，プロジェクトは完工しないとい
うことになってしまう。特に，前述のように洋上風力の場合は，海面・海底な
どの海域の占有使用に関する権限関係が複雑な場合が多く，担当官庁の許認可
権限について，十分に注意する必要がある。

　なお，担当官庁が不当な理由で許認可を下ろさない場合については，後述
（→［715］）の「カントリー・リスク」の範疇に入ってくるものである。これに
ついては，政府サポートレターなどの中で，「正当な理由なく必要な許認可を
留保したりしない」という文言を入れることにより防止を図っていく。

[702]　　③　建設契約上のリスク

　完工リスクに一番大きく影響するのは，やはり，建設契約の内容である。特
に注意すべき点としては，下記のものがあげられる。

　　①　建設契約者の経済的・技術的信用力
　　②　建設費用の増大
　　③　完工遅延・性能未達

　プラントの完工リスクは，一義的には建設契約者に負わせることが一般的で
あり，このため，前述の EPC Contract の形式をとって，建設費用の増大や完
工遅延・性能未達の場合の損害を Liquidated Damages の形で建設契約者が負
担するのが一般的である（EPC Contract の基本については→［638］）。しかし，損害
金の全てを Liquidated Damages とすることはできず，大体，契約金額の 10％
程度にとどまることが多い。

　EPC Contractor が損害金の全てを負担することとされない理由としては，
次のようなものがあげられる。

486

・EPC Contractor は，プロジェクトの遂行母体ではなく，プロジェクト全体に見合いの利益を得るわけではない。そのような EPC Contractor がプロジェクト全体の遅延・性能未達の責任を負うことは，過大な負担を強いることになる。

・それでも，どうしても EPC Contractor が責任を負うとすると，EPC Contractor としては，その予定損害金のかなりの部分を Contingency（予備費）として契約金額に織り込まざるをえなくなるので，結果として契約金額が異常に高くなって，プロジェクトの採算が悪くなる。

・入札などで，無理して契約金額を安く抑えたりすると，EPC Contractor が Contingency を十分に積んでいなかったりということが起きる。するといったん問題が発生したりすれば，EPC Contractor は吸収できずに倒産してしまうということが起こりうる。

　スポンサーや事業会社の視点からは，倒産した EPC Contractor の代わりを見つけてきて残りの工事を完成させることは，かなり困難を伴うものなので，発注者側の立場からだけではなく，「EPC Contractor としても無理なく契約履行できる内容であるのか」ということを検討しておく必要がある（洋上風力などで，EPC 業者が一つに絞れない場合の対策については，［638］参照）。

④　第三者リスク　　　　　　　　　　　　　　　　　　　　　　　　　　[703]

　完工は，プロジェクトに直接参加していない第三者により影響されることもあるので，想像力をたくましくして，プロジェクトに関連するあらゆる人々のことを考えていかなければいけない。第三者によるリスクは，当然プロジェクトごとに異なるが，一般的なものとしては，次のようなものがある。

①　隣接プロジェクト遂行者のリスク

　たとえば，自分たちが，石油化学品製造プロジェクトを遂行しているが，その原料の供給元となる石油精製プロジェクトを別の第三者が遂行している場合，その第三者のプロジェクトの完工が遅れると，自分たちのプロジェクトも完工試験等ができないことになり，完工遅延を起こすことになる。

②　Utility リスク

　完工に必要な電気・ガス・水道・インターネット回線・道路などの Utility（公共サービス）も重要になる。街なかでプロジェクトを立ち上げるのであれば，問題ないかもしれないが，人里離れた場所でプラントを建設するような場合に

第 6 章　プロジェクト・ファイナンス

は，これらの Utility が適時的確に供給されるかということは完工スケジュールに大きく影響する。

③　地域住民・環境団体等

地域住民・環境団体の建設反対運動などが発生すると工事の進行が困難となり，期限までの完工スケジュールに大きく影響する。

基本的にこれらリスクは，事業会社側としては，事業権許諾者・Offtaker 側で取ってもらいたいところだが，状況により，事業会社側で取らなければならない場合もある。そのような場合には，隣接プロジェクト遂行者，Utility 事業者等と事前に交渉して，工事に支障がないような対策をあらかじめ講じておく，環境調査などをしっかり行った上で，地域住民，環境団体等と対話を重ねておくなどの事前対応が重要となる。

[704]　　(3)　**Offtaker リスク**

あらためていうまでもないが，Offtaker からの支払は，プロジェクトの収益のほとんど全てとなり，プロジェクト・ファイナンスにおける，借入金の返済，配当の原資となるものである。このため，Offtaker が高い信用を有することは非常に重要である。国の省庁や国営企業であれば，経済的信用力は問題ないと思うかもしれないが，お役所仕事や事務処理能力の不足等のために支払が滞れば，プラントの建設・運営に支障が生じる。前述（→ [639]）のように，当該国のリニューアブルエナジーの固定買取制度や Carbon Credit などを利用する場合，その制度自体が，変更・廃止されてしまう可能性もある。また，Offtaker が民営化されて財務基盤が弱くなったり，破産・会社更生手続に入ったりするようなことがあれば，プロジェクト存続の危機となる。

Offtaker の支払能力，契約履行能力に不安がある場合には，政府の保証を求めるなどの対策が必要となる。また，そのプロジェクトの中における Offtaker の収益構造がしっかりしているかということも，よく確認しておく必要がある。プロジェクト・ファイナンスは長期間にわたって続くものであるため，もし Offtaker の収益が悪化すれば，Offtaker はいろいろ理由をつけてプロジェクトから離脱しようとするからである。

⑷ 原料・燃料供給リスク [705]

原料・燃料供給リスクには，次のような場合が考えうる。

① 油田の枯渇のように原料・燃料が物理的に手に入らなくなる場合
② オイルショックのように価格が暴騰して，全く採算がとれなくなる場合
③ 原料・燃料供給者が信用不安・技術不足などの理由により供給できなくなる場合
④ 道路・鉄道・船舶・港湾など輸送途上のトラブルによって原料・燃料が供給されない場合

以上のような各リスクについての対応策としては，それぞれ，以下のようなものが考えられる。

① 埋蔵量の精査，代替供給先の確保
② 原料・燃料供給契約による長期の固定価格もしくは合理的な指標による価格の設定
③ 代替供給先の確保，原料・燃料の長期備蓄（たとえば，3か月分など）
④ 輸送設備の精査，政府支援のとりつけ

また，原料・燃料供給責任を果たせない場合には，代替の原料を調達するためにかかる費用を原料・燃料供給者が支払う義務を定めた "Put or Pay" と呼ばれる条項を入れることも検討する。

また，原料・燃料価格の高騰については，製品価格を Offtaker にそのまま転嫁して，リスクをとってもらうという方法がありうる。これを Pass-Through と呼ぶ。

風力・太陽光発電などのリニューアブルエナジーの場合は，原料・燃料は買ってくるのではなくて，自然が頼りである。その供給は天候に左右される。その意味では，事業会社およびレンダーがリスクをとっていることになる。このリスク対策としては，風況調査・日射量調査を複数年を通して行い，その増減量を把握することなどが考えられる。

第 6 章　プロジェクト・ファイナンス

[706]　　(5)　**O&M リスク**

　プラントなどが設計通りに作成され，性能試験を無事合格したとしても，技術的に運転・保守が難しいプラントであれば，長期にわたって安定的，安全に運転・保守ができないリスクがある。特に，発展途上国などにおいては，優秀な技術者が不足する場合もあり，そのプラントが適切に運転・保守できるかという点は十分に考慮する必要がある。また，技術的には，運転・保守できている場合でも，その費用が予定をはるかにオーバーしてしまえば，プロジェクトの採算に大きく響いてくる。

　このような O&M リスクについては，O&M Contractor が責任を負うことが一般的である。ただし，O&M Contractor に支払われる契約金額は，プロジェクト全体の費用に比べて非常に小さいため，O&M がうまくいかない場合の損害を全て O&M Contractor が負担するというよりは，「一定の基準に至らなかった場合に契約を解除することができる」という権利を事業会社側が保持する形で O&M Contractor を牽制することが多い。また，レンダーとしては，できれば，スポンサーの中の 1 社が O&M Contractor となることを希望することが多い。これは，O&M の履行実績が悪い場合に O&M の契約金額以外に，スポンサーとしての配当益が減ってしまうという経済的なインセンティブにより，十分な O&M の履行を期待するものである。

[707]　　(6)　**天災地変リスク（Act of God）**

　一般的に不可抗力（Force Majeure）は，契約当事者のコントロールの及ばない事象を指し，大きく分けて，①台風，地震，津波などの天災地変（Act of God）によるもの，②戦争，内乱，ストライキなど暴力的な威力による業務の妨害によるもの，および③法令変更・接収など政府の統治行為に関連するものに分けられる。ここでは①の天災地変について述べることとし，②③についてはカントリー・リスクとして後述する（→ [715]）。

　天災地変については，まず一義的には，保険でカバーする。たとえば，建設中に荒天に見舞われてプラントに損害が発生した場合に備える Construction and Erection All Risks Insurance，プラントの操業開始が遅れた場合に備える Delay in Start-Up Insurance，プラント操業中のプラントの毀損などの損害に備える Property Damage All Risks Insurance，事業が中断した場合に備える

Business Interruption Insurance などである。

　天災地変による損害が保険でカバーできる範囲を超えている場合，もしくは通常付保しないような事象の場合については，関係する契約の中でリスクを負担する者を決めていく。

　たとえば，事業権許諾者・Offtaker がこのリスクを負担するのであれば，天災地変が発生し，プラントの建設が遅延した場合に，事業権許諾契約・Offtake 契約などで約束した事業開始の日（Commercial Operation Date）を，事業会社が遅延損害金の支払なしに同期間遅らせることができるとしたり，天災地変により Offtaker が製品を引き取れない場合であっても，事業権許諾者・Offtaker が製品代金を支払うなどと規定する。保険でもカバーできない天災地変については，上記のように事業権許諾者・Offtaker 側がリスクを負担する傾向にあるが，必ずしもそうとは限らないので，契約の交渉のポイントとなりうるものである。

　天災地変がさらに継続して解消の見込みがない場合やプラントなどが致命的な損害を受けて改修の見込みが立たないような場合には，基本的には，事業権許諾契約・Offtake 契約を解除することになる。この場合，プラントなどは政府や Offtaker が買い取ることとし，その価格は，融資金残額＋融資解約精算金＋資本金額＋残りのプロジェクト期間の事業会社の予定収入の合計を現在価値に引きなおしたもの（想定金利率で割り戻して減額したもの）とするという考え方が一般的である。

　しかし，天災地変は不可抗力であり，事業権許諾者・Offtaker 側からみた場合，誰の責任でもない事態により事業が継続できなくなったにもかかわらず，事業会社に利益が全部いくとなると，不公平と思うであろう。また，事業会社はすぐに不可抗力を主張して事業をやめようとするのではないかという危惧もある。このため，「予定収入」を除いた融資金残額＋融資金解約精算金＋資本金額で算出される価格で事業権許諾者・Offtaker がプロジェクトを買い取れるようにするべきだという考え方もある。ただし，この考え方では，事業権許諾者・Offtaker としては，不可抗力がなければ払っていたはずの利益相当分を払わなくていいので，かなり割安な金額となる。これはこれで事業会社側に不公平感があり，また，事業権許諾者・Offtaker 側がすぐに不可抗力を主張して，事業をやめようとする危険がある。

第 6 章　プロジェクト・ファイナンス

そこで，この 2 つの考え方の中間の金額でプラントを買い取るとする例も出てくる。こういった点が交渉のしどころなのである。

[708]　**(7)　環境リスク**

プロジェクトが環境に被害を及ぼし，その損害賠償を求められるリスクである。環境被害はどれだけの範囲でどれだけの金額に上るか事前に予測することは難しく，また，保険も完全にはカバーできないことがある。また，環境に関しては，「無過失責任」といって，仮に故意や過失がなくても，損害が発生した場合には責任を負わなければならないとする法制度が一般的である。したがって，環境リスクをコントロールすることはプロジェクト・ファイナンスにおいて非常に重要である。環境リスクを検討するうえで重要となるのは，次のような観点である。

① 　しっかりとした環境影響評価（Environmental and Social Impact Assessment, ESIA）の実行
② 　環境法規に基づく許認可の取得
③ 　環境法規制に合致したプロジェクトの設計・施工
④ 　環境法規制に合致したプロジェクトの運営
⑤ 　環境法規制に合致したプロジェクトの撤収案
⑥ 　適切な保険の付保
⑦ 　環境事故が起きた時の対応手順（技術面，法務面，マスコミ対応など）

開発途上国などにおいては，環境法規制が未だ整備されていない場合もあるかもしれないが，だからといって，環境に配慮しなくていいというものではない。環境法規制は，厳しくなるのが一般的な傾向であり，また，市民団体などの監視の目もあり，緩い環境対策では，将来的に立ち行かなくなることが予想される。このため，IFC（International Finance Corporation）の Performance Standards や，銀行間の Equator Principles など，国際的な環境基準が設けられており，レンダーとしてはこれに準拠することを求めるということになる（日本では，JBIC が「環境社会配慮確認のための国際協力銀行ガイドライン」を設定している）。なお，これらの基準は，環境のみならず，住民に対する重大な影響（土地取得，非自発的移転，先住民族等）や生物多様性，自然生息地，および文化遺産に対する

492

6-3-1 [711]

重大な影響についても配慮するよう求めており，これが満たされない場合には，融資をしないということを示している。

2 マクロ経済リスク [709]

マクロ経済リスクとは，国家的・国際的な経済状況の変動によりプロジェクトがさらされるリスクをいう。具体的には，物価変動リスク，金利変動リスクおよび為替変動リスクがあげられる。

(1) 物価変動リスク [710]

物価変動リスクとは，主に物価の高騰によりプロジェクトの建設コスト・運営コストが増加し，プロジェクトの採算が悪くなることをいう（製品の市場価格が値下がりし，収入が少なくなることも大きくいえば物価変動リスクのひとつであるが，これは，コマーシャル・リスクの中で論述した→[699]）。

物価変動リスクを回避するための一般的な方法は，できるだけ，プロジェクトのコストとなるものの金額をあらかじめ固定してしまうことである。たとえば，プロジェクトの建設コストについて，これを EPC Contract（→[638]）の中で極力一定額としてしまうものである。そして，固定できないものについては，物価の上昇率について，あらかじめ織り込んだうえで，建設コストを算出することが必要である。

しかし，運営期間中の O&M コストや事業会社の従業員の給与などについては，これを長期にわたって予測することは容易でない。これらのリスクについて，たとえば，「プロジェクトの製品やサービスの利益の享受者が負担すべき」と考えるのであれば，前述した原料代金の Pass-Through（→[705]）のように，Offtake 契約において，製品代金等に自動的に上乗せされる仕組みとして，Offtaker が負担するというのもひとつの方法である（Offtaker はその先の消費者へと転嫁していくことになるであろう）。

(2) 金利変動リスク [711]

金利変動リスクとは，借入期間中の金利率が変動することにより，事業会社の金融コストが増加し，事業性が悪くなることをいう。一般的に，プロジェクト・ファイナンスにおける金利は，前述（→[658]）のように「銀行と合意した

493

第6章　プロジェクト・ファイナンス

指標となる金利」＋x％という形の変動金利となる。特に，レンダーが商業銀行のみである場合は，十何年にもわたる返済期間中の金利を固定して融資を行うことは基本的には行われない。これは，商業銀行の資金調達が短期資金の借換えで行われており，商業銀行に対し，長期で固定の金利をリクエストすると金利スワップコストがかさむためである。それよりは，半年毎，もしくは，1年毎などの期間について，金利スワップをかけておいて，期間が満了したら次の期間について，複数の金融機関に見積りを出してもらい，よりよい条件をとっていくようにすると，コストをある程度引き下げることができるのである。一方で，レンダーとしては，事業会社が金利変動リスクにもろにさらされることを好まない傾向があり，ある程度の割合の金利のリスクヘッジを要求してくる。一般的には，スワップ・カウンターパーティ（通常は銀行）と Hedge Agreement（もしくは，Swap Agreement）を締結して，金利を固定する。たとえば，「銀行と合意した指標となる金利」＋1％である借入金利を3％で固定した場合，その後，金利支払時の「銀行と合意した指標となる金利」が4％となれば，スワップ・カウンターパーティから4％＋1％－3％＝2％ということで2％の金利相当額を受け取る。逆に金利支払時の「銀行と合意した指標となる金利」が1％となれば，1％＋1％－3％＝－1％ということで1％の金利相当額を支払うことになる。一般的に，レンダーとしては，建設期間中は，融資金のほぼ全額についてこのヘッジをかけることを要求し，運営期間中は，4分の3程度について，ヘッジをかけることを要求するとされている。

　金利については，安全を考え，全て借入金の金利をヘッジすればよいようにも思われるが，これは逆にいうと，将来的に金利が下がったときにもそのメリットを得られないということになるので，運営期間中には事業会社がある程度の裁量をもって対応するのが一般的ということである。

　なお，スワップについては，以下のように思わぬ負担増となってしまうことがある。

① 　スワップ・カウンターパーティに渡す固定フィーが発生するため，金利が上昇してもその上昇幅がその固定フィーよりも小さい場合は，ヘッジをしなかった場合よりも多くの金融コストがかかってしまう。
② 　スワップ契約を締結していた融資金を期前弁済しようとすると，スワップ

494

6-3-1　[713]

契約を解除するための清算金（ブレーク・ファンディング・コストなどと呼ばれる）が発生して多くの金融コストが余計にかかってしまう。

なお，返済期間を通して，銀行からの借入金利を固定してしまうことは前述のように商業銀行だけの場合には基本的には行われないが，JBIC，国際復興開発銀行（IBRD）などの政府系・国際系金融機関は，長期に固定の金利を提供することができる場合もある。また，トータルの金融コストを減らす観点から，Mini-Perm Loan（→［657］）で建設期間のプロジェクト・ファイナンスを組成し，スワップの清算金等が発生しない（もしくは限定的な）段階で固定金利の Project Bond などでより良い条件でリファイナンスするということが欧米案件では珍しくない。

(3)　為替変動リスク [712]

為替変動リスクとは，為替レートの変動に伴うリスクをいう。具体的には，次のような事態が想定される。

①　支払通貨と借入通貨のミスマッチ

たとえば，タイ・バーツで工事代金を支払うのに，米ドルで借入れする場合に，建設期間中に米ドルの価値が下がってしまうと，より多くの米ドル借入れが必要となってしまうという事態が考えられる。対応策としては，プロジェクトの建設契約の支払通貨と借入通貨を同じ米ドルにするのが，一番すっきりとする。しかし，開発途上国で行われるようなプロジェクトにおいては，土木工事や現地調達比率達成のための現地部品の購入など現地通貨での支払を回避できない場合もある。このような場合については，支払のスケジュールと金額が確定したところで，為替の先物予約を入れるなどの方法により，リスクを最小化する努力が行われる。

②　受取通貨と借入通貨のミスマッチ [713]

同様に，たとえばタイ・バーツで電気料金が入るのに，米ドルで借入れしているような場合に，タイ・バーツの価値が下がると，米ドルの返済が困難となるような事態も考えられる。対応策としては，これも，電気料金などの収入通貨を借入通貨と同じ米ドルにしてしまうことが一番安全である。しかし，電気や高速道路といった公共料金につながるものである場合，現地通貨による支払

495

第6章　プロジェクト・ファイナンス

が求められることが多い。

　このような場合には，ひとつの便法として，支払通貨は現地通貨だが，その金額の算定方法は，借入通貨で請求すべき金額をそのときの為替レートで現地通貨に換算した金額にするという方法がある。しかし，この方法も，1997年にアジアで起こったような，「通貨危機（自国通貨の大暴落）」のように一気に10分の1にも20分の1にも価値が下がってしまうような場合には，電力庁や交通局といったOfftakerも自らの収入との差額を吸収しきれなくなって，プロジェクトとして破綻するということも起こりうる。こうなってくると，もはや，マクロ経済リスクというよりもカントリー・リスクの範疇に入ってくる話かもしれない。

[714]　③　受取通貨と支払通貨のミスマッチ

　上記とは逆に，発電のための燃料代は，タイ・バーツで支払うのに，電気料金は，米ドル（もしくは，米ドル価格をもとにタイ・バーツ換算した）価格で受け取るというような場合，米ドルの価値がタイ・バーツに対して低くなると，燃料代の負担が重くなる。対応策としては，これもできれば通貨をそろえてしまうのがよい。たとえば，現地通貨による支払が必要であると見込まれる額を計算し，Offtakerによる電気代の支払の一部を，当該見込額に相当する程度までは現地通貨により行うものとする，といった取決めを行うことが考えられる。

[715]　3　カントリー・リスク

　カントリー・リスクとは，一般的には，接収，収用，ライセンスの没収，戦争，内乱，資産の凍結，為替規制，法令変更など相手国の政治・経済状況により，融資金・投資金の回収が困難になることをいう。

　いろいろな整理の仕方があり，必ずしもきれいに分けられるものではないが，便宜的に以下のような整理が可能である。

　　　①　接収，収用，ライセンスの没収といった事業乗っ取り型のリスク（以下，接収・収用リスクという）

　　　②　戦争，内乱，テロ，暴動といった暴力的破壊型のリスク（以下，戦争・テロリスクという）

　　　③　為替規制，資産凍結といった資金流動妨害型のリスク（以下，資金流動リス

496

6-3-1　[718]

　　クという）

　④　税制変更，優遇処置廃止といった法令変更型のリスク（以下，法令変更リスクという）

(1)　接収・収用リスク　[716]

　各国法上，国家は，公共の利益を守るため，民間の保有する資産を接収，収用することができるとされている場合が多い。ただし，その場合であっても，相応の補償金を支払うことが前提となっている。しかしながら，発展途上国においては，その接収，収用が恣意的に行われ，十分な補償金も支払われないという場合も起こりうる。これは特に，ある政権が革命などで倒された後の政権が，前政権の腐敗の象徴として事業を乗っ取ろうとするときに起こる。また，それは原油・石炭・鉄鉱石などの天然資源に関する事業などの場合にも比較的発生しやすい。発展途上国側としては，本来それらの天然資源は国に属するものであって，他国の民間企業が不当に利益を得ることは社会的公正に反するというように主張することが多い。

(2)　戦争・テロリスク　[717]

　戦争・テロリスクは，戦争，内乱，テロ，暴動といった暴力的な行為により事業の建設・運営が妨害されるリスクである。最近は，ロシア，中東，アフリカ，中国，アジアなど領土紛争，民族紛争，宗教紛争，海上権益争いなど国際情勢が緊迫しており，プロジェクトの建設・維持の過程で，かかる抗争に巻き込まれるおそれがあることを考慮すべきである。また，直接の戦闘行為ではなくとも，プロジェクト対象国に対して，国連安保理決議や関係国のテロ対策法制等に基づく禁輸措置や資金凍結などの制裁措置が発動され，プラントの建設資材の輸入ができなくなり，工事代金の支払ができなくなるなどの事態についても，対策を講じておくべきである。

(3)　資金流動リスク　[718]

　発展途上国においては，一般的に外貨準備高が少ない。融資金がドルなどの外貨で，プロジェクトからの収入が現地通貨である場合などには，収入は十分であっても，毎回の返済に必要な外貨を為替市場から調達できない事態や外貨

第6章　プロジェクト・ファイナンス

への交換自体が禁止されてしまうといった事態も存在しうる。また，前述のように国際的な経済制裁措置により当該国政府関連の資産が凍結されてしまい，製品代金の支払などができなくなることもありうる。さらには，現地通貨が政情不安などにより大暴落して，プロジェクトの存続自体が危うくなることもこの範疇に入ってくるかもしれない。プロジェクト・アカウントを海外のしかもEscrow Account（→［693］）とするのは，この資金流動リスクを減らすための方法のひとつである。

[719]　**(4)　法令変更リスク**

　法令変更リスクは，税制の変更，関税の変更，優遇措置の変更，環境規制の変更などの法令変更により，プロジェクトの採算が悪化してしまうリスクである。発展途上国においては，プロジェクトを促進するために，プロジェクト資材の輸入関税，付加価値税等の減免，所得税の減免等の優遇措置を行うことがよくあるが，突如としてこれらの措置を法令変更などにより取りあげるということもよくあることである。また，逆に，それまで特に課税されていなかったようなものに対して新しく課税されるということも起こりうる。これらの法令変更は上述の接収・収用の手段として用いられることもある（たとえば，港湾施設，航空施設等を接収しようとする際にこれらの施設にかかる税金を著しく高くして，事業が立ち行かないようにしてから，接収の交渉に入るようなものである）。

　なお，法令変更リスクというのは，あるプロジェクトを接収しようとか，狙い撃ちにして利益を得ようというような意図がなくとも発生する可能性がある。たとえば，税制の変更などは，その国のあらゆる国民，法人に適用されるものであり，特定のプロジェクトを狙ったものでなくとも，プロジェクトの採算に大きく響くものである。また，関税の変更などももちろんプロジェクト建設価格，もしくは，燃料・原料の輸入価格，製品の輸出価格に影響が出る。また，物品の輸入自由化などがあると一般的にそのものの価格は下がるため，これもプロジェクトに影響が出てくる。

[720]　こうした関係国の法令の変更に関するリスクについては，どの法律がどれぐらい変わったらどれぐらい収益にインパクトがあるのかということを研究しておく必要がある。また，時代の流れとともに規制が厳しくなってくることが予

6-3-1　[722]

想されるものについては，あらかじめ厳しめのものに基準を合わせておくことも検討する。前述（→［708］）のように，環境規制などは，仮に現在当該国では緩めの規制であるとしても，将来的には，厳しくなるのが世界的な潮流である。したがって，当該国のみではなく，IFC の Performance Standards などに準拠するということも検討すべきである。

Column　忍び寄るカントリー・リスク　　　　　　　　　　　　　　　　［721］

　カントリー・リスクが実際に発生する場合の問題点としては，どこからがカントリー・リスクなのかということが，はっきりとわからないところにある。

　たとえば，外国国家が接収，収用，ライセンスの没収などを行う場合，はっきりと「これから接収します」とか「これからライセンスを不当に没収します」などと宣言するのではなく，法律違反，契約違反，公序良俗違反など，何らかの理屈をつけて，じわじわと嫌がらせをしてくるところから始まることが少なくない（これを「忍び寄る収用」──Creeping Expropriation という）。その方法も，資産や株式をいきなり没収したりするのではなく，「株式の半分を額面で売ってくれないか」というようなコマーシャルなオファーをしてくることもある。そうする一方で，ローカルの政府や自然保護団体を裏からつついて，プラントの建設や操業を妨害する。これに耐え切れなくなって，株式を売ると，そういう嫌がらせはぴたりとやむ，といったようなケースもある。

　また，戦争・内乱も，一気に全面的な交戦状態に入るわけではなく，散発的な動乱を繰り返して，次第に泥沼化していくことが多いし，諸外国からの経済制裁もじわじわと最初は緩いものから，だんだんと厳しい内容になってくることが多い。

　大切なことは，このような兆候が始まったら，最終的にカントリー・リスクにつながるのではないかということを念頭に置いて，対応策を検討していくということである。

●●本事例の考え方●●

　プロジェクト・ファイナンスにおいては，あらかじめリスクを分析し，誰が　［722］
そのリスクを負うのかということを様々な契約書の中で決めておく必要がある。基本的には，そのリスクをもっともコントロールしやすい立場にいるものがリスクを負うのが望ましい。しかしながら，その見極めは容易なものではなく，場面場面で異なってくることが予想される。プロジェクト・ファイナンスにおける契約書の交渉とは，一面，このようなリスク分担の適正化のための交渉と

第6章　プロジェクト・ファイナンス

いえるものである。

[723]　　6-3-2　カントリー・リスク対策
　　カントリー・リスクは，他のリスクと比較して，スポンサー側でコントロールしづらいと思われるが，何かカントリー・リスク対策として法務担当者にできることはないのか？

着眼点

　法務担当者が関与すべきカントリー・リスク対策にはどのようなものがあるかを理解する。

◤◢◤◢ **ポイント解説** ◤◢◤◢

[724]　　法務担当者が関与すべきカントリー・リスク対策として重要なのは次の6点である。

　　1　Local Law の理解
　　2　契約によるリスクの配分
　　3　政府系・国際系の金融機関・保証機関の活用
　　4　国際投資協定の活用
　　5　テロ・不当逮捕等の回避
　　6　公正なプロジェクト構築

[725]　**1　Local Law の理解**

　カントリー・リスクを法務担当者として考えるうえで，まず基本となるのは現地法の理解である。

　国際的なプロジェクト・ファイナンスにおいては，その融資契約はもちろんのこと，EPC Contract，O&M Contract，原料供給契約，Offtake 契約など主要なプロジェクト関連契約の準拠法は英国法もしくはニューヨーク州法など，法的に安定性の高い国の法律を使用することが多い。しかしながら仮に主要なプロジェクト関連契約を英国法などにできたとしても，現地法の知識は必ず必要になってくる。以下はその例である。

500

6-3-2 ［728］

(1) 担保契約 [726]

プロジェクト・ファイナンスにおいて，重要な契約として様々な担保契約があることは前述（→［666］）したが，担保契約においては，契約の準拠法にかかわらず現地法が適用される場合もある。たとえば，日本の「法の適用に関する通則法」13条では，動産および不動産に関する物権その他登記すべき権利はその目的物の所在地法によるとする。したがって，日本国内で行われるプロジェクトに関する不動産に関する担保契約の準拠法がA国の法律であり，A国の法律では不動産の対抗要件具備には登記は必要ないとされていたとしても，日本の不動産の権利の対抗要件である登記をしていなければ，第三者に対抗できなくなってしまう。このように，土地，建物など不動産の担保取得の物権法的側面に関しては，現地法が適用されることになると考えられる。このため，プロジェクト・ファイナンスの担保に関する様々な契約としては，当事者間の契約関係などに関する英国法などを準拠法とする契約に加え，現地法が適用されると考えられる物権法的な事項に関する契約が，現地法を準拠法として現地語で作成されることも多い。

(2) 事業許認可，License，Permission [727]

事業会社がプロジェクトを遂行するにあたっては，現地における営業許可，工事認可など，様々な行政的規制がかかってくる。規制内容によっては，国のみでなく，州や県といった国の下部組織に許認可権がある場合もある。行政的な許認可は当然，現地法の問題である。

(3) 会社法，労働法 [728]

事業会社の設立，維持運営についても，現地法の知識は不可欠である。会社の設立，登記，事業報告，納税申告，雇用契約などについては，現地法が適用される。なお，自国民族優遇制度をとっている国（マレーシア，南アフリカなど）においては，会社を設立する際の現地側の出資比率や，役員比率，従業員比率などにより，事業や入札において優遇度合いが変わってくるというようなことが起きる。

501

第 6 章　プロジェクト・ファイナンス

[729]　　(4)　政府，省庁，国営会社，公共事業

　前述のように（→ [637] [640]），プロジェクト・ファイナンスにおいては，その主要な事業について，当該国政府と事業権許諾契約を締結したり，プロジェクト全体について政府サポートレター・政府保証状の取り交わしを行ったりすることが多い。その際その政府側の署名者に，現地法上そのようなことをする権限があるかということを調べておく必要がある。

　プロジェクト・ファイナンスの対象事業は，電力，水力，道路など公共事業などであることが多いが，そもそもそのような事業をその国の法制上，民間企業に委託してよいのかということも確認しておく必要がある。これらのことがはっきりしていないと，プロジェクトがうまくいかなくなったときに，政治問題化して，反対派から，そもそも法律違反で無効であるといって，プロジェクトを不当に接収・収用する動きに出てくることが多い。

[730]　　(5)　現地弁護士事務所の起用

　現地の法律に関しては，現地法に詳しい法律事務所の起用が必須となる。この選定は，なかなか難しいところがある。現在では，欧米の弁護士事務所が現地の弁護士と組んで現地に事務所を開設し，大型国際プロジェクトにも精通した欧米の弁護士事務所所属の弁護士が常駐していることも多い。このような事務所であれば，現地法については，現地の弁護士に見解を確認しつつ，それが国際プロジェクトの常識に適合するような内容であるかを欧米の弁護士事務所が責任をもって確認するということができるので信頼を置きやすい。

　しかし，欧米の弁護士事務所と組んでいる現地の弁護士が，実は現地法の実務をあまりよく知らないということも起こりうる。日本でも，国際契約に強い弁護士が不動産に対する担保設定の実務にそれほど詳しくないとか，行政法に基づく官庁の規制・指導などの実態に詳しくないということはありうることである。現地弁護士事務所を起用する目的は，まさに，現地法の実務の部分を補完してもらいたいという点にあるので，そういった点についての現地弁護士の実力については，十分に確認する必要がある。

　また，現地の弁護士によっては，政府や裁判所に対する影響力が強く，その人が言ったことが法律になるというような状況もありうる。そういう人を捉まえておくととても便利ではあるが，時にそういう人は，論理的で法律をよく

知っているというよりは，政治的な力で強引に自分の好きな結論を押し付けているだけの場合がありうる。そういう無理な解釈や法律判断を重ねていると，いつか破綻して，プロジェクト全体の崩壊につながりかねないので，欧米の弁護士事務所等を通じてコントロールすることが重要である。また，国によっては弁護士ですら，賄賂を利用することを当然と考えていることもありうるので注意しなければならない。

(6) 裁判所の問題 [731]

　裁判所の腐敗の度合いというのは確認しておかなければならない。腐敗の度合いの高い地域で訴訟を行うと，賄賂を裁判官に提供しないとまず勝つ見込みがない場合がありうる。また，現地保護主義が強い地域や国において現地政府や政府系機関と訴訟になれば，まず，絶対に勝てないと考えるべきである。

　裁判所の腐敗や現地保護主義については，当該国の腐敗に対する全般的な意識のみならず，司法試験制度，裁判官の任命制度，裁判官の給与体系等が深く影響している場合が多い。腐敗の度合いについて現地で情報をとるのはそれほど困難でないことが多いので，極力情報を集めるようにしておくとよい。日本は世界でも有数の裁判所の腐敗度合いが極めて低い国家なので，日本の常識を他の国であてはめてはならない。裁判所の腐敗度合いについては，Transparency International という組織が様々な統計を出しており，裁判所についても記事を掲載しているので，参考にすることができる（https://www.transparency.org/topic/detail/judiciary）。

　裁判所が腐敗している可能性が高い国においては，プロジェクト関連契約の紛争の場合の裁判もしくは仲裁の場所を公平な第三国に出すように極力交渉する必要がある。

　ただし，紛争解決地を第三国にしていたり，準拠法を英国法などの法整備の進んだ国のものとしていたとしても，それを無視して，契約の内容が，憲法違反である，公序良俗に反する等と主張して，契約の成立自体を争い，自国の裁判所で自国法に基づき訴訟を提起してくるようなこともある。また，実際に第三国での仲裁や訴訟の結果，仲裁判断や勝訴判決を得ても，当該国がそうした仲裁判断や勝訴判決の執行を拒否することも少なくない。

第6章　プロジェクト・ファイナンス

[732]　**2　契約によるリスクの適正な配分**

　これまで，様々な契約について，その内容を解説してきたが，あらためて，カントリー・リスク対策という視点から見直した場合の主な留意点を考えてみたい。

　(1)　政府サポートレター・保証契約

　政府サポートレター・保証契約は，まさにカントリー・リスク対策を目的としたものである。その中身は基本的には，接収・収用リスク，資金流動制限型のリスク，法令変更型のリスクについて，「不当に接収しない」「資金の外国送金を制限しない」「法令を不当に変更しない」などの内容を織り込むことでカントリー・リスクの抑止力となっている。特に，事業権許諾契約・Offtake 契約が，国のある省庁や国有会社との契約である場合に，他の省庁などが，当該契約と異なる扱いをしようとすることがあり（たとえば，プロジェクトに減税措置が約束されていても，税務当局が認めないということが起こりうる），このように国のトップからサポートレターや保証契約をとることが効果的となることが期待される。しかしながら，戦争・テロリスクについては，「戦争をしない」とか「テロを起こさせない」などということを政府としても約束のしようがないので，この方法では防ぎ難いものである。

[733]　**(2)　事業権許諾契約・Offtake 契約**

　カントリー・リスク負担を実務的に分配するもっとも重要な契約は，事業権許諾契約・Offtake 契約である。

　事業権許諾契約や Offtake 契約の中では，カントリー・リスク問題は，「不可抗力」，「政府事由による解約事項」もしくは，「事業権許諾者・Offtaker の Default」として取り扱われる。事業会社側としては，カントリー・リスク問題は，事業権許諾者・Offtaker 側の Default と呼びたいのが心情だが，事業権許諾者・Offtaker 側としても，そのプロジェクト担当者が故意に接収や戦争や兌換停止や法令変更を起こしているわけではなく，"Default"と呼ばれるのは心外ということで，「不可抗力」としてほしいということになる。

　カントリー・リスク問題による損害・事業停止について事業権許諾者・Offtaker 側が責任をとる場合は，直接賠償，代金の増額，サービス・商品不提

504

供時の料金の支払継続，プロジェクト期間の延長などの規定を契約に盛り込むことになる。

接収・収用リスクについては，天災地変による契約解除の場合と同様に，基本的には，事業権許諾契約・Offtake 契約を解除して，プラントなどは政府や Offtaker が買い取ることとなる。その価格は，融資金残額＋融資解約精算金＋資本金額＋残りのプロジェクト期間の事業会社の予定収入合計を現在価値に引き直したもの（想定金利率で割り戻して減額したもの）とするという考え方が一般的である。

テロ・戦争リスクについては，Terrorism（テロ保険）や Political Violence（治安リスク保険）といった特殊な保険である程度はカバーできるが，最近は，前述（→［717］）のようにロシア，中東，アフリカ，中国，アジアなど領土紛争，民族紛争，宗教紛争，海上権益争いなど国際情勢が緊迫しており，なかなか保険がかけられないことも多い。保険でカバーできないものについて，最近の傾向としては，Offtaker・事業権許諾者が責任を負担するとされることが多いようである。たとえば，買電契約であれば，テロにより発電所が機能しない期間についても，これを「発電可能な状態とみなす（Deemed Available）」として，約定の固定料金（Availability Charge）の支払を継続するといった規定が置かれることがある。いわば，その国がこれらのリスクについての最終的な「保険引受け」をしているようなものである。

資金流動リスクについては，なかなか事業権許諾者・Offtaker としては，対応しづらいものである。なぜならば，資金流動リスクは，事業権許諾者・Offtaker から事業会社に代金が支払われた後に，兌換や国外送金ができなくなるといった問題だからである。どちらかというと政府サポートレターなどの中で，兌換や国外送金ができなくなった場合の処置について取り決めるほうが現実的であろう。

法令変更リスクについては，一般的に，発展途上国においては，事業権許諾者・Offtaker 側が責任をもち，先進国においては，スポンサー・レンダー側が責任をとるという傾向がある。これは，発展途上国においては，法制度が安定しておらず，スポンサー・レンダー側では予測困難であるためと，当該プロジェクトが国家的プロジェクトであり，全ての政府の部局がこれに協力する体制にあることが多く，事業権許諾者・Offtaker 側である程度コントロール可能

第6章　プロジェクト・ファイナンス

なためと考えられる。一方，ある程度の先進国においては，法制度は整備され
ていてスポンサー・レンダー側である程度予測可能であるためと，当該プロ
ジェクトは，ある政府の省もしくは国有会社が行っていることで，他の政府の
部局はそれほど関心がないことが多く，事業権許諾者・Offtaker 側では，コン
トロールが難しいためと思われる。ただし，スポンサー・レンダー側としては，
少しでも，法令変更リスクを減らすために，事業権許諾者・Offtaker 側と交渉
すべきなのはいうまでもない。

[734]　　(3)　**EPC Contract**

　　EPC Contract の本質は，「定額」で「一定の期限」までに「一定の性能」を
もったプラントを建造することであると前述した（→ [638]）。EPC Contract に
おけるカントリー・リスク対策とは，この 3 つの要素に影響があるカント
リー・リスクについて，EPC Contractor と事業会社との間で何をどちらが負
担するかということを決めていくことにほかならない。具体的には，カント
リー・リスクが発生して，工事費用が増額し，工期が延び，性能が目標に届か
なかったときに，追加費用が認められるのか，工期延長が認められるのか，
Liquidated Damages が支払われるのかという問題である。カントリー・リス
クのうち，これらの要素に影響があるのは，主に戦争，暴動といった「戦争・
テロリスク」と「法令変更リスク」であろう。

　　いずれの当事者がどのリスクを負担するのかについては，ケースバイケース
であり，交渉のポイントとなるのであるが，一般的な傾向としては，次のよう
なものである。

　　　・「工期延長」については，どちらのリスクの場合も，事業会社側がリスクを
　　　　負担する。すなわち，工期の延長が認められ，その期間は Liquidated
　　　　Damages の計算から除外される。
　　　・「追加費用」については，戦争・テロリスクの場合は，事業会社側がリスク
　　　　負担する。しかし，法令変更のリスクの場合は，前述の事業権許諾・
　　　　Offtaker 契約の場合と同様に，法制度が安定している先進国においては
　　　　EPC Contractor 側が負担し，法制度が不安定な発展途上国では事業会社側
　　　　が負担するという傾向にある。

506

6-3-2 ［735］

　なお，前述の事業権許諾契約・Offtake 契約において，事業権許諾者・Offtaker 側にリスク負担させたものについては，EPC Contract においては，事業会社が負担することが多く，事業権許諾契約・Offtake 契約において，事業会社がリスク負担することになったものは，EPC Contract においては，EPC Contractor に負担させることが多い。ただし，その際に，どこまで back-to-back の立て付けになっているか（不可抗力の定義等，契約表現に齟齬がないか）も重要なポイントとなる。これは，事業会社が最終的に自らリスクを負担しないように交渉するためである。

3　政府系・国際系の金融機関・保険機関の活用

［735］

　プロジェクト・ファイナンスに出てくる政府系の金融機関としては，JBIC，US-EXIM（米輸銀），DFC（米国 U.S. International Development Finance Corporation），Hermes（ドイツ Euler Hermes Kreditversicherungs）などがあげられ，国際金融機関としては IBRD（国際復興開発銀行），MIGA（多数国間投資保証機関）などがあげられる。

　また，政府系・国際系貿易保険としては，NEXI（日本貿易保険），MIGA などの保険がある。これは，収用，ライセンス剥奪，などにより不当に投資金の回収が困難となった場合のための海外投資保険を提供している。

　このような政府系・国際系の金融機関・保険機関がレンダーグループに加わることは，金利などの経済効果のみならず，カントリー・リスクを減少させるという観点からも有効である。すなわち，このような政府系・国際系の金融機関・保険機関の入ったレンダーグループが融資をしているプロジェクトについて，当該国が接収を謀ろうとした場合には，その金融機関・保険機関を所管する政府，国際組織と対立することになり，国際問題に発展することになる。また，接収に至らないまでも，当該国政府がプロジェクトに非協力的であることがプロジェクト不調の原因である場合には，政府間の協議により，当該国政府の協力をとり付けることも期待できる。

　したがって，この観点からカントリー・リスクのある案件については，このような政府系・国際系の金融機関・保険機関がレンダーグループに加わることが望ましいと考えられる。ただし，このような政府系・国際系の金融機関・保険機関は，ルールに厳しくフレキシビリティーが少ない傾向があり，ファイナ

第6章　プロジェクト・ファイナンス

ンス契約の交渉をある程度自由に進めようという際に障害になってくる場合もあるので，注意が必要である。

[736]　　4　紛争の解決と投資協定の活用
　　(1)　契約上の紛争の解決
　プロジェクト・ファイナンスにおける紛争の解決は一般的には，その紛争に関係する契約書に記載の紛争解決条項によることになる。紛争解決方法としては，裁判，仲裁などが規定される。カントリー・リスクの観点からは，融資関連契約について，公平な第三国地（パリやロンドン）などにおいて，判例・解釈などの確立した英国法やニューヨーク州法などに準拠して ICC や LCIA（The London Court of International Arbitration）などの明確なルールに則り仲裁とすることが望ましい。ただし，License Agreement や Offtake 契約など政府・現地企業が契約当事者となる契約については，現地において，現地の法律に準拠して，現地で裁判もしくは仲裁とならざるを得ないことも多い。
　また，契約書には第三国地の仲裁となっているにもかかわらず，事業権許諾者・Offtaker 側がこれを無視して現地の裁判所に提訴するということも起きる。そのような場合，もちろん，第三国での仲裁合意をもとに訴訟の無効を主張するのだが，裁判は裁判で応じないと一方的に負けることもありうるので，応訴せざるをえないことも多い。このような状況では，公正な判決が出るか疑わしい（このような場合，本来の管轄を有する仲裁廷や仲裁地の裁判所に対して，Anti-Suit Injunction を提起して，管轄権がない裁判所における訴訟追行を牽制することは一つの方策である）。

[737]　　(2)　国家による不当な措置への対応
　投資先国政府が正当な補償なく資産を収用したり，外国投資家を差別的に取り扱ったり，本来であれば与えられるべき許認可を不当に拒絶したりする等，外国投資家の利益を不当に害するような措置を行った場合の対応策のひとつとして，投資協定に基づく仲裁という制度がある。投資協定仲裁は，投資家が投資先の政府を投資家の母国と投資先国との間の投資協定に基づき訴えることができるというものである。
　2024 年7月現在，我が国との関係では，シンガポール，マレーシア，タイ，

508

インドネシア，ブルネイ，フィリピン，ベトナム，インド，オーストラリア，メキシコ，チリ，ペルー，スイス，モンゴル，ASEAN，EU，英国との間で投資に関する取決めを含む経済連携協定が発効しており，また，日コロンビア，日ペルー，日カザフスタン，日ミャンマー，日中韓，日ウズベキスタン，日ラオス，日カンボジア，日ベトナム，日韓，日パキスタン，日バングラデシュ，日香港，日中，日スリランカ，日パプアニューギニア，日モザンビーク，日イラク，日クウェート，日トルコ，日エジプト，日ウクライナ，日露，日ウルグアイ，日アルメニア，日ジョージア，日イスラエル，日サウジアラビア，日オマーン，日イラン，日アラブ首長国連邦，日ヨルダン，日バーレーン，日ケニア，日コートジボワール，日モロッコ，日アンゴラの投資協定が発効している。また，多国間協定としては，「エネルギー憲章」においても投資に関する規定がある。

　投資協定の内容は，協定ごとに異なるので，事案ごとに確認する必要があるが（たとえば，オーストラリアとの経済連携協定では，投資協定仲裁は規定されていない），おおむね次のようなものである。

① 　第三国や現地の企業に劣後しない待遇の付与（最恵国待遇・内国民待遇）
② 　投資活動に対する特定措置履行要求（Performance Requirements）の禁止（投資活動を認める条件として，投資受入国が投資家に「一定の水準または割合を輸出すること」などを要求することの禁止）
③ 　公正衡平待遇（fair and equitable treatment），政府による収用（国有化）を原則禁止（(i)公共目的のため，(ii)正当な法手続の下，(iii)差別的でない方法により，(iv)迅速かつ実効的に補償を行う場合のみ，収用を認める）
④ 　争乱からの保護や損害に対する公平な補償
⑤ 　契約などの約束遵守（アンブレラ条項）
⑥ 　資金移転の自由
⑦ 　投資家と国家の間の紛争解決

　このうち，紛争解決に関しては，相手国の投資協定違反により投資家が損害を受け，有効な協議によっては解決できない場合には，投資家は，ICSID（International Centre for Settlement of Investment Disputes，国家と他の国家の国民との間の投資紛争の解決に関する条約に基づき設置された「投資紛争解決国際センター」）における

第 6 章　プロジェクト・ファイナンス

仲裁や，UNCITRAL（United Nations Commission on International Trade Law）仲裁規則に従った仲裁による紛争解決の申立てを行うことができる旨が規定されている。

　投資協定に基づく仲裁は，投資家が国家を訴えるというものであり，費用も時間も労力も多大にかかる。また，相手国家によい印象を持たれるものではない。したがって，少額の案件では使われることは比較的少なく，何百億円といった大型案件で使われる傾向が強い。しかしながら，そうした案件でなくても，このような手立てをもっているということは，相手国政府に対して「投資協定上の仲裁で争って負ければ国際的な信用に傷がつく」という警戒感を与えることができ，投資家にとって相手国政府との交渉の際の材料として用いることができる。

　投資協定は，その協定を締結している国同士でないと適用されないものであり，将来的に投資協定に頼ろうとするのであれば，事前にどのような投資協定が適用されうるのか確認しておく必要がある。なお，TPP（環太平洋パートナーシップ）協定にも仲裁による紛争解決条項が含まれており，注目されている。

[738]　　5　テロ・不当逮捕等の回避

　海外でプロジェクトを立ち上げようとする場合は，常にテロや暴動，政変といった危機的状況が起こりうることを念頭に置いておかなければならない。

　大型のプロジェクトが政府主導で行われるときは，現地住民の反対運動などが起きる場合も考えられる。警察や軍隊といった組織も，買収されていて反対運動側に加担していることもありえ，このような場合には，プロジェクト関係者が逮捕・連行・監禁などされてしまうこともありうる。また，その国自体はよくとも，隣国から攻め込まれるということも，可能性としては考えておかなければいけない。このような場合に備えて次のような対応をしておくことが望ましい。

（1）　領事館との連携

　海外における邦人の安全という意味では，もっとも重要なのは，現地の日本領事館との連携であろう。現地における安全情報の確認は，日本領事館と密接に行う必要がある。また，非常時には，領事館への避難ということもできるよ

510

うにしておくべきであろう。

(2) 社内の安全管理部署との連携

　会社には，人事部・総務部など社員の安全管理をしている部署があることが多い。このような部署とも情報交換を密にして，過去の危険事例の確認や，いざというときの対処方法を確認しておくことが重要である。

(3) 民間の情報機関

　現地における危機管理については，民間の Control Risks 社などの危機対応の専門会社があり，これらの会社から危機管理情報を得ておくことも重要である。

(4) 脱出の準備

　暴動が激化してくるような場合，政府が「忍び寄る収用」などで，じわじわと圧力をかけてきて，関係者の逮捕をにおわせているような場合などには，常に OPEN の航空券を持っておくなどの緊急脱出手段を確保しておくことが重要である。

6　公正なプロジェクト構築　　　　　　　　　　　　　　　　　[739]

(1) 相手国にもフェアな契約内容に

　いろいろと，カントリー・リスク対策を述べてきたが，もっとも大切なことは，カントリー・リスク問題を相手国が起こさないような「よいプロジェクト」にひとつひとつ作り上げていくことである。基本的には，仮に今の政権が倒されて次の政権になっても，そのまま存続できるような公平で，その国にとっても利益のあるプロジェクトにすることが重要である。

　たとえば，相手国政府との事業権許諾契約や国営会社との Offtake 契約で，交渉が非常にうまくいって，事業会社側に非常に有利な契約を締結できたとすると，それはいいことのように思われるかもしれないが，それも度が過ぎると，相手国政府や国民の負担が大きくなりすぎて，支払が困難となり，国民の暴動を引き起こしたり，政府が事業を接収しようとしたりする動機のひとつとなることが考えられる。相手国の知識や経験の不足に乗じて，あまり無理な条件を

第6章　プロジェクト・ファイナンス

押し付けないようにすることも大切である。

[740] **(2) 適正な手続に**

また，その国の法律で定められた，適正な手続を踏んでいくということも重要になる。

本来，入札にすべき案件を無理に随意契約にしていたり，入札はしているが入札期間が短すぎるなど手続に瑕疵があったり，競争相手が実質的にいなかったりというように，適正な手続を踏んでいないプロジェクトは，後から，政権交代の際などに，「手続違反により無効」ということで，事業権を剥奪されたり，プラントを接収されたりする危険がある。

目先の利益や手間を省くことに心を奪われると，後から大きな問題を背負う可能性もあるので，遠回りでも正規のルートを歩む必要がある。

[741] **(3) 役人に不正な利益がいかないように**

さらに，相手国役人に個人的な利益がいかないように留意することも大切である。直接的な賄賂がいけないことはもちろんであるが，権力のある役人やその親族が経営または所有するような会社をO&M Contractorや，燃料・原料供給会社とすることも，その会社を経由して役人に不正な利益が渡る可能性がある。仮に不正な利益が渡っていないとしても，政権交代の際などに大衆から「不正な利益が渡っているのではないか！」として糾弾される可能性があるため，極力避けるべきである。

●●本事例の考え方●●

[742]　プロジェクト・ファイナンスにおけるリスクは，コマーシャル・リスク，マクロ経済リスク，カントリー・リスクに分類されるとしたが，この中で，特にカントリー・リスク対策というものが，法務担当者が力を発揮しなければならないものである。それは，契約書の作成技術にとどまらず，現地法の理解，投資協定の理解，現地裁判所の調査，外国公務員贈賄防止の徹底，大使館・領事館との関係構築など，その国と100％向かい合って法務としての総合力を発揮しなければならないものである。

512

6-4　［744］

> **【事例 6-4】Bankability とはなにか？**　　　　　　　　　　　　　　　　　［743］
> 　ひと通り，リスクの洗い出しが完了し，適当と思われるリスク配分を反
> 映したプロジェクト関連契約書のドラフトを作成し，それ以外のリスク対
> 策も手配を行った。しかし，これが本当に適当なものなのかよくわからな
> い。Ｘ社に相談してみると，「プロジェクト・ファイナンスにおいては，
> レンダーが最終的に融資を行うことができるか否かを決定する。レンダー
> が考えるよいプロジェクトはどんなものかを理解できると，スポンサーに
> とってよいプロジェクトを考える際の参考になるのではないか」とのアド
> バイスがあった。

着眼点

　スポンサーにとってよいプロジェクトの判断基準を考えるにあたり，レンダーに
とってよい判断基準とは何かを理解する。

■■ ポイント解説 ■■

　プロジェクト・ファイナンスをやっていると，"Bankability" という言葉が　　［744］
時々出てくる。これは「銀行が融資できるプロジェクト」というような意味で
ある。プロジェクト・ファイナンス案件においては，そのプロジェクトの内容
をレンダーが検討して，プロジェクト・ファイナンスとして融資を行えるかど
うかということである。

　一般的に，レンダーは不確定な要素の多いリスクをとりたくないと考える傾
向にある。しかし不確定であっても，それが起こる確率と，その場合の損失が
ある程度計算できる場合であれば，これをとることも検討する。銀行のリスク
に対する態度は時代時代の背景によっても異なってくる。たとえば，米国の同
時多発テロ事件以降は，テロに対するリスクを取りたがらない傾向にあり，ま
た，リーマンショック以降は，金融情勢の逼迫について，固めの対応をする傾
向にある。

　以下に，一般に，レンダーがもっとも好むと思われる条件をあげるとともに，
スポンサーや事業会社等の観点から考えられる対応について考えてみたい。以
下であげるものは必ずしも絶対の条件ではなく，プロジェクトごとにそのスポ
ンサー，Offtaker，相手国政府の状況など，様々な要素により変化しうるもの
であるが，その傾向を知っておくことは重要である。

513

第6章　プロジェクト・ファイナンス

[745]　〈レンダーがもっとも好む条件〉（Graham D. Vinter, *Project Finance*〔4th. ed, 2013〕, pp.163-171 参照）

1　株主間協定および Sponsor Equity Contribution Agreement

①　*スポンサーがその Equity を全額前払いすること*

これは，今では，まれな条件といえる。それはスポンサーとしては，できるだけ Equity の支払を遅くしたいと考えるためであり，Equity を融資と一定割合で払い込んでいくとするのが多いであろう。さらに，「スポンサーの信用程度（S&P のレーティングなど）が一定以上であること」「L/C，Bank Guarantee などの保証を差し入れること」などの条件を提示することにより，スポンサーとしては，できるだけ出資を遅らそうとするのが普通である。銀行としても，このようなスポンサーの意向を汲んで，Equity Bridge Loan というファイナンスを行うことがある。これは，資本金の一部の支払を完工時まで遅らせるもので，完工時に支払われた資本金により返済される。これについては，Limited Recourse ではなくて，株主の保証を入れることが求められる。

②　*スポンサーがコストオーバーランを負担すること*

スポンサーとしては，無限のコストオーバーランを負担することは難しいので，「金額に上限（Cap）を設ける」などの対案を提示することになる。

③　*保険でカバーできない損害をスポンサーが負担すること*

これについても上記と同様に「金額に上限（Cap）を設ける」などの対案を提示することになる。

[746]　## 2　Offtake 契約

①　*プラントなどの資本財のコストと燃料費，原材料費が完全に Offtaker に転嫁されること*

原油やガスなど製品の性質上，コストの積上げではなく，市場価格に連動して販売価格が変動するものもあり，必ずしも Offtaker に全て転嫁できないこともある。そのような場合は，事業会社の側で適切な価格

514

6-4 [748]

変動リスク対策をとるということで交渉していくことになる。

② 転嫁は，項目ごとに同じ通貨で行われること（資本財が米ドルで負担されている場合は，米ドルで転嫁し，原材料費が現地通貨で負担されている場合は，現地通貨で転嫁する）

これも，前述（→ [713]）のように全ての為替リスクを Offtaker に押し付けられない場合もあり，事業会社の側で適切な為替リスク対策をとるということで交渉していくことになる。

③ 不可抗力期間に相応して事業許可期間が延長されること

④ 不可抗力条項が他のプロジェクト関連契約と同等であること

3　事業権許諾契約（Concession Agreement）　　　　　　　　　　[747]

① 事業許可期間がプロジェクト期間の全てをカバーしていること

② 事業会社に過大な *Liquidated Damages* など不当な義務が課せられていないこと

事業会社に課せられた不当と思われる義務がある場合については，「そのほかの関係者（たとえば EPC Contractor）に転嫁されており，その関係者の信用程度に不安がないため問題はない」と主張してレンダーと交渉していくことになる。

③ 事業権許諾者が，法令変更リスクを負担すること

④ 不可抗力期間に相応して事業許可期間が延長されること

⑤ レンダーが担保権を行使しても，事業権許諾契約が終了しないこと

⑥ 事業権許諾契約が契約期間中に終了した際のプロジェクトの買取条件はレンダーへの弁済に十分なものであること

⑦ レンダーの担保権行使の場合，事業権許諾契約がレンダーの自由に譲渡できること

4　建 設 契 約　　　　　　　　　　　　　　　　　　　　　　[748]

① *EPC Contract* であること（「定額」で「一定の期限」までに「一定の性能」をもったプラントを建造する契約条件であること）

EPC Contract は前述（→ [638]）のように，費用的には割高なものとなるため，銀行としても Contractor について信用がある場合などにつ

515

いては，ある程度 EPC Contract の原則から離れた契約形態を認める傾向にある（洋上風力発電の例→［638］）。

② 不可抗力事由は限定的であること

③ 不可抗力，工事代金の増額，工期の延長などは，*Offtake* 契約もしくは事業権許諾契約において，事業会社が同様に *Offtaker* もしくは政府などの事業権許諾者に請求できる場合のみ認めるようになっていること

建設契約の Contractor としては，一般的には，この条件を認めようとしない。その理由は，自分たちの請求内容を事業会社が正確にOfftaker もしくは事業権許諾者に伝えているのか，また，伝えたとしても誠意をもって交渉しているのか，他の交渉事項との交渉材料にしないかなどがわからないからである。Contractor にこの条件を認めてもらうには，Contractor に対して，Offtaker もしくは事業権許諾者を直接，もしくは，事業会社の代理人として訴える権限を与えないと難しい。しかし，これは事業会社としても認めたくない条件であると思われる。なぜなら，Offtaker や事業権許諾者は，事業会社にとって「大事なお得意様」であって，これらに Contractor が勝手に非常識な要求でもして関係が悪化したら大変と考えるからである。よって，なかなか難しい交渉となるのである。

④ 遅延損害金（*Delay Liquidated Damages*）は，少なくとも，その期間の金利相当分をカバーするものであること

Contractor が建設契約から得られる利益に対して，遅延損害金の額が過大となる場合には，一定限度を超えた遅延損害金を支払う義務がないとすることにつきレンダーと交渉することになる。

⑤ *Contractor* の責任について，上限金額が定められていないこと

⑥ *Defects Liability Period* の期間は十分に長く，また，適切な *Completion Test* 合格をもって，初めて期間が開始すること

[749]　**5　O&M Contract**

① *O&M Contractor* の義務は事業会社の *Offtake* 契約もしくは事業権許諾契約上のプロジェクトの運転・保守に関する主要な義務と同じとなっていること

② *O&M Contractor* には，プロジェクトを効率よく運営した場合に，適度な割増しの利益（インセンティブ）が得られること。また，逆に目標が達成できない場合には，*O&M Contractor* のフィーが相応に減額されること

③ *O&M Contractor* の契約履行が一定のレベル以下であった場合には，レンダーが，*O&M Contract* を解除し，*O&M Contractor* に損害賠償請求できること

6 原料・燃料供給契約 [750]

① *原料・燃料供給の安定性が確保されていること*
契約先の資源埋蔵量なども重要であるが，万一の場合に適切な代替ソースがあるかということも重要。

② *引取不能時の損害金が過大でないこと*

③ *不可抗力条項が他のプロジェクト関連契約と同等であること*

7 政府許認可 [751]

① *Financial Close の時点でプロジェクト期間の全てにわたって必要な許認可が得られていること*

② *許認可はレンダーが担保権を行使しても取り消されないこと*

③ *レンダーが担保権を行使する場合には，許認可がプロジェクトの譲受人に譲渡されること*
「必要な許認可を 10 年，20 年にわたってまとめてとる」あるいは，「許認可が譲渡可能」などというのは，その国の法制上難しい場合も多い。対案としては，「政府から，不合理な理由により許認可更新を拒否しない，許認可の譲渡はプロジェクト全体が適切に譲渡される場合に認めるなどの内容のサポートレターをとり付ける」，「不合理な理由により許認可が更新されない場合は，Offtake 契約上の義務を果たさなくても，相手方が一定額を払い続けるという契約内容にする」などが考えられる。

第6章　プロジェクト・ファイナンス

●●本事例の考え方●●

[752]　　プロジェクト・ファイナンスは，最終的にレンダーが融資を決定しなければ完成しない。したがって，レンダーがどのような基準でプロジェクトを評価するのかということを常に頭に入れて，契約書の条件その他の交渉を行っていく必要がある。

　　ただし，その基準は必ずしも絶対の条件ではなく，プロジェクトごとに，そのスポンサー，Offtaker，相手国政府の状況，時代の流れなどにより，様々に変化しうるものであるため，単に鵜呑みにするのではなく，なぜ，そのような基準を設けているのかということを理解して，自らの立場に合わせて交渉をしていくという姿勢が重要である。

索　引

（番号は項目番号を示す）

A

AAA（American Arbitration Association）
　‥‥‥‥‥‥‥‥‥‥‥‥‥‥‥‥‥‥‥‥ ［94］
Act of God ‥‥‥‥‥‥‥‥‥‥‥‥‥‥ ［707］
Agency Theory ‥‥‥‥‥‥‥‥‥‥‥ ［235］
Agent ‥‥‥‥‥‥‥‥‥‥‥ ［161］［182］
Agent PE ‥‥‥‥‥‥‥‥‥‥‥‥‥‥ ［184］
Aiding and Abetting ‥‥‥‥‥‥‥‥ ［529］
Air Waybill ‥‥‥‥‥‥‥‥‥‥‥‥‥ ［120］
Amnesty Plus ‥‥‥‥‥‥‥‥‥‥‥ ［531］
Amortization Schedule ‥‥‥‥‥‥ ［659］
Annex ‥‥‥‥‥‥‥‥‥‥‥‥‥‥‥‥ ［28］
Antitrust Law ‥‥‥‥‥‥‥‥‥‥‥ ［212］
Arbitration ‥‥‥‥‥‥‥‥‥‥‥‥‥ ［84］
Arm's Length Price ‥‥‥‥‥‥‥‥ ［453］
Arrangement Fee ‥‥‥‥‥‥‥‥‥ ［622］
Arranger ‥‥‥‥‥‥‥‥‥‥‥‥‥‥ ［613］
Assignment by way of Security ‥‥‥ ［667］
Attorney-Client Privilege ‥‥‥‥‥ ［517］
Automatic Stay ‥‥‥‥‥‥‥‥‥‥ ［273］
Availability Period ‥‥‥‥‥‥‥‥ ［657］

B

Balloon Payment ‥‥‥‥‥‥‥‥‥‥ ［659］
Bankability ‥‥‥‥‥‥‥‥‥‥‥‥ ［743］
Basic Contract ‥‥‥‥‥‥‥‥‥‥‥ ［140］
Battle of Forms ‥‥‥‥‥‥‥‥‥‥‥ ［75］
Best Effort Base ‥‥‥‥‥‥‥‥‥‥ ［623］
Boilerplate ‥‥‥‥‥‥‥ ［28］［208］［426］
BOO（Build Own Operate）‥‥‥‥‥ ［640］
BOOT（Build Own Operate Transfer）
　‥‥‥‥‥‥‥‥‥‥‥‥‥‥‥‥‥‥‥ ［640］
BOT（Build Operate Transfer）‥‥‥ ［640］
Branch Office ‥‥‥‥‥‥‥‥‥‥‥ ［167］
Break Funding Cost ‥‥‥‥‥‥‥‥ ［711］
Bribery Act ‥‥‥‥‥‥‥‥‥ ［236］［541］

Bullet Payment ‥‥‥‥‥‥‥‥‥‥ ［659］
BWC（The Biological Weapons Convention）
　‥‥‥‥‥‥‥‥‥‥‥‥‥‥‥‥‥‥ ［153］

C

CA（Confidentiality Agreement）‥‥‥ ［283］
　［331］［341］
Carbon Credit ‥‥‥‥‥‥‥‥‥‥‥ ［639］
Cash Cascade ‥‥‥‥‥‥‥‥‥‥‥ ［692］
Cash Sweep Prepayment ‥‥‥‥‥‥ ［659］
Cash Waterfall ‥‥‥‥‥‥‥‥‥‥ ［692］
CB（Convertible Bond）‥‥‥‥‥‥‥ ［437］
CERCLA（Comprehensive Environmental
　Response, Compensation and Liability Act of
　1980）‥‥‥‥‥‥‥‥‥‥‥‥‥‥ ［547］
CFADS（Cash Flow Available for Debt Service）
　‥‥‥‥‥‥‥‥‥‥‥‥‥‥‥‥‥‥ ［656］
CFR ‥‥‥‥‥‥‥‥‥‥‥‥‥‥‥‥‥ ［39］
Change of Control Clause ‥‥‥‥‥‥ ［425］
CIETAC（中国国際経済貿易仲裁委員会）
　‥‥‥‥‥‥‥‥‥‥‥‥‥‥‥‥‥‥‥ ［94］
CIF ‥‥‥‥‥‥‥‥‥‥‥‥‥‥‥‥‥ ［39］
CIP ‥‥‥‥‥‥‥‥‥‥‥‥‥‥‥‥‥ ［41］
CISG（United Nations Convention on Contracts
　for the International Sale of Goods）‥‥‥ ［58］
　［123］
Citizen Suit ‥‥‥‥‥‥‥‥‥‥‥‥ ［550］
Civil Law ‥‥‥‥‥‥‥‥‥‥‥‥‥‥ ［56］
Civil Rights Act ‥‥‥‥‥‥‥‥‥‥ ［506］
Class Action ‥‥‥‥‥ ［515］［519］［553］
Clear Market ‥‥‥‥‥‥‥‥‥‥‥‥ ［625］
CLOC（Corporate Legal Operations
　Consortium）‥‥‥‥‥‥‥‥‥‥ ［580-21］
Closing ‥‥‥‥‥ ［28］［338］［428］［458］
CLOUT ‥‥‥‥‥‥‥‥‥‥‥‥‥‥‥ ［58］
Co-Arranger ‥‥‥‥‥‥‥‥‥‥‥‥ ［613］
Comfort Letter ‥‥‥‥‥‥‥‥ ［637］［673］

519

Commercial Agents Directive ……… [261]
Commercial Bribery ………………… [540]
Commercial Terms …………………… [29]
Common Agreement ………………… [679]
Common Law ………………………… [56]
Common Terms Agreement ………… [679]
Compensation Account ……………… [690]
Competition Law …………………… [212]
Compromise ………………………… [135]
Concession Agreement ……… [640] [747]
Conditions …………………………… [112]
Conditions Precedent ……………… [28]
Conditions Precedent for Each Drawdown
………………………………………… [662]
Confidentiality Agreement … [283] [331]
[341]
Conflict of Laws …………………… [52]
Consideration ……………… [28] [56]
Construction Management Company
………………………………………… [638]
Contingent Fee Basis ……………… [519]
Convertible Bond ………………… [437]
Core 8 ……………………………… [580-21]
Core 12 …………………………… [580-21]
Corporate Finance ………… [436] [583]
Corporate Secretary ……………… [73]
Corporate Social Responsibility …… [495]
Corruption Perceptions Index ……… [238]
Cost & Expense …………………… [622]
Covenants ………………… [28] [663]
CPI（Corruption Perceptions Index）… [238]
CPT ………………………………… [41]
CRA（Civil Rights Act）…………… [506]
Creeping Expropriation …………… [721]
Cross Default Clause ……………… [664]
CSR（Corporate Social Responsibility）
………………………………………… [495]
CWC（The Convention on the Prohibition of the
Development, Production, Stockpiling, and
Use of Chemical Weapons and Their
Destruction）……………… [154]

D

D/A（documents against acceptance）
………………………………………… [102]
D/P（documents against payment）…… [102]
DD（Due Diligence）………… [334] [366]
Deadlock …………………………… [399]
Debt ………………………………… [436]
Debt Service ……………………… [656]
Debt Service Coverage Ratio ……… [656]
Debt Service Reserve Account ……… [688]
Debt/Equity Ratio ………………… [656]
Default Clause …………………… [664]
Definition …………………………… [28]
Deposition ………………………… [522]
Direct Agreement ………………… [669]
Disbursement Account …………… [686]
Discovery ………………………… [522]
Discrimination …………………… [506]
Distribution Account ……………… [691]
Distributor ………………… [161] [182]
Distributorship Agreement ………… [143]
Diversity …………………………… [87]
Documents against Acceptance …… [102]
Documents against Payment ……… [102]
Doing Business …………… [45] [481]
DSCR（Debt Service Coverage Ratio）
………………………………………… [656]
Due Diligence …………… [334] [366]
Due Process ……………………… [87]

E

ECA（Export Credit Agency）… [592] [682]
EEOC（Equal Employment Opportunity
Commission）……………………… [506]
Energy Conversion Agreement …… [639]
Entire Agreement Clause …… [80] [209]
EPC Contract ……… [638] [702] [734]
[748]
EPC Contractor …………………… [596]
Equal Employment Opportunity …… [506]

索　引

Equator Principles ……………… ［708］
Equity ……………………… ［56］［436］
Escalation Clause ………………… ［145］
Escrow Account ………………… ［693］
E U …… ［212］［217］［221］［261］［362］
　［509］［527］［528］［534］［536］
Ex Works ………………………… ［42］
Exclusive Distributor ……………… ［189］
Exclusivity …… ［186］［189］［348］［624］
Exhibit …………………………… ［28］
Export Credit Agency ……… ［592］［682］
Express Warranties ……………… ［123］
EXW ……………………………… ［42］

F

FA（Financial Advisor）…………… ［612］
Facilitation Payment ……………… ［236］
Facility Agreement ………… ［636］［655］
FCA ……………………………… ［41］
FCPA（Foreign Corrupt Practices Act）
　………………………… ［174］［234］
FCPA ガイド ………………… ［235］［501］
Federal Question ………………… ［87］
FIM（Final Information Memorandum）
　………………………………… ［619］
Final Information Memorandum …… ［619］
Financial Advisor ………………… ［612］
Financial Close ……………… ［632］［633］
Finger Pointing Clause …………… ［96］
Firm Offer ……………………… ［69］
Floating Charge …………… ［267］［668］
FOB ……………………………… ［39］
Force Majeure …………………… ［129］
Forecast ………………………… ［148］
Foreign Corrupt Practices Act ……… ［174］
　［234］
Forum non Conveniens …………… ［87］
Framework Contract ……………… ［140］
Freeze Notice …………………… ［518］
Full Documentation ……………… ［631］

G

GDPR …………………………… ［287-2］
General Conditions Precedent ……… ［661］
General Release ………………… ［135］
Government Investigation ………… ［567］

H

Harassment ……………………… ［508］
Hardship Clause ………………… ［145］
Have made 権 …………………… ［314-5］
Hedge Agreement ………………… ［711］
Hermes …………………………… ［735］
HHI（ハーフィンダール・ハーシュマン指数）
　………………………………… ［358］
HKIAC（Hong Kong International Arbitration
　Centre）……………………… ［94］
Hold Notice ……………………… ［518］
Hold Order ……………………… ［518］
Hub-and-Spoke …………………… ［529］

I

IBRD（国際復興開発銀行）…… ［592］［711］
　［735］
ICAO（国際民間航空機関）………… ［120］
ICC（協会貨物約款）……………… ［47］
ICC（国際商業会議所）…… ［38］［94］［105］
　［736］
ICSID（International Centre for Settlement of
　Investment Disputes）…………… ［737］
IFC（International Finance Corporation）
　………………………………… ［708］
Illegality Clause ………………… ［665］
ILO（国際労働機関）……… ［580-7］［580-9］
Implementation Agreement ………… ［640］
Implied Warranties ………… ［123］［220］
Incontestability ………………… ［314-12］
Incoterms ………………………… ［38］
Independent Contractor …………… ［178］
InitialPublic Offering …………… ［464］
Innocent Landowner Defense ……… ［547］

521

Institute Cargo Clauses ·················· ［47］

Insurance Proceeds Account ··········· ［689］

Insured Amount ························· ［48］

Interest ································· ［658］

International Chamber of Commerce
·· ［38］［105］

International Finance Corporation
·· ［708］

Interrogatories ························· ［522］

IPO（Initial Public Offering）············· ［464］

IP ランドスケープ ······················ ［309］

J

JBIC（国際協力銀行）············· ［592］［682］
［708］［711］［735］

JCAA（日本商事仲裁協会）········· ［92］［94］

JIT Delivery ··························· ［43］

Jury System ··························· ［521］

Just in Time Delivery ···················· ［43］

K

Kick Off Meeting ·············· ［628］［629］

L

L/C（Letter of Credit）····················· ［103］

L/G（Letter of Guarantee）················· ［119］

LCIA（The London Court of International
Arbitration）····················· ［94］［736］

Lead Bank ··························· ［613］

Legal Advisor ················· ［614］［616］

Legal Hold ··························· ［518］

Legal Operations ···················· ［580-21］

Legal Opinion ························· ［73］

Lender ························· ［587］［592］

Leniency ··············· ［204］［528］［533］

Letter of Guarantee ···················· ［119］

Letter of Intent ········ ［333］［343］［344］

Level Payment ························· ［659］

Liaison Office ························· ［167］

License ··············· ［403］［455］［727］

License Agreement ···················· ［640］

Lien ································· ［267］

Liquidated Damages ··········· ［638］［702］

Litigation ····························· ［84］

Litigation Hold ························· ［517］

Loan Agreement ············· ［636］［655］

Local Law ····························· ［725］

LOI（Letter of Intent）············· ［333］［343］
［344］

Long-Arm Statute ····················· ［87］

Long-term Contract ··················· ［140］

Loss of Profit ························· ［254］

M

M&A ···················· ［350］［367］［460］

MAC 条項 ····························· ［680］

Maintenance Reserve Account ········· ［688］

Mandate Letter ··············· ［613］［621］

Margin Protection Clause ············· ［658］

Market Flex ··························· ［626］

Material Adverse Change ············· ［680］

Mediation ····························· ［84］

Memorandum of Understanding ····· ［333］
［343］［344］

Merchantability ················ ［123］［220］

Merger Clause ························· ［80］

Mezzanine Finance ···················· ［677］

MIGA（多数国間投資保証機関）········· ［735］

Mini Perm Loan ························· ［657］

Monopoly ····························· ［214］

Mortgage ····························· ［267］

MOU（Memorandum of Understanding）
·························· ［333］［343］［344］

Multi-Contract 方式 ··················· ［638］

N

NAP 条項 ····························· ［315］

National Action Plan ······ ［580-9］［580-17］

NDA（Non-Disclosure Agreement）····· ［283］
［331］［341］

Negligence ··························· ［220］

NEXI（日本貿易保険）··················· ［735］

索　引

No-shop 条項 ·················· ［349］
non-assertion of patents provision
·················· ［315］
Non-Compete Clause ·············· ［420］
Non-Disclosure Agreement ········ ［283］
　［331］［341］
NPT ································· ［152］

O

O&M Contract ·········· ［642］［749］
O&M Contractor ········· ［598］［706］
O&M リスク ······················ ［706］
OECD 外国公務員贈賄防止条約 ···· ［234］
OECD 多国籍企業行動指針 ········ ［580-6］
OEM ····························· ［319］
Offtaker ························· ［594］
Offtaker リスク ··················· ［704］
Offtake 契約 ··· ［639］［707］［733］［746］
Operation & Maintenance ·········· ［598］
Operator Liability ··············· ［547］

P

PAI（Post-acquisition Integration）········ ［460］
Parol Evidence Rule ·········· ［79］［209］
Pass-Through ····················· ［705］
pass-Through Entity ·············· ［389］
Patent Cooperation Treaty ········· ［300-2］
Payment Priority ················· ［692］
PE（恒久的施設）········ ［184］［439］［481］
　［488］
Penalty Plus ····················· ［531］
Per se illegal ···················· ［527］
Performance Requirements ·········· ［483］
Permanent Establishment ···· ［184］［439］
　［481］［488］
Permission ······················· ［727］
PFI（Private Finance Initiative）·········· ［584］
PIM（Preliminary Information Memorandum）
·················· ［620］
PL（製造物責任）·················· ［220］
Pledge ··························· ［267］

PMA 企業 ························· ［384］
PMI（Post-Merger Integration）········· ［460］
Post-Acquisition Integration ·········· ［460］
Post-Closing ····················· ［458］
Post-Merger Integration ············· ［460］
Potentially Responsible Party ········ ［547］
Preliminary Information Memorandum
·················· ［620］
Preservation Order ················ ［518］
Price Adjustment Clause ············ ［145］
Private Finance Initiative ··········· ［584］
Private International Law ··········· ［52］
Proceeds Account ················· ［687］
Product Liability ················· ［220］
Project Agreement ················· ［631］
PRP（Potentially Responsible Party）···· ［547］
PR コンサルタント ················· ［561］
PTI（Post-Transaction Integration）····· ［460］
Public Crisis Management ··········· ［554］
Punitive Damages ·········· ［113］［520］
Purchase Contract ················· ［30］
Put or Pay ······················· ［705］

R

Recitals ·························· ［28］
Remedies ·················· ［28］［110］
Renegotiation Clause ··············· ［145］
Representations and Warranties ······· ［28］
　［372］［427］［660］
Representative Office ··············· ［167］
Requests for Admission ·············· ［522］
Requests for Production of Documents
·················· ［522］
Reserve Account ·················· ［688］
Restatement ··············· ［221］［536］
Revenue Account ·················· ［687］

S

Said to Contain ·················· ［118］
Sales Contract ···················· ［30］
Sales Representative ··············· ［178］

523

Secured Overnight Financing Rate
·· ［658］
Security Package ·························· ［653］
Security Trade Control ················ ［151］
Sell Down ································· ［619］
Senior Loan ······························ ［676］
Service Agent ···························· ［516］
Settlement ································· ［135］
Shareholders Loan ····················· ［678］
Shipper's load and count ············· ［118］
SIAC（Singapore International Arbitration
Centre）································· ［94］
SOFR（Secured Overnight Financing Rate）
·· ［658］
Sole Distributor ························· ［189］
Sovereign Immunity ··················· ［130］
SPC（Special Purpose Company）········ ［593］
Special Purpose Company ············· ［593］
Special Purpose Vehicle ··············· ［593］
Sponsor ·························· ［586］［591］
Sponsor Equity Contribution Agreement
······································ ［674］［745］
Sponsor Support Letter ··············· ［670］
SPV（Special Purpose Vehicle）·········· ［593］
Statute of Frauds ······················· ［71］
Step-in Right ····························· ［669］
Structure ································· ［387］
Subordination Agreement ············· ［675］
Successor Liability ····················· ［227］
Suspension Order ······················· ［518］
Swap Agreement ························ ［711］
Systemic Disparate Treatment ······· ［507］

T

Take or Pay ······························ ［639］
Tax Planning ···························· ［435］
Term Loan ································· ［657］
Term Sheet ······························· ［630］
Termination ······························ ［627］
The Biological Weapons Convention
·· ［153］

The Uniform Customs and Practice for
Documentary Credits ················· ［105］
To be agreed 条件 ······················· ［146］
Tolling Agreement ····················· ［639］
Trade Secret ····························· ［448］
Transparency International ··········· ［238］
［731］
Treaty on the Non-Proliferation of Nuclear
Weapons ····························· ［152］
Treble Damages ························· ［520］

U

UCC（Uniform Commercial Code）······· ［57］
UCP（The Uniform Customs and Practice for
Documentary Credits）··················· ［105］
UCP600 ··································· ［105］
UNCITRAL ······························· ［58］
UNCITRAL 仲裁規則 ············ ［90］［737］
Undertakings ··············· ［527］［663］
Underwriting Commitment ············· ［623］
Unfair Trade ····························· ［213］
UNIDROIT 国際商事契約原則 ········· ［66］
［129］
Uniform Commercial Code ············· ［57］
United Nations Convention against
Corruption ······························ ［540］
United States Federal Sentencing
Guidelines ······························ ［500］
UPOV 条約 ····························· ［300-6］
US-EXIM（米国輸出入銀行）··· ［592］［682］
［735］
Utility リスク ···························· ［703］

V

Variable Interest Entity ················ ［384］
Vehicle ················· ［330］［389］［417］
VIE スキーム ··························· ［384］
Visby Rules ····························· ［117］

W

WA（Wassenaar Arrangement on Export

索 引

Controls for Conventional Arms and Dual-Use
　Goods and Technologies) ················· [151]
Warranties ·························· [112] [123]
Weapons of Mass Destruction ········ [151]
Whereas 条項 ····················· [28] [345]
WMD（Weapons of Mass Destruction）
　····································· [151]
Work-Product Doctrine ················· [517]

あ 行

アフターサービス ···················· [196]
アームス・レングス・プライス ····· [453]
アムネスティ・プラス ················ [531]
安全保障貿易管理 ···················· [151]
域外適用 ····················· [527] [535]
意匠権 ····························· [300-3]
一般指定 ···························· [213]
移転価格税制 ························ [453]
違反条項 ···························· [648]
インコタームズ ······················ [38]
インターネット取引 ·················· [281]
ヴィスビー・ルールズ ················ [117]
得べかりし利益 ······················ [254]
運 送 ······················· [24] [117]
営業秘密 ··························· [300-7]
英国 Bribery Act ·············· [236] [541]
英国現代奴隷法 ···················· [580-9]
英文契約 ······················· [28] [31]
エクイティ ····················· [56] [436]
乙 仲 ······························ [24]
オプション ·························· [400]
オープン・イノベーション ········· [297-3]
親会社保証 ·························· [670]

か 行

海外拠点 ···························· [480]
海外送金 ···························· [408]
海外腐敗行為防止法 ·················· [174]
外国為替及び外国貿易法 ····· [156] [296]
　[381] [407] [577]
外国公務員 ·························· [234]

外国公務員贈賄防止指針 ············· [237]
外国資本企業 ························ [384]
外国仲裁判断の承認及び執行に関する条
　約 ································· [93]
外国倒産処理手続の承継援助に関する法
　律 ································ [274]
外国判決承認執行制度 ················· [88]
外資法 ····························· [381]
会社法 ····························· [728]
開発危険の抗弁 ······················ [225]
価格改訂条項 ························ [145]
価格調整条項 ························ [145]
化学兵器禁止条約 ···················· [154]
核兵器不拡散条約 ···················· [152]
過剰在庫 ···························· [377]
ガバナンス ····················· [374] [418]
ガバナンスギャップ ················· [580-8]
株式上場 ···························· [464]
株式譲渡 ···························· [422]
株主間協定 ····················· [645] [745]
株主譲渡条項 ························ [647]
貨物運送 ···························· [117]
貨物保険 ······················· [24] [47]
カルテル ····················· [213] [527]
為替手形 ···························· [102]
為替変動リスク ······················ [712]
環境 NGO ··························· [550]
環境汚染 ····················· [376] [545]
環境社会配慮確認のための国際協力銀行
　ガイドライン ······················ [708]
環境リスク ·························· [708]
完工保証 ···························· [671]
完工リスク ·························· [700]
関 税 ······························ [24]
完全合意条項 ·················· [80] [209]
カントリー・リスク ············ [698] [715]
　[721] [723] [733]
元本均等払い ························ [659]
元利均等払い ························ [659]
危 機 ····························· [553]
危機対応 ···························· [554]

525

企業結合ガイドライン ……………… [358]

企業結合規制 …………… [215] [357]

企業持続可能性デュー・ディリジェンス
　　指令 ………………………… [580-9]

企業提携 ………………… [329] [353]

企業の社会的責任 …………………… [495]

技術汚染 ……………………………… [286]

技術混入 ……………………………… [286]

技術提供 ………………… [328] [365]

技術取引 ……………………………… [282]

キック・オフ・ミーティング ……… [628]
　　[629]

機微技術 ……………………………… [381]

基本契約 ……………………………… [140]

キャッチオール規制 ………………… [157]

協会貨物約款 ………………………… [47]

競業避止条項 ………………………… [420]

競合禁止条項 ………………………… [420]

競合製品 ……………………………… [190]

競合製品取扱禁止条項 ……………… [253]

教唆・幇助 …………………………… [529]

強制労働 …………………………… [580-7]

競争制限行為 ………………………… [212]

競争法 …………………… [212] [526]

競争法の域外適用 …………………… [536]

協調融資 ……………………………… [592]

共同開発契約 ………………………… [301]

共同出願 ……………………………… [306]

許認可 …………………… [727] [751]

金　利 ………………………………… [658]

金利変動リスク ……………………… [711]

国別行動計画 ………… [580-9] [580-17]

クライシス …………………………… [553]

クラスアクション …… [515] [519] [553]

グランドファーザー条項 …………… [485]

クレイトン法 ………………………… [362]

クロージング … [28] [338] [428] [458]

クロスボーダー取引 ………………… [406]

経営活動 ……………………………… [482]

経営判断の原則 ……………………… [355]

経済制裁 ……………………………… [577]

経済連携協定 ………………………… [737]

継続的取引の解除 …………………… [241]

契約解除 ………………… [109] [112]

契約書 ………………………………… [26]

契約締結権限 ………………………… [72]

契約締結上の過失 …………………… [346]

欠　陥 ………………………………… [223]

検査通知義務 ………………………… [125]

建設契約 ……………………………… [748]

現地事務所 …………………………… [9]

現地政府 ……………………………… [595]

現地弁護士事務所 …………………… [730]

原料・燃料供給契約 ………… [641] [750]

原料・燃料供給者 …………………… [597]

原料・燃料供給リスク ……………… [705]

効果理論 ……………………………… [536]

恒久的施設 …… [184] [317] [439] [481]
　　[488]

公共事業 ……………………………… [729]

工業所有権の保護に関するパリ条約
　　…………………………………… [300]

航空運送 ……………………………… [120]

航空運送状 …………………………… [120]

公　正 ………………………………… [739]

合弁会社 ………………… [329] [388]

　　――からの撤退 ………………… [466]

　　――の清算 ……………………… [471]

合弁形態 ……………………………… [387]

合弁契約 ………………… [328] [412]

　　――の準拠法 …………………… [401]

合弁事業 ……………………………… [414]

公民権法 ……………………………… [506]

国営会社 ……………………………… [729]

国際運送 ……………………………… [24]

国際海上物品運送法 ………………… [117]

国際課税 ……………………………… [439]

国際系金融機関 ……………………… [735]

国際裁判管轄 ………………………… [85]

国際私法 ……………………………… [52]

国際商業会議所 ………… [38] [105]

国際消尽 ……………………………… [325]

索　引

国際商取引における外国公務員に対する
　贈賄の防止に関する条約 ………… ［234］
国際的な調停による和解合意に関する国
　連条約 ………………………………… ［98-2］
国際復興開発銀行 ……………………… ［592］
国際物品売買契約に関する国際連合条約
　………………………………… ［58］［123］
国際民間航空機関 ……………………… ［120］
国際労働機関（ILO）…… ［580-7］［580-9］
国連国際商取引法委員会 ……………… ［58］
国連腐敗防止条約 ……………………… ［540］
個人情報 …………………………… ［287-2］
国家管轄権 ……………………………… ［535］
国家機密 ………………………………… ［543］
箇品運送契約 …………………………… ［117］
コベナンツ ………………………… ［28］［663］
コーポレート・ファイナンス ……… ［436］
　［583］
コマーシャル・リスク ……… ［698］［699］
コミングル・リスク …………………… ［178］
コモンロー ……………………………… ［56］
雇用機会均等 …………………………… ［506］
コール・オプション …………………… ［400］
コンソーシアム ………………………… ［591］
コンタミネーション …………………… ［286］
コンプライアンス … ［232］［374］［495］
コンプライアンス・プログラム … ［500］

さ　行

再交渉条項 ……………………………… ［145］
最大販売数量 …………………………… ［206］
最低販売数量 …………………………… ［206］
裁判管轄 ………………………… ［85］［535］
裁判所 …………………………………… ［731］
債務不履行 ……………………………… ［111］
指し違え条項 …………………………… ［96］
査　証 …………………………………… ［487］
サブライセンス ……………………… ［314-4］
サプライチェーン …………………… ［580-3］
差　別 …………………………………… ［506］
残　業 …………………………………… ［509］

3 倍賠償 ………………………… ［520］［534］
事業会社 ………………………………… ［593］
事業許認可 ……………………………… ［727］
事業権許諾契約 ……… ［640］［707］［733］
　［747］
事業者 …………………………………… ［527］
事業リスク ……………………………… ［699］
資金調達 ………………………… ［421］［436］
資金流動リスク ………………… ［718］［733］
事実承認要求 …………………………… ［522］
執行管轄権 ……………………………… ［535］
質問書 …………………………………… ［522］
実用新案権 …………………………… ［300-5］
支　店 …………………………………… ［167］
指導原則に関するよくある質問
　………………………………………… ［580-19］
児童労働 ……………………………… ［580-7］
支　払 …………………………………… ［101］
支払渡 …………………………………… ［102］
シビル・ロー …………………………… ［56］
市民訴訟 ………………………………… ［550］
社外弁護士 ……………………………… ［561］
シャーマン法 …………………………… ［527］
集団訴訟 ………………………… ［515］［519］
収用リスク ……………………… ［716］［733］
就労許可 ………………………………… ［487］
主権免除 ………………………………… ［130］
出　資 ………… ［328］［365］［388］［417］
種苗法 ………………………………… ［300-6］
準拠法 …………………………………… ［53］
浄化責任の潜在的責任当事者 ……… ［547］
商業賄賂 ………………………………… ［540］
承継者責任 ……………………………… ［227］
証言録取 ………………………………… ［522］
証拠開示手続 …………………………… ［522］
上　場 …………………………………… ［464］
譲渡禁止 ………………………………… ［672］
商　標 ………………………… ［300-3］［450］
商標権 ………………… ［200］［325］［449］
商品性 …………………………… ［123］［220］
植物の新品種の保護に関する国際条約

527

……………………………………………… ［300-6］
職務発明 ……………………………… ［307-4］
新株発行 ………………………………… ［421］
シンガポール条約 ……………………… ［98-2］
人権 ……………………………………… ［580-7］
人権侵害リスク ………………………… ［580-8］
人権デュー・ディリジェンス（人権 DD）
……………………………… ［580-6］［580-19］
人権方針 ………………………………… ［580-18］
シンジケーション ……………………… ［619］
シンジケートローン …………………… ［592］
信用状 …………………………………… ［103］
信用状統一規則 ………………………… ［105］
信用不安 ………………………………… ［244］
スポット売買契約 ……………………… ［143］
スポンサー ……………………… ［586］［591］
スポンサー間協定 ……………………… ［645］
スワップ・カウンターパーティ …… ［711］
税　関 …………………………………… ［24］
成功報酬条件 …………………………… ［519］
製造物責任 ……………………………… ［220］
製造物責任法 …………………………… ［222］
政　府 …………………………………… ［729］
政府許認可 ……………………………… ［751］
政府系企業 ……………………………… ［599］
政府系金融機関 ………………………… ［735］
政府サポートレター ………… ［637］［732］
政府調査 ………………………………… ［567］
生物兵器禁止条約 ……………………… ［153］
政府保証状 ……………………………… ［637］
責任あるサプライチェーン等における人
　権尊重のためのガイドライン
……………………………………… ［580-17］
セキュリティー・パッケージ ……… ［653］
セクハラ ………………………………… ［508］
設計調達建設契約 ……………………… ［638］
接収・収用リスク …………… ［716］［733］
セーフハーバー ………………………… ［358］
善意購入者の抗弁 ……………………… ［547］
戦争・テロリスク …………… ［717］［733］
専用実施権 ……………………………… ［314-3］

送　金 …………………………… ［408］［409］
相互の保証 ……………………… ［88］［98］
送達受領代理人 ………………………… ［516］
送達条約 ………………………………… ［516］
贈　賄 ………… ［234］［237］［538］［599］
　［731］［741］
属人主義 ………………………………… ［535］
属地主義 ………………………………… ［535］
訴　訟 …………………………… ［85］［516］
租税条約 ………………………… ［312］［317］
その全部又は一部が海上運送である国際
　物品運送契約に関する条約 ……… ［117］
損害賠償 ………………… ［113］［226］［250］

た　行

第一国出願義務制度 …………………… ［306］
代金の支払 ……………………………… ［101］
第三者リスク …………………………… ［703］
対処法務 ………………………………… ［476］
大陸法 …………………………………… ［56］
代理店 …………………………… ［161］［182］
代理店契約の打切り …………………… ［240］
代理店・販売店保護法制 ……………… ［256］
代理人 PE ……………… ［171］［184］［488］
代理保護法 ……………………………… ［171］
大量破壊兵器 …………………………… ［151］
タイレノール事件 ……………………… ［563］
タックス・プランニング …… ［435］［440］
短期滞在者免税 ………………………… ［487］
談合行為 ………………………………… ［213］
担保関連契約 …………………………… ［666］
担保契約 ………………………… ［636］［726］
担保責任 ………………………………… ［123］
担保設定 ………………………………… ［265］
担保付翌日物調達金利 ………………… ［658］
担保目的の譲渡契約 …………………… ［667］
地域統括会社 …………………………… ［168］
チェンジ・オブ・コントロール条項
……………………………………… ［425］
知財 MIX ………………………………… ［309］
知財戦略 ………………………… ［297-3］［309］

索　引

知的財産権 ····· [300] [200] [322] [448]
中核的労働基準 ································ [580-7]
中間投資会社 ································· [430]
中　国 ·········· [212] [363] [382] [394]
　[528] [536] [542] [543]
仲　裁 ································ [84] [89]
駐在員事務所 ···················· [167] [490]
中途解除条項 ································· [243]
長期契約 ···························· [140] [649]
超長期間の契約 ···························· [649]
調　停 ····································· [84]
懲罰的損害賠償 ···················· [113] [520]
著作権 ····························· [300-4] [325]
追加投資・工場増設の禁止 ················ [681]
抵触法 ····································· [52]
ディスカバリー ···························· [522]
適正手続 ································· [740]
手数料 ···································· [278]
デット ···································· [436]
デット・エクイティ・レシオ ········ [656]
デットサービス・カバーレッジ・レシオ
　······································· [656]
デッドロック ····························· [399]
デュアルユース ···························· [151]
デュー・ディリジェンス ····· [334] [366]
デュープロセス ····························· [87]
テ　ロ ···································· [738]
テロリスク ···················· [717] [733]
転換社債型新株予約権付社債 ········ [437]
天災地変リスク ···························· [707]
ドイツサプライチェーンDD法
　······································· [580-9]
統一商事法典 ································· [57]
動産担保 ································· [267]
倒産手続 ································· [273]
投資規制 ································· [483]
投資協定 ································· [737]
投資ネガティブリスト ···················· [484]
当然違法 ································· [527]
独占禁止協力協定 ························· [536]
独占禁止法 ···················· [358] [525]

独占禁止法の域外適用 ·················· [535]
独占（一手）権 ·············· [186] [189]
独占交渉条項 ································· [349]
特定措置履行要求 ························· [483]
特定類型の居住者 ························· [156]
独立企業間価格 ···························· [453]
特許協力条約 ································· [300-2]
特許権 ····················· [300-2] [325]
トランスペアレンシー・インターナショ
　ナル ································· [238]
トレード・シークレット ··············· [448]

な　行

ナイキ社 ································· [580-8]
荷為替信用状 ······························ [103]
荷為替信用状に関する統一規則および慣
　例 ································· [105]
荷為替手形 ······························ [102]
日本商事仲裁協会 ················· [92] [94]
ニューヨーク条約 ························· [93]
燃料供給契約 ······························ [750]
燃料供給リスク ···························· [705]
ノウハウ ···················· [300-7] [448]
ノック・アウト・ルール ··············· [78]

は　行

陪審制度 ································· [521]
売買基本契約 ······························ [147]
売買代金の支払 ···························· [101]
発注予想 ································· [148]
ハードコア・カルテル ················· [527]
ハードコア制限行為 ···················· [217]
ハードシップ条項 ························· [145]
パートナーシップ ························· [389]
ハーフィンダール・ハーシュマン指数
　······································· [358]
パブリック・クライシス ····· [232] [553]
ハラスメント ······························ [508]
パリ条約 ································· [300]
パロル・エビデンス・ルール ········· [79]
　[209]

529

販売代理店契約書 ……………… ［180］
販売店 ………………… ［161］［182］
販売店契約 …………… ［143］［187］
　——の打切り ………………… ［240］
　——の解消 …………………… ［207］
販売店保護法制 ………………… ［256］
非開示特権 ……………………… ［517］
引受渡 …………………………… ［102］
ビークル ………… ［330］［389］［417］
非係争条項 ……………………… ［315］
被告地主義 ………………………… ［96］
ビ　ザ ………………………… ［487］
ビジネスと人権 ……………… ［580-4］
ビジネスと人権に関する指導原則
　………………………………… ［580-6］
秘匿特権 ………………………… ［517］
秘密保護法制 …………………… ［543］
秘密保持契約 ………… ［283］［331］［341］
表示製造者 ……………………… ［224］
標準契約書式 ……………………… ［30］
表明および保証 …… ［372］［427］［660］
品質保証条項 …………………… ［124］
ファイナンシャルモデル …………… ［608］
ファイナンス・プランニング ……… ［435］
　［652］
不安の抗弁権 …………… ［114］［270］
フェア・プレイ …………………… ［87］
フォーム ……………………………… ［30］
フォーラム・ノン・コンヴェニエンス
　………………………………………… ［87］
不可抗力 ………………………… ［128］
不正競争防止法 ………… ［234］［448］
不正行為 ………………………… ［230］
不争条項 ……………………… ［314-12］
物価変動リスク ………………… ［710］
プット・オプション ……………… ［400］
不当逮捕 ………………………… ［738］
不当な取引制限 ………………… ［213］
船荷証券 ………………… ［116］［118］
船荷証券に関するある規則の統一のため
　の国際条約 …………………… ［117］

赴任前研修 ……………………… ［513］
腐敗認識指数 …………………… ［238］
不法行為 ………………………… ［220］
フラストレーションの法理 ……… ［128］
フランス企業注意義務法 ……… ［580-9］
ブランド ………………… ［446］［456］
プラント建設 …………………… ［604］
不良債権 ………………………… ［377］
ブレーク・ファンディング・コスト
　………………………………… ［711］
プロジェクト・アカウント ……… ［685］
　［694］
プロジェクト・ファイナンス ……… ［581］
文学的及び美術的著作物の保護に関する
　ベルヌ条約 ………………… ［300-4］
文書提出要求 …………………… ［522］
紛争解決 …………………………… ［84］
並行輸入 ………………………… ［325］
米　国 …… ［57］［63］［79］［87］［128］
　［174］［212］［221］［234］［362］［382］
　［506］［508］［519］［527］［534］［536］
　［547］［579］
米国連邦量刑ガイドライン ……… ［500］
ヘーグ・ルールズ ……………… ［117］
ヘッジ …………………………… ［711］
ペナルティ・プラス ……………… ［531］
ベルヌ条約 …………………… ［300-4］
弁護士料 ………………………… ［616］
返済条件 ………………………… ［659］
ボイラー・プレート条項 …… ［28］［208］
　［426］
貿易条件 …………………………… ［37］
貿易取引 …………………………… ［22］
法適用通則法 ……………………… ［52］
法の適用に関する通則法 ………… ［52］
法令違反 ………………………… ［375］
法令遵守 ………………………… ［495］
法令変更リスク ………… ［719］［733］
保　険 ……………………………… ［47］
保険機関 ………………………… ［735］
保険契約 ………………………… ［644］

索　引

保証契約 ……………………… [732]
保証状 ………………………… [119]
保証法制 ……………………… [266]
ポストクロージング ………… [458]
保税地域 ……………………… [24]

ま　行

マイノリティ ………………… [398]
マクロ経済リスク ………… [698] [709]
マージャーファイリング …… [357]
マンデートレター ………… [613] [621]
ミラー・イメージ・ルール … [67]
民事訴訟手続に関する条約 …… [516]
明示的担保責任 ……………… [123]
免責事由 ……………………… [225]
黙示的担保責任 …………… [123] [220]
持分譲渡の禁止 ……………… [682]
モノポリー …………………… [214]
モントリオール条約 ………… [120]

や　行

約　因 ………………………… [56]
優遇措置 ……………………… [442]
融資期間 ……………………… [657]
融資金額 ……………………… [656]
融資契約 …………………… [636] [655]
優先株式 ……………………… [437]
優先権制度 …………………… [300]
輸出管理 …………………… [156] [296]
洋上風力発電 ……… [638] [642] [668]
　[699] [701]
傭船契約 ……………………… [117]
予防法務 ……………………… [476]

ら　行

ライセンス …………… [403] [455] [727]
ライセンス契約 ……………… [312]
ラスト・ショット・ルール ………… [77]
ラナプラザ倒壊 ………… [580-4] [508-5]
　[580-15]
利益相反取引 ………………… [646]
リーガル・アドバイザー …… [614] [616]
リーガル・オピニオン ……… [73]
リーガル・マインド ………… [13]
リーガル・リスク ………… [4] [10]
リステイトメント ………… [221] [536]
リスト規制 …………………… [157]
立法管轄権 …………………… [535]
リニエンシー ………… [204] [528] [533]
リニューアブルエナジー …… [705] [639]
利　率 ………………………… [658]
レンダー …………………… [587] [592]
連邦量刑ガイドライン ……… [500]
ロイヤルティ ………………… [314-6]
労働法 ………………………… [728]
労働保護法制 ………………… [509]
労務問題 …………………… [379] [503]
ロッテルダム・ルールズ ………… [117]
ロング・アーム・スタチュート …… [87]

わ　行

賄　賂 ………… [234] [538] [599] [731]
　[741]
和　解 ……………………… [134] [279]
ワークプロダクトの法理 …………… [517]
ワッセナー・アレンジメント ……… [151]
ワルソー条約 ………………… [120]

531

ケースで学ぶ国際企業法務のエッセンス〔第 2 版〕

2017 年 9 月 30 日 初　版第 1 刷発行
2025 年 3 月 31 日 第 2 版第 1 刷発行

著　者　森下哲朗　平野温郎　森口　聡　山本　卓　増見淳子
発行者　江草貞治
発行所　株式会社有斐閣
　　　　〒101-0051 東京都千代田区神田神保町 2-17
　　　　https://www.yuhikaku.co.jp/
装　丁　宮川和夫事務所
印　刷　萩原印刷株式会社
製　本　牧製本印刷株式会社
装丁印刷　株式会社亨有堂印刷所

落丁・乱丁本はお取替えいたします。定価はカバーに表示してあります。
©2025, T. Morishita, H. Hirano, S. Moriguchi, T. Yamamoto, J. Masumi
Printed in Japan ISBN 978-4-641-04699-3

本書のコピー，スキャン，デジタル化等の無断複製は著作権法上での例外を除き禁じられています。本書を代行業者等の第三者に依頼してスキャンやデジタル化することは，たとえ個人や家庭内の利用でも著作権法違反です。

[JCOPY] 本書の無断複写(コピー)は，著作権法上での例外を除き，禁じられています。複写される場合は，そのつど事前に，(一社)出版者著作権管理機構(電話 03-5244-5088, FAX 03-5244-5089, e-mail:info@jcopy.or.jp)の許諾を得てください。